自驾指南系列

美国自驾

51条

精选线路

本书作者

西蒙·里奇蒙德　　凯特·阿姆斯特朗　　卡罗琳·贝恩

艾米·C.巴尔弗　　雷·巴特莱特　　洛伦·贝尔　　莎拉·本森　　塞莱斯特·布拉什

格雷格·克拉克　　迈克尔·格罗斯伯格　　阿什利·哈勒尔　　马克·约翰森

亚当·卡林　　布莱恩·克吕普费尔　　斯蒂芬·里奥依　　卡罗琳·麦卡锡

休·麦克诺特丹　　贝基·奥尔森　　克里斯托弗·皮兹　　凯文·劳伯

布伦丹·塞恩斯伯里　　雷吉斯·圣路易斯　　瑞恩·维尔·博克莫斯

玛拉·沃西斯　　本尼迪克特·沃克　　卡拉·兹默尔曼

中国地图出版社

以下符号能够
帮助你找到所需内容

✔	不要错过/最佳建议	📖	历史和文化
📷	最佳摄影点		
Ⓢ	你也可以	👫	家庭出游
4WD	越野		
↱	另辟蹊径	🍷	餐饮
✗	就餐		
🏃	步行游览	🌳	户外活动
🛏	住宿		

☎	电话号码	@	网络接入	🍽	英语菜单
🕐	营业时间	📶	无线网络		适合家庭
P	停车场		素食菜品		允许携带宠物
🚭	禁止吸烟	❄	空调		游泳池

地图图例

道 路
- 经典线路
- 常规线路
- 另辟蹊径线路
- "你也可以"线路
- 步行游览线路
- 收费公路
- 高速公路
- 一级公路
- 二级公路
- 三级公路
- 小路
- 未封闭道路
- 购物中心/商业街
- 台阶
-)⁚(隧道
- 步行天桥
- 小路

境 界
- 国界
- 一级行政区界
- 悬崖

行政区划
- ★ 首都、首府
- ◉ 一级行政中心、重要城市
- ● 城市/大型城镇
- ○ 镇/村

交 通
- ✈ 机场
- 缆车/索道
- P 停车场
- 铁路/火车站
- 有轨电车
- Ⓜ 地铁

线 路
- 1 线路编号
- 9 线路站点
- 🏃 步行游览
- ↱ 另辟蹊径

高速公路路标
- ⑨⑦ 美国国家高速公路
- ⑤ 美国州际高速公路
- ㊽ 州内高速公路
- ㊾ 加利福尼亚州内高速公路

水 系
- 河流、小溪
- 间歇河
- 沼泽
- 运河
- 湖泊
- 干/盐/间歇湖
- 冰川

地区特征
- 海滩/沙漠
- 基督教墓地
- 其他墓地
- 公园
- 森林
- 保护区
- 一般景点（建筑）
- 运动场所

注：并非所有图例都在此显示。

计划你的行程

在路上

美国经典线路 32

纽约和大西洋沿岸中部 65

目录

目录

Classic Trips
经典线路

请留意经典线路图标，以下均是作者大力推荐的自驾线路。

加利福尼亚州, 蒙特雷, 比克斯比溪大桥

欢迎来

美国自驾

注满油箱，系好安全带——自驾美国将是一次令人难以忘怀的疯狂之旅。要了解这个幅员辽阔、充满活力而且令人着迷的国度，最好的方式当然是即刻上路，"伙计"。

有本书作为旅伴，你可以东西南北地畅游美国。如果你在搜寻绝佳的加利福尼亚海鲜餐馆、得克萨斯山区可供游泳的天然水潭，抑或是新英格兰地区"爬满常春藤"的大学，我们都已经为你准备好攻略。

无论你是想深入荒山野径，还是打算走遍美国最炫目与繁华的都市，你都会在本书中发现为你量身定制的精彩线路。如果你的时间有限，可以在15条经典线路中选一条，这些线路将带给你美国最精华的体验。

→

美国

Classic Trips
经典线路

Regina
里贾纳

CANADA 加拿大

Seattle 西雅图
Olympia 奥林匹亚
WASHINGTON 华盛顿州
Lolo National Forest
MONTANA 蒙大拿州
NORTH DAKOTA 北达科他州
Bismarck 俾斯麦
Salem 塞勒姆
OREGON 俄勒冈州
Helena 海伦娜
Mammoth 猛犸
SOUTH DAKOTA 南达科他州
Boise National Forest
Yellowstone National Park 黄石国家公园
Boise 博伊西
IDAHO 爱达荷州
Jackson 杰克森
Rapid City 拉皮德城
Pierre 皮尔

PACIFIC OCEAN 太平洋
Carson City 卡森城
Elko
WYOMING 怀俄明州
Cheyenne 夏延
NEBRASKA 内布拉斯加州
Sacramento 萨克拉门托
San Francisco 圣弗朗西斯科(旧金山)
Salt Lake City 盐湖城
UTAH 犹他州
Grand Junction 大章克申
Denver 丹佛
COLORADO 科罗拉多州
NEVADA 内华达州
Death Valley National Park 死谷国家公园
Fresno
CALIFORNIA 加利福尼亚州
Las Vegas 拉斯维加斯
Navajo Nation
Los Angeles 洛杉矶
Prescott 普雷斯科特
Santa Fe 圣菲
Albuquerque 阿尔伯克基
San Diego 圣迭戈
Mexicali 墨西加利
Phoenix 菲尼克斯
ARIZONA 亚利桑那州
NEW MEXICO 新墨西哥州

MEXICO 墨西哥

RUSSIA 俄罗斯
Chukchi Sea 楚科奇海
St Lawrence Island 圣劳伦斯岛
Seward Peninsula
Alaska 阿拉斯加州
Fairbanks 费尔班克斯
CANADA 加拿大
Nunivak Island 努尼瓦克岛
Bering Sea 白令海
Anchorage 安克雷奇
Aleutian Islands 阿留申群岛
Kodiak Island 科迪亚克岛
JUNEAU 朱诺
Gulf of Alaska 阿拉斯加湾

O'ahu 瓦胡岛
Ni'ihau Kaua'i 考艾岛
Honolulu 火奴鲁鲁(檀香山)
Hawaii 夏威夷州
Lana'i 拉奈岛
Moloka'i 莫洛凯岛
Maui 毛伊岛
Kaho'olawe
Kailua-Kona 凯卢阿-科纳
Hilo 希洛
Hawai'i
PACIFIC OCEAN 太平洋

CIUDAD DE MÉXICO 墨西哥城

10 秋叶节之旅
这条路上有阳光斑驳的小径，绚烂的美景，醉人的秋季落叶之旅。
5~7天

27 黑山环线
经典景观、美景和趣味构成了这一完美的自驾环线。
2~3天

9 新英格兰海岸
风光旖旎的滨海公路串联起一个个渔村和贸易港口。
6~8天

3 五指湖环线
你可以沿着湖畔公路穿过葡萄园，深入徒步者钟情的峡谷腹地。
3天

0 ——— 1,000 km
0 ——— 500 miles

Winnipeg
温尼伯 ◎

Québec City
魁北克市 ◎

Fredericton 弗雷德里克顿 ◎

Halifax ◎

MAINE
缅因州

NEW HAMPSHIRE
新罕布什尔州

MINNESOTA
明尼苏达州

MICHIGAN
密歇根州

Montréal
蒙特利尔 ◎

OTTAWA ☆
渥太华

◎ **Augusta**
奥古斯塔

VERMONT 佛蒙特州

St Paul
圣保罗 ◎

WISCONSIN
威斯康星州

Montpelier 蒙彼利埃
Albany 奥尔巴尼 ◎
NEW YORK

Concord 康科德 ◎
◎ **Boston**
波士顿

MASSACHUSETTS
马萨诸塞州（麻省）
RHODE ISLAND
罗得岛州

Madison
麦迪逊 ◎

Lansing
兰辛 ◎

Toronto
多伦多 ◎

Providence 普罗维登斯

CONNECTICUT
康涅狄格州

IOWA 艾奥瓦州

Chicago
芝加哥 ◎

◎ Corning 康宁

New York 纽约

NEW JERSEY
新泽西州

Des Moines
得梅因 ◎

OHIO
俄亥俄州

PENNSYLVANIA
宾夕法尼亚州

Harrisburg
哈里斯堡

Trenton 特伦顿 ◎

Lincoln
林肯 ◎

ILLINOIS
伊利诺伊州

INDIANA
印第安纳州

Columbus 哥伦布 ◎

Dover 多佛 ◎

DELAWARE 特拉华州

Springfield
斯普林菲尔德 ◎

Indianapolis
印第安纳波利斯 ◎

WEST VIRGINIA
西弗吉尼亚州

★**WASHINGTON** 华盛顿

MARYLAND 马里兰州
DISTRICT OF COLUMBIA 哥伦比亚特区

Topeka
托皮卡 ◎

Jefferson City
杰斐逊城 ◎

St Louis
圣路易斯 ◎

Richmond 里士满 ◎

KANSAS
堪萨斯州

MISSOURI
密苏里州

Frankfort 法兰克福 ◎

VIRGINIA
弗吉尼亚州

7 南北战争之旅
参观保存至今的战场遗址，领略19世纪的乡村风情。
3天

KENTUCKY 肯塔基州

◎ **Boone**
布恩

Raleigh
罗利 ◎

OKLAHOMA
俄克拉何马州

ARKANSAS
阿肯色州

Nashville
纳什维尔 ◎

TENNESSEE
田纳西州

NORTH CAROLINA
北卡罗来纳州

◎ **Oklahoma City**
俄克拉何马城

Little Rock
小石头城 ◎

Columbia
哥伦比亚 ◎

Dallas
达拉斯 ◎

Jackson
杰克逊 ◎

Atlanta
亚特兰大 ◎

SOUTH CAROLINA
南卡罗来纳州

MISSISSIPPI
密西西比州

ALABAMA
阿拉巴马州

GEORGIA
佐治亚州

TEXAS
得克萨斯州

LOUISIANA
路易斯安那州

Tallahassee
塔拉哈西 ◎

Jacksonville
杰克森维尔 ◎

Austin
奥斯汀 ◎

Baton Rouge
巴吞鲁日 ◎

New Orleans
新奥尔良 ◎

FLORIDA
佛罗里达州

◎ **Orlando** 奥兰多

ATLANTIC OCEAN
大西洋

Gulf of Mexico
墨西哥湾

Tampa
坦帕 ◎

Miami ◎
迈阿密

BAHAMAS
巴哈马

1 66号公路
从芝加哥到洛杉矶的时空穿越之旅，美国的"母亲之路"。
14天

CUBA
古巴

16 美国1号公路
沿大西洋海岸开启一段冒险之旅吧！
6天

Chetumal
切图马尔 ◎

20 蓝岭风景大道
这条深受欢迎的僻静道路深入险峻而雾气缭绕的阿巴拉契亚山脉。
5天

BELIZE
伯利兹

VENEZUELA
委内瑞拉

GUATEMALA
危地马拉

HONDURAS
洪都拉斯

NICARAGUA 尼加拉瓜

COLOMBIA
哥伦比亚

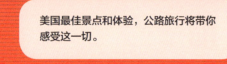

美国最佳景点和体验，公路旅行将带你
感受这一切。

美 国
沿途亮点
★

66号公路

　　美国没有哪条自驾线路比
"母亲之路" 66 号公路更为经
典。这条全长超过 2400 英里、
大部分路段是双车道的历史公
路，将风城芝加哥与阳光明媚
的洛杉矶串联了起来，沿途可
体验霓虹闪烁的汽车旅馆、主
营 "美国派" 的老式餐馆以及
星空下的汽车电影院。邂逅纯
真友善的美国小镇居民，就在
线路 1: 66 号公路。

线路

66号公路 美国经典自驾之路

大峡谷北缘，亚利桑那州 日落时的壮美色彩

大峡谷

　　既是国家公园也是美洲原住民部族居住地的大峡谷得到了很好的保护，这条被科罗拉多河（Colorado River）切开的峡谷拥有令人瞠目的多彩岩层。它高耸的孤峰、刀削斧劈般的崖壁以及瀑布清泉组成了一幅瑰丽的景观，随着天气和季节的变化而展现出不同的风姿。为自然母亲的奇伟而感叹，就在**线路33: 奇幻峡谷之旅**。

线路

太平洋海岸公路

　　从墨西哥到加拿大，这条蜿蜒的西海岸海景公路途经令人目眩的海滩崖壁以及数十座海滨城镇，每一座城镇都有自己独特的个性。在**线路40: 太平洋海岸公路**，你将发现隐秘的海滩、古老的红杉林，在海鲜烧烤小馆享受最新鲜的渔获，在嘎吱作响的古老木码头上等待壮美无比的夕阳。

线路 40 44 47 48 49

国家广场

　　在美国首都华盛顿踏上**线路7: 南北战争之旅**。国家广场上矗立着多座如古希腊和古罗马殿般的标志性纪念碑，令人想起战争和人民英雄，另外还有规模宏大的史密森学会博物馆。要感受美利坚的脉搏，没有比这片长长的草坪更好的地方了，美国人在此集会、抗议或欢庆。

线路 6 7

国家广场, 华盛顿 夏日的林肯纪念堂

最佳自驾体验线路

101号公路 饱览西海岸全景。**线路** `40` `47` `49`

蓝岭风景大道 沿阿巴拉契亚山脉而行。
线路 `8` `20` `21`

逐日公路 冰川消失前的最后一瞥。**线路** `30`

66号公路 回溯时光的怀旧之旅。**线路** `1`

100号公路 在佛蒙特州的绿色群山中徜徉。
线路 `13`

大雾山

　　这是年迎客量最大的美国国家公园, 占地800平方英里的南部阿巴拉契亚森林 (Appalachian woodland) 中的山岭郁郁葱葱, 黑熊、白尾鹿、野火鸡以及1600多种野花生活在这片家园。穿过金色、橘黄和火红的秋叶, 来一次难忘的旅行吧, 就在**线路21: 大雾山**。

线路 `21`

迈阿密海滩，佛罗里达州 蔚蓝的海水，耀眼的沙滩

佛罗里达的海滩

佛罗里达州几乎整年阳光明媚，这是一个美丽、性感的亚热带半岛。雪白的沙滩环绕着它，蔚蓝的海水滋润着它，霓虹般绚烂的晚霞沐浴着它。佛罗里达的海滩就是这里的名片：一年中任何一天你都能在此感受到不同的韵味。来**线路16:美国1号公路**寻找属于你的美丽回忆吧。

线路 **16**

最奇特路边景点

双子座巨人（Gemini Giant）从这里出发沿着66号公路狂奔。**线路** `1`

沃尔药店（Wall Drug）美国最具营销创意的购物景点。**线路** `27`

隧道木（Tunnel Log）从一株倾倒的巨型红杉下驶过。**线路** `41`

玛法之光（Marfa Lights）在西得克萨斯等候鬼魂出现。**线路** `37`

救赎山（Salvation Mountain）体现宗教狂热的民间艺术纪念碑。**线路** `43`

沿途亮点 ★

阿卡迪亚国家公园，缅因州 田园诗一般的风光

黄石国家公园, 怀俄明州 大棱镜温泉

黄石国家公园

这座美国最古老的国家公园魅力依旧，喷涌的间歇泉、彩虹色的温泉以及令人惊心动魄的大型动物——棕熊和黑熊、北美野牛、麋鹿、狼、驼鹿等都生活于这个北美最大最完整的生态系统中。到西部最原生态的奇境远足，就在**线路29: 从大蒂顿到黄石**。

线路

五大湖地区

当你沐浴着阳光去探索**线路22: 密歇根州黄金湖岸**时，将会发现如同内海一般壮阔的五大湖沿岸散布着沙滩、沙丘和灯塔。想游览更多？沿着密西西比河向南漫游，循着怀旧的66号公路往西，或是朝着北方的加拿大边境挺进吧。

线路

阿卡迪亚国家公园

在美国东海岸的最高峰凯迪拉克山（Cadillac Mountain）山顶迎接新年的第一缕阳光，是新英格兰地区的一个悠久传统。如果冬季旅行听起来过于寒冷，那就选择夏日到岩石嶙峋的北大西洋海岸，探访这些世界尽头的岛屿吧，就在**线路15: 阿卡迪亚小道**。

线路 15

17

卡真法裔区

　　沿着路易斯安那州南部沼泽地中的河口，深入到克里奥尔人（Creole）、法裔加拿大人、美洲原住民和非洲裔美国人的民俗文化大合奏中。走进那些破旧的路边小酒馆，大锅中正煮着新鲜的小龙虾，跳柴迪科舞（Zydeco）的音乐家们正彻夜狂欢。起舞吧，就在**线路17: 卡真法裔区**。

线路 17

蓝岭风景大道

　　蓝岭风景大道从仙纳度国家公园（Shenandoah National Park）开始，穿越阿巴拉契亚的乡野地区到大雾山，数据显示，这是全美人气最旺的自驾道路。每年都有超过1500万人驾车驶上它起伏的山岭，穿过充满田园风情的山谷，游览历史战场遗址，倾听蓝草音乐（Bluegrass Music，乡村音乐的一个分支）。这一切就在**线路20: 蓝岭风景大道**。

线路   8 20 21

（左图）**落基山脉，科罗拉多州** 在草坪上休息的麋鹿
（下图）**水煮小龙虾** 不容错过的卡真法裔区传统美味

BRUCE YUANYUE BI / GETTY IMAGES ©

WELCOMIA / SHUTTERSTOCK ©

落基山脉

　　野花盛开的草地、高低起伏的山峰以及散布在北美大陆分水岭（Continental Divide of the Americas）脊梁上的平静湖泊，无一不召唤着户外探险者。这里同样不乏野生动植物、拓荒者的历史遗迹以及美洲原住民的传统风情，美国的开拓精神根植于落基山脉的每个角落。去感受古老西部鬼城的魅惑吧，就在**线路31：落基山脉之巅**。

线路

最佳美洲原住民景点

纪念碑谷 纳瓦霍族（Navajo Nation）的保留地。线路 **35**

弗德台地国家公园 探访古普韦布洛人（Ancestral Puebloan）的崖屋。线路 **2** **32**

大峡谷 美国西南部的部落圣地。线路 **2** **33**

纳奇兹遗迹景观大道 追随原住民的足迹。线路 **19**

阿纳达科 大平原的原住民中心。线路 **25**

如果你喜欢 ♥

苹果派 美国人的最爱

户外冒险

　　参天的森林、深邃的峡谷、高山上的湖泊、刀削般的山峰、荒凉的沙漠，以及原始的海滩——在美国自驾，挡风玻璃前永远不缺美景。你可以随性停下车，来一次清晨的划船、午后的远足或者用一整天依偎在大自然母亲的怀抱里。

2 四角巡游 从各个角度观赏西南部的峡谷之乡。

10 秋叶节之旅 在新英格兰地区最绚烂的季节体会它的自然之美。

29 从大蒂顿到黄石 落基山脉最美的西部国家公园。

41 约塞米蒂、红杉与国王峡谷国家公园 驾车穿越内华达山脉（Sierra Nevada）的高地。

历史

　　从发起美国独立革命的13个殖民地所在的东海岸出发，由此西行，沿着童子军小径（Scouts' Trails）穿过大平原，翻越北美大陆分水岭，直抵太平洋海岸。在西南部探索与原住民传统融合的西班牙殖民文化。

7 南北战争之旅 追随前人的步伐，感受美国最血腥的内战。

26 拓荒者小径 拓荒者曾驾着布蓬马车（Prairie Schooners）在此驶过，勇敢的小马快递（Pony Express；西部的邮政公司）也曾策马疾驰。

48 追随刘易斯与克拉克之路 最早穿越美国全境的旅行线路。

家庭出游

　　令人惊叹的主题公园、可以亲自动手的科学博物馆以及各类动物园和水族馆，从东海岸到西海岸，带孩子旅行同样有着无尽的乐趣。你也可以将自驾游聚焦于辽阔的户外天地：海滩和国家公园是最受欢迎的家庭游目的地。

15 阿卡迪亚小道 新英格兰地区一座田园牧歌式的岛屿，夏季最为迷人。

21 大雾山 观赏野生动植物，乘坐古董火车，瀑布区徒步，还有充满乐趣的多莉山主题公园。

27 黑山环线 无数美国儿童暑期的必经之路。

42 迪士尼乐园和奥兰治县海滩 米老鼠的"神奇王国"距离因电影而闻名的南加州海岸只有很短的车程。

秋叶节 佛蒙特州乡村秋色

海滩

从崎岖、荒凉的新英格兰海岸到阳光明媚、适宜冲浪的佛罗里达和南加州海滩,太平洋、大西洋和墨西哥湾沿岸共计5000多英里的海岸线,为各式各样的海滩爱好者提供了足够多的玩乐场地。

4 **泽西海岸** 它是一场不会落幕的派对,这里有大西洋海滨的木栈道、充满乐趣的嘉年华和漏斗蛋糕(Funnel Cake)。

16 **美国1号公路** 这里有春假海滩、平静的岛屿和水湾,不妨直下阳光之州(佛罗里达州)吧。

40 **太平洋海岸公路** 你可以在加州海岸上风格独特的海滨小镇轻松休憩,阳光、雨露、彩虹,一个都不缺。

49 **俄勒冈海岸101号公路** 这里可以观赏灯塔、嶙峋的悬崖、宝石般的海滩以及太平洋的地平线。

城市探索

在美国最大最多元化的城市中,高雅与通俗相互碰撞,产生了声光味各种感官上令人眩晕的大爆炸:从明星大厨的餐厅到路边摊点,从交响乐大厅到地下朋克俱乐部,从博物馆到街头涂鸦,不一而足。

1 **66号公路** 在摩天大楼林立的芝加哥和魅力无限的洛杉矶之间,有许多伟大的城市。

9 **新英格兰海岸** 从波士顿开始此次海岸自驾,从纽约开始也不算太绕路。

40 **太平洋海岸公路** 西海岸的漫游,从圣迭戈出发经洛杉矶、旧金山,到达更北的波特兰和西雅图。

地方美食

接地气的美食是任何一条经典美国自驾线路上的点睛之笔。在缅因州的龙虾馆大快朵颐,在得克萨斯州饱餐烤肉,在新墨西哥州的餐馆点一份"圣诞风味"的安其拉达(Enchiladas,一种以辣椒调味的墨西哥菜),或者在中西部寻觅一份从农场直送餐桌的美食。甜食吃什么? 我的天,必须是美国派啊。

5 **宾夕法尼亚州德裔区** 阿米什人的糕饼店,自助晚餐,以及椒盐卷饼和巧克力工厂。

13 **佛蒙特之脊:100号公路** 路边的苹果园,奶牛和精酿啤酒厂。

17 **卡真法裔区** 地方特色的卡真调料与考究的克里奥尔烹调相得益彰。

行前参考

手机
中国三大移动运营商的手机卡均可以在美国漫游，你也可以提前在网上或在当地购入预付费手机卡使用。

上网
酒店、咖啡馆和部分快餐连锁店都提供免费Wi-Fi，但小城镇的网络热点较少。你也可以在淘宝网租用移动Wi-Fi热点或购买4G流量卡。

燃油和里程
除了某些偏僻的沙漠、山区以及国家公园，加油站遍布各地。每加仑（约合3.8升）价格约为$3.55，不同区域价格变化较大。美国使用英里（mile）为里程单位，1英里约等于1.6公里。

租车
Alamo（www.alamo.com）
Enterprise（www.enterprise.com）
Rent-a-Wreck（www.rentawreck.com）
租租车（www.zuzuche.com）

重要号码
美国汽车协会（AAA；☎800-222-4357）为汽车俱乐部会员提供道路救援服务。
紧急情况（☎911）
查号台（☎411）
接线员（☎0）

气候

热带气候
干旱气候
夏季较热，冬季温暖
夏季微热，冬季寒冷
极地气候

Seattle 西雅图
5月至9月前往

New York 纽约
5月至9月前往

Chicago
芝加哥
6月至9月前往

Los Angeles 洛杉矶
4月至10月前往

New Orleans
新奥尔良
12月至次年5月前往

Miami
迈阿密
12月至次年4月前往

何时去

旺季（6月至8月）
» 全境气候温暖，温度普遍较高。
» 旅游旺季人流量巨大，价格上涨。
» 炎热的沙漠地区游客较少；东南部非常潮湿。

平季（4月至5月和9月至10月）
» 气候温和；墨西哥湾和大西洋沿岸地区处于飓风季节（8月至11月）。
» 人流量减少，住宿和机票有折扣。
» 许多地区可以欣赏烂漫的春花（4月至5月）和缤纷的秋叶（9月至10月）。

淡季（11月至次年3月）
» 寒冷的冬季，许多地区有降雪和猛烈的暴风雨。
» 除滑雪胜地或佛罗里达州这类温暖如春的旅游目的地外，住宿价格降至最低。

每日预算

经济: 低于$150

» 露营或青年旅舍: $20～50; 经济型汽车旅馆: $60～100

» 路边餐馆或外卖: $10～15

中档: $150～300

» 二星酒店房间: $90～200

» 普通餐厅用餐: $25～40

高档: 高于$300

» 度假酒店房间: $200起

» 顶级餐厅的三道菜正餐: $75～100

就餐

小餐馆、驾车外带餐厅和咖啡馆 简单又经济,偶尔能品尝到家庭手工制作的食物。

海鲜休闲餐厅 惬意的海滨用餐,食材新鲜。

自酿酒吧和美食酒吧 供应当地精酿啤酒和葡萄酒,食物通常丰盛并且上档次。

素食和其他特殊饮食需求 对食物过敏或有其他特殊要求一般都能得到满足,尤其在城市里。

就餐价格标签代表一道主菜的价格:

$	低于$10
$$	$10～20
$$$	高于$20

住宿

露营地 既有设施完备的房车营地,也有简陋荒凉之地。

汽车旅馆 遍布在公路沿线、城市周边以及游客云集之地。

酒店和青年旅舍 在闹市区和热门的旅游目的地十分普遍。

民宿 规模较小,常富有历史感和浪漫气息,但价格不菲。

住宿价签代表带独立卫生间的房间价格,不含税:

$	低于$100
$$	$100～200
$$$	高于$200

抵达美国后

美国主要机场都提供航站楼之间的免费交通和租车公司的班车接送服务。

洛杉矶国际机场(LAX)

出租车 $30～55; 30～60分钟。

门到门班车 $17～28。

公共交通 可搭乘C线接驳车(Shuttle C; 免费)至机场巴士中心(LAX City Bus Center)或G线接驳车(Shuttle G)到洛杉矶地铁绿线的航空站(Metrorail's Aviation Station),也可搭乘机场FlyAway巴士到市中心的联合车站(Union Station; $9.75; 30～50分钟)。

约翰·F.肯尼迪 国际机场(JFK; 纽约)

出租车 到曼哈顿: $52, 外加通行费和小费。

地铁 可搭乘机场快轨(Air Train)至牙买加站(Jamaica Station; $5), 然后换乘长岛铁路(LIRR)列车至宾夕法尼亚车站(Penn Station); 也可搭乘机场快轨到霍华德海滩(Howard Beach), 从那里搭乘地铁A线($7.50～10.25)前往市区。

班车 $18起。

现金

自动柜员机随处可见。信用卡通用度极高,办理预订业务时一般需要提供卡片信息,花旗银行(Citibank)可支持银联卡取现。

小费

付小费是常例,这点小钱不要省。在餐厅15%～20%,对出租车司机要付10%～15%,对搬运工每件行李要付$2。

营业时间

冬季(11月至次年3月)营业时间可能相应缩短。

银行 周一至周四8:30～16:30, 周五至17:30或18:00(部分银行周六9:00至正午也营业)。

企业和政府机构 周一至周五9:00～17:00。

餐厅 每日7:00～10:30, 11:30～14:30和17:00～21:00, 部分餐厅在周五和周六营业时间长一些。

商店 周一至周六10:00～18:00, 周日正午至17:00(购物中心打烊晚一些)。

网络资源

Lonely Planet(www.lonelyplanet.com/usa)提供旅游目的地信息、酒店和青年旅舍预订、旅行者论坛等。

Festivals.com(www.festivals.com)提供音乐、美食以及舞蹈的节日庆典信息。

Roadside America(www.roadsideamerica.com)提供各种稀奇古怪的景点信息。

更多信息请参见"美国自驾指南"(见683页)

城市速览

纽约 (NEW YORK CITY)

　　喧嚣热闹，节奏忙碌，充满无限活力，这便是纽约。它仿佛一曲不断变换的交响乐，既令人心驰神往，又让人望而却步。时尚、戏剧、美食、音乐、出版业和艺术在此蓬勃发展，多元风貌的五大城区云集了几乎所有国家的特色。

高线公园 高出地面30英尺（约9米）的绿地

当地交通

完备的地铁、巴士和铁路交通网络，便于自行车骑行的环境，纽约几乎没有自驾的必要。对驾驶者而言，红灯右拐是违法的，除非另有规定。

停车

在远离中心区的地铁站或者城郊的火车站停车，然后乘车进城更为划算和便利。

在哪吃

从唐人街到翠贝卡区（Tribeca），纽约的街区集中了世界上各个种族的美食。你可以在布鲁克林（特别是Williamsburg、Park Slope和Red Hook区域）发现让你大快朵颐的餐馆。

在哪住

在曼哈顿，住在中城区（Midtown）的高层酒店方便观光游览。时尚精品酒店和豪华酒店则要继续南行，包括苏荷区（SoHo）和切尔西区（Chelsea）；在中城区北面中央公园周边的上西区（Upper West Side）和上东区（Upper East Side）也有不少这类酒店。

网络资源

NYC: The Official Guide（www.nycgo.com）纽约官方旅游网站。

New York Magazine（www.nymag.com）新闻、文化以及最新事件相关信息。

Lonely Planet（www.lonelyplanet.com/usa）建议和贴士、视频资料、住宿信息以及旅行者论坛。

纽约周边游见纽约和大西洋沿岸中部，65页；步行游览纽约，见138页

更多详情请见我们的城市指南。www.lonelyplanet.com

顶级体验

➡ 登上帝国大厦

尽管这一装饰艺术风格的摩天大楼已不再是纽约最高大楼，但它依然是这座城市辨识度最高的地标建筑之一。

➡ 徜徉于大都会艺术博物馆的世界级艺术藏品中

大都会艺术博物馆收藏有超过200万件珍品。登上屋顶，中央公园的美景一览无遗。

➡ 乘船欣赏自由女神像，游览埃利斯岛

自由女神像俯瞰着埃利斯岛，这里拥有纽约最令人动容的博物馆之一，纪念着一代又一代勇气卓绝的移民。

➡ 漫游布鲁克林大桥

无数诗歌、音乐和艺术创作都从这一哥特复兴风格佳作中汲取灵感。从曼哈顿到布鲁克林，经布鲁克林大桥的这条线路风景最美。

➡ 百老汇看秀，欣赏璀璨街景

位于第六和第八大道之间的百老汇（Broadway）是纽约的梦工厂，霓虹璀璨、灯火通明的时代广场是当之无愧的明星。

➡ 高线公园小憩

这一曾经蜿蜒穿行于各屠宰场之间的高架铁路被改造成一座宁静的公园，仿佛纽约的一条绿色项链。

➡ 在归零地（Ground Zero）悼念逝者

面对这座城市有史以来最黑暗的篇章，纽约人做出了美丽而庄严的回应——9·11国家纪念馆和博物馆。

海军码头 凉爽微风，城市美景

芝加哥(CHICAGO)

风城的摩天大楼和湖滨风光将使你心驰神迷。高雅与接地气的文化友好共存，没有一点忸怩作态。逛一逛世界级的博物馆和地标性的剧院，或者顺便拜访新潮的蓝调音乐俱乐部和充满涂鸦艺术的比萨店——它们在"芝城"(Chi-town)同样受欢迎。

当地交通

在芝加哥网格状布局的街道上车开不快，但是也不会太过拥堵，除非在卢普区(Loop)周边。如果你想探访市中心和高架铁路("L" lines)可达的街区，建议把你的车抛下一天，采取徒步和乘坐列车(或巴士)的方式。

停车

酒店过夜停车和城市停车场价格都很贵。外围街区的计时路边停车位比商业区周边更容易找到，但是价格未必便宜(在住宅区停车偶尔免费)。

在哪吃

必尝食物包括芝加哥风味的热狗、意大利牛排三明治和厚底比萨。明星大厨们的餐厅集中在西卢普区(West Loop)和北岸区(North Side)。要想不拘一格地把咖啡馆、小餐馆、美食酒吧等都体验一番，就到柳条公园(Wicker Park)、巴克镇(Bucktown)和安德森维尔(Andersonville)探寻吧。

在哪住

为自己在卢普区找个方便到城市高架铁路站点的地方，可以去黄金海岸(Gold Coast)住豪华酒店，在近北区(Near North)的精品酒店和高层酒店寻找低价房。如果想在停留期间过得更加个性化一些，可以到柳条公园这样的时尚街区订一处民宿。

网络资源

Choose Chicago(www.choosechicago.com)官方旅游信息网站。

CTA(www.transitchicago.com)提供巴士和火车线路图、时刻表以及票价等信息。

Chicago Reader(www.chicagoreader.com)报道每周的特别事件、艺术和娱乐活动。

芝加哥周边游见五大湖地区，301页；步行游览芝加哥，见340页

好莱坞大道 星光大道（Walk of Fame）上来来往往的游客和表演者

洛杉矶(LOS ANGELES)

如果你认为自己已经搞懂了洛杉矶——名人文化、雾霾、拥堵的交通以及比基尼女郎——请再思量一番。几十个独立的袖珍城市——人们操着90多种不同的语言——组成了西部最大、最刺激的大都市，它是好莱坞明星、享誉国际的艺术家和音乐家以及其他文化偶像的聚集地。

当地交通

尽管高速路拥堵而且地面车流缓慢，绝大多数人还是驾车出行。地铁线路和本地巴士网络连接起许多热门旅游街区。

停车

酒店、饭店以及夜店等场所广泛实行代客泊车，价格各有不同（应付小费）。计时路边停车位有限，但是费用不高。在洛杉矶市中心，停车场和停车库很多，但是价格很高，最便宜的位于唐人街。

在哪吃

洛杉矶的创意美食文化包括电视厨艺表演、快餐推车和农贸集市。这里居住着来自140多个国家的人民，有大量提供异国风味美食的移民社区，其中包括市中心的"小东京"（Little Tokyo）、靠近好莱坞的"泰国城"（Thai Town）以及主打墨西哥风味的洛杉矶东区（East LA）。

在哪住

喜欢海滨的生活，就在圣莫妮卡（Santa Monica）、威尼斯（Venice）或者长滩（Long Beach）预订一个汽车旅馆或酒店房间。时尚猎人和派对达人会对好莱坞、西好莱坞（West Hollywood）以及比弗利山庄（Beverly Hills）的精品酒店和豪华酒店感到可心；文化老饕可以选择洛杉矶市中心的高层酒店。

网络资源

Discover Los Angeles（www.hellola.cn）官方旅游信息网站，中文版网页。

Metro（www.metro.net）查询巴士和地铁路线图、时刻表以及票价信息。

LA Weekly（www.laweekly.com）就餐、电影、音乐、夜生活等方面的小报。

洛杉矶周边游见加利福尼亚，517页；步行游览洛杉矶，见606页

华盛顿（WASHINGTON）

　　世人对其毫不陌生，这个国家的首都充满复杂的争议，政治角力和抗议示威与之如影随形。然而它也是一座骄傲之城，拥有宽广的林荫大道和光彩熠熠的纪念碑，以及被印上了明信片的波托马克河（Potomac River）风景。沿着殖民地时期的鹅卵石路，参观不容错过的博物馆、影剧院和更多景点吧。

当地交通

　　驾车游览华盛顿是件头疼事。更为明智的做法是把车在某个地方停一天，然后筹划步行、乘地铁、公共汽车以及环行巴士（DC Circulator）等各种游览方案。

停车

　　计时（偶尔免费）路边停车位有限，在国家广场（National Mall）旁尤其如此。公共停车库和停车场在城区很昂贵，但是在城郊的火车站较为便宜。酒店对过夜停车收费很高。

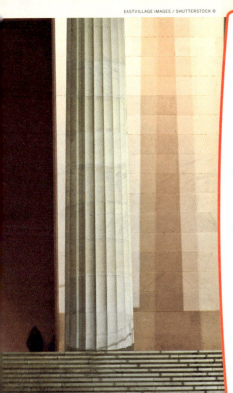

林肯纪念堂 标志性雕像所在地

顶级体验

➡ 日落时分的林肯纪念堂
华盛顿国家广场上没有其他的纪念建筑比林肯纪念堂更能够在人们心中唤起美国的光荣和理想。夜晚，当这座希腊风格的宫殿亮起灯时来照张相吧。

➡ 周游史密森学会
包括19个不同的博物馆和美术馆，再加上国家动物园，令人惊叹。

➡ 春季漫步潮汐湖
在风景如画的湖畔，捕捉特区著名地标的全景。当粉色的樱花盛开时，风景最美。

➡ 游览白宫
想要一览这个距离国会山咫尺之遥的美国最著名建筑，需要提前数月申请参观许可。

在哪吃

直奔国会山的东市场（Capitol Hill's Eastern Market），然后沿着第14街（14th St）走廊和市中心的潘恩区（Penn Quarter）品鉴那些好评如潮的饭店。想要更多的餐饮选择，去转转U街（U St）、杜邦圆环区（Dupont Circle）、亚当斯摩根街区（Adams Morgan）、西区（West End）或乔治敦（Georgetown）。

在哪住

市中心拥有华盛顿大部分的历史遗迹和高层酒店。繁华的杜邦圆环区地理位置优越，拥有历史悠久的酒店、民宿、精品酒店和豪华酒店。住在河对岸弗吉尼亚州的阿灵顿（Arlington, VA）可以省钱。

网络资源

Destination DC（http://washington.org）官方旅游网站，提供观光及活动信息。

Cultural Tourism DC（www.culturaltourismdc.org）提供以社区为单位的活动和团队游信息。

Washingtonian（www.washingtonian.com）涵盖华盛顿所有文化相关信息。

华盛顿周边游见纽约和大西洋沿岸中部，65页；步行游览华盛顿，见140页

美国
地区速览

从蜿蜒的海岸公路到崇山峻岭间的起伏山路，自驾是游览美国的最佳途径。本指南将为你展示各地区的精华，以及值得亲身体验的最佳路线。

落基山脉（见395页）

在高海拔的山路上为如画美景惊叹不已，然后周游原生态的湖泊、天然间歇泉、著名滑雪度假地以及野味十足的国家公园。

在线路 32 攀登古老崖屋

太平洋沿岸西北部
（见611页）

迷失在覆雪的火山、汩汩的温泉、风卷浪花的海滩，以及茂密的海岸雨林，或者沿着哥伦比亚河重走拓荒者小径。

在线路 49 观鲸

加利福尼亚（见517页）

沿著名的太平洋海岸公路驶过浪花飞溅的海滩，直奔与天际相接的内华达山脉，在凉爽的沙漠绿洲养精蓄锐。

在线路 40 漫步海滩、红杉林，体验更多胜景

西南部（见445页）

从大峡谷凝望纪念碑谷的孤峰或里奥格兰德河岸无尽的地平线。

在线路 36 品尝诱人的辣椒

大平原（见343页）

狂野西部匪徒和牛仔的故事、美洲原住民的部落传统，以及一望无际的金色大草原，皆在这片美国的腹地绵延展开。

在线路 27 寻找北美野牛的游乐场

五大湖地区（见301页）

从芝加哥的摩天大楼间出发，进入美国的"母亲之路"66号公路，然后与伟大的密西西比河蜿蜒同行，或者也可选择另一条途经湖滨沙滩和灯塔的路线。

在线路 24 窥视驼鹿

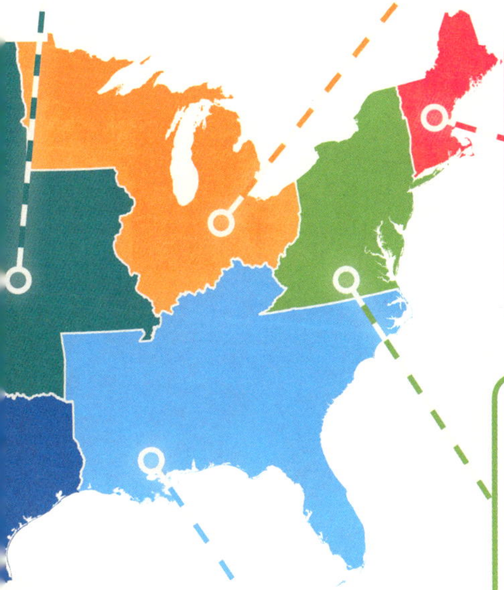

新英格兰（见145页）

一个个渔村点缀着崎岖的海岸线，爬满常春藤的大学校园和绚丽的秋叶是乡道旁的风景，这一切都召唤着自驾旅行者来到这片备受赞誉的诗意风景中。

在线路 9 吃龙虾

纽约和大西洋沿岸中部（见65页）

文化遗产遍布的地区——从阿米什人的农庄到南北战争遗址再到马里兰州历史悠久的公路。在天际线公路和五指湖周边可以找到若干瀑布。

在线路 4 的泽西海岸举行派对

佛罗里达州和南部（见221页）

无论是在微风吹拂的湾区和大西洋沿岸漫游，还是驱车内陆驶过富于野趣的阿巴拉契亚山脉和卡真法裔区，自然之美始终与你相伴。

在线路 18 吟唱蓝调音乐

美国

Classic Trips

经典线路

何谓经典线路?

　　本书中所有的线路都展现了最棒的美国风景,在此我们特别选择了15条焕发着永恒魅力的绝妙路线。这就是我们的经典线路——带你去最佳的标志性景点、最酷的活动,感受独一无二的美式风情。留意跨地区经典线路,当然,还有更多经典线路等着你。

上图: 牛轭弯,大蒂顿国家公园

左图: 谢尔曼将军树,红杉国家公园

经典线路

66号公路

66 号公路是美国的"母亲之路"，它从芝加哥穿越到洛杉矶，也穿越了时光。沿途有霓虹闪烁的美式小馆，有露天汽车电影院，还有让人拍照拍到手软的美景。

线路亮点

2400 英里
圣莫尼卡
在旅途的终点狂欢

830 英里
俄克拉何马州
66号公路博物馆
通过多媒体展品叙述
这条路上的故事

起点 Chicago
芝加哥
Wilmington
威尔明顿
Springfield
斯普林菲尔德
St Louis
圣路易斯
Kansas
堪萨斯
Meramec
Caverns
梅勒梅克洞穴

Barstow
巴斯托
Oatman
奥塔曼
Petrified Forest
National Park
化石森林国家公园
Albuquerque
阿尔伯克基
Devil's Rope Museum
魔鬼绳索博物馆
Amarillo
阿马里洛
Amboy
安博伊
终点

图克姆卡里
路边满是美国范
的店铺和霓虹灯

1100 英里

14天
2400英里/
3862公里

最适合

何时去

5月至9月，景点开放时间延长。

最佳
摄影点

玻璃纤维制成的双子座巨人。

最佳
两日

伴随着风滚草和麦芽奶昔的加利福尼亚绵延公路。

Classic Trip
经典线路

1 66号公路

　　这是一条孤寂的道路——一条真正的幽灵之路，它往往延伸了一段路程后，就会被并入州际公路而消失不见。直到路边突然出现一座高达6米、拿着热狗的伐木工人塑像，或是一个将你带往那辆由林肯驾驶的"世界最大篷车"的路标，你就知道又找对路了。而这还只是在伊利诺伊州——这趟怀旧、煽情、慢慢悠悠的西行路途的第一站，别忘了，这条线路总共要经过8个州。

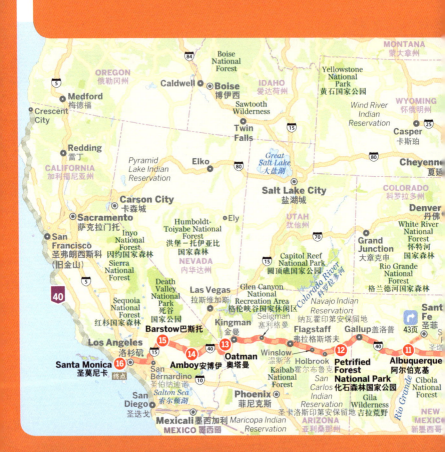

❶ 芝加哥

66号公路始于芝加哥市中心密歇根大道(Michigan Ave)正西的Adams St。在不能免俗地与"66号公路起点"路标合影之前,不妨先参观一下这座被称为"风城"(Windy City)的大都市。你可以在距离"母亲之路"起点几步之遥的**芝加哥艺术学院**[Art Institute; ☎312-443-3600; www.artic.edu; 111 S Michigan Ave; 成人/儿童 $25/免费; ⏰周五至周三 10:30~17:00,周四 至20:00; 🚻; Ⓜ棕线(Brown Line)、橙线(Orange Line)、绿线(Green Line)、紫线(Purple Line)、粉线(Pink Line)至Adams]中漫步,欣赏爱德华·霍普(Edward Hopper)的代表画作《夜游者》(Nighthawks;咖啡厅晚餐的场景)和格兰特·伍德(Grant Wood)的《美国哥特人》(American Gothic;一幅农民肖像画),为接下来要邂逅的一路风景做好准备。

你也可以

23 大河路
这条史诗般的道路(实际上是若干公路的总称)沿着密西西比河蜿蜒向前。你可以从圣路易斯转上此线路。

40 太平洋海岸公路
这条沿大陆边缘延伸的公路与66号公路齐名,它就是加州1号公路。当66号公路的旅程到达尽头,就进入加州1号公路继续南下或北上吧。

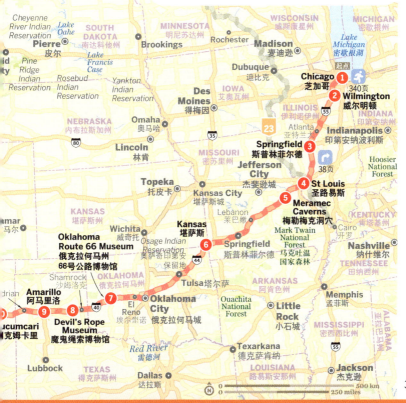

Classic Trip
经典线路

附近的**千禧公园**(Millennium Park; ☎312-742-1168; www. millenniumpark.org; 201 E Randolph St; ☉6:00~23:00; ⏫; Ⓜ棕线、橙线、绿线、紫线、粉线至Washington/Wabash)十分前卫，6月至8月的午餐时间和很多夜晚都会举办现代公共艺术品展和音乐会。

🍴 见47页

行驶路上 » 沿Adams St行驶1.5英里，到达Ogden Ave左转，穿过西塞罗(Cicero)和伯温(Berwyn)的郊区。在Harlem Ave左转向南行驶，随后不远处右转驶入Joliet Rd。沿Joliet Rd行驶直至汇入通往南方的I-55州际公路(在277出口)。

❷ 威尔明顿

我们的第一站耸立在芝加哥南方60英里的玉米地里。从241出口驶离I-55州际公路，沿着Hwy 44公路往南走不远就进入Hwy 53公路，直到耸立着**双子座巨人**(Gemini Giant; 810 E Baltimore St)的威尔明顿(Wilmington)。这尊玻璃纤维制作的宇航员高达28英尺(约8.5米)，在此守卫着发射台汽车餐厅(Launching Pad Drive-In)。餐厅虽已停业，但这尊抱着火箭的巨大绿色雕塑依旧是经典的拍照景点。

行驶路上 » 返回I-55州际公路。由154出口驶往范克思农场(Funks Grove)，这是一个19世纪的枫糖浆农场(Maple-sirup Farm)。驶入老66号公路(Old Route 66; 与I-55州际公路并列的一条辅道)，10英里后就会到达亚特兰大(Atlanta)和那里卖各种派的咖啡馆(见47页)。斯普林菲尔德位于亚特兰大西南50英里处。

❸ 斯普林菲尔德

伊利诺伊州是美国第十六任总统林肯的故乡，这从该州的车牌就看得出来(车牌上注有"林肯的故乡"的字样)，而了解"诚实的亚伯"(Honest Abe; 对林肯的爱称)的最佳地点就是伊利诺伊州的首府斯普林菲尔德(Springfield)。他的仰慕者们在神圣的三大景点前敬畏不已: **林肯墓园**(Lincoln's Tomb; ☎217-782-2717; www. lincolntomb.org; 1441 Monument Ave; ☉9:00~17:00)、**林肯总统图书馆和博物馆**(Lincoln Presidential Library & Museum; ☎217-558-8844; www.illinois. gov/alplm; 212 N 6th St; 成人/儿童 $15/6; ☉9:00~17:00; ⏫)以及**林肯故居**(Lincoln Home; ☎217-492-4150; www. nps.gov/liho; 426 S 7th St; ☉8:30~17:00)，这三处都在市中心或者距离市中心不远的地方。对了，斯普林菲尔德的66号公路是如何声名鹊起的? 这还得归功于诞生于此的玉米热狗(Cozy Dog; 一种插在棍上并裹着玉米糊的油炸热狗)。

🍴 见47页

行驶路上 » 返回I-55州际公路，在伊利诺伊州的大部分地区，这条公路取代了66号公路。伊利诺伊州66号公路协会(Route 66 Association of Illinois; www.il66assoc.org)会告诉你通往复古加油站、老式咖啡馆和巨型林肯雕塑的岔路。在爱德

另辟蹊径
老石链桥

起点: ❸ **斯普林菲尔德**

驶入密苏里州之前，从3出口驶离I-270州际公路。沿着Hwy 3公路(又名Lewis and Clark Blvd)南行，在第一个红绿灯路口右转，向西行驶至这座建于1929年的**老石链桥**(Old Chain of Rocks Rd; ☉9:00至日落)。现在它只向行人与骑行者开放。这座横跨密西西比河的大桥长达1英里，当中拐了一个22度的弯(这导致多起交通事故，所以现在车辆禁行)。如果你想下车一探究竟，那么藏好你的贵重物品并锁好车。

华兹维尔(Edwardsville)附近转入I-270州际公路,随后横跨密西西比河(Mississippi River)进入密苏里州(Missouri)。

④ 圣路易斯

跨过州界就是圣路易斯(St Louis),这个积极进取的城市已经向西运送游客达数个世纪之久。要欣赏这个城市最具标志性的景观,就驶离I-270州际公路去往Riverview Dr,车头朝南对着高达630英尺(约192米)的**大拱门**(Gateway Arch; ☎314-655-1700; www.gatewayarch.com;乘坐电车登顶 成人/儿童 $13/10; ⊙6月至8月8:00~22:00,9月至次年5月9:00~18:00,最后一班电车在关门前1小时发车; ♿),它优雅地提醒着人们这座城市在西进运动中所扮演的角色。想近距离欣赏这座不锈钢拱门和围绕它的杰斐逊国家扩张纪念地(Jefferson National Expansion Memorial),就左转由Tucker Blvd(12th St)进入Washington Ave。圣路易斯还有个大型公园可以探索(见392页),适合你伸展肌肉,放松一下。

✕ 🛏 见47、390页

行驶路上 » 从圣路易斯开始,I-44州际公路与"母亲之路"紧紧相伴,许多时候它们是重叠的。沿着州际公路往西南方向行进,进入斯坦顿(Stanton),然后跟随路标进入梅勒梅克洞穴。

---

⑤ 梅勒梅克洞穴

承认吧,你很好奇。沿途许多广告牌都在不断宣传着**梅勒梅克洞穴**(Meramec Caverns; ☎573-468-3166; www.americascave.com;I-44州际公路 230出口,Stanton;成人/儿童 $21/11; ⊙6月至8月8:30~19:30,9月至次年5月开放时间缩短)。1933年以来,凭借其不落俗套的广告,梅勒梅克洞穴这一适合举家出游的景点和露营地吸引了众多的公路旅行者。从淘金到河船游,你将度过充满乐趣的一天。记得不要错过洞穴之旅,无论是从历史还是地质角度来说,它都充满了魅力。给想吃饭或购物的旅行者提个醒:饭店和礼品店就在洞口内。

行驶路上 » 沿着I-44州际公路继续行驶,莱巴嫩(Lebanon)是个不错的停车休息点(见47页)。在斯普林菲尔德西侧驶离州际公路,取道Hwy 96公路前往美国南北战争时期的迦太基(Carthage),这里有历史上著名的城市广场和66号公路汽车电影院(66 Drive-In Theatre)。从乔普林(Joplin)沿着Hwy 66公路驶向老66号公路,抓紧方向盘——马上就到堪萨斯州了!

---

⑥ 堪萨斯

"母亲之路"在龙卷风肆虐的堪萨斯州(Kansas)境内的长度仅为13英里(不

及全长的1%),但是仍然有许多值得一看的景点。首先你要穿过遍布矿坑的**加利纳**(Galena),那里一辆锈迹斑斑的旧拖车给皮克斯工作室(Pixar)的动画片绘制者们提供了灵感,创作出电影《汽车总动员》(Cars)中的马塔尔一角。继续往前几英里,在红砖的**尼尔森的老里弗顿商店**(Nelson's Old Riverton Store; ☎620-848-3330; www.eislerbros.com; 7109 SE Hwy 66, Riverton; ⊙周一至周六 7:30~20:00,周日 正午至19:00)采购电池、火鸡三明治以及66号公路纪念品。这家已被列入美国国家史迹名录(National Register of Historic Places)的老店跟1925年刚建成的时候并没什么两样,留意它的锡制天花板和户外卫生间。

穿过Hwy 400公路,继续前行至**1923马什拱桥**(1923 Marsh Arch Bridge),从此地再往北走3英里就是**巴克斯特斯普林斯**(Baxter Springs),这里是南北战争中大屠杀和诸多银行抢劫案的发生地。

行驶路上 » 进入俄克拉何马州。从阿夫顿(Afton)开始,66号公路与I-44州际公路(现为收费公路)并行穿过维尼塔(Vinita),这里有一家声名远播的炸鸡和牛排餐厅(见47页)。从塔尔萨(Tulsa)到俄克拉何马城(Oklahoma City)是

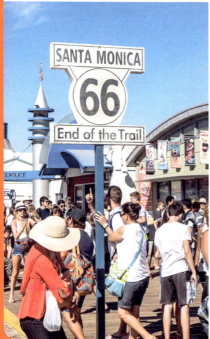

为何经典
马克·约翰森
本书作者

　　没有哪段旅程能像66号公路这样让你深入感受美国，洞悉其内心世界。虽然起点和终点均是美国最大的城市，但这条"母亲之路"沿途绝大部分都是这个国家最为落寞的角落。这是一次令人难以忘怀的欢乐体验，引领你追忆过往。

上图：老石链桥
左图：圣莫尼卡码头
右图：Big Texan Steak Ranch餐厅指示牌

"母亲之路"连续直行最长的一段（110英里）。66号公路与I-40州际公路在这里会合，20英里后到达以特有的炸洋葱汉堡（见47页）闻名的埃尔里诺（El Reno），随后与I-40州际公路并行至克林顿。

线路亮点

❼ 俄克拉何马州 66号公路博物馆

克林顿（Clinton）的**俄克拉何马州66号公路博物馆**（Oklahoma Route 66 Museum；☎580-323-7866；www.route66.org；2229 W Gary Blvd；成人/儿童 $7/4；⏱5月至8月 周一至周六 9:00~19:00，周日 13:00~18:00，9月至次年4月开放时间缩短）旁迎风飘扬着66号公路沿途8个州的州旗，馆内藏品琳琅满目。这个有趣的宝库归俄克拉何马州历史协会（Oklahoma Historical Society）管理，它并不是通常那种由照片、剪报和装饰品组成的大杂烩（尽管里面也有一个摆满了手工艺品的展柜），而是利用音乐和视频对66号公路60余年的历史进行了生动的阐释。最后，别忘了去稍嫌刻意但依然有趣的汽车电影院看看。

行驶路上 » 继续西行70英里到达得克萨斯州边境。在这里，老66号公路突然拐向了I-40州际公路的南边，然后穿过一些几乎没怎么变样的城镇，比如

41

沙姆洛克（Shamrock）和麦克莱恩。沙姆洛克修复了包括塔站（Tower Station）和倒U形饭店（U-Drop Inn）在内的一些20世纪30年代建筑物，麦克莱恩则是一个迷你小镇。

⑧ 魔鬼绳索博物馆

草原辽阔的得克萨斯州和畜牧业发达的其他西部各州都曾经是开放牧场，公牛和牛仔可以在此纵情漫游。但是到了19世纪80年代，一切都变了。魔鬼的绳索，也就是俗称的铁丝网，开始将这片地区分割为众多私人田地。位于麦克莱恩（McLean）的这家**魔鬼绳索博物馆**（Devil's Rope Museum; www.barbwiremuseum.com; 100 Kingsley St; ☑3月至11月 周一至周六 9:00~16:00）展示了各式各样的铁丝网，此外还有一家专门面向66号公路的特色房间，不大但是很舒适。得克萨斯州公路的详细地图是旅行者的必备品。

行驶路上 » 麦克莱恩西边的I-40州际公路越过低矮起伏的山丘。地势在格鲁姆（Groom）段变得平坦起来，这是倾斜水塔的家乡，在112号出口高耸着一个19层楼高的十字架。经96号出口驶往康威（Conway），在

I-40州际公路南边荒凉的VW甲壳虫农场（VW Beetle Ranch，亦称Slug Bug Ranch）前拍张照。想要去Big Texan Steak Ranch餐厅就走74号出口。

⑨ 阿马里洛

阿马里洛（Amarillo）这个牛仔城藏着众多66号公路的精彩景点：Big Texan Steak Ranch餐厅（见48页；你已经看见广告牌了）、历史上著名的牲畜拍卖地，以及还保留着最初66号公路生意的圣哈辛托区（San Jacinto District）。

Big Texan Steak Ranch餐厅虽然有点儿做作，但不失为一个精彩景点，它于1960年在66号公路旁开业。1971年I-40州际公路建成的时候，它又决绝地搬迁到现在的地址。这里最吸引眼球的花招就是提供"免费的72盎司牛排"——你得在一个小时内吃掉这块硕大的牛肉再加上一堆配菜，否则你就要为这顿饭全额买单（$72）。比赛选手们在一张加高的桌子前坐下，"娱乐"其他的就餐者。提醒你一下，只有不到20%的人能通过这项挑战。

🍴 见48页

行驶路上 » 沿I-40州际公路上继续向西。凯迪拉克农场（Cadillac Ranch）是一组画满涂鸦的凯迪拉克报废老爷车组成的装置艺术作品，它们被一排地斜插在土地上。若想参

观就走60号出口，然后从爱的加油站（Love's Gas Station）返回南部侧道。从那里沿着I-40州际公路向西经过艾德里安市（Adrian）和Midpoint Cafe（见48页）到达新墨西哥州（New Mexico）的边界。图克姆卡里就在这里以西40英里处。

线路亮点

⑩ 图克姆卡里

图克姆卡里（Tucumcari）是一座夹在台地和平原之间的农牧业城镇，拥有66号公路保存最为完好的路段之一。这里非常适合夜间驾车驶过，那时候数十个霓虹灯招牌（66号公路鼎盛时期留给小镇的遗物）闪耀着七彩光芒。66号公路留给图克姆卡里的自驾遗产以及当地的其他亮点都被悉数记录在市中心及周边地区的35幅壁画中。你可以去**商会**（Chamber of Commerce; ☎575-461-1694; www.tucumcarinm.com; 404 W Route 66; ☑周一至周五 8:30~17:00）拿一张壁画的分布图。

吸引人的**梅萨兰德恐龙博物馆**（Mesalands Dinosaur Museum; ☎575-461-3466; www.mesalands.edu/community/dinosaur-museum; 222 E Laughlin St; 成人/儿童 $6.50/4; ☑3月至8月 周二至周六 10:00~18:00, 9月至次年2月 周二至周六 正午至

17:00；🚻）用玻璃柜展示着真正的恐龙骨架，并且为孩子们提供可以触摸的展览品。恐龙骨架模型是青铜铸造（不是常见的熟石膏），细节精美。

🍴 🛏 见47页

行驶路上 » 沿着I-40州际公路继续向西行驶，眼前干旱而多风的平原向远方绵延，直至地平线被平顶的台地遮挡。若是想舒适一下筋骨，就从66号公路或者I-40州际公路走277号出口去往圣塔罗莎（Santa Rosa）市中心和66号公路汽车博物馆（Route 66 Auto Museum），馆内展有多达35辆汽车，横跨20世纪20年代至60年代，而且全都车况良好。

⓫ 阿尔伯克基

1936年后，66号公路在其老路的基础上进行了校准，现在的新路笔直西通向阿尔伯克基（Albuquer-

**另辟蹊径
圣菲**

起点: ⓫ 阿尔伯克基

背靠桑里代克里斯托山（Sangre de Christo Mountains），新墨西哥州的首府圣菲是一座海拔7000英尺（约2133米）的艺术与文化绿洲。66号公路曾穿过这座城市，直到1937年重新规划路线时它才被搁置一旁。无论是乔治亚·奥基弗博物馆（Georgia O'Keeffe Museum）还是一流餐厅中的超辣青椒菜肴，都值得你专程来访；此外，你也可以在教堂和画廊（见514页）之间漫步。66号公路沿着老佩科斯小径（Old Pecos Trail；道路编号为NM466）进入城里。

que），而老路则向北一直通到圣菲（Santa Fe）。今日阿尔伯克基的中央大道（Central Ave）就沿着1937年以后的66号公路而建，它穿过诺布山（Nob Hill）、新墨西哥大学（University of New Mexico）、市中心以及旧城区。

带露台的酒馆**Kelly's Brewery**（www.kellysbrewpub.com；3222 Central Ave SE；⏰周日至周四 8:00~22:30，周五和周六 至午夜）位于时髦的诺布山，过去曾是路上一家装饰艺术风格的加油站，于1939年投入使用。I-25州际公路的西边，穿过古老的贸易站可以看到**科莫剧院**（KiMo Theatre；☎505-768-3544；www.cabq.gov/kimo；423 Central Ave NW）运用泥瓦和木材所营造出的独特艺术效果。这座印第安装饰派建筑风格的标志性建筑物建于1927年，将美国本土印

第安文化与装饰派艺术设计风格融为一体。这里也放映经典电影。想看史前艺术作品，取道城西的154号出口，然后向北行驶3英里至**岩画国家纪念地**（Petroglyph National Monument；☎505-899-0205；www.nps.gov/petr；6001 Unser Blvd NW；⏰游客中心 8:00~17:00），那里的蚀刻岩画多达20,000余件。

🍴 见47、63页

行驶路上 » 66号公路从I-40州际公路转入盖洛普（Gallup），成为城市的主街，沿途可以看到很多重新装修过的漂亮建筑，比如1928年西班牙殖民地风格的埃尔莫罗剧院（El Morro Theater）。精彩的壁画也为城中诸多建筑增添了色彩。从盖洛普出发，行驶21英里后便到达亚利桑那州（Arizona）。在亚利桑那州，经311号出口进入化石森林国家公园。

⓬ 化石森林国家公园

化石森林国家公园（Petrified Forest National Park；☎928-524-6228；www.nps.gov/pefo；车辆 $20，步行/自行车/摩托车 $10；⏰3月至9月 7:00~19:00，10月至次年2月开放时间缩短）的"树木"都是有2.25亿年历史的原木化石碎片。说白了，树木已经变成石头，散布在这片广袤的半沙漠化草地里。许多碎片体积庞大，直径可达6英尺（约1.83米）。

这段风景优美的道路大概有15个出口，有解释性的路标和一些短途小径。南入口处附近的两条小径提供了近距离观看石化原木的最好机会：1.6英里的长原木小径（Long Logs Trail）两旁聚集了数量最多的石化原木，0.4英里的大原木小径（Giant Logs Trail）将穿过彩虹森林博物馆（Rainbow Forest Museum），小径上有公园里最大的原木。

l-40州际公路以北，可以欣赏到一望无垠、如画般的大漠风情。在那里，尤其是在日落的时候，大自然犹如一幅令人难忘、美妙绝伦的调色板。

l-40州际公路横穿这个公园，在北边311出口和南边Hwy 180公路驶离处各有一个公园入口。人们铺设了一条长28英里的景观大道将两个入口连在一起。不想原路返回的话，西行的游客可以从北边开始游览，往东去的游客可从南边开始游览。

行驶路上 » 沿l-40州际公路西行25英里到达霍尔布鲁克（Holbrook），这里曾是一个狂野的西部城市，如今的维格瓦姆汽车旅馆（Wigwam Motel）随时随地成为相机取景的焦点。继续驱车依次经过有一家精致酒店（见48页）但略显冷清的温斯洛（Winslow）和著名的大学城弗拉格斯塔夫（Flagstaff）。在塞利格曼（Seligman）吃个汉堡（见48页），然后随着66号公路拐向西北，与l-40州际公路分道扬镳，穿过矮树丛覆盖的沙漠直至安静的金曼（Kingman），再次与l-40州际公路汇合。从这里你可以蜿蜒穿过黑山（Black Mountains）和西特格里夫斯隘口（Sitgreaves Pass）到达小镇奥塔曼。

⑬ 奥塔曼

自1942年矿脉枯竭以来，锈迹斑斑的小镇奥塔曼（Oatman）就利用每日上演的枪战（每天13:30和15:30）和两家礼品店，将自己重新打造成电影拍摄基地和西部游的圈钱地。两家店铺分别是快芬妮之家（Fast Fanny's Place）和漂亮驴子（the Classy Ass）。

说起驴子，这里的街道上确实到处可以看见它们走来走去（四条腿的那种）。它们又傻又可爱，是早期矿工留下的驮兽的后代。这些小毛驴会乞求食物，但是不要喂它们胡萝卜，可以去附近的商店里买些更健康的干草块喂它们，每袋$1。

1902年建成的奥塔曼饭店（Oatman Hotel）就挤在这些商店中间，它的房子简陋得令人吃惊（已经不再对外营业了），1939年，电影明星克拉克·盖博（Clark Gable）和新婚妻子卡洛尔·隆巴德（Carole Lombard）曾在这里度过了他们的新婚之夜。每年7月4日，奥塔曼小镇会举办一次街头煎蛋比赛。现在，这比赛可火了！

行驶路上 » 从这里出发，66号公路弯弯曲曲地拐入黄金海岸（Golden Shores）和l-40州际公路。很快你就会从尼德尔斯（Needles）进入加利福尼亚州（California）。大约40英里以后，这条路会南斜，与National

圣莫尼卡码头 沿着太平洋延伸近1/4英里

Old Trails Rd交会。这是66号公路最棒的一段路程，广阔的蓝天和古老的路标都在落日下被染上红褐色。 .

⑭ 安博伊

美国最初的州际公路建于1912年，比同样经过安博伊（Amboy）的66号公路还早10年，如今它正以一种浪漫的方式谢幕。这条布满辙痕的公路穿过稀稀落落散布在莫加伍（Mojave）的那些小镇。只有几个地标会遮住视野，其中就包括**罗伊**

汽车旅馆和咖啡馆（Roy's Motel & Cafe; www.rt66roys. com; National Old Trails Hwy; ⊙7:00~20:00，随季节变化; ℗），这是66号公路上的一家标志性客栈。传说罗伊曾经在1963年的水星汽车（Mercury）引擎罩上烹制了他著名的66号公路双层芝士汉堡。尽管这家汽车旅馆已经被遗弃了，但加油站和咖啡馆偶尔还会营业。**安博伊火山口**（Amboy Crater; ☎760-326-7000; www.blm. gov/ca; ⊙日出到日落; ℗）位于咖啡馆的西部，是个几乎

完全对称的火山灰锥体。你可以徒步走到顶上，但最好避开中午的艳阳，因为这段1.5英里的路程没有一丝凉爽遮蔽处。

行驶路上 » 沿着National Old Trails Rd去拉德洛（Ludlow）。右转进入Crucero Rd，从I-40州际公路下面经过，然后沿着北边的侧道西行，在Lavic Rd左转。沿着National Old Trails Rd一直向西，穿过大风肆虐的达盖特（Daggett）。在Nebo St与I-40州际公路汇合。继续驱车行进15分钟到达出口，取道

Barstow Rd。

⑮ 巴斯托

驶离州际公路，进入穿过巴斯托（Barstow）的Main St。巴斯托是一个铁路社区，也是历史上著名的十字路口，这里的壁画装点着市中心空荡荡的建筑物。沿着1st St向北走，从一座架柱桥上穿过莫哈韦河（Mojave River），到达1911年建成的哈维楼（Harvey House）。此楼由著名的西部建筑师玛丽·科尔特（Mary Colter）设计，也被称为"沙漠中的酒店"（Casa del Desierto）。在一个小型铁路博物馆旁边的就是**66号公路"母亲之路"博物馆**（Route 66 'Mother Road' Museum；☎760-255-1890；www.route66museum.org；681 N 1st St；◷周五和周六 10:00～16:00，周日 11:00～16:00，或者通过预约；Ⓟ▨），它展示了众多黑白历史照片和20世纪初日常生活中的琐碎物件。那时候，它和哈维楼没啥两样。

✕ 见49页

行驶路上 » 返回National Old Trails Rd。在维克多维尔

（Victorville）取道I-15州际公路出城，向南行进到达圣贝纳迪诺（San Bernardino），这里有一家标志性的66号公路汽车旅馆。从那里沿着Foothill Blvd或者66号公路西行，穿过郊区后面的帕萨迪纳（Pasadena），在美式小餐馆（见49页）吃顿饭继续出发。最后，为了以好莱坞（Hollywood）结尾，走Arroyo Seco Pkwy前往洛杉矶，Sunset Blvd和Santa Monica Blvd在那里相会。

线路亮点

⑯ 圣莫尼卡

圣莫尼卡（Santa Monica）是旅途的终点。66号公路到达位于**帕利塞德斯公园**（Palisades Park）海边峭壁的终点，这里的威尔·罗杰斯公路纪念牌（Will Rogers Hwy memorial plaque）标志着"母亲之路"的正式结束，从起点芝加哥至此，全程超过2400英里。去**圣莫尼卡码头**（Santa Monica Pier；☎310-458-8901；

最佳建议
66号公路导航

由于66号公路不再是一条官方公路，所以大多数地图上都找不到它。尽管我们提供了详尽的指引，但是如果能额外利用下列资源，你将更加游刃有余：在www.historic66.com网站上有免费的路线规划指导，国家历史66号公路联合会（National Historic Route 66 Federation；www.national66.org）也提供地图。

www.santamonicapier.org；▨）庆祝吧，你可以乘坐电影《骗中骗》（The Sting）中20世纪20年代的木马，可以在**圣莫尼卡码头水族馆**（Santa Monica Pier Aquarium；☎310-393-6149；www.healthebay.org；1600 Ocean Front Walk；成人/儿童 $5/免费；◷周二至周五 14:00～18:00，周六和周日 12:30～18:00；▨；Ⓜ Expo Line至圣莫尼卡市中心）温柔地触摸蓄潮池的生物，还可以再去**太平洋公园**（Pacific Park；☎310-260-8744；www.pacpark.com；380 Santa Monica Pier；过山车 单次 $5~10，一日通票 成人/8岁以下儿童 $32/18；◷每天开放，时间根据季节调整；▨；Ⓜ Expo Line至圣莫尼卡市中心）太阳能摩天轮顶部沐浴夕阳的余晖。这里的狂欢全年无休，你可以坐上西海岸唯一的海滨钢铁过山车，在刺激的飞驰中结束此次经典之旅。

🛏 见49页

食 宿

芝加哥 ❶

✖ Lou Mitchell's 早餐 $

（☎312-939-3111；www.loumitchell
srestaurant.com；565 W Jackson Blvd；主菜
$9~14；⏱周一 5:30~15:00，周二至周五 至
16:00，周六 7:00~16:00，周日 至15:00；🚻；
Ⓜ Blue Line至Clinton）这里淋漓尽致地体现了
66号公路的风格，当地人和游客聚集在一
起享用早餐。老派的女服务生会端上满满
当当的松软煎蛋卷盘子和切得很厚的法式
吐司，外加一罐糖浆。

亚特兰大

✖ Palms Grill Cafe 美式小馆 $

（☎217-648-2233；www.thepalmsg
rillcafe.com；110 SW Arch St；主菜 $6~10；⏱周
日至周三 10:00~16:00，周四至周六 至20:00）
橱窗里厚厚的醋栗片、巧克力奶油，以及各
种怀旧的派，都会勾起你的食欲。用完餐，
穿出大街与高大的保罗（Tall Paul）合个
影，就是那个保罗·班扬（Paul Bunyan；
美国传说中的伐木工英雄）拿着热狗的大
雕塑。

斯普林菲尔德 ❸

✖ Cozy Dog Drive In 美国菜 $

（☎217-525-1992；www.cozydogdrivein.
com；2935 S 6th St；主菜 $2~5；⏱周一至周
六 8:00~20:00）这是66号公路上的传奇餐
厅，享誉盛名的玉米热狗就诞生于此。这
里还有纪念品以及木棍上那些被炸透的
主菜。

圣路易斯 ❹

✖ Ted Drewes 甜点 $

（☎314-481-2652；www.teddrewes.com；
6726 Chippewa St；蛋筒 $2~6；⏱2月至12月
11:00~23:00）离开这个城市之前，可千万别
忘了去市中心以西的Ted Drewes。这家店
历史悠久，里面的冰激凌甜点奶油多多，
尽情地享用吧。在市中心以南的4224 S
Grand Blvd还有家规模较小的分店，只在
夏天营业。

莱巴嫩

🛏 Munger Moss Motel 汽车旅馆 $

（☎417-532-3111；www.mungermoss.
com；1336 E Rte 66；房间 $60起；❄🛜🅿）准
备打个盹吗？那就来这家建于20世纪40年
代的汽车旅馆吧！这里有醒目的霓虹灯招
牌和热爱"母亲之路"的老板。

维尼塔

✖ Clanton's 美国菜 $

（☎918-256-9053；www.clantonscafe.
com；319 E Illinois Ave；主菜 $4~12；⏱周一至
周五 6:00~20:00，周六和周日 至14:00）咖啡
馆可以追溯到1927年，在这儿可以吃炸鸡
排和炸小牛睾丸（别问为什么）。

埃尔里诺城

✖ Sid's Diner 汉堡 $

（☎405-262-7757；300 S Choctaw Ave；
主菜 $4起；⏱周一至周六 7:00~20:00）埃尔
里诺最有名的炸洋葱汉堡，门口总是排起长
队，足以证明他家名不虚传。坐在吧台就可
以看到制作汉堡的神奇过程。

阿马里洛 **9**

🍴 Big Texan Steak Ranch　　　牛排 $$

（www.bigtexan.com; 7701 I-40 E, 75出口; 主菜 $10~40; ⏰7:00~22:30; 🅟）经典且有些浮夸的66号公路路边餐厅。来吧，这里已经成为传奇："免费的72盎司牛排"——你得在一个小时吃光这份巨大的牛排外加大量的小菜，否则就得掏钱包买单（$72）。

艾德里安市

🍴 Midpoint Cafe　　　咖啡馆 $

（806-538-6379; route66midpointcafe.com; 305 W Historic Route 66; 主菜 $5~10; ⏰8:00~16:00, 具体营业日期不定）这里有颜色亮丽的塑胶椅子，20世纪50年代式样的小玩意，提供常见的食物（烤肉和汉堡），但旨在营造特别的氛围：不是普通的土豆沙拉，而是魔鬼蛋土豆沙拉。

图克姆卡里 **10**

🍴 Kix on 66　　　美式小馆 $

（575-461-1966; www.kixon66.com; 1102 E Tucumcari Blvd; 主菜 $5~10; ⏰6:00~14:00; 🅟）这是一家极受欢迎的早餐小馆，供应各式早餐，有不同的分量可选。餐品包括墨西哥式煎蛋（Huevos Rancheros）、饼干和肉汁，还有浓缩咖啡、甜甜圈和午餐三明治。

🛏 Blue Swallow Motel　　　汽车旅馆 $

（575-461-9849; www.blueswallowmotel.com; 815 E Tucumcari Blvd; 房间 $75起; ✳🅟）你可以在这家整修后焕然一新的66号公路沿途汽车旅馆过一夜，体验时光倒流，回到几十年前。这里有友好的老板，还有装修古典别致的房间。

阿尔伯克基 **11**

🍴 Artichoke Cafe　　　新派美国菜 $$$

（505-243-0200; www.artichokecafe.com; 424 Central Ave SE; 午餐主菜 $12~19, 晚餐主菜 $16~39; ⏰周一至周五 11:00~14:30 和17:00~21:00, 周六 17:00~22:00）这家热门的小餐馆供应富有创意的美食，让人印象深刻。

🍴 Marble Brewery　　　自酿酒吧 $

（505-243-2739; www.marblebrewery.com; 111 Marble Ave NW; ⏰周一至周六 正午至午夜, 周日 至22:30）这是一家很受欢迎的市中心自酿酒吧。内部很惬意，冬季温暖舒适，到夏季，当地乐队会在啤酒花园里进行现场演奏。

温斯洛

🛏 La Posada　　　历史酒店 $$

（928-289-4366; www.laposada.org; 303 E 2nd St; 双/豪华套房 $139/169; ✳🅟🐾）这家于20世纪30年代修复的大庄园给人留下了深刻的印象，设计师是著名建筑家玛丽·简·科尔特（Mary Jane Colter）。精湛的砖瓦工艺、由玻璃和锡制作的吊灯，还有纳瓦霍族地毯和其他透出西部风格的优雅细节。

塞利格曼

✖ Delgadillo's Snow
Cap Drive-In   汉堡包 $

（☎928-422-3291；301 Rte 66；主菜
$5~6.50；⊙3月至11月 10:00~18:00）这是66
号公路上的一家名店。疯狂的装饰只是一
部分，要当心假的芥末瓶子！

巴斯托 ⑮

✖ Idle Spurs Steakhouse   牛排 $$

（☎760-256-8888；www.thespurs.
us；690 Old Hwy 58；午餐主菜 $9~24，晚餐
$12~45；⊙周二至周五 11:00~21:00，周六和
周日 16:00起；🅿🚻）这家从1950年开始营
业的西部主题餐馆深受当地人和游客的喜
爱，供应慢烤上等肋条、手切牛排和多汁的
龙虾尾，不妨在此大快朵颐，满足你内心深
处的食肉欲望吧。

圣贝纳迪诺

🛏 Wigwam Motel   汽车旅馆 $

（☎909-875-3005；www.wigwammotel.
com；2728 W Foothill Blvd；房间 $73~110；
🅿❄🛜🐾）感受一下66号公路的通俗艺
术吧：在这19顶高达30英尺的混凝土圆
锥形帐篷中选择一顶，舒舒服服地待一会
儿。这里建于1949年，配备有不错的家具和
汽车旅馆风格的现代化设施。

帕萨迪纳

✖ Fair Oaks Pharmacy   美式小馆 $

（☎626-799-1414；www.fairoaksphar
macy.net；1526 Mission St, South Pasadena；
主菜 $6~11；⊙周一至周六 9:00~21:00，周日
10:00~19:00；🚻）这家位于66号公路旁的冷
饮店始建于1915年，值得好好探寻一番。来
杯老式的"盐汽水"（phosphate；用不同风
味的糖浆、苏打水和"秘方"配制而成），
或是在礼品店买点有趣的糖果。

🛏 Saga Motor Hotel   汽车旅馆 $$

（☎800-793-7242, 626-795-0431；www.
thesagamotorhotel.com；1633 E Colorado Blvd；
房间 $105起；🅿❄@🛜🏊🐾）这一桃红色的
汽车旅馆有70间客房，并不如其复古式的
20世纪50年代标牌那样花哨或酷劲十足。
房费包含简单的欧式早餐，房间很干净，但
有些装饰略显过时。

圣莫尼卡 ⑯

🛏 Sea Shore Motel   汽车旅馆 $$

（☎310-392-2787；www.seashoremotel.
com；2637 Main St；房间 $125~175，套 $200~
300；🅿❄🛜）这家汽车旅馆有25间设施
简单却舒适的客房，氛围友善，由家族经
营，能让你暂时忘却66号公路，享受海滩
的惬意时光。家庭出游者可以选择附近的
套房。

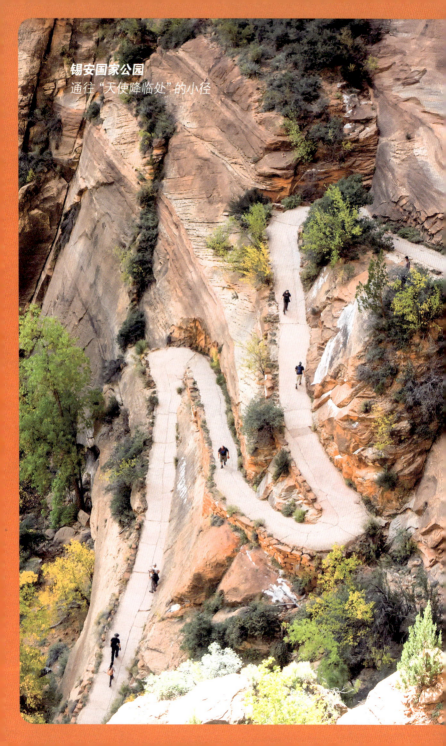

锡安国家公园
通往"天使降临处"的小径

经典线路

四角巡游

2

这是一次荡气回肠的旅程，从大峡谷到拉斯维加斯，再到锡安，你能领略到最壮丽、最无与伦比的胜景。很多人的人生目标清单中都有它的一席之地。

线路亮点

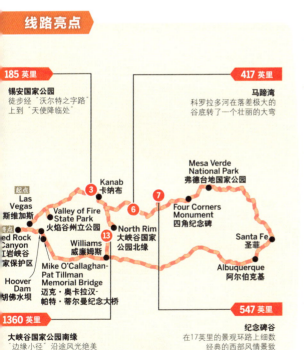

185 英里
锡安国家公园
徒步经"沃尔特之字路"上到"天使降临处"

417 英里
马蹄湾
科罗拉多河在落差极大的谷底转了一个壮丽的大弯

Kanab
卡纳布 **3**

Mesa Verde
National Park
弗德台地国家公园

7

Four Corners
Monument
四角纪念碑

6

North Rim
大峡谷国家
公园北缘

Santa Fe
圣菲

起点
Las
Vegas
拉斯维加斯

Valley of Fire
State Park
火焰谷州立公园

13

Williams
威廉姆斯

Albuquerque
阿尔伯克基

终点
Red Rock
Canyon
红岩峡谷
国家保护区

Mike O'Callaghan-
Pat Tillman
Memorial Bridge
迈克·奥卡拉汉-
帕特·蒂尔曼纪念大桥

Hoover
Dam
胡佛水坝

547 英里
纪念碑谷
在17英里的景观环路上细数经典的西部风情景致

1360 英里
大峡谷国家公园南缘
"边缘小径"沿途风光绝美

10天
1593英里/
2564公里

最适合

何时去
春季和秋季游客较少，且温度适宜。

**最佳
摄影点**

从边缘小径（见59页）拍摄壮丽的大峡谷。

**最佳
户外活动**

锡安国家公园里的"天使降临处"小径。

Classic Trip
经典线路

2 四角巡游

从远处看,纪念碑谷里起伏的山丘如同史前堡垒的遗址,金红色的城墙守护着那些古老的秘密。靠近了看,你会发现迷人的岩石群构成了既熟悉又超凡脱俗的景致。是的,虽然在西部地区这样的岩石并不少见,但再大的屏幕也无法完全定格住其变化万千的光影、壮丽奇绝的落差和不可名状的沧桑感。这是一个充满魅惑的魔法世界,但绝不是四角巡游之旅中唯一的亮点。

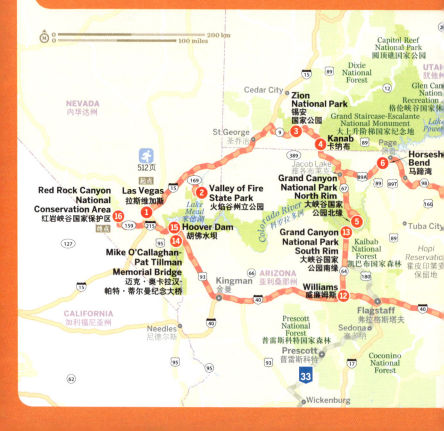

❶ 拉斯维加斯

要欣赏"罪恶之城"的人造魅力，可以在早上步行游览拉斯维加斯**大道**（Strip；见512页）旁的标志性赌场和酒店，下午则在市中心参观**黑帮博物馆**（Mob Museum；☎702-229-2734；www.themobmuseum.org；300 Stewart Ave；成人/儿童 $24/14；⏲9:00～21:00；**P**；🚌Deuce），博物馆共有3层的展示藏品，主题涉及美国的黑帮历史及其与拉斯维加斯的联系。由此向南一个街区，从**Slotzilla**[www.vegasexperience.com/slotzilla-zip-line；Fremont St Mall，Fremont Street Experience；低线（Lower Line）$25，高线（Upper Line）$45；⏲周日至周四 13:00至次日1:00，周五和周六 至次日2:00；♿；🚌Deuce]

11层楼高的平台搭乘索道刺激地飞越**弗里蒙特街**（Fremont St），然后晚上漫步于**霓虹博物馆**（Neon Museum；☎702-387-6366；www.neonmuseum.org；770 N Las Vegas Blvd；1小时团队

你也可以

33 奇幻峡谷之旅

寻找红岩，了解采矿史，从弗拉格斯塔夫（Flagstaff）沿 I-17 州际公路向南至 Hwy 89A 公路。

36 大路小路去陶斯

沿着圣菲和陶斯之间起伏的公路前行，能看到精美的工艺品、历史悠久的教堂和美丽的山景。

游 成人/儿童 $19/15，天黑后$26/22；⏲每天都有不同时段的团队游；🚌113）的璀璨灯光中。

大都会酒店（Cosmopolitan；☎702-698-7000；www.cosmopolitanlasvegas.com；3708 S Las Vegas Blvd；⏲24小时；P）前厅里巨大的粉色细跟高跟鞋引人注目。这只9英尺（约2.74米）高的高跟鞋由Roark Gourley设计，本应该是一件备受推崇的艺术品，但其防护绳很快便被寻求"专属"自拍的派对爱好者挤到边上。为此，大都会酒店移除了这些防护绳。16个月后，巨鞋就被送去维修了，足见人们对其的喜爱程度。

🍴🛏 见62、534页

行驶路上 » 沿I-15州际公路向北34英里，从75号出口驶离并沿Hwy 169公路（又称"火焰谷公路"）再行驶18英里就能到达火焰谷州立公园。

② 火焰谷州立公园

在迷失于犹他州的砂岩雕塑花园之前，请不要错过这处壮丽的沙漠景观，为接下去即将领略到的景象做好准备。绕道并不麻烦，火焰谷公路（Valley of Fire Hwy）和Hwy169公路都从**火焰谷州立公园**（Valley of Fire State Park；☎702-397-2088；www.parks.nv.gov/parks/valley-of-fire；29450 Valley of Fire Hwy，Overton；每车 $10；⏲游客中心 8:30~16:30，公园 7:00~19:00）中穿过，并且途经的路线靠近那块光怪陆离的红色巨岩。从游客中心出发，沿着两侧风景秀丽的蜿蜒道路到达**白色穹顶**（White Domes），往返共11英里。一路上你将途经**彩虹景观**（Rainbow Vista），然后是通往**火焰谷**（Fire Canyon）和**硅圆顶**（Silica Dome；柯克船长在《星际迷航：星空奇兵》中丧生的地方）的岔路。

春季和秋季是最佳的游览时间；避开夏天，那时当地气温通常超过100℉（37℃）。

行驶路上 » 向北返回I-15州际公路，穿过亚利桑那州进入犹他州。在16号出口驶离公路，沿Hwy 9公路向东行驶32英里，即到达锡安国家公园。

线路亮点

③ 锡安国家公园

在**锡安国家公园**（Zion National Park；www.nps.gov/zion；Hwy 9；7天通票，每车 $30；⏲24小时，游客中心 6月至8月 8:00~19:30，9月至次年5月 关闭时间较早）攀爬"天使降临处"（Angels Landing）可能是北美徒步旅行中最美好的一天。从**Grotto Trailhead**出发，在这次长达5.4英里的往返旅行中，你将跨越维琴河（Virgin River），拥抱高耸的峭壁，挤过狭窄的峡谷，蛇行于沃尔特之字路（Walters Wiggles），然后横越锋利的山脊。在这里，钢索和陌生人鼓励的话语是你唯一的安全保障。当你最终登上海拔5790英尺（约1765米）的顶峰后，锡安峡谷的壮丽景色就是最好的奖励。本次徒步旅行能让你体验到该公园里最好的东西：美景、冒险和户外运动爱好者组成的团体。

行驶路上 » 沿Hwy 9公路向东蜿蜒而出，驾车近25英里后转上Hwy 89公路，一路向南到达辽阔的电影外景地卡纳布。

④ 卡纳布

位于锡安、犹他州大上升阶梯（Grand Staircase-Escalante）和大峡谷北缘之间的卡纳布（Kanab）是一个作为大本营的好地方。数以百计的西部电影在这里拍摄，约翰·韦恩（John Wayne）和一些枪战片明星使卡纳布闻名于世。今天，动物爱好者们都知道，这里有一家**好朋友动物保护区**（Best Friends Animal Sanctuary；☎435-644-2001；www.bestfriends.org；Hwy 89，Angel Canyon；⏲9:30~17:30；👪），这是美国最大的禁止杀害动物收容所。参观其中的

设施（狗、猫、猪、鸟以及其他动物之家）是免费的，但是请提前致电确认时间并进行预约。动物保护区位于天使峡谷（Angel Canyon），有时也被当地人称为卡纳布峡谷（Kanab Canyon）。

✕ 🛏 见62页

行驶路上 » 沿Hwy 89A公路继续前往亚利桑那州并攀上凯巴布高原（Kaibab Plateau）。往南转驶入雅各布莱克（Jacob Lake）边的Hwy 67公路，驱车44英里到达Grand Canyon Lodge。

⑤ 大峡谷国家公园北缘

当你在凯巴布国家森林（Kaibab National Forest）中驱车驶过起伏的草地和黄松林后，请在接近**大峡谷国家公园**（Grand Canyon National Park；www.nps.gov/grca；每车 $30，摩托车每辆 $25，自行车每辆、行人或穿梭巴士乘客每人 $15；☉5月中旬至10月中旬）入口时留神那里的北美黑尾鹿（Mule Deer）。将车停在Grand Canyon Lodge旁的**北缘游客中心**（North Rim Visitor Center；☎928-638-7888；www.nps.gov/grca；☉5月中旬至10月中旬 8:00~18:00），在此处你可以获得资料，并参加带向导的自然徒步和一些夜间项目。10月至次年5月的降雪季，旅馆和游客中心都会关闭。如果已经到下午5点了，不妨在**Rough Rider Saloon**

（www.grandcanyonforever.com；Grand Canyon Lodge；☉5:30~10:30和11:30~22:30）的小屋露台上边享用鸡尾酒边欣赏美景。

想要来趟轻松却又能饱览秀丽风景的半日徒步游，请沿4英里长的**法诺角小径**（Cape Final Trail；往返）穿过黄松林到达大峡谷中的景点。陡峭难走的**北凯巴布小径**（North Kaibab Trail）全长14英里，是唯一一条连接大峡谷北缘和科罗拉多河（Colorado River）的小径，它还与其他小径相连，而这些小径通向靠近魅影牧场（Phantom Ranch）的南部边缘。小径起点位于Grand Canyon Lodge以北2英里。如果你想尝试一下峡谷内徒步，可以步行0.75英里前往**Coconino Overlook**，或是步行2英里前往**Supai Tunnel**。

行驶路上 » 驶回雅各布莱克，然后往东上Hwy 89A公路离开凯巴布高原，经过稍不留神就容易错过的大理石峡谷（Marble Canyon），到达与Hwy 89公路的交叉路口。往左转，往北行驶26英里到达佩奇

（Page）。

线路亮点

⑥ 马蹄湾

马蹄湾（Horseshoe Bend）崖顶的景色一定会给你留下深刻印象。1000英尺之下，**科罗拉多河**在庞大而厚实的纳瓦霍砂岩间画出一个完美的U形，美丽而又惊心动魄。这里没有护栏，只有你、陡峭的悬崖和一群同样到此的陌生人，因此不妨在惊险而又梦幻的悬崖边来张自拍。在这里请照看好自己的孩子。从停车场出发，经过0.75英里的单程徒步可到达悬崖边缘。沿途有一座坡度相对和缓的小山，路上没有任何遮蔽物，夏天会有些晒，但还是值得一游。小径的起点位于佩奇镇（Page）以南的Hwy 89公路上，具体位置在541英里路标南边。

行驶路上 » 从马蹄湾驱车驶上Hwy 89公路，向北行驶一小段路到达Hwy 98公路。右转上Hwy 98公路并向东南行驶到达Hwy 160公路。左转往北行驶34英里，经过通往纳瓦霍国家纪念地（Navajo

最佳建议
不喝瓶装水

作为一项环保措施，大峡谷国家公园禁售瓶装水。因此，请在边缘处的加水站或观景点的市场装满你的保温壶。塑料水瓶曾占公园中垃圾总量的 20%。

为何经典

休·麦克诺特丹

本书作者

　　壮丽、宏伟、让人彻底震撼，这趟旅程就如同一堂了解开阔雄浑的美国西南部的速成课。诚然，拉斯维加斯在全球范围内已经成为罪恶和挥霍的代名词，但那遗世而独立的大峡谷国家公园北缘、无比壮美的锡安国家公园峡谷以及神圣辽阔的纳瓦霍印第安保留地，都让你有足够多的机会追寻内心的宁静。

左上图：大峡谷国家公园

右上图：骑马行走在南凯巴布小径

National Monument）的入口。在Kayenta左转上Hwy 163公路，向北行驶近22英里到达位于亚利桑那州和犹他州交界处的纪念碑谷。

- - - - - - - - - -

线路亮点

❼ 纪念碑谷

　　"愿我行走于美景之中"是一篇著名的纳瓦霍语（Navajo）祈祷词的最后

一行。在这一辽阔的保留地，美景以无数形式出现，但纪念碑谷（Monument Valley）崎岖宏伟的孤峰和被风吹蚀的砂岩塔无疑最为动人心魄。为了近距离观赏美景，请你驱车进入**纪念碑谷纳瓦霍部落公园**（Monument Valley Navajo Tribal Park; ☏435-727-5870; www. navajonationparks.org; 四人车

辆每车 $20; ◷车辆通行4月至9月6:00~19:00, 10月至次年3月8:00~16:30, 游客中心4月至9月6:00~20:00, 10月至次年3月8:00~17:00; P），然后沿那条17英里长、景色如画的未铺装环路前行，途中将经过不少最引人注目的景点，如**东西连指手套山**（East and West Mitten Buttes）和**三姐妹峰**（Three Sisters）。若

你想要在导游带领下参观（1.5小时/2.5小时 $65/85）私家车禁止进入的区域，请在View Hotel旁停车场中的一个售货亭边停车。

🍴🛏 见62、481页

行驶路上 » 沿Hwy 163公路回到Kayenta。左转，沿Hwy 160公路向东行驶约73英里到达小小的Tee Noc Pos。向左转一个大弯，继续沿Hwy 160公路再行

驶6英里，到达四角巡游路（Four Corners Rd）和纪念碑。

❽ 四角纪念碑

它确实很偏僻，但你不可能在穿越西南地区心脏地带的公路旅行中错过**四角纪念碑**（Four Corners Monument；☎928-871-6647；www.navajonationparks.org；门票 $5；◷5月至9月 8:00~19:00，10月至次年4月 至17:00）。一旦到达，请不要害羞：将一只脚踩在亚利桑那州，另一只踩在新墨西哥州，再将一只手放在犹他州，另一只手放在科罗拉多州，然后冲着镜头微笑。毫无疑问，这将是一张很好的照片，即使它不是百分之百的准确——有政府调查员承认，标记处离它应该在的地方向东偏离了近2000英尺（约610米），但它仍然是一个在法律上被承认的边界点。在这里，旅行的一半乐趣来自观看那些决意同时横跨四个州、奋力扭动身体并开心不已的拍照者。

行驶路上 » 返回Hwy 160公路，左转，驱车穿越新墨西哥州的西北角，经科罗拉多州到达弗德台地国家公园，全程约50英里。注意：行驶约20英里之后，Hwy160公路会变成Hwy491公路。

❾ 弗德台地国家公园
弗德台地国家公园

（Mesa Verde National Park；☎970 529 4465；www.nps.gov/meve；7天通票 汽车/摩托车 6月至8月 $20/10，9月至次年5月 $15/7；🅿♿🚻）位于科尔特斯（Cortez）和曼科斯（Mancos）以南的一处高原之上，古普韦布洛人（Ancestral Puebloan）的遗迹分布在这里的峡谷和平顶山上。据专家的介绍，古普韦布洛人并没有在700年前"消失"，他们只是向南迁移，逐渐融入那时美国西南部的印第安部族。如果你的游览时间有限，那就游览**查宾台地博物馆**（Chapin Mesa Museum）和**云杉树屋**（Spruce Tree House），在树屋你可以爬下木梯进入一个大地穴（Kiva；美国印第安人使用的一种圆形仪式建筑）。

在弗德台地国家公园，游客若能留出一天以上的时间，便能在导游的带领下参观**绝壁宫殿**（Cliff Palace）和**阳台屋**（Balcony House），探索**韦瑟里尔台地**（Wetherill Mesa；大峡谷较宁静的一面），参观博物馆，或在**莫尔菲尔德露营地**（Morefield Campground；☎970-529-4465；www.visitmesaverde.com；Mile 4；帐篷/房车营地 $30/40；◷5月至10月上旬；🚻）参加一次篝火活动。公园还提供徒步、滑雪、雪鞋健行和山地自行车等多种项目。如需过夜，旅行者可以选择外出露营或待在豪华的旅馆里。

行驶路上 » 驶回US 160公路，向东行驶36英里到达杜兰戈（Durango），然后继续行驶61英里转上US 84公路，往南行驶151英里到达圣菲。途中你会经过Abiquiú（艺术家乔治亚·奥基弗自1949年便住在这里，直到1986年去世）。继续朝圣菲行驶，驶入N Guadalupe St，向广场（Plaza）方向前进。

❿ 圣菲

拥有400余年历史的圣菲（Santa Fe）十分迷人。在这里，艺术和风景相辅相成，既有挂在天蓝色墙壁上的牛头骨，也有教堂顶上细长的十字架。美国印第安文化、西班牙文化和盎格鲁文化在这里很好地融合，古老的普布洛人、已有300多年历史的庄园和时尚的现代建筑和谐共存。

新墨西哥州最著名的艺术家乔治亚·奥基弗（Georgia O'Keeffe；1887~1986年）捕捉到了这一地区的美。作为世界上收藏其作品最丰富的博物馆，**乔治亚·奥基弗博物馆**（Georgia O'Keeffe Museum；☎505-946-1000；www.okeeffemuseum.org；217 Johnson St；成人/儿童 $12/免费；◷周六至周四 10:00~17:00，周五至

19:00）展示了其作品厚重的运笔和明亮的色彩，而这些在普通的海报中并不常见，请花些时间亲自品味一番吧。博物馆以前是一座有土砖墙的西班牙浸信会教堂，后经翻新成为这座拥有10个天窗的美术馆。

本段旅行的终点是圣菲城中心的广场，在1822年到1880年，这里也是圣菲小径（Santa Fe Trail）的终点。

✗ 🛏 见63、491页

行驶路上 » 通往阿尔伯克基的老路是绿松石小径（Turquoise Trail），沿Hwy 14公路向南50英里穿过洛斯塞洛斯（Los Cerrillos）和马德里（Madrid）。但如果你时间不充裕的话，沿I-25州际公路向南行驶也可以到达阿尔伯克基。

⓫ 阿尔伯克基

阿尔伯克基（Albuquerque）的最佳景点大多数集中在**老城**（Old Town）里，这片区域从诺布山（Nob Hill）和新墨西哥大学（University of New Mexico，简称UNM）沿中央大道（Central Ave）笔直向西。

登上10,378英尺（约3163米）高的桑迪亚山脉（Sandia Crest），最奢侈的方法是乘坐**桑迪亚峰缆车**（Sandia Peak Tramway；☎505-856-7325；www.sandiapeak.com；30 Tramway Rd NE；成人/13~20岁青年/儿

童 \$25/20/15，停车费 \$2；⊙6月至8月 9:00~21:00，9月至次年5月 周三至周一 9:00~20:00，周二 17:00~20:00）。2.7英里的缆车之旅从沙漠仙人掌的领地一路上行至松林覆盖的顶峰。为了锻炼，你不妨沿8英里长（单程）、美丽的**拉鲁兹小径**（La Luz Trail；www.laluztrail.com；FR 444；停车 \$3）下行回返，接着是2英里长的**缆车小径**（Tramway Trail），就可以回到你的汽车旁了。拉鲁兹小径经过一座小型瀑布和几片松树林，沿途景色壮丽。这条线路白天走比较炎热，因此请尽早出发。由I-25州际公路出发，沿Tramway Blvd往东就可以到达缆车乘坐点。

✗ 见48、63页

行驶路上 » 从阿尔伯克基到亚利桑那州的威廉姆斯，I-40州际公路与66号公路有时重合，有时平行。行驶359英里到达威廉姆斯。

⓬ 威廉姆斯

对于火车迷、66号公路发烧友和大峡谷的度假者来说，威廉姆斯（Williams）是个必到之处。这是一座很具吸引力的小城，"美国主街"（Main Street America）的魅力在这里表现得淋漓尽致。如果你仅有一天的时间来参观公园，就去**大峡谷铁路**（Grand Canyon Railway；☎预约800-843-8724；www.thetrain.com；

233 N Grand Canyon Bvd，Railway Depot；往返 成人/儿童 \$79/47起），准能让你不虚此行且往返方便。在欣赏完铁路旁的**狂野西部秀**（Wild West Show）后，列车行驶2.5小时后到达大峡谷国家公园南缘。在这里，你可以选择步行或乘坐巴士探索游览。3月下旬到10月，乘客还可以选择乘坐翻新后的复古列车（Pullman cabooses），这类列车顶部为透明的玻璃天窗。

66号公路上的**World Famous Sultana Bar**（☎928-635-2021；301 W Route 66；⊙10:00至次日2:00，冬季营业时间缩短）曾经是一家禁酒令时期的地下酒吧（Speakeasy），在动物标本下可是藏酒的好地方。

线路亮点

⓭ 大峡谷国家公园南缘

在大峡谷村（Grand Canyon Village）沿**边缘小径**（Rim Trail；www.nps.gov/grca；♿；🚌Hermits Rest，🚌Village，🚌Kaibab/Rim）步行，你就能看到标志性的峡谷震撼景观，同时映入眼帘的还有一些历史建筑、美国印第安部落的工艺品和地质奇观。

从 **光明天使步道**（Bright Angel Trail）的广场出发，向东沿**边缘小径**步行到**科尔布工作室**（Kolb

Studio；☎928-638-2771；www.nps.gov/grca；National Historic Landmark District；⊙3月至5月和9月至11月 8:00~19:00，12月至次年2月 至18:00，6月至8月 至20:00；🅿Village），这里有一家小书店和一个美术馆。

它旁边是**Lookout Studio**（www.nps.gov/grca；⊙5月中旬至8月 8:00至日落，9月至次年5月中旬 9:00~17:00；🅿Village），由著名建筑师玛丽·简·科尔特（Mary Jane Colter）设计，其外形看起来就像西南部普韦布洛人的石屋。

步入始建于1905年的阿尔托瓦尔酒店（El Tovar；见461页），你可以欣赏到雷明顿铜枪的复制品、斑驳的玻璃、满载的马车和裸露的横梁。或者，你可以站在门廊上欣赏大峡谷的风光。

旁边的**霍皮族居屋**（Hopi House；www.nps.gov/grca；Grand Canyon Village；⊙5月中旬至8月 8:00~20:00，9月至10月中旬 9:00~18:00，10月中旬至次年5月中旬 9:00~17:00；🅿Village）同样由科尔特设计，从1904年就开始出售高品质的美国印第安珠宝首饰和其他工艺品。由此向东，**时间小径**（Trail of Time；www.nps.gov/grca；Grand Canyon Village；🅿；🅿Village）诠释性地展示了大峡谷形成的历史踪迹。最后，你可以在**亚瓦佩地质博物馆**（Yavapai Geology Museum；☎928-638-7890；www.nps.gov/grca；Grand Canyon Village；⊙3月至5月和9月至11月 8:00~19:00，12月至次年2月 至18:00，6月至8月 至20:00；🅿；🅿Kaibab/Rim）参

观引人入胜的展览，欣赏绝佳的风景。

行驶路上 » 回到威廉姆斯后，驶入I-40州际公路。向西驱车113英里到金曼（Kingman），然后往北进入US 93公路。向北行驶75英里，进入内华达州。从2号出口进入Hwy 172公路，朝胡佛水坝前进。

- - - - - - - - - - -

⑭ 迈克·奥卡拉汉-帕特·蒂尔曼纪念大桥

这座美丽的大桥于2010年投入使用，并以迈克·奥卡拉汉（Mike O'Callaghan；1971~1979年任内华达州州长）和帕特·蒂尔曼（Pat Tillman）的名字命名，后者曾是美国国家橄榄球联盟（NFL）的球星、亚利桑那红雀队的中卫。"9·11事件"后他应征入伍，成为美国陆军游骑兵特种部队中的一员。2004年，蒂尔曼在阿富汗的一次战斗中死于友军火力误伤。

沿Hwy 93公路的一条支路步行到达该桥，它位于科罗拉多河之上900英尺（约274米）处，是美国第二高的桥梁，从桥上能鸟瞰胡佛水坝和水坝后面的米德湖（Lake Mead）。

行驶路上 » 右转上支路，行驶一小段距离就到达胡佛水坝。

- - - - - - - - - - -

⑮ 胡佛水坝

一座长着翅膀的青铜人像雕塑竖立在**胡佛水坝**

照片完成了：科尔布工作室

在数字摄影出现之前，当骑着骡子的大峡谷游客开始沿光明天使步道下行时，Ellsworth Kolb和Emery Kolb兄弟二人就给他们拍摄纪念照。这对兄弟会在一天行程结束时将冲洗好的照片出售给返回的游客。然而，在20世纪初期，大峡谷南缘上是没有自来水的，他们是如何完成照片冲洗的呢？

他们的工作室窗口能够俯瞰小径的某个弯道，在这里拍下照片后，兄弟中的一人将带着底片跑4.6英里到达印第安花园（Indian Garden）的水域，在他们的实验室里完成照片冲洗，然后再跑（也或许是快速地走）回到光明天使步道，向游客兜售洗好的照片。

(Hoover Dam; ☎702-494-2517; www.usbr.gov/lc/hooverdam; 紧邻Hwy 93；游客中心门票含停车费$10；⏱4月至10月9:00~18:00，11月至次年3月至17:00；🅿)上，该铜像是为了纪念那些参与建造这项庞大工程的英雄们。水坝高达726英尺（约221米），为混凝土建筑，是世界上最高的水坝之一。这座**科罗拉多河**上最重要的水坝是罗斯福新政（New Deal）时期的一项公共工程项目，于1936年提前完工且没有超过预算。在大萧条最严重时期，成千上万的男人及他们的家庭成员都渴望找到工作，因而他们来到黑峡谷（Black Canyon），在十分恶劣的条件下工作——悬在大峡谷数百英尺之上，忍受着120℉（49℃）的酷热。在修建水坝过程中，失去生命的工人人数超过百人。

今天的导览从游客中心开始，那里会播放水坝建设的原版胶片电影。影片播放结束后，可以乘坐电梯下行50层楼的高度去参观水坝巨大的发电机，其中一个发电机就足以为一座拥有100,000人口的城市供电。

行驶路上 » 返回US 93公路，沿此路先向西然后向北行驶进入I-515州际公路。由61号出口进入I-215州际公路，向北行驶11英里后道路变为Clark County 215公路。13英里后到达Charleston Blvd，由26号出口进入Hwy 159公路，向西行驶。

- - - - - - - - - - - -

⑯ 红岩峡谷国家保护区

在**红岩峡谷国家保护区**(Red Rock Canyon National Conservation Area; ☎702-515-5350; www.redrockcany

onlv.org; 1000 Scenic Loop Dr；每车/自行车$7/3；⏱景区环游4月至9月6:00~20:00，3月和10月至19:00，11月至次年2月至17:00；🅿)，再怎么夸张地描述令人震撼的自然力量也不为过。形成于约6500万年前的大峡谷更像是一座山谷，其西部边缘陡峭而粗糙的红岩绝壁高达3000英尺（约914米），是地壳板块发生过碰撞的有力证据。

本次行车路线单程长13英里，沿途风景秀丽，途经大峡谷多个极具视觉冲击力的景点，一路上你可以体验徒步小径和攀岩路线。去**Calico Tanks**徒步往返2.5英里，你将攀上砂岩之巅欣赏沙漠和群山的壮阔风景，还可以看到远处若隐若现的拉斯维加斯。

国家公园的通行证（National park passes）可作为此地门票使用。

经典线路

食 宿

拉斯维加斯 **1**

🍴 Joël Robuchon　　　法国菜 $$$

（☎702-891-7925; www.joel-robuchon. com; MGM Grand, 3799 S Las Vegas Blvd; 特选套餐 $120~425; ⏱17:00~22:00）在被法餐"侵蚀"的拉斯维加斯大道上，"世纪之厨"广受好评，烹饪水准一流。这家餐馆毗邻米高梅大酒店赌客云集的赌场区，位于一处建于20世纪30年代的巴黎式宅邸内，餐厅布置十分豪华，尽是皮革和天鹅绒，就如同参加晚宴派对一般。Robuchon供应精心烹制的应季特选套餐，承诺给客人终生难忘的就餐体验——这一承诺总是能够兑现。

🛏 W Las Vegas　　　精品酒店 $$

（☎702-761-8700; www.wlasvegas. com; 2535 S Las Vegas Blvd; 房 $109起; P❄🛜🛏🏊）本书撰写期间，于2017年新建的W Las Vegas是拉斯维加斯大道北部最热门的酒店，就位于曾经属于姐妹店**SLS**（☎702-761-7000; www.slslasvegas.com; 2535 S Las Vegas Blvd; 大床 $79起; P❄🛜🏊）的两座大楼中的一座内。这一著名的品牌酒店提供性价比很高的全新客房，非常时尚。如果你喜欢设计风并且想避开人潮，那就往北走，来这里住下吧。

卡纳布 **4**

🍴 Sego Restaurant　　　新派美国菜 $$

（☎435-644-5680; 190 N 300 W, Canyons Boutique Hotel; 主菜 $14~23; ⏱周二至周六 17:00~21:00）如果卡纳布有意成为第二个塞多纳（Sedona; 印第安人的圣地），这一精品酒店兼餐馆就是加分项目。从山羊奶酪配有机蘑菇到红蟹咖喱面，再到不加面粉的果子奶油大蛋糕作为甜点，这里的食物非常美味。此外，餐馆还供应精美鸡尾酒和当地啤酒。营业时间可能延长。餐桌数量有限，记得预订。

🛏 Canyons Lodge　　　汽车旅馆 $$

（☎435-644-3069; www.canyonslodge. com; 236 N 300 W; 房 $169~179; ❄🛜@🏊🛏）这家修葺一新的汽车旅馆弥漫着西部艺术氛围，工作人员热情周到，提供免费使用的自行车以及详尽的旅行服务。在夏天，住客可以享受一周两次的现场音乐演出、葡萄酒和烤奶酪。房间装饰有原创的艺术作品，氛围别致。此外还提供循环利用的肥皂和容器。

纪念碑谷 **7**

🛏 View Hotel　　　酒店 $$$

（☎435-727-5555; www.monumentvalley view.com; Indian Rte 42; 房间/套 $247/349起; ❄@🛜）在这家店如其名的酒店，白天你永远不会有打开电视机的念头。酒店有三层，95间西南风格主题、令人愉悦的房间，不过这些都比不上从阳台上欣赏到的无与伦比的美景。尾号超过15的房间（例如216号房）能看到下方山谷的全景，没有任何遮挡。最好的房间在三楼，费用要贵$20。

圣菲

🍴 Cafe Pasqual's　　新墨西哥菜 $$$

（☎505-983-9340; www.pasquals.com;
121 Don Gaspar Ave; 早餐和午餐 $14~19, 晚
餐 $15~39; ⏱8:00~15:00和17:30~22:00;
🖊📶）无论什么时候造访这一色彩活泼、走
简洁风的餐馆，你都会觉得菜肴物有所值，
这里的食物多数是美国南部边境风味。早
餐以用菲达奶酪等做成的墨西哥双蛋饼
（Huevos Motuleños）出名，中餐和晚餐
的肉类和鱼类主菜味道一流。只接受晚餐
预订。

阿尔伯克基

🍴 Pop Fizz　　墨西哥菜 $

（☎505-508-1082; www.pop-fizz.net;
1701 4th St SW, National Hispanic Cultural
Center; 主菜 $5~8; ⏱11:00~20:00; 📶🖊）这
些纯天然冰棍（paletas）真的很棒：尝尝
黄瓜辣椒酸橙味、芒果味或者菠萝哈瓦那
辣椒味，感受一下清凉——或者你更喜欢
来一份肉桂西班牙油条冰激凌卷饼？除了
甜点之外，厨房还供应各式美味，包括烤牛
排薯条（Carne Asada Fries）、索诺兰热狗
（Sonoran Dog）和墨西哥玉米片派（Frito
Pie）。

纽约和大西洋沿岸中部

　　美国的东海岸夹在新英格兰如画的小村庄和南方优雅的种植园之间。从华盛顿到波士顿，这条被称为东北走廊（Northeast Corridor）的风景带涵盖了美国最具活力的国际大都市——纽约。然而，在这片美丽且极为多元的地区，你的发现岂止于此。

　　在曼哈顿度过48小时的难忘时光之后，去寻访泽西海岸或宾夕法尼亚州的乡村公路吧。继续往南，阿巴拉契亚山脉的风景将在弗吉尼亚州的天际线公路上尽情呈现。与此同时，瀑布和葡萄园也将为五指湖畔的风景注入生命。无论身在何处，都一定会有惊喜等着你。

罗伯特·H.翠曼州立公园 路西法瀑布

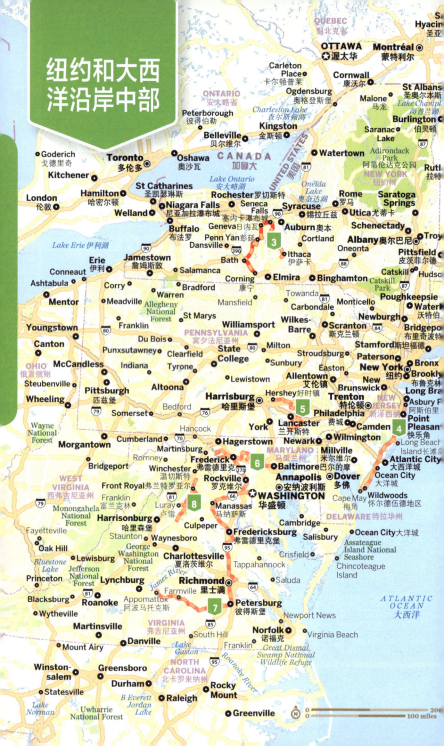

Classic Trip

3 五指湖环线 3天

湖滨道路穿过数十座葡萄园后，通向适宜徒步的深谷与山涧。（见69页）

4 泽西海岸 3~7天

诸多的木栈道和绵延的海滩伴着大西洋，为游人奉上夏日里经典的快乐时光。（见79页）

5 宾夕法尼亚州德裔区 3~4天

透迤的乡村小道穿过阿米什乡村，途中还有不少农夫市集。（见91页）

6 马里兰州国家历史大道 2天

驱车从巴尔的摩的港区前往凯托克廷山的小村庄。（见103页）

Classic Trip

7 南北战争之旅 3天

见证保存下来的战场遗址，探索19世纪的乡村、丰富的博物馆以及南方小镇。（见113页）

8 天际线公路 3天

在绿意盎然的仙纳度河谷中翻越联邦的高海拔山脊。（见127页）

不要错过

音乐人

剧院中歌舞杂耍风格的表演浓缩了泽西海岸的文化。你可以在线路 4 驻足品味一番。

城市探索

像巴尔的摩和弗雷德里克这样的城市，历史底蕴丰厚、美食诱人、夜生活火辣。不妨在线路 6 见识一下。

小径徒步

天际线公路沿线小径众多，它们与幽深的森林、白色的瀑布和孤独的山峰相依相随。穿好靴子，踏上线路 8 。

斯特拉斯堡铁路

登上一辆精心修复的蒸汽机车，缓缓地驶过草木葱茏的阿米什乡村。你可以在线路 5 乘火车。

托格汉诺克瀑布州立公园

一次短程徒步就能带你到达这一狭窄的瀑布。它的落差比尼亚加拉瀑布还大，整体犹如一座气势壮阔的圆形露天大剧场。你可以徒步前往瀑布，就在线路 3 。

托格汉诺克瀑布
落差超过尼亚加拉瀑布

经典线路

五指湖环线

3

"伊萨卡, 谷多美"(Ithaca is Gorges)——这些印在 T 恤衫上的宣传语并非虚言。风景绝美的峡谷就在常春藤盟校之一的康奈尔大学校园之中, 除此之外, 这一地区内还有数十条峡谷以及位于湖畔、出产绝品葡萄酒的葡萄园。

线路亮点

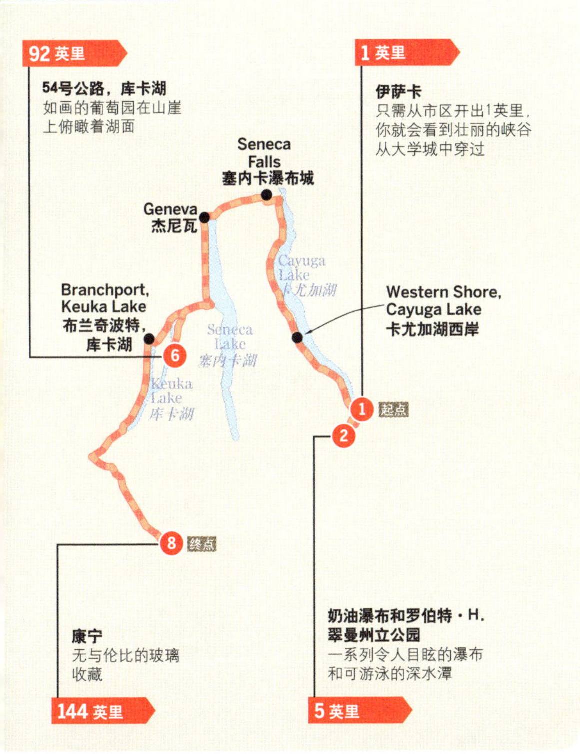

92 英里

54号公路, 库卡湖
如画的葡萄园在山崖上俯瞰着湖面

Geneva
杰尼瓦

Seneca
Falls
塞内卡瀑布城

Branchport,
Keuka Lake
布兰奇波特,
库卡湖

Cayuga
Lake
卡尤加湖

Seneca
Lake
塞内卡湖

6

Keuka
Lake
库卡湖

1 英里

伊萨卡
只需从市区开出1英里, 你就会看到壮丽的峡谷从大学城中穿过

Western Shore,
Cayuga Lake
卡尤加湖西岸

1 起点

2

8 终点

康宁
无与伦比的玻璃收藏

144 英里

奶油瀑布和罗伯特·H.
翠曼州立公园
一系列令人目眩的瀑布和可游泳的深水潭

5 英里

3天
144英里/
231公里

最适合

何时去

5月至10月, 游览农夫市集, 感受明媚阳光下的美景。

最佳
摄影点

托格汉诺克瀑布的顶端。

最佳
葡萄酒

拥有超过120家葡萄园, 记得找个代驾司机。

Classic Trip
经典线路

3 五指湖环线

鸟瞰本地区,起伏的群山和11条狭长的湖泊(它们就是使五指湖得名的"手指")营造出这片从奥尔巴尼一路延伸至纽约州西部的户外活动天堂。毋庸置疑,划船、钓鱼、骑自行车、徒步以及越野滑雪都是这里的招牌活动。此外,这里还是纽约州的优质葡萄酒产区,葡萄品种之多,足以让最挑剔的品酒专家无话可说,每隔几英里就能喝到口感清爽的红、白葡萄酒。

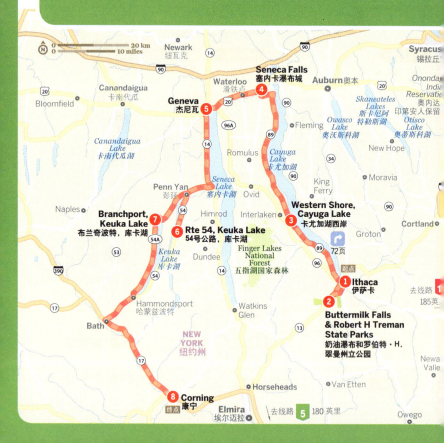

线路亮点

❶ 伊萨卡

伊萨卡(Ithaca)坐落于卡尤加湖(Cayuga Lake)湖畔,是大学生和老嬉皮士梦想中的家园。他们钟情于传统大学的生活方式——悠闲的氛围、咖啡馆读诗,艺术电影院,郁郁葱葱的四方庭院,以及可口的美食。

创立于1865年的康奈尔大学(Cornell University)坐落于山顶,俯瞰着山脚如画般美丽的城镇,拥有亮丽的校园以及传统与当代相结合的建筑。现代的**赫伯特·F.约翰逊艺术博物馆**(Herbert F Johnson Museum of Art;☎607-255-6464;www.museum.cornell.edu;114 Central Ave;⊗周二至周日 10:00~17:00)位于一处

由贝聿铭(IM Pei)设计的野兽派建筑内,拥有大量的亚洲收藏品,另外还藏有前哥伦布时代的美洲和欧洲展品。校园中心的东面就是**康奈尔植物园**(Cornell Botanical Gardens;☎607-255-2400;www.cornellbotanicgardens.org;124 Comstock Knoll Dr;⊗外场黎明至黄昏,游客中心 10:00~16:00),它既是花园也是植物园,花草在这里能得到专业的打理。注重亲自实践的**Sciencenter**(☎607-272-0600;www.sciencenter.org;601 1st St;成人/儿童 $8/6;⊗周二至周六 10:00~17:00,周日正午至17:00)会让孩子们欣喜若狂。

伊萨卡周边的区域以瀑布、峡谷和公园闻名。

🍴 🛏 见76页

行驶路上 » 沿Rte 13公路向南前往奶油瀑布州立公园,全程仅2英里。

线路亮点

❷ 奶油瀑布和罗伯特·H.翠曼州立公园

奶油瀑布州立公园(Buttermilk Falls State Park;☎607-273-5761;www.parks.ny.gov;112 E Buttermilk Falls Rd;4月至10月 每车 $8)是一片辽阔的荒野,拥有一片海滩、几座小屋、几处休闲娱乐场地和露营地,还可以钓鱼和徒步旅行——总能满足你。不过,它最大的魅力还是瀑布:数量超过10条,有

的落差竟达500英尺(约152米),咆哮着泻入清澈的水潭。徒步旅行者喜欢崎岖的峡谷小径(Gorge Trail),由此可以爬上奇绝的悬崖;小径与奶油溪(Buttermilk Creek)并行,逶迤而上约500英尺。在瀑布的另一面是同样受欢迎的边缘小径(Rim Trail),这条长约1.5英里的环路位于瀑布周围,可以从不同角度观赏瀑布。这两条小径都与熊小径(Bear Trail)相连,后者通往邻近的翠曼瀑布(Treman Falls)。

前往翠曼瀑布需徒步约3英里;或者探索完奶油瀑布后回到车上,驱车向南行驶3英里,到达**罗伯特·H.翠曼州立公园**(Robert H Treman State Park;☎607-273-3440;www.parks.ny.gov;105 Enfield Falls Rd;4月至10月 每车 $8),公园依然位于充满田园风光的Rte 13号公路上。翠曼的峡谷小径还以叠瀑闻名,它总长不足3英里,却途经12个震耳欲聋的瀑布。别错过其中最大的两个:魔鬼的厨房(Devil's Kitchen)和路西法瀑布(Lucifer Falls)。后者是一个多层级的瀑布,泉水从恩菲尔德溪(Enfield Creek)中溢出,漫过山石,倾泻而下约100英尺(约30.5米)。其下游还有个水流潺潺的峡谷——下游瀑布(Lower Falls)——这里有个可以游泳的天然深水潭。

你也可以

5 宾夕法尼亚州德裔区

向南穿过斯克兰顿和艾伦镇前往宾夕法尼亚州南部,驶入这些宁静的乡间公路。

10 秋叶节之旅

从伊萨卡向东穿过奥尔巴尼到达伯克希尔,去亲历传说中的新英格兰色彩盛宴。

行驶路上 » 从Rte 13公路返回伊萨卡，进入Rte 89公路，这条公路环绕卡尤加湖岸10英里。托格汉诺克瀑布州立公园的入口在穿过河谷之后。

❸ 卡尤加湖西岸

杜鲁门斯堡（Trumansburg）位于伊萨卡以北约15英里处，这个只有一条街道的小镇是通往**托格汉诺克瀑布州立公园**（Taughannock Falls State Park; ☎607-387-6739; www.parks.ny.gov; 1740 Taughannock Blvd; 4月至10月 每车 $8; ☉黎明至黄昏）的门户。与之同名的托格汉诺克瀑布（Taughannock Falls）落差达215英尺（约65.5米），比尼亚加拉大瀑布（Niagara Falls）还高30英尺，是落基山脉以东落差最大的瀑布。这里有总长为5英里的徒步小径，其中大部分小径穿过湿滑的路段蜿蜒向上，最终将你安全地带到顶端的观景点。

沿Rte 89公路行驶不远就到了靠近因特拉肯村（Interlaken）的**卢卡斯葡萄园**（Lucas Vineyards; ☎607-532-4825; www.lucasvineyards.com; 3862 County Hwy 150, Interlaken; ☉6月至8月 10:30~18:00, 9月至次年5月 至17:30），它是卡尤加湖区葡萄酒庄的先行者之一。再稍往北是**希德瑞克岬葡萄酒庄**（Sheldrake Point Winery; ☎607-532-9401; www.sheldrakepoint.com; 7448 County Hwy 153, Ovid; ☉4月至10月 10:00~17:30, 11月至次年3月 11:00~17:00），它位于湖岸边，靠近一处朴实而迷人的小型避暑别墅区，拥有迷人的景致和获过奖的白葡萄酒。

🍴 见76页

行驶路上 » Rte 89公路沿湖岸继续前行，经过拥有沙滩和野餐桌的卡尤加州立公园（Cayuga Lake State Park）。继续向北行驶，来到与E Bayard St的交叉路口左右转就能到达塞内卡瀑布城中心。

❹ 塞内卡瀑布城

宁静的小镇塞内卡瀑布城（Seneca Falls）是美国有组织的女权运动发源地。在被拒绝参加一场反对奴隶制的集会之后，伊丽莎白·凯迪·斯坦顿（Elizabeth Cady Stanton）和她的朋友们起草了一份1848年宣言，声称"所有的男人和女人都生而平等"。鼓舞人心的**女权国家历史公园**（Women's Rights National Historical Park; ☎315-568-0024; www.nps.gov/wori; 136 Fall St; ☉周五至周日 9:00~17:00）里有一个虽小却令人印象深刻的博物馆，馆内会放映一部教育片，还有一个游客中心，提供凯迪·斯坦顿（Cady Stanton）故居游。规模很小的**国家女性名人堂**（National Women's Hall of Fame; ☎315-568-8060;

另辟蹊径
奥罗拉

起点: ❶ **伊萨卡**

美丽的小镇奥罗拉（Aurora）位于伊萨卡以北约28英里处，卡尤加湖东岸，拥有50余座被列入美国国家史迹名录的建筑，包括威尔斯学院（Wells College）的部分校园区域，这所学院建于1868年，旨在为女性提供高等教育（如今是男女同校）。**奥罗拉度假村**（Inns of Aurora; ☎315-364-8888; www.innsofaurora.com; 391 Main St; 房间 $200~400; P❋🐾）由四处气派的产业组成——奥罗拉酒店（Aurora Inn; 1833年）、摩根世家（EB Morgan House; 1858年）、Rowland House（1903年）和Wallcourt Hall（1909年）——非常适合停留放松。你可以在奥罗拉酒店可爱的餐厅一边享用美餐，一边欣赏湖景，还可以参加村里举办的自助步行游。

www.womenofthehall.org；76 Fall St；成人/儿童 $4/免费；◷周三至周五 正午至16:00，周六 10:00~16:00)专门向能鼓舞人心的美国女性致以敬意。共有256位入选者，你可以了解她们的故事，其中包括第一夫人艾比盖尔·亚当斯(Abigail Adams；美国第2任总统约翰·亚当斯的夫人)、美国红十字会创立者克拉拉·巴顿(Clara Barton)以及民权活动家罗莎·帕克斯(Rosa Parks)。

📛 见76页

行驶路上 » 沿I-20州际公路往西行驶10英里前往杰尼瓦，途经商业区沿公路带状排列的滑铁卢(Waterloo)；Mac's Drive In是家经典的汉堡店，建于1961年，值得停留。驶入小镇时，你会经过塞内卡湖州立公园。

❺ 杰尼瓦

杰尼瓦(Geneva)是这条线路上较大的城镇之一，既拥有令人感兴趣的历史建筑，又因为霍巴特(Hobart)和威廉史密斯(William Smith)学院的存在而充满蓬勃的活力。South Main St两旁林立着不少世纪之交建的意大利、联邦和希腊复古风格建筑，保存得相当完好。建于1894年的**史密斯歌剧院**(Smith Opera House，☎315-781-5483；www.thesmith.org；82 Seneca St)经过翻修，成为本地区看戏、听音乐和欣赏表演艺术的地方。顺便拜访一下**Microclimate**(☎315-787-0077；www.facebook.com/microclimatewinebar；38 Linden St；◷周一 17:00~22:00，周三至周五 16:30至午夜，周六 至次日1:00，周日 10:00~13:00)，这是一家很酷的小酒吧，提供葡萄酒品鉴活动。

❌📛 见77页

行驶路上 » 沿Rte 14公路向南，你还能经过什么地方？当然是一座值得造访的酒庄——红尾岭葡萄酒庄(Red Tail Ridge Winery)。这个小巧的酒庄坐落于塞内卡湖畔，是一家"绿色能源与环境设计先锋奖"(Leadership in Energy & Environmental Design，简称LEED)金牌认证的酒庄。然后右转进入Rte 54公路，前往彭延(Penn Yan)。

线路亮点

❻ 54号公路，库卡湖

Y形的库卡湖大约20英里长，有些地方宽至2英里，这里茂盛的植被连绵不绝，只是偶尔会被排列整齐的葡萄园隔断。如果你有越野单车，不妨去体验一下**库卡湖口小径**(Keuka Lake Outlet Trail)，这条路长7.5英里，沿着在彭延和塞内卡湖畔德累斯顿(Dresden)之间流淌的老弯曲湖运河(Crooked Lake Canal)延伸。

库卡湖畔最大的村庄彭延以南，依次坐落着**库卡之春葡萄园**(Keuka Spring Vineyards，☎315-536-3147；www.keukaspringwinery.com；243 E Lake Rd/Rte 54，Penn Yan；◷4月至11月 10:00~17:00，12月至次年3月 周五至周日 10:00~17:00)和**公鸡山葡萄园**(Rooster Hill Vineyards，☎315-536-4773；www.roosterhill.com；489 Rte 54，Penn Yan；品酒 $5；◷6月至10月 周一至周六 10:00~17:00，周日 11:00~17:00，11月至次年5月 周五至周日 11:00~17:00)，它们都是当地人的最爱，提供葡萄酒品鉴和在田园风光中进行的酒庄团队游。沿Rte 54公路继续向南几英里，你将来到离湖500英尺的**巴林顿酒窖**(Barrington Cellars，☎315-531-8923；www.barringtoncellars.com；2794 Gray Rd，Penn Yan；◷6月至10月 周一至周六 10:30~17:00，周日正午至17:00，11月至次年5月 开放时间缩短)，这里满是用当地的葡萄酿造的Labrusca和Vinifera葡萄酒。

夏季的周六，每个人都奔向**风车农场和工艺品市场**(Windmill Farm & Craft Market；www.thewindmill.com；3900 Rte 14A，Penn Yan；◷5月至12月中旬 8:00~16:30)，它就在彭延郊外。你可以挑选一些阿米什和门诺派(Mennonite；基督教的一个比较保守的派系)的商品，从手工雕刻的木制摇篮到自家种植的蔬菜和鲜花，这里可谓应有尽有。

行驶路上 » 在Rte 54A公路上

前行约5.5英里之后，绕道向南，驶上天际线公路（Skyline Dr）。该公路通往高达800英尺的布拉夫角（Bluff Point）的中部，呈现出一派非凡的景观。折回Rte 54A公路，布兰奇波特就在几英里远的前方。

线路亮点

❼ 布兰奇波特，库卡湖

当你穿过库卡湖左上角的小村庄布兰奇波特（Branchport）时，留意一下**亨特乡葡萄园**（Hunt Country Vineyards；☎315-595-2812；www.huntwines.com；4021 Italy Hill Rd；品酒 $2；⏱6月至10月 周一至周六 10:00~18:00，周日 11:00~18:00，11月至次年5月 开放时间缩短）和**史蒂弗山葡萄园**（Stever Hill Vineyards；☎315-595-2230；www.steverhillvineyards.com；3962 Stever Hill Rd；品酒 $5；⏱5月至11月 10:00~17:00，12月至次年4月 开放时间缩短，后者在一个翻修的旧谷仓内设置了品酒室。除了品酒，你还可以游览葡萄种植设施以及品尝葡萄园自家厨房烹制的小吃。

行驶路上 » Rte 54A公路沿着库卡湖的西岔经过其余几个酒庄，以及哈蒙兹波特（Hammondsport；见77页）以北的泰勒葡萄酒博物馆（Taylor Wine Museum），哈蒙兹波特是座古色古香的小镇，有一个迷人的广场。继续前行，经过巴斯（Bath），在那儿进入I-86州际公路/Rte 17公路，再行驶19英里，到达康宁。

❽ 康宁

规模宏大的**康宁玻璃博物馆**（Corning Museum of Glass；☎800-732-6845；www.cmog.org；1 Museum Way；成人/儿童 $19.50/免费；⏱6月至8月 9:00~20:00，9月至次年5月 至17:00）位于康宁（Corning），内有关于玻璃制造艺术的迷人展览。无论是从时间跨度还是藏品数量来说，这里的收藏或许都是全球最好的。你还应该光顾一下**Vitrix Hot Glass Studio**（☎607-936-8707；www.vitrixhotglass.com；77 W Market St；⏱周一至周六 10:00~20:00，周日 正午至17:00），工作室就位于漂亮的市场街（Market Street）地区，你能看到博物馆收藏级别的玻璃制品，无论是碗碟还是造型逼真的雕塑，应有尽有。

洛克韦尔西部艺术博物馆（Rockwell Museum of Western Art；☎607-937-5386；www.rockwellmuseum.org；111 Cedar St；成人/儿童 $11/免费；⏱6月至8月 9:00~20:00，9月至次年5月 至17:00）坐落在前市政厅内，这是一幢古罗马式建筑。博物馆广泛收集了美国西部艺术收藏品，包括著名画家阿尔伯特·比尔施塔特、查尔斯·M.拉塞尔以及弗雷德里克·雷明顿的伟大作品。

✕ 见77页

纽约和大西洋沿岸中部 **3** 五指湖环线

佳酿与美食
西蒙·里奇蒙德
本书作者

当你发现美酒时——五指湖地区是美国最好的葡萄酒产区之一——肯定能找到相伴的美食。放轻松，在这里享用美味不用一本正经地坐在铺了白色餐布的餐桌旁，你可以与其他美食爱好者一起畅食畅饮，沉浸在友好的氛围中，例如杰尼瓦的FLX Table。同样不容错过的还有伊萨卡附近的Hazelnut Kitchen，那里还有一个很棒的农夫市集。

上图：葡萄酒桶
左图：酒客门口品鉴葡萄酒
右图：售卖的水果

经典线路

食 宿

伊萨卡 ❶

✖ Glenwood Pines   汉堡 $

（☎607-273-3709; www.glenwoodpines. com; 1213 Taughannock Blvd/Rte 89; 汉堡 $7; ⏱11:00~22:00）如果你体验了托格汉诺克瀑布徒步，那就来这家路边小馆歇歇脚，尝尝被评为"伊萨卡最好"的汉堡和炸鱼。

✖ Moosewood Restaurant   素食 $$

（☎607-273-9610; www.moosewood cooks.com; 215 N Cayuga St; 主菜 $8~18; ⏱11:30~20:30; ✏）这一几乎被奉为传奇的素餐馆从1973年营业至今，由多人负责打理，氛围略显高档，菜单显得很国际化。

✖ Watershed   酒吧 $

（☎607-345-0691; www.thewatershedit haca.com; 121 Martin Luther King Jr St; ⏱16:00至次日1:00）这家新酒吧很吸引人，复古灰泥砖墙，氛围友好。酒吧规定不允许举办音乐或舞蹈派对，因此很适合家庭出游者，人们可以在这里侃侃而谈。除了供应全套吧台饮食之外，这里提供各种软饮、热饮及小食。

☐ Inn on Columbia   旅馆 $$

（☎607-272-0204; www.columbiabb.com; 228 Columbia St; 房间 $175起; ❄☎✈）这家旅馆位于安静的住宅区，距离市中心只有很短的步程。它由数间屋子组成，内部设计很精美，极具当代气息，让人眼前一亮。

☐ William Henry Miller Inn   民宿 $$

（☎877-256-4553; www.millerinn.com; 303 N Aurora St; 房间 $195起; ❄@☎）这是一家有着悠久历史的民宿，且距Commons只有几步之遥。店内提供奢华的房间（两间配备漩涡式浴缸，两间位于独立的马车房内）、美味的早餐和自助甜点。

卡尤加湖西岸 ❸

✖ Hazelnut Kitchen   美国菜 $$

（☎607-387-4433; 53 East Main St, Trumansburg; 主菜 $16~26; 品尝套餐 $40; ⏱周四至周一 17:00~21:30）这家舒适的餐馆位于伊萨卡西北11英里处，是这地区无可争议的最佳餐馆。厨师从当地农民处购买新鲜食材，烹出美味。包含四道菜的特选套餐物有所值，厨师会亲自端上每道应季的佳肴。

✖ Knapp Winery & Restaurant   葡萄酒庄 $$

（☎607-930-3495; www.knappwine. com; 2770 Ernsberger Rd, Romulus; 品酒 $5; ⏱4月至11月 10:00~17:30, 12月至次年3月 营业时间缩短）这家酒庄位于塞内卡瀑布城南部12英里处，拥有被遒劲树根和茂盛野花环绕的宽阔草坪。你可以一边望着满是棚架的葡萄园，一边品味自酿的葡萄酒、格拉巴酒（grappas）和柠檬酒（limoncello）。酒庄餐馆具体营业时间为4月周三至周日11:00~17:00; 5月至10月每天营业; 11月则是周五至周日营业。

塞内卡瀑布城 ❹

☐ Gould Hotel   精品酒店 $$

（☎877-788-4010; www.thegouldhotel.com; 108 Fall St; 房间 $169; ❄☎）这一位于闹市区的建筑最初是一家20世纪20年代的酒店，在保留了传统的同时，它经历了一次时尚的翻修。标准间面积很小，但金属质感的紫色和灰色装饰非常炫目。酒店旗下的高档餐馆和酒馆供应当地美食、葡萄酒和啤酒。圣诞节期间，大堂的墙壁会放映弗兰克·卡普拉的电影《生活多美好》，这部电影中美国小镇的灵感就来自塞内卡瀑布城。

杰尼瓦 ⑤

✕ FLX Table　　　　美国菜 $$$

（www.flxtable.com; 22 Linden St; 5道菜 $49; ⊙周四至周一 17:45和20:15）餐馆内只有一张公共餐桌，食客可以分坐在餐桌两侧，共有12个位置。想体验这种晚宴氛围，品尝有五道菜的美味，就得提前很长时间在网上预订。所有菜都使用应季的当地食材，摆盘精美。餐馆也提供搭配美味的葡萄酒。

⛺ Belhurst Castle　　　历史酒店 $$

（☎315-781-0201; www.belhurst.com; 4069 West Lake Rd; 房间 $105~435; P ❋ 🛜）这一建于19世纪80年代的湖畔建筑已被列入美国国家史迹名录，非常值得驻足停留，哪怕只是看一眼其华丽的内饰和惊人的美景。最好的房间位于主宅内，有彩绘玻璃、沉重的古董家具和壁炉。酒店是热门婚宴场所，要入住请尽早预订。

哈蒙兹波特（Hammondsport）

✕ Switzerland Inn　　　海鲜 $

（☎607-292-6927; www.theswitz.com; 14109 Keuka Village Rd; 主菜 $8~16; ⊙周三和周四 16:00~22:00, 周五至周日 正午至22:00）这是家有户外感的热闹汉堡店，在哈蒙兹波特东北9英里处，也有自助蟹腿和周末炸鱼。天气炎热时，你可以从码头跳入湖中。

✕ Village Tavern Restaurant & Inn　　　美国菜 $$

（☎607-569-2528; www.villagetaverninn.com; 30 Mechanic St; 主菜 $14~32; ⊙5月至10月 11:30~20:30）这家餐厅很受欢迎，就位于迷人的村广场附近，擅长烹制新鲜的海鲜。此外，这里还以拿过奖的葡萄酒单闻名，包含了五指湖地区很多葡萄酒庄出品的佳酿。餐馆楼上的四间房间以及散落在小镇几处漂亮木屋内的房间都可以入住，房费$119起。

⛺ Gone with the Wind B&B　　民宿 $$

（☎607-868-4603; www.gonewiththewindonkeukalake.com; 14905 W Lake Rd/Rte 54A,Pulteney; 房间 $110~200; ❋ 🛜）这处湖畔民宿位于哈蒙兹波特以北10英里处，和塔拉（Tara）庄园不尽相同，但令人愉悦，还有一个能够看到美景的观景平台。住宿有两种选择——原始的石头房子和与之相邻的一个木屋——不过二者都有亲切温馨的室内陈设。

康宁 ⑧

✕ Gaffer Grille & Tap Room　　牛排 $$

（www.gaffergrilleandtaproom.com; 58 W Market St; 主菜 $13~33; ⊙餐馆 周一至周五 11:30~21:00, 周六和周日 16:30~21:00, 酒吧 至22:30）这是家有当代奉献精神的老式牛排馆，只用当地有机农场出产的肉类。此外还供应牛腩三明治、意大利面、鱼类菜肴以及鸡肉菜肴。餐馆楼上有四间宽敞舒适的客房（$139~149），因此这里也是康宁中心区不错的住宿之选。

✕ Hand & Foot　　　各国风味 $$

（☎607-973-2547; www.handandfoot.co; 69 W Market St; 主菜 $10~21; ⊙11:30至午夜）餐馆的菜单融合了各国美味，包括越南三明治（banh mi sandwiches）、波兰饺子（pierogi）、韩国年糕和香肠拼盘。酒吧菜单同样提供丰富的选择，有很多地方特色的麦芽酒。整体氛围是嬉皮士风，很时尚。

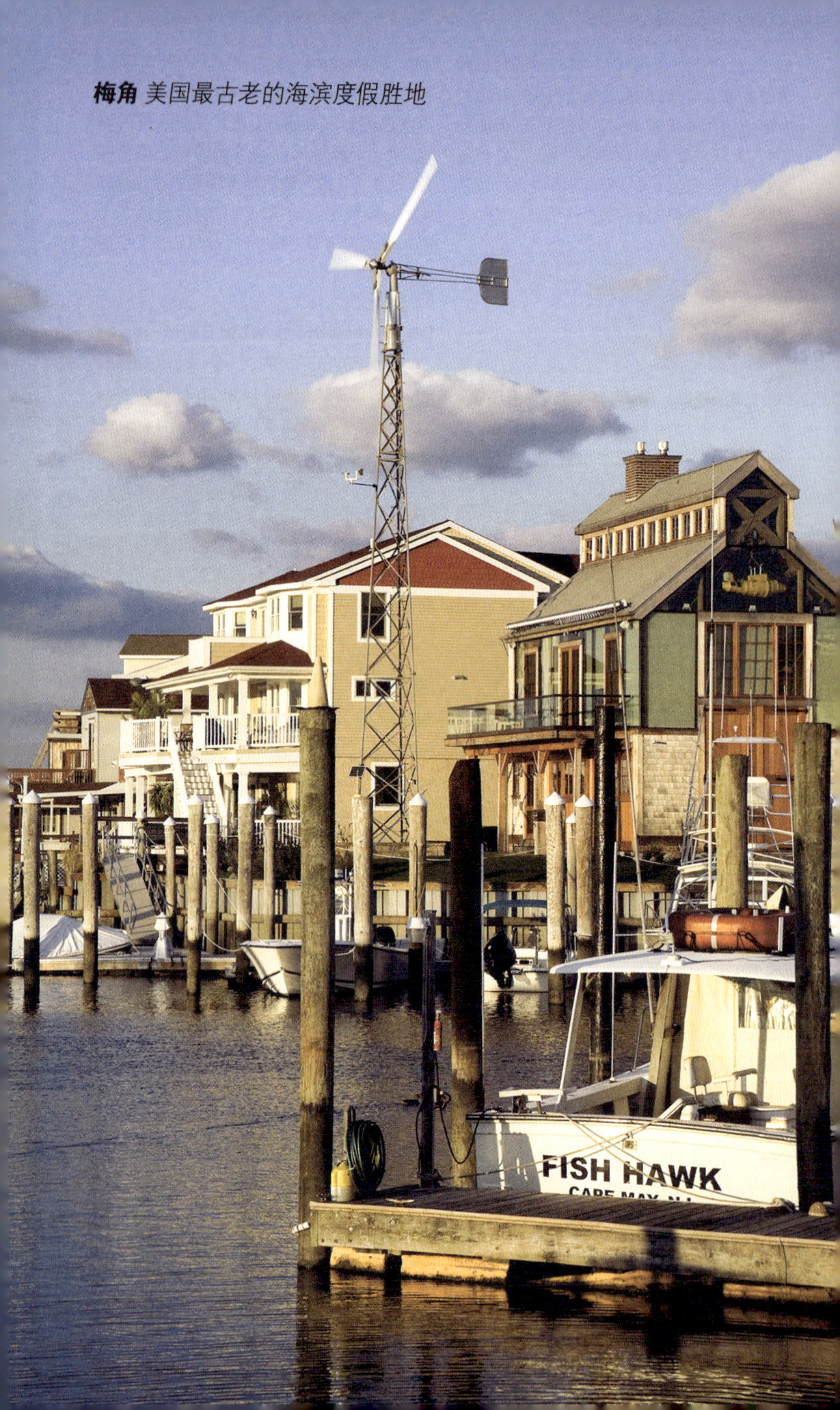

梅角 美国最古老的海滨度假胜地

泽西海岸

4

穿着比基尼的泽西女孩，打扮夸张的意大利裔男孩，漫长的木栈道，热闹的拱廊街，霓虹闪烁的摩天轮，还有127英里长的大西洋海岸沙滩。驾车去海边尽情玩耍吧！

线路亮点

2 英里

欧申格罗夫
拥有精致建筑的海滨古镇

Asbury Park
阿斯伯里帕克 **起点**

Spring Lake 斯普林莱克
Point Pleasant 快乐角

Seaside
Heights
海边高地

Long Beach
Island
长滩岛

129 英里

梅角
优雅宁静的海岸终点

Ocean City
大洋城

终点 **9** **8**

怀尔德伍德地区
泽西著名的木栈道就是它的全部魔力

127 英里

3~7天
129英里/
207公里

最适合

何时去

6月的每个周中前来，人少且住宿更便宜。9月底也不错，气候温和，费用同样更低廉。

最佳
摄影点

日落时分的梅角。

最佳
两日

怀尔德伍德和梅角虽有天壤之别，却同样经典。

4 泽西海岸

新泽西州的海岸线上遍布或优雅或热闹的度假城镇，足以满足你对度过一个理想漫漫夏日的所有要求。吱嘎作响的宽敞木栈道（单身男女们在此并不止于一般的交往）距离几代同堂的老派家庭度假地只有很短的车程。当气温升高时，全州的人都会涌向东部的海滩，去创造一份令他们日后十分怀念或带着点遗憾的回忆。

❶ 阿斯伯里帕克

我们的第一站是阿斯伯里克（Asbury Park），一个在音乐中永垂不朽的小镇。20世纪70年代，一群音乐人开创了阿斯伯里之声（Asbury Sound），布鲁斯·斯普林斯汀（Bruce Springsteen）就是这群音乐人中最有名的一个。以他为核心，再加上Steve Van Zandt、Garry Tallent以及后来的Danny Federici和Clarence Clemons等几位音乐人，组成了E Street乐队。镇上的主要景点是现已破败且不复昔日繁华的俱乐部Stone Pony（☏732-502-0600；www.stoneponyonline.com; 913 Ocean Ave; ⊙售票处 周三至周一和表演期间 正午至17:00）和Wonder Bar（☏732-502-8886；www.wonderbarasburypark.com; 1213 Ocean Ave）。后者对面就是气势恢宏的红砖建筑——派拉蒙剧院（Paramount Theatre; ☏732-897-6500; www.apboardwalk.com/portfolio/convention-hall; 1300 Ocean Ave），大型节目会在此上演，也会播放免费电影。

来自纽约的有钱人买下了这里的多个街区，他们将被遗忘的维多利亚风格住房和店面重新装修，打造了包括Cookman Ave和Bangs Ave上若干街区在内的闹市区，大道两边林立着时髦的商店、酒吧、咖啡馆、饭店，以及一家翻修过的艺术片电影院。

按照泽西人的标准看，这里的木栈道（Boardwalk）本身既短又不气派：

一端是一幢20世纪20年代的游乐兼赌场建筑，外表奢华但只剩下一个空壳；另一端的附近是派拉蒙剧院，剧院前面是一片经过悉心打理的诱人沙滩。阿斯伯里帕克的娱乐活动更加适合成人而非儿童：俱乐部和酒吧喧闹至深夜，冲浪条件极好，还拥有整个海岸最活跃的同性恋场所。

✗ ⊨ 见88页

行驶路上 » 去往欧申格罗夫没有海滨公路，两个城镇之间被一条窄窄的韦斯利湖（Wesley Lake）分隔开。取道商业味浓厚的Main St/Rte 71公路，然后左拐进入欧申格罗夫的Main Ave。不过，先走Rte 71公路向北去看Deal社区里令人难忘的壮观房屋，可能更有价值。

你也可以

5 **宾夕法尼亚州德裔区**
从大西洋城（Atlantic City）出发，向西北穿过费城（Philadelphia），然后向西走US-30公路，前往阿米什地区的乡间小路。

6 **马里兰州**
国家历史大道
走大西洋城高速公路向北，前往卡姆登（Camden），然后进入I-95州际公路向南到达巴尔的摩（Baltimore），进入一段从海湾到山区的多元旅程。

线路亮点

❷ 欧申格罗夫

欧申格罗夫（Ocean Grove）紧邻阿斯伯里帕克，是世界上最可爱的维多利亚风格海滨小镇之一，这里有一条未曾被商业开发破坏了氛围的木栈道，十分宁静。欧申格罗夫被称为"上帝在泽西海岸上的1平方英里"，其造型完美、保守而古雅，一度在周日全天关闭。此地于19世纪由卫理公会教徒（Methodists）所建，保存了南北战争之后**帐篷城**（Tent City）复兴营地的遗留物——现在是一处历史遗迹，有114座小房子似的帆布帐篷，它们紧挨在一起，被用作避暑小屋。

芥末黄色的**大讲堂**（Great Auditorium；✆732-775-0035，票务 800-965-9324；www.oceangrove.org；21 Pilgrim Pathway；独奏会 免费，音乐会 $13；⊙独奏会 7月和8月 周三 19:30，周六 正午）建于1894年，俯瞰着这些帐篷，其内

部的穹顶结构、令人惊讶的音响效果以及古旧的风琴都让人回想起犹他州的摩门教堂，因此不可错过。务必要听一场独奏会或音乐会（夏天的周三或周六），或者在木板路的大帐篷中观看露天仪式。

✖ 🛏 见88页

行驶路上 » 沿着Rte 71公路向南，穿过一连串相对沉寂的小镇［布拉德利海滩（Bradley Beach）、贝尔马（Belmar）］，5英里后就到了斯普林莱克。

❸ 斯普林莱克

这个繁华社区的安静街道一度被称为"爱尔兰的里维埃拉"（Irish Riviera），街道两边坐落在气派的维多利亚风格海滨住宅，房子周围则是修剪得平平整整的草坪。由于飓风桑迪，这里漂亮的海滩在涨潮时会变得极其狭窄。如果你对低调的安静之所感兴趣，待在这里通常可以使你尽量远离海滨木栈道上的喧闹。

从斯普林莱克（Spring

最佳建议
提前计划

我们热爱海岸，但是实话实说，夏季的交通的确是场噩梦，停车是不可能的，各处海滩也人满为患。必须在头天晚上把车备好，天刚破晓就动身。如果可能的话，在周中前来。如果你不想住在一个破旧寒碜、被太阳晒得斑驳褪色、离海边足足有3个街区、面积极小的廉价旅馆的话，那就提前半年至一年订房间吧。

Lake）出发，往内陆方向行仅5英里，就是古怪的**阿莱尔历史村**（Historic Village at Allaire；✆732-919-3500；www.allairevillage.org；4263 Atlantic Ave，Farmingdale；停车 5月至9月 $7；⊙面包房 周一至周五10:00~16:00，历史村 周六和周日 11:00~17:00），这是19世纪的繁华村落Howell Works的遗址。时至今日，你仍可以拜访这个依然生机勃勃的博物馆中形形色色的"店铺"，店主们都身穿古时的装束。

🛏 见88页

行驶路上 » 想要享受一段悠闲惬意的行程，那就取道Ocean Ave公路向南——在Wreck Pond折向内陆，然后再继续南行。在Sea Girt镇的新月公园（Crescent Park），从华盛顿大道（Washington Ave）返回联合大道（Union Ave）/Rte 71公路，这条公路通往Rte 35公路并经过Manasquan Inlet。

❹ 快乐角

快乐角（Point Pleasant）是5条奇妙的碰碰车和滑雪球木栈道（Bumper-car-and-Skee-Ball Board-walks）中的第一条。7月的周末，快乐角的长海滩上人们摩肩接踵：乍一看，你会觉得如果用条纹紧身衣把近乎全裸的身体遮住，时间就仿佛回到了20世纪20年代。无数阳伞遮住了每一寸沙滩，冲浪区人满为患。

有小孩子的家庭钟情

于快乐角,因为这里木栈道虽宽敞但又不会太大,游乐设施干净异常,还有游乐宫和小水族馆,都由**詹金森公司**(Jenkinson's; ☎732-295-4334; www.jenkinsons.com; 300 Ocean Ave, Point Pleasant Beach; 水族馆 成人/儿童 $12/7; ⊙游乐设施 7月和8月正午至23:00,水族馆 10:00~22:00,9月至次年6月 时间有变化)运营,是为10岁以下儿童量身打造的游乐场。但这并不是说快乐角只为小家伙们存在,**Martell's Tiki Bar**(☎732-892-0131; www.tikibar.com; 308 Boardwalk, Point Pleasant Beach; ⊙周日至周四11:00~23:00,周五和周六 至次日0:30)会让喜欢玛格丽特鸡尾酒的家伙们疯狂,只要发现了橘黄色霓虹的棕榈树并听见了现场乐队的激情演奏,你就找对地方了。

行驶路上 » 沿Rte 35公路向南经过一个狭长的(有些地方只有一两个街区宽)堰洲岛上的几处住宅区——海边高地就在这段旅途的最宽处。全程11英里。

❺ 海边高地

从北向南走,海边高地(Seaside Heights)拥有第一处真正让人心跳加速的木栈道:一条"天空之旅"架空轨道、两个装配了双通道街机游戏的娱乐码头、令肾上腺素飙升的成人游乐设施、过山车,以及10层楼

高的"跳楼机"(玩吐了别怪我们没告诉你)。

白天里的海边高地就像快乐角一样适合家庭游玩,可是一旦夜幕降临,这里便会上演一幕幕享乐主义的约会仪式,以至于福音教派认为有必要在码头上设置一个永久性的传教点。成群的年轻男人——帽子斜楞着、粗麻布衣服闪着光——盯着衣着闪亮且暴露的年轻女子,每个人都如走花灯一般周旋于一连串的喧嚷酒吧之间,酒吧里的现场乐队低声吟唱着老鹰乐队(Eagles)的曲子。这就是地道的泽西。

沿Rte 35公路绕道南行,前往10英里长的**沙滩**

岛州立公园(Island Beach State Park; ☎732-793-0506; www.islandbeachnj.org; Seaside Park; 5月至9月 工作日/周末 $12/20,10月至次年4月 $5/10; ⊙5月至9月 周一至周五8:00~20:00,周六和周日 7:00~20:00,10月至次年4月 8:00至黄昏),这是一座完全未开发的堰洲岛,依靠沙丘和高茎草将海湾与海洋隔开。

✕ 见88页

行驶路上 » 要去大陆的话,需从海边高地取道Rte 37公路;驶过一座横跨巴尼加特湾(Barnegat Bay)的长桥,之后你将到达汤姆斯里弗(Toms River)的大型商业区。从Garden State Pkwy公路向南,

是的,在夏季,泽西海岸的每一天都是派对日。以下活动不容错过:

同性恋骄傲大游行(Gay Pride Parade; www.gayasburypark.com)阿斯伯里帕克,6月上旬。

海边波尔卡舞大狂欢(Polka Spree; www.northwild.com/events.asp)怀尔德伍德,6月下旬。

新泽西沙堡大赛(New Jersey Sandcastle Contest; www.njsandcastle.com)贝尔马,7月。

新泽西州野外烧烤大赛(New Jersey State Barbecue Championship; www.njbbq.com)怀尔德伍德,7月中旬。

大洋城宝宝大游行(Ocean City Baby Parade; www.ocnj.us/babyparade)大洋城,8月上旬。

阿斯伯里帕克僵尸游行(Asbury Park Zombie Walk; www.asburyparkzombiewalk.com)阿斯伯里帕克,10月。

上图：怀尔德伍德游乐园

下图：阿斯伯里帕克

右图：巴尼加特灯塔

EILEEN.JO / SHUTTERSTOCK ©

然后就是Rte 72公路和一座跨越马纳霍金湾（Manahawkin Bay）的大桥。

⑥ 长滩岛

一条狭湾将这座有着美丽的海滩和令人难忘的避暑别墅的细长岛屿与沙滩岛州立公园的最南端以及北部的滨海城镇分开。地标性的**巴尼加特灯塔**（Barnegat Lighthouse；☎609-494-2016；www.state.nj.us/dep/parksandforests/parks/barnlig.html；紧邻Long Beach Blvd；灯塔成人/儿童 $3/1；⊙州立公园 8:00~18:00，灯塔 10:00~16:30）距公园只有咫尺之遥，它提供了一种俯瞰全景的视角。渔人们从大西洋沿岸一道2000英尺长的防波堤上撒下渔网。游客中心有少许历史和图片展览，一条短途天然小径从这里出发。

长约7.5英里的Beach Ave从Ship Bottom延伸至Beach Haven（桥南），几乎每天早晨都有将近一半的岛人在这条柏油路上慢跑、散步、溜旱冰或者骑自行车。这是锻炼的黄金时间，尽情享受阳光和人们的注视吧！深藏于一条居民区街道上的**Hudson House**（☎609-492-9616；19 E 13th St, Beach Haven；⊙7月和8月 正午至次日2:00，4月至6月和9月至12月 周五和周六 20:00至次日2:00）是一家只有当地人光顾的半地下酒吧，就像旧拖鞋一样破旧但又舒适。虽然

85

它看起来像是一家斑驳破旧的摩托车手酒吧吧，但是别怕，它就是这样的。

行驶路上 » 按原路返回，过桥，沿Garden State Pkwy公路向南通过多沼泽的松林区和大西洋城。从30号出口去往Somers Point；沿Laurel Dr公路转入MacArthur Blvd/Rte 52公路，然后是一段长长的、穿过Great Egg Harbor Bay的堤道。全程共48英里。过了堤道后左转，在宁静安逸的氛围中继续前行。

❼ 大洋城

大洋城（Ocean City）几乎是欧申格罗夫和快乐角的完美结合，它是一个禁酒城镇，拥有充满真正家庭乐趣的宽敞的木栈道，超级迷人的海滩是其不变的风景。海边有一个小型的水上乐园，而**吉利安游乐园**（Gillian's Wonderland）则拥有一个高得令人胆怯的摩天轮、一个精心修复过的旋转木马和大量的儿童游乐设施，这里没有拿着扩音器兜售游乐场游戏的少年，气氛轻松而友好（这得归功于禁酒）。

迷你高尔夫球的爱好者请注意！你可来对地方了。你可以在三桅纵帆船上小试身手，周围是大白鲨和巨型章鱼，头顶是"雷鬼风格猴子"驾驶的直升机，即使夜幕降临也不会受到影响。如果还不够尽兴，可以

去品尝下Kohr家可口的软冰蛋奶沙司，有原味，也有其他口味。

虽然在很多地方都可以买到咸味太妃糖，但在我们看来，**Shriver's Taffy**（📞609-399-0100；www.shrivers.com；E 9th St和Board-walk交叉路口；太妃糖 每磅$9~10；⏰6月至9月 9:00至午夜，10月至次年5月 至17:00）才是最棒的。你可以看着机器现场制作，然后在袋子里塞进两打或更多的糖果吧。

🍴🛏 见89页

行驶路上 » 如果时间允许，可游览当地的街道，翻过几座小桥，穿过Strathmere、Sea Isle City、Avalon和Stone Harbor这几个滨海社区（4座桥中的2座单向收取通行费$1.50，只接受硬币）。或者，返回Garden State Pkwy公路，然后从两个出口之一离开，驶往怀尔德伍德地区，全程30英里。

线路亮点

❽ 怀尔德伍德地区

怀尔德伍德地区（Wildwoods）是个派对小镇，深受青少年以及年轻人（主要是在餐馆和商店工作的东欧年轻人）的喜爱，怀尔德伍德（Wildwood）是此地主要的社交中心。这里的3个海滩都是免费的，海滩上有些地方的宽度超过1000英尺（约305米），使之成为新泽西最宽的海滩，这就意味着这里永远

不会缺少空间。几座巨大的码头上有水上乐园和游乐园，可以轻松地与任何一个六旗游乐园（Six Flags Great Adventure）媲美。游乐园里有山车，还有最适合雄心勃勃的宇航员乘坐的其他游乐设施，它们都坐落于2英里长的Grand Daddy of Jersey Shore木栈道上。夜光的3D迷你高尔夫较好地诠释了怀尔德伍德木栈道的精髓——目光长远，步步为营。最好的游乐设施或许是覆盖从怀尔德伍德岭（Wildwood Crest）到北怀尔德伍德（North Wildwood）的高空轨道。泽西海岸的木栈道上还有一家比萨店**Mack & Manco's**（其他海岸木栈道上也有它家的门店），店内经常排队，一桌难求。

怀尔德伍德岭非常怀旧，是20世纪50年代美式风情的缩影——刷了白墙的汽车旅馆闪烁着霓虹招牌。在23rd Ave和Atlantic Ave上，有一些引人注目的汽车旅馆招牌，比如**Lollipop**。

🍴🛏 见89页

行驶路上 » 走当地道路：取道Pacific Ave向南去往Ocean Dr，然后通过一座跨越河口地区的收费桥梁，这个河口将贾维斯海峡（Jarvis Sound）和梅角港分隔开来。然后左右拐进入Rte 109公路，驶过梅角港。从这之后，你可以随时左拐，就看你是想进城还是想去海滩了。

ANEESE / SHUTTERSTOCK ©

大洋城 吉利安游乐园的摩天轮

线路亮点

⑨ 梅角

　　建立于1620年的梅角（Cape May）位于新泽西州的最南端，是该州唯一能够看到海上日出和日落的地方，也是全美历史最悠久的海滨度假地。夏季，宽阔的海滩上人流如织，但其维多利亚风格的优美建筑全年都令人着迷。除了600栋姜饼式的房屋外，这座城市还拥有古风古韵的店铺和海豚、鲸鱼（5月至12月）及鸟类的观赏地；城市就位于**梅角州立公园**（Cape May Point State Park；www.state. nj.us/dep/parksandforests/parks/capemay.html；707 E Lake Dr；◷8:00～16:00）和它高达157英尺的**梅角灯塔**（Cape May Lighthouse；☑609-884-5404；www.capemaymac.org；215 Lighthouse Ave；成人/儿童 $8/5；◷5月至9月 10:00～17:00，3月和4月 11:00～15:00，2月和10月至12月 周六 11:00～15:00）的外面，有199级台阶通向灯塔顶层的观景台。这里有一个极好的游客中心和一座当地野生动物展的博物馆，还有通往池塘、沙丘和沼泽的小径。附近的**梅角鸟类观察站**（Cape May Bird Observatory；☑609-884-2736；www.birdcapemay.org；701 E Lake Dr；◷4月至10月 9:00～16:30，11月至次年3月 周三至周一）里有一条1英里长的环路，可使你悠然地漫步于湿地保护区内。公园中宽阔的沙滩（免费）和另一个位于城里的沙滩是夏季的主要景点。**Aqua Trails**（☑609-884-5600；www.aquatrails.com；1600 Delaware Ave；单人/双人 每小时租金 $25/35，团队游 单人/双人 $45/75起）提供海岸湿地的皮划艇之旅。

✗ 🛏 见89页

食 宿

阿斯伯里帕克 ❶

✘ Sunset Landing 咖啡馆 $

(☎732-776-9732; www.sunsetlandingap.com; 1215 Sunset Ave; 主菜 $5~8; ⊙周二至周日 7:00~14:00)在Deal Lake湖畔,距离海滩约10个街区远,Sunset Landing咖啡馆就像是一座夏威夷冲浪小屋。在这里,复古风格的长木板配着木制的梁架,芝士煎蛋卷超级新鲜,特制的美味薄煎饼伴着蔓越莓、肉桂、椰子、夏威夷果以及其他海岛风味。只接受现金。

🛏 Asbury Hotel 精品酒店 $$

(☎732-774-7100; www.theasburyhotel.com; 210 5th Ave; 房间 $125~275; P✱🛜📺)哇哦! 从大堂摆放着的Lonely Planet系列指南、古老书籍和日晷,再到屋顶酒吧,这家于2016年营业的新酒店可谓酷劲十足。酒店与大会堂(Convention Hall)、木栈道隔了两个街区,你可以待上一整天,打打桌球或者顶层放松。工作日晚上性价比比较高。

欧申格罗夫 ❷

✘ Moonstruck 意大利菜 $$$

(☎732-988-0123; www.moonstrucknj.com; 517 Lake Ave; 主菜 $22~38; ⊙周三、周四和周日 17:00~22:00, 周五和周六 至23:00)这家餐馆能欣赏到将阿斯伯里帕克和欧申格罗夫隔开的韦斯利湖美景,马天尼酒品种繁多。菜单不拘一格,但更倾向于意大利风味,提供花样颇多的意大利面食;肉类菜肴和鱼类菜肴受到了不同民族的影响。

✘ Starving Artist 咖啡馆 $

(☎732-988-1007; 47 Olin St; 主菜 $3~

9; ⊙周一、周二和周四至周六 8:00~15:00, 周日 至14:00; 🚗)这个可爱的小餐馆带有宽敞的户外露台,主打早餐、烧烤以及炸海鲜,隔壁店面供应可口的冰激凌。法式吐司和"丰盛的"土豆是早餐必选。

🛏 Quaker Inn 旅馆 $$

(☎732-775-7525; www.quakerinn.com; 39 Main Ave; 房间 $90~200; ✱🛜)这是一家很棒的老式维多利亚风格旅馆,虽然有时会嘎吱作响。店有28间房,部分面朝门廊或阳台。旅馆内有温馨的公共区域和图书馆,可以一边喝咖啡,一边放松。主人将这座城镇的整体魅力和好客展现得淋漓尽致。

斯普林莱克 ❸

🛏 Grand Victorian at Spring Lake 旅馆 $$

(☎732-449-5237; www.grandvictorianspringlake.com; 1505 Ocean Ave; 房间 公用/私人卫生间 $239/309; ✱🛜)这是一家与海滩隔街相望的维多利亚风格旅馆,位于阿斯伯里帕克以南,有15分钟路程。房间明亮、通风良好,住在这里可以将电视里的海滩度假变为现实。房间简洁而雅致,弧形的门廊和完美的附属餐厅为这里平添了面朝大海的优雅氛围。

海边高地 ❺

✘ Music Man 冰激凌 $

(☎732-854-2779; www.themusicman.com; 2305 Grand Central Ave, Lavallette; 冰激凌 $3~8; ⊙11:00至午夜)在享用圣代冰激凌的同时来点情调吧——服务员会播放百老汇歌舞剧的曲子,整夜不断(6月周五至周日17:30起,7月和8月每天17:30起)。只接受现金。

✘ Shut Up and Eat! 早餐 $

(☎732-349-4544; www.shutupandeat-

tr.com; 804 Main St, Toms River; 主菜 $9;
⊙6:30~15:30) 在海边高地以西约6英里处，隐藏在汤姆斯里弗的凯马特（Kmart）购物广场里，这家名字起得颇具嘲讽意味的早餐馆可能是有史以来最傻气的：身穿睡衣的女招待（顾客穿着睡衣可享受13%的折扣），泼辣俏皮的应答，不搭调的家具，以及恶趣味的餐具。更棒的是抹了地道枫糖浆的法式吐司，外加上好的煎蛋卷、薄煎饼等美食。

大洋城 ❼

🛏 Flanders Hotel　　　酒店 $$

（☎609-399-1000; www.theflandershotel. com; 719 E 11th St; 房间 $199~445; 🅿🛜🏊) 在这里，忘掉那些残留着沙粒的汽车旅馆给你带来的烦恼吧：每一个房间都现代舒适，约60平方米的套房带有厨房，黄蓝相配的装饰色调也能勾起愉悦低调的海边情结。

怀尔德伍德地区 ❽

🍴 Key West Cafe　　　早餐 $

（☎609-522-5006; 4701 Pacific Ave; 主菜 $8~10; ⊙7:00~14:00) 这家早餐店基本上拥有你能想象到的各种薄煎饼和鸡蛋组合，全都是新鲜烹制的。对了，这里还供应午餐。全年营业。

🛏 Starlux　　　精品酒店 $$

（☎609-522-7412; www.thestarlux.com; 305 E Rio Grande Ave; 房间 $205起，房车 $240; 🅿🛜🏊) 海绿色和白色相间的Starlux有着飞翔的轮廓造型、火山岩形的灯具、回旋镖装饰的床罩，以及帆船形的镜子，同时还非常整洁。更加地道的是两辆侧面镀铬的流线型复古款房车。酒店后方房子内的房间有折扣。

🛏 Summer Nites B&B　　　民宿 $$

（☎609-846-1955; www.summernites. com; 2110 Atlantic Ave, North Wildwood; 房间 $155~280; 🅿🛜) Summer Nites B&B位于喧嚣和灯光闪烁的北怀尔德伍德，在这家不起眼的白色房子中住上一晚是一份超酷的复古体验：真正的自动点唱机还在播放; 早餐间是一个完美重造的餐厅，8个主题房间被整面墙大小的壁画和镶了画框的题名大事记占据。要享受国王的待遇，就住Elvis套房吧。

梅角 ❾

🍴 Lobster House　　　海鲜 $$

（☎609-884-8296; www.thelobster house.com; 906 Schellengers Landing Rd; 主菜 $14~30; ⊙4月至12月 11:30~15:00和16:30~22:00, 1月至3月 至21:00) 这家类似俱乐部的著名餐馆位于码头，供应当地的牡蛎和扇贝。不接受预订，这意味着等位需要很长时间。早点去或者晚点去，或者也可以在停泊于餐馆旁边的Schooner American号帆船上的酒吧点杯饮料。

🍴 Mad Batter　　　美国菜 $

（☎609-884-5970; www.madbatter. com; Carroll Villa Hotel, 19 Jackson St; 早午餐 $8~11; ⊙5月至8月 8:00~21:00, 9月至次年4月 营业时间有变化) 这家餐馆位于一座白色维多利亚风格的民宿内，是当地人很喜爱的早午餐之选，餐品包括松软的燕麦煎饼和分量十足的蛤蜊杂烩。晚餐也很不错，但价格要高点，主菜约$30。绝对不能错过塞了蟹肉的切萨皮克湾班尼迪克蛋（Chesapeake Bay Benedict）。

🛏 Congress Hall　　　酒店 $$$

（☎609-884-8421; www.caperesorts. com; 200 Congress Pl; 房间 $259起; 🅿🛜🏊) 规模宏大的Congress Hall于1816年营业，是当地的地标性建筑，如今它既保留了历史痕迹，又营造出现代化风格。酒店的经营公司还打理这一地区不少一流的酒店。

兰开斯特
驾着马车的阿米什人

宾夕法尼亚州 德裔区

5

这是一段相当紧凑的行程, 引领你去发现阿米什人 (Amish) 的农夫市集和路边摊位出售的自制商品, 传统和历史在人们的日常生活中得到传承。

线路亮点

78 英里
利蒂茨
在这个田园小镇的主街上漫步

Hershey
好时镇
终点

Ephrata
埃夫拉塔

8

51 英里
鸟在手镇
在这里的农贸市场寻找特色美食

Lancaster
兰开斯特
起点

5 Intercourse
交会点

Willow Street
柳树街

4

Pinnacle Overlook
远眺峰

斯特拉斯堡
乘坐蒸汽火车穿过如画般美丽的田园

44 英里

3~4天
102英里/
164公里

最适合

何时去
早春时节或9月, 人流量较少。

最佳
摄影点
以马拉犁铧为前景的风车或谷仓。

最佳
美食

在这里, 几乎所有东西都以自助的形式呈现。

5 宾夕法尼亚州德裔区

阿米什人驾着四轮马车，亲手犁地。在德裔区，人们过着节奏缓慢的真实生活（并非表演性的旧时重现）。要想获得最动人的德裔区体验，那就在高速公路之间蜿蜒狭窄的小路上驱车而行吧。驶过种着紫花苜蓿、芦笋和玉米的无边绿色田野，驶过飘散着农作物的气味、呈现一派繁忙景象的谷仓和修剪得整整齐齐的草坪，然后挥挥手，向四轮马车里的阿米什人和骑着脚踏车、头戴草帽的少年致意。

❶ 兰开斯特

兰开斯特（Lancaster，当地人读作"LANK-uh-stir"）适宜步行的红砖历史街区紧邻潘恩广场（Penn Sq），把它作为起点再好不过了。古罗马文艺复兴风格的**中心市场**（Central Market; ☎717-735-6890; www.centralmarketlancaster.com; 23 N Market St; 小食 $2起; ⏰周二和周五 6:00~16:00, 周六 至 14:00）像费城的雷丁集散市场（Philadelphia's Reading Terminal Market），只是规模小一点。这里有各种地方美食——新鲜的山葵、无比派（Whoopie Pies）、软椒盐卷饼（Soft Pretzel）、塞满咸肉还滴着油的三明治。还有更令你惊喜的，例如西班牙和中东风味的美食。另外，

这个市场挤满了手工艺品店铺，店员是头戴女帽、衣着朴素的阿米什妇女。

在18世纪，德国移民大量涌入宾夕法尼亚州的东南部，而其中只有一小部分是阿米什人。绝大多数阿米什人的生活就像**兰迪斯山谷博物馆**（Landis Valley Museum; ☎717-569-0401; www.landisvalleymuseum.org; 2451 Kissel Hill Rd; 成人/儿童 $12/8; ⏰3月至12月 周二至周六 9:00~17:00, 周日 正午至17:00, 1月和2月 开放时间缩短）里身穿民族服装的讲解员一样，博物馆再现了宾州德国村庄的生活，有一个仍在工作的铁匠铺、几个编织匠和一些马厩等。它位于兰开斯特以北数英里处，紧邻Rte 272/Oregon Pike公路。

🍴🛏 见100页

行驶路上 » 从兰开斯特市中心出发，沿Prince St向南行驶，进入Rte 222公路，最后由Rte 272公路行至柳树街。

❷ 柳树街

早在欧洲移民到来之前，康尼人（Coney）、德拉瓦

去线路
129英里 4

人（Lenape）、莫霍克人（Mohawk）、塞内卡人（Seneca）和其他美洲原住民就居住在柳树街（Willow Street）。然而，宾夕法尼亚州依然是少数不承认部落保留地的州之一——也就是说，这里的部落未获官方承认。为了从历史上纠正这种抹杀，一幢仿制的美洲

你也可以

4 泽西海岸
向东行至费城，那里有许多公路可通往泽西海岸城镇的木栈道。

6 马里兰州国家历史大道
沿US 30公路一直西行至约克（York），然后向南行至巴尔的摩，由此开启穿越马里兰州特色小镇之旅。

原住民长屋（Longhouse）现在坐落于**1719年汉斯·赫尔大厦**(1719 Hans Herr House; ☎717-464-4438; www.hansherr.org; 1849 Hans Herr Dr; 综合导览游 成人/儿童 $15/7; ⏰4月至11月 周一至周六 9:00~16:00)内，这座大厦一般被看作西半球最古老的门诺派教徒礼拜堂，赫尔家族当年就定居于此。今天，汉斯·赫尔大厦在实景重现的房间里展示着殖民地时期的手工艺品，那里还有一个铁匠铺和一间谷仓，这些"活生生的历史解说员"让我们了解到18世纪的生活是什么模样。

长屋是一种典型的狭窄单间，全部用天然材料建造，适宜多户家庭合住。这座仿制长屋的内部分成前欧洲人接触时期和后欧洲人接触时期两个区域，装饰并布置着每个时期典型的手工艺品。这一展示十分精彩，其主要目的是告诉游客们1570~1770年兰开斯特县美洲原住民的生活史，那时候，他们在本地区实际上已经不再被视为特殊群体了。在此期间（1763年），这里发生了臭名昭著的康纳斯多格大屠杀（Conestoga

另辟蹊径
葛底斯堡

起点：① 兰开斯特

取道US 30公路（也被称为Lincoln Hwy，即林肯公路）向西行驶55英里，进入葛底斯堡（Gettysburg）市中心。这是一座宁静、紧凑而又充满历史记忆的城镇。1863年7月，它见证了南北战争中最具决定性的战役——葛底斯堡战役，这场美国内战期间最血腥的战役整整持续了3天。同样是在这里，4个月后美国总统林肯发表了著名的葛底斯堡演说（Gettysburg Address），讴歌英勇的逝者，并宣布神圣的使命仍未完成，号召人们继续为自由的事业而奉献。虽然仅仅200余字，却无疑是美国历史上最具意义且影响深远的演讲之一。罗伯特·E.李（Robert E Lee）率领的北弗吉尼亚军队和约瑟夫·胡克（Joseph Hooker）率领的波托马克联邦军（Union Army of the Potomac）起过冲突和激战过的大部分战场都可以参观——既可以自行游览，也可以乘坐巴士游览或者自驾参加2小时的导览游。推荐最后一个选择，但是如果时间不充足，也可以自驾车驶过乡间狭窄的小路，沿途的纪念地标示出了战役的重要地点和时刻。

不要错过规模庞大的**葛底斯堡国家军事公园博物馆和游客中心**（Gettysburg National Military Park Museum & Visitor Center; ☎717-334-1124; www.nps.gov/gett; 1195 Baltimore Pike; 博物馆 成人/儿童 $15/10, 巴士游览 $35/21, 持证导览游 每车 $75; ⏰博物馆 4月至10月 8:00~18:00, 11月至次年3月 9:00~17:00, 外场 4月至10月 6:00~22:00, 11月至次年3月 于19:00），这座新建的综合建筑就在城区以南几英里处，里面有一座相当惊人的博物馆。馆内有丰富的手工艺品和能够说明战役许多细节的其他展品，例如一部解释葛底斯堡的环境以及它为何被认为是战争转折点的视频材料，以及Paul Philippoteaux所作、长达377英尺、表现皮科特大冲锋（Pickett's Charge）的天幕绘画。前面提到的巴士游和导览游就在这里订票。虽然信息量巨大，但至少这是理解南北战争重要性及其对美国发展的持续性影响的基础。

一年一度的南北战争文化遗产节（Civil War Heritage Days）从6月的最后一个周末持续到7月的第一个周末，展示真实的历史营地，再现战争场面，并举办一系列讲座和书展，吸引着各地的战争体验迷。另外，这里全年都会举办各种体验活动。

Massacre），当时，一群来自帕克斯顿（Paxton）的维持治安殖民者[他们的绰号居然叫"帕克斯顿男孩"（Paxton Boys）]杀害了20名康纳斯多格（Conestoga）定居地的美洲原住民，被害者中有男人、女人和小孩。汉斯·赫尔大厦和长屋的导览游构成了不同历史观的生动对照。

行驶路上 » 最简单的路线是取道Rte 272公路向南，然后转上Rte 372公路向西。然而，如果时间允许的话，可以沿着W Penn Grant Rd西行，在New Danville Pike左转，进入康纳斯多格（Conestoga）的Main St。沿着Main St前行，到丁字路口后左转来到River Rd，这是一条变向很多的乡间道路，你会经过Tucquan Glen自然保护区。

▰▰▰▰▰▰▰

❸ 远眺峰

在萨斯奎哈纳河（Susquehanna River）位于一道大型水坝上游的河段，宽阔的河面形成了阿尔德雷德湖（Lake Aldred），居高临下俯瞰着湖面的就是这座远眺峰（Pinnacle Overlook；8:00~21:00），从峰顶能够欣赏到秀美的风景，老鹰和其他猛禽就在头顶翔翔。这里和邻近的霍尔德伍德环境保护区（Holtwood Environmental Preserve）都是由宾夕法尼亚州电力和电灯公司（Pennsylvania Power &

Light Co,简称PPL)维护的一大片河滨土地的一部分。但由于发电厂的基础设施和来往的卡车交通在很大程度上受到限制，使得此地成为当地人、非阿米什人常来休憩赏景的地方（乘坐四轮马车到这里太远了）。去往邻近的Kelly's Run Natural Area有一条4英里长的火线小径（Fire Line Trail），它的有些路段非常陡峭，充满挑战；崎岖不平的康纳斯多格小径（Conestoga Trail）沿着湖的东侧向前15英里。如果只想看看兰开斯特县更为粗犷豪放的风景和充满乡村风味的小路，那么就选这条被大多数游客忽略的路线。

行驶路上 » 你可以掉头重返柳树街，然后直奔斯特拉斯堡。但是为了形成一条观景环线，更好的路线是：取道Rte 372公路向东，经过一些田园风光和郊区宅邸后，到达乔治敦（Georgetown）的小村庄。向左进入Rte 896公路，悦目的美景将展现于路的两侧。

线路亮点

❹ 斯特拉斯堡

斯特拉斯堡（Strasburg）的主要景观是火车——老式的蒸汽机车。自1832年以来，**斯特拉斯堡铁路**（Strasburg Railroad；☎866-725-9666；www.strasburgrailroad.com；301 Gap Rd，Ronks；经济车厢 成人/儿童$15/8；⊙时间有变化；♿）始

终按今天这样的路线（和速度）来回奔波于本地与Paradise之间，而且木制的火车车厢得到了极好的修复，配备了彩色玻璃、闪亮的黄铜灯具和豪华的酒红色座位。车上提供各种等级的座位，包括私人的总统包厢在内，还有葡萄酒和奶酪备选。

宾夕法尼亚铁路博物馆（Railroad Museum of Pennsylvania；☎717-687-8628；www.rrmuseumpa.org；300 Gap Rd，Ronks；成人/儿童$10/8；⊙4月至10月 周一至周六 9:00~17:00，周日 正午至17:00，11月至次年3月 周一不开放；♿）拥有100个惊人的机械奇观值得攀爬和赞赏，但更加令人欣喜的是HO比例（1:87）的**玩具火车国家博物馆**（National Toy Train Museum；☎717-687-8976；www.nttmuseum.org；300 Paradise Lane，Ronks；成人/儿童 $7/4；⊙5月至10月10:00~17:00，11月至次年4月 开放时间不定；♿）。自动化的互动实景模型是那么新潮而巧妙（比如"汽车电影"，这是孩子开火车的现场录像；墙壁上挂满了那么多闪闪发光的轨道车，以致你会情不自禁地产生小朋友在圣诞节早上的那种惊喜感。在博物馆旁边的Red Caboose Motel汽车旅馆（见101页）稍作停留——你可以爬上后面的筒仓欣赏美景（50c），而小孩子们可

以在儿童宠物动物园中找到乐趣。

行驶路上 » 沿着S Ronks Rd继续向北，经过朗克斯（Ronks）的田园风光，穿过车流不息的Rte 30号公路（Miller's Smorgasbord餐馆就在这一交叉路口；见101页），继续行驶2英里到达鸟在手镇。还没吃饱？斯莫克敦（Smoketown）的

Good'N Plenty Restaurant（见100页）就在Rte 340号公路/Old Philadelphia Pike与Rte 896公路的交会处，位于鸟在手镇以西1英里处。

- - - - - - - - - - - -
线路亮点

⑤ 鸟在手镇

　　这个阿米什小镇有个非常欢乐的名字——鸟在手镇（Bird-in-Hand），造访此地的主要目的是**鸟在手镇农夫市集**（Bird-in-Hand Farmers Market；☎717-393-9674；www.birdinhandfarmersmarket.com；2710 Old Philadelphia Pike；午餐 $6~8；⊙周五、周六以及4月至11月的周三和7月至10月的周四，8:30~17:30），这是德裔区诸多亮点中最地道的一站式购物场所。除了

左图：推着一辆踏板自行车的阿米什人
右图：待售的娃娃，位于交会点

软糖、被子和工艺品外，你还能买到玉米肉饼（scrapple）、自制果酱和"驱蝇"馅饼（shoofly pie；用黑糖蜜或红糖制成的馅饼，撒上脆脆的红糖、面粉和黄油混合物）。两处午餐柜台供应三明治、椒盐卷饼以及果汁和冰沙。在这里备满货后，继续前进吧。

行驶路上 » 沿Old Philadelphia Pike/Rte 340公路向东行驶，虽然全程不到4英里，但还是可能会堵车，因为许多骑马和驾四轮马车的人都喜欢走这条路。

❻ 交会点

这不是生理上的交会，而是地理上的交会。交会点（Intercourse，亦称因特考斯）比鸟在手镇更适合步行游览。**轻便马车游**（Horse-drawn Buggy Rides; ☎717-768-8828; www.amishbuggyrides.com; 3121 Old Philadelphia Pike, Bird-in-Hand; 团队游 成人/儿童 $10/6起; ⏱4月至10月周一至周六 9:00~18:00, 11月至次年3月 周一至周六 10:00~16:30; 🚗）也很是有趣，能获

得多大乐趣在很大程度上取决于你的车夫：有些阿米什人不苟言笑，有些则开朗健谈，而门诺派教徒的表现又不一样。所有车夫都力图将阿米什文化展现给"英国人"（这个词在阿米什人的语言中是指所有的非阿米什人，无论是不是英国人），但是也有些车夫更乐于谈论自己的私事。

厨房茶壶村（Kitchen Kettle Village）本质上是一个面向游客的户外购物中心，商店里出售烟熏肉、果酱、椒盐卷饼、礼物以及其他一些小吃，感觉就像一种迪士尼版的鸟在手镇农夫市集。这里是商业化的一站式"宾夕法尼亚州德裔区体验"商店，这意味着你的感受将取决于你如何看待挤满旅游大巴的停车场。

行驶路上 » 沿Rte 772公路

向北，在第一个路口右拐上Centerville Rd（与S Shirk Rd相连），这是一条通往Rte 23公路的乡道。在此右拐，行驶几英里后到达布卢博尔（Blue Ball），然后右拐，进入车流量更大的Rte 322公路，直行至埃夫拉塔。

- - - - - - - - - - - - - - -

❼ 埃夫拉塔

埃夫拉塔（Ephrata）是这个国家最早的宗教社区之一，于1732年由逃避其故乡宗教迫害的德国移民康拉德·贝塞尔（Conrad Beissel）创立。贝塞尔，就像人类历史上那些不满迷心乱性的世俗生活（很难想象在前前前数字时代这到底指的是什么）的人们一样，追求一种与上帝之间的神秘个人关系。在其顶峰时，该团体拥有近300名成员，包括两个修士修女

独身教团，他们统称为"孤独者"（the Solitary），其服饰模仿罗马天主教僧侣（最后一个僧侣于1813年去世）；此外，这里也有一些已婚的"住户"，他们并非全心全意，如果一定要这么说的话。

今天，**埃夫拉塔修道院**（Ephrata Cloister; ☎717-733-6600; www.ephratacloister.org; 632 W Main St; 成人/儿童 $10/6; ⊙3月至12月周一至周六 9:00~17:00，周日正午至17:00，1月和2月 开放时间缩短）的一组简朴肃穆、接近中世纪风格的建筑已被保护起来并向游客开放，既有导览团队游服务，也可以进行手机音频自助游。游客中心有一家小型博物馆和一段介绍埃夫拉塔兴亡的视频短片（片子做得非常用心，让人一目了然），如果

阿米什人

阿米什人（Amish; 读作"ah-mish"）、门诺派教徒以及兄弟会（Brethren），这些宗教团体被统称为"老实人"（Plain People）。他们全部都是再洗礼教派（只有那些选择这个信仰的人才会受洗礼），因为在自己的祖国瑞士遭受迫害，所以从18世纪早期开始，他们就在有着宽容宗教环境的宾夕法尼亚州定居下来。因为操着一口德国方言，他们被称为"Dutch"（来自德语"Deutsch"）。绝大多数美国德裔宾州人都住在农庄里，他们的信仰因教派的不同而各有差异。许多人不用电，绝大多数人使用轻便马车出行，这成为该地区令人愉悦的风景线。最虔诚的信仰者，是占兰开斯特县阿米什人数量将近90%的旧派阿米什人（Old Order Amish），他们穿着朴素的黑色衣服（没有拉链，只用纽扣、揿钮和安全别针），过着以圣经为中心的生活。但具有讽刺意味的是，这一生活方式竟成为此地重要的旅游景观，吸引了一车又一车的观光客，还随之兴起了路边商业区、连锁餐馆和酒店，至少可以这么说，这一切给整个地区涂上了一种矛盾的色彩。由于如此显著的商业发展在不断地侵蚀着一代代传承下来的家庭农庄，想要欣赏本地区的独特性变得不那么容易。

叙述者的音调和相当阴郁的舞台背景能够说明什么的话，姑且不论极其清苦的宿舍，其严苛的生存条件已显而易见。毫无疑问，贝塞尔很可能不会认可今天的埃夫拉塔，因为其商业化的Main St（主街）上已经有了沃尔玛超市。

如果你在周五来到此地，一定要逛一逛**绿龙农夫市集**（Green Dragon Farmers Market；☎717-738-1117；www.greendragonmarket.com；955 N State St；⊙周五 9:00~21:00）。

行驶路上 » 这是一段8.5英里的顺畅车程，在埃夫拉塔和利蒂茨之间的Rte 772公路（Rothsville Rd）的大部分路段，都是普通的商业地段。

线路亮点

❽ 利蒂茨

就像宾夕法尼亚州德裔区的其他城镇一样，利蒂茨（Lititz）也由来自欧洲的一个宗教团体创立，这一次是18世纪40年代定居此地的摩拉维亚人（Moravians）。但与埃夫拉塔不同的是，利蒂茨更为外向开放，也更加与其历史中心之外的世界相融合。许多石制和木制的漂亮历史建筑至今仍然矗立在街道的两侧。**斯特吉斯椒盐卷饼店**（Sturgis Pretzel House；☎717-626-4354；www.juliussturgis.com；219 E Main St；成人/儿童 $3.50/2.50；⊙3月中旬至12月 周一至周六 9:00~17:00，团队游至16:30，1月中旬至3月中旬 周一至周六 10:00~16:00，团队游至15:30；🅿）是这个国家的第一个椒盐卷饼工厂，你可以在这里亲手试揉面和卷面。

参观街对面的摩拉维亚教堂（Moravian Church；约建于1787年），然后前往S Broad路的交叉口。那些看起来恪守小镇特色的小商店绝非故步自封，讲究的城里人恰恰就喜爱这种感觉。此地有一种休闲散淡的氛围，从Bulls Head Public House（一家拥有上乘啤酒的传统英国风格小酒馆），到格列柯意大利冰品店（Greco's Italian Ices），都是如此。后者是一处狭小的底层店铺，当地的青少年和居民在周末晚上都喜欢来这里享用美味的自制冰激凌。

🍴🛏 见101页

行驶路上 » 沿Rte 501公路去往US 322公路，全程27英里，路况舒适易行。两条路经过的都是田野和城郊地区相结合的景致，不过后者速度较快。

❾ 好时镇

好时镇（Hershey）拥有一系列景点，可以点缀、宣传以及（预料之中的）叫卖弥尔顿·好时（Milton Hershey）的巧克力帝国的诸多产品。其代表作便是**好时公园**（Hershey Park；☎717-534-3900；www.hersheypark.com；100 W Hersheypark Dr；成人/儿童 $65/42；⊙6月至8月 10:00~22:00，9月至次年5月 开放时间缩短），这个游乐园内有60多个刺激的游乐设施、一个动物园、一个水上乐园。在"创造你自己的巧克力棒"（Create Your Own Candy Bar；$15）景点，戴上套套和围裙，在电脑屏幕上敲击几个选项，然后就看到你自己的巧克力棒从传送带上滚下来。这里也是好时巧克力世界（Hershey's Chocolate World）的一个组成部分。好时巧克力世界是一家模拟工厂，同时也是一家大型糖果商店，很有特色，例如会唱歌的人物、免费的巧克力等。

如果不喜欢那么闹，但又想长长见识，可以去位于Chocolate Avenue的Hershey Story博物馆，里面设立的互动历史展品讲述了好时先生的生平和他留下的迷人遗产。你还可以在巧克力实验室（Chocolate Lab）亲自动手，制作糖果。

食 宿

兰开斯特 ❶

✖ Bube's Brewery　　自酿啤酒

（☎717-653-2056；www.bubesbrewery. com；102 N Market St, Mt Joy；主菜 $12~20；⏰周一至周四 11:00~22:00，周五至周六 11:00~23:00，周日 正午至22:00）这座保存得很好的19世纪德国建筑物是啤酒厂兼餐馆，含有几个很有情调的酒吧和4个独立的餐厅（其中1个位于地下室），举办穿着民族服装的"节日"活动。当然，精酿啤酒是少不了的。此外，这里还会进行以神秘谋杀为主题的晚餐活动，有个露天的啤酒花园。

✖ Lancaster Brewing Co　　酒馆小食 $$

（☎717-391-6258；www.lancasterbrewing. com；302 N Plum St；主菜 $16~24；⏰11:30~21:30；♿）这一建于1995年的酿酒厂深受当地人喜爱。餐馆供应丰盛且精美的食物，例如黄瓜酸奶配羊排（lamb chops with tzatziki）；包铜餐桌上摆放有自制香肠，还能看到酿酒罐，景色极好。这里还有一些特色活动绝对不能错过，诸如花$5就可以随意吃的鸡翅以及$6的啤酒品尝套餐。

✖ Maison　　欧洲菜 $$$

（☎717-293-5060；www.maisonlancaster. com；230 N Prince St；主菜 $26~30；⏰周三至周六 17:00~23:00；♿）一对夫妻经营着这家位于市中心的餐馆。餐厅布置用心又有家庭氛围，用当地的农产品烹制出意式和法式菜肴：牛奶炖猪肉、自制兔肉肠、炒西葫芦花或自包意式饺子，具体菜式根据季节不同有所变化。

🛏 Cork Factory　　精品酒店 $$

（☎717-735-2075；www.corkfactoryhotel.

com；480 New Holland Ave, Suite 3000；房间 $190起；🅿🛗❄📶）这家时尚的酒店坐落于一幢用遗弃砖块建造的巨大建筑内，有93间漂亮的客房。距离市中心只有很短的车程。

🛏 Lancaster Arts Hotel　　酒店 $$

（☎717-299-3000；www.lancasterarts hotel.com；300 Harrisburg Ave；房间 $230起；🅿❄📶）想获得一种新鲜时尚的城市体验，直接去这家华丽时髦的酒店吧。它是"美国历史酒店"（Historic Hotels of America）的成员，位于一幢砖结构的老旧烟草仓库内，有一种精品酒店的氛围。房费包含使用附近游泳池和健身房的费用。

🛏 Landis Farm Guest House　　客栈 $$

（☎717-283-7648；www.landisfarm.com；2048 Gochlan Rd, Manheim；双 $160；🅿❄📶）在这幢拥有200年历史、铺着松木地板的石头建筑中，你能获得一种稍许高端且时髦的（配备卫星电视和Wi-Fi）农家乐体验。农场有迷你马、牛和牛犊（在一年中适当的时节）等动物。

斯莫克敦

✖ Good'N Plenty Restaurant　　美国菜 $$

（☎717-394-7111；www.goodnplenty.com；150 Eastbrook Rd/Rte 896；主菜 $9~12；⏰2月至12月 周一至周六 11:30~20:00；♿）没错，你将和一车车的游客同桌共餐，并且你的心脏病医生可能也不会赞成你这么做，但在其中一张野餐桌旁盘腿坐下享用一顿纯正家庭风味的大餐（$23）的确乐趣无穷。除了几乎与足球场一般大小的主餐厅，还有两三个小房间可以让你按菜单点菜。

🛏 Fulton Steamboat Inn　　酒店 $$

（☎717-299-9999；www.fultonsteam

boatinn.com; 1 Hartman Bridge Rd; 房间 $95~160; P❄✱@🛜📶）虽然你知道汽船的发明者（Robert Fulton）就出生在这一地区，但这家以航海为主题的酒店装饰得也太花里胡哨了。不过黄铜灯架和花朵图案的墙纸都得到了完好的维护。房间很舒服，甚至还有个室内游泳池。加$20可以住三层的套房。

Ronks

✕ Miller's Smorgasbord 自助餐 $

（📞717-687-6621; www.millerssmorgasbord.com; 2811 Lincoln Hwy; 主菜 $10~14, 自助 $24; ⏱周一至周五 11:30~20:00, 周六和周日 7:30~10:30和11:30~20:00; ♿）去还是不去享用自助餐——这不是个问题。你也可以单点，但晚餐风格的备选菜单就比较平常了。这家面积不大的餐馆位于一个受游客欢迎的商业综合建筑物内，以其主打阿米什风格主菜和甜食的自助餐吸引着顾客。

🛏 Quiet Haven 汽车旅馆 $

（📞717-397-6231; www.quiethavenmotel.com; 2556 Siegrist Rd; 房间 $94起; P❄）如果在你心目中，对宾夕法尼亚州德裔区的想象就是坐在摇椅中，看着外面连绵的田野，那就来这家由家族经营的汽车旅馆吧，周围都是绿油油的田地。旅馆有15个房间，大多数仍然带有20世纪60年代的氛围，例如过去用来控制8声道音响和落地式收音机的"Hi-Fi"开关。

🛏 Red Caboose Motel 汽车旅馆 $$

（📞717-687-5000; www.redcaboosemotel.com; 312 Paradise Lane; 标单/大床房 $95/130; ❄🛜）这是一家新颖的旅馆，非常有趣：房间位于一系列形状各异、色彩斑斓的火车车厢内，提供极其标准的汽车旅馆客房，配备电视和迷你冰箱。旅馆的主人在这些车厢即将被送进垃圾堆前低价购得。其周边全是田地，令人赏心悦目。筒仓（每人50c）也很值得一游，登到顶部可以欣赏全景。

利蒂茨 ⑧

✕ Tomato Pie Cafe 咖啡馆 $

（📞717-627-1762; www.tomatopiecafe.net; 23 N Broad St; 主菜 $7~12; ⏱周一至周六 7:00~21:00, 周日 8:00~17:00; 🛜🖊）这里供应富有创意的新鲜食物和种类繁多的咖啡饮料，即便在城市里也不逊色，同时还弥漫着小镇特有的友善氛围。西红柿馅饼（Tomato Pie）是这家的招牌，用料丰盛、口感松软，加上奶酪后味道很特别，值得一尝。浓缩咖啡也很棒，值得特意绕道来品味。

🛏 General Sutter Inn 旅馆 $$

（📞717-626-2115; www.generalsutterinn.com; 14 E Main St; 标单/双/套 $100/160/260起; ⏱@❄🛜）在这家18世纪的旅馆内，12间客房配有极具品位的古董。但顶层的6间套房风格截然不同，以摇滚为主题。楼下是很受欢迎的Bulls Head Pub，你可以来这里品尝苏格兰蛋和桶装麦芽酒。住客能使用附近的健身房和游泳池。

巴尔的摩 华盛顿纪念碑

马里兰州
国家历史大道

6

从巴尔的摩的盐码头到老弗雷德里克周边草木丛生的山麓丘陵,你可以深入探索这个国家最多元化的一个州和它的历史。

线路亮点

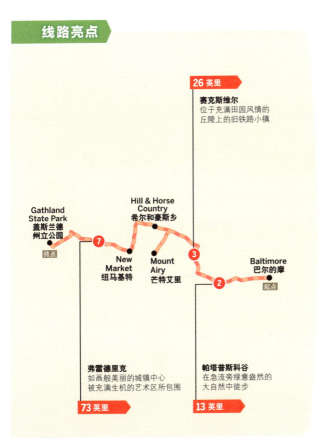

26 英里

赛克斯维尔
位于充满田园风情的丘陵上的旧铁路小镇

Gathland State Park
盖斯兰德州立公园
终点

7

Hill & Horse Country
希尔和豪斯乡

New Market
纽马基特

Mount Airy
芒特艾里

3

2

Baltimore
巴尔的摩
起点

弗雷德里克
如画般美丽的城镇中心被充满生机的艺术区所包围
73 英里

帕塔普斯科谷
在急流旁绿意盎然的大自然中徒步
13 英里

2天
92英里/
150公里

最适合

何时去
4月至6月,沐浴在暮春的阳光和温暖的气候中。

最佳
摄影点

马里兰州纽马基特内林立的历史建筑。

最佳
户外活动

沿帕塔普斯科谷的谷底徒步。

6

马里兰州
国家历史
大道

马里兰州面积不大，却拥有数量惊人的景观和人口，这次旅程就将深度接触"战线之州"（Old Line State；马里兰州的别名）的这两种元素。从切萨皮克湾和巴尔的摩（波希米亚人与蓝领工人在此和谐相处）出发，穿过马里兰州丘陵地带的秀美小镇，进入位于若隐若现的凯托克廷山低缓山坡上的庄严城市。

❶ 巴尔的摩

作为马里兰州最大的城市，巴尔的摩（Baltimore）是这个国家最重要的港口之一。这座地区的艺术与文化中心同时也是一个移民大熔炉，这些移民来自希腊、萨尔瓦多、东非、加勒比海地区以及其他地方。以上这些融合成了一种独具特色的文化，它在许多方面涵盖了马里兰州厚重的历史和显著的多元性。这种多元性不仅表现在种族方面，而且还融入了信仰与社会经济的方方面面。

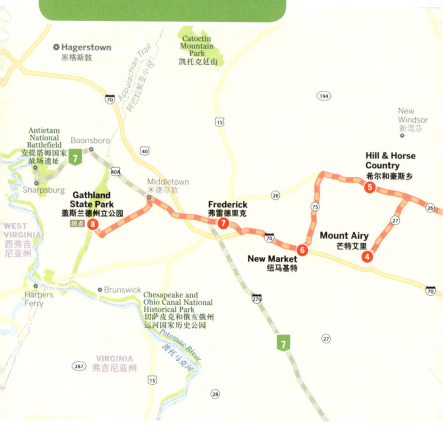

在1812年的对英战争（也称"第二次独立战争"）中，巴尔的摩顽强抵抗，甚至在华盛顿陷落之后依然如此。在经过猛烈炮击之后的清晨，当地的律师弗朗西斯·斯科特·基（Francis Scott Key）"透过炮火的红色火焰"注视着前方，他看到"我们的旗帜依然矗立不倒"，于是写下了美国国歌《星光灿烂的旗帜》（The Star-Spangled Banner）。想了解关于那次战役和国歌诞生的历史，可以在位于南巴尔的摩的**麦克亨利堡**（Fort McHenry；☑410-962-4290；www.nps.gov/fomc；2400 E Fort Ave；成人/16岁以下 $10/免费；⏰9:00~17:00）予以探索。

去附近的**联邦山公园**（Federal Hill Park）散散步吧！这是座占地70公顷、俯瞰城市的小山，从这可以欣赏港口一带的风景。

🍴 🛏 见111页

行驶路上 » 从巴尔的摩的查尔斯和富兰克林街（Charles and Franklin St）进入US 40公路［又称Baltimore National Pike；它是国家历史大道（National Historic Road）的基础］，这种走法最简单。当你向西出了巴尔的摩市中心，富兰克林街就变成了US 40公路/Baltimore National Pike，之后进入帕塔普斯科谷边缘的树林。整个旅程大约需要驾驶30分钟。

▬ ▬ ▬ 线路亮点

❷ 帕塔普斯科谷

帕塔普斯科河与帕塔普斯科谷（Patapsco Valley）从马里兰州中部延伸至切萨皮克湾（Chesapeake Bay），是这个地区重要的地理景观。如果想深入探索这一地区，可以去**帕塔普斯科谷州立公园**（Patapsco Valley State Park；☑410-461-5005；dnr2.maryland.gov/public-lands；8020 Baltimore National Pike, Ellicott City；周一至周五 每车 $4，周六和周日 每人

§ 你也可以

5 宾夕法尼亚州德裔区

从巴尔的摩出发走I-95州际公路向北，然后走MD-222公路前往兰开斯特，开始探索这一带的田园风光。

7 南北战争之旅

从盖斯兰德州立公园向西行驶10英里，到达安提塔姆（Antietam），开始探索对美国产生深远影响的南北战争。

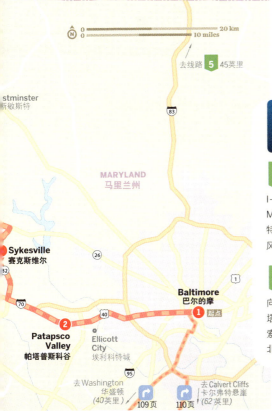

$5；⊙9:00至日落）。这个庞大的保护区是马里兰州历史最悠久的保护区之一，绵延32英里，分布着总长170英里的小径。主游客中心对了解这个地区从美洲原住民时期到当前的定居历史提供了有力帮助，它位于一个19世纪的石头小屋中，就好像是从克莱夫·斯特普尔斯·刘易斯（C.S. Lewis；《纳尼亚传奇》的作者）的睡前故事中走出来的一样。

行驶路上 》 返回US 40公路向西行驶，直到看见并入I-70W州际公路的路标，这是连接巴尔的摩和马里兰州中西部的主要公路。进入该州际公路后，从80号出口离开，进入MD-32公路（Sykesville Rd），随后行驶大约5英里后到达赛克斯维尔。

线路亮点

❸ 赛克斯维尔

　　就像马里兰州中部丘陵地带（巴尔的摩和弗雷德里克之间）的许多城镇一样，赛克斯维尔（Syke-sville）也拥有一个迷人的老城区。主街（Main St）位于Springfield Ave和Sando-sky Rd之间，到处是建造于19世纪50年代至20世纪30年代之间的历史建筑，看起来几乎就像是美国小镇的广告画面。

　　历史悠久的巴尔的摩与俄亥俄（Baltimore & Ohio, B&O）火车站，也就是现在的**Baldwin's Res-taurant**（7618 Main St），以安妮女王时代的风格建成于1883年。这个火车站是巴尔的摩建筑师E Francis Baldwin的作品，他设计了许多巴尔的摩与俄亥俄火车站，使那条铁路线在整体上具有了一种美学统一。

　　一个有趣的历史事实：赛克斯维尔建立于詹姆斯·赛克斯（James Sykes）从乔治·帕特森（George

DRNADIG / GETTY IMAGES ©

巴尔的摩 联邦山公园

Patterson）手中买来的土地上。帕特森是伊丽莎白·帕特森（Elizabeth Patterson）和拿破仑的兄弟杰罗姆·波拿巴（Jerome Bonaparte）的儿子。法国君主坚持要他的兄弟和皇族通婚，因此从未让他的弟媳（一个商人的女儿）踏入法国；而她的家族产业（这个城镇赖以发展起来的最初资本）就是赛克斯维尔城区所占的地盘。

✖ 见111页

行驶路上 » 虽然本次旅程基本上依托于US 40公路（即国家历史大道），但你可以另辟蹊径北上并取道Liberty Rd（MD-26公路），然后向西行驶8英里到达Ridge Rd（MD-27公路）。从Ridge Rd（MD-27公路）向南行驶5.5英里到达芒特艾里。

- - - - - - - - - - - - -

❹ 芒特艾里

芒特艾里（Mount Airy）是巴尔的摩与俄亥俄铁路以及US 40公路（国家历史大道）沿线的下一个主要城镇（我们使用这个词语是有所保留的）。就像赛克斯维尔一样，它也是一个漂亮的城镇，有一个体面的中心城区——得益于铁路线从巴尔的摩向西带过来的商业发展机会。当铁路被公路取代后，芒特艾里并没有像其他的城镇那样衰落——因为邻近工作机会很多的城市，例如华盛顿和巴尔的摩，它仍然在很大程度上保持着繁荣。

今天，这个城镇以19世纪和20世纪早期的建筑所构成的颇具历史感的区域为中心。许多此类建筑都可以在Main St周边找到。靠近芒特艾里"中心区"的那些漂亮的历史住宅，具有第二帝国、安妮女王以及殖民地复兴的风格，而绝大多数的"普通"房屋是两层楼、有中央山墙的房子，它们曾经是19世纪美国农村地区最为常见的房屋样式，但现今在本地区基本上已经被新派的错层式建筑取代。

行驶路上 » 取道Ridge Rd（MD-27公路）返回Liberty Rd（MD-26公路）。左拐后前行10英里到达艾尔克然（Elk Run）。

- - - - - - - - - -

❺ 希尔和豪斯乡

弗雷德里克、卡罗尔（Carroll）、巴尔的摩以及哈特福德（Hartford）的许多地方都是整齐起伏的小山，山间杂着松树丛和阔叶林，还有枝叶缠绕的灌木篱笆，这种风景能够使你想起法国北部或者英格兰乡间那种花草树木繁盛的地方。劳作的农夫和富裕的城里人居住在这里，马匹的繁殖和饲养是本地的主要产业。

驾车四处游荡，甚至迷失于当地的一些乡间小路中，也自有一种乐趣。但是如果你想直奔一个明确的目的地，那么位于芒特艾里和纽马基特正中间的**艾尔克然葡萄园**（Elk Run Vineyards; ☎410-775-2513; www.elkrun.com; 15113 Liberty Rd, Mount Airy; 品酒 $6起，团队游 免费; ⏰5月至9月 周二、周三和周六 10:00~18:00，周五 至21:00，周日 13:00~17:00，10月至次年4月 周三至周六 10:00~17:00，周日 正午至17:00）应该不会令你失望。13:00和15:00的团队游览是免费的，无须预订，至少可以安排两人品尝葡萄酒。

行驶路上 » 在Liberty Rd（MD-26公路）向西行驶6英里，然后左拐（向南）进入Green Valley Rd（MD-75公路）。行驶大约7英里之后，右拐进入老纽马基

巴尔的摩的更多精彩之处

人尽皆知华盛顿博物馆众多，但是首都东北面这个低调的邻居——巴尔的摩——却在博物馆投资方面向华盛顿发出了挑战。

在巴尔的摩的滨水区有一处奇怪的建筑，从外面看，它一半像是一座大型仓库，另一半则迸发着强烈的艺术构图、五彩风车以及反射出彩虹色彩的壁画，就像有人用一面哈哈镜将苏斯博士（Dr Seuss；美国著名的儿童文学家、教育学家）书中的插图照了一番。它很可能是这个国家最酷的艺术博物馆——**美国视觉艺术博物馆**（American Visionary Art Museum, 简称AVAM; ☎410-244-1900; www.avam.org; 800 Key Hwy; 成人/儿童 $16/10; ⏰周二至周日 10:00~18:00）。这里展出那些没有接受过正统艺术教育的人所创作的自学者艺术（或"外行"艺术），赞美那些天马行空、毫不矫揉造作的创造力。有的作品来自精神病院，有的作品由自我赋予灵感的空想主义者创作，但是都非常有吸引力，值得在此花费一个长长的下午。

巴尔的摩与俄亥俄铁路是美国第一条客运铁路（尚有争议），而**巴尔的摩与俄亥俄铁路博物馆**（B&O Railroad Museum; ☎410-752-2490; www.borail.org; 901 W Pratt St; 成人/2~12岁儿童 $18/12; ⏰周一至周六 10:00~16:00，周日 11:00~16:00; ♿）则是这条铁路线和美国全部铁路建设成就的见证。火车迷们身处150余辆不同的机车当中将会兴奋得如在云端。坐一次火车需额外花费$3，请电话问询日程安排。

如果你和家人一起旅游，或者如果你热爱科学，那就来**马里兰科学中心**（Maryland Science Center; ☎410-685-2370; www.mdsci.org; 601 Light St; 成人/3~12岁儿童 $25/19; ⏰周一至周五 10:00~17:00，周六 至18:00，周日 11:00~17:00，夏季 开放时间延长）。这个令人惊叹的中心有一个3层的展示厅，包含有关恐龙、太空和人体的海量互动展示，以及必不可少的IMAX影院。

另辟蹊径
华盛顿

起点: **❶ 巴尔的摩**

这个国家的首都是对你历史游的自然补充，它就在巴尔的摩以南40英里处，沿巴尔的摩一华盛顿高速公路（Baltimore-Washington Pkwy）即可到达。从马丁·路德·金的华盛顿大进军到最近为使同性恋婚姻合法化而举行的集会，**国家广场**（National Mall）是美国绝大多数标志性抗议活动的发生地。

国家广场的东端"挤满"了**史密森学会**（Smithsonian Institution）的诸多博物馆，这些免费的博物馆都很值得一游。**弗利尔和萨克勒亚洲艺术博物馆**[Freer-Sackler Museums of Asian Art; ☎202-633-1000; www.asia.si.edu; Independence Ave和12th St SW交叉路口; ⏱10:00～17:30; ⎗Circulator, Ⓜ橙线（Orange Line）、银线（Silver Line）、蓝线（Blue Line）至Smithsonian]常常被人忽视，馆内收藏的丝网印花、日本彩色木刻水印画以及雕刻让人目不暇接。

广场的另一边是众多的纪念馆和纪念碑。最著名的一个就是一美分硬币的背面图案——**林肯纪念堂**（Lincoln Memorial; www.nps.gov/linc; 2 Lincoln Memorial Circle NW; ⏱24小时; ⎗Circulator, Ⓜ橙线、银线、蓝线至Foggy Bottom-GWU）。越过倒影池眺望华盛顿纪念碑也如你想象的那样壮观。**罗斯福纪念馆**（Roosevelt Memorial; www.nps.gov/frde; 400 W Basin Dr SW; ⏱24小时; ⎗Circulator, Ⓜ橙线、银线、蓝线至Smithsonian）以它的布局而闻名，展示了美国任职时间最长的总统的职业生涯。

在林肯纪念堂北侧（如果你面对着倒影池的话，就是左侧）是异常壮观的**越战纪念碑**（Vietnam Veterans Memorial; www.nps.gov/vive; 5 Henry Bacon Dr NW; ⏱24小时; ⎗Circulator, Ⓜ橙线、银线、蓝线至Foggy Bottom-GWU），这是一块插入土壤的黑色花岗岩"V"形石碑，上面镌刻着死于那场战争中的美国军人名字。再去看一看就在附近却少有人参观的**宪法花园**（Constitution Gardens; Constitution Ave NW; ⏱24小时; ⎗Circulator, Ⓜ橙线、银线、蓝线至Foggy Bottom-GWU），这里有一处宁静秀美的池塘和镌刻着宪法签字人名字的人工岛。

特公路（Old New Market Rd），之后到达纽马基特的主街。

❻ 纽马基特

漂亮的纽马基特（New Market）是巴尔的摩和弗雷德里克之间最小的也是保护得最好的历史城镇。满是古旧店铺的主街（Main St）两边矗立着联邦风格和希腊复兴风格的房屋。90%以上的房屋是砖结构或者框架结构的，没有运用现代的乙烯基材料、片石或干墙；美国国家史迹名录（National Register of Historical Places）认为纽马基特的中心区"在外观上保存了马里兰州中西部1800年前后建立的小城镇的精华"。

行驶路上 » 从纽马基特走I-70州际公路往西约7英里就是弗雷德里克。从56号出口上MD-144公路可到达市中心。

线路亮点

❼ 弗雷德里克

弗雷德里克（Frederick）拥有一个引以为豪的历史保护中心。但是和前面说到的小城镇不同，这是一个中型城市，对于成千上万的联邦政府雇员来说是一个重要的通勤基地,这里还是一个独立的生物科技中心。

弗雷德里克中心区(Central Frederick)无可挑剔,对于一个这种规模(约65,000人口)的城市来说,你还需要什么呢?适宜步行的中心区富有历史韵味,可以见到成排的红砖房屋,拥有通常只在大城市才看到的各式各样的餐馆。这里还是一个既忙碌又优雅的艺术社区,**温伯格艺术中心**(Weinberg Center for the Arts; ☑301-600-2828; www.weinberg center.org; 20 W Patrick St)举

另辟蹊径
卡尔弗特悬崖

起点: ➊ 巴尔的摩

在马里兰州南部,也就是经由US 301公路和MD-4公路可达、巴尔的摩以南75英里的地方,山石嶙峋的卡尔弗特县紧挨着帕萨皮克湾和帕塔克森特河(Patuxent River)。这是一片亲切的风景(如一个当地导游所说的"用户友好型"),有低矮的森林、淤积的沼泽以及平静的水面,但是也有一处险峻的景观——卡尔弗特悬崖(Calvert Cliffs)。这些红棕色的土石柱子沿着海岸延伸了大约24英里,形成了**卡尔弗特悬崖州立公园**(Calvert Cliffs State Park; ☑301-743-7613; www.dnr.maryland.gov/publiclands; 9500 HG Trueman Rd, Lusby; 每客 $5; ☺日出至日落; ⚟🚻♿)的核心景观。在那儿,它们面对着水流和满是鹅卵石的河滩,河滩上散布着漂流木和一片片正在变干的海带。

很久以前(1000万年至2000万年前),这个地区在一片温暖的海洋下面沉睡着。随着海岸线的后退,这里留下了无数嵌在悬崖上的史前生物化石遗骸。时间快进到21世纪,居住在马里兰州南部的居民所热衷的一项活动就是来到这个公园,在沙滩之上游荡,从悬崖下面的鹅卵石碎片中捡拾化石和鲨鱼牙齿。在这个公园里,有超过600种的化石已被辨明身份。另外,足有1079英亩和13英里的公园土地被划为小径,作为徒步和骑自行车用地。

尽管此地适宜携宠物和家庭同来,但还是善意警告如下:从停车场到开放海滩和悬崖要步行1.8英里,对年幼的儿童来说,此地或许不是一个搜寻化石的最佳地点。另外:不要攀爬悬崖,因为风雨的侵蚀,悬崖既不牢固也不安全,攀爬起来很危险。

办大量艺术活动,卡罗尔溪(Carroll Creek)将这一切都串了起来。在市中心周围徒步是一大乐事。

卡罗尔溪和一处可爱的社区艺术——**弗雷德里克大桥**(Frederick Bridge)上的壁画——相映成趣。这座大桥在S Carroll St上,而这条街位于E Patrick和E All Saints之间。错觉视画风格的艺术彻底地将一段枯燥乏味的水泥建筑转变为一座古老的、爬满常春藤的托斯卡尼(Tuscany)石桥。

🍴🛏 见111页

行驶路上 » 从US 40A公路向西行驶,然后在大约6.5英里之后进入向南的Burkittsville Rd(MD-17公路)。6英里之后向右拐入Gapland Rd并行驶1.5英里,到达盖斯兰德州立公园。

- - - - - - - - -

➑ 盖斯兰德州立公园

盖斯兰德州立公园(Gathland State Park; ☑301-791-4767; dnr2.maryland.gov/publiclands; 900 Arnoldstown Rd; ☺8:00至日落)面积不大,设立的目的是缅怀在众多纪念活动中都被忽略的一个职业——战地记者。南北战争中的通讯记者兼作家乔治·阿尔弗雷德·汤森(George Alfred Townsend)爱上了这些山脉,并建立了一座雄伟的拱门,装饰着古希腊神话中的场景和引文,用以此强调一个优秀战地记者的必备品质。

食宿

丰富多彩的Carton街区。按摩浴缸以及主人的环保意识让住客感觉更为舒服。

巴尔的摩 ❶

✕ Papermoon Diner
美式小馆 $

（www.papermoondiner24.com; 227 W 29th St, Harwood; 主菜 $10~18; ⊙周日、周一、周三和周四 7:00~21:00，周五和周六 至22:00）这是一家色彩鲜丽的美式小馆，装饰着数以千计的旧玩具、给人异样感觉的人体模型等小摆设。全日供应的早餐非常有吸引力——蓬松的脱脂薄煎饼、酥脆的培根以及蟹肉洋蓟心形煎蛋。可以搭配焦糖海盐奶昔。

✕ Chaps
烧烤 $

（☎410-483-2379; www.chapspitbeef. com; 5801 Pulaski Hwy; 主菜 $7~19; ⊙10:30~22:00）这是吃Pit Beef（巴尔的摩的流行烧烤）的好地方——切得很薄的牛大腿肉在炭火上烧烤。当地人是这样吃的: 将薄片牛肉放在恺撒面包上，上面放一片生洋葱，再抹上老虎酱（一种辣根酱和蛋黄酱的奶油状混合物）。

✕ Dukem
埃塞俄比亚菜 $$

（☎410-385-0318; www.dukemrestau rant.com; 1100 Maryland Ave, Mt Vernon; 主菜 $12~34; ⊙11:00~22:00）Dukem是巴尔的摩许多埃塞俄比亚菜餐馆中的佼佼者。美味的主菜包括辣味鸡、羔羊肉和素菜菜肴，都可以配着松软的小面包吃下。

🛏 Inn at 2920
民宿 $$

（☎410-342-4450; www.theinnat2920. com; 2920 Elliott St, Canton; 房间 $195~235; ❋@🎧）这家精品民宿位于一家曾经的妓院内，有5间风格独特的客房，配备超密纺织的床单，装饰时尚前卫。门外就是夜生活

赛克斯维尔 ❸

✕ E.W. Beck's
酒馆小食 $

（☎410-795-1001; www.ewbecks.com; 7565 Main St; 主菜 $10~22; ⊙11:30~22:00, 酒吧 至次日1:00）小酒馆位于赛克斯维尔老城区中心，有木制家具、醉醺醺的老顾客以及以酒馆食物为特色的主菜。

弗雷德里克 ❼

✕ Brewer's Alley
酒馆小食 $$

（☎301-631-0089; www.brewers-alley. com; 124 N Market St; 主菜 $9~22; ⊙正午至23:30; 🎧）这家气氛活泼的酒馆出售多种自酿啤酒。店内的汉堡非常美味，重达半磅。此外还有绝好的切萨皮克湾海鲜（包括炭烤蟹肉比萨），以及本地农产品和肉类。阳光灿烂的日子，就去小露台就餐吧。

✕ Cacique
拉美菜 $$

（☎301-695-2756; www.caciquefrederick. com; 26 N Market St; 主菜 $12~29; ⊙周日至周四 11:30~22:00，周五和周六 至13:30）此处菜品混合了西班牙和拉丁美洲风味，前者如海鲜饭和tapas，后者如墨西哥安其拉达（enchiladas）和酸橘汁腌鱼。蒜茸和橄榄油清炒大虾特别棒。

🛏 Hollerstown Hill B&B
民宿 $$

（☎301-228-3630; www.hollerstownhill. com; 4 Clarke Pl; 房间 $149; ❘P❘❋🎧）风格优雅、气氛友好的民宿有4间以图案装饰为主的房间、2条常住的小猎犬和一间高雅的台球室。这家可爱的维多利亚风格民宿位于弗雷德里克古老市区的心脏地带步行可达所有景点。不接待16岁以下的儿童。

安提塔姆国家战场遗址 国家墓园

Classic Trip
经典线路

南北战争之旅

7

弗吉尼亚州和马里兰州集中了许多南北战争（美国本土最血腥战争）的重要遗迹，其中部分就散布在东海岸那些最迷人的乡村地区中。

线路亮点

Antietam
安提塔姆
起点

105 英里
马纳萨斯国家战场遗址公园
在奔牛河畔的田园风光中漫步

3

★ WASHINGTON
华盛顿

4

Stonewall
Jackson Shrine
斯通威尔·杰克逊纪念馆

153 英里
弗雷德里克堡
战场掩隐在丛林深处的公园里

230 英里
里士满
享受古色古香的酒店、美食以及雄伟的博物馆

Cold Harbour
Battlefield
冷港战场遗址

7

终点
9

Petersburg
彼得斯堡

320 英里
阿波马托克斯法院
国家历史公园
战争的终点，旅途的终点

3天
320英里/
515公里

最适合

何时去
9月至11月，战场遗址有晴朗天空和缤纷秋色。

最佳
摄影点
日落时分安提塔姆的篱笆和田野。

最佳
美食
里士满Burger Bach餐厅的羊肉汉堡。

Classic Trip
经典线路

7 南北战争之旅

1861~1865年，位于北方的美利坚合众国和位于南方的美利坚联盟国在美国本土爆发内战，史称南北战争（Civil War），交战地大多位于华盛顿和里士满之间。在这次旅程中，你将穿越多个战场遗址，有超过100,000名美国人牺牲于此并被埋葬于此，即便是战争中的敌人也被葬在一起。在绵延起伏的田野、阳光照耀的山岭和茂密幽深的森林之间，你将发现血腥的战争遗产与田园美景和谐共存，一路上，还有许多地方曾见证了美国历史上的重大事件。

● 安提塔姆

尽管这次旅程的绝大部分都位于弗吉尼亚州，但在相邻的马里兰州也有南北战争的遗址值得一看。当时马里兰州是一个边境州，它既和北方联邦有着正式的联盟关系，又因与南方足够近而对南部颇有好感。南方邦联的将军罗伯特·李（Robert E Lee）希望利用对其怀有好感的民众，试图在战争初期入侵马里兰州，安提塔姆战役便由此在马里兰州的夏普斯堡（Sharpsburg）爆发，时间是1862年9月17日，据称是美国历史上最血腥的一天。战争地点现被划定为**安提塔姆国家战场遗址**（Antietam National

Battlefield；☎301-432-5124；www.nps.gov/anti；5831 Dunker Church Rd, Sharpsburg；3日通票 每人/每车 $5/10；⊙遗址日出至日落，游客中心 9:00~17:00），位于马里兰州中北部的玉米地和丘陵地带。

与一场仅在一天内就伤亡了22,000人的战役相匹配，当地的一些地理名称甚至都有一股暴力的味道。一个叫作"沉没之路"（Sunken Rd）的地方，在堆放过尸体之后就变成了"血腥道路"（Bloody Lane）。在公园的墓地里，许多联邦军士兵的墓碑上都镌刻着爱尔兰和德国移民的名字，他们都死在一个不久前才迁徙而来并认作自己国家的地方。

行驶路上 » 取道MD-65公路向南出安提塔姆到达夏普斯堡。从这里沿MD-34公路向东行驶6英里，然后右拐进入US 40A公路（向东），在这条路上行驶11英里后并入US 70公路南行，3英里之后进入US 270公路（绕过弗雷德里克）。走270公路向南，到达环城高速公路（Beltway，即I-495州际公路）；经45B出口到达I-66州际公路向东，它最终将把你带到国家广场，开始接下来的几站旅程。

❷ 华盛顿

华盛顿（Washington）是南北战争时期北方联邦的首都，正如它是今天美国的首都一样。虽然这个城市从未被南方邦联军队入侵过，但是成千上万的北方联邦士兵曾从这里经过并

你也可以

6 马里兰州国家历史大道

为了再回顾一次过去，你可以从安提塔姆向东去往风景和历史兼而有之的弗雷德里克。

8 天际线公路

从弗雷德里克堡向西穿过库尔佩珀，沿着这个国家最美的景观大道之一开启旅程。

115

在这个城市里集训训练。的确，北方主要战斗部队的官方名称就是"波托马克军"（Army of the Potomac）。

美国历史国家博物馆（National Museum of American History; ☎202-663-1000; www.americanhistory.si.edu; 14th St和Constitution Ave NW交叉路口; ⏰10:00~17:30，有些时候至19:30; ♿; ⓅCirculator, Ⓜ橙线、银线、蓝线至Smithsonian或Federal Triangle）就坐落于国家广场上，拥有关于南北战争的绝佳永久性展览。或许更重要的是，它为游客提供了理解战争之所以会发生的背景知识。

战争结束之后，满怀感激的国家为北方联邦的将军们竖起了许多纪念碑。其中一个值得参观的就是**非裔美国人南北战争纪念馆**（African American Civil War

名字中包含什么？（上集）

虽然Civil War（内战）已被广泛地接受并成为本次旅程中所涉及冲突的名称，但你仍然能够听到顽固的南方支持者将这段时期称为"War Between the States"（各州之间的战争）。有什么区别吗？好吧，内战意味着针对一个从未失去统治权的政权而发起的武装反叛，而各州之间的战争则意味着所涉及的各州一直拥有（并且将来还将拥有）从共和国中分离出去的权利。

Memorial; www.afroamcivilwar.org; U St和Vermont Ave NW交叉路口; Ⓜ绿线、黄线至U St)，它紧挨着U St地铁站的东出口，上面镌刻着在北方联邦军服过兵役的有色人种士兵的名字。

行驶路上 » 从华盛顿出发，沿着I-66W州际公路驱车大约1小时到达马纳萨斯（Manassas），途经北弗吉尼亚广阔的郊区。

🔹 线路亮点

❸ 马纳萨斯 国家战场遗址公园

南北战争期间，第一场主要阵地战的战场距离北弗吉尼亚的公路沿路商业区仅有几分钟的路程。在由国家公园管理处（简称NPS）管理的**马纳萨斯国家战场遗址公园**（Manassas National Battlefield Park; ☎703-361-1339; www.nps.gov/mana; 12521 Lee Hwy; ⏰公园 黎明至黄昏，游客中心 8:30~17:00，团队游 6月至8月 11:15、12:15和

14:15），你将看到与1861年35,000名北方联邦军士兵和32,500名南方邦联军士兵展开激战时相同的景致：一片奇迹般逃过了北弗吉尼亚房地产开发大军掠夺之劫的美丽乡村。这是许多人能够最近距离接触19世纪美国乡村地区风貌的地方。远处的小山，黑沉沉的阴郁树林，低平起伏的田野，以及昔日战地工事长满野草后形成的柔缓的圆丘。

这场战役之后，双方都意识到一场漫长的战争正在前面等着他们。在短短几周之后，北方联邦军（Union Army of the Potomac）成为世界上规模最为庞大的军队，而第二大的军队是南方邦联军（Confederate States of America Army）。一年后，在夏伊洛战役（Battle of Shiloh）中有24,000名士兵伤亡——超过之前所有美国本土战争伤亡数量的总和。

🍴 见123页

行驶路上 » 在马纳萨斯，取道US 29N公路行驶13英里，然后右拐进入Marsh Rd（US 17S公路）。沿着它向南行驶约35英里，到达弗雷德里克堡中心区。

🔹 线路亮点

❹ 弗雷德里克堡

如果说战场遗址保存了美国农村的风貌，那么弗雷德里克堡（Fredericks-

另辟蹊径
葛底斯堡国家军事公园

起点：弗雷德里克

1863年7月，发生在宾夕法尼亚州葛底斯堡的葛底斯堡战役（Battle of Gettysburg）标志着战争正式进入转折点（此后南方军队便开始走上了下坡路）。南方军队的指挥官罗伯特·李做出了一生中最冒险的决定：将战火引至北方，而他的军队从此（有争议）再也没有从这次失败中恢复过来。

葛底斯堡国家军事公园（Gettysburg National Military Park；☎717-334-1124；www.nps.gov/gett；1195 Baltimore Pike；博物馆 成人/儿童 $15/10，巴士团队游 $35/21，持证导览 每车 $75；◷博物馆 4月至10月 8:00～18:00，11月至次年3月 9:00～17:00，战场 4月至10月 6:00～22:00，11月至次年3月 至19:00）位于华盛顿以北，路程为1小时40分钟，在解释这次战役的过程和背景方面做得极好。去小圆顶丘（Little Round Top Hill）看一看，联邦军在那儿挫败了南方军队侧翼包抄的图谋，然后去皮科特冲锋（Pickett's Charge）的战场，在那儿，南方邦联军队遭受了到那时为止最具致命性的失败。这次战役之后，美国总统亚伯拉罕·林肯曾在此发表了著名的葛底斯堡演说（Gettysburg Address），以纪念这次胜利和如其所说的"国家的诞生日"——7月4日。

大片起伏的丘陵和茂密的森林，仅仅沉醉于秀美的景色之中就能轻松度过一天。要想到达此处，于马里兰州的弗雷德里克踏上US 15号公路，向北行驶大约35英里之后到达葛底斯堡。

burg）就是这个国家主要街道昔风貌的样本：整齐有序的网格状布局、绿色的装饰，以及友好的店面。虽然有着诸多的可爱之处，但这里却发生过美国军事史上最严重的错误。1862年，当北方军队企图大规模进攻南方邦联军的阵地时，一位南方的炮兵望着北方联邦军队必须穿过的一片光秃坡地对指挥官说："当我们对着那儿开火时，哪怕是一只小鸡也活不成。"最终，16次冲锋导致（据估计）6000～8000名北方联邦军士兵的伤亡。

弗雷德里克堡和斯波齐尔韦尼亚国家军事公园（Fredericksburg & Spotsylvania National Military Park；☎540-693-3200；www.nps.gov/frsp；1013 Lafayette Blvd；◷弗雷德里克堡和Chancellorsville游客中心 9:00～17:00，其他展览区域 开放时间不同）不像马纳萨斯那样一下子就揪住你的心，因为茂密的森林仍然覆盖着这片战场，但是这些树林本身也是一种奇迹。大自然掩盖了曾经的坟墓，美丽的风光冲淡了忧伤。附近的莽原之役（Battle of Wilderness）就是以这片浓密的树林命名的，炮击结束之后树林着了火，烧死了数百名受伤的士兵。

✗ ⍩ 见123页

行驶路上 » 从弗雷德里克堡出发，取道US 17公路南行5英里，之后US 17公路变成了VA-2号公路（也被称为Sandy Lane Dr和Fredericksburg Turnpike，即弗雷德里克堡收费公路）。沿着这条路再行驶5英里，然后右拐进入Stonewall Jackson Rd（State Rd 606公路）。

⑤ 斯通威尔·杰克逊纪念馆

在钱斯勒斯维尔（Chancellorsville），南方军队将军罗伯特·李的兵力是联邦军的两倍，于是他兵分两路攻击联邦军的两翼，这个大胆的行动导致北方

Classic Trip
经典线路

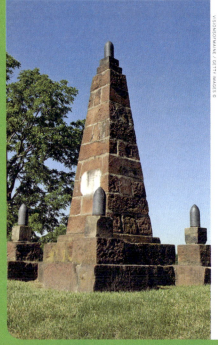

为何经典
艾米·C.巴尔弗
本书作者

　　东部沿海地区最美的乡间地区依然带有神圣的色彩，在偏远的农舍、幽暗的森林、长满杂草的土垒和起伏的田地间，依然回荡着关于那些残忍战争和未尽故事的窃窃私语，成千上万的士兵长眠于此。这趟旅程引领你探索这个国家的发源地，自19世纪60年代，也就是那些血腥的战争发生之后，这里就基本上没发生什么变化。

上图：阿波马托克斯法院国家历史公园
左图：马纳萨斯国家战场遗址公园
右图：葛底斯堡国家军事公园

军溃不成军、四散逃过波托马克河。但是胜利的代价也很大，在战斗的过程中，李的有力干将斯通威尔·杰克逊（Stonewall Jackson）被一个紧张过度的哨兵打掉了一条胳膊，这条胳膊现在埋在埃尔伍德庄园（Ellwood Manor）附近。可以向护林员询问具体路线。

伤口包扎好了，但是杰克逊接下来又感染了严重的肺炎。他被带到我们这次旅程的下一站：位于附近几内亚车站（Guinea Station）内的**斯通威尔·杰克逊纪念馆**（Stonewall Jackson Shrine；☎804-633-6076；www.nps.gov/frsp；12019 Jackson Rd, Woodford；⊙外场 日出至日落，纪念馆 9:00~17:00）。在一座以迷人的弗吉尼亚马球场（到处是紫罗兰和雏菊）为背景的白色小屋中，虚弱的杰克逊说了些

胡话后陷入了沉默，在他最后低声说出"让我们渡过河去树荫下休息吧"后，这位将军逝世于此。

行驶路上» 前往冷港战场遗址，你可以先沿I-95州际公路行进，随后转入I-295S州际公路继续行驶并从34A出口下来，全程约50分钟。或者，如果想体验一下乡村公路的话（需时1小时10分钟），取道VA-2S公路南行35英里，直到进入VA-643公路（Rural Point Rd）。在VA-643公路上一直走，直到它变成VA-

当地知识
南北战争战场遗址

南北战争战场遗址的魅力何在？

南北战争战场遗址（Civil War Battlefields）是不太久远过去的试金石，为这一影响了其后150余年美国历史的伟大时刻提供了有形见证。发生于宏大背景下的大事件使我们不得不从全局方面来思考重大的问题。

南北战争战场遗址之所以吸引游客，是因为它们让我们有机会踏着杰出先辈们的真实脚印再走一遍，感受他们为追寻信仰而付出的牺牲。先贤们的义举将默默无闻的地方变成了历史丰碑，南北战争使沉睡的城镇和乡村转变成凝聚着强烈信念的国家纪念堂。这些战场遗址实际上反映了我们对美国性格的定义。我在那些保存得最好的战场遗址上停留的时间最长，例如安提塔姆和葛底斯堡，因为它们描绘了最真切的历史背景，使我明白事件为什么以那种方式发生，为什么在那儿发生。走过他们曾走过的地方，看着他们曾看过的大地，这些战场遗址就是这样成为这个世界上最好的露天课堂。

为什么弗吉尼亚州的南北战争之旅如此火热？

弗吉尼亚州在南北战争中付出了巨大代价。因为它是南方邦联政府首都的所在地，而且距离北方联邦政府的首都仅100英里远，这就使得两个势不两立的首都之间以及周边的地区注定成为战争和流血的噩梦之地。不像其他的地方，弗吉尼亚州能够使你沉浸于南北战争之中，它使游客产生一种南北战争无处不在的感觉，触及了每个地方和每个人。在全国各地，人们都可以搜寻南北战争的遗址，但是只有在弗吉尼亚州，是战争遗址发现了你。

——弗兰克·欧·赖利（Frank O'Reilly），历史学家和导览护林员

156公路 (Cold Harbor Rd)，一直开就到了战场遗址。

❻ 冷港战场遗址

战事进行到1864年，联邦军的将军尤利西斯·格兰特 (Ulysses Grant) 想把战斗引向弗吉尼亚州。他随后发动了被称为Overland Campaign或Wilderness Campaign的战役，这场南北战争中极为血腥的战役在冷港 (Cold Harbor) 达到了残酷的顶峰，该遗址就在里士满北面。

在现在被称为**冷港战场遗址** (Cold Harbor Battlefield；📞804-226-1981；www.nps.gov/rich；5515 Anderson-Wright Dr, Mechanicsville；🕐日出至日落，游客中心 9:00~16:30) 的地方，格兰特将他的兵力投入正面进攻中，这场堪称"一战"阵地战鼻祖的大会战导致了惊人的伤亡。如今，这一地区已经恢复成一片森林和纵横交错的田野，由国家公园管理局管理。向当地的护林员咨询第三个观景点的位置，那里有一系列的联邦军土木工事，从那儿你可以看到战场遗址保存得最好的部分：北方士兵冲锋过的长而低平的田野。

行驶路上 » 从冷港出发，沿VA-156公路 (Cold Harbor Rd) 向西北行驶约3英里，左转进入Creighton Rd并沿其行驶6英里到达里士满市中心。

名字中包含什么？（下集）

关于这场战争中的战役名，还有一个更加令人无所适从的命名传统：北方倾向于根据重要的地理名称命名（如奔牛河、安提塔姆），而南方军官则是根据附近的城镇命名（如马纳萨斯、夏普斯堡）。虽然绝大多数美国人提及这些战役的时候习惯运用北方的名称，但是在一些地区，人们只知道马纳萨斯是战役的地点，而不是拥有一家美味华夫饼餐馆 (Waffle House) 的沿路商业区。

线路亮点
❼ 里士满

在南方邦联的前首都里士满 (Richmond) 有两座南北战争博物馆，它们形成了有趣的对照，目前都由美国南北战争中心 (American Civil War Center) 负责管理。第一座是**南方邦联博物馆** (Museum of the Confederacy, 简称MOC；📞804-649-1861；www.acwm.org；1201 E Clay St；博物馆 成人/6~17岁儿童 $10/5, 含邦联白宫 $18/9；🕐周一至周六 10:00~17:00)，这里曾经是一个纪念馆，为了祭奠南方"失败的事业" (Lost Cause)。但是南方邦联博物馆也已经演变成了一个受人尊敬的教育机构，它所收藏的邦联物品或许是这个国家最好的。可选的邦联白宫游也值得推荐，因为它透着一股奇怪的感觉。

第二座博物馆位于老**特里迪加** (Tredegar；📞804-649-1861；www.acwm.org；500 Tredegar St；成人/6~17岁儿童 $10/5；🕐9:00~17:00) 钢铁作坊内，极其用心，从南、北以及非裔美国人三个角度成功呈现了这次战争，令人钦佩。永久性展品陈列讲究，轮流展出的展品富于洞察力。展品效果很震撼，偶尔还会有一种矛盾的感受。

🍴 🛏 见123页

行驶路上 » 取道Rte 95公路向南约23英里，由52号出口离开，转入301公路 (Wythe St)，一直行驶到这条路变为Washington St，最后到达VA-35公路 (Oaklawn Dr)。寻找从这里去往战场遗址公园的路标。

❽ 彼得斯堡

里士满以南的彼得斯堡 (Petersburg) 是弗吉尼亚州首府的蓝领小兄弟，其中心区因为解除种族隔离后白人的逃离而变得破败。**彼得斯堡国家战场遗址公园** (Petersburg National Battlefield Park；📞804-

纽约和大西洋沿岸中部

7

南北战争之旅

732-3531; www.nps.gov/pete; 5001 Siege Rd, Eastern Front Visitor Center; ⊙游客中心 9:00~17:00, 外场 8:00起) 标示出这个地方: 在这里, 北方军队和南方军队的士兵在漫长的阵地战僵局中度过了整个战争将近1/4的时间。在因为查尔斯·弗雷泽 (Charles Frazier) 的《冷山》(Cold Mountain) 而闻名的火山口战役 (Battle of the Crater) 中, 北方联邦军为了打破僵局, 企图在南方邦联军战线下面挖地道并炸毁对方的堡垒。

行驶路上 » 向南驶出彼得斯堡, 然后向西穿过数条乡间小路, 追随南方军队将领李的撤退路线。在www.civilwartraveler.com上有一幅很好的地图可以利用。我们倾向于从彼得斯堡取道VA-460公路向西行驶往阿波马托克斯 (Appomattox), 随后经由VA-24公路前往阿波马托克斯法院国家历史公园。

线路亮点

❾ 阿波马托克斯法院国家历史公园

在彼得斯堡以西大约92英里的地方是**阿波马托克斯法院国家历史公园** (Appomattox Court House National Historical Park; ☎434-352-8987; www.nps.gov/apco; 111 National Park Dr; ⊙9:00~17:00), 南方邦联军最后在此处投降。公园内有几处为投降的邦联军而立的标记石, 其中最著名的一块标出了罗伯特·李在向北方联邦军尤利西斯·格兰特将军投降后骑马从阿波马托克斯返回的地点。李的士兵站立在战场的两边, 等候他们的将军归来。当李进入视线时, 他摘下了帽子; 士兵们向他涌来, 有的人道别, 有的人却哽咽得说不出话, 只是摸着李的坐骑Traveller那白色的侧腹。

🛏 见125页

食 宿

马纳萨斯国家战场遗址公园

✖ Tandoori Village 印度菜 $$

（☎703-369-6526; www.tandoorivillage.
net; 7607 Centreville Rd; 主菜 $8~22; ⊙周一至
周五 11:00~14:30和17:00~22:00, 周六和周日
11:00~22:00)这家餐馆供应实实在在的旁遮
普（Punjabi）美食, 给一个充斥着快餐连锁
店的地区带来了令人欣喜的香味。这里没有
耸人听闻的菜肴, 有的全是普通的大众菜,
例如黄油鸡（Butter Chicken）、木豆（Dal）、
印度奶酪（Paneer）, 做得都很讲究。

弗雷德里克堡 ④

✖ Sammy T's 美国菜 $

（☎540-371-2008; www.sammyts.com;
801 Caroline St; ⊙周一、周三和周四 11:30~
21:00, 周五和周六 11:30~22:00, 周日 9:30~
19:00; 🛜🍴）Sammy T's餐厅位于历史底
蕴深厚的弗雷德里克堡中心区, 就在一幢
建于约1805年的建筑内, 供应汤、三明治、
小酒馆风格的食物, 还非常令人钦佩地结
合了素食选择, 包括当地流行的烤宽面条
（Lasagna）和黑豆油炸玉米粉饼（black-
bean quesadillas）。

✖ Foode 美国菜 $$

（☎540-479-1370; www.facebook.com/
foodeonline; 900 Princess Anne St; 午餐主
菜 $10~12, 晚餐主菜 $15~26; ⊙周二至周
四 11:00~21:00, 周五 11:00~22:00, 周六
9:00~22:00, 周日 9:00~15:00; 🍴）Foode的
就餐环境富有田园气息, 同时又具有艺术
品位, 供应美味的食物, 食材都直接来自农
场。晚餐有很多迷人的小分量菜式可供分
享。服务也很周到。

✖ Bistro Bethem 美国菜 $$$

（☎540-371-9999; www.bistrobethem.
com; 309 William St; 午餐主菜 $9~22, 晚餐主
菜 $17~32; ⊙周二至周六 11:30~14:30和17:00~
22:00, 周日 至21:00)新派美国菜菜单、应季的
食材、朴实温馨而又非常讲究的美食文化,
所有这些都为美食家的幸福做出了贡献。在
任何一天, 油封鸭腿（Duck Confit）和奎奴
亚藜（Quinoa; 藜麦）都可能与烤甜菜沙拉
和当地产的蛤蜊同桌争辉。

🛏 Richard Johnston Inn 民宿 $$

（☎540-899-7606; www.therichardjohns
toninn.com; 711 Caroline St; 房间 $165~300;
🅿✳🛜）这家舒适惬意的民宿位于一座18
世纪的砖邸内, 地理位置优越, 就在市中
心, 氛围友善, 这些都为它加了不少分。下
午供应的饼干非常好吃。

里士满 ⑦

✖ Burger Bach 酒馆小食 $

（☎804-359-1305; www.theburgerbach.
com; 3426 Cary Street; 主菜 $9~13; ⊙周日
至周四 11:00~22:00, 周五和周六 至23:00;
✳🍴🍴）我们认可Burger Bach, 是因为它
是这个地区唯一一家自我分类为新西兰风
味的汉堡店。他们供应的羔羊肉汉堡味道
好极了, 而且用从当地采购的牛肉（和素
食）制作的食品也相当出色。面对为切得很
粗的炸薯条配备的14种不同的调味料, 你
简直会乐得发疯。

✖ Sidewalk Cafe 美国菜、希腊菜 $

（☎804-358-0645; www.sidewalkint
hefan.com; 2101 W Main St; 主菜 $9~18; ⊙周
一至周五 11:00至次日2:00, 周六和周日 9:30

起）Sidewalk Cafe深受当地人喜爱，给人感觉就像是一家邻家酒吧（全年点亮的圣诞灯饰、木板墙、通俗的艺术品装饰），但食物味道一流。门外的人行道上也摆着桌椅，供应每日特色菜（例如周二是墨西哥卷饼），还有知名的周末早午餐。

✕ Croaker's Spot　　海鲜 $$

（☎804-269-0464；www.croakersspot. com；1020 Hull St；主菜 $10~26；⊘周一至周三 11:00~21:00，周四 至22:00，周五 至23:00，周六 正午至23:00，周日 正午至21:00；🅿）Croaker's 是这一带的传统餐厅，同时也是非裔美国人餐饮文化的中坚。里士满最著名的精神食粮（Soul Food；美国南方黑人的传统食物）精致美味，令人舒心，而且就像一块砖头一样深深地沉入你的肠胃。小心可怕的Fish Boat套餐：炸鲶鱼、玉米饼，以及奶酪通心粉。

✕ Millie's Diner　　新派美国菜 $$

（☎804-643-5512；www.milliesdiner. com；2603 E Main St；午餐主菜 $9~14，晚餐主菜 $16~29；⊘周二至周五 11:00~14:30 和17:30~22:30，周六和周日 9:00~15:00和17:30~22:30）无论是午餐、晚餐还是周末惬意而丰盛的早午餐，作为里士满的地标餐馆，Millie's Diner的食物味道一如既往值得信赖。这家店规模不大，但装饰得非常漂亮，应季美食具有创意。招牌菜"魔鬼之乱"（Devil's Mess）——露馅的煎蛋饼，馅料有辣肠、咖喱、蔬菜、奶酪和牛油果——很有名。

✕ L' Opossum　　美国菜、法国菜 $$$

（☎804-918-6028；www.lopossum. com；626 China St；主菜 $18~32；⊘周二至周六 17:00至午夜）我们不知道这里究竟发生了什么，但效果还是不错的。餐厅名字不中听（意为"负鼠"），到处摆着米开朗基罗的大卫雕像。菜肴的名字起得过于前卫，例如反叛军联盟在海湾捕到的达斯石斑鱼（Darth Grouper Held at Bay by a Rebellious Coalition）。是什么将这些联系在一起？恐怕还是拿过奖的大厨大卫·香侬（David Shannon）一流的厨艺以及他手下那些具有天赋、周到的工作人员。需预订，或者尽早去占一个在吧台的位置。

🛏 Linden Row Inn　　精品酒店 $$

（☎804-783-7000；www.lindenrowinn. com；100 E Franklin St；房间 $139起，套 $289；🅿❄@📶）这颗南北战争之前的明珠位于环境优美的市中心区，拥有70间迷人的房间（维多利亚时代的房间布置风格），散布于希腊复兴风格的排屋之间。南方式的热情好客、合理的房价加上无微不至的体贴（提供去基督教青年会YMCA的免费入场券以及免费的城区大巴服务，包含早餐）将给你物有所值的感受。

🛏 Jefferson Hotel　　豪华酒店 $$$

（☎804-649-4750；www.jeffersonhotel. com；101 W Franklin St；房间 $355起；🅿❄📶♿）Jefferson是里士满最气派的酒店，也是美国最好的酒店之一。这座烟草大亨、南方军少校刘易斯·金特（Lewis Ginter）所畅想的学院派风格酒店于1895年落成。房间很豪华，给人舒服的感觉——你能在这里睡个好觉。有传言（可能是假的）称《乱世佳人》中那著名的楼梯的原型就是Jefferson大厅里的楼梯。即使你不打算住在这里，进来看一看也会

觉得不虚此行。可以在服务台拿一份酒店步行游览的宣传册。与酒店同名的雕像托马斯·杰弗森（Thomas Jefferson）就立在大厅里。你还可以在棕榈园大厅（Palm Court lobby）的蒂芙尼彩绘玻璃下享用下午茶（周五至周日15:00起），或者去华丽的Lemaire酒吧喝一杯。自助停车每晚费用是$12，侍者服务每晚$20，宠物费用为每晚每只$50。

🛏 Quirk Hotel　　　　精品酒店 $$$

（☎804-340-6040；www.destinationhotels.com/quirk-hotel；201 W Broad St；房间 $259起；ⓟ❇🛜🐾）从你踏进装有大窗户、色彩明亮、充满时尚线条感的大厅的那一刻起，对这家时尚的精品酒店的好感度就开始增加。它是隔壁艺术画廊工作人员的心血之作，房间和公共区域随处可见独特而夺人眼球的艺术作品。屋顶酒吧很受欢迎，能欣赏美丽的市景，千万别错过。

阿波马托克斯法院
国家历史公园 ❾

🛏 Longacre　　　　　　民宿 $$

（☎434-352-9251；www.longacreva.com；1670 Church St；房间 $115起；ⓟ❇）Longacre看起来就像是一座"误入"弗吉尼亚州的英国乡间别墅。房间很优雅，有古董摆设。这一规模较大的都铎风格宅邸为郁郁葱葱的绿地所环绕。

仙纳度国家公园 天际线公路

天际线公路

天际线公路是美国最经典的自驾游线路之一，它如同一条玉带一般将一系列天然奇观和炫目美景恰当地串联起来。

线路亮点

42 英里

马修阿姆和艾克瓦洛
大落差的瀑布以及宁静的野餐地

61 英里

卢瑞
地球深处的溶洞

5

6

**Dinosaur Land
恐龙园**

起点 **Front Royal
弗兰特罗亚尔**

**Huntly
亨特利**

**Skyline Drive:
The Beginning
天际线公路：开端**

**Skyland
斯凯兰**

**Whiteoak Canyon
白橡树峡谷**

9

10

85 英里

霍克斯比尔
伸长脖子，凝视
仙纳度的最高峰

▲ **Lewis
Mountain
刘易斯山** 终点

伯德游客中心
致力于宣传当地文化
和自然风景

95 英里

**3天
150英里/
240公里**

最适合

何时去

5月至11月，享受绝好的
天气、户外的设施以及
美景。

**最佳
摄影点**

在贝尔凡斯攀爬岩的岩
顶，乐享360度地平线。

**最佳
文化景点**

伯德游客中心使你一窥
阿巴拉契亚地区的民俗。

127

8 天际线公路

仙纳度国家公园（Shenandoah National Park）如丝带般纤细，它的亮点是天际线公路上令人惊叹的美景，这条公路在蓝岭山脉（Blue Ridge Mountains）上的延伸距离刚刚超过100英里。与西部占地广大的黄石国家公园和约塞米蒂国家公园不同，仙纳度国家公园的有些地方仅有1英里宽。这一点似乎缩小了公园的范围，但却使它成为穿山越水自驾游的最佳之选。

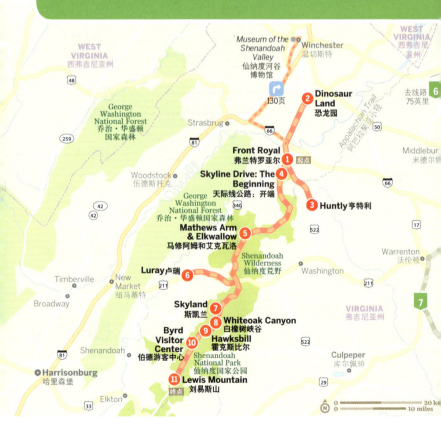

❶ 弗兰特罗亚尔

横跨国家公园北入口的是小城弗兰特罗亚尔(Front Royal)。虽然它不属于弗吉尼亚州引人注目的旅游热点,但是这个苍翠的滨河小城却为你提供了在去山中露营或者徒步旅行之前可能需要的所有城市设施。

如果你需要辨明方位,一个明显的起始坐标就是**弗兰特罗亚尔游客中心**(Front Royal Visitor Center; ☎800-338-2576; frontroyalva.com/101/Visiting; 414 E Main St; ⏰9:00~17:00)。态度友好的工作人员随时准备着向你提供在这个地区旅行所需要的一切信息。

🍴 🛏 见136页

行驶路上 » 经由US 340公路

❻ 马里兰州国家历史大道

从弗兰特罗亚尔向北沿US-340公路行驶,到达历史城镇弗雷德里克,由此前往一个个优雅端庄的小城镇。

❼ 南北战争之旅

从卢瑞溶洞向东南行驶,经过库尔佩珀到达弗雷德里克堡,开始穿越塑造这个国家的内战遗址。

(Stonewall Jackson Hwy, 即斯通威尔杰克逊公路)向温切斯特(Winchester)方向行驶,恐龙园就在弗兰特罗亚尔以北10英里处。

❷ 恐龙园

在你直奔国家公园和它令人目眩的自然美景之前,先到**恐龙园**(Dinosaur Land; ☎540-869-2222; www.dinosaurland.com; 3848 Stonewall Jackson Hwy, White Post; 成人/儿童 $6/5; ⏰3月至5月 9:30~17:30,6月至8月 至18:00,9月至12月 至17:00; 🅿)看一看这些异想天开的人造景观吧,这个壮观而通俗的水泥雕塑圣殿还颇为有趣。虽然它是一个拥有50多个实物大小的恐龙雕塑(另外还有一只分量十足的金刚)的"教育性史前森林",但你通过快进播放功能观看《侏罗纪公园3》或许会学到更多关于这些园中"居民"的知识。不过那并不是游览此地的原因,因此还是抓起你的照相机,走近三角龙,留下一个将持续千年的记忆吧!

行驶路上 » 返回弗兰特罗亚尔,随后沿着US 522公路(Remount Rd)向南行驶大约9英里,到达亨特利。

❸ 亨特利

亨特利(Huntly)是一个坐落于仙纳度(Shenandoah)的绿色山麓小城,

就在弗兰特罗亚尔南面的阴影之下。这可是一个享受城市文化、满足口腹之欲的好地方,因为这里有**拉帕汉诺克酒窖**(Rappahannock Cellars; ☎540-635-9398; www.rappahannockcellars.com; 14437 Hume Rd; 品酒 $10; ⏰周日至周五 11:30~17:00,周六 至18:00),这是弗吉尼亚州中北部相当出色的葡萄酒庄之一,有一望无际被葡萄园所覆盖的连绵山丘,就好像是在意大利北部的某处田园牧歌场景中迷了路,不知怎么跑到了这个老自治领州(Old Dominion;弗吉尼亚州的别称)的内陆地区。在这个葡萄酒的海洋里好好享受一番吧(当然,如果你在自驾游的话或许另当别论)。

行驶路上 » 返回到弗兰特罗亚尔,并由此进入天际线公路。从天际线公路的起点到迪基岭(Dickey Ridge)有5.5英里。

❹ 天际线公路:开端

天际线公路(Skyline Dr)是所有景观公路中最棒的一条,75个能够看到仙纳度河谷和皮埃蒙特(Piedmont)美景的观景点令人激动。在春季和夏季,变化无穷的绿色着实迷人,到了秋季,跳动的红与黄同样赏心悦目。这里或许是你体验阿巴拉契亚小径(Appalachian Trail)徒步游的最后机会,小径与天际线公路一共有32处交会点。

探索天际线公路和仙纳度国家公园，第一站应选在**迪基岭游客中心**（Dickey Ridge Visitors Center; ☑540-635-3566; www.nps.gov/shen; Mile 4.6, Skyline Dr; ⊙4月中旬至11月 9:00~17:00）。它不仅仅是一个提供信息的起跳点，其建筑本身也具有迷人的历史。1908年，这个地方最初是一个"野趣"餐馆（那时，这意味着它拥有供跳舞的平台）。可是，它在第二次世界大战期间停止了营业，并且直到1958年才重新开张并变成了游客中心。现在，它是公园中两处信息服务中心之一，

另辟蹊径
仙纳度河谷博物馆

起点：❶ 弗兰特罗亚尔

在所有仙纳度国家公园之旅的起点中，似乎没有哪一个能比**仙纳度河谷博物馆**（Museum of the Shenandoah Valley; ☑540-662-1473, 888-556-5799; www.themsv.org; 901 Amherst St, Winchester; 成人/13~18岁学生/儿童 $10/8/免费, 周三 免费; ⊙4月至12月 周二至周日 10:00~17:00, 1月至3月 11:00~16:00）更合适。这是一个作用如名所示的博物馆，位于弗兰特罗亚尔以北大约25英里处的温切斯特，在关于河谷、阿巴拉契亚山脉文化以及相关的民俗风情等方面都收藏了详尽的资料，其中一些在美国独此一份。展品被分开放于4个展馆内，另外还有已经修复好的格伦伯尼（Glen Burnie）历史故居以及占地6英亩的花园。

想要前往博物馆，从弗兰特罗亚尔出发，取道I-66州际公路，向西到达I-81州际公路，然后向北行驶25英里。在温切斯特，循着博物馆的指示路标走即可，博物馆位于城郊。

能够为你提供开启天际线公路之旅可能需要的各方面信息。

行驶路上 » 沿着天际线公路前往马修阿姆是一段弯弯曲曲的山路，全程约19英里。

线路亮点
❺ 马修阿姆和艾克瓦洛

离开迪基岭之后，马修阿姆（Mathews Arm）是你进入仙纳度国家公园后的第一个主要景点。在你到达之前，可以在里程标19.4英里处停车，走一走**小恶魔阶梯**（Little Devils Stairs）徒步环线，全程4.8英里。穿过这

段狭窄的峡谷就像其名字所暗示的一样艰难。准备好，有些地方要徒手攀爬。

在马修阿姆，有一处露营地和一个露天圆形剧场，微风阵阵，令人惬意。在你的旅程初期，你就已经处于海拔2750英尺（约838米）的高度了。

从露天圆形剧场开始，是一段6.5英里长、不太费力的徒步小径，去往美丽的**欧沃奥伦瀑布**（Overall Run Falls），这是国家公园中落差最大的一个瀑布（93英尺）。这里有足够多的平坦岩石，你可以登上去一览美景并摄影留念，但是要注意: 夏季瀑布有时候会干涸。

艾克瓦洛路边休息区（Elkwallow Wayside）含有一个很好的野餐区和观景台，位于里程标24英里处，就在刚刚经过马修阿姆的地方。

行驶路上 » 从马修阿姆开始，沿着天际线公路向南行驶大约10英里，然后走US 211公路的坡道，向西大约7英里就到了卢瑞。

线路亮点
❻ 卢瑞

如果你不想露营，那么卢瑞是一个吃点东西并静心休息一下的好地方。在这里你还可以游览奇妙的**卢瑞溶洞**（Luray Caverns; ☑540-743-6551; www.luraycaverns.com; 970 US Hwy 211 W; 成人/6~12岁儿童

$27/14；⊙6月中旬至8月 每天9:00~19:00，9月至11月、4月至6月中旬 至18:00，12月至次年3月周一至周五 至16:00、周六和周日 至17:00），这是美国东海岸最大的溶洞系统之一。

在卢瑞溶洞可以来次耗时1小时、大约1英里长的溶洞导览游，这些溶洞在100多年前就已对公众开放了。各处的岩层都相当惊人，而且在卢瑞腹地的坑洞里有一处独一无二的景点——钟乳石风琴（Stalac-pipe Organ）。这个奇妙的装置数十年来一直在对着岩层演奏乐曲。正如向导所说："如果你'相信'地质年代测定的话，这些溶洞有4亿年的历史。"（如果你不明白其中的弦外之音，那么你要知道，此地是这个国家的一个保守地区，这里的人普遍相信上帝创世说）。不管你选择相信什么，奇妙的地下景观都将深深打动你。

✕ 🛏 见137页

行驶路上 » 取道US 211公路向东行驶10英里返回天际线公路。然后沿着天际线公路向南行驶10英里到达斯凯兰。沿路你将驶过天际线公路的最高点（3680英尺，约1122米）。最高点位于里程碑41英里处，即马上要到达斯凯兰的地方，在这里你能从停车场观景台上欣赏到萨勒费尔山（Thorofare Mountain；3595英尺，约1096米）的壮景。

里程标

便利的石头里程标（MP）仍然是搞清楚你正处于天际线公路上具体位置的最好办法。它们始于弗兰特罗亚尔附近的零公里处（Mile 0），终于岩鱼谷（Rockfish Gap）附近国家公园南入口的Mile 105。

❼ 斯凯兰

骑马爱好者一定会想在**斯凯兰马厩**（Skyland Stables；☎877-847-1919；www.goshenandoah.com；Mile 42.5, Skyline Dr；导览团体骑乘 1/2.5小时 $50/95；⊙5月至10月 9:00~17:00）预订一次穿越仙纳度的骑马小径游。骑马游最长需时2.5小时，是观赏野生动物和壮丽景观的绝好方式。这里还有小马，可以供同来旅行的小朋友们骑行。如果你喜欢徒步（假设你参加了这次旅行，我们相信你会喜欢的），那么此地也是弃车而行的好地方。

游客很容易就能够到达周围的一些当地小径起点，而且日落之美也难以言表。住宿的地方有一点土气，但是土得迷人（Trout Cabin，即鳟鱼小屋，建于1911年，而且它给人的感觉也是如此，不过我们是在用最恭维的方式来表达这个意思）。这个地方的确透着一股子怀旧气息，尽管你会觉得它有点破败，但还是比较舒适便利的。

行驶路上 » 沿着天际线公路只需向南行驶1.5英里就能够到达白橡树峡谷的停车场。

❽ 白橡树峡谷

在里程标42.6英里处，白橡树峡谷（Whiteoak Canyon）是天际线公路沿线能够提供无与伦比的徒

特别提示
花园迷宫警报

紧挨着卢瑞溶洞的是一个能让你内心的恐惧尽情爆发的地方。闪灵（Shining；美国经典恐怖电影《闪灵》）式地尖叫着穿过**花园迷宫**（Garden Maze），但是要小心！这个迷宫比它看起来要更加难以对付，而且有些人在里面停留的时间可能要超过他们的预期。当对付这个树篱迷宫时，允许但并不鼓励运用超自然的能力和灵力。Redrum！Redrum！（《闪灵》中的孩子一直念的词，倒过来就是"Murder"——谋杀者！）

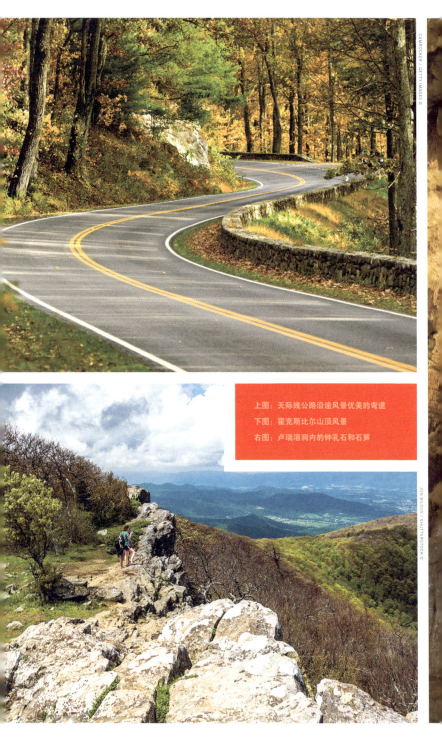

上图：天际线公路沿途风景优美的弯道

下图：霍克斯比尔山顶风景

右图：卢瑞溶洞内的钟乳石和石笋

步和探险机会的另一处好地方。此处有数个停车区，所有停车区都可以提供去往不同小径的不同入口，这些小径蜿蜒地穿过这片山岭和溪流组成的风景地。

绝大多数的徒步旅行者喜欢白橡树峡谷是因为它的**瀑布**——共有6处，落差最大的一个达86英尺（约26米）。在白橡树停车区，你可以徒步去往这些瀑布，往返4.6英里，但是要小心——你来回要爬上爬下很陡的坡。要到达下一组瀑布，你得多走上2.7英里，并且要准备好对付一个陡峭的（1100英尺，约335米）海拔高度差。

利姆波罗斯特小径（Limberlost Trail）和停车区就在白橡树峡谷南面。这是一段1.3英里长、去往云杉地区的徒步跋涉，中等难度。云杉林中到处是老鹰、猫头鹰以及其他鸟类，沼泽般的土地是众多蝾螈的家。

行驶路上 » 沿着天际线公路向白橡树峡谷以南行驶大约3英里，就到达了霍克斯比尔。

- - - - - - - - - - - -

线路亮点

⑨ 霍克斯比尔

当你看到里程标45.6英里处时，你就到达了**霍克斯比尔**（Hawksbill），它既是天际线公路一段路段的名字，也是仙纳度国家公园最高峰的名字。这一带有无数条小径环山峰而延伸。

在霍克斯比尔谷(Hawksbill Gap)里程标45.6英里处)的停车区下车,现在有数个徒步选择。**下霍克斯比尔小径**(Lower Hawksbill Trail)非常陡峭,往返1.7英里,环绕着霍克斯比尔山的一些低坡,那令你气喘吁吁的上坡路也赐予你俯瞰公园的美景。另一处上好的观景点位于**上霍克斯比尔小径**(Upper Hawksbill Trail)的末端,这条小径难度适中,单程2.1英里。在这里,你可以通过被称为蝾螈小径(Salamander Trail)的山坡路走到阿巴拉契亚小径。

如果你继续向南走大约5英里,就将到达**费舍尔峡谷观景台**(Fishers Gap Overlook)。此处的景点是**玫瑰河环线**(Rose River Loop),这是一段长4英里、中等难度、颇有伊甸园风格的小径。沿路你将经过若干瀑布,穿过浓密的树冠,越过湍急的溪流。

行驶路上 » 从费舍尔峡谷(Fishers Gap)出发,南行大约1英里到达伯德游客中心,此处正好位于里程标51英里处。

线路亮点

⑩ 伯德游客中心

哈利·F.伯德游客中心

(Harry F Byrd Visitors Center; ☏540-999-3283; www.nps.gov/shen; Mile 51, Skyline Dr; ⊙3月下旬至11月 9:00~17:00)是仙纳度国家公园的主要游客中心,(大约)位于天际线公路的中间点。它的设置是为了通过一系列悉心打造的小型展示来解释仙纳度河谷的形成和发展,因此,可以在这里停下来了解周边地区的文化(并且获取野外露营的许可)。在游客中心路对面的**大草地**(Big Meadows)区,可以露营和参与有向导的活动。

森林故事小径(Story of the Forest Trail)是一段1.8英里长、美观而易于行走的铺装环路,小路尽头连接着游客中心。你还可以探索附近的两处瀑布。**黑谷瀑布**(Dark Hollow Falls)听起来(而且看起来)就像是托尔金(《魔戒》三部曲的作者)小说中的场景,位于一条相当陡峭的小径(1.4英里长)的尽头,落差高达70英尺(约21米)。**刘易斯瀑布**(Lewis Falls)可以经由大草地到达,位于一条与阿巴拉契亚小径交叉的小径上,其长度为3.3英里,难度适中,在某一处你需要攀爬一个岩石坡。

行驶路上 » 刘易斯山地区位于伯德游客中心以南大约5英里处,可经由天际线公路到达。在米拉姆谷(Milam Gap)和赤裸溪(Naked Creek)停下来欣赏一下风景(这两处地方都有清楚明确的路边标志)。

⑪ 刘易斯山

刘易斯山(Lewis Mountain)既是仙纳度国家公园主要露营地之一的名字,也是附近一座3570英尺(约1088米)高山的名字。去那座山的小径大约1英里长,坡度很小,而且通向一个很好的观景台。但是此地最好的景致却位于**贝尔凡斯攀爬岩**(Bearfence Rock Scramble),这个名字绝不是开玩笑!这段1.2英里长的徒步小径陡峭且多岩石,你不会想在下雨时或者雨后尝试攀爬。在攀爬岩的顶端,你会收获仙纳度最佳的全景图之一。在你离开这里后,要记住,你和岩鱼谷的仙纳度国家公园出口之间仍然有大约50英里的天际线公路要走。

恐龙园 与恐龙雕像合影，机会多多

食 宿

弗兰特罗亚尔 ❶

✖ Jalisco's　　　　墨西哥菜 $

（☎540-635-7348; 1303 N Royal Ave; 主菜 $5~14; ⏱周一至周四 11:00~22:00,周五和周六 至22:30,周日 至21:30）Jalisco's餐馆供应相当不错的墨西哥菜。它无疑是那种从炸豆泥和融化奶酪中获取滋味的墨西哥餐馆,但那并不是多么糟糕的事（好吧,如果我们正在谈论你的心脏,那就比较糟糕了）。辣椒relleños是一种享受,如同玛格丽特酒一样。

✖ Main Street Mill & Tavern　咖啡馆 $

（☎540-636-3123; 500 E Main St; 主菜 $8~20; ⏱周日至周四 10:30~21:00,周五和周六 至22:00; 🍴）这家民间风味的餐馆位于一幢整修过的19世纪80年代饲料厂中,十分宽敞。烹调方面没有多大的特点,不过是汤、三明治、沙拉一类的东西,但是它能够让你吃得又饱又满意。

✖ Element　　　　　创意菜 $$

（☎540-636-9293; www.jsgourmet.com; 317 E Main St; 午餐主菜 $8~10, 晚餐主菜 $14~28; ⏱周二至周六 11:00~15:00和17:00~21:00; 🍴）Element供应美味的酒馆美食,很受美食爱好者欢迎。晚餐菜单上的菜式不算多,但经常更新,有诸如"烤鹌鹑搭配墨西哥玉米沙拉和红薯"这样的特色菜。午餐时间来这里,可以享用可口的三明治、汤和沙拉。

🛏 Woodward House on Manor Grade　　　民宿 $$

（☎540-635-7010, 800-635-7011; www.acountryhome.com; 413 S Royal Ave/US 320; 房间 $110~155, 小别墅 $225; 🅿📶）这家店有7间令人愉悦的房间,还有个独立的小别墅（有可以点柴火的壁炉）。你可以在屋顶品味咖啡,眺望远处蓝岭山脉的美景,别受下方繁忙的街道的干扰。

仙纳度国家公园

下面的3个住宿选择都由同一个特许权获得者经营。如果你打算露营,公园里有4个露营地（☎877-444-6777; www.recreation.gov; Mile 51.3, Skyline Dr; 露营位 $20; ⏱3月下旬至11月中旬）。

🛏 Big Meadows Lodge　　度假屋 $$

（☎540-999-2221; www.goshenandoah.com; Mile 51.2, Skyline Dr; 房间 $122~185; ⏱5月中旬至10月; 🅿📶）古老的Big Meadows Lodge有29间舒适的木嵌板房间和5间田园风格的小木屋。附属的Spotswood Dining Room供应一日三餐,非常丰盛,需提前较长时间预订。

🛏 Lewis Mountain Cabins　　小屋 $

（☎540-999-2255; www.goshenandoah.com; Mile 57.6, Skyline Dr; 小屋 $130~135; ⏱3月中旬至11月; 🅿）Lewis Mountain有数幢带家具的惬意小屋,并配备了可以洗热水淋浴的私人卫生间,供住客在一天的徒步游之后放松。这个复合体中还有一个露营地,里面设有一家商店、一个洗衣房和一些淋浴室。在这个缺乏露营的地区,这是最朴实的住宿选择。记住,许多小屋都是连着的,不过我们在这里从未听到过邻居们的响动。

🛏 Skyland Resort　　　度假村 $$

（☎540-999-2212; www.goshenandoah.com; Mile 41.7, Skyline Dr; 房间 $141~227, 小屋 $117~120; ⏱4月至11月; 🅿❄🐾）这处美丽的度假村建于1888年,田园景观引人入

胜。这里拥有简洁的木饰房间、质朴却舒服的小屋和一个全方位服务的餐厅。你可以从此处安排骑马游览。春季开业时间比Big Meadows Lodgo早一个月左右。

Pollock Dining Room　美国菜 $$

（www.visitshenandoah.com; Mile 41.7, Skyline Dr; 午餐主菜 $9~20，晚餐主菜 $12~28; ⏱4月至11月 7:30~10:30、正午至14:30和17:00~21:30）在这一位于斯凯兰的餐厅里，你能享用可口的食物，即便算不上人间美味。至于透过大窗户看到的葱郁公园景致？那就是另一回事了。午餐有三明治和汉堡，晚餐价格略贵些——点些经典菜，例如拉皮丹坎普鲑鱼（Rapidan Camp Trout）和罗斯福鸡（Roosevelt Chicken）。隔壁的酒吧（14:00~22:00）供应鸡尾酒、当地啤酒，菜单上有三明治（可选范围有限）和少量特色菜。

✕ Spottswood Dining Room　美国菜 $$

（www.visitshenandoah.com; Mile 51.3, Skyline Dr; 午餐主菜 $8~17，晚餐主菜 $12~28; ⏱5月至11月 7:30~10:00、正午至14:00和17:30~21:00）这家隶属Big Meadows Lodge的餐厅菜品很丰富，亮点包括平板烤鲑鱼、土豆泥配烤火鸡、草饲牛肉汉堡，很多食材都取自当地。享用美味时可以搭配弗吉尼亚葡萄酒和当地小厂酿制的啤酒。这里弥漫着复古的田园小屋氛围。此外还有间酒吧（14:00~23:00），菜单选择有限，有现场娱乐表演。

卢瑞 ❻

✕ Hawksbill Diner　美式小馆 $

（☏540-778-2006; www.facebook.com/TheHawksbillDiner; 1388 Hwy 340 Business, Stanley; 早餐和午餐主菜 $2~8，晚餐主菜 $7~10; ⏱周一至周四 6:00~20:00，周五和周六至21:00）这家不走寻常路的餐厅广受好评，

具备了美式小馆应该有的一切: 熟识的当地人在这里侃侃而谈，服务友好且高效，烹制可口的美国南部美食，例如白卤汁配乡村风煎牛排。我们喜欢来这里享用早餐——别错过薯饼。它就位于卢瑞以南6英里处。

✕ Gathering Grounds Patisserie & Cafe　咖啡馆

（☏540-743-1121; www.ggounds.com; 55 E Main St; 烘烤食品 低于$5，主菜 $5~7; ⏱周一至周四 7:00~18:00，周五 至20:00，周六 8:00~20:00，周日 11:00~15:00; 📶）如果你需要来点咖啡或者上上网，那么卢瑞的Gathering Grounds就是一个好去处。咖啡很浓，但是真正使它与众不同的是其内部装饰: 一个令人感觉清新的宽敞空间，富有创意，融合了温暖的嬉皮士艺术范儿与现代时尚。

✕ West Main Market　熟食店 $

（☏540-743-1125; www.westmainmarket.com; 123 W Main St; 三明治 $6~7; ⏱周日和周一 10:00~15:00，周二至周四 10:00~18:00，周五和周六 至19:00; 🅿 🚲 ♿）探索天际线公路时自然少不了野餐，而且没有几个地方能够比West Main的沙拉和三明治柜台提供更好的野餐了。烤火鸡和鳄梨好极了，而新鲜的田园沙拉使我们沿着天际线公路不知疲倦地一直向前。

⛺ Yogi Bear's Jellystone Park Campsite　露营地 $

（☏540-743-4002; www.campluray.com; 2250 Hwy 211 E; 露营地/小屋 $45/116）迷你高尔夫球场、水滑道以及明轮船都在这个新奇的露营地里等着你。露营地和小屋低廉的价位不会告诉你: 你在Old Faceful矿业公司淘金沙时很有可能会突然暴富。对那些经过时只想偷偷看一眼的人来说，这里有几个超大的瑜伽和另类摇滚练习者的雕像，可以作为现成的摄影对象。

137

步行游览
纽 约

起点/终点: 纽约新
当代艺术博物馆

距离: 2.6英里

需时: 3小时

漫步走过市中心的这些街区,它们既是一拨接一拨的移民和充满活力的民族团体的家园,还是城市新旧融合的缩影。

纽约新当代艺术博物馆

纽约新当代艺术博物馆(New Museum of Contemporary Art; ☎212-219-1222; www.new museum.org; 235 Bowery, 在Stanton St和Rivington St之间; 成人/儿童 $18/免费, 周四 19:00~21:00 捐赠入内; ⏰周二、周三和周五至周日 11:00~18:00, 周四 至21:00; **S**R/W线至Prince St; F线至2nd Ave; J/Z线至Bowery; 6线至Spring St)位于一幢宏伟的建筑中, 居高临下地俯瞰着曾经粗俗、如今却已中产化的下东区(Lower East Side)。一定要去屋顶观景平台, 找个独特的观景角度, 欣赏邻近街区的风光。

行走路上 》沿着相对宽阔的Bowery大街向南走一个街区, 到达Spring St后右转, 经过3个时尚的街区后, 你将到达桑树街。

桑树街

比起地道的意大利街区, 这里给人的感觉更像是一个意大利主题的公园, 尽管如此, 桑树街(Mulberry St)仍然是小意大利(Little Italy)的核心。它拥有一系列地标性的建筑, 例如历史悠久的**桑树街酒吧**(Mulberry Street Bar; ☎212-226-9345; www. mulberrystreetbar.com; 176 Mulberry St; ⏰周日至周四 11:00至次日3:00, 周五和周六 至次日4:00; **S**B/D线至Grand St; J/Z线至Bowery), 这是法兰克·辛纳屈(Frank Sinatra; 美国著名歌手和演员)最喜欢光顾的地方之一。

行走路上 》沿着桑树街穿过宽阔却拥堵的运河街(Canal St), 继续向南直到哥伦布公园。

哥伦布公园

在很受欢迎的哥伦布公园(Columbus Park)里, 你能够看到人们在户外摆着的桥牌桌上玩着麻将和多米诺骨牌, 而太极拳练习者则在树荫下缓慢地摆出各种富有诗意的姿势。此外, 练习柔道的当地人和前来休闲放松的家庭, 也是这里的常见景象。

行走路上 》靠公园南端有条通向Mott St的小巷。沿着Mott St往回走, 穿过规模不断扩大的唐

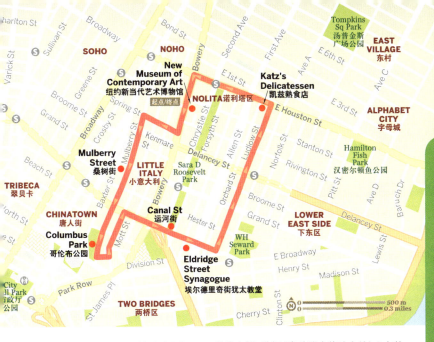

人街，然后右拐入运河街，悠闲地探索这些街区。

运河街

　　沿着唐人街熙攘热闹的主动脉，进入后街小巷搜罗远东的珍宝。在运河街（Canal Street），你将见到叫卖鲜鱼、散发着腥味的海鲜摊位，展示着植物根茎和药剂的中药铺（仿佛来自巫婆的大锅里），将脖子瘦长的整只烤鸭挂在橱窗里的餐馆，以及售卖着山寨设计师产品的街头小贩。

行走路上 » 沿着运河街向东，穿过曼哈顿大桥上下坡道交会处的十字路口。继续走两个街区，之后向右拐入埃尔德里奇街。

埃尔德里奇街犹太教堂

　　埃尔德里奇街犹太教堂（Eldridge Street Synagogue；☎212-219-0302；www.eldridgestreet.org；12 Eldridge St，Canal St和Division St之间；成人/儿童 $14/8，周一免费；⊙周日至周四 10:00~17:00，周五 至15:00；⑤F线至East Broadway）建于1887年，呈现出摩尔风格和罗马风格。如今的教堂是一座博物馆，经过修缮后很漂亮。

教堂内部，约柜（存放犹太律法之处）上的巨大圆形彩色玻璃窗非常醒目。

行走路上 » 沿着Orchard St或Ludlow St（这两条街上都满是时尚的咖啡馆、精品商店和酒吧）向北走到凯兹熟食店。

凯兹熟食店

　　作为下东区旧时犹太餐厅的遗珍，**凯兹熟食店**（Katz's Delicatessen；☎212-254-2246；www.katzsdelicatessen.com；205 E Houston St；三明治 $15~22；⊙周一至周三和周日 8:00~22:45，周四 至次日2:45，周五 8:00至凌晨，周六 24小时；⑤F线至2nd Ave）就是梅格·瑞恩在1989年的电影《当哈利遇上莎莉》中假装高潮的地方。如果你热爱经典的大块五香烟熏牛肉、咸牛肉、胸肉和牛舌三明治，那么这家熟食店将对你产生同样的效果。赶早去或者晚点去，这样能避开拥挤的人群。

行走路上 » 沿着East Houston St向西一直走到Bowery街，左拐后你将回到纽约新当代艺术博物馆。

步行游览华盛顿

起点/终点: 国会图书馆

距离: 3英里

需时: 3小时

华盛顿有的不只是纪念碑、博物馆和纪念堂,但是这些建筑在一定程度上又反过来定义了这一区域。沿着国家广场(National Mall)一路走下去,你将发现美国梦的诸多象征,它们是这个国家的最高理想和追求的外在呈现。

可使用此步行游览的线路:

国会图书馆

为了证明美国与旧大陆(the Old World)一样拥有深厚的文化底蕴,第二任美国总统约翰·亚当斯建立了**国会图书馆**(Library of Congress; ☎202-707-8000; www.loc.gov; 1st St SE; ⊙周一至周六 8:30~16:30; Ⓜ橙线、银线、蓝线至Capitol South),它是当今世界上最大的图书馆,整个建筑的规模和设计都非同凡响,其巴洛克风格的内饰和回旋状花纹的装饰都在主阅览室中有所体现——这个主阅览室看起来就像一个蚁群在不停地啃食着无数册图书。

行走路上 » 过马路,前往位于地下的国会大厦游客中心。

国会游客中心

美国国会大厦(US Capitol),那个主宰国家广场东端的巨型穹顶建筑,是美国最高立法机关——美国国会的所在地。位于地下的**国会大厦游客中心**(Capitol Visitor Center; ☎202-226-8000; www.visitthecapitol.gov; 1st St NE和E Capitol St; ⊙周一至周六 8:30~16:30; Ⓜ橙线、银线、蓝线至Capitol South)介绍了这座标志性建筑的历史和建筑风格。你需要通过这个中心的网站预订国会游览行程。

行走路上 » 沿1st St SE往南走,到达Independence Ave SW,然后右转。你会经过两个国会办公楼区,右边就是美国国家植物园。顺着路牌可以到达Maryland Ave的主入口。

美国国家植物园

作为一个常被忽略的珍宝,**美国国家植物园**(United States Botanic Garden; ☎202-225-8333; www.usbg.gov; 100 Maryland Ave SW; ⊙10:00~17:00; ♿; Ⓜ橙线、银线、蓝线至Federal Center SW)为国内外植物提供了美丽的展示场地,有兰花、蕨类植物和仙人掌。

行走路上 » 沿着Maryland Ave继续行走150余米,美国印第安人国家博物馆就在你的右侧。

美国印第安人国家博物馆

　　美国印第安人国家博物馆（National Museum of the American Indian；☎202-663-1000；www.nmai.si.edu；4th St和Independence Ave SW交叉路口；◷10:00~17:30；🚻；🚌Circulator，Ⓜ橙线、银线、蓝线、绿线和黄线至L'Enfant Plaza）运用原住民团体的声音和他们自我阐释性质的展品，讲述了各个部族的传奇。一层的**Mitsitam Native Foods Cafe**（www.mitsitamcafe.com）是广场上最佳就餐选择之一。

行走路上 » 向西穿过广场，沿Jefferson Ave走，大约600米后，你将到达环形的赫希宏博物馆。

赫希宏博物馆和雕塑花园

　　赫希宏博物馆（Hirshhorn Museum；☎202-633-1000；www.hirshhorn.si.edu；7th St和Independence Ave SW交叉路口；◷10:00~17:30；🚻；🚌Circulator，Ⓜ橙线、银线、蓝线、绿线和黄线至L'Enfant Plaza）拥有史密森学会的现代

艺术收藏品。下沉式的雕塑花园（Sculpture Garden）位于Jefferson Dr对面，在一个对的日子里，这里给人的感觉就像刘易斯·卡罗尔（《爱丽斯漫游奇境》的作者）风格的奇境。

行走路上 » 沿7th Ave向北走，就能到达国家档案馆。

国家档案馆

　　面对**国家档案馆**（National Archives；☎866-272-6272；www.archives.gov/museum；700 Pennsylvania Ave NW；◷10:00~17:30；Ⓜ绿线和黄线至Archives）卷帙浩繁的文献，你很难不肃然起敬。《独立宣言》《美国宪法和人权法案》以及四份《大宪章》副本中的一份，一览这些珍贵的文献，你将清晰地意识到美国一次次与时俱进的实践有多么彻底。

行走路上 » 沿着Pennsylvania Ave向国会大厦前行，再绕过国会大厦就回到了起点。

步行游览
费城

起点/终点: 利顿豪斯广场

距离: 2.8英里

需时: 2.5小时

在声名赫赫的历史名城费城,当代的摩天大楼和时尚的广场比肩而立。这次步行游览将带你同时领略古老与新潮,而这常常意味着:许多几个世纪之前、豪华庄严的空间和场所,在生机勃勃的现代城市中再次焕发出活力。

利顿豪斯广场

优雅的利顿豪斯广场(Rittenhouse Square)与它的浅水池和精美的雕塑一起,共同构成了繁华的中心城区的核心标志。

行走路上 » 从广场的东南角到下一站只有很短的距离。

费城艺术联盟

费城艺术联盟(Philadelphia Art Alliance; ☎216-646-4302; www.philartalliance.org; 251 S 18th St; 成人/儿童 $5/3; ⊙周二至周日 正午至17:00)位于一座镀金时代的大厦内,是广场上少数远离摩天大楼时代的建筑之一,会轮流展出有趣的当代手工艺品。

行走路上 » 往回走穿过广场,然后从西侧出来进入Locust St。左拐进入21st St,然后左拐进入Delancey Pl。

罗森巴赫博物馆和图书馆

罗森巴赫博物馆和图书馆(Rosenbach Museum & Library; ☎215-732-1600; www.rosenbach.org; 2008 Delancey Pl; 成人/儿童 $10/5; ⊙周二和周五 正午至17:00,周三和周四 至20:00,周六和周日 至18:00)是藏书家的梦想之地,这里的藏品包括3万册善本书、威廉·布莱克的画作以及詹姆斯·乔伊斯的《尤利西斯》手稿,此外还复原了一间现代派诗人玛丽安·摩尔在纽约格林尼治村居住时的公寓房间。

行走路上 » 沿着Delancey Pl向东走3个街区,然后左拐进入17th St,再右拐进入Spruce St。

艺术大道

金梅尔表演艺术中心(Kimmel Center for the Performing Arts; ☎215-893-1999; www.kimmelcenter.org; 300 S Broad St)是费城最活跃的古典音乐中心,可以在周二至周六的13:00到此游览。在Broad St(也叫作"艺术大道",Avenue of the Arts)上向北走时,抬头看看,这些摩天大楼早期化身的外立面都

有着鲜明的特征, 比如陶瓦屋顶和精美的金银丝细工, 当夜晚的景观灯亮起来时尤为美轮美奂。

行走路上 » 费城市政厅位于Broad St的正中间, 从它的南门进入, 留意拱顶石上的摩西雕像。

费城市政厅

庄严堂皇的**费城市政厅** (City Hall; 📞215-686-2840; www.phlvisitorcenter.com; Broad St和Market St交叉路口; 塔楼 $6, 团队游和塔楼 $12; ⊙周一至周五 9:00~17:00, 每月选一个周六 11:00~16:00, 团队游 12:30, 塔楼关闭时间 周一至周五 16:15) 高548英尺 (约167米), 在1909年以前一直是世界上有人居住的最高建筑, 1987年以前一直是费城的最高建筑。这里共有250座雕像, 其中包括最顶部的一座高37英尺、重27吨的威廉·潘恩 (费城的缔造者和规划者) 雕像。

行走路上 » 走过东侧的大门, 寻找本杰明·富兰克林拱顶石。塔楼和建筑游览从这里开始。延伸2个街区的Market St并不是很漂亮的景观, 随后在12th St左拐。

雷丁集贸市场

面积庞大、食品种类多元的**雷丁集贸市场** (Reading Terminal Market; 📞215-922-2317; www.readingterminalmarket.org; 51 N 12th St; ⊙周一至周六 8:00~18:00, 周日 9:00~17:00) 位于经过修葺的19世纪后期火车站内, 可以说无所不有: 芝士牛排、阿米什人工艺品、地方特色菜、民族食品、一流的肉店、农产品、奶酪、鲜花、面包店……

行走路上 » 沿着Arch St向西, 直到肯尼迪广场 (JFK Plaza) 和Robert Indiana的LOVE雕塑。午餐时间这里汇集了许多很棒的快餐车。

康卡斯特中心

康卡斯特中心是座摩天大楼, 拥有宽敞、全玻璃幕墙的中庭。后墙上挂着世界最大的4mm LED屏幕, 一天有18个小时播放高清图像。

行走路上 » 沿着17 St南行, 你将经过一座利希滕斯坦雕像和几家酒店。右拐进入Sansom St, 走过1个街区, 经过小而美的精品店, 然后左拐进入18 St或19 St, 返回利顿豪斯广场。

新英格兰

"新英格兰"（New England）这个名字早已远离了它的字面意义。如今，它与一些难忘的景色、气味和声音紧紧相连：点缀着孤独灯塔的崎岖海岸线、露天野餐桌上新鲜的龙虾、宁静乡村道路旁绚丽的秋叶，还有爬满常春藤的老牌大学，象牙塔里血气方刚的济济学子。

本线撷取了新英格兰的精华，引领你穿过这片拥有大量令人心醉神迷美景的地区，领略独一无二的景观。这段里程或许能让你心有所动，拾起画笔，掸去打字机上的灰尘，甚至因此得到博士头衔。不知为什么，这个国家的东北部就是有这么大的魅力。

新罕布什尔州 落叶缤纷的季节，风景优美的车道
SNEHIT / SHUTTERSTOCK ©

新英格兰

Tadoussac 泰道沙克
Rivière-du-Loup
Campbellton 坎贝尔顿

CANADA 加拿大

St Lawrence River 圣劳伦斯河

Québec City 魁北克市

Edmundston 埃德门兹顿
St Leonard

Presque Isle 普雷斯克艾尔

Victoriaville 维多利亚维尔
Drummondville 德拉蒙德维尔

Baxter State Park 巴克斯特州立公园
Chesuncook Lake 奇森库克湖
Mt Katahdin

Fredericto 弗雷德里克

95

Montréal 蒙特利尔
Sherbrooke 舍布鲁克

Millinocket

Moosehead Lake 穆斯黑德湖

Lincoln 林肯
West Grand Lake 西格兰德湖
Calais

6

12
St Albans 圣奥尔本斯
Lake Champlain 尚普兰湖

Flagstaff Lake 弗拉格斯塔夫湖
Mooselookmeguntic Lake 穆斯卢克梅根蒂克湖
Pittsfield 皮茨菲尔德

MAINE 缅因州

Bangor 班戈
9

Lubec

15
Bar Harbor 巴尔港

Burlington 伯灵顿
Lake Placid
Middlebury 米德尔伯里
Adirondack Park 阿第伦达克公园
Lake George 莱克乔治

89

10 Montpelier 蒙特利埃
Breadloaf Wilderness
Littleton 利特尔顿
Berlin 柏林
Mt Washington 华盛顿山
White Mountain National Forest 怀特山国家森林
North Conway 北康韦

Waterville 沃特维尔
Augusta 奥古斯塔
2
95

Belfast
Camden 卡姆登

Acadia National Park 阿卡迪亚国家公园

Rutland 拉特兰
13 Hanover 汉诺威
NEW HAMPSHIRE 新罕布什尔州
Lake Winnipesaukee
Brunswick 不伦瑞克
1
Portland 波特兰

Manchester 曼彻斯特
Bennington 本宁顿
Wilmington 威尔明顿
Brattleboro
Manchester 曼彻斯特
93
Concord 康科德
Maine
Kittery

Albany 奥尔巴尼
10
Pittsfield 皮茨菲尔德
October Mountain 十月山
91
MASSACHUSETTS 马萨诸塞州(麻省)
14
1
Gloucester 格洛斯特
Marblehead 马布尔黑德
Hampton

ATLANTIC OCEAN 大西洋

Springfield 斯普林菲尔德
Woodstock 伍德斯托克
90
Hartford 哈特福德
7
495
84
95
Boston 波士顿
Plymouth 普利茅斯
Provincetown 普罗温斯敦
Cape Cod National Seashore 科德角国家海岸公园
Sandwich 桑威奇
6

NEW YORK 纽约州
Providence 普罗维登斯
RHODE ISLAND 罗得岛州
9
195
Hyannis

CONNECTICUT 康涅狄格州
84
Waterbury 沃特伯里
14
New Bedford 新贝德福德

Nantucket

New Haven 纽黑文
95
New London 新伦敦
11
Newport 纽波特

Stamford 斯坦福德
New York 纽约

NEW JERSEY 新泽西州

0   200
0   100 miles

不要错过

斯特勒维根海岸
这个国家海洋保护区是座头鲸的丰沃食场。观赏它们, 只在线路 **9**。

马球
在朴茨茅斯的格伦农场田庄里享受马球, 只在线路 **11**。

本和杰里工厂之旅
探寻由两个中学伙伴创立、美国最著名的冰激凌品牌的奥妙, 只在线路 **13**。

魔法帽啤酒厂
在佛蒙特最著名的精酿啤酒厂里来一次"艺术工厂"之旅, 品尝你所钟爱的佳酿, 只在线路 **12**。

浩瀚苍穹
仰卧于阿卡迪亚国家公园的星光沙滩上, 神游宇宙, 只在线路 **15**。

马萨诸塞州格洛斯特
由雕刻家莱昂纳德·克拉斯克
完成的雕塑《格洛斯特渔夫》

Classic Trip

经典线路

9

新英格兰海岸

本线沿新英格兰南部海岸延伸。建议留出1周时间,观鲸、逛海洋博物馆、扬帆破浪,浸染一身酣畅的海水味儿。

线路亮点

15 英里

塞勒姆
该城的皮博迪埃塞克斯博物馆
收藏有来自世界各地的奇珍异宝

35 英里

波士顿
距离市区仅数分钟航程的
波士顿港岛无愧于"避世胜境"之称

115 英里

纽波特
音乐、豪宅,还有海事文化

Gloucester
格洛斯特 ●起点

2 Marblehead
马布尔黑德

4

New
Bedford
新贝德福德

6

终点

7

New
Haven
纽黑文

Groton &
New London
格罗顿和新伦敦

米斯蒂克
奇妙的17英亩土地,满满的海洋史,
尽在米斯蒂克海港博物馆

152 英里

6~8天
240英里/
386公里

最适合

何时去

5月至9月,景点开放,天
气晴好。

**最佳
摄影点**

摆个造型,与《格洛斯特
渔夫》雕像合影。

**最佳
两日**

最初的35英里(从第一
站至第四站)展示了新英
格兰海岸的前世与今生。

9 新英格兰海岸

触手可及的贸易航线和友善的当地商人,用一个海盗的眼光来看,在美洲殖民地内再没有比纽波特(Newport)更适合作为老巢的地方了。不过,这些可都是1723年以前的事儿了,就在那一年,新任总督在砾石点(Gravelly Point)大张旗鼓地绞死了26个海盗。这条经典线路凸显了本地区与海洋的深刻联系——从海盗暴发户到上流商人,从格洛斯特渔民到新贝德福德捕鲸者,从快速帆船到潜水艇。

❶ 格洛斯特

格洛斯特(Gloucester)是新英格兰最古老的城镇之一,由英国渔民建立于1623年。这个位于安角(Cape Ann)的港口依靠捕鱼存活了将近400年,它还是拉迪亚德·吉卜林(Rudyard Kipling)的《勇敢的船长》(Captains Courageous)和塞巴斯蒂安·容格(Sebastian Junger)的《完美风暴》(The Perfect Storm)等作品的灵感来源。参观**格洛斯特海洋博物馆**(Maritime Gloucester museum;☎978-281-0470;www.maritimegloucester.org;23 Harbor Loop;成人/儿童 $9/7;⏰5月下旬至10月上旬 10:00~

17:00;♿),看看工作中的码头区景象。博物馆有大量可亲自动手、寓教于乐的项目,包括一个户外水族馆和一个致力于介绍斯特勒维根海岸(Stellwagen Bank)的出色展览,附近的**国家海洋保护区**(National Marine Sanctuary;www.stellwagen.noaa.gov)也是博物馆的一部分。**Capt Bill & Sons Whale Watch**(☎978-283-6995;www.captbillandsons.com;24 Harbor Loop;成人/儿童 $48/32;♿)的观鲸船也从这里出发。

离开格洛斯特之前,别忘了**格洛斯特渔民纪念馆**(Gloucester Fishermen's Memorial),莱昂纳德·克拉斯克(Leonard Craske)的著名雕塑《格洛斯特

渔夫》(The Gloucester Fisherman)就在此处。

🍴 见158页

行驶路上 » 沿着Western Ave(MA 127公路)驶出城区,绕过《格洛斯特渔夫》雕像和公园Stage Fort Park。这条公路沿着海岸线向南延伸,途经时髦的海滨小镇,如海边的曼彻斯

NEW HAMPSHIRE
新罕布什尔州
Lawrence
劳伦斯
Ipswich
Rockport
洛克波特
Essex
埃塞克斯
Winchendon
Lowell
洛厄尔
Wenham
1 Gloucester
起点 格洛斯特
495
93
Gardner
Peabody
皮博迪
Leominster莱姆斯特
14
Salem
塞勒姆
2
3 Marblehead
马布尔黑德
MASSACHUSETTS
马萨诸塞州(麻省)
Revere
里维尔
Massachusetts
Bay
马萨诸塞湾
Waltham
沃尔瑟姆
4 Boston
波士顿
218页
Marlborough
马尔伯勒
Cambridge
剑桥
Worcester
伍斯特
Framingham
弗雷明汉
Quincy
Cohasset
Ware
9
Spencer
90
495
Weymouth
3
Norwood
90
Marshfield
Brockton
布罗克顿
Franklin
Woonsocket
温索克特
Duxbury
Webster
Kingston
金斯顿
Plymouth
普利茅斯
RHODE
ISLAND
罗得岛州
495
84
Taunton
陶顿
Middleboro
Cape
Cod
Bay
科德角湾
Putnam
普特南
Pawtucket
波塔基特
44
Providence
普罗维登斯
24
Sandwich
桑威奇
Wareham
6
195
Swansea
Danielson
6
Bourne
395
West Warwick
西沃威克
Fall River
Marion
Bristol
布里斯托尔
Mattapoisett
CONNECTICUT
康涅狄格州
West
Greenwich
5 New Bedford
新贝德福德
Portsmouth
朴茨茅斯
Tiverton蒂弗顿
Falmouth
Colchester
4
11
Adamsville
Buzzards
Bay
巴泽兹湾
Oak
Bluff
North
Stonington
95
Jamestown
詹姆斯敦
6 Newport 纽波特
Salem
Narragansett
Mystic
米斯蒂克
14
Westerly
Charlestown
8
7
1
Groton &
New London
格罗顿和新伦敦
Stonington
Rhode
Island
Sound
罗得岛海峡
50 km
25 miles

特(Manchester-by-the-Sea)和贝弗利农场(Beverly Farms),能瞥见海湾。约14英里后,穿过埃塞克斯大桥(Essex Bridge),继续向南进入塞勒姆。更快捷的路线是从MA 128 S公路至MA 114公路。

你也可以

11 罗得岛州:东海湾

交会于纽波特,或者沿I-95公州际路北上后转RI 77公路向南,由小康普顿开始旅程。

14 常春藤联盟之旅

从纽黑文开始,反方向进行常春藤联盟之旅。

线路亮点

❷ 塞勒姆

塞勒姆（Salem）的辉煌要追溯到18世纪。由于一名野心勃勃的商人——埃利亚斯·哈斯科特·德比（Elias Hasket Derby）——的努力，那时的它就已经成为与远东进行贸易的快船中心。以这位商人名字命名的德比码头（Derby Wharf）现在是**塞勒姆海事国家历史遗址**（Salem Maritime National Historic Site; 📞978-740-1650; www.nps.gov/sama; 160 Derby St; 🕐5月至10月 每天 9:00~17:00,11月至次年4月 周三至周日 10:00~17:00)的中心，这个遗址内有一座建于1871年的灯塔、一艘"友谊号"（Friendship）高桅横帆船，以及一座州立海关楼。

许多塞勒姆的船只跟随德比的船——Grand Turk号——绕过好望角,很快,船主们创立了东印度海洋协会（East India Marine Society）,用以存储他们的航海日志和航海图。新公司的章程要求建立"一个博物馆,存放会员船只带回来的天然和人工珍奇之物"。而这些收藏品就成了现在世界级的**皮博迪埃塞克斯博物馆**（Peabody Essex Museum; 📞978-745-9500; www.pem.org; 161 Essex St; 成人/儿童 $20/免费; 🕐周二至周日 10:00~17:00; ♿)的基础。时至今日,在博物馆的诸多藏品中,仍有数量惊人的亚洲艺术品。

漫步塞勒姆,你能看到一些难忘的建筑,这些恢宏的房屋曾是出海船长们的宅邸。

🛏 见158页

行驶路上 » 沿着Lafayette St（MA 114公路）向南驶出塞勒姆中心区,途经塞勒姆州立学院（Salem State College）的校园。公路穿过一个水湾后折向东,当进入马布尔黑德中心区时就变成了Pleasant St。

❸ 马布尔黑德

早在1629年就有人定

里维尔海滩

MA 1A公路穿里维尔（Revere）而过,并与里维尔海滩的宽阔沙滩平行。这个建于1896年的海滩可以骄傲地宣称自己是美国第一个公共海滩。风景秀美,但却没有灵魂,这个面对着许多公寓的海滩掩盖了这一地区的历史: 在20世纪的绝大部分时间里,这里都是一座公园,有着吱呀作响的木板路和游乐设施。里维尔海滩因过山车、舞厅和仙境（Wonderland）赛狗比赛而闻名,在往年的夏季总能吸引到成千上万的日光浴者和寻欢作乐的人群。

然而,到了20世纪70年代,这一地区却因为犯罪和污染而衰落了。1978年,一场罕见的暴风雪更是毁掉了许多当时尚存的建筑和商行,"新英格兰的康尼岛"（Coney Island）自此化为了历史。

得益于20世纪80年代的清洁工作,如今海滩本身已恢复整洁可爱,成为一个安全的游泳区。不幸的是,因为这里触目皆是高端的公寓大楼,它的往昔魅力已荡然无存。只有一处"老"里维尔海滩的遗迹留了下来: 世界著名的**Kelly's Roast Beef**（📞781-284-9129; www.kellysroastbeef.com; 410 Revere Beach Blvd, Revere; 三明治$5~22, 主菜 $13~25; 🕐10:00至次日2:30)。该餐厅开业于1951年前后,现在仍然供应着本地最好的烤牛肉三明治和蛤蜊浓汤。没有室内座位,所以就坐在沙地上欣赏风景吧! 小心海鸥,它们对烤牛肉可是着迷得很。

居于马布尔黑德（Marble-head），这个靠海吃饭的村子里有着弯弯曲曲的街道、色彩鲜艳的殖民地风格房屋，以及1000多艘在港口停泊处随波摆动的游艇。这是波士顿地区最好的游艇港口，也是新英格兰最负盛名的游艇港口之一。围绕着港口铺开的马尔黑德中心区里点缀着一些历史房屋、美术馆及水边公园。

行驶路上 » 沿着MA 129公路向南，离开马布尔黑德。继续前行，穿过海边城镇斯旺普斯科特（Swampscott）。在圆形交叉路口处走第一个出口，上MA 1A公路，向南继续行驶，途经林恩（Lynn）和里维尔。取道VFW Pkwy（MA 1A公路）到达Revere Beach Pkwy（MA 16公路）之后进入Northeast Expwy（US 1公路），这条路经托宾大桥（Tobin Bridge）进入波士顿。

线路亮点

❹ 波士顿

波士顿（Boston）的海滨地理位置对它历史的方方面面都产生了影响，但直到最近几年，滨水区才成为吸引游客且便于通行的旅游地。现在，你可以沿着**罗斯·肯尼迪林荫路**（Rose Kennedy Greenway；www.rosekennedygreenway.org；🚹；Ⓣ Aquarium、Haymarket）闲庭信步，大海在一边，城市在另一边。滨水区的焦点是极为出色的**新英格兰水**

在波士顿停车

波士顿中心区的停车费昂贵得令人却步。想便宜一些，可以穿过Fort Point Channel，把车停到海港区（Seaport District）。Northern Ave上的部分停车场（Institute of Contemporary Art附近）收费（相对）合理；你也可以去Necco Street Garage停车库（继续向南，紧邻A St），周末每天费用只需$5，工作日停车过夜费用$10。

族馆（New England Aquarium；www.neaq.org；Central Wharf；成人/儿童 $27/19；⊙周一至周五 9:00~17:00，周六和周日 至18:00，7月和8月 延长1小时；ℙ🚹；Ⓣ Aquarium），这是海豹、企鹅、海龟以及大量鱼类的家园。

你可以在长码头（Long Wharf）乘轮渡去往**波士顿港岛**（Boston Harbor Islands；www.bostonharborislands.org；⊙4月中旬至10月中旬9:00至黄昏；⛴从Long Wharf出发），在那里可以采集浆果、海滨漫步、晒日光浴。港口游轮游和有轨电车游等活动也从这里出发。如果你不想弄湿自己的脚，可以步行游览（见218页）波士顿鲜花盛放的花园和商店林立的街道。

🍴 见158页

行驶路上 » 沿着I-93州际公路向南驶出波士顿。漂亮的塞文山海湾（Savin Hill Cove）和地标图案Rainbow Swash（艺术家Corita Kent于1971年在巨型储油罐上喷绘出彩虹图案的艺术作品）会告诉你多切斯特

（Dorchester）城区到了。走4号出口，转上MA 24 S公路，去往布罗克顿（Brockton），然后沿MA 140 S公路继续行驶。取道I-195 E州际公路，行驶2英里后离开，进入MA 18公路即可到达新贝德福德。

❺ 新贝德福德

新贝德福德（New Bedford）在它为捕鲸港口的全盛时期（1765~1860年）拥有大约400艘捕鲸船——这个庞大的船队能够收获成千上万桶用以照明的鲸油。小说家赫尔曼·梅尔维尔（Herman Melville）曾在其中一艘船上干了4年，后来根据这段经历，在新贝德福德创作了他的著名小说《白鲸》（Moby-Dick）。

极为出色的可实践性博物馆**新贝德福德捕鲸博物馆**（New Bedford Whaling Museum；☎508-997-0046；www.whalingmuseum.org；18 Johnny Cake Hill；成人/儿童 $17/7；⊙4月至12月 9:00~17:00，1月至3月 周二至周六9:00~16:00，周日 11:00~

Classic Trip
经典线路

为何经典
玛拉·沃西斯
本书作者

没有什么能够比沿着古老的海岸公路驾车更能够体味新英格兰的咸湿空气了。MA 127公路蜿蜒地穿过这个州一些最美丽的海滨城镇，使你能够一览海边优雅的别墅和大厦。还有更妙的呢，我喜欢把车窗玻璃放下来，沿着MA 1A公路巡游，感受海风的吹拂，聆听海鸥的鸣叫，追忆里维尔海滩的辉煌岁月。

上图：波士顿的新英格兰水族馆
左图：新贝德福德捕鲸博物馆
右图：听涛山庄

Classic Trip
经典线路

16:00)纪念了这段历史。一个66英尺长的蓝鲸骨架在入口处欢迎着你。进入里边，你可以在Lagoda号的甲板上走一走，这是一艘捕鲸船的复制品，帆舵完备，只有实物的一半大。

行驶路上 » 沿I-195 W州际公路行驶约10英里，在福尔里弗（Fall River）向南进入MA 24公路，这条公路在进入罗得岛州后改名为RI 24公路。行驶在桥上，北有芒格霍普湾（Mt Hope Bay），南有萨康尼特河（Sakonnet River），风光无限。随后汇入RI 114公路，向南驶入纽波特。

线路亮点
❻ 纽波特

由于拥有得天独厚的深水港，纽波特（Newport）自1646年以来就一直是一个造船基地。鲍恩码头（Bowen's Wharf）和班尼斯特码头（Bannister's Wharf）一度也曾是工作码头，如今却早已完成了由繁忙海边工作地到度假城镇的转变，一如纽波特这座城市。参加**Classic Cruises of Newport**（☏401-847-0298；www.cruisenewport.com；24 Bannister's Wharf；成人/儿童 $25/20起；⏱5月

至10月）的导览游，坐坐禁酒时期的私酒贩运船Rum Runner II号，或是72英尺长的纵帆船Madeleine号。

尽管海盗出没的时代已经过去，但纽波特的港口仍然是美国最活跃的游艇中心之一，停泊在海边的船只也成为一道亮丽的风景线。这座城市有两座恢宏的宅邸：**听涛山庄**（Breakers；☏401-847-1000；www.newportmansions.org；44 Ochre Point Ave；成人/儿童 $24/8；⏱4月至10月中旬 9:00~17:00,10月中旬至次年3月 开放时间有变化；Ⓟ）和**玫瑰悬崖**（Rosecliff；☏401-847-1000；www.newportmansions.org；548 Bellevue Ave；成人/儿童 $17.50/8；⏱4月至10月中旬 9:00~16:00,10月中旬至次年3月 开放时间有变化；Ⓟ），至少要选上一座参观一番。然后去造访**亚当斯堡**（Fort Adams；☏401-841-0707；www.fortadams.org；90 Fort Adams Dr；团队游 成人/儿童 $12/6；⏱5月下旬至10月 10:00~16:00,11月和12月 开放时间缩短），这是美国最大的海滨堡垒之一。

夏天，亚当斯堡会有两场盛事，分别是**纽波特爵士音乐节**（Newport Jazz Festival；www.newportjazz.org；Fort Adams State Park；门票 $65~89,3日票 $170；⏱7月/8月）和**纽波特民间艺术节**（Newport Folk Festival；www.newportfolk.org；Fort Adams State Park；1/3日票 $85/199,停

车 每天 $15；⏱7月下旬）。

🍴🛏 见158、179页

行驶路上 » 沿着RI 138公路向西驶出纽波特，过纽波特大桥（Newport Bridge）登上Conanicut Island岛，然后驶过詹姆斯敦大桥（Jamestown Bridge）进入US 1公路，驶向米斯蒂克（Mystic）。从两座桥上看到的海湾景色是行程亮点。

线路亮点
❼ 米斯蒂克

许多米斯蒂克（Mystic）的快速帆船都出自乔治·格林曼造船厂（George Greenman & Co Shipyard），也就是现在的**米斯蒂克海港博物馆**（Mystic Seaport Museum；☏860-572-0711；www.mysticseaport.org；75 Greenmanville Ave；成人/儿童 $29/19；⏱4月至10月 9:00~17:00,11月至次年3月 周四至周日 10:00~16:00；Ⓟ♿）。如今，博物馆占地17公顷，涵盖60多座历史建筑，拥有4艘高桅横帆船和近500艘小船。所有讲解员都很乐意谈谈馆内收藏的工艺品和过往的交易史。大多数说明都围绕诸如船只救援、采牡蛎和捕鲸船出发等话题展开。此外，博物馆的展品里还有一艘长77英尺的"阿姆斯达号"（Amistad）奴隶船的复制品。

如果大海的召唤对你有吸引力，那么就坐上

Argia(☎860-536-0416; www. argiamystic.com; 12 Steamboat Wharf; 成人/儿童 $50/40)出航吧，这是一艘19世纪纵帆船的复制品，会顺着米斯蒂克河(Mystic River)而下，前往渔人岛海峡(Fishers' Island Sound)。

🛏 见158页

行驶路上 » 从米斯蒂克出发，沿着US 1 S公路前往格罗顿的7英里路程，途经有很多建筑物的郊区和轻工业地区。过泰晤士河(Thames River)前往新伦敦(New London)，沿North St向北行驶，进入I-95 S州际公路。

- - - - - - - - - -

❽ 格罗顿和新伦敦

　　格罗顿(Groton)是美国海军潜艇基地(US Naval Submarine Base)的驻地，这是美国第一个也是最大的一个潜艇基地。它不对公众开放，但是你可以参观**历史名船"鹦鹉螺号"和潜艇部队历史博物馆**(Historic Ship Nautilus & Submarine Force Museum; ☎800-343-0079; www.ussnautilus.org; 1 Crystal Lake Rd; ⏱5月至10月 周三至周日 9:00~17:00, 11月至次年4月至16:00; 🅿)。世界上第一艘核潜艇，并且也是第一艘穿

越北极的核潜艇"鹦鹉螺号"(Nautilus)就停驻在这里。

　　河对岸的新伦敦(New London)拥有同样光辉的航海史，不过如今的它已经为自己赢得了新兴创意中心的名声。每年夏天，这里都会举办为期3天的**帆船节**(Sailfest; www.sailfest. org; ⏱7月)，届时所有娱乐免费，最精彩的部分则是美国东北部第二大规模的烟火表演。另外还有**夏季系列音乐会**(Summer Concert Series)，由**Hygienic Art**(☎860-443-8001; www. hygienic.org; 79 Bank St; ⏱周二至周五 14:00~19:00, 周六 11:00~19:00, 周日 正午至16:00)组织。

🍴 见159页

行驶路上 » 从格罗顿或者新伦敦沿I-95 S州际公路去往纽黑文，需行驶52英里。最初会经过几处郊区，随后会穿过几个古老的海滨城镇，譬如Old Lyme、Old Saybrook以及Guilford。

- - - - - - - - - -

❾ 纽黑文

　　虽然纽黑文(New Haven)最有名的是常春藤联盟中的耶鲁大学(Yale University)，但这座城市也曾在轰轰烈烈的废奴运

动初期扮演了重要角色：1839年，纽黑文的州地方法院审判了反抗奴役的门迪(Mendi)部落成员。

　　当时，在被西班牙奴隶贩子非法抓捕后，这些部落成员在Joseph Cinqué的率领下，夺取了"阿姆斯达号"纵帆船，并驶往纽黑文寻求避难。在等待有利的判决结果期间，这些人被拘禁于草地上的一所监狱中，现在那里矗立着一座14英尺高的青铜纪念碑。这是这个国家审理的第一起公民权利案件。

　　搭乘海岸线有轨电车(Shore Line Trolley; ☎203-467-6927; www.shorelinetrolley.org; 17 River St, East Haven; 成人/儿童 $10/7; ⏱7月和8月 每日10:30~16:30, 5月、6月、9月和10月 周六和周日; ♿)在纽黑文海岸上进行一次别具一格的环行。它是美国最古老的在营郊区有轨电车，会把你从东黑文(East Haven)送到布兰福德(Branford)的Short Beach海滩。纽黑文市中心的街道云集了大量艺术品和建筑。

🍴🛏 见159、207页

经典线路

食宿

新英格兰海岸

格洛斯特 ❶

🍴 Two Sisters
Coffee Shop　　　　美式小馆 $

（☎978-281-3378; www.facebook.com/
TwoSistersCoffeeShop; 27 Washington St; 主
菜 $5~8; ⊘周一至周五 6:30至正午, 周六和周
日 至13:00; 🍴）渔民们在捕鱼归来之时喜
欢到这家本地小馆吃早餐。他们是早起者，
因此你可能需要耐心等座。咸牛肉饼、吐司
煎蛋和薄煎饼都好评如潮，但服务有点粗
线条。

塞勒姆 ❷

🛏 The Daniels House　　民宿 $$

（☎978-744-5709; thedanielshouse.com;
1 Daniels St; 房间 $165~185; Ⓟ🛜）这肯定是
塞勒姆最古老的住宿之选，有些部分的历
史可以追溯到1667年。公共区域有两个大
壁炉，客房摆设具有时代感的古董。在这
样一座古怪的城镇里有这样一处古老的宅
邸，倒也显得合乎情理: 有传言说有只幽灵
猫会在古老的大堂里漫步，甚至还会跳到
住客的床上。

波士顿 ❹

🍴 Barking Crab　　　　海鲜 $$

（☎617-426-2722; barkingcrab.com; 88
Sleeper St; 三明治 $12~18, 主菜 $18~32; ⊘周
日至周三 11:30~22:00, 周四至周六 至23:00;
🚌SL1、SL2, Ⓣ South Station）店里有大桶的
螃蟹、滴着柠檬汁和黄油的清蒸食物（清
蒸蛤蜊）、堆满油炸美味的纸盘子、一罐罐
的冰镇啤酒……你可以在远望水面的公共
野餐桌上大快朵颐。虽然服务有点散漫、噪
声有点大，但是气氛相当欢畅。

纽波特 ❻

🍴 White Horse Tavern　　美国菜 $$$

（☎401-849-3600; whitehorsenewport.
com; 26 Marlborough St; 午餐主菜 $12~29, 晚
餐 $24~42; ⊘周日至周四 11:00~21:00, 周五
和周六 至22:00）如果你想在一家由17世纪
的海盗所开的酒馆（一度是殖民时期罗得
岛议会每年开会的地方）用餐，那么，这幢
有着斜折线形屋顶、古老且漂亮的房子值
得一去。晚餐（男士应该穿外套）菜单上可
能有烤法国蜗牛、松露烤大西洋大比目鱼
或者威灵顿（Wellington）牛柳。只是服务
有点混乱。

米斯蒂克 ❼

🛏 Whaler's Inn　　　　旅馆 $$

（☎860-536-1506; www.whalersinn
mystic.com; 20 E Main St; 大床房 $159~299;
Ⓟ@🛜）这家酒店将一幢建于1865年的维
多利亚风格宅邸与建于同一时期、经过修
葺的奢华酒店（原来的地标Hoxie House在
20世纪70年代被大火焚毁），以及被称为

Stonington House的现代化汽车旅馆整合起来。提供季节优惠套餐，包含晚餐及景点费用。房价包括欧式早餐、小健身房及自行车的费用。

格罗顿和新伦敦

✕ Captain Scott's
Lobster Dock
海鲜 $$

(☎860-439-1741; www.captscotts.com; 80 Hamilton St; 主菜 $7~21; ☺5月至10月 11:00~21:00; ♿)海岸警卫队对这片大海略知一二，在夏天，如果你不跟随其他人一同来这家店享用海鲜，那可真算是"玩忽职守"。就餐环境仅是水边的野餐桌，但你可以大吃味美多汁的龙虾卷，配着清蒸食物、油炸的带壳蛤蜊、扇贝或者龙虾。

纽黑文

✕ Caseus
Fromagerie Bistro
法式小馆 $$

(☎203-624-3373; caseusnewhaven. com; 93 Whitney Ave; 主菜 $12~30; ☺周一至周六 11:30~14:30, 外加周三至周六 17:30~21:00; ☑)拥有一个堆满当地品牌的精品奶酪柜台，还有一份主打"了不起的奶酪"（Le Grand Fromage）的概念菜单，Caseus赢在了美味奶酪总动员上。毕竟，一份精心烹制的奶酪焗马卡罗尼通心粉（Mac 'n' Cheese），或者一份超级美味的肉汁乳酪薯条（炸薯条、奶酪凝乳和酱汁），又有谁能不喜欢呢？这里还设有欧式风格的人行道座位。

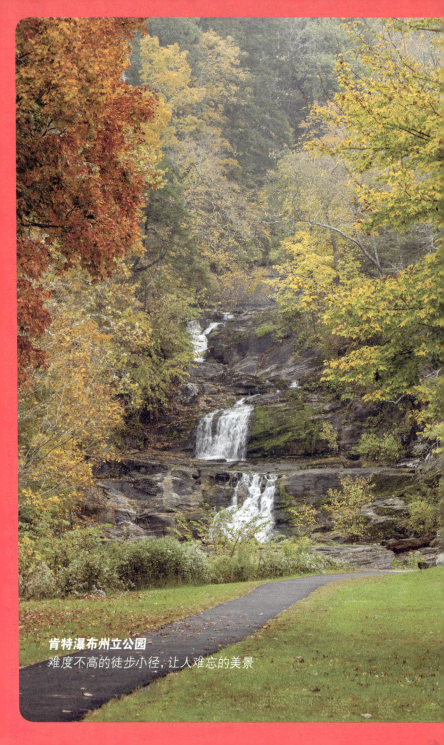

肯特瀑布州立公园
难度不高的徒步小径，让人难忘的美景

经典线路

秋叶节之旅

10

到新英格兰寻觅绚烂秋色之旅已经变得如此火爆，以至于都产生了被称为"赏秋游客"（leaf-peepers）的亚文化群体。就让自己沉醉于丰饶的秋韵之中吧。

线路亮点

212 英里

尚普兰湖
安坐43英尺的帆船中，荡舟湖上，饱览最美的景致

327 英里

布雷顿森林
乘着1000英尺长的滑索，飞跃金色林冠

Mt Greylock State Reservation
葛雷劳克山州立保护区

Housatonic Meadows State Park
胡萨托尼克草地州立公园

Lake CandleWood
坎德尔伍德湖

8
North Conway
北康韦

Manchester
曼彻斯特

47 英里

伯克希尔
在伯克希尔的美食店里打包一份野餐美味

10 英里

肯特
秋叶为胡萨托尼克河镶上了一道火红的金边

5~7天
424英里/
682公里

最适合

何时去

9月中旬至10月下旬，体验丰收，观赏秋叶。

 **最佳
摄影点**

秋色衬托下的肯特瀑布。

 **最佳
户外活动**

飞索腾跃于布雷顿森林的树冠之间。

Classic Trip
经典线路

10 秋叶节之旅

新英格兰璀璨绚丽的秋色已经成为一种传奇。红枫、糖枫、白蜡木、桦树、山毛榉、山茱萸、郁金香木、橡树和黄樟，都为秋色的狂欢盛宴增光添彩。但这段旅程不仅止于动物和植物：丰收的神韵在于举家出游逛应季市集，悠闲地沿斑驳的小径漫步，当然，还有那被鲜美丰硕的当季物产压得不停"呻吟"的桌子。

❶ 坎德尔伍德湖

水域面积达8.4平方英里的坎德尔伍德湖（Lake Candlewood）是康涅狄格州（Connecticut）最大的湖泊。在湖的西岸，**丝昆兹池州立公园**（Squantz Pond State Park；☎203-312-5023；www.ct.gov/deep/squantzpond；178 Shortwoods Rd, New Fairfield；工作日/周末 $15/22；🕒8:00至日落；🅿️🐾）颇受在美丽湖岸上漫步的赏秋游客的青睐。在布鲁克菲尔德（Brookfield）和谢尔曼（Sherman），诸多生长着大片虬节藤干的葡萄园静卧在山坡上。旅行者可以参观氛围亲密的**怀特西洛农场葡萄酒庄**（White

Silo Farm；☎860-355-0271；www.whitesilowinery.com；32 CT 37, Sherman；品酒 $8；🕒4月至12月 周五至周日 11:00～18:00；🅿️🐾），其卖点是用农场自种的葡萄酿制的特色葡萄酒。

想要观赏到终极的秋叶鸟瞰景观，可考虑参加**GONE Ballooning**（☎203-262-6625；www.flygoneballooning.com；88 Sylvan Crest Dr, Southbury；成人/13岁以下 $250/125；🐾）组织的黄昏热气球观光游，出发地在绍斯伯里（Southbury）附近。

🍴 见170页

行驶路上 » 从湖南端的丹伯里（Danbury）出发，你有两个选择：其一是经由US 7公路向北行驶28英里，取道布鲁克菲尔

162

德和新米尔福德（New Milford；
或沿Candlewood Lake Rd S行
驶于风景优美的东岸）；其二是
沿CT 37和CT 39公路向北行驶
26英里，经新费尔菲尔德（New
Fairfield）、丝昆兹池（Squantz）
和谢尔曼，然后再次进入US 7公
路，到达肯特。

线路亮点

❷ 肯特

　　肯特（Kent）先前曾
因为秋叶盛景而被评为全
新英格兰地区（是的，甚至
击败了佛蒙特）最佳景观
地。它坐落于胡萨托尼克河
（Housatonic River）河畔
风景秀美的利奇费尔德山
（Litchfield Hills）上，四周
环绕着浓密的树林。要想
观赏它们的全貌，需徒步登
上位于**马其顿布鲁克州立
公园**（Macedonia Brook State

你也可以

❾ 新英格兰海岸

　　从北康韦出发，沿着
NH 16公路向南进入I-95州
际公路，然后沿MA 128公路
向东到达格洛斯特。

⓮ 常春藤联盟之旅

　　沿着NH 16公路和
I-93州际公路向西北行驶，
进入佛蒙特。然后沿着I-91
州际公路一路向南，到达新
罕布什尔州的汉诺威。

Park; ☎860-927-3238; www.ct.gov/deep/macedoniabrook; 159 Macedonia Brook Rd; ⏱4月中旬至9月; P❀）内的科布尔山（Cobble Mountain），该公园是城北2英里外的一片繁茂绿洲。沿着陡峭的山岭向上攀爬，沿途能饱览塔克尼克（Taconic）和卡茨基尔（Catskill）山脉映衬下的秋叶全景图。

从乔治亚至缅因州、绵延2175英里的**阿巴拉契亚山脉国家风景小径**（Appalachian National Scenic Trail; www.appalachiantrail.com），也穿过肯特直达马萨诸塞州（Massachusetts）边境上的索尔兹伯里（Salisbury）。与小径上的大部分路段不同，位于肯特境内的5英里路段非常平坦，与胡萨托尼克河相伴而行，是风景小径全程中最长的一段河滨路。小径起点可以由River Rd到达，紧邻CT 341公路。

行驶路上 » 从肯特出发沿着US 7公路去往胡萨托尼克草地州立公园的15英里路程是康涅狄格州最美的景观公路之一。这条双车道公路在茂密的树林之间起伏盘旋，经过瀑布轰鸣的肯特瀑布州立公园（从公路上能够看到），穿过西康沃尔

（West Cornwall）如画般横跨在胡萨托尼克河上的廊桥。

❸ 胡萨托尼克草地州立公园

在春季冰雪消融之时，胡萨托尼克河湍急的水流向皮划艇和独木舟运动爱好者发出挑战。到夏季时，风景如画的河道变得平缓而开阔，特别适合用假蝇钓鱼。在**胡萨托尼克草地州立公园**（Housatonic Meadows State Park; ☎860-927-3238; www.ct.gov/deep/housatonic meadows; 90 CT 7 North, Sharon; ⏱8:00至日落）内，露营者争抢着河两岸的露营点，徒步者则沿着阿巴拉契亚小径登山。**Housatonic River Outfitters**（☎860-672-1010; www.dryflies.com; 24 Kent Rd, Cornwall Bridge; ⏱周日至周四 8:00~17:00，周五和周六 至18:00）经营钓鱼导览游，还提供美味的野餐。

 当地知识
肯特瀑布

想观赏秋叶，肯特是不错的基地，漂亮的市中心有很多观看落叶的地方，并且环境舒适。秋季最好的徒步小径是在Caleb's Peak与阿巴拉契亚小径相交的这一段，其景色无与伦比。如果对徒步兴趣不大，那么欣赏到绝佳美景的最简单方法就是出城，沿US 7公路往南行驶5英里，到达**肯特瀑布州立公园**（Kent Falls State Park），公园就在右手边，不可能错过。缓缓泻下的瀑布就在你眼前，公园里有很多通往森林的小径，走起来很容易。

深受画家和摄影家喜爱且上镜率最高的瀑布景观之一是**康沃尔桥**（Cornwall Bridge; West Cornwall），这是一座古色古香、横跨于宽阔河流之上的廊桥，被生动而斑斓的枝叶包围着。

在劳动节（Labor Day; 9月的第1个星期一）的周末，可以到附近的歌珊（Goshen）城逛逛**歌珊博览会**（Goshen Fair; ☎860-491-3655; www.goshenfair.org; Goshen; ⏱9月上旬），这是康涅狄格州最出色的老式市集之一，有拽牛比赛（Ox-pulling）和锯木头竞赛。

行驶路上 » 沿着US 7公路继续向北，朝27英里之外的马萨诸塞州边境和大巴灵顿（Great Barrington）进发。几英里之后，你将把公园里绿树成荫的山坡甩在身后，进入一片广阔起伏的乡间，四下里散落着红白相间的巨大谷仓。留心那些为农产品打广告的手绘告示牌，

考虑一下是否要在瀑布村(Falls Village)过一夜,因为这里有一家绝好的民宿(见170页)。

线路亮点

④ 伯克希尔

在马萨诸塞州的最西部,伯克希尔浑圆的群山早在9月中旬就已经披上了猩红和金黄色的盛装。伯克希尔(Berkshire)的中心城镇是让人印象深刻的**大巴灵顿**(Great Barrington),这里原本是一座工业城镇,如今街道两旁林立着画廊和高档餐馆。在去附近的**贝尔城州立森林**(Beartown State Forest; ☑413-528-0904; www.mass.gov/dcr; 69 Blue Hill Rd, Monterey; 停车$15)徒步之前或之后,在这里准备野餐食物或歇歇脚,是最好不过的了。**徒步小径**分布在方圆约12,000英亩的土地上,这里有绿树葱茏的山坡和美丽的本尼迪克特池塘(Benedict Pond),景观非凡。

继续向北,**十月山州立森林公园**(October Mountain State Forest; ☑413-243-1778; www.mass.gov/dcr; 317 Woodland Rd; ◎日出至日落)是这个州最大的一片绿化带(16,127英亩),也交织着无数条徒步小径。它的名字据说是由赫尔曼·麦尔维尔(Herman Melville;《白鲸》的作者)命名的,同时也很好地说明了这个公园的

当地知识

伯克希尔北部瀑布秋叶节大游行

如果时间正好合适,可以在北亚当斯(North Adams)停下来参加**伯克希尔北部瀑布秋叶节大游行**(Northern Berkshire Fall Foliage Parade; www.1berkshire.com),时间是9月下旬或10月上旬。该游行已经有超过60年的历史,尽管活动的主题一直在变化,但总离不开音乐、美食和娱乐——当然,更少不了秋叶。

最佳游览时间,那时,它将披上由铁杉、桦树和橡树编织出的五彩盛装。

> 见170页

行驶路上 » 沿着伯克希尔山脊上的US 7公路向北行驶11英里,途经大巴灵顿和斯托布里奇(Stockbridge)。这条公路在李尔(Lee)境内与风景优美的US 20公路会合,可以从这里前往十月山。继续向北行驶16英里,经过雷诺克斯(Lenox)和皮茨菲尔德(Pittsfield)到达兰斯伯瑞(Lanesborough)。右拐进入N Main St,之后跟着路标走即可到达葛雷劳克山州立保护区入口。

⑤ 葛雷劳克山州立保护区

马萨诸塞州海拔3489英尺(约1064米)的最高峰——葛雷劳克山(Mt Greylock)或许算不上高不可及,但爬上92英尺高的**退伍军人纪念塔**(War Veterans Memorial Tower)能使你饱览绵延达100英里

的青葱全景,其中有塔克尼克山脉、胡萨托尼克山脉、卡茨基尔山脉,超过5个州的地界。即便山脚的天气看上去还有些沉闷,一路驶上山顶你便会凌驾于灰色的空气之上,而在林木线和天空之间飘浮着的一层云雾,也是奇妙无比。

葛雷劳克山州立保护区(Mt Greylock State Reservation; ☑413-499-4262; www.mass.gov/dcr; 30 Rockwell Rd,Lanesborough; ◎6月至10月上旬 9:00~16:30,其余时间开放时间缩短)拥有大约45英里的**徒步小径**,其中包括阿巴拉契亚小径的一部分。上山途中不时有小路岔出,其中一些通向瀑布,因此,在到达葛雷劳克山顶峰之前,很容易就可以来一程短短的徒步漫游。

> 见170页

行驶路上 » 返回US 7公路,继续向北穿过典型的大学城——威廉斯敦(Williamstown)。穿过佛蒙特边界继续向北,经

Classic Trip

经典线路

为何经典

本尼迪克特·沃克
本书作者

　　大自然母亲的秋季调色盘真是神奇。如果她如约而至，而你也正好赶到，那么这趟经典的赏叶之旅能让你领略到黄色、金色、橘色、深红色和红色交织而成的绚烂美景。这条线路时间充裕，深入北部，让你见识到真正的多彩多姿。顺便乘船游览湖泊，乘高空滑索掠过森林树冠，我们已为你安排好了一切！

上图：尚普兰湖
左图：北康韦
右图：华盛顿山登山铁路

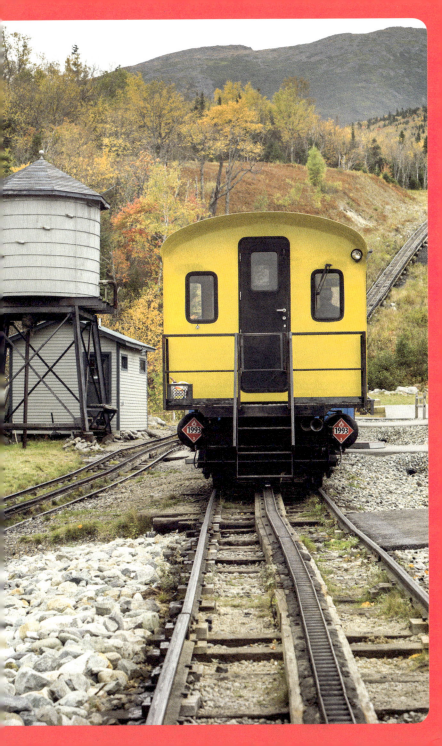

过历史村庄本宁顿（Bennington）。就在本宁顿的北面左拐，进入VT 7A公路，继续向北到达曼彻斯特。全程共51英里。

❻ 曼彻斯特

时髦的曼彻斯特（Manchester）以壮观的新英格兰建筑而闻名。要想观赏秋叶，需向南出中心区，取道**艾克诺山天际线公路**（Mt Equinox Skyline Drive；☎802-362-1114；www.equinoxmountain.com；VT 7A, Manchester和Arlington之间；车辆和司机 $15，每增加一名乘客 $5，13岁以下 免费；☉5月下旬至10月 9:00~16:00）去往3828英尺（约1167米）高的艾克诺山山顶，这是塔克尼克山脉中汽车所能到达的最高山峰。盘旋而上5.2英里——每次峰回路转都有令人瞠目的景致扑面而来——恰似到了世界之巅。在这里，360度的全景图于你眼前展开：阿第伦达克（Adirondacks）山脉、树木葱茏的巴腾基尔河谷（Battenkill Valley）以及蒙特利尔（Montréal）的皇家山（Mt Royal），一览无余。

如果赶上早雪而上不了艾克诺山，那么就去参观占地412英亩的**Hildene**（☎802-362-1788；www.hildene.org；1005 Hildene Rd/VT 7A；成人/儿童 $20/5，导览团队游成人/儿童 $7.50/2；☉9:30~16:30）吧，这是一座乔治亚复兴风格的庄园，一度是林肯一家的居所。庄园坐落于绿山（Green Mountains）的边缘，里面有许多林肯总统的纪念物品。一条8英里的林间**步行小径**通至庄园。

📖 见170页

行驶路上 » 取道VT 7向北沿着绿山西坡驶往位于尚普兰湖畔的伯灵顿，途经拉特兰（Rutland）和米德尔伯里（Middlebury），总长100英里。

线路亮点

❼ 尚普兰湖

尚普兰湖（Lake Champlain）的水域面积为490平方英里（约1269平方公里），横跨纽约州、佛蒙特州和魁北克（加拿大）三地，是美国仅次于五大湖的最大淡水湖。**伯灵顿**（Burlington）在湖的东面，是享受湖光水色的绝佳地点。在徒步游览中探索它的盛景，然后快步行至木制步道，坐在4人摇椅上轻轻摇晃，还可考虑沿着7.5英里长的湖边自行车道来一次骑行游览。

要观赏最美妙的湖滨秋叶景观，我们的选择是**Whistling Man Schooner Company**（☎802-825-7245；www.whistlingman.com；Burlington Community Boathouse, 1 College St，在尚普兰湖，2小时游船游成人/儿童 $50/35；☉5月下旬至10月上旬 每天3~4趟）运营的"友谊号"（Friend Ship）小帆船，这是一艘仅能容纳17名乘客的单桅帆船，长43英尺。前往隔壁的**尚普兰湖回声莱希中心**（Echo Leahy Center for Lake Champlain；☎802-864-1848；www.echovermont.org；1 College St；成人/儿童 $16.50/13.50；☉10:00~17:00；♿）探索尚普兰湖的历史和生态系统，馆内有一张著名的照片，照的是尚普兰湖中的"湖怪"：神秘海洋生物尚普（Champ）。

🍴 见170页

行驶路上 » 取道I-89 S州际公路去往蒙彼利埃（Montpelier），沿途欣赏佛蒙特标志性的壮观景观曼斯菲尔德山（Mt Mansfield）和骆驼峰（Camel's Hump）。然后继续顺着US 2公路向东北去往圣约翰斯伯里（St Johnsbury），在那里，走I-93 S州际公路经过新罕布尔线到利特尔顿（Littleton）。走东向的US 302出口，继续驶往克劳福德峡谷州立公园（Crawford Notch State Park）和布雷顿森林。全程115英里。

线路亮点

❽ 布雷顿森林

是时候解开安全带走下汽车了。今天，你不仅要观赏树叶，还要乘坐高空滑索掠过它们，并以每小时30英里的速度下降1000英尺。四季开放的**布雷顿森林树冠之旅**（Bretton Woods Canopy Tour；☎603-278-4947；www.brettonwoods.com；US 302；每人 $89~110；⊙团队游 全年 一天2次，高峰时期次数增加）包括徒步穿越树林、漫步高空桥梁以及乘坐嗖嗖滑向树身平台的10段飞索之一。

如果这促使你渴望更高的景观，那就穿过US 302公路，沿着Base Rd驾驶6英里，去**华盛顿山登山铁路**（Mount Washington Cog Railway；☎603-278-5404；www.thecog.com；3168 Base Station Rd；成人/儿童 $69~75/39；⊙6月至10月 每天，4月下旬、5月和11月 周六和周日）坐坐烧煤的蒸汽火车，它位于新英格兰最高峰——华盛顿山——的西麓。自1869年以来，这条历史悠久的铁路就一直承担着把观光客送往6288英尺（约1917米）高的顶峰的使命。

行驶路上 » 穿过克劳福德峡谷，沿着US 302公路继续向东南方行驶20英里，道路与萨柯河（Saco River）及康韦观光铁路平行，穿过怀特山（White

另辟蹊径
坎卡马哥斯风景道

起点： ❾ 北康韦

这条长34.5英里、也被称为NH 112公路的坎卡马哥斯风景道位于北康韦以南，一路行经康韦和怀特山（White Mountains），到达新罕布什尔州的林肯（Lincoln）。你可以沿着萨柯河行驶，欣赏从坎卡马哥斯山口（Kancamagus Pass）开始的总统山脉（Presidential Range）的开阔美景。公路两边有迷人的小径起点和岔路口。从公路最西端的林肯开始，沿着I-93州际公路向北不远便是**弗兰科尼亚山峡州立公园**（Franconia Notch State Park；☎603-745-8391；www.nhstateparks.org；I-93, exit 34A；⊙5月上旬至10月下旬 8:30~17:00），那里的秋叶在9月和10月特别瑰丽迷人。

Mountains），风光壮丽。在NH 16公路和US 302公路的交叉口处继续沿US 302公路行驶5英里，进入北康韦。

❾ 北康韦

许多北康韦（North Conway）最好的餐馆、小酒馆和旅馆都视野广阔，能够欣赏到附近的山色，这也让它成为秋叶节之旅的理想终点。如果你带着小孩子一起旅行，或者错过了乘坐登山铁路登上华盛顿山，那么可以考虑乘坐在**康韦观光铁路**（Conway Scenic Railroad；☎603-356-5251；

www.conwayscenic.com；38 Norcross Circle；峡谷列车车厢/一等座/带瞭望圆顶的客车 $64/78/90；⊙6月中旬至10月；🚻）上运行的古老的蒸汽山谷列车（Valley Train）。这是一次路途虽短但却别有趣味的往返游，从北康韦开始，经过华盛顿山谷（Mt Washington Valley）到达南面11英里处的康韦。壕沟山脉（Moat Mountains）和萨柯河一路都会远远地陪伴着你。一等座位于一节改造过的普式（Pullman）卧铺观光车厢里。

🛏 见171页

食宿

坎德尔伍德湖 ❶

✕ American Pie 　　　　　　　面包房 $$

（☎860-350-0662; www.americanpiecompany.com; 29 Sherman Rd/CT 37, Sherman; 主菜 $10~22; ⏱周二至周日 7:00~21:00, 周一至15:00）一家颇受当地人喜爱的面包房，供应多达20种的自制派，包括南瓜和蓝莓脆顶派，另外还有汉堡、牛排和沙拉。

瀑布村

🛏 Falls Village Inn 　　　　　旅馆 $$$

（☎860-824-0033; www.thefallsvillageinn.com; 33 Railroad St, Falls Village; 双/套 $239/299; ℗🛜）作为康涅狄格州最小村落之一的心脏和灵魂之所在，这家旅馆最初是为胡萨托尼克铁路（Housatonic Railroad）服务的。现在的6个房间是室内设计师Bunny Williams的作品，而酒吧则是Lime Rock赛车手的聚会之地。

伯克希尔（大巴灵顿）❹

✕ Allium 　　　　　　　　新派美国菜 $$

（☎413-528-2118; www.alliumberkshires.com; 42 Railroad St; 小盘 $9~16, 主菜 $16~28; ⏱17:00~21:30）Allium加入了慢食运动，菜单上的菜式都是应季的，采用新鲜的有机食材、奶酪和肉类。你可以在休息区

享用鸡尾酒和小盘美食，有扇窗户朝向街道；也可以在餐厅吃一顿更加正式的餐食，这里能看到厨房景象。这家时尚的餐馆极有田园气息，也有现代化的设计元素，效果很赞。

葛雷劳克山州立保护区 ❺

🛏 Bascom Lodge 　　　　　　度假屋 $

（☎413-743-1591; www.bascomlodge.net; 1 Summit Rd; 铺/双/标三/四 不带浴室 $40/125/170/190; ⏱5月至6月中旬 周六和周日, 6月中旬至10月 每日, 餐厅 8:00~16:30, 晚餐需预订 19:00起; ℗）这一真正乡村风格的旅馆位于葛雷劳克山顶部，建于20世纪30年代，最初是一项联邦工程。大厅里，漂亮的皮质沙发环绕着石头壁炉。客房的浴室是公用的，床很舒服，能看到美景。供应很棒的餐食（新鲜，热腾腾，能满足个人需求），是徒步者体力的完美补充（主菜 $8~12）。

曼彻斯特 ❻

🛏 Barnstead Inn 　　　　　　旅馆 $$

（☎802-362-1619; 预订 800-331-1619; www.barnsteadinn.com; 349 Bonnet St; 房间 $129~195, 套 $210~310; 🛜▣）这家由19世纪30年代干草棚改建而成的旅馆距离曼彻斯特市中心不足0.5英里，地理位置优越，散发着迷人魅力。房间都配有冰箱和自制的编织地毯。入口处有柳条摇杆，可以看外面的世界。

尚普兰湖 ❼

✕ American Flatbread 　　　　　比萨 $$

（☎802-861-2999; www.americanflat

bread.com; 115 St Paul St, Burlington; 扁面包 $14~23; ⏲周一至周五 11:30~15:00和17:00~ 23:30, 周六和周日 11:30~23:30) 市中心的优越位置、热闹的氛围、来自隶属的Zero Gravity酿酒厂酿制的美味散装啤酒, 超级好吃的扁面包 (扁脆的比萨) 搭配当地产的食材, 这些都足以让这家店成为你在伯灵顿享用午餐或晚餐的首选。天气暖和的时候, 在后巷的露台用餐, 这无疑是佛蒙特最好的餐馆之一。

北康韦 ❾

🛏 Red Elephant Inn　　　　旅馆 $$

(☎603-356-3548; www.redelephantinn. com; 28 Locust Lane; 房间 $139~239; 🛜) 这家可爱的维多利亚风格旅馆位于Red Jacket Mountain View Inn后面的一条安静街道上, 是鲜为人知的瑰宝。8间房间色彩明丽, 主题各异, 通过名字就能知道, 例如嬉皮房 (Hippie Room)、乡村被褥 (Country Quilts) 和尼曼马库斯 (Neiman Marcus)。

纽波特 海滨的阿第伦达克椅

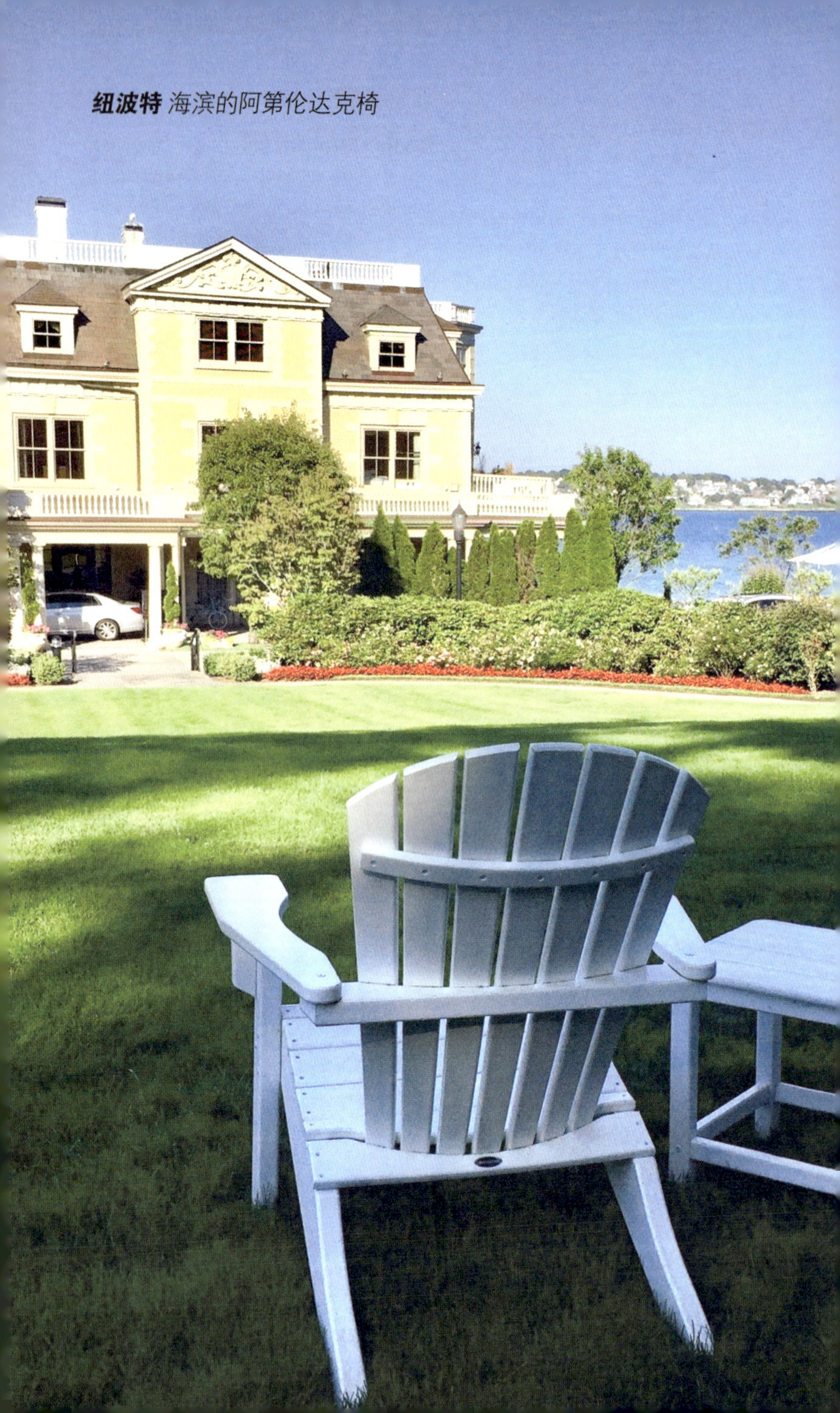

罗得岛州：东海湾

11

东海湾是罗得岛州的历史核心。游览海岸线，循着小径，从美国简陋的殖民发源地小康普顿行至工业化新兴都市纽波特和普罗维登斯。

线路亮点

65 英里

6 终点

普罗维登斯
在Benefit St行走
"历史的一英里"

38 英里

5

Tiverton
蒂弗顿

布里斯托尔
8艘"美洲杯帆船赛"
赛艇就诞生于此

Middletown
米德尔敦

1 起点

3

纽波特
为美国资本大亨们的
豪宅而啧啧惊叹

26 英里

小康普顿
从小镇向西南行1英里，
参观"五月花号"追寻者的家

1 英里

3~4天
65英里/106公里

最适合

何时去

5月至10月，来此享受
美好天气和农场美食。

📷 最佳
摄影点

捕捉悬崖步道沿线的宅
邸和陡崖。

☑ 最佳
历史游

在小康普顿找寻现代美
国的根。

173

11 罗得岛州：东海湾

罗得岛州犬牙交错的东海湾讲述着精华版的美国故事。先从小康普顿开始吧，伊丽莎白·帕波第（Elizabeth Pabodie; 1623~1717年）的坟墓就在这里，据说她是第一位出生于新英格兰地区的欧洲定居者后代。然后探访历史城镇蒂弗顿和布里斯托尔，奴隶贩子和商人们曾经在这里发财致富。尽管广有家资，但他们朴素的房屋却还是无法与纽波特资本大亨的豪宅和普罗维登斯学界名人的庄园、博物馆和图书馆相提并论。

线路亮点

❶ 小康普顿

显然是因为厌倦了17世纪朴茨茅斯（Portsmouth）的城市喧嚣，早期定居者塞缪尔·威尔伯（Samuel Wilbor）穿过萨康尼特河（Sakonnet River）来到了小康普顿（Little Compton）。他朴实无华的家庭住所——**威尔伯故居**（Wilbur House; ☎401-635-4035; www.littlecompton.org; 548 West Main Rd; 成人/儿童 $6/3; ⏱4月至10月 周四至周日 13:00~17:00，11月至次年3月 周二至周五 9:00~15:00)建于1690年，现在仍然矗立在一扇传统五栏门后精心修剪的草坪上，讲述着曾经居

住于此的八代威尔伯家人的故事。

小镇的其他地方，从装有手工砍制护墙板的房屋，到高耸着白色尖塔、俯瞰着**老公墓**（Old Commons Burial Ground)的**联合公理会教堂**（United Congregational Church），处处体现出小康普顿是整个新英格兰地区最古老且最古雅的村镇之一。伊丽莎白·帕波第的父母是普里西拉（Priscilla）和约翰·奥尔登（John Alden），他们乘坐"五月花号"来到美国，而她本人则是第一位在新英格兰出生的定居者，死后也埋葬在这里。

漂亮可爱的**古斯温海滩**（Goosewing Beach; ⏱黎明至黄昏）正对大海，是唯一一

一个还不错的公共海滩。**南岸海滩**（South Shore Beach）的停车费是$10，从那里可以步行穿过一个小小的潮汐通道。

🛏 见179页

行驶路上 » 沿RI 77公路悠闲地向北行驶，欣赏由一段段石墙和一座座护墙板农舍构成的宁静秀美乡村风景。接近蒂弗顿时，不妨留意你的左侧，偶尔能瞥见波光闪烁的水面。

❷ 蒂弗顿

在前往蒂弗顿（Tiverton）历史悠久的四角（Four Corners）途中，到**卡罗琳的萨康尼特葡萄园**（Carolyn's Sakonnet Vineyards; ☑401-635-8486; www.sakonnetwine.com; 162 West Main Rd; ⏱5月下旬至10月中旬 周日至周四

 你也可以

🟩 泽西海岸

沿着I-95州际公路南行，取道Garden State Pkwy去往阿斯伯里帕克。

🔟 秋叶节之旅

取道I-95州际公路，从普罗维登斯向南行至CT 9公路，向西北穿越州境。沿着I-84州际公路向西去往边界。CT 37和CT 39公路通往谢尔曼。

11:00~18:00，周五和周六 至20:00，其余时间 每天11:00~17:00；🅿）稍事停留，参加每天都有的品酒和导览游，免费。这能帮助你调整好状态，迎接在蒂弗顿等着你的盛宴：**Gray's Ice Cream**（☎401-624-4500；www.graysicecream.com；16 East Rd；每句$3起；⊙6:30~21:00）的冰激凌，40余种口味均为每天现场制作；**Milk & Honey Bazaar**（☎401-624-1974；www.milkandhoneyri.com；3838 Main Rd；⊙周二至周六10:00~17:00，周日 正午至17:00）的手工奶酪；**Provender Fine Foods**（☎401-624-8084；www.provenderfinefoods.com；3883 Main Rd；单品$4~18；⊙周二至周日 9:00~17:00）美味的熟食店，在此，你可以大嚼硕大的曲奇饼，

当地知识
朴茨茅斯的马球

尽管朴茨茅斯（Portsmouth）的城区环境看上去枯燥乏味，但熟知内情的当地人却将朴茨茅斯评价为适合家庭出游的好地方。这在很大程度上是因为格伦农场（Glen Farm）的马球比赛——足够老少同乐。作为**纽波特马球俱乐部**（Newport Polo Club；☎401-846-0200；www.nptpolo.com；250 Linden Lane, Portsmouth；草地座位 成人/儿童$12/免费；⊙开门13:00）的所在地，这个占地700公顷的"农场"由纽约商人亨利·泰勒（Henry Taylor）组建，他想按照伟大的英国传统打造一座绅士的乡间宅邸。

夏季，农场里会举办俱乐部马球比赛（比赛日期可上网查询），而观看比赛则是欣赏农场妙处并体验纽波特上流社会真实生活的最佳方式。

或者为野餐备好食物。

蒂弗顿是艺术家的聚居地，因此能找到许多州内最棒的购物场所，**Amy C Lund**（☎401-816-0000；www.aclhandweaver.com；3964 Main Rd；⊙周三至周六10:00~17:00，周日 正午至17:00）的沙克尔风格（Shaker-style，也称"震颤派"，以简洁的美和纯朴的理念而著称）手工地毯值得考虑。

行驶路上 » 沿着Main St向北行驶，将蒂弗顿和它的绿色田野甩在身后，然后会入向西的RI 138公路（RI 24 S公路），直达纽波特。

- - - - - - - - - -

线路亮点

❸ 纽波特

逃离马萨诸塞州清教

徒迫害的宗教温和派建立了这个"新港"（Newport的字面意思），随后它便兴旺发展起来，并且成为这个新独立的殖民地里排名第四的富裕城市。在市中心，殖民地时代的建筑被很好地保存了下来，同样受到保护的还有一些著名的地标性建筑，譬如华盛顿广场的**殖民地之家**（Colony House），1776年5月，罗得岛州的独立宣言就是在这里宣读的。

紧邻广场，美国最古老的酒馆White Horse Tavern（见158页）里的煤气灯仍然亮着，而在Touro St上，美国第一座犹太教会堂**图罗犹太教堂**（Touro Synagogue；☎401-847-4794；www.tourosynagogue.org；85 Touro St；成人/儿童 $12/免费；⊙5月和6月 周日至周五10:30~14:30，7月和8月 周日至周五9:30~16:30，9月和10月 周日至周五9:30~14:30，11月至次年4月 周日11:30~14:30）也依然矗立着。跟随**Newport History Tours**（☎401-841-8770；www.newporthistorytours.org；Brick Market Museum & Shop, 127 Thames St；团队游 成人$15~20，儿童$5；⊙团队游 具体时间不定）的步行导览游追溯过去的时光吧！

虽然纽波特的早期历史如此迷人，但它如今的成功也足以与之相媲美。富有的实业家们把纽波特变成了他们的夏季度假地，并在

街灯林立的Bellevue Ave上建起了乡间"小屋"，其中，有意大利风格的豪华住宅、法国风格的城堡，还有伊丽莎白风格的庄园。跟随**纽波特县保护协会**（Preservation Society of Newport County；☎401-847-1000；www.newportmansions.org；424 Bellevue Ave；5个景点联票 成人/儿童 $35/12）参观其中最引人注目的建筑吧！

✕ 🛏 见158、179页

行驶路上 » 沿着10英里长的Ocean Dr离开纽波特，该公路的起点就在亚当斯堡（Fort Adams）的南面，之后蜿蜒绕行南岸，顺着Bellevue Ave前行，之后与Memorial Blvd交会。在此右拐，直行到达米德尔敦。

----

④ 米德尔敦

Flo's（☎401-847-8141；www.flosclamshacks.com；4 Wave Ave；主菜 $11~22；⏱5月中旬至9月中旬 周日至周四 11:00~21:00，周五和周六至22:00，9月中旬至次年5月中旬 营业时间缩短）气氛活泼、红白相间的蛤蜊排档本就足以成为造访米德尔敦（Middletown）的理由，如今这里已经与纽波特无缝对接了。但是如果在**萨丘斯特海滩**（Sachuest Beach，也称"第二海滩"；☎401-846-6273；parks.middletownri.com；Sachuest Point Rd）——阿奎德内克岛（Aquidneck

米德尔敦 Flo's蛤蜊排档内装饰的怀旧纪念品

Island）上最大最美的海滩——痛快地玩上一天之后再来品尝炒蛤蜊，那就更美了。萨丘斯特海滩环绕萨丘斯特海湾（Sachuest Bay），背靠450英亩的**诺曼鸟类保护区**（Norman Bird Sanctuary；☎401-846-2577；www.normanbirdsanctuary.org；583 Third Beach Rd；成人/儿童 $7/3；⏱9:00~17:00）。

行驶路上 » 经由East Main Rd公路离开阿奎德内克岛，这条公路向北经过米德尔敦和朴茨茅斯的城郊。6.5英里之后，进入RI 114公路，经风景优美的希望山（Mt Hope）吊桥穿过海湾。由此再前进短短的3英里，就是布里斯托尔了。

线路亮点

⑤ 布里斯托尔

在所有运到美国的奴隶中，有1/5是通过布里斯托尔（Bristol）的船只运输的，到18世纪时，这个城镇已经成为美国的主要商业港口之一。世界级的**哈里肖夫海洋博物馆**（Herreshoff Marine Museum；☎401-253-5000；www.herreshoff.org；1 Burnside St；成人/儿童 $12/5；⏱5月至10月 10:00~17:00；🅿）里展有美国最好的游艇。

当地居民Augustus Van Wickle于1895年为他的妻子Bessie购买了一艘72英尺长的哈里肖夫（Herreshoff）游艇，但因为没有合适的停泊地，他不得不建造了**布莱兹沃德庄园**（Blithewold Mansion；☎401-253-2707；www.blithewold.org；101 Ferry Rd；成人/儿童 $14/5；⏱4月至10月中旬 周二至周六 10:00~16:00，周日 至15:00；🅿）。这座充满工艺美术装饰的庄园坐落于纳拉甘塞特海湾

另辟蹊径
普鲁登斯岛

起点：❺ 布里斯托尔

普鲁登斯岛（Prudence Island; ☎401-683-0430; www.prudencebayislandstransport.com; ⊙渡轮 周一至周五 5:45~18:00, 周六和周日 7:30~18:00）位于纳拉甘塞特海湾腹地，一派田园风光，从布里斯托尔出发，乘坐渡轮只需25分钟就能到达。这里最初是一片农耕地，后来成为普罗维登斯和纽约人举家前来的夏季度假地，他们搭乘Fall River Line Steamer蒸汽船。如今岛上只有88名居民。在石头码头（Stone Wharf）附近，有5座精美的维多利亚及学院派风格宅邸、一座灯塔和一家小店。岛上其他地方很荒凉，未经开发。这里是山地骑行、烧烤、钓鱼和泛舟的好地方。

（Narragansett Bay）内一个无与伦比的位置上，春季景色尤其迷人。当地的其他名人还有奴隶贩子George DeWolf将军，他建立了**林登广场**（Linden Place; ☎401-253-0390; www.lindenplace. org; 500 Hope St; 成人/儿童 $8/6; ⊙5月至10月和12月 周二至周六 10:00~16:00, 周日 正午至16:00, 11月和1月至4月 需预约; P），该广场因成为电影《了不起的盖茨比》（The Great Gatsby）的外景地而闻名。

布里斯托尔的**柯尔特州立公园**（Colt State Park; ☎401-253-7482; www.riparks. com; RI 114; ⊙日出至日落; P）是罗得岛州风景最为优美的公园。公园的整个西线都面对着纳拉甘塞特海湾。

🛏 见179页

行驶路上 » 从布里斯托尔出发，沿着RI 114公路一直向北行驶，经过沃伦（Warren）和巴灵顿（Barrington）的郊区，去往普罗维登斯。行驶17英里之后，会入I-195 W州际公路，它将陪你走完下的18英里，进入市中心。

- - - - - - - - - - - - - - -

线路亮点

❻ 普罗维登斯

作为罗杰·威廉姆斯（Roger Williams）在新罗得岛上创立的第一个宗教自由镇，同时也是普罗维登斯种植园（Providence Plantation）殖民地，它的建立是为了实现"无人因信仰而受扰"。**Benefit Street 的"历史的一英里"（Mile of History）**可以帮助你快速了解这个城市100多座风格各异的建筑遗产，包括殖民地风格、联邦风格和文艺复兴风格。这其中，你会发现William Strickland于1838年建造的**普罗维登斯图书馆**（Providence Athenaeum; ☎401-421-6970; www.providenceathenaeum. org; 251 Benefit St; ⊙周一至周四 10:00~18:00, 周五 9:00~17:00, 周六 10:00~14:00）。**布朗大学**（Brown University; ☎401-863-1000; www.brown.edu）坐落于山顶，它的哥特式和学院派建筑围绕着学院绿地（College Green）分布。不远处就是**约翰·布朗故居**（John Brown House; ☎分机号 362 401-331-8575; www.rihs.org; 52 Power St; 成人/儿童 $10/6; ⊙团队游 4月至11月 周二至周五 13:30和15:00, 周六 10:30、正午、13:30和15:00）, 约翰·昆西·亚当斯总统（President John Quincy Adams）认为它是"这个大陆上最为宏伟且优雅的宅邸"。

建议以游览《独立者》（Independent Man）青铜像为行程画上句点。该塑像为**罗得岛州议会大厦**（Rhode Island State House; ☎401-222-3983; www.sos.ri.gov; 82 Smith St; ⊙自助导览游 周一至周五 8:30~16:30, 导览游 周一至周五 9:00、10:00、11:00、13:00和14:00）增添了些许优雅。

🍴🛏 见179、207页

食宿

小康普顿 ❶

🛏 Stone House Inn   历史酒店 $$$

(☎401-635-2222; www.newportex
perience.com/stonehouse; 122 Sakonnet Point
Rd; 房间 $229~544; P 🐾 🛜) 当这家张扬的高
档酒店于2016年开业时，小康普顿以注重
隐私而闻名的精英们担心这意味着外地人
将涌入这座城市。其实，旅馆只有13间奢华
的客房，很难给当地带来冲击。如果你的腰
包足够有底气，喜欢奢华，这里能让你一窥
上流人士的生活。

纽波特 ❸

🍴 Fluke Wine Bar   海鲜 $$$

(☎401-849-7778; www.flukenewport.
com; 41 Bowen's Wharf; 主菜 $26~36; ⏱5月
至10月 每日 17:00~23:00, 11月至次年4月 周三
至周六) Fluke是一家斯堪的纳维亚风格的
餐厅，有着金色的木制家具和观景窗，提供
一份颇有造诣的海鲜菜单，包括烤鮟鱇鱼、
时令条纹鲈鱼和肥大的扇贝。楼上的酒吧
提供摇滚乐鸡尾酒单。

🛏 Attwater   精品酒店 $$$

(☎401-846-7444; www.theattwater.
com; 22 Liberty St; 房间 $259~599; P 🐾 🛜)
青绿色、石灰绿和珊瑚色的印刷品，盖有扎
染织物的床头板和有着精美几何图案的地
毯，这家纽波特最新的酒店风格大胆，让
人感觉如同置身于盛夏的海滩派对。观景
窗和露台能捕捉到夏日明亮的光线，房间
设施周全，极尽奢华，配备有iPad、苹果电
视和沙滩包等。

布里斯托尔 ❺

🛏 Governor Bradford Inn   旅馆 $$

(☎401-254-1745; www.mounthopefarm.
org/the-inn; 250 Metacom Ave; 房间 $150~299;
P 🐾) 由希望山基金信托（Mount Hope
Trust）管理的Governor Bradford Inn旅馆
位于一幢有300年历史的乔治王朝时代农舍
里，提供4间风格各异的房间。它曾是起家于
啤酒酿造的Haffenreffer家族所拥有，坐落
于一片占地200英亩的质朴农场上。

普罗维登斯 ❻

🍴 Loie Fullers   新派美国菜 $$

(☎401-273-4375; www.loiefullers.com;
1455 Westminster St; 主菜 $15~21; ⏱周一至周
六 17:00~23:00, 周日 10:00~14:00和17:00~
23:00）这家极具氛围的小餐馆位于联邦山
（Federal Hill）街区的外缘，富有创意，在
这样一条乏味的干道上，它是感受快乐、享
用美食的绿洲。走进餐馆，蜡烛、磨光的华
丽木具、壁画和新艺术风格元素带你去到
另一个时代、另一个地方。菜单受法餐启
发，新派美国菜云集，舒服是摆在第一位
的。这样的好地方，实在是很难保密。

🛏 The Dean Hotel   精品酒店 $$

(☎401-455-3326; thedeanhotel.com;
122 Fountain St; 双 $109起）The Dean是这一
街区的"新人"，浓缩了普罗维登斯的设计
风格。它算是一站式酒店，楼下有啤酒厅、
卡拉OK吧、鸡尾酒吧，楼上有8间风格古
怪、设计主题迥异的房间，在楼下享受无
穷乐趣之后，这里会成为你在城市中的一
片时尚绿洲。这里很适合追寻时尚和有趣
的人。

伯灵顿 教堂街市场

尚普兰湖小道

12

佛蒙特州的"湖区"给人带来的愉悦感与美国其他地方截然不同,从半城市化、优雅精致的伯灵顿到宁静的尚普兰群岛,这片地区沿着加拿大边境延伸,如同一块跳板。

线路亮点

53 英里

拉莫特岛
拥有世界最大化石礁的原始岛屿

终点 7

North Hero Island
北英雄岛

Grand Isle
大岛

South Hero Island
南英雄岛

13 英里

伯灵顿
佛蒙特州最大的城市,宣称拥有新英格兰一流的巧克力工厂

3 South Burlington
南伯灵顿

1 起点

0 英里

谢尔本
参观一座讲述佛蒙特州史卷的露天博物馆

1~2天
53英里/85公里

最适合

何时去

6月至10月,漫漫夏日,有无数探看繁茂枝叶间秘密的机会。

最佳
摄影点

在拉莫特岛捕捉水岸美景。

最佳
美食

品味州内最有名的啤酒,纵情于伯灵顿生机勃勃的欢宴之间。

12 尚普兰湖小道

尚普兰湖隐匿于绿山山脉和纽约州的阿第伦达克山脉之间，呈现出典型的佛蒙特州西北部风光。在谢尔本的博物馆和伯灵顿适宜漫步的湖畔细细品味这个湖，接着启程去探索尚普兰群岛吧。作为十分热门的旅行目的地，4座小岛如同丝带展开，跨度为27英里，让人心旷神怡：游泳、划船、采苹果、品味葡萄酒或者沿着农场公路和岛际堤道漫无目的地散步。

线路亮点

❶ 谢尔本

让你的眼睛来享受一次视觉盛宴吧，看看那数量惊人的17~20世纪的美洲工艺品，包括民间艺术品、纺织品、玩具、工具、马车、家具等，全都散布在**谢尔本博物馆**(Shelburne Museum; ☎802-985-3346; www.shelburnemuseum.org; 6000 Shelburne Rd/US 7, Shelburne; 成人/儿童/青少年 $24/12/14; ⏱5月至12月 每日 10:00~17:00, 1月至4月 周三至周日; 🅿)那占地超过45英亩的庭院和花园中。这个引人注目的地方是作为一个模拟村落而建造起来的，150,000件物品被安置在39幢建筑物中。其中的亮点包括一架实物大小的廊桥、一座经典的圆形谷仓、一座建于1871年的灯塔、一所独间校舍、一个拥有一节火车头的火车站，以及一个能够正常工作的铁匠铺。

藏品规模之大，足够让你量身打造自己的游览计划。家庭游客被旋转木马、猫头鹰小屋(Owl Cottage)儿童中心以及"泰孔德罗加号"汽船(Ticonderoga Steamship)所吸引。而被褥的狂热爱好者们，则可以花费数个小时来研究他们的个人爱好。事实上，房屋本身也是展品。它们中有许多是从新英格兰的其他地方转移来的，以确保其得到应有的保护。

🛏 见187页

行驶路上 » 沿着US 7公路继续向北行驶4英里，直到南伯灵顿。

❷ 南伯灵顿

佛蒙特自酿啤酒厂中的开拓者之一，也是最驰名者之———**魔法帽啤酒厂**(Magic Hat Brewery; ☎802-658-2739; www.magichat.net; 5 Bartlett Bay Rd; ⏱周一至周六 11:00~19:00, 周日 正午至17:00)。这家创办于1995年的"工艺酒厂"洋溢着一种让人跃跃欲试的创造力，从4打水龙头里流出的是超过20种不同的啤酒。

半小时的游览将让你了解佛蒙特酿酒厂的历史和魔法帽在其中所扮演的角色，看看它是如何在酿造啤酒的同时把对环境的影响尽可能地降至最低，以及它又是如何参与社区生活的[比如一年一度的魔法帽狂欢节(Magic Hat Mardi Gras)和它对表演艺术的支持]。导游会很高兴地回答你提出的任何问题，比如，是谁写下了每个瓶盖内侧的文字。在参观前后均可免费品酒。一定要试试招牌No 9(一种带有一点杏仁味儿的淡啤酒)、Circus Boy(加有柠檬草的酵母小麦啤酒)以及总是调整配料的古怪的当季啤酒和"隐世珍品"(Reclusive Rarities)。如果你错过了导览游，这里也提供自助游机会。

行驶路上 » 沿着US 7公路继续向北行驶4英里，到达伯灵顿。

线路亮点

❸ 伯灵顿

伯灵顿(Burlington)

俯瞰着波光潋滟的尚普兰湖。这个佛蒙特州最大的城市如果被放在绝大多数其他的州内，都只不过是个小城镇罢了，但伯灵顿的小恰恰是它的魅力之一，市中心非常适合步行游览，到湖畔也非常方便。佛蒙特大学（University of Vermont，简称UVM；13,000名学生）的存在让伯灵顿变得更加热闹，文化和社交生活活力无限，使这座小城拥有一种精力充沛、朝气蓬勃的氛围。当夜生活来临之时，这里就是佛蒙特的中心了。

就在进入市中心之前，还有一站巧克力文化要体验。走进**Lake Champlain Chocolates**（☎802-864-1807；www.lakechamplain chocolates.com；750 Pine St；⊙周一至周六 9:00~18:00，周日 11:00~17:00）那间俯视着小工厂、紧邻玻璃幕墙的礼品店时，一股融化可可的浓郁香气熏人欲醉。借着这次游览，来了解这家巧克

 你也可以

10 **秋叶节之旅**
行至伯灵顿，参与到秋叶节之旅当中。

13 **佛蒙特之脊：100号公路**
沿着I-89州际公路向南，在沃特伯里转入VT 100公路。

力制造商的历史，并亲口品鉴不同样品的美妙滋味。对了，这家商店是唯一一个出售工厂次等品的地方，有折扣、量又足。所谓次品，其实只是卖相差了点儿，味道和正品一样好。咖啡馆供应咖啡和甜美的自制冰激凌。

✗ 🍴 🛏 见187页

行驶路上 » 动身前往尚普兰群岛，沿着I-89州际公路从伯灵顿向北行驶10英里后，从17号出口驶出，然后沿着US 2公路向西行驶9英里。过了沙洲州立公园（Sand Bar State Park）这个美妙的野餐和游泳点之后，穿过堤道，在途中寻找最适宜停车拍照的小岛。

❹ 南英雄岛

在南英雄岛（South Hero Island）外围的**艾伦赫姆果园**（Allenholm Orchards; ☎802-372-5566; www.allenholm.com; 111 South St; ⏰5

月下旬至圣诞夜 9:00~17:00; 🅿)体验慢节奏的岛屿生活，来一份creemee（佛蒙特人口中的软冰激凌），或者摘些苹果，为接下去的行程做准备。往西走大约3英里，是佛蒙特第一座葡萄园——**冰雪农场葡萄酒庄**（Snow Farm Winery; ☎802-372-9463; www.snowfarm.com; 190 W Shore Rd; ⏰5月至12月 每日11:00~17:00, 1月至4月 周五 17:00~21:00, 周六和周日 11:00~16:00）。酒庄拥有一个隐藏在土路后（注意紧邻US 2公路的路标）的葡萄酒品尝室，充满了芳香。尝尝这里备受赞誉的白葡萄酒，或者在简朴的谷仓里呷几口冰酒（可免费品尝3次），又或是在夏季的周四18:30来这里听一场免费的**系列音乐会**，地点是葡萄藤旁边的草坪上，从爵士到民谣再到轻摇滚，各种风格的音乐都可能出现在舞台上。

🔵 当地知识
可爱的尚普兰湖怪

酷似恐龙的生物，或是生活在冰川时期的鲸鱼鼻祖？有三个躯干？非常非常大的鱼？尚普兰湖怪——被称为"尚普"（Champ）——已经成为传奇，很长时间以来，一直令当地居民着迷。阿贝内基人称其为Tatoskok。早在17世纪初期，法国探险家塞缪尔·德·尚普兰（Samuel de Champlain）据说就看到过尚普。你可以在尚普兰湖回声莱希中心（见168页）以尚普为主题的展览中满足好奇心。想"眼见为实"，可以去看一场"佛蒙特湖怪棒球赛"，在局与局之间，可爱的绿色尚普吉祥物会在球员席顶棚上跳舞。

行驶路上 » 沿着US 2公路继续向北行驶8英里。

- - - - - - - - - - -

❺ 大岛

位于大岛（Grand Isle）的**海德木屋**（Hyde Log Cabin; ☎802-372-8339; US 2; 成人/儿童 $3/免费; ⏰5月下旬至10月中旬 周五至周日11:00~17:00; 🅿)是佛蒙特最古老（1783年）的木屋，也是美国最古老的木屋之一。稍作停留，了解一下18世纪定居者的生活，研究一番佛蒙特传统的家庭器具用品，都是值得的。

🛏 见187页

行驶路上》 沿着US 2公路继续向北行驶8英里。

⑥ 北英雄岛

方圆几英里内的船夫都乐于逛北英雄岛（North Hero Island）一家很受欢迎的百货店，那就是**Hero's Welcome**（☎802-372-4161；www.heroswelcome.com；3537 US 2；⏲6月中旬至9月上旬 周一至周五 6:30~20:00，周六和周日 7:00~19:00，其余时间营业时间缩短）。这家商店的墙壁很有意思，展示着所谓的"世界时区"：4只钟表分别显示着尚普兰湖4个岛的

时间，即北英雄岛（North Hero Island）、南英雄岛、大岛以及拉莫特岛——可见当地人岛屿至上的心态。买件纪念品，来块三明治或者一杯咖啡，在俯瞰着船码头的室外露台上吃点野餐。

📖 见187页

行驶路上》 沿US 2公路行驶约4英里，转入VT 129公路向西前往历史悠久的拉莫特岛。

线路亮点

⑦ 拉莫特岛

原始古朴的拉莫特岛（Isle La Motte）是尚普兰

群岛中最有历史底蕴的岛屿之一。岛屿西岸的路标体现出它作为一个美洲原住民交通要塞的传统重要性；法国探险家塞缪尔·德·尚普兰（Samuel de Champlain）在1609年登上了此岛。沿着紧靠湖岸的环路漫游，在**圣安妮神殿**（St Anne's Shrine；☎802-928-3362；www.saintannesshrine.org；92 St Anne's Rd；⏲神殿 5月下旬至10月中旬，庭院 全年）稍作停留。该神殿位于佛蒙特最古老的定居点——圣安妮堡（Fort St Anne）的原址上（虽然对所有人开放，但它事实上是个宗教场所，因此要尊重前来

另辟蹊径
伯顿岛

起点：❻ 北英雄岛

想深入感受尚普兰湖的自然美，可以在位于湖中央的**伯顿岛州立公园**（Burton Island State Park; ☎802-524-6353; www.vtstateparks.com; 2714 Hathaway Point Rd, St Albans; ⏰5月下旬至9月上旬; ♿）露营，住上一两晚。在阵亡将士纪念日和劳动节之间，Island Runner渡轮（10分钟）会载着露营者和他们的装备往返于圣奥尔本斯（St Albans）附近的主岛和这座质朴、禁止车辆通行的小岛之间。岛上有超过24处单坡小屋和露营地。公园配备了船只租赁、可供儿童白天活动的自然中心和一家出售早餐、午餐和杂货的商店。外面的标牌（"No shoes,no shirt,no problem!"）是小岛悠闲氛围的最好体现。

从北英雄岛出发到位于基尔凯尔州立公园（Kill Kare State Park）的渡轮码头，是惬意的45分钟环湖游。沿US 2公路往北行驶10英里，然后走VT 78公路向东前进10英里，到达斯旺顿（Swanton）。继续沿VT 36公路往南行驶10英里，右转进入Hathaway Point Rd，行驶最后的2.5英里。

祈祷的人）。这里有一座十分显眼的塞缪尔·德·尚普兰的花岗岩雕像，神殿的滨水区还拥有壮美的景观和一个宽敞的野餐区。

拉莫特岛还是**菲斯克石矿保护区**（Fisk Quarry Preserve; www.ilmpt.org; W Shore Rd; ⏰黎明至黄昏）的所在地，它是世界上最大的化石礁，位于圣安妮神殿以南4英里处，占地20英亩。这处已有50万年历史的化石礁曾经为无线电城音乐厅（Radio City Music Hall）和华盛顿的国家美术馆（National Gallery）提供过石灰岩。附有解释说明性文字的小径讲述了采石场的历史。

食宿

谢尔本 ❶

🏠 Inn at Shelburne Farms　旅馆 $$$

(☎802-985-8498; www.shelburnefarms. org/staydine; 1611 Harbor Rd; 房间 $270~525, 带公用卫生间 $160~230, 小别墅和小型家庭旅馆 $270~850; ⏰5月上旬至10月下旬; 🅿) 作为新英格兰地区10大顶级住宿选择之一，这家位于伯灵顿以南7英里、紧邻US 7公路的旅馆，坐落于湖光水色之前。雅致乡村庄园的房间以及4间独立的带厨房的别墅和小型家庭旅馆，正期待着客人的到来。

伯灵顿 ❸

🍴 Penny Cluse Cafe　咖啡馆 $

(☎802-651-8834; www.pennycluse.com; 169 Cherry St; 主菜 $6~14; ⏰周一至周五 6:45~15:00, 周六和周日 8:00~15:00) 这家位于市中心的咖啡馆是伯灵顿最受欢迎的早餐选择之一，供应薄煎饼、饼干和肉汁、早餐玉米煎饼、煎蛋饼和炒豆腐，也有三明治、墨西哥炸鱼卷、沙拉和密西西比东部最好的炸辣椒(Chile Relleno)。周末常需等位1小时。

🍴 Citizen Cider　小酒厂 $

(☎802-497-1987; www.citizencider.com; 316 Pine St; ⏰周一至周六 11:00~22:00, 周日至19:00) 这家气氛活跃的苹果酒厂位于一桩工业化风格的时髦建筑内，混凝土地板绘有图案，摆着长长的木桌，是本土酒厂成功的典范。品尝5种酒的费用为$7，包括一直很受欢迎的Unified Press(新鲜，堪称经典)，或者是加了生姜和柠檬皮的Dirty Mayor。

🍴 Revolution Kitchen　严格素食、素食 $$

(☎802-448-3657; revolutionkitchen. com; 9 Center St; 主菜 $14~18; ⏰周二至周六 17:00~22:00; 🍴) 这里的厨师充分利用佛蒙特大量的有机食材，极具创意。菜式受到亚洲、地中海和拉丁美洲菜的影响。大多数菜都是严格素食(或者可以做成严格素食)。

🏠 Willard Street Inn　旅馆 $$

(☎802-651-8710; www.willardstreetinn. com; 349 S Willard St; 房间 $169~269; 🅿) 这一宅邸位于山顶，距离佛蒙特大学和教堂街市场(Church St Marketplace)只有很短的步程，融安妮女王和乔治亚复兴风格于一体，建于19世纪80年代后期。精美的木具和切割的玻璃散发着优雅的气息，同时又给人以温暖的感觉。很多客房都能俯瞰尚普兰湖。

大岛 ❺

🏠 Grand Isle State Park　露营地 $

(☎802-372-4300; www.vtstateparks. com; 36 E Shore South; 帐篷和房车停泊地 $20~22, 单坡小屋 $27~29, 木屋 $50; ⏰5月中旬至10月中旬) 这是佛蒙特最受欢迎的州立公园露营地，占据了美丽的尚普兰湖湖滨一片区域，设有117个帐篷和房车停泊地，以及36间单坡小屋和4间木屋。

北英雄岛 ❻

🏠 North Hero House　旅馆 $$

(☎888-525-3644, 802-372-4732; www. northherohouse.com; 3643 US 2; 房间 $125~250, 套 $295~350; 🅿) 这家乡村旅馆与水相邻，房间均配有舒适的寝具。舒适温馨的餐厅供应新派美国菜，此外，还可以去Oscar's Oasis酒吧和位于户外、奇妙无比的Steamship Pier Bar & Grill，你可以一边乐享烤肉串、汉堡和龙虾卷，再配上新调的鸡尾酒，一边欣赏眼前波光粼粼的水面。

韦斯顿
Vermont Country Store

佛蒙特之脊: 100号公路

田园诗般的绿色田野,迷人的村庄以及一勺勺美国最驰名的冰激凌,这些都让这趟旅程成为新英格兰地区最具代表性的公路旅行之一。

线路亮点

130 英里
斯托
安坐绿山间的新英格兰村庄,风景如画

122 英里
本和杰里工厂
看看他们是怎么制作Chunky Monkey和Cherry冰激凌的

Warren &
Mad River Valley
沃伦和狂河峡谷

Rochester
罗切斯特

67 英里
纪灵顿
坐上缆车,只为感受山色的无穷魅力

Plymouth
普利茅斯

38 英里
韦斯顿
造访州内最著名的乡村杂货店

Jamaica
牙买加

Wilmington
威尔明顿
起点

3~4天
130英里/209公里

最适合

何时去

5月至10月,道路无雪,阳光灿烂。

最佳摄影点

在纪灵顿上空的K1快速缆车里享受360度的景观。

最佳家庭游

在韦斯顿的乡村杂货店里探奇,展开一场本和杰里工厂之旅。

189

13 佛蒙特之脊:100号公路

备受推崇的100号公路由下至上跨越整个佛蒙特州,蜿蜒穿过美国东北部最富传奇性的滑雪度假地,经过新英格兰最瑰丽的景致,青翠的绿山山脉一直陪伴左右。这条曲折的公路引领你不急不缓地走过佛蒙特,不过你也有可能会为了等在道路尽头处的本和杰里工厂之旅而加快速度。

❶ 威尔明顿

经特许建立于1751年的威尔明顿(Wilmington)是冬夏两季去往雪山(Mt Snow)的门户。雪山不但是新英格兰最佳的滑雪度假地之一,还是极好的夏季山地自行车运动地和高尔夫球场地。这里本身并没有什么主要景点,但在W Main St的**历史区**(Historic District)里,却有许多18世纪和19世纪的经典建筑、餐馆和精品酒店也很多。村子的大部分都被列入了美国国家史迹名录(National Register of Historic Places)。继续北上之前,先在这里好好休息一夜、吃点东西。

🍴 见197页

行驶路上 » 沿着VT 100公路北行26英里至牙买加村的途中,滑雪场(留意左侧的雪山)会逐渐让位于宁静的小村庄。

❷ 牙买加

充满艺术气息的牙买加(Jamaica)社区隐匿于常绿森林中,有一家乡村杂货店和几家精品店,堪称佛蒙特乡村风光的精华。**牙买加州立公园**(Jamaica State Park; ☎802-874-4600; www.vtstateparks.com; 48 Salmon Hole Lane; 成人/儿童 $4/2; ⏰5月中旬至10月中旬)也在这里,此地还是是佛蒙特州最好的河畔露营地之一。

9月下旬会举办一年一度的"白水漂流周末"(Whitewater Weekend),吸引来自全英格兰的皮划艇爱好者——面对奔流咆哮的韦斯特河(West River),他们全力以赴,一展身手。

露营地中心有一个非常适合游泳的地方,步行爱好者也可以沿着19世纪的铁路路基往上游走3英里,到达**汉密尔顿瀑布**(Hamilton Falls),这是一条落差达到50英尺的瀑布,倾泻至一个可游泳的天然深水潭中。

行驶路上 » 沿着VT 100公路继续北行17英里,到达韦斯顿。

线路亮点

❸ 韦斯顿

风景如画的韦斯顿(Weston)是**Vermont Country Store**(☎802-824-3184; www.vermontcountrystore.com; 657 Main St/VT 100; ⏰5月下旬至10月中旬 8:30～19:00, 其余时间 9:00~18:00)的所在地,小店于1946年开业,在奥顿(Orton)家族的管理之下,至今仍然有声有色,已经传到第四代。它就好像一个时间隧道,带你回到从前更为淳朴的时代:那时的物品经久耐用,那些令人着迷的稀奇古怪的东西也都能有个安身之处。

现在货架上摆放着各种物品,既有非常有用的东西(舒适的老式法兰绒睡衣),也有引人怀旧的东西(复古的挑圆片游戏以及20世纪60年代的经典棋盘游戏"Mystery Date"),还有极其古怪的玩意儿(电动约德尔酸黄瓜,有谁喜欢吗?)。旅途中想提提神,你可以小心翼翼地在一排排

装有传统便士糖果的罐子和佛蒙特奶酪的盒子中找寻心仪的美味。

行驶路上 » 沿VT 100公路继续北行。在Plymouth Union右拐进入VT 100A公路，几英里后即可到达普利茅斯市中心。总长22英里。

❹ 普利茅斯

凝望着普利茅斯（Plymouth）的高地牧场，会有一种瑞普·凡·温克尔（Rip Van Winkle；美国作家华盛顿·欧文创作的著名短篇小说中的人物）当年的感觉——只不过你一觉醒来面对的依然是过去的世界。卡尔文·柯立芝总统童年的故乡一如它一个世纪前的样子，房屋、谷仓、一所教堂、一间房子的学校，以及一个百货店，它们都优雅地坐落于一片田园诗般山坡上的老枫林中。

🅢 你也可以

3 五指湖环线

从威尔明顿出发向西行驶，穿过州界进入纽约州，然后从I-88州际公路去往伊萨卡。

10 秋叶节之旅

沿着Rte 100公路向西行驶，在曼彻斯特或者尚普兰湖加入秋叶节之旅。

在普利茅斯的中心，是保存良好的**卡尔文·柯立芝总统国家历史遗址**（President Calvin Coolidge State Historic Site；☎802-672-3773；historicsites.vermont.gov；3780 Rte 100A，Plymouth Notch；成人/儿童 $9/2；⏱5月下旬至10月中旬 9:30~17:00）。虽然如今村子里的街道似乎了无生气，但博物馆却讲述着一个早期美国吃苦耐劳、坚韧不拔的故事。铁匠活、木匠活、黄油制作以及用手搓洗衣物等活计的工具，揭示了在佛蒙特满是石头的牧场里谋求生计的艰辛。在卡尔文的童年时代，他也曾和祖父一起割草晒草、把木制的饲料箱装满。

普利茅斯的奶酪工厂**Plymouth Artisan Cheese Company**（☎802-672-3650；www.plymouthartisancheese.com；106 Messer Hill Rd；⏱6月至10月 10:00~17:00，11月至次年5月 至16:00）最初是由柯立芝的父亲与他人共同创立，至今仍然制作一种被称为"Granular Curd Cheese"的经典农家切达奶酪。它浓郁的味道和颗粒感的质地令人回想起当年在佛蒙特各地的百货店里能够找到的传统轮形奶酪。楼下的嵌板讲述了当地奶酪制作的历史，楼上的博物馆则展示了来自另一个时代制作奶酪的设备。

行驶路上 » 顺着VT 100A公路行驶，然后右拐回到VT 100 N公路，纪灵顿继续前行至。总长13英里。

线路亮点

❺ 纪灵顿

作为东部最大的滑雪度假村，纪灵顿（Killington）横跨7座山峰，其核心**纪灵顿峰**（Killington Peak）海拔4241英尺（约1293米），是佛蒙特的第二高峰。这个度假村经营着北美最大的造雪系统和众多的户外活动项目，从冬季的滑雪到夏季的山地骑行和徒步活动，一应俱全——全部都集中在山上。**纪灵顿**

另辟蹊径
米德尔伯里峡谷和林肯峡谷

起点：**❻ 罗切斯特**

由东至西的"峡谷之路"翻越绿山山脉，沿途能欣赏到这一地区最美的风景。准备好去探险了吗？在位于罗切斯特以北4英里的汉考克（Hancock），风光旖旎的VT 125公路从VT 100公路分岔向西延伸，越过**米德尔伯里峡谷**（Middlebury Gap）。从汉考克到东米德尔伯里（East Middlebury）的15英里行程中，你可以在美丽的**得克萨斯瀑布**（Texas Falls；距离汉考克3英里）、米德尔伯里峡谷（6英里）和**罗伯特·弗罗斯特解说步道**（Robert Frost Interpretive Trail）停留赏景。弗罗斯特解说步道是一条低难度的环线，沿途有刻着弗罗斯特诗歌的标牌，使得徒步行程更令人愉悦。

一边饱览美景，一边绕回主路，继续沿VT 125公路往西行驶至东米德尔伯里，然后取道VT 116公路往北。穿过秀美的**布里斯托尔**（Bristol）村，随即右转进入Lincoln Gap Rd，向东行驶14英里，在沃伦（Warren）重新驶上主路。

回程也有几处不错的停留点。驶入Lincoln Gap Rd后，留意停在**巴特莱特瀑布**（Bartlett Falls）前的车群，汹涌的纽亚文河在这里注入佛蒙特最原始的深水潭之一。接着，经过一段近乎疯狂的爬坡路段（部分是非铺装路面），来到**林肯峡谷**（Lincoln Gap），在海拔2428英尺（约740米）的峰顶驻足，景色相当迷人，这里有一些很不错的小径，包括总长5英里、通往4000英尺（约1229米）高的**亚伯拉罕山**（Mt Abraham）顶端的环线。

纪灵顿 在林中空地玩单板滑雪

度假村（Killington Resort; ☏信息咨询 800-734-9435，预约 800-621-6867；www.killington.com; 4763 Killington Rd; 缆车票 成人/青少年/老年 $105/89/81)在东海岸与韦尔（Vail)遥相呼应，运营着高效的**快速缆车**（K1-Express Gondola)。冬季里，开足了暖气的缆车沿着2.5英里长的索道上行，每小时可运送多达3000人次的滑雪者；它还是佛蒙特最高的缆车。在夏秋两季，它呼啸着将来访者送上高山之巅的完美观景地。秋叶节期间，在流淌着黄铜色、红色和金色的五彩树林上空观赏秋叶，那真是梦

幻般的体验。

行驶路上 » 沿着VT 100公路向北行驶24英里至罗切斯特，你将进入田园诗般的怀特河谷。

----

❻ 罗切斯特

罗切斯特（Rochester)是一座一不小心就会错过的低调小镇，其开阔的乡村绿色美景中林立着古老且保存完好的新英格兰宅邸，非常值得停留。这里是体验佛蒙特田园生活的好地方，而且不用像VT 100公路沿途其他城镇那样面

对熙熙攘攘的游客。

在**Sandy's Books & Bakery**（☏802-767-4258；www.seasonedbooks.com; 30 North Main St; 烘培食物和轻食 $3~10；⊙周一至周六 7:30~18:00，周日 至14:00；☏)歇歇脚，这是一家咖啡馆兼书店，很受当地人喜欢。Sandy's的所有东西都是自制的——麦片、硬面包圈和全麦面包——还供应诸如菠菜加蛋饼干、传统希腊式馅饼（Spanakopita)、沙拉和汤等美味。餐桌散落在书架之间，所以非常适合喝杯咖啡休息一下，读几本书或看看佛蒙特当

地产的肥皂。我们敢打赌，你肯定抵不住这里饼干的诱惑。

 见197页

行驶路上 » 继续沿着VT 100 N公路行驶，过了罗切斯特约10英里之后，公路进入保护区狭窄而荒凉的廊道区域。靠左稍作停留，欣赏漂亮的莫斯格伦峡谷（Moss Glen Falls）。继续行驶1英里左右，格兰维尔湾区（Granville Gulf）的小池塘是该州最容易看到驼鹿的地方之一——（看到这些大型动物的最佳时间是黎明或黄昏）。往北行驶5英里，右转进入Covered Bridge Rd，过桥后进入沃伦村。

**另辟蹊径
佛蒙特冰岛马场**

起点：❼ 沃伦和狂河峡谷

冰岛马是世界上最古老、（也有人说）最多才多艺的马种之一。它们性情和善、对人极其友好，而且对于新手来说也相当容易驾驭——如果受了惊吓，它们更倾向于停下来思考（而不是惊慌失措）。**佛蒙特冰岛马场**（Vermont Icelandic Horse Farm；☎802-496-7141；www.icelandichorses.com；3061 N Fayston Rd, Waitsfield；骑马1~3小时 $60~120, 全天 含午餐 $220, 多天骑行 $675~1695；⏱需预约；🅿）位于VT 100公路以西3英里处（柏油路结束，变成了土路），全年面向游客提供1~3小时或全天的短途旅游服务；此外，也有2~5天旅馆到旅馆的骑行跋涉服务（要求具备一定程度的骑行经验）。马场还经营着一家旅馆**Mad River Inn**（☎802-496-7900, 800-832-8278；www.madriverinn.com；Tremblay Rd, Waitsfield；房间 含早餐和下午茶 $115~185；❄🐾），离这里很近。

从沃伦出发，沿VT 100公路向北行驶9英里，跟随马场的路牌即到。

❼ 沃伦和狂河峡谷

甜美的小村沃伦（Warren）是进入佛蒙特风景如画的狂河峡谷（Mad River Valley）的南部入口。峡谷内的河流很受游泳和皮划艇爱好者的欢迎，而周边的山脉则是滑雪爱好者的麦加圣地，他们蜂拥至附近**Sugarbush滑雪度假村**（☎802-583-6300, 800-537-8427；www.sugarbush.com；102 Forrest Dr；缆车票 成人/儿童 $97/77）和**狂河峡谷**（Mad River Glen；☎802-496-3551；www.madriverglen.com；VT 17,

Waitsfield；缆车票 成人/儿童周末 $79/63, 周三 $65/60）的雪坡上。

在村中心热闹的社区聚集地**Warren Store**（☎802-496-3864；www.warrenstore.com；284 Main St；三明治和轻食 $5~9；⏱周一至周六 7:45~19:00, 周日至18:00）稍作停留，商店铺着带波纹的木地板，供应美味的三明治和糕点，前面的门廊是边品咖啡边看《纽约时报》的理想地方。楼上出售珠宝、玩具、佛蒙特休闲服装和各种小玩意儿。楼下能

沃特伯里 本和杰里工厂

晒太阳的露台俯瞰着花岗岩环绕的秀美深水潭。

🍴🛏 见197页

行驶路上 » 继续沿着VT 100公路向北行驶20英里，穿过漂亮的农场，到达沃特伯里（Waterbury）。然后跟随到斯托的路牌，经过横跨I-89洲际公路的天桥，到达本和杰里工厂。

- - - - - - - - - -
线路亮点

❽ 本和杰里工厂

　　不到**本和杰里工厂**（Ben & Jerry's Factory；

📞802-882-2047；www.benjerry.com；1281 VT 100, Waterbury；成人/13岁以下儿童 $4/免费；⏰6月至8月中旬 9:00~21:00，8月中旬至10月中旬 至19:00，10月中旬至次年6月10:00~18:00；♿）走一遭，佛蒙特之旅就不算完整。这家工厂是美国最著名冰激凌的最大制作中心。是的，冰激凌的制作过程非常有趣，但是造访这家工厂还能够让你了解到本和杰里这两个学校里的伙伴是如何从一次$5的冰激凌函授课程起步一步步打造出一家全球

大型企业，以及让这些冰激凌先锋们获得成功的"乐趣就在你面前"的文化大体是怎么回事。游览结束后，你可以享用一份（非常小）免费样品，但如果想大吃一顿的话，就直奔现场的冰激凌店吧。

　　本和杰里冰激凌风味墓园（Ben & Jerry's Flavor Graveyard）坐落于俯瞰停车场的一个小山丘上，园内一排排整齐的墓碑默默地向各种已经退出市场的冰激凌风味致敬，比如Makin' Whoopie Pie和Dastardly

蒙哥马利的廊桥

从斯托出发，沿VT 100公路和VT 118公路向北行驶38英里，就能到达佛蒙特的廊桥之都。双子村庄蒙哥马利（Montgomery）和蒙哥马利中心（Montgomery Center）位于多方水域汇流、充满田园风情的峡谷中，共同拥有7座横跨当地河上的桥梁。位置偏远的克利莫里桥（Creamery Bridge）尤其漂亮，不过要找到它可不容易，这座桥紧邻Hill West Rd，架在瀑布上方，下面就是一个深水潭。

Mash。每一块纪念碑上都镌刻着某种风味的冰激凌在这个星球上的杂货店里所享有的短暂生命周期和一首纪念诗——"安息吧，Holy Cannoli（1997~1998年）！" "再见了，Miss Jelena's Sweet Potato Pie（1992~1993年）！"

行驶路上 » 在沿着VT 100公路上行至富有传奇色彩的滑雪村斯托的过程中，收起因为冰激凌而荡漾的微笑吧，取而代之以开怀大笑。

- - - - - - - - - -

线路亮点

❾ 斯托

精彩迷人的佛蒙特小村斯托（Stowe；建立于1794年）平静而忙碌，位于一个惬意的山谷中。在这里，西布兰奇河（West Branch River）汇入里特尔河（Little River），山脉也敞开胸怀拥抱着天空。坐落于绿山国家森林（Green Mountain National Forest）中的**曼斯菲尔德山**（Mt Mansfield；4393英尺，约1340米）是佛蒙特的最高点，它在远处高耸立着，与斯托社区教堂（Community Church）笔尖形的尖塔遥相呼应，构成了经典的佛蒙特美景。

这里拥有超过200英里的越野滑雪道、位于东南的一些最好的山地自行车道和下坡滑雪道，以及世界级的徒步路线，这对于寻求刺激的运动迷和活跃的家庭游客来说堪称是天然福地。如果你更喜欢购物和品咖啡，那么在村中心悠闲地漫步，也会让你感到心情愉悦。除了冬季雪上运动项目外，**斯托山度假村**（Stowe Mountain Resort；☑888-253-4849, 802-253-3000; www.stowe.com; 5781 Mountain Rd；缆车票 成人/儿童 $124/104）在春夏秋三季还运营**贡多拉高空缆车**（Gondola Sky Rides）、一条**高山滑道**和一条风景优美的汽车**收费公路**，该公路蜿蜒通向曼斯菲尔德山的顶峰。

如果你是《音乐之声》的铁粉，就不要错过山顶上的Trapp Family Lodge（见197页）。该旅馆拥有开阔的景观和丰富多样的活动，例如徒步、马拉雪橇和马车游、讲述家族历史的度假屋团队游（通常由一位特拉普家族成员带领）、在草坪上举办的夏季音乐会，以及特拉普家族啤酒厂（Trapp Family Brewery）现场出产的起泡美酒。

🍴🛏 见197页

食 宿

威尔明顿 ❶

✕ Wahoo's Eatery　　美国菜 $

（☎802-464-0110; www.wahooseatery.
com; VT 9; 三明治和沙拉 $6~9; ⏰5月中旬至9
月中旬 11:00~20:00）这家由家族经营、氛围
友好的路边快餐馆位于威尔明顿以东不足1
英里处，就在VT 9公路上，招牌上写着"我
们欢迎你的到来，享用你的圆面包吧"（We
welcome your business and relish your
buns）。这家开业已久的本土餐馆供应上
好的汉堡（草饲牛肉需要额外加$2），还有
手切炸薯条、自制海螺馅炸饼、卷饼、三明
治、热狗、沙拉和冰激凌。

罗切斯特 ❻

🛏 Liberty Hill Farm　　民宿 $$

（☎802-767-3926; www.libertyhillfarm.
com; 511 Liberty Hill Rd; 房间 含晚餐和早餐 每
位成人/青少年/儿童 $139/82/65）这家位于
罗切斯特南部的劳动农场拥有气派的红色
谷仓，能欣赏怀特河谷的壮阔全景，堪称佛
蒙特经典住所。在这里住宿包含晚餐和早
餐，充分利用了农场花园里采摘的食材，服
务是家族温馨风。其他亮点包括在前面的
门廊休息，熟悉农场动物，品尝农场最新鲜
的乳制品。

沃伦和狂河峡谷 ❼

✕ Peasant　　新派美国菜 $$

（☎802-496-6856; www.peasantvt.com;
40 Bridge St, Waitsfield; 主菜 $23~28; ⏰周四
至周一 17:30~21:00）Peasant 的宣传口号是
"一场简单的盛宴"，可谓名副其实。店内
供应应季美食，食材从农场直接到餐桌，隆
冬时节有丰盛的豆焖肉，夏季有枫糖渍三

文鱼配本土蔬菜。此外，这里还有大量啤
酒、葡萄酒和鸡尾酒可选。它就在村中心那
幢惬意的深蓝灰色房屋内。

🛏 Inn at Round Barn Farm　　旅馆 $$$

（☎802-496-2276; www.roundbarninn.
com; 1661 E Warren Rd, Waitsfield; 房间 含早餐
$179~359; 🛜💻）这家旅馆以邻近的圆形谷
仓（建于1910年）命名，后者是佛蒙特少数
保存下来的正宗谷仓之一。旅馆坚定不移
地走高档风，房间配有古董家具、燃气壁
炉、四柱床和古玩，能欣赏山景。所有房间
都俯瞰草坪和山脉。冬天，住客需要将鞋子
留在门口，这么做是为了保护硬木地板。乡
村风格的早餐分量十足。

斯托 ❾

✕ Hen of the Wood　　新派美国菜 $$$

（☎802-244-7300; www.henofthewood.
com; 92 Stowe St, Waterbury; 主菜 $25~33;
⏰周二至周六 17:00~21:00）这一拥有大厨
的餐馆位于沃特伯里一座古老的谷物磨坊
内，是佛蒙特北部最好的餐馆无疑，从农场
直接到餐桌的美味佳肴富有创意，广受好
评。就餐氛围和食物一样美妙，菜式味道浓
郁，例如烟熏鸭胸肉和羊奶意式饺子。

🛏 Trapp Family Lodge　　度假屋 $$$

（☎800-826-7000, 802-253-8511;
www.trappfamily.com; 700 Trapp Hill Rd; 房间
$225~430; 套 $375~630; @🛜💻）这一
山顶度假屋位于城镇西南3公里处，享有斯
托最美的环境，能看到开阔的田野和山景。
奥地利风格的小屋由玛利亚·冯·特拉普
（Maria von Trapp）建造，她因电影《音乐
之声》而出名（她就是主角的原型）。小屋
拥有传统的度假屋房间，或者你也可以选
择分散在庭院各处的新式别墅或小而温馨
的客房。小屋总占地2700英亩，还组织一流
的徒步游，提供雪鞋和越野滑雪设备。

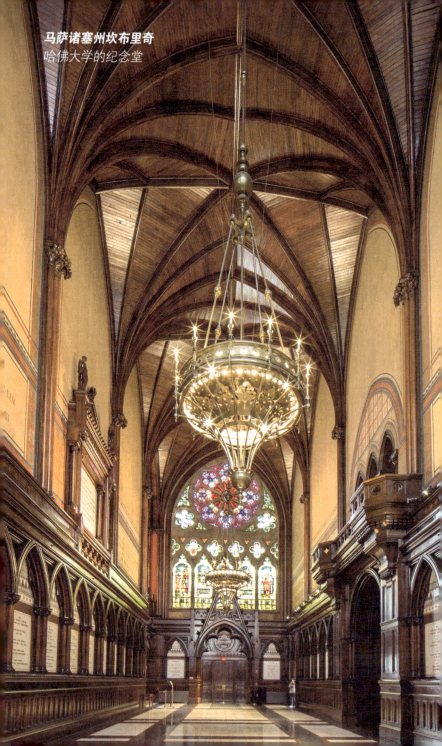

常春藤联盟之旅

14

这是一段历史与教育的旅程，行走于新英格兰的常春藤盟校之间，各种校园之行将带你潜入门内，近距离审视这些美国最伟大的大学。

线路亮点

起点 ① Enfield Shaker Museum
恩菲尔德震颤派博物馆 ━━━ **0 英里**

汉诺威
沿着阿巴拉契亚小径
去往达特茅斯绿地

Concord,New Hampshire
康科德，新罕布什尔州

Lowell
洛厄尔

140 英里 Concord,Massachusetts
康科德，马萨诸塞州 ⑥

坎布里奇
研究哈佛校园里的
"三个谎言"雕像

⑦ ━━━ **199 英里**

普罗维登斯
认识布朗大学——
常春藤联盟中
最喧闹的成员

终点 ⑧

纽黑文
从"坟墓"到公墓，
听起来有点吓人

296 英里

5天
296英里/476公里

最适合

何时去

9月至11月，看看满是学生的校园。

 最佳摄影点

站在约翰·哈佛的塑像旁合影留念，但他却不是哈佛大学的创建者。

☑ **最佳历史景点**

在哈佛之旅中了解美国最古老的大学。

14 常春藤联盟之旅

常春藤联盟之旅最令人惊奇的是什么? 是各个校园独特鲜明的个性, 这种个性与它们所处的环境融为一体。比较一下达特茅斯学院和耶鲁大学吧。达特茅斯面带稚气, 新罕布什尔州的郊野清风拂面而来; 耶鲁则宛如一块飞地, 以哥特式的建筑抵御着纽黑文的城市喧嚣。然而, 所有这些学校都拥有一个共同的特点, 那就是充满活力、面貌各异、勤奋探索的学子们, 他们会颠覆你对象牙塔中天之骄子的固有印象。

线路亮点

❶ 汉诺威

当每年的第一场大雪降临**达特茅斯学院**(Dartmouth College; ☎603-646-1110; www. dartmouth.edu), 一封电子邮件在整个校园传开, 号召每个人都前往中央**绿地**(Green)来一场午夜雪球大战。绿地还是达特茅斯**冬季狂欢节**(Winter Carnival; ☺2月)期间摆放精美冰雕的场地。狂欢节一年一度, 为期一周, 已有100多年的历史了。

绿地北面是**贝克·贝瑞图书馆**(Baker Berry Library; ☎603-646-2560; 25 N Main St; ☺周一至周五 8:00至次日2:00, 周六和周日 10:00至次日2:00), 馆中有一幅气势非凡

的壁画, 名为《美洲文明史诗》(*The Epic of American Civilization*)。壁画由Jose Clemente Orozco绘制, 追溯了从阿兹特克(Aztec)时代一直到现代的美洲文明历程。16:00, 顺道在附近的**桑伯恩图书馆**(Sanborn Library; Dartmouth College; ☺每天 8:00至午夜, 下午茶 周一至周五16:00)稍作停留, 在那里, 整个学年都有茶水供应, 只需10¢就可以享用。这个传统是为了纪念19世纪的一位英语教授, 他喜欢邀请学生们边聊天边喝下午茶。如果想获得一次学生导览的免费校园**徒步游**(☎603-646-2875; 6016 McNutt Hall, 10 N Main St), 请前往位于绿地西侧McNutt Hall 2楼的招生办

公室。可打电话或上网确认出发时间。

达特茅斯的**胡德艺术博物馆**(Hood Museum of Art; ☎603-646-2808; hoodmuseum.dartmouth.edu; 6 E Wheelock St; ☉周二和周四至周六 10:00~17:00,周三至21:00,周日 正午至17:00)内有将近70,000件收藏品。目前因修缮关闭,要到2019年初才重新开馆。藏品中美洲物品,包括原住民艺术品在内,尤其丰富。馆藏的一大亮点是一套可追溯至公元前9世纪的亚述人(Assyrian)浮雕。

从博物馆出来,左拐进入E Wheelock St,走向Hanover Inn。很快你就会走过从市中心穿过的**阿巴拉契亚小径**(Appalachian Trail)。从这里到缅因州的卡塔丁山(Mt Katahdin)有431英里的路程。

✕ 见207页

 你也可以

11 **罗得岛州: 东海湾**
从普罗维登斯绕个道,驾车游览东海湾。

13 **佛蒙特之脊: 100号公路**
在汉诺威南面,取道US 4公路向西,进入纪灵顿附近的Rte 100公路。

行驶路上 » 从汉诺威（Hanover）出发，沿着NH 120 E公路到达I-89 S州际公路。走117号出口上NH 4 E公路，到NH 4A公路。右拐，沿着NH 4A公路行驶3.5英里到达博物馆。

---

❷ 恩菲尔德震颤派博物馆

恩菲尔德（Enfield）震颤派的原址同当今的大学校园形成了鲜明的对比。事实上，除了要求一群非亲非故的人住在一起这一点以外，这二者有着天差地别的不同。但是，到此一游会很受启发。恩菲尔德震颤派原址位于一个可俯瞰马斯科马湖（Mascoma Lake）的山谷中，其历史可追溯到18世纪晚期。在它的巅峰时期，大约有300名成员住在恩菲尔德。农夫和工匠们建造了颇有气势的砖木建筑，收留改宗者、孤儿和穷人的孩子——这对震颤派（Shaker；基督教新教派别）的发展极其重要，因为在这个严守清规的和平主义社区中，性生活是不被允许的。到20世纪早期，社区走向了衰落，最后一户家庭于1917年离开这里。

恩菲尔德震颤派博物馆（Enfield Shaker Museum；☏603-632-4346; www.shakermuseum.org; 447 NH 4A; 成人/儿童/青年 $12/3/8; ⊙4月至12月下旬 周一至周六 10:00~16:00, 周日 正午至16:00）以巨石屋（Great Stone Dwelling）为中心，这是震颤派建造过的最大住宅。除此以外，你还可以探索花园和庭院，导游或许会让你敲敲屋顶的钟。感兴趣的游客可以在建筑的3楼或4楼过上一夜。**宿舍**（☏603-632-4346; www.shakermuseum.org/staywithus.htm; 447 NH 4A, Enfield; 标单/双/标三 $110/135/160; ☎）中陈设着震颤派风格（Shaker-style; 也称沙克尔风格）的传统家具，没有电视或电话，但是有Wi-Fi。

行驶路上 » 返回I-89州际公路。行驶54英里后，取道I-93 N州际公路北行3英里，由15W出口离开，转到I-393 E州际公路。之后，在1号出口下来，按照路标的指示继续行驶。

---

❸ 康科德，新罕布什尔州

康科德（Concord, New Hampshire）是新罕布什尔州（New Hampshire）的首府，是个整洁有序的城市，其宽阔的主街（Main St）上矗立着引人注目的**州议会大厦**（State House; ☏603-271-2154; www.gencourt.state.nh.us; 107 N Main St; ⊙周一至周五 8:00~16:00）。这是一幢19世纪的花岗岩大厦，最上面是闪闪发光的穹顶。

新罕布什尔州的中学教师克里斯塔·麦考利夫（Christa McAuliffe）被选中成为美国第一位教师宇航员，并在**麦考利夫-谢**巴德发现中心（McAuliffe-Shepard Discovery Center; ☏603-271-7827; www.starhop.com; 2 Institute Dr; 成人/儿童 $10/7; ⊙6月中旬至9月上旬 每日 10:30~16:00, 其余时间 周五至周日）里为人们所尊敬与纪念。她于1986年1月28日死于"挑战者号"航天飞机的爆炸事故。这个博物馆还纪念了新罕布什尔州本地人艾伦·B.谢巴德（Alan B Shepard），他是美国航空航天局精英团队"Mercury"（水星）的一员，并且于1961年成为美国第一位航天员。馆内引人入胜的展览记录了他们的

康科德，新罕布什尔州 议会大厦

生活，展示了万众瞩目的航天、地球及太空科学。另外，这里还有一个天文馆。

🍴 见207页

行驶路上 » 返回I-93 S州际公路，经过曼彻斯特，之后进入马萨诸塞州。沿着I-495 S州际公路朝洛厄尔进发。

- - - - - - - - - - - - -

❹ 洛厄尔

在19世纪早期，洛厄尔（Lowell）的纺织厂就生产出无数的布匹，而工厂的动力来源就是波塔基特瀑布（Pawtucket Falls）丰富的水力。今天，有轨电车和运河船只将市中心的各处历史建筑连接了起来，其中就包括洛厄尔国家历史公园（Lowell National Historic Park）。该公园让人们得以一瞥19世纪工业城镇的工作情景，非常吸引人。第一站先到**Market Mills Visitors Center**（☎978-970-5000；www.nps.gov/lowe；246 Market St；⊙5月下旬至10月上旬 9:00~17:00），在这个游客中心里取一份地图，了解一下展览概况。随后沿着河流向东北走5个街区，到**布特棉纺博物馆**（Boott Cotton Mills Museum；☎978-970-5000；www.nps.gov/lowe；115 John St；成人/儿童 $6/3；⊙5月下旬至10月上旬 9:30~17:00；🅿）看看记录了洛厄尔工业革命兴衰的展品，它们体现了技术的变革、劳动力的流动和迁徙。行程的亮点是一个还在运转的纺织车间，内有88台动力织机。而一个关于**纺织女工和移民**（Mill Girls & Immigrants；40 French St；⊙5月下旬至10月上旬 13:30~17:00，6月中旬至9月上旬 11:00起）的特展，则审视了劳动者的生活。此外，在城镇周围的其他历史建筑中，也不时会推出季节性的展览。

行驶路上 » 取道Lowell Connector上US 3公路，向南行驶。在比勒利卡（Billerica）下来，

驶入Concord Rd。沿Concord Rd（MA 62公路）继续向南行驶，穿过贝德福德（Bedford）。这条路在之后就变成了Monument St，一直延伸到康科德市中心的纪念碑广场（Monument Sq）。瓦尔登湖（Walden Pond）就在纪念碑广场以南约3英里处，沿MA 2南面的Walden St（MA 126）可以到达。

❺ 康科德，马萨诸塞州

在康科德（Concord, Massachusetts），高耸的白色教堂尖塔俯视着古老的橡树，为这个城镇笼上了一层庄严气氛，掩盖了数世纪之前发生在这里的美国革命大戏。所以，这也不难理解，在19世纪时为什么众多作家都在这里找到了灵感。

拉尔夫·沃尔多·爱默生（Ralph Waldo Emerson）是康科德文学界的泰斗、超验主义运动（类似"美国文艺复兴"，是美国当时的文学和哲学运动）的创始人。凑巧的是，他也是哈佛大学的毕业生。他居住了将近50年的房子，现在成了**拉尔夫·沃尔**

关于哈佛的一切

想了解更多吗？那就参加非官方的**哈佛之旅**（Harvard Tour; Trademark Tours; ☎855-455-8747; www.harvardtour.com; 现场买票 成人或儿童 $12, 网络购票 成人/儿童 $9.95/8.50），从消息灵通的学生那里探求更多的内情吧。

多·爱默生纪念故居（Ralph Waldo Emerson Memorial House; ☎978-369-2236; www.facebook.com/EmersonHouse Concord; 28 Cambridge Turnpike; 成人/儿童 $9/7; ⊙周四至周六 10:00~16:30, 4月中旬至10月 周日 13:00~16:30）。当年，爱默生常常在这里招待他那些著名的朋友。

在他的朋友中，有一位名叫亨利·戴维·梭罗（Henry David Thoreau; 也是哈佛毕业生），他将超验主义运动的思想付诸实践，在**瓦尔登湖**（Walden Pond; ☎978-369-3254; www.mass.gov/dcr; 915 Walden St; 停车 $15; ⊙黎明至黄昏）的湖畔小木屋中生活了两年之久。这个冰冷的湖泊现在成了一个州立公园，周围环绕着大片的森林。一条步行小径环绕着湖泊，向东北延伸至梭罗小屋所在的地方。

行驶路上 » 取道MA 2公路向东，去往它的终点坎布里奇。左转进入Alewife Brook Pkwy（MA 16公路），之后右转，上Massachusetts Ave，进入哈佛广场（Harvard Sq）。停车位供

WALTER BIBIKOW / GETTY IMAGES ©

不应求，但通常可以在坎布里奇公园（Cambridge Common）周边的街道上找到一个车位。

线路亮点

❻ 坎布里奇

原本为了培养牧师而于1636年建立的**哈佛大学**（www.harvard.edu; Massachusetts Ave; 团队游 免费）是美国最古老的高等学府。大学的地理中心是**哈佛园**（Harvard Yard），在这里，就连红砖建筑和落叶覆盖的小径都散发着学术的气息。想要感受最强的视觉

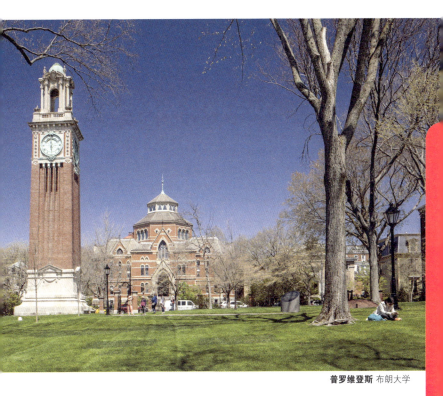

普罗维登斯 布朗大学

冲击力，那就由熟铁锻造的约翰斯顿大门（Johnston Gate）进入哈佛园。大门的两边是校园中最古老的两座建筑：**哈佛大楼**（Harvard Hall）和**马萨诸塞州大楼**（Massachusetts Hall）。

哈佛园中的焦点是**约翰·哈佛雕像**（John Harvard statue），由Daniel Chester French创作。雕像上面镌刻着"约翰·哈佛，哈佛大学的创立者，1638年"，它通常被称作"三个谎言雕像"（Statue of three lies）：约翰·哈佛并不是哈佛大学的创立者，而是它的第一位捐赠者；哈佛大学事实上建立于1636年；雕像所刻画的人物甚至不是哈佛先生本人！这个象征物几乎完全没有践行这所大学的座右铭——求真（Veritas）。

众多梦想考入哈佛大学的学生都会摸摸雕像那闪闪发亮的脚来求取好运，殊不知校园里的调皮鬼们对待此处就如同小狗对待消防栓一样。

那么，哈佛大学最精华的究竟是什么呢？建筑？历史？有人认为，是它的地理位置。充斥着咖啡馆和小酒馆、书店和唱片店、街头音乐家和马路画家、乞丐和教授的**哈佛广场**（Harvard Square），奔涌着无限的能量、创造力以及特立独行的精神——而所有这一切，都集中于大学和河流之间的几条街道上。花上一个下午，逛逛书店，听听唱片，再试穿一下复古服装，然后找一家当地的咖啡馆消磨时光吧。

✕ 🛏 见207页

行驶路上 » 进入Memorial Dr，沿着查尔斯河（Charles River）向东行驶。在Western Ave过河，跟着路标的指示去往I-90 E州际公路（需要支付过路费）。

穿过隧道［声名狼藉的Big Dig（干线改道和隧道工程）的产物］后汇入I-93 S州际公路。沿I-93 S州际公路至I-95 S州际公路，继续开往普罗维登斯。

- - - - - - - - - -

线路亮点

❼ 普罗维登斯

学院山(College Hill)耸立于普罗维登斯河(Providence River)的东面，**布朗大学**(Brown University；☏401-863-1000；www.brown.edu)就坐落于它的上面，它是暴躁的新英格兰大家庭中吵吵闹闹的幼子。在哈佛和耶鲁这两个大哥哥小心翼翼地维护着自己公众形象的同时，大家庭中的这匹"害群之马"却以自己坚定的自由主义精神为傲。布朗大学建立于1764年，是第一个在招生时完全不考虑宗教信仰的美国大学，它还在2001年首次任命了一位非洲裔美国女性Ruth Simmons为校长。尽管只有区区700名教职员工，但已有5位布朗大学教授和2位校友获得了诺贝尔奖。

校园里共有235座建筑，被划分为Main Green和Lincoln Field两大部分。从College St上的铸铁大门

Van Wickle Gates进入，校园中最古老的建筑是**大学堂**(University Hall)，这是一座建于1770年的砖结构大楼，在美国独立战争期间曾被用作兵营。免费的校园团队游从**布朗大学招生办公室**（Brown University Admissions Office；☏401-863-2378；www.brown.edu/admission；Corliss Brackett House,45 Prospect St)开始。

🍴 🛏 见179、207页

行驶路上 » 取道Memorial Blvd出普罗维登斯，转到I-95 S州际公路。这条两侧树木成行的州际公路令人心情愉悦，跟随它绕过格罗顿(Groton)、老莱姆(Old Lyme)、吉尔福德(Guilford)和麦迪逊(Madison)，或许你会想在中途停下来喝点咖啡或吃点小吃。在47号岔路口出来，进入纽黑文市中心区。

- - - - - - - - - -

线路亮点

❽ 纽黑文

有着华丽哥特式校园的耶鲁大学是美国第三古老的高等学府。建议到**耶鲁大学游客中心**(Yale University Visitor Center；☏203-432-2300；visitorcenter.yale.edu；149

Elm St；⏲周一至周五 9:00～16:30，周六和周日 11:00～16:00)取一份免费地图，或者参加一个1小时的免费团队游。

团队游将历史与学院故事完美地融为一体，途经多处出色的纪念物，其中包括耶鲁最高的建筑**哈克尼斯塔**(Harkness Tower)。但是，导游不会提到分散在校园各处的"坟墓"。不，它们里面没有尸体，它们是高年级学生的秘密活动地点。其中最臭名昭著的坟墓是**骷髅会**(Skull & Bones Club；64 High St)的大本营。这个组织成立于1832年，它的成员名单读起来宛如过去两个世纪中位高权重的政客和金融家的名人录。

为了迎接将会再度降临的基督，清教徒神父们于1638年设计建造了纽黑文开阔的**绿地**(Green)，自那之后，这里一直是这座城市的精神中心。后来，这里成为市区墓地，坟墓在晚些时候被迁至格罗夫街墓地(Grove St Cemetery)，绿地上建立起几座议会大厦和一系列教堂，其中三座保存至今。

🍴 🛏 见159、207页

食宿

汉诺威 ❶

✕ Lou's Restaurant & Bakery
美式小馆

（☎603-643-3321; www.lousrestaurant. net; 30 S Main St; 主菜 $9~15; ⏰周一至周五 6:00~15:00,周六和周日 7:00~15:00）汉诺威最古老的一家餐馆,从1947年开始就已经成为达特茅斯学院的一部分,至今还总是坐满了学生。建议在复古餐桌或胶木台面的柜台点一份招牌美味,例如鸡蛋、三明治和汉堡。全天供应早餐,特别推荐这里的烘培食品（周一至周六,面包房一直营业到17:00）。

康科德,新罕布什尔州 ❸

✕ Granite Restaurant and Bar
新派美国菜 $$

（☎603-227-9005; www.graniterestaurant. com; 96 Pleasant St; 午餐主菜 $11~19, 晚餐主菜 $15~34; ⏰周一至周四 7:00~10:00, 11:30~14:30 和17:00~21:00,周五和周六 至22:00,周日 7:00~14:30和17:00~20:00）Granite位于一幢带塔楼的维多利亚式气派建筑内,全天供应精美的新派美国菜,早餐有烟熏火鸡和甜土豆泥,午餐有柠檬罗勒蒜泥蛋黄酱配蟹肉饼三明治,晚餐有兔肉炖汤。

坎布里奇 ❻

✕ Café Pamplona
咖啡馆 $

（www.cafepamplona.weebly.com; 12 Bow St; ⏰11:00~23:00; ☎）这家朴实无华的欧式咖啡馆位于背街小巷一个温馨的小地下室中,是坎布里奇居民的所爱。在茶和咖啡之外,Pamplona还提供可口的小吃,比如西班牙凉菜汤（gazpacho）、三明治和意大利式脆饼（biscotti）。

🛏 Irving House at Harvard
客栈 $$

（☎617-547-4600; www.irvinghouse. com; 24 Irving St; 房间 带/不带浴室 $255/155 起; ℗✳@☎）这家让人宾至如归的酒店,欢迎最想远离喧嚣的旅客。44间客房大小不一,大玻璃窗采光良好。砖砌的地下室洋溢着小酒馆式的氛围,你可以在这里翻阅书籍,计划行程或者享用免费的欧式早餐。

普罗维登斯 ❼

✕ Louis Family Restaurant
美式小馆

（☎401-861-5225; www.louisrestaurant. org; 286 Brook St; 主菜 $4~9; ⏰5:00~15:00; ♿）早点起床,赶在学院山其余地区醒来之前到这里,你可以看到睡眼惺忪的学生和木匠吃着草莓香蕉薄饼,喝着滴漏咖啡,这是他们最喜爱的平价小餐馆。

纽黑文 ❽

✕ Frank Pepe
比萨 $

（☎203-865-5762; www.pepespizzeria. com; 157 Wooster St; 比萨 $7~29; ⏰周日至周四 10:30~22:00,周五和周六 至23:00; ☑♿）Pepe's宣称能烤出“美国最好的比萨”,而它已经三次赢得这一头衔了。这家餐馆用煤炉烘烤出的馅饼非常好吃,自1925年以来,味道始终不变。他们分店的水准不太稳定。白蛤蜊比萨很受好评。店里只接受现金。

🛏 New Haven Hotel
酒店 $$

（☎800-644-6835; www.newhavenhotel. com; 229 George St; 双 $169起）这一位于市中心的醒目酒店装修风格简练,性价比高。它位于一座建于20世纪中期的漂亮砖楼内,有明亮、现代化的公共区域,客房有通风的大窗,干净的织物,深色木制家具和极为惬意的床。这里房费合理、极受欢迎,需提早预订。

阿卡迪亚国家公园
醉人的湖景

阿卡迪亚小道

15

对于探险者而言，芒特迪瑟特岛其乐无穷——山地徒步，沿海划皮划艇，林地自行车骑行，观鸟。探险完毕后，不妨就躺在沙滩上看看星星，放松一下。

线路亮点

68 英里
巴尔港
在这个学院风小镇里购物、用餐、大吃冰激凌

Hulls Cove
Vistor Center
赫尔湾游客中心
起点

Sieur de
Monts Spring
西厄尔德芒茨泉

30 英里
马车道
自行车爱好者和步行爱好者对这些没有车辆通行的小道情有独钟

Precipice Trail
悬崖步道

Schoodic
Peninsula
斯库迪克半岛
终点

Beehive Trail
& Sand Beach
蜂巢小径和桑德海滩

Bass Harbor
Head Lighthouse
巴斯港头灯塔

18 英里
乔丹湖餐厅
徒步后，热膨松饼和茶堪称绝配

凯迪拉克山
登高观赏日出日落

24 英里

3天
112英里/180公里

最适合

何时去
5月至10月，丽日晴空，设施完全开放。

最佳
摄影点

在凯迪拉克山上捕捉海上日出全景。

最佳
户外活动

徒步攀登"阶梯小径"，挑战陡峭山崖。

15 阿卡迪亚小道

自驾者和徒步者都应该感谢小约翰·D.洛克菲勒 (John D Rockefeller Jr) 和其他富有的土地所有者，因为是他们建起漂亮的桥梁、观景台和石阶，赋予了阿卡迪亚国家公园一种艺术美。尤其是洛克菲勒，他和建筑师、石匠们一道辛勤工作，以确保基础设施和自然景观能够相辅相成。如今，你可以驾着车环游漂亮的公园环线路，但只要有机会，一定要体验一下步行和骑自行车探索。

❶ 赫尔湾游客中心

哇，哇，哇! 沿着ME 3公路到达巴尔港 (Bar Harbor) 之前，记得去一趟**赫尔湾游客中心** (Hulls Cove Visitor Center; ☎207-288-8832; www.nps.gov/acad; ME 3; ⏱4月中旬至6月、9月和10月 8:30~16:30，7月和8月 8:00~18:00) 了解一下地形并购买门票。进门后，直接去看大型的立体模型，它能够让你对芒特迪瑟特岛 (Mt Desert Island, 简称MDI) 有一个全面直观的了解。如

你所见,几个非公园社区与阿卡迪亚国家公园(Acadia National Park)共享这个岛屿,并不时与公园的边界交错相接。

从游客中心出发,进入公园最好的办法就是沿27英里长的**公园环路**(Park Loop Rd)行驶,这条路连接起芒特迪瑟特岛东部区域的亮点。绝大多数路段是单行道(按顺时针方向游览)。

行驶路上 » 从游客中心出发,右转进入Park Loop Rd,而非ME 3公路(通向巴尔港)。饱览一番位于左侧的弗兰奇曼湾(Frenchman Bay)的美景,然后行经山坡后走ME 233公路。开出不远即左拐,开始在Park Loop Rd上单向环行。

你也可以

9 **新英格兰海岸**
要观赏更多的新英格兰海岸风景,沿着I-95州际公路向南去往格洛斯特。

14 **常春藤联盟之旅**
走I-95州际公路向南行至奥古斯塔(Augusta),然后向西进入新罕布什尔州。取道I-93州际公路北向和I-91州际公路南向前往汉诺威。

❷ 西厄尔德芒茨泉

自然爱好者和对历史感兴趣的人会很乐意在西厄尔德芒茨泉(Sieur de Monts Spring)区域(位于ME 3公路和Park Loop Rd交叉口)停留。这里有一个自然中心,还有只在夏季开放的**阿贝博物馆**(Abbe Museum; ☎207-288-3519; www.abbemuseum.org; ME 3 & Park Loop Rd;成人/儿童 $3/1; ⊙5月下旬至10月10:00~17:00)的分馆,后者享有葱郁的自然环境。**阿卡迪亚野趣花园**(Wild Gardens of Acadia; Park Loop Rd & ME 3)展出了阿卡迪亚12类生物圈的迷你模型,有沼泽、松林和草坪。植物爱好者一定会喜欢这里的植物标牌。这里还有些很迷人的石阶小径,从岩砾中冒出来,很是神奇。

行驶路上 » 如果你不打算走完公园环线的全程,可以从这里出发,沿ME 3公路前往巴尔港。争取走完全程吧,你不会后悔的。

❸ 悬崖步道

最令人兴奋的鸟瞰公园美景的方法是什么?攀爬到小鸟栖息的地方就行。两条"阶梯小径"(ladder trail)缘着Park Loop Rd东北部光秃秃的悬崖而上,被称为Ocean Dr。如果你的身体没有问题,且季节合适,可以尝试第一条阶

梯小径,挑战1.6英里的悬崖步道(Precipice Trail)。这条步道循着铁梯和台阶,在尚普兰山(Champlain Mountain)东侧向上延伸。注意:这条步道通常在春末至8月中旬期间关闭,因为它是游隼的筑巢处。关闭期间,你或许能看到志愿者和公园工作人员在步道尽头的停车场用瞭望镜观察鸟类。雨天不要攀爬步道。

行驶路上 » 沿着公园环路Park Loop Rd向南行驶。蜂巢小径的起点在桑德海滩停车场以北100英尺(约30米)处。

❹ 蜂巢小径和桑德海滩

另一条出色的阶梯小径是蜂巢小径(Beehive Trail)。向上攀登的0.8英里路程中有铁梯、台阶、数座狭窄的木桥和需要攀爬的陡峭急坡。与悬崖步道一样,我们推荐你从附近的步行路线下来,而不是原路爬下来。

不要因为人群而远离桑德海滩(Sand Beach)。公园屈指可数的几处多沙海岸线之一就在这里,更何况它本身就是一个不容错过的景点。但不一定非得在大白天赶去见识它的魅力。要避开人群,你可以在大清早去,也可以在夜晚去,**沙滩星空**(Stars over Sand Beach)更是个非常不错的

游览项目，在1小时的免费讲解中，你可以躺在沙滩上仰望星空，倾听管理员分享有关星星的故事和知识。如果错过了讲述游览，那么Ocean Dr沿线的东部海岸线也值得夜间一游，那时，你可以看银河落下九天，汇入大海。

行驶路上 » 向南驶过雷鸣洞（Thunder Hole）的拍岸海浪。如果你想离开环线，那就右拐进入Otter Cliff Rd，它连接着向北通往巴尔港的ME 3公路。不然就经过奥特角（Otter Point），沿着内陆的公路穿过怀尔德伍德马厩（Wildwood Stables）。

线路亮点

⑤ 乔丹湖餐厅

如果想和其他自然爱好者分享徒步旅行的故事，可以去如度假屋一般的**乔丹湖餐厅**（Jordan Pond House; ☑207-276-3316; http://acadiajordanpondhouse.com; Park

最佳建议
公园班车

每年夏季，数百万游客涌进公园，交通和停车都会让人头疼。抵达公园后，先驾车走Park Loop Rd，观赏迷人美景、体验自驾乐趣。接下来就把开车的活儿交给别人吧：搭上凭公园门票即可免费乘坐Island Explorer（www.exploreacadia.com）。班车经过的9条线路将游客与小径、马车道、海滩、露营地以及城内各处目的地连接起来。班车上甚至还允许放山地自行车。

Loop Rd; 茶和松饼 $11, 主菜$11~33; ⏱5月中旬至10月中旬 11:00~21:00）。自19世纪末起，下午茶就成了餐厅的一项传统。一壶壶热腾腾的伯爵红茶配着热乎乎的热膨松饼（popover; 用鸡蛋牛奶面粉糊做的空心卷），外加草莓酱。可以在远眺湖面的宽大草坪上进餐。天气晴朗时，176英亩的乔丹湖湖面如明镜般倒映着佩诺布斯科特山（Mt Penobscot）的倩影。享用过茶点后，可以沿着3.2英里的自然步道环湖游。

行驶路上 » 向北行驶约2英里，从停车处眺望South Bubble峰上危立的岩石。继续向北行驶进入Cadillac Mountain Rd。

线路亮点

⑥ 凯迪拉克山

离开公园之前，一定要开车——或者徒步——到海拔1530英尺（约466米）

的凯迪拉克山（Cadillac Mountain）山顶。要欣赏弗兰奇曼湾（Frenchman Bay）全景，可以沿着0.5英里长的**凯迪拉克山顶环线**（Cadillac Mountain Summit loop）步行。清晨，山顶总是聚满了人，因为长期以来，这里被认为是美国最早看到日出的地方。真的假的? 真的! 但只在10月7日到次年3月6日期间。其余时间，美国日出最早的地方变成北海岸的城镇，因为地球是倾斜的。可无论如何，看日落总是个不错的选择。

行驶路上 » 美景令人沉醉，走

巴斯港头灯塔 摄影爱好者的最爱

完环线后离开公园，前往住宿地或者下一个目的地。不过可以考虑找个停车场，探索步行路线，或者前往巴尔港，租辆自行车。

线路亮点

❼ 马车道

作为一名老式马车的爱好者，小约翰·D.洛克菲勒为阿卡迪亚留下了约45英里(72公里)长、纵横交错的马车道。这些道路以碎石铺就，禁止机动车辆通行，是自行车骑行者、徒步者和骑马者的乐土。其中好几条道路都是以乔丹湖餐厅为中心辐射开去的，但是如果这个地方过于拥挤，也可以沿着US 233公路继续北行至鹰湖(Eagle Lake)的停车区，从那里进入马车道路网。如果你计划一路骑行探索，那么在6月下旬至9月期间有自行车快捷班车(Bicycle Express Shuttle)从巴尔港的Village Green驶往鹰湖。在游客中心取一份马车道使用者地图(Carriage Road User's Map)备用。

行驶路上 » 还在一心想着出航？在前往阳光明媚的巴尔港前，先绕个道吧：沿着ME 233公路朝芒特迪瑟特岛西部前进，接入ME 198公路西段，在ME 102公路往南转，驶向西南港(Southwest Harbor)。经过回音湖海滩(Echo Lake Beach)和西南港后左右拐进入ME 102A公路，爬一段陡峭的坡路后回到防波堤附近的公园。

❽ 巴斯港头灯塔

芒特迪瑟特岛上只有一座灯塔——巴斯港头灯塔(Bass Harbor Head Lighthouse)，它位于公园西南端的平静小村巴斯港(Bass Harbor)里。这座建于1858年的灯塔高36英尺（约11米），至今仍装有1902年的菲涅尔（Fresnel）透镜。它优越的地理位置深受摄影者的青睐。灯塔是海岸警卫队的驻地，因此不能进入，但可以拍照。你还可以沿着灯塔附近两条易行的小径去海岸漫游。**海港小径**（Ship Harbor Trail）是一条长1.2英里的环路；**仙境小径**（Wonderland Trail）则是一条往返1.4英里的小路。它们是穿过树林前往海岸的绝佳路线，而且与Ocean Dr旁的海岸相

比，这里的海岸风景截然不同。

行驶路上 » 你需要走一段棒棒糖似的环形路线，返回ME 102A前往ME 102公路，途中穿过巴斯港。沿着ME 102公路和ME 233公路前往巴尔港。

- - - - - - - - - -

线路亮点

9 巴尔港

　巴尔港（Bar Harbor）位于阿卡迪亚群山之下的崎岖海岸上，这里既是一个繁忙的交通枢纽，又是一个讲

求生活情趣的城镇。餐厅、酒馆和精品店散布于Main St、Mt Desert St以及Cottage St这些街道上。商店出售的物品从书籍到露营装备再到手工艺品和艺术品，一应俱全。如想欣赏与缅因州美洲原住民传统有关的迷人自然文物展，就要去参观**阿贝博物馆**（Abbe Museum；207-288-3519；www.abbemuseum.org；26 Mount Desert St；成人/儿童 $8/4；5月至10月 10:00~17:00，11月至次年4月 周四至周六 10:00~16:00）。馆内

岛屿游览须知

阿卡迪亚国家公园
位置和费用

　自驾入园费用为每车$25（包括乘客在内），摩托车费用为每辆$20，步行或骑行者费用为每人$12。门票的有效期7天。

露营

　芒特迪瑟特岛上有两处淳朴的露营地，合计有近500个帐篷位。两处露营地都林木茂密且靠近海岸，预约很重要（冬季的Blackwoods除外）。**Seawall**（877-444-6777；www.recreation.gov；668 Seawall Rd, Southwest Harbor；帐篷位 $22~30，房车位 $30；5月下旬至9月）位于西南港以南4英里处，在芒特迪瑟特岛"安静的一侧"。而**Blackwoods**（877-444-6777；www.recreation.gov；ME 3；帐篷和房车位 $30；全年）更靠近巴尔港，就在其以南5英里处，靠近ME 3公路。

巴尔港和芒特迪瑟特岛

　旅行之前，先通过**阿卡迪亚接待中心**（Acadia Welcome Center；207-288-5103，800-345-4617；www.acadiainfo.com；1201 Bar Harbor Rd/ME 3, Trenton；5月下旬至10月中旬 周一至周六 9:00~17:00，周日 10:00~16:00，4月中旬至5月和10月中旬至11月 周一至周五 9:00~17:00）的网站查询住宿相关信息。该网站由巴尔港商会（Bar Harbor Chamber of Commerce）管理。工作人员还可以给你邮寄一份游客指南。另外，你也可以亲自到接待中心索取住宿手册和地图，并了解当地信息。接待中心位于Trenton通往芒特迪瑟特岛的桥的北侧。巴尔港市内也有一家**游客中心**（Acadia Welcome Center；207-801-2558，800-345-4617；www.barharborinfo.com；Main St和Cottage St交叉路口；6月中旬至9月 8:00~20:00，9月至次年6月中旬 9:00~17:00）。

巴尔港 挂满浮标的海滨餐馆

藏品超过50,000件,如陶器、工具、梳子以及捕鱼网具等,也有当代的物件,时间跨度足有2000年。(西厄尔德芒茨泉设有一个规模较小的分馆,只在夏季开放。)

看够了博物馆,那就用下午剩余的时间或傍晚时光来探索海边区域吧,在巴尔港报名参加半日或日落皮划艇之旅是个不错的选择。

National Park Sea Kayak Tours(📞800-347-0940; www.acadiakayak.com; 39 Cottage St; 半日游 $52; ⊙5月下旬至10月中旬)和**Coastal Kayaking Tour**(📞207-288-9605; www.acadiafun.com; 48 Cottage St; 2.5小时/4小时/全天游 $43/53/84; ⊙5月至10月)都提供沿着崎岖海岸线展开的导览游。

✕ 🛏 见217页

行驶路上 » 公园里还有你没探索过的地方。要去那里,你得行驶44英里(沿Rte 3公路往北驶

入US 1公路,前行17英里后进入ME 186 S公路)。ME 186公路经过冬港(Winter Harbor)后接入Schoodic Point Loop Rd。这段路单程约需1小时。另一个选择是在Bar Harbor Inn旁的码头上搭乘一艘Downeast Windjammer渡船。

----

⑩ 斯库迪克半岛

斯库迪克半岛(Schoodic Peninsula)是阿卡迪亚国家公园中唯一属于大陆的部分。它还是Schoodic Point Loop Rd的所在地,这条环路崎岖不平、林木茂密,能眺望到芒特迪瑟特岛和凯迪拉克山的壮丽景观。比起芒特迪瑟特岛,你更有可能在这里看到驼鹿(Moose)——什么驼鹿会想要过桥呢?

公路的大部分路段是单行道。靠近入口处有一个很棒的**露营地**(📞877-444-6777; www.recreation.gov; 露

营地 $22~40; ⊙5月下旬至10月中旬),**弗雷泽角**(Frazer Point)有一片野餐区。沿着环路继续前行,右转很快就能来到**斯库迪克角**(Schoodic Point),这是一个440英尺(约134米)高的海岬,坐拥海景。

由冬港开始,整条环路长11.5英里,经过公园、城镇和州内公路。如果计划乘渡轮前往,可以提前在**Bar Harbor Bicycle Shop**(📞207-288-3886; www.bar-harborbike.com; 141 Cottage St; 租金 每日 $25~50; ⊙8:00~18:00)租一辆自行车——Park Loop Rd路面平坦,坡度也很平缓,非常适合骑行。

7月和8月,Island Explorer的Schoodic班车从冬港出发前往半岛渡轮码头,然后沿着Park Loop Rd行驶。班车不到巴尔港。

食宿

巴尔港 ⑨

✕ Mount Desert Island Ice Cream
冰激凌 $

（☎207-801-4006；www.mdiic.com；325 Main St；冰激凌 $4~6；⏱6月至8月 11:00~23:00，9月至22:00，4月、5月和10月营业时间缩短）这家冰激凌店是享受另类冰激凌口味的好去处，就在Firefly Lane 7号，Village Green旁。

✕ 2 Cats
早餐 $

（☎207-288-2808；http://twocatsbarharbor.com；130 Cottage St；主菜 $9~15；⏱7:00~13:00；♿）周末时，人们在这家洒满阳光、具有艺术气息的小咖啡馆前排起长队，只为享用香蕉培根煎饼、熏鲑鱼煎蛋饼、炒豆腐和自制松饼。你可以在礼品店挑选纪念品。

✕ Mache Bistro
法国菜 $$

（☎207-288-0447；http://machebistro.com；321 Main St；主菜 $20~32；⏱5月至10月周二至周六 17:30起）Mache绝对是巴尔港最佳中档餐馆的有力竞争者，在经过修葺的时髦小屋里供应当代法国风味的菜肴。菜单不断变化，其亮点是当地的丰富食材。建议预订，酒吧无须预订。

✕ Havana
拉美菜 $$$

（☎207-288-2822；www.havanamaine.com；318 Main St；主菜 $27~39；⏱5月至10月 17:00~21:00）先说最重要的：点一杯rockin' Cuba或莫吉托（Mojito）。然后，你可以从容浏览菜单和来自全世界、丰富的葡萄酒单。招牌菜包括蟹肉饼、海鲜饭和尤其美味的龙虾煲（Moqueca）。建议预订。

🛏 Acadia Inn
酒店 $$

（☎207-288-3500；http://acadiainn.com；98 Eden St；房间 $95~209；⏱4月中旬至11月上旬；❄ ⚥ ♿ ）这一拥有95间客房的传统酒店位于一条通往公园的小径旁，工作人员乐于助人。房间很大，整齐舒适，还有洗衣房和加热游泳池。夏天，公园班车会在这里停靠。如果你不介意离开市中心，这是个不错的选择。

🛏 Moseley Cottage Inn & Town Motel
民宿、汽车旅馆 $$

（☎207-288-5548；http://moseleycottage.net；12 Atlantic Ave；房间 $175~305；❄ ⚥ ）这家住宿地隐于一条安静的街上，距Main St很近。在建于1884年的传统旅馆内有9间宽敞迷人的民宿房间，摆满了古董（可选带壁炉和独立门廊的房间）；隔壁有少量汽车旅馆风格房间，更便宜。一切都保持稳定的高水准。

🛏 Aysgarth Station Inn
民宿 $$

（☎207-288-9655；www.aysgarth.com；20 Roberts Ave；房间 $95~185；❄ ⚥ ）这家始于1895年的民宿位于一条安静的小巷上，有6间舒适的房间，让人感觉如家般安适。要求入住三楼的Tan Hill房，可以看到凯迪拉克山美景，有独立露台的Chatsworth房也不错。

🛏 Bass Cottage Inn
民宿 $$$

（☎207-288-1234；www.basscottage.com；14 The Field；房间 $230~440；⏱5月中旬至10月；❄ ⚥ ）10间明亮的客房都有一种避暑小屋的优雅情调，搭配有清爽的白色织物和朴素的植物图画。可以在客厅的大钢琴上施展琴艺，也可以到装饰有镶木板的起居室里，坐在蒂凡尼彩绘玻璃天花板下读一本小说。

步行游览
波士顿

起点/终点: 波士顿公园

距离: 2.5英里

需时: 3小时

每个人都知道波士顿拥有众多世界级的博物馆和古迹,但这里同样不乏草木青翠的公园、备受欢迎的水路和令人愉快的购物街,这些足以令它成为一个绝妙的步行城市。

可使用此步行游览的线路:

9

波士顿公园

欢迎来到这个国家最古老的公共公园——**波士顿公园**(Boston Common; 在Tremont St、Charles St、Beacon St和Park St之间; ⊙6:00至午夜; 🅿),这里有一个便利的地下停车设施——多么有远见!一块**青铜匾**上镌刻着温思罗普州长与威廉·布莱克斯顿所订立的协议,后者在1634年以30英镑的价格出售了这块土地。**马萨诸塞州议会大厦**(Massachusetts State House; www.sec.state.ma.us; Beacon St和Bowdoin St交叉路口; ⊙周一至周五 8:45~17:00, 团队游 周一至周五10:00~15:30)占据了公园东北角的突出位置。

行走路上 » 跟随波士顿人逛逛公园。从西面出公园,穿过Charles St,进入安静的公共花园。

公共花园

公共花园(Publice Garden; www.friendsofthepublicgarden.org; Arlington St; ⊙黎明至黄昏; 🅿)是一处占地24英亩的植物绿洲,包括维多利亚式的花圃、绿茵茵的草地和一个垂柳庇荫的宁静潟湖。满园都是季节性的繁花、金黄的叶子,或桀骜不驯的冰雪。从1877年开始,在潟湖中乘坐**Swan Boats**(www.swanboats.com; Public Garden; 成人/儿童 $3.50/2; ⊙4月中旬至6月中旬 10:00~16:00, 6月下旬至8月 至17:00, 9月上半月 正午至16:00)就成为波士顿的一个传统。不要错过著名的雕像**为鸭子一家让路**(*Make Way for Ducklings*),这是根据Robert McKloskey所著的儿童畅销书而创作的。

行走路上 » 穿过大桥,从西南门出花园到Arlington St。向西漫步到时髦的Newbury St,这是饱览商店橱窗和参观画廊的理想之地。左拐进入Clarendon St,之后继续前行右转至Boylston St。

科普利广场

科普利广场位于庄严的后湾区(Back Bay),波士顿最精致的建筑都环绕在这

个广场周围。其中最精华的建筑当属以彩绘玻璃窗驰名的**三一教堂**（Trinity Church; www.trinitychurchboston.org; 206 Clarendon St; 团队游成人/儿童 $7/免费; ⊙复活节至10月 周二至周六 10:00~17:00，周日 13:00~17:00，其余时间开放时间缩短）。当教堂倒映在**约翰·汉考克塔**现代化的玻璃幕墙外立面上时，显得格外迷人。这两处建筑与优雅的新文艺复兴风格**波士顿公共图书馆**（Boston Public Library; www.bpl.org; 700 Boylston St; ⊙全年 周一至周四 9:00~21:00，周五和周六 至17:00，外加10月至次年5月 周日 13:00~17:00）相映成趣。

行走路上 » 沿Dartmouth St向北，穿过庄严的双行道Commonwealth Ave，它也是后湾区最为堂皇气派的大街。继续走过3个街区到达Back St，那有一条穿过Storrow Dr直达河滨公园的步道。

查尔斯河河滨公园

查尔斯河河滨公园（Charles River Esplanade; www.esplanadeassociation.org; ⬛）位于查尔斯河流域的南岸，那里有草木茂盛的小山丘和清爽怡人的水路。公园中点缀着不少公共艺术品，包括超大尺寸的**阿瑟·菲德勒**半身像，他长期担任波士顿流行交响乐团的指挥。**贝壳剧院**（Hatch Memorial Shell; www.hatchshell.com）会举办免费的室外音乐会，放映影片，包括著名的7月4日音乐会，由波士顿流行交响乐团演出。

行走路上 » 沿着河滨公园向东北方向走。大约半英里后到达朗费罗大桥（Longfellow Bridge），从这里爬上斜坡就是Charles St的街头。

灯塔山

因为拥有迷人的历史和标志性的建筑，灯塔山街区是波士顿最负盛名之地。**Charles Street**是逛精品店和讨价还价买古董的好地方。走得再远一些，在点着煤气灯的住宅街道上漫步，叹赏镶嵌着深色窗玻璃和花箱的砖造排屋，寻找诸如**Louisburg Square**一类的魅力古迹。

行走路上 » 沿着迷人的Charles St向南悠闲地游逛。要欣赏Louisburg Sq的话，就沿着Pinckney St向东走2个街区。然后，继续向南回到波士顿公园。

佛罗里达州和南部

南部各州的生活丰富多彩。食物、音乐、文化、历史，一切都生机勃勃、有滋有味，令人兴奋不已。

在这些旅程中，我们将向你展示梦幻般浪漫的爵士俱乐部、宁静的乡村、时髦的城市，还有阳光沙滩和一条"漂浮"在完美碧蓝海洋上的公路。

在南北卡罗来纳州和墨西哥湾之间，一个迥然不同的美国沐浴着来自加勒比海的暖风，正等着你。从伟大的密西西比河到佛罗里达岛礁，从蓝调公路到卡真法裔区，从大雾山到迈阿密迷人的装饰艺术，你将发现南方截然不同的生活节奏。

劳德代尔堡 海滨的棕榈树
KAMIRA / SHUTTERSTOCK ©

佛罗里达州和南部

不要错过

乔治岛堡

在州立文化公园感知古老的佛罗里达，这个不可错过的历史景点就在线路 16。

比尔特莫遗产

少一些拘谨，多一些家常的随和，来参观新的"国内外范德比尔特庄园"展。就在线路 20。

切罗基印第安人博物馆

你可以在此了解曾前往英国拜见国王乔治三世的三位切罗基族酋长。就在线路 21。

克拉克斯代尔

在三角洲的中心有个十字路口，那里有一个引人驻足的自动唱机小酒吧，提供几间舒适的房间。你可以由此开始探索蓝调音乐的奥秘。就在线路 18。

纳奇兹

这个悠闲的河滨城镇留住了美国南北战争前的时光，不妨在这里漫游沉思，偷得浮生几日闲。就在线路 19。

迈阿密海滩 海洋大道（Ocean Drive）上喷泉的细节

迈阿密海滩
装饰艺术风格建筑

经典线路

美国1号公路

16

这一路上，走过一片又一片海滩，经过一处又一处引人入胜的历史景点，终于，在光彩熠熠的迈阿密奏响了这趟海岸线自驾游的终场曲。

线路亮点

起点 ① — **0 英里**
Fort George Island
乔治岛堡
Jacksonville
杰克逊维尔

阿米莉亚岛
历史、海滩和
老南部在此相遇

④ Fort Matanzas
National Monument
马坦萨斯堡国家纪念地 — **85 英里**

Daytona Beach 代托纳海滩
Ponce Inlet 庞塞口

圣奥古斯丁
美国最古老的永久定居点

207 英里
⑧ Space Coast
太空海岸
卡纳维拉尔国家海岸风景区
绵延不绝的原生态海滩

West Palm Beach Palm Beach
西棕榈滩 棕榈滩

475 英里
迈阿密海滩
非凡的装饰艺术，
美丽的海滩

Fort Lauderdale
劳德代尔堡
Miami
迈阿密 **⑭ 终点**

6天
475英里/
764公里

最适合

何时去

11月至次年4月，天气暖
而不热。

最佳
摄影点

迈阿密海滩上，沿着海
洋大道排列着五颜六色
的装饰艺术风格酒店。

最佳
历史景点

圣奥古斯丁，美国最古老
的永久定居点。

225

16 美国1号公路

沿着海岸线驶过佛罗里达州全境，你将体会到阳光之州的种种美妙。你将看到美国最古老的永久定居点、适合家庭出游的景点、迈阿密的拉丁美洲风情以及伴随左右的无尽海滩，一切都在邀请你随时停下车来。

线路亮点

❶ 阿米莉亚岛

从佐治亚州（Georgia）州界南13英里处的阿米莉亚岛（Amelia Island）开始你的旅程，这个美妙的障壁岛（与海岸平行的沙岛）颇有美国南方腹地那种苔藓覆盖的魅力。从19世纪90年代开始，度假者蜂拥来到这里，那时候，Henry Flagler建造的铁路将这个地区变成了富人的游乐场。黄金时代的痕迹如今在阿米莉亚岛的中心城镇费南迪纳海滩（Fernandina Beach）还清晰可见。这里有50个街区的历史建筑、维多利亚风格的民宿以及改装过的渔家小屋餐馆。

🍴🛏 见235页

行驶路上 » 沿着Hwy 1A公路蜿蜒行进大约半小时，经过大、小塔尔波特岛州立公园（Big and Little Talbot Island State Parks）。进入乔治岛堡之后，走右边的岔路到达Ribault Club。

❷ 乔治岛堡

乔治岛堡州立文化公园（Fort George Island Cultural State Park；☎904-251-2320；www.floridastateparks.org/fortgeorgeisland；11241 Fort George Rd；🕐8:00至日落；🅿）拥有深厚的历史底蕴。巨大的贝冢告诉我们，美洲原住民在此地定居的时间要追溯到5000多年前。1736年英国将军James Oglet-horpe在此建立了一个堡垒，可是它早就消失了，也无法确定它的准确位置。20世纪20年代，摩登女郎们涌入奢华的**Ribault Club**（☎904-251-2802；www.nps.gov/timu；11241 Fort George Rd；🕐周三至周日9:00~17:00），体验盖茨比式的草地保龄球和游艇之乐。如今岛上的游客中心坐落于此，你在这里可以观赏本地导览影片。

或许此地最有趣且最令人神清气爽的地方是**金斯利植物园**（Kingsley Plantation；☎904-251-3537；www.nps.gov/timu；11676 Palmetto Ave；🕐9:00~17:00；🅿），这是佛罗里达州最古老的植物园，建于1798年。因为地点偏

僻,它没有成为一座南方豪华庄园,但却通过展览和23个奴隶小屋遗迹清晰地向世人展示了那段历史。

行驶路上» 沿着Hwy 105公路向内陆行进15英里到达I-95州际公路,然后笔直向南进入杰克逊维尔中心城区,总长约24英里。

3 杰克逊维尔

高层建筑、高速公路、连锁酒店,杰克逊维尔(Jacksonville)似乎有点偏离了我们的海岸线主题,但是它提供了大量的就餐地点,经过修复的历史街区也值得一游。逛逛五点区(Five Points)和圣马可(San Marco)一带,这两处都是迷人的步行区,两边排列着法式小酒馆、精品商店和酒吧。

你也可以

17 卡真法裔区

沿着I-10州际公路向西,然后从巴吞鲁日向南前往蒂博多,开始你的卡真法裔区之旅。

20 蓝岭风景大道

沿着海岸线走I-95州际公路,往北行驶,然后转上I-26州际公路,从内陆方向穿过哥伦比亚。从那里取道Hwy 321公路一直到布恩。

此外，这里也有些关于文化的好选择，比如**康莫尔美术馆**（Cummer Museum of Art；www.cummer.org；829 Riverside Ave；成人/学生 $10/6；⊙周二 10:00~21:00，周三至周六 至16:00，周日 正午至16:00），收藏有真正出类拔萃的美国和欧洲画作、亚洲的装饰艺术品和古董；或者也可以去**杰克逊维尔当代艺术博物馆**（Museum of Contemporary Art Jacksonville，简称MOCA Jacksonville；☑904-366-6911；http://mocajacksonville.unf.edu/default.aspx；333 N Laura St；成人/儿童 $8/2.50；⊙周二至周六 11:00~17:00，周四 至21:00，周日 正午至17:00），馆内展出了当代绘画、雕塑、印刷、摄影及影像作品。

🍴🛏 见235页

行驶路上 » 取道Hwy 1公路向西南行驶1小时进入圣奥古斯丁，在那里，路名变成了Ponce de Leon Blvd。

线路亮点

❹ 圣奥古斯丁

圣奥古斯丁（St Augustine）由西班牙人于1565年建立，是美国最古老的永久定居点。游客们蜂拥而来，走过古老的街道，马车咯噔咯噔地驶过身着旧时服装的市民身边。这里总是挤满了游客，无数的博物馆和游览景点争夺着你的目光。步行游览的起点可以定为**殖民区**（Colonial Quarter；☑904-342-2857；www.colonialquarter.com；33 St George St；成人/儿童 $13/7；⊙10:00~17:00），它再现了19世纪圣奥古斯丁的面貌，铁匠、皮匠以及其他行业的手艺人都在这里忙活着他们的生意。

来到这里，就不要错过**莱特纳博物馆**（Lightner Museum；☑904-824-2874；www.lightnermuseum.org；75 King St；成人/儿童 $10/5；⊙9:00~17:00），这里原本是Hotel Alcazar。我们喜爱那里的一切展品：从镀金时代（Gilded Age；19世纪末美国经济高速发展的关键时期）的家具饰品，到大理石藏品，再到烟盒商标。

到**游客信息中心**（Visitor Information Center；☑904-825-1000；www.floridashistoriccoast.com；10 W Castillo Dr；⊙8:30~17:30）走走，看看其他的项目，比如灵异现象游、海盗与宝藏博物馆（Pirate and Treasure Museum）、圣马科斯堡国家纪念碑（Castillo de San Marcos National Monument）、还有不老泉（Fountain of Youth），最后这个是一个骗人的景点，伪装成古公园，宣称是西班牙探险者庞塞·德·莱昂（Ponce de Leon）当年登陆的地方。

🍴🛏 见235页

行驶路上 » 过狮子桥（Bridge of Lions）去往海滩，然后沿着Hwy 1A公路向南行驶13英里到达马坦萨斯堡。过游客中心后去往码头，可搭乘预载35人的渡轮。航程大约5分钟，如果天气允许，在9:30至16:30之间每小时发1班船。

---

❺ 马坦萨斯堡国家纪念地

到目前为止，你已亲眼见证佛罗里达海岸并非只有阳光下的乐趣，它还拥有可以追溯数百年的深厚历史。历史爱好者可以逛一逛建于1742年的**马坦萨斯堡国家纪念地**（Fort Matanzas National

---

最佳建议
少有人走的路

尽管拥有国家景观大道的美名，滨海的Hwy A1A公路却颇少海景，这是因为有阻碍视线的防风树生长于公路两边。除非你只是沿着海岸漫步，否则还是Hwy 1公路或者I-95州际公路更适宜长途行车。

Monument; ☎904-471-0116; www.nps.gov/foma; 8635 Hwy A1A, Rattlesnake Island; ⏰9:00~17:30; Ｐ），这是一座西班牙人修建的小型堡垒。它的作用就是保护马坦萨斯湾（Matanzas Inlet）这条直接连通圣奥古斯丁的水路免遭英国人的入侵。

坐上可爱的小船（而且免费），公园导游会将堡垒的历史娓娓道来，并解释这个名字的可怕由来（"马坦萨斯"在西班牙语中意思是"屠杀者"；简而言之，1565年那几百名法国胡格诺派士兵的运气非常糟糕）。

行驶路上 » 转到I-95州际公路也只能让总共才1小时的旅程缩短一点点时间。或许还是应该沿着Hwy 1A公路一直开到40英里以南的代托纳海滩。

❻ 代托纳海滩

带着典型的佛罗里达式的浮夸，代托纳海滩（Daytona Beach）自诩为"世界上最著名的海滩"。但是它的名气与其说来源于品质（其实很一般），不如说是因为春季假期时这片宽阔的海滩所接待的游客规模以及50万骑行者呼啸而来时"速度周"（Speed Weeks）和摩托赛事的盛况。没有人会否认，代托纳海滩是"美国赛车协会（NASCAR）的诞生地"，这个协会于1947年创始于

此。它最早的根源要追溯到1902年在硬实的沙滩上所举办的汽车加速赛。

NASCAR是此地的主要盛事，到**代托纳国际赛道**（Daytona International Speedway; ☎800-748-7467; www.daytonainternationals peedway.com; 1801 W International Speedway Blvd; 团队游 $18起; ⏰团队游 9:30~15:30）看一场比赛吧。没有比赛时，可以免费进入巨大的停车处逛一逛，或乘电车参观赛道和看台区。赛车迷可以到**Richard Petty Driving Experience**（☎800-237-3889; www.drivepetty.com; $109起; ⏰具体日期会变化）亲身体验一番，感受保驾护航甚至亲自驾驶的刺激。

🍴🛏 见236页

行驶路上 » 走South Atlantic Ave沿着海岸向南，行驶10英里后到达庞塞口（Ponce Inlet）。

❼ 庞塞口

如果没有一座漂亮的灯塔，海滩还能有多大意思呢？从代托纳海滩向南大约6英里就是**庞塞德莱昂口灯塔与博物馆**（Ponce de Leon Inlet Lighthouse & Museum; ☎386-761-1821; www.ponceinlet.org; 4931 S Peninsula Dr; 成人/儿童 $7/2; ⏰9月至次年5月 10:00~18:00，6月至8月至21:00; Ｐ🚗）。给1887年的红砖灯塔拍一张照片，然

后登上203级台阶一览周围海滩的非凡景观。几处历史建筑构成了博物馆，包括灯塔看守者的房子和透镜室，那里收藏有菲涅尔透镜。

行驶路上 » 沿着大西洋海岸折回，然后转至Hwy 1公路（FL 5公路）并向南行驶20分钟。在这里，提前计划好行程大有裨益，因为你的路线取决于你想要去的地方。一条公路从新士麦那海滩（New Smyrna Beach）向南延伸6英里，另一条从野生动植物保护区向北延伸6英里。两条都是断头路，其间有16英里的海滩。

线路亮点

❽ 卡纳维拉尔国家海岸风景区

24英里长的原始海滩（Canaveral National Seashore）海风呼啸，其中包含佛罗里达东海岸最长的一段未开发海滩。在它的北端是适合家庭出游的阿波罗海滩（Apollo Beach），那里海浪轻卷，数英里内杳无人迹，颇有几分遗世独立的味道。而南端的普拉亚琳达海滩（Playalinda Beach）则是冲浪者的乐园。

就在海滩西面（以内），占地140,000公顷的**梅里特岛国家野生动植物保护区**（Merritt Island National Wildlife Refuge; ☎321-861-5610; www.fws.gov/merrit tisland; Black Point Wildlife Dr, 紧邻FL 406; 机动车 $10; ⏰黎

Classic Trip
经典线路

为何经典
马里利亚·克劳斯
孤独星球作者

　　谁不爱沿着海岸线长驱直入？这是一段关于海岸线、海鲜和阳光的大自然之旅，但是它并不仅仅局限于海滩文化。这是一次面面俱到的自驾游，最棒的就是世界级的城市迈阿密，一路上还有许多的赏心乐事，包括值得流连的艺术展、宁静的自然保护区以及美国一些最古老的历史遗迹。

上图：卡纳维拉尔国家海岸风景区
左图：肯尼迪航天中心的火箭花园
右图：圣奥古斯丁古老的西班牙定居点

佛罗里达州和南部

16

美国 1 号公路

明至黄昏)是鸟类和野生动植物的原生态绿洲。它是这个国家最佳的观鸟地之一，尤其是每年10月至次年5月期间(拂晓时分和16:00以后)，而且栖居在这里的湿地、沼泽以及阔叶林中的濒危野生物种比美国大陆任何其他地方都多。

到游客中心了解更多信息，一段0.25英里长的木板路会让你眼界大开。其他的亮点还有摩那提观景台(Manatee Observation Deck)、7英里长的布莱克点野生动植物大道(Black Point Wildlife Drive)，以及许多徒步小径。

行驶路上 » 虽然肯尼迪航天中心就在梅里特岛国家野生动植物保护区南面，但你仍然必须返回到泰特斯维尔(Titusville)，沿着Hwy 1公路(FL 5公路)向南行驶5英里，然后走过Nasa Causeway，才能到达那里。

3、2、1……发射!

在太空海岸边，就连打电话都要倒计时，因为当地的区号就是:☑321。这可不是巧合，1999年，当地居民在Robert Osband的带领下请愿申请了这个区号，以纪念卡纳维拉尔角(Cape Canaveral)的火箭发射。

❾ 太空海岸

除了作为20世纪60年代大热的电视剧《珍妮的梦想》(*I Dream of Jeannie*)拍摄地以外，太空海岸(Space Coast)得享盛名主要因为它是**肯尼迪航天中心**(Kennedy Space Center; ☑866-737-5235; www.kennedyspacecenter.com; NASA Pkwy, Merritt Island; 成人/3~11岁儿童 $50/40; ⊘9:00~18:00)的实际所在，而且还有一个宏大的游客中心。作为曾经的航天重地，自从2011年NASA的航天飞机项目结束以后，肯尼迪航天中心正在从一个"活"的博物馆转型为历史遗迹。

✕ 见236页

行驶路上 » 折回I-95州际公路，向南行驶2.5小时到达棕榈滩。

❿ 棕榈滩

当你到达海岸线南部时，历史与自然让位于金钱和文化，棕榈滩(Palm Beach)看起来就像是富人

和名流的游乐场。但不用怕，普罗大众也可以沿着海滩溜达——由于小镇的出色管理，海滩上一块海藻也看不到。窥视两眼A1A大街上的高门大户，或者到超级奢华的Worth Ave看看橱窗一饱眼福，所有这些都不用花钱。

在此逗留的最佳理由是**弗拉格勒博物馆**(Flagler Museum; ☑561-655-2833; www.flaglermuseum.us; 1 Whitehall Way; 成人/儿童 $18/10; ⊘周二至周六 10:00~17:00,周日 正午至17:00),它坐落于富丽堂皇并呈现出学院风的怀特霍尔大厦(Whitehall Mansion)中,亨利·弗拉格勒(Henry Flagler)于1902年修建了它。对这个铁路大亨本人你或许没法了解太多，倒是可以一探其奢华的生活方式，包括他个人专用的火车车厢。

行驶路上 » 当你准备回到普通人中间时，回头向内陆进发。西棕榈滩与这里仅相隔一条堤道。

⓫ 西棕榈滩

棕榈滩拥有金钱，而西棕榈滩(West Palm Beach)则拥有佛罗里达州最大的美术馆——**诺顿美术馆**(Norton Museum of Art; ☑561-832-5196; www.norton.org; 1451 S Olive Ave; 成人/儿童 $12/5; ⊘周二至周日 正午至

17:00）。建筑的内塞尔翼楼（Nessel Wing）有一个人人喜欢的缤纷之处——由戴尔·奇胡利（Dale Chihuly）手工吹制的700块玻璃组成的天花板。街对面，**安·诺顿雕塑园**（Ann Norton Sculpture Garden; ☎561-832-5328; www.ansg.org; 253 Barcelona Rd; 成人/儿童 $15/7; ☺周三至周日10:00~16:00）是西棕榈滩真正的瑰宝。

如果你不确定自己想要什么，那么就晚上来，直接去**City Place**（☎561-366-1000; www.cityplace.com; 700 S Rosemary Ave; ☺周一至周六 10:00~22:00，周日 正午至18:00）。这是一个规模很大的室外购物和娱乐中心。在那里，你将发现无数商店、各式餐馆、一个拥有20块屏幕的电影院，以及哈里特·席默尔剧院（Harriet Himmel Theater），更别说还有露天广场上的免费音乐会了。

✕ 🛏 见236页

行驶路上 » 沿着I-95州际公路直行即可到达劳德代尔堡，它位于棕榈滩南面45英里处。走Hwy 1A公路需多花半小时。

⑫ 劳德代尔堡

劳德代尔堡（Fort Lauderdale）海滩如今已经不再是春季度假地了，可是你仍然能够发现沐浴在海滩阳光里的酒吧和汽车旅馆，它们杂处于时髦的精品酒店和千百万重金打造的游艇之间。除非为了到Las Olas Blvd进餐购物，否则很少有游人会进入内陆区域。绝大多数人都把大把的时间花在海岸上，在水边嬉戏作乐。沿着海滩延伸的宽阔人行步道铺着砖块，棕榈树星罗棋布，是跑步、轮滑、漫步以及骑行的好地方。另外，这里洁白的沙滩也是这个国家最干净、最好的。

观赏劳德代尔堡的最佳方式是从水上看。登上**Carrie B**（☎954-642-1601; www.carriebcruises.com; 440 N New River Dr E; 团队游 成人/儿童 $24/13; ☺团队游览 11:00、13:00和15:00，5月至9月 周二和周三 关闭）来一次1.5小时的游览，你将看到海边与新河（New River）之间的宏大庄园。或者，跳上**水上的士**（Water Taxi; ☎954-467-6677; www.watertaxi.com; 一日通票 成人/儿童 $26/12）享受最棒的非官方城市游，驾驶者会生动地解说途中景观。

✕ 🛏 见236页

行驶路上 » 周围渐渐热闹起来。沿着I-95州际公路行驶，从劳德代尔堡往南仅半小时就是迈阿密。

⑬ 迈阿密

迈阿密（Miami）不同于美国任何其他地方，它处处洋溢着色彩柔和的亚热带之美以及拉丁美洲的性感。Calle Ocho（8th St）就在中心城区西面，在那里你将找到古巴裔美国人最著名的社区小哈瓦那（Little Havana）。前往此地的最佳时机之一是**文化星期五**（Viernes Culturales, Cultural Fridays; www.viernesculturales.org; ☺每月最后一个周五19:00~23:00），这是拉丁美洲艺术家和音乐家的街头舞台。也可以到**马克西莫·戈麦斯公园**（Máximo Gómez Park; SW 8th St和SW 15th Ave交叉路口; ☺9:00~18:00）感受一下气氛，老派人士喜欢聚集在那里，伴着拉丁音乐的旋律玩多米诺骨牌。

怀恩伍德（Wynwood）和设计区（Design District）是迈阿密的官方艺术社区。不要错过怀恩伍德墙（Wynwood Walls; www.thewynwoodwalls.com; NW 2nd Ave、25th St和26th St之间）令人惊奇的壁画收藏，整个街区周围环绕着壁画，这是一个可以驾车驶过的画廊。

🛏 见237页

行驶路上 » 我们把最好的留在了最后。穿过Julia Tuttle Causeway或者MacArthur Causeway，投身充满装饰艺术风格建筑的迈阿密海滩。

另辟蹊径
比斯坎国家公园

起点：⑭ 迈阿密海滩

从迈阿密海滩向南行驶大约1小时就是**比斯坎国家公园**（Biscayne National Park；☎305-230-1144，乘船游786-335-3644；www.nps.gov/bisc；9700 SW 328th St；乘船游 成人/儿童 $35/25；⏰7:00~17:30），这是一个海洋生物保护区，庇护着令人惊异的热带珊瑚礁系统，绝大多数肉眼直接可以看到。公园只有通过水路才能够到达：可以尝试玻璃底小艇游、浮潜或水肺潜水，或者租一只独木舟或皮划艇，陶醉于300平方英里的岛屿、水下沉船以及红树林中。

线路亮点

⑭ 迈阿密海滩

迈阿密海滩（Miami Beach）的每一寸都美得炫目。它是这个国家最棒的海滩，海水温暖纯净，各色人等汇聚，来来往往令人目不暇接。接下来值得一提的，就是装饰艺术风格了。迈阿密海滩以其Ocean Dr和Collins Ave一带的1200多幢沿街建筑而成为世界上最大的装饰艺术区。在**装饰艺术接待中心**（Art Deco Welcome Center；☎305-672-2014；www.mdpl.org；1001 Ocean Dr, South Beach；⏰周五至周三 9:30~17:00，周四 至19:00）规划好行程，或者到礼品店买一份步行游览地图。

Ocean Ave与海滩并行，两边的咖啡馆数不胜数，与人行道争夺着地盘。且走且逛，直到发现你的所爱。另一个适合徒步游览的地方是林肯路广场（Lincoln Road Mall），这是一条人行步道，两边排列着商店、餐馆和酒吧。

不妨跟着我们的步行游览路线，品味迈阿密海滩的方方面面（见294页）。

✕🛏 见237页

食宿

阿米莉亚岛 ❶

🍴 Café Karibo & Karibrew　创意菜 $$

(☎904-277-5269; www.cafekaribo.com; 27 N 3rd St, Fernandina Beach; 主菜 $8~26; ⏰周一 11:00~15:00, 周二至周四 至21:00, 周日 10:30~15:00; 📶) 这一散发着时尚气息的街道餐馆很受欢迎, 菜色海纳百川, 品种丰富。餐馆有两层, 很是宽敞, 供应三明治、汤、沙拉和其他健康饮食。还有一个郁郁葱葱的院子, 挂着亮闪闪的圣诞灯。可以在相邻的Karibrew酒馆畅饮Sloppy Skip烈性黑啤。

🛏 Elizabeth Pointe Lodge　民宿 $$$

(☎904-277-4851; www.elizabethpointelodge.com; 98 S Fletcher Ave, Fernandina Beach; 房间/套 $299/380起; 🅿📶) 这家古怪却时髦、建于19世纪90年代的南塔基特木瓦板风格海洋旅馆氛围独特, 位于海边, 距离市中心2英里。门廊是欣赏岛上日出的绝佳位置。房间很优雅, 床很舒服, 浴缸很大。

杰克逊维尔 ❸

🍴 Black Sheep Restaurant　新派美国菜 $$

(☎904-380-3091; www.blacksheep5points.com; 1534 Oak St; 午餐/晚餐主菜 $9/14起; ⏰周一至周四 10:30~22:00, 周五和周六 至23:00, 周日 9:30~15:00; 📶) 这家店有品质极佳的当地食材, 供应可口的食物, 还有一间屋顶酒吧和一套精选鸡尾酒单。你可以尝一尝味噌油封鸭、橘柑浸豆腐、熏牛肉三明治或者松脆的褐色黄油煎鱼皮, 或者周日早午餐时间来此品尝豆蔻薄煎饼和三文鱼硬面包圈。

🍴 Bistro Aix　法国菜、地中海菜 $$$

(☎904-398-1949; www.bistrox.com; 1440 San Marco Blvd; 主菜 $14~37; ⏰周一至周四 11:00~22:00, 周五 至23:00, 周六 17:00~23:00, 周日 17:00~21:00) 与时尚的美食爱好者一起在此品尝富有创意的地中海菜肴吧, 它们融合了全球风味, 既有葡萄酒焖鸡, 也有豆焖鸭肉。这里有250多种瓶装葡萄酒可选, 也可以从50种杯装葡萄酒中选择。建议预订。

圣奥古斯丁 ❹

🍴 Spanish Bakery & Cafe　面包房 $

(☎904-342-7859; www.spanishbakerycafe.com; 42½ St George St; 主菜 $4~6.50; ⏰周日至周四 10:00~17:00, 周五和周六 20:00) 这一面积不大的泥饰面包房供应肉馅卷饼、香肠卷和其他西班牙征服时代 (Conquistador-era) 人们喜爱的美味。新出炉的食物总是很快被一抢而空。

🍴 Floridian　新派美国菜 $$

(☎904-829-0655; www.thefloridianstaug.com; 39 Cordova St; 主菜 $14~25; ⏰周三至周一 11:00~15:00, 周一至周四 17:00~21:00, 周五、周六 至22:00) 执着于时尚的"土食"概念, 这家"从农场到餐桌"的餐馆供应充满了奇思妙想的新派南方创意菜。从学院派角度出发, 这里的服务和氛围可能有点太酷了, 但食物无可挑剔: 炸绿西红柿配薄脆面包片和海鲜南瓜意式扁面堪称绝配。如果没有预订, 就得等很长时间。

🛏 Casa Monica　历史酒店 $$$

(☎904-827-1888; www.casamonica.com; 95 Cordova St; 房间 $200~280, 套 $440起; 🅿📶🏊) 这家建于1888年的豪华酒店位于城区内, 塔楼以及喷泉平添了几分西班

牙摩尔人城堡的情调。房间布置得很华丽，铺有三层床被的锻铁床，还有Bose音响系统。有些套房装有极可意浴缸。地理位置绝佳。

代托纳海滩 ❻

✖ Dancing Avocado Kitchen 咖啡馆 $

（☎386-947-2022; www.dancingavocado
kitchen.com; 110 S Beach St; 主菜 $8~14; ⊙周二至周六 8:00~16:00; ✐🚴）这家色彩明丽的咖啡馆供应可口的无麸质食物，多数是素食，不过你也会找到香辣的牙买加鸡肉卷，还有不容错过的鬼头刀鱼三明治。

🛏 Tropical Manor 度假村 $

（☎386-252-4920; www.tropicalmanor.
com; 2237 S Atlantic Ave, Daytona Beach
Shores; 房间 $88~135; P🚴🏊🚗🚴）这家面对大海的旅馆一尘不染，适合家庭出游者。它如同蜡笔版的糖果世界，非常有趣。这里既有汽车旅馆式的客房，也有套房和别墅。

太空海岸 ❾

✖ Fat Snook 海鲜 $$$

（☎321-784-1190; www.thefatsnook.com;
2464 S Atlantic Ave; 主菜 $22~33; ⊙17:30~
22:00）小巧的Fat Snook隐藏于一座不起眼的建筑内，是享用美餐的绿洲。可口的海鲜烹制得非常专业，受加勒比海风味的影响，增加了让人意想不到的香草和香料。强烈建议预订。

西棕榈滩 ⓫

✖ Rhythm Cafe 创意菜 $$$

（☎561-833-3406; www.rhythmcafe.cc;
3800 S Dixie Hwy; 主菜 $21~30; ⊙周二至周六
17:30~22:00, 周日和周一 至21:00）这家由药房改造而成的法式小餐馆位于西棕榈滩的精品区，色彩鲜艳、生意兴旺，绝不缺乏才智的光芒。菜单同样丰富，既有山羊奶酪馅饼、"史上最好吃的鲣鲔金枪鱼"，也有加入石榴调味烹制的当日捕获的海鲜。

🛏 Hotel Biba 汽车旅馆 $

（☎561-832-0094; www.hotelbiba.com;
320 Belvedere Rd; 房间 $149~179; ❋🚴📺🚴）这家旅馆略显肃穆，却是这一区域相对较好的经济型住宿选择之一。旅馆很干净，位置不错，与海边只隔了一个街区，位于El Cid区边缘。

劳德代尔堡 ⓬

✖ BREW Urban
Cafe Next Door 咖啡馆 $

（☎954-357-3934; www.facebook.com/
brewnextdoor; 537 NW 1st Ave; ⊙7:00~19:00;
📞）尽管店名很普通，但Brew是劳德代尔堡最酷的：一家位于古怪、半废弃的工作室内的超棒咖啡馆，里面摆满了书架。这里的咖啡非常值得品味。

✖ Le Tub 美国菜 $$

（☎954-921-9425; www.theletub.com;
1100 N Ocean Dr; 主菜 $9~20; ⊙周一至周五
11:00至次日1:00, 周六周日 正午至次日2:00）这个奇特的汉堡店被老套地冠以"全美最佳"的名头，店里装饰着来自好莱坞海滩（Hollywood Beach）上的零碎漂浮物。所有的菜式都是现场烹制，厨房很小，所以做好等待的准备。绝对值得等待。

🛏 Riverside Hotel   酒店 $$

(☎954-467-0671; www.riversidehotel. com; 620 E Las Olas Blvd; 房间/套 $219/479起; 🅿✳🛜🖼🐾)这一地理位置优越的劳德代尔堡地标(约1936年)拥有漂亮的植被,辉煌气派,有两种房间可选:相比1936年的老楼里的房间,在较新的12层塔楼里的房间更大、更高档。推荐入住俯瞰Las Olas的经典房间。代客泊车服务价格不菲,每晚$27。

迈阿密 ⑬

🛏 Biltmore Hotel   历史酒店 $$$

(☎855-311-6903; www.biltmorehotel. com; 1200 Anastasia Ave; 房间/套 $409/560; 🅿✳🛜🖼🐾)虽然Biltmore的标房面积很小,但在这里住一晚,还是能体验美式豪华。你可以探索宫殿般的庭院,在华丽的大厅读书,欣赏沐浴在阳光下时的巨大圆柱,或者跃入美国本土最大的酒店游泳池之中。

迈阿密海滩 ⑭

🍴 11th St Diner   美式小馆 $

(☎305-534-6373; www.eleventhstreet diner.com; 1065 Washington Ave; 主菜 $10~20; ⏰周日至周三 7:00至午夜,周四至周六 24小时营业)你已经见过装饰艺术风格的地标了,现在就走进其中一家享用美味吧:这一卧铺车厢改造的餐馆来自宾夕法尼亚州的威尔克斯-巴里(Wilkes-Barre)。经典菜包括烤火鸡、嫩肋排和奶酪焗马克罗尼通心粉(mac 'n' cheese)——全天供应早餐。

🍴 Pubbelly   创意菜 $

(☎305-532-7555; www.pubbellyboys. com/miami/pubbelly; 1418 20th St; 拼盘 $11~24, 主菜 $19~30; ⏰周二至周四和周日 18:00至午夜,周五和周六 至次日1:00; 🍴)Pubbelly的菜肴味道很棒,融合亚洲、北美洲和拉丁美洲的风味,博采众长。搭配手调鸡尾酒更赞。

🛏 Clay Hotel   酒店 $$

(☎305-250-0759; www.clayhotel.com; 1438 Washington Ave; 房间 $140~250; ✳🛜)Clay酒店位于一幢百年历史的西班牙风格别墅之中,周围的建筑就如同阿拉伯老城那样让人晕头转向,房间整洁舒适。如果你的预算有限,但又不想住宿舍或青年旅舍,那就来这里吧!

🛏 Pelican Hotel   精品酒店 $$$

(☎305-673-3373; www.pelicanhotel. com; 826 Ocean Dr; 房间 $260~420; ✳🛜)这家美妙时尚的酒店有29间主题房,如同疯狂的实验室。从牛仔嬉皮士风到丛林老虎纹,风格迥异,还配备高品质的音响系统和高端设施。

马丁湖 *大白鹭之乡*

卡真法裔区

17

进入一个由河湾、湖泊、沼泽以及大草原组成的迷宫，小龙虾在锅里翻滚，爵士即兴演奏会和舞会通宵达旦。

线路亮点

160 英里
奇科特州立公园
徜徉在河湾与松柏之间

105 英里
布里奥克斯桥
美美吃上一顿卡真美味

Mamou
马穆

Eunice
尤尼斯

Thibodaux 蒂博多
起点

230 英里
拉菲特
把时间均分给现场
音乐和卡真美食

4天
**230英里/
370公里**

最适合

何时去

3月至6月是阿卡迪亚
的节日季，此时天气和
暖，派对无数。

最佳
摄影点

每周六上午，卡真音乐会
响彻Fred's Lounge。

最佳
文化之旅

阿卡迪亚独特的民俗风
情浸润着路易斯安那州
南部。

17 卡真法裔区

进入路易斯安那州南部,你就来到了一片截然不同的奇特土地。你将驶过河漫滩上不断有清水冒出的古老湿地,穿过仍旧尊崇法语(或以之为母语)的村庄,以及热爱弹琴、跳两步舞而且最为看重美食的城镇。欢迎来到路易斯安那,这里是卡真法裔区,一个自成一脉的水乡泽国。

❶ 蒂博多

为拉福什河湾(Bayou Lafourche)所环抱的蒂博多(Thibodaux,读作tib-ah-doe),是那些来自新奥尔良的旅行者去往卡真法裔区的传统门户。得益于市中心的许多历史建筑,蒂博多比附近的霍马(Houma)更有吸引力,后者虽然常常被称为卡真法裔区的一个重要旅游地,但实际上只不过是一个毫无魅力的石油城。蒂博多的主要景点是**湿地阿卡迪亚人文化中心**(Wetlands Acadian Cultural Center; ☎985-448-1375;www.nps.gov/jela;314 St Mary St;⊙周一和周二 9:00~19:00,周三至周五至17:00;🅿🚻),它是让·拉菲特国家公园(Jean Lafitte National Park)体系的一部分。春秋两季,国家公园管理处的管理员带队从这里乘船游览河湾。你既可以在周三前往**埃德怀特种植园**(ED White Plantation;10:00至正午;$5),也可以在周六去**梅德伍德种植园**(Madewood Plantation;10:00~14:30;$32),在那里你将参观房舍并享用一顿午餐。文化中心里还有一个极好的现场博物馆,热心的工作人员还免费提供蒂博多城步行游览导览(周一、周二和周四14:00)。如果运气好,刚好赶在周一傍晚到达这里,就可以欣赏法裔音乐家们的即兴爵士演出(17:30~19:00)。

🍴 见245页

行驶路上 » 走Hwy 90公路行驶至布里奥克斯桥。这是一段2小时的旅程,但是也不妨偶尔偏离主道尝试一下支路小道。

线路亮点

❷ 布里奥克斯桥

小小的布里奥克斯桥(Breaux Bridge)拥有一个小街巷组成的中心区,这里有热情好客的法裔居民和

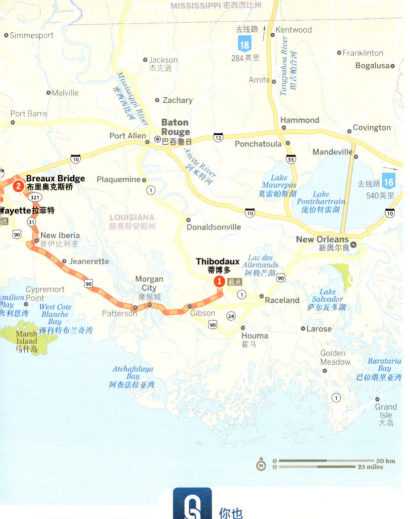

种类繁多的美食。你的主要目标应该是Café des Amis（见245页），去那里美美地吃上一顿考究得有些过分的卡真美食，现场常常有当地乐队的演出。演出时间一般在周三晚上和周日上午（zydeco brunch！伴随着柴迪科舞的早午餐），这些

 你也可以

16 **美国1号公路**

从蒂博多前往巴吞鲁日，然后沿着I-12州际公路和I-10州际公路一直向东走到佛罗里达海岸之行的起点。

18 **蓝调公路**

从蒂博多向北去往巴吞鲁日，然后沿着I-12州际公路向东。在哈蒙德沿着I-55州际公路向北去往孟菲斯。

表演者常有出其不意出现
的习惯。除此以外，在布里
奥克斯桥差不多就只剩逛
逛漂亮的市中心这一件事
可做了。如果你在5月的第一
个周末来到这里，就正赶上
了**布里奥克斯桥小龙虾节**
（Breaux Bridge Crawfish
Festival）。

布里奥克斯桥南面3英
里处有**马丁湖**（Lake Martin；
Lake Martin Rd），一个庇护了
数以千计的牛背鹭（Cattle
Egret）、蓝色苍鹭（Blue
Heron）以及许多吻鳄的
鸟类保护区。一条小小的步
道穿过水藻覆盖的黑水，环
绕穿行在一片漂亮的柏木
沼泽中，鸟儿们就栖息于旁
边的树上。

在布里奥克斯桥东北
8英里处的**亨德森**（Hen-
derson）稍作停留。在周日
的下午，**Whiskey River**
（☎337-228-8567；www.
whiskeyriverla.com；1365
Henderson Levee Rd；入场费不
定；⏰周日 15:00~21:00）随着
柴迪科（zydeco）舞步和卡
真音乐的节拍而荡漾。这是
一幢小房子，总是挤满了人。
当地人在桌子上、酒吧间里
和水中舞蹈。附近的**Pat's**
（☎337-228-7512；www.
patsfishermanswharf.com；
1008 Henderson Levee Rd；主菜
$12~26；⏰周日至周四 11:00~
21:30，周五和周六 至22:30；🅿）
餐馆供应不错的各类油炸海
鲜食品，当然也少不了两步
舞和卡真风格的舞蹈。

✕🍴 见245页

行驶路上 » 从布里奥克斯桥
沿着Hwy 49公路向北行驶大约
24英里，然后转入Hwy 167公
路向北行驶至普拉特城（Ville
Platte），再走LA 3042公路前
往奇科特州立公园，全部旅程
需时大约80分钟。

线路亮点

❸ 奇科特州立公园

卡真法裔区不仅是
一个文化胜地，还是一个
景观胜地，一个树影轻摇、
青苔挂树的松林胜地，一
个水流潺缓的河湾与湖泊
胜地。有时候要从公路上
看到这一切很困难，因为
公路理所当然要建在远
离低洼地带的地方。**奇科
特州立公园**（Chicot State
Park；☎337-363-2403，888-
677-2442；www.crt.louisiana.
gov/louisiana-state-parks/
parks/chicot-state-park；3469
Chicot Park Rd，Ville Platte；每
人 $3；⏰周日至周四 6:00~
21:00，周五和周六 至22:00；
🅿♿🐾）是亲近卡真法裔区
自然美景的好地方。它极为
出色的解说中心对孩子来
说妙趣横生，对成人而言也
颇具启发，而开放敞亮的设
计丝毫不愧于它的声誉。数
英里的**徒步小径**绵延深入
附近的森林、柏树沼泽和湿
地。如果可以，建议逗留至
黄昏时分。**奇科特湖**（Lake
Chicot）周边垂挂着西班
牙苔藓的树木在夕阳余晖

的映照之下奇妙无比。附近
有几处**露营地**（10月至次年
3月 每夜$16，4月至9月 每
夜$20）、**小屋**（6人/15人费
用 $85/120），并有**租船服务**
（每小时/每天 $5/20）。

行驶路上 » 返回到普拉特城，
沿LA 10公路向西行驶，7英里
之后转向南进入LA 13公路，大
约再过4英里就是马穆。

❹ 马穆

位于卡真法裔区腹地
的马穆（Mamou）一周有6
天都是典型的路易斯安那
州南部小镇，值得一游并稍
作停留，之后再前往尤尼斯
（Eunice）。但每到周六的
上午，马穆本地人就聚集到
了小小的**Fred's Lounge**
（420 6th St；⏰周六 8:30~
14:00），这里摇身一变，就
成了卡真舞的圣地。

好吧，说句公道话：
Fred's与其说是舞厅，不如
说是个舞碰。它是一个小小
的酒吧，在8:30至14:00之
间相当热闹，因为那时候老
板"Tante"（阿姨）Sue和
她的员工会一起开办一个法
语人士的上午音乐会，届时
会有乐队、啤酒、香烟和舞
蹈（说真的，那可真是烟雾
弥漫。郑重警告！）。Sue本
人也常常登台献艺，以卡真
语调的法语与大家分享她
的智慧和歌喉，并时不时掏
出放在枪套中的酒瓶抿上
两口棕色的烈酒。

奇科特州立公园 光秃秃的柏树沼泽地

行驶路上 » 尤尼斯位于马穆南面仅11英里处, 沿着LA 13公路直行即可到达。

❺ 尤尼斯

尤尼斯(Eunice)位于卡真大草原的中心地带, 拥有浓郁的风俗民情和音乐氛围。音乐家马克·萨沃伊(Mark Savoy)在他的**萨沃伊音乐中心**(Savoy Music Center; ☎337-457-9563; www.savoymusiccenter.com; 4413 Hwy 190; ⊙周二至周五 9:00~17:00, 周六 至正午)制作手风琴, 你还可以买上几张CD, 或者欣赏一场周六上午的爵士即兴演奏会。每周六晚上, 你可以在**自由剧院**(Liberty Theater; ☎337-457-6577; www.eunice-la.com/index.php/things-to-do/liberty-schedule; 200 Park Ave; $5; ⊙18:00~19:30)欣赏名为"**卡真约会**"(Rendez-Vous Cajuns)的现场表演。剧院距离**卡真音乐名人堂和博物馆**(Cajun Music Hall of Fame & Museum; ☎337-457-6534; www.cajunfrenchmusic.org; 230 S CC Duson Dr; ⊙9:00~17:00)仅两个街区。后者相当小, 但却自有其魅力。国家公园管理处辖下的**草原阿卡迪亚文化中心**(Prairie Acadian Cultural Center; ☎337-457-8499; www.nps.gov/jela; 250 West Park Ave; ⊙周三至周五 9:30~16:30, 周六 至18:00)是另一个值得一游的地方, 常常有夜间音乐会和教育性的讲座。

行驶路上 » 沿着Hwy 190公路(Laurel Ave)向东行驶, 然后向右进入LA 367公路。沿着LA 367公路行驶大约19英里(中间有一小段变成了LA 98公路), 然后汇入I-10州际公路向东行驶。大约14英里后出101出口进入LA 182公路(N University Ave), 继续行驶进入拉菲特市区。

卡真人和克里奥尔人

许多来到路易斯安那州的旅行者将"卡真人"（Cajun）和"克里奥尔人"（Creoles）混为一谈，但这完全是两种各有特色的不同文化族群。克里奥尔人指的是最早定居路易斯安那州的欧洲人后裔，主要是法国人和西班牙人后代的混合。克里奥尔人倾向于和新奥尔良的城市文化有更多的联系，而且认为自己的文化更为优雅、文明。许多克里奥尔人（并非全部）是贵族、商人或娴熟工匠的后代。

而卡真人的来源可以追溯到阿卡迪亚人（Acadian），他们原本定居于加拿大的新斯科夏（Nova Scotia），是来自法国农村地区的殖民者。英国人征服了加拿大之后，骄傲的阿卡迪亚人拒绝向新国王臣服，于18世纪中期被流放，史称"大迁徙"（the Grand Dérangement）。许多流放者定居在了路易斯安那州南部，他们知道这个地区是法国的，但是阿卡迪亚人（"Cajun"是"Acadian"在英语中的变体）常常被克里奥尔人看作乡巴佬。这些阿卡迪亚-卡真人居住在河湾与草原，直到今天都更为认同偏向乡村与边疆风格的文化。

至于将混血儿（个体）称为"克里奥尔人"（creoles），使得上述情况更显混乱，但这种做法在许多后殖民地时代的法国人社区里司空见惯。路易斯安那州也不例外，但是在法国-西班牙裔克里奥尔人和混血克里奥尔人之间仍然存在着文化上的差异，哪怕这两个社区很可能拥有共同的血脉传承。

线路亮点

❻ 拉菲特

拉菲特（Lafayette）是卡真法裔区的首府，也是路易斯安那州的第四大城市，相对于其规模而言（大约120,000人），这里的美食与文化活动可谓相当丰富。在绝大多数夜晚，从美妙的 **Blue Moon Saloon**（☎337-234-2422；www.bluemoonpresents.com；215 E Convent St；入场费 $5~8；⊙周二至周日17:00至次日2:00）都会传出动听的柴迪科音乐、乡村音乐、蓝调音乐、乡土爵士乐、沼泽摇滚乐，甚至还有朋克音乐。这里的人年轻、时尚，常常会文身，但是他们对音乐都很在行。拉菲特在4月的最后一个周末举办**路易斯安那国际音乐节**（Festival International de Louisiane；www.festivalinternational.org；⊙4月），这是西半球法语人群中规模最大的音乐盛会。

Vermilionville（☎337-233-4077；www.bayouvermiliondistrict.org/vermilionville；300 Fisher Rd；成人/学生 $10/6，乘船游$12/8；⊙周二至周日10:00~16:00；℗♿）是一个修复重生的19世纪卡真村庄，位于机场附近的河湾。身着民族服装的讲解员会为你解说卡真人、克里奥尔人（Creole）以及美洲原住民的历史。当地乐队在周日演奏现场音乐，另外还提供河湾的小船游。不那么光鲜夺目的**阿卡迪亚村庄**（Acadian Village；☎337-981-2364；www.acadianvillage.org；200 Greenleaf Dr；成人/学生 $8/6；⊙周一至周六 10:00~16:00；℗♿）提供类似的体验，只是没有小船游。国家公园管理处运营的**阿卡迪亚文化中心**（Acadian Cultural Center；☎337-232-0789；www.nps.gov/jela；501 Fisher Rd；⊙周二至周五 9:00~16:30，周六 8:30至正午；℗♿）紧邻Vermilionville，内有关于卡真人生活的展览，与前两个相比略显枯燥，但仍然值得一看。

🍴🛏 见245页

食宿

蒂博多 ❶

✕ Fremin's
卡真菜 $$

(☎985-449-0333; www.fremins.net;
402 W Third St; 主菜 $12~37; ⊙周二至周五
11:00~14:00, 周二至周四 17:00~21:00, 周五和
周六 至22:00) Fremin's是做高端经典卡真
菜的一家百年老店。菜单变化并不大，偶尔
会有新品，菜品质量通常都比较稳定。特别
推荐软壳蟹配意大利面，用极好的蘑菇白
兰地汁调味。

布里奥克斯桥 ❷

✕ Café des Amis
路易斯安那菜 $$

(☎337-332-5273; www.cafedesamis.
com; 140 E Bridge St; 主菜 $17~26; ⊙周二
11:00~14:00, 周三和周四 11:00~21:00, 周五和
周六 7:30~21:00, 周日 8:00~14:00; ⊛) 在布
局紧凑、对小龙虾情有独钟的布里奥克斯
桥，这家咖啡馆绝对会让你眼前一亮。周六
早上，你可以在散发时尚气息的本土艺术品
间休息放松，听着柴迪科音乐，服务员会端
上丰盛的周末早餐。你只需好好享用现代化
的卡真经典菜肴，例如带皮核桃鲶鱼，或者
鸡蛋文火焖小龙虾。

🛏 Bayou Cabins
小屋 $

(☎337-332-6158; www.bayoucabins.
com; 100 W Mills Ave; 小屋 $80~150; 🅿🛜) 妙
不可言的Bayou Cabins位于Bayou Teche，
拥有14幢风格完全迥异的小屋，有些带有
20世纪50年代的复古家具，其他则装饰有
地方特色的民间艺术品。房费包含早餐，味
道棒棒，不过熏肉可能会影响寿命。

拉菲特 ❻

✕ Dwyer's
美式小馆 $

(☎337-235-9364; 323 Jefferson St; 主
菜 $6~14; ⊙6:00~14:00; ⛿) 这个家庭餐馆
供应卡真菜肴，将秋葵做进午餐菜式当中，
早餐则加了薄煎饼，真是让人愉悦的"联
姻"。周三上午，这里会设一张法语餐桌，
本地卡真人操着他们老派的方言扯闲篇，
很有意思。轮换的午餐主菜包括猪排、炸
鸡和炖虾。

✕ French Press
早餐 $

(☎337-233-9449; www.thefrenchpressla
fayette.com; 214 E Vermillion; 主菜 $9~15;
⊙周一至周五 7:00~14:00, 周六和周日 9:00~
14:00; 🛜) 这个法国-卡真混合风味餐馆是
拉菲特最好的就餐场所之一。早餐令人兴
奋，有美味的卡真班尼迪克（Cajun Bene-
dict；用猪血肠代替了火腿）、切达干酪（味
道令你陶醉）以及有机格兰兰诺拉燕麦片
（而非粗燕麦粉）。午餐也挺好，炸虾乳酪
三明治用的是斯瑞拉察蛋黄酱（Sriracha
Mayo；辣味蛋黄酱），让人欲罢不能。

🛏 Blue Moon Guest House
客栈 $

(☎337-234-2422; www.bluemoon
presents.com; 215 E Convent St; 铺 $18, 房间
$70~90; 🅿🌀@🛜) 这一整洁的客栈是路
易斯安那旅游业的珍宝之一：高档的住宿
地，却有着旅舍氛围，距离市中心只有很短
的步程。找个床位，你同时还会成为拉菲特
最受欢迎的市区音乐场所（见244页）的宾
客之一，它就位于后院内。老板很友善，厨
房设施齐全，住客之间友好相处，营造出独
特的音乐遇见移民氛围，适合普通背包客、
奢华背包客以及介于两者之间的游客。节日
期间价格会飙升，且肯定不会安静。

印第安诺拉
B.B.King的吉他Lucille
（复制品），B.B.King博
物馆和三角洲解说中心

蓝调公路

18

倾听蓝调音乐传奇唱出忧伤的曲调，向浸润了密西西比北部一个世纪并催生了摇滚乐的蓝调音乐致敬。

线路亮点

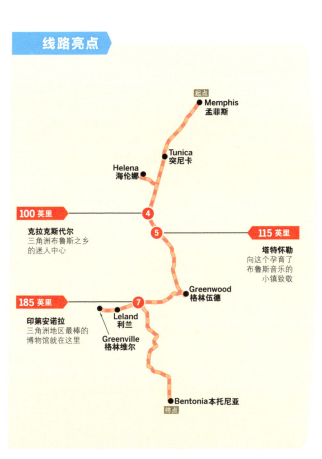

起点
● Memphis 孟菲斯

● Tunica 突尼卡

Helena 海伦娜 ●

100 英里
克拉克斯代尔
三角洲布鲁斯之乡的迷人中心

❹
❺

115 英里
塔特怀勒
向这个孕育了布鲁斯音乐的小镇致敬

● Greenwood 格林伍德

185 英里
印第安诺拉
三角洲地区最棒的博物馆就在这里

❼
Leland 利兰 ●

Greenville 格林维尔

● Bentonia 本托尼亚
终点

3天
350英里/563公里

最适合

何时去
5月和6月的蓝调音乐节此起彼伏，10月让人沉醉。

**最佳
摄影点**
烟雾缭绕的Red酒吧中，吟唱的蓝调乐者。

 **最佳
音乐之旅**
密西西比河三角洲史诗般的曲调。

18 蓝调公路

在平原上，沿着61号公路（Hwy 61），美国音乐开始扎根生长。它深藏在奴隶们的灵魂里，从非洲来到美洲，变成了田间歌谣，不知不觉钻进了等火车的佃农和行吟者的脑中。在克拉克斯代尔的十字路口，罗伯特·约翰逊（Robert Johnson）与魔鬼做了一个交易，成为美国第一个吉他英雄。但要想充分理解它的影响，还是从孟菲斯开始吧。

❶ 孟菲斯

密西西比河三角洲（Mississippi Delta）和孟菲斯（Memphis）总是密不可分。孟菲斯对于三角洲地区的蓝调音乐人来说就是一座灯塔，这不仅因为它是这一地区最大的城市，还因为孟菲斯意味着相当程度的自由（这里有不少非裔美国人的商铺，踩脚助兴的人群也仍在Beale St明亮的灯光下摇滚狂欢）。**Rum Boogie**（www.rumboogie.com; 182 Beale St; ☉11:00至次日1:00）是一家卡真主题的蓝调酒吧，拥有很好的驻演乐队。

富有创意的**B.B.King 酒吧**（BB King's Blues Club; ☎901-524-5464; http://bbkings.com/memphis; 143 Beale St; ☉周一至周四 11:00~23:30，周五 正午至次日2:00，周六 11:00至午夜，周日 11:00~23:00）是一座缅怀在此出名的密西西比天才音乐家的鲜活纪念碑。正是在孟菲斯，WC Handy第一次将蓝调音乐写在了纸上，那是1916年他写下*Beale Street Blues*的时候。你可以走访他的**故居**（www.wchandymemphis.org; 352 Beale St; 成人/儿童 $6/4; ☉冬季 周二至周六 11:00~16:00，夏季 10:00~17:00）。密西西比河三角洲的文化遗产得以在**Sun Studio**（☎800-441-6249; www.sunstudio.com; 706 Union Ave; 成人/儿童 $12/免费; ☉10:00~18:15）传承，在这里，你可以走进一手打造了猫王的唱片公司，这位巨星对蓝调音乐的诠释促进了摇滚乐的产生。至今它还流淌在**斯塔克斯美国灵魂音乐博物馆**（Stax Museum of American Soul Music; ☎901-942-7685; www.staxmuseum.com; 926 E McLemore Ave; 成人/儿童 $13/10; ☉周二至周六 10:00~17:00，周日 13:00~17:00）的血管里。**孟菲斯摇滚与灵魂博物馆**（Memphis Rock 'n' Soul Museum; www.memphisrocknsoul.org; 191 Beale St; 成人/儿童 $12/9; ☉10:00~19:00）完美讲述了这之间的血脉传承。

🍴🛏 见256页

行驶路上 » Hwy 61公路始于孟菲斯，在那里它是一条蜿蜒穿过城市僻陋地带的宽阔大街。最终城区让位于平坦的农田，

当你进入密西西比时，公路两边早已是一派乡间景色。到突尼卡行程约30英里。

② 突尼卡

多个赌场聚集于突尼卡（Tunica）河岸附近。突尼卡是Hwy 61公路沿线最繁华也最不真实的城镇。它是通往蓝调音乐的门户，还是一个扮演着**游客中心**（☎888-488-6422；www.tunicatravel.com；13625 US 61, Robinsonville；⊙周一至周五 8:00~17:30，周六 10:00起，周日 13:00~17:00）角色的音乐酒吧的所在地，在那里，非常酷的互动式电子导游机里充满了各种信息，全是关于著名的蓝调音乐艺术家和**密西西比蓝调音乐小径**（Mississippi Blues Trail）的。这是一个准备行程的好地方，或许还能做些规划，

⑤ 你也可以

17 卡真法裔区

从本托尼亚走Hwy 49公路去往杰克逊，然后沿着I-55州际公路向南行驶直到哈蒙德。从那里向西去往巴吞鲁日，然后向南去往蒂博多和卡真法裔区。

19 纳奇兹遗迹景观大道

从孟菲斯向东沿着I-40州际公路去往纳什维尔，纳奇兹小径发端于此。

订好路线。但不管怎么说，除非你喜欢扑克牌，否则突尼卡并不值得特别关注。

行驶路上 » 继续沿着笔直的公路行驶19英里，然后转到Hwy 49公路向西行10英里，越过密西西比河（Mississippi River）之后进入阿肯色州的海伦娜。

❸ 海伦娜

阿肯色州的海伦娜（Helena）是一个不太景气的小镇，位于克拉克斯代尔以北32英里处，中间隔着密西西比河。它一度是蓝调音乐传奇人物桑尼·博伊·威廉姆森（Sonny Boy William-son）的居住地。蓝调音乐广播节目《金·比斯基特音乐时间》（*King Biscuit Time*）的常客。至今，在颇具价值的蓝调音乐博物馆**三角洲文化中心**（Delta Cultural Center; ☎870-338-4350; www.delta culturalcenter.com; 141 Cherry St; ⏰周二至周六 9:00~17:00;

ⓅＰ)外仍能听到这档节目。

沿街走下去，你会找到三角洲地区最好的唱片店**布巴蓝调园地**（Bubba's Blues Corner; ☎870-338-3501; 105 Cherry St; ⏰周二至周六 9:00~17:00)。店面虽然凌乱，但是令人愉快。它是罗伯特·普朗特（Robert Plant; 英国最重要的摇滚歌手之一）私房蓝调音乐线路的必停站。布巴本人热情而友好，而且知识渊博。如果你拜访时唱片店没有开门，可以按下门铃，巴布会很高兴地开门迎接你。金·比斯基特蓝调音乐节（King Biscuit Blues Festival; 见254页)每年10月举行，为期3天。

行驶路上 » 沿Hwy 49公路返回Hwy 61公路，从这里向南行驶30英里到达十字路口（Crossroads)，在Hwy 61公路和Hwy 49公路交叉口的东北角，也就是两条路再次分开的地方，一个由三把相互交错的蓝色吉他组成的风向标探出树丛。现

在，你已经来到了三角洲蓝调音乐律动的心脏。

线路亮点

❹ 克拉克斯代尔

克拉克斯代尔（Clarks-dale）是三角洲地区最好的后勤基地——这里的舒适客房和时髦精致的美味餐厅比三角洲其他所有地方的加起来还要多，而且它距离所有的蓝调音乐景点的车程都不超过2个小时。如果你想知道谁在什么地方演奏，就到**猫头蓝调音乐民间艺术馆**（Cat Head; ☎662-624-5992; www.cathead.biz; 252 Delta Ave; ⏰周一至周六 10:00~17:00)拜访Roger Stolle吧。他还出售一系列的蓝调音乐纪念品，而且还是一年一度的酒吧音乐节（Juke Joint Festival; 见254页)的主要推动者。从周三至周六，现场音乐就像夏季的暴风雨一样席卷克拉克戴尔。摩根·弗

B.B.King的蓝调音乐

印第安诺拉（Indianola）是一个林木茂密的中等规模城镇，B.B.King就成长于印第安诺拉郊区的棉花田里。出生没多久，他就品尝到了忧郁不乐的滋味。在他4岁时，父亲离了婚，9岁时母亲去世，14岁时祖母离开了人间。孤苦伶仃的他被迫离开印第安诺拉——这个他唯一熟悉的城镇——和父亲一起住在马萨诸塞州的列克星敦。很快他就因为思乡而回到家乡，骑了整整两天自行车回到印第安诺拉。年轻时他确信自己将成为一个棉农。当时没有多少机会可供选择，至少他是这样想的。然而当他在20世纪40年代第一次来到孟菲斯时，世界豁然向他敞开了怀抱。从那里，他漂流到了阿肯色州的西孟菲斯，遇到了桑尼·博伊·威廉姆森，后者将这个年轻的新人第一次带上了广播节目，为他推开了事业发展的大门。2015年，B.B.King去世，整个三角洲地区用数天时间来悼念这位传奇巨星。

里曼（Morgan Freeman）的 **Ground Zero**（☏662-621-9009；www.groundzerobluesclub.com；252 Delta Ave；◷周一和周二 11:00~14:00，周三和周四 至23:00，周五和周六 至次日2:00）拥有最专业的乐队演奏和音响系统，但是它始终还是不及 **Red's**（☏662-627-3166；395 Sunflower Ave；入场费$10；◷现场音乐 周五和周六 21:00），这是一个时髦的酒吧，灯光闪烁，有自动唱机，老板是热情奔放、充满个人魅力的Red，每到特别活动日，他就会在酒吧门外支起那超大的烤肉架。位于城市老火车站的**三角洲蓝调博物馆**（Delta Blues Museum；☏662-627-6820；www.deltabluesmuseum.org；1 Blues Alley；成人/儿童 $10/8；◷周一至周六 9:00~17:00）里有很多关于蓝调音乐的出色的纪念品，包括重建的Muddy Waters密西西比小屋。富于创意的多媒体展旨在纪念B.B.King、John Lee Hooker、Big Mama Thornton以及WC Handy。

✗ 🛏 见256页

行驶路上 » 从克拉克斯代尔开始，在十字路口取道Hwy 49公路，向南行驶15英里，到达小镇塔特怀勒。

线路亮点

❺ **塔特怀勒**

沉睡的塔特怀勒（Tut-wiler）是WC Handy1903年倾听那个破衣烂衫吉他手弹琴的地方。1912年，被称为"蓝调音乐之父"的汉迪突然灵感奔涌，写下了最早的一首蓝调歌曲：12个小节、三个和弦进程、AAB式的歌词韵律。不过，直到1916年*Beale Street Blues*一炮走红后，他的蓝调音乐开创者的地位才得以确立。那早有预兆的邂逅，成就了

另辟蹊径
沃特瓦利

起点：❺ 塔特怀勒

从塔特怀勒出发，取道MS 32公路向东行驶大约55英里，就能到达沃特瓦利（Water Valley；意为"水谷"），这是一座名副其实的美丽城镇。沃特瓦利曾是萧条的铁路运输枢纽，但来自牛津（Oxford；小镇北部20英里）的年轻学术人士和艺术家为这里虽显颓败但漂亮古老的房子所吸引。他们买下这些真正的庄园并进行修葺，所花的费用少于在纽约1年的房租。就这样，小镇焕发新生，变得美不胜收。沿着Main St漫步，参观画廊，在餐厅品尝美味，或者去Leland街和Panola街欣赏那些修复后的建筑，为之啧啧惊叹。

蓝调节奏和爵士乐的诞生，如今还被铭记在**塔特怀勒轨道**（Tutwiler Tracks；Front St和Hancock St；🚶）的墙上，那里原本是个火车站。壁画上还画出了去往**桑尼·博伊·威廉姆森墓**（Sonny Boy Williamson's Grave；紧邻Prairie Rd，34.018481，-90.457624）的路线。威廉姆森葬于一片横七竖八的破碎墓碑之间，而他的墓石藏于树林中。人们

金·比斯基特音乐时间

当B.B.King还是一个毛头小子的时候，桑尼·博伊·威廉姆森已经是《金·比斯基特音乐时间》（*King Biscuit Time*）电台节目的主持人了。B.B.King还记得倾听这个午间档节目并梦想着自己将来的情景。当他在十几岁时搬到孟菲斯并且开始在Beale St举办演奏会时，威廉姆森邀请B.B.King登台表演，一颗明星就这样诞生了。威廉姆森在B.B.King的事业起飞之后仍然是其重要的良师益友。这档每周日12:15开始的节目现在仍在广播，自从1951年之后由Sunshine Sonny Payne主持。

留下生锈的口琴、蜡烛和半空的威士忌酒瓶向他致敬。

行驶路上 » 沿着另一条蓝调公路继续行驶，Hwy 49公路向南穿过更多的农田，行驶42英里，跨过亚祖河（Yazoo River），进入小镇格林伍德。

❻ 格林伍德

除去那些以赌博业兴起的城镇，在三角洲地区里，格林伍德（Green-wood）是最繁华的。当地的经济支柱是Viking Range公司，它在本镇制造上等炉具，并在高档专卖店中出售。城区内还有一个极好的咖啡馆和一家不错的酒店，

都在三角洲地区首屈一指。追溯过往，格林伍德碰巧还是拜伦·德·拉·贝克维斯（Byron De La Beckwith）的家乡，他谋杀了非裔美国人权活动家迈德加·艾弗斯（Medgar Evers），他犯下这桩罪行时，是当地白人公民协会（White Citizens Council）的成员。

🍴 🏠 见256页

行驶路上 » 从格林伍德出发，沿Hwy 82公路向东行驶30英里，经过亚祖河，穿过林木茂盛的马匹之乡，之后经过一片庞大的连锁商店和餐厅组成的丑陋商业区，最后进入印第安诺拉。

热门蓝调音乐节

为了使你花费在音乐上的金钱物有所值，就在众多的音乐节里选一个造访三角洲吧。届时酒店房间将非常紧俏，尽量预约。

酒吧音乐节（Juke Joint Festival; www.jukejointfestival. com; 门票 $15）⏱4月）克拉克斯代尔

本托尼亚蓝调音乐节（Bentonia Blues Festival; ☎662-763-5306; www.facebook.com/BentoniaBlues Festival; 门票 $10; ⏱6月中旬）本托尼亚

向日葵河蓝调及福音音乐节（Sunflower River Blues & Gospel Festival; www.sunflowerfest.org; ⏱8月）克拉克斯代尔

大密西西比音乐节（Mighty Mississippi Music Festival; Warfield Point Park; 周末通票 成人/学生/儿童 $70/35/20; ⏱9月下旬）格林维尔

金·比斯基特蓝调音乐节（King Biscuit Blues Festival; ☎870-572-5223; www.kingbiscuitfestival.com; 门票 $45; ⏱10月）海伦娜

线路亮点

❼ 印第安诺拉

你已经到达了三角洲超级巨星的家乡印第安诺拉（Indianola）。当B.B.King还是小孩时，**Club Ebony**（404 Hannah St; ⏱周四 20:00起）就已经在印第安诺拉热火朝天地营业了，这是一个固定的"奇特林圈"（Chitlin Circuit; 以黑人表演为特色的剧场或夜店）。Club Ebony给了King第一份稳定的工作。这里还接待过许多传奇人物，比如Howlin' Wolf、Muddy Waters、Count Basie以及James Brown。在Church街和第二街的拐角，King常常为路人弹奏他心爱的吉他Lucille。**B.B.King博物馆和三角洲解说中心**（BB King Museum & Delta Interpretive Center; ☎662-887-9539; www.bbkingmuseum.org; 400 Second St; 成人/5~7岁儿童/5岁以下 $15/10/免费; ⏱周二至周六 10:00~17:00, 周日和周一 正午至17:00）就在附近的老印第安诺拉轧棉厂旁的综合设施内。进入中心，首要先观看一段关于King的作品的12分钟视频，随后就可以随意参观各个展厅，里面全都是互动式的展览，追溯着King的生平和他对音乐的影响力——非洲的、福音的和乡村的。另有一些则展示了他对后代艺

术家的影响，比如吉米·亨德里克斯（Jimi Hendrix）和奥尔曼兄弟（Allman Brothers）。对了，King的12座格莱美奖杯也在这里。

行驶路上 » 从印第安诺拉向西行驶15英里，穿过Hwy 82公路沿线众多的快餐店，进入利兰。

❽ 利兰

利兰（Leland）是一个有点破落的小城镇，但拥有一个极好的博物馆。**61号公路蓝调博物馆**（The Hwy 61 Blues Museum；☎662-686-7646；www.highway61blues.com；307 N Broad St；$7；☺周一至周六 10:00~17:00）提供了一些当地名人的详细信息，包括Ruby Edwards 和David "Honeyboy" Edwards。

杰出人物吉姆·汉森（Jim Henson）是布偶电影的发明者，也来自利兰。关于他的生平与成就，可在鹿溪（Deer Creek）岸边的吉姆·汉森展览馆（Jim Henson Exhibit）了解到。

行驶路上 » 沿着Hwy 82公路向西行驶25英里到底，那里已在密西西比河附近了。

❾ 格林维尔

密西西比河边的格林维尔（Greenville）是河船游览路线上的一站，而且一直都是一个博彩度假区。多年来它始终受到活跃在度假区的蓝调音乐和爵士音乐人的喜爱。虽然格林维尔的外围破旧凌乱，沿河一带却是景色宜人。但到此一游的真正理由是**Doe's Eat Place**（☎662-334-3315；www.doeseatplace.com；502 Nelson St；主菜 $22~40；☺周一至周六 17:00~21:00）的牛排、墨西哥风味玉米粉蒸肉和辣椒，这是一家令人难忘的经典小餐馆。

行驶路上 » 返回印第安诺拉，然后沿着Hwy 49W公路向南行驶到达其貌不扬的本托尼亚，全程大约90英里。

❿ 本托尼亚

本托尼亚（Bentonia）曾是一个繁荣的农业社区，现在人口却不足100人，而且中心区破旧不堪，但它仍然是密西西比历史最悠久的自动唱机餐馆所在地。霍尔姆斯（Holmes）一家在吉姆·克罗时期（即黑人遭受种族隔离的时期）经营起了**Blue Front**（☎662-528-1900；www.facebook.com/bluefrontcafeblues；107 E Railroad Ave；☺周一至周四 9:00~20:00，周五和周六 至 22:00，周日 13:00~20:00）。那时候，非洲裔美国人甚至不被允许喝可口可乐。而霍尔姆斯家族在禁酒时期售卖玉米酒（既面向黑人也面向白人），而且热情招待当时三角洲地区的所有蓝调音乐艺术家，包括桑尼·博伊·珀西·史密斯（Percy Smith）以及杰克·欧文斯（Jack Owens）。如今，这家餐馆晚间仍然营业，但只在本托尼亚一年一度的节日期间才会演出现场音乐，那时社区会重现生机（虽然只是昙花一现）。

食 宿

孟菲斯 ❶

✕ Arcade

美式小馆 $

（www.arcaderestaurant.com; 540 S Main
St; 主菜 $7~10; ⊙周日至周三 7:00~15:00, 周
四至周六 至23:00) 进入这个超级复古、孟菲
斯最古老的餐馆, 找到猫王埃尔维斯当年
就餐的隔间, 位置绝妙, 就在后面的出口附
近。B.B.King也曾来这里享用过花生酱香
蕉烤三明治, 如果有歌迷聚集, 他就会从门
口匆匆离开。如今人们仍然蜂拥而来品尝松
软、涂满黄油的红薯薄煎饼, 如宣传的那样
让人欲罢不能。

✕ Gus's World
Famous Fried Chicken

快餐 $

（www.gusfriedchicken.com; 310 S Front
St; 盘菜 $6~12; ⊙周日至周四 11:00~21:00,
周五和周六 至22:00) 全球各地的炸鸡美食家
做梦都惦记着这里的美味, 餐馆位于城中
心的一座混凝土建筑中, 拥有霓虹闪烁的
室内装饰和古老的自动唱机。在顾客盈门
的夜晚, 等待时间将长达1小时。

✕ Charlie Vergos'
Rendezvous

烧烤 $$

（☎901-523-2746; www.hogsfly.com; 52
S 2nd St; 主菜 $8~20; ⊙周二至周四 16:30~
22:30, 周五 11:00~23:00, 周六 11:30开始) 虽
隐藏于Monroe Ave边的同名小巷之中, 这
家地下室餐馆却能够每周售出多达5吨的美
味肋排。肋排不调味, 但猪肩胛是要加调味
料的, 因此可以将两种美味结合起来吃。牛
胸肉也是一道美味。你要做好排队的心理准
备。

🛏 Madison Hotel

精品酒店 $$$

（☎901-333-1200; www.madisonhotel
memphis.com; 79 Madison Ave; 房间 $279起;
P ✱ @ 🛜 ❄ ♿) 如果你在寻找漂亮整洁的
住处, 试试这家时髦、以音乐为主题的精
品酒店吧。屋顶的天空露台（Sky Terrace;
非住客 $10) 是城中观看日落的最佳地点之
一, 而且房间时尚优雅, 有硬木门、很高的
天花板和意大利床品。停车费为$29。

克拉克斯代尔 ❹

✕ Abe's Bar-B-Q

烧烤 $

（☎662-624-9947; www.abesbbq.com;
616 State St; 三明治 $4~6, 盘菜 $6~14; ⊙周
一至周六 10:00~20:30, 周日 至20:00; P ♿)
这家位于十字路口的餐馆从1924年开始营
业, 供应令人赞不绝口的猪肉三明治、酸味
卷心菜沙拉和慢火烹制的墨西哥风味玉米
粉蒸肉。

🛏 Lofts at the Five & Dime

公寓 $$

（☎888-510-9604; www.fiveanddime
lofts.com; 211 Yazoo St; 阁楼公寓 $150起;
❄ ♿) 这个阁楼公寓坐落在一幢1954年的
建筑内, 拥有阁楼风格的豪华公寓房, 设施
完备的厨房里有水泥橱柜, 起居室和卧室中
有大屏幕平板电视, 淋浴室铺设了水磨石,
还有全程可享的免费苏打水和纯净水。房
间可供4个人舒适安睡。

格林伍德 ❻

✕ Delta Bistropub

美国南方菜 $$

（☎662-459-9345; www.deltabistro.

com; 222 Howard St; 主菜 $13~26; ⊘周二至周五 11:00~14:00和17:00~21:00, 周六 11:00~21:00) 这家档次很高的咖啡馆主要供应南方菜, 例如炸小龙虾、烤虾、螃蟹浓汤。还有一些创意菜, 例如本地虾配柠檬调料和炸罗勒, 猪肚烤鸭胸以及烤嫩芦笋。这是三角洲地区最好的餐馆。

🛏 Alluvian   精品酒店 $$$

(✆662-453-2114; www.thealluvian.com; 318 Howard St; 房间 $200~235, 套 $300; Ｐ❄@📶) 这是一家气派的四星级精品酒店, 包括一家展示三角洲艺术品的画廊, 庭院中有一个喷泉, 宽敞的房间和套间里装饰美观、设施齐备: 大水量浴盆、很高的天花板、花岗岩洗手盆, 还有洗手间里的棋盘格图案地板。有的房间能够看到庭院景观, 其他的房间则可远眺格林伍德市中心。建议预订。

纳奇兹遗迹景观大道 标志性的双拱桥

纳奇兹遗迹景观大道

19

翡翠般的山丘、殷实的庄园、层层铺叠的美国历史，驾车伴着纳奇兹遗迹景观大道蜿蜒行过444英里的繁茂林地，从纳什维尔一直来到密西西比州南部。

线路亮点

起点
Nashville 纳什维尔
Franklin 富兰克林
Old Trace 历史古道
Meriwether Lewis Site 梅里韦瑟·刘易斯遗址
Bear Creek Mound 熊溪丘
6 Pharr Mounds 法尔古墓
Confederate Gravesites 邦联军墓地
140 英里
蒂肖明戈州立公园
叹为观止的自然景观，原住民历史
9
Chicasaw Village & Bynum Mounds 契卡索村和拜纳姆古墓
178 英里
图珀洛
猫王的音乐总是能让人神清气爽
251 英里
杰夫·巴斯比公园
景观大道上的最佳观景点之一
11 French Camp 弗伦奇坎普
Tupelo-Baldcypress Swamp 图珀洛落羽杉沼泽
433 英里
翡翠丘
偷片刻安宁清闲，放思绪自由穿梭
Natchez 纳奇兹
14 **终点**

3天
444英里/
714公里

最适合

何时去

春季（4月至6月）和秋季（9月至11月）气候宜人。

最佳摄影点

日落之前的翡翠丘（世界上第二大印第安人坟冢）格外迷人。

 最佳历史景点

体验原住民风情，感受拓荒时期的回响。

259

19 纳奇兹遗迹景观大道

从18世纪晚期至19世纪,美国从婴儿期到儿童期,又成长至青春期。这也是早期美洲定居者开拓和扩张的时期,与美洲原住民贸易和冲突的时期,以及在南北战争期间直面内部矛盾的时期。这场历史大戏的痕迹至今还能在纳奇兹遗迹景观大道上看到,但在启程之前,还是先逛逛小酒馆,听听夜店的音乐吧!

❶ 纳什维尔

林木茂密、城区不规则伸展的南部城市——纳什维尔(Nashville)经济繁荣,人民好客,从不缺乏魅力,但事实上它的魅力全部与音乐有关。小酒馆里人们跺脚欢闹,吸引着来自全美国各地怀揣明星梦的人,他们梦想着有朝一日成为位列**乡村音乐名人堂**(Country Music Hall of Fame; www.countrymusichalloffame.com; 222 5th Ave S; ⊙9:00~17:00; 成人/儿童 $25/15)的大人物。别错过**Bluebird Cafe**(☎615-383-1461; www.bluebirdcafe.com; 4104 Hillsboro Rd; 费用 免费至$30),它位于一个郊区商业区内,是歌手

和歌曲作者的天堂,最近因为热播的电视剧《纳什维尔》(Nashville)而名声大噪。不要和人随意闲谈,否则可能招致麻烦。在**Tootsie's Orchid Lounge**(☎615-726-7937; www.tootsies.net; 422 Broadway; ⊙10:00至次日2:30)享受轻松的音乐氛围吧,这个奇妙的地方满是往昔岁月的老照片和传单招贴画。蓝草(Blue-grass)乐迷一定会喜欢**Station Inn**(☎615-255-3307; www.stationinn.com; 402 12th Ave S; ⊙即兴表演19:00,现场乐队演出 21:00),不妨坐在小鸡尾酒桌旁,大口喝着啤酒,叹赏蓝草乐手奏起音乐时那灵巧的手指。

✕ ☷ 见268页

行驶路上 » 第二天,驾车向南,你将首先穿过高出河谷155英尺(约47米)的双拱桥(Double-Arch Bridge),然后再驶入景观大道(Parkway),开始一次愉快的乡村自驾之旅。在随后444英里的旅程中,林木繁茂,树冠如盖,拱卫着光滑如婴儿肌肤一般的公路逶迤向前。从纳什维尔到富兰克林约10英里。

❷ 富兰克林

在你踏上遗迹景观大道之前,顺路先去富兰克林(Franklin)。距离纳什维尔仅仅10英里,这座小巧的历史村庄很值得走访一番。维多利亚风格的城中心非常迷人,附近颇具艺术气息的飞地**雷珀斯福克**(Leiper's

Fork）有趣而包容。但我们到这里来的主要目的是看一看南北战争时期最残酷的战场之一。1864年11月30日，37,000人（20,000南方邦联军人和17,000名北方联邦军人）为了争夺富兰克林郊区一个2英里长的地带而浴血奋战。纳什维尔的扩张已经把那片战场的大部分变成了市郊，但是**卡特故居**（Carter House; ☎615-791-1861; www. boft.org; 1140 Columbia Ave; 成人/6至15岁儿童/6岁以下儿童 $18/8/免费; ⊙周一至周六9:00~17:00，周日11:00~17:00; ⊕⊛）仍然保留了**富兰克林战役**（Battle of Franklin）中8公顷的战场。房屋上至今仍能看到1000多处的弹孔。

行驶路上 » 景观大道（Parkway）自茂密林地间开出了一条通道，沿着它你将在雷帕斯福克转向，经过另一个历史区，行驶约40英里后来到第一个历史古道岔路口。

 你也可以

17 **卡真法裔区**
沿着Hwy 61公路向南，从纳奇兹去往卡真法裔区之旅的起点蒂博多。

18 **蓝调公路**
从图珀洛出发，沿I-78州际公路向西北行驶至孟菲斯，接入蓝调公路。

❸ 历史古道

在里程标403.7英里处（没错——不要担心"倒退"的里程标记，我们认为由北向南的路线效果最佳），你将看到几段历史古道（Old Trace）中的第一段。

19世纪早期，Kaintucks人（来自俄亥俄州和宾夕法尼亚州的船夫）驾驶着平底船，沿着俄亥俄和密西西比河运送煤炭、牲畜和农产品。货物通常靠岸卸在纳奇兹，沿着历史古道继续走很长一段路到纳什维尔，然后从那里转走公路继续向北运输。这段徒步路径穿过乔克托（Choctaw）和契卡索（Chicasaw）的乡间地区，这就意味着有些风险。事实上，正是原住民首先开拓了这条路。从这个岔路口沿着古道可行进2000英尺（约610米）。

行驶路上 » 随着景观大道经过杰克逊瀑布（Jackson Falls）和可鸟瞰达克河（Duck River）风光的贝克尔崖观景台（Baker Bluff Overlook），这条20英里的路上有着令人目不暇接的美景。

❹ 梅里韦瑟·刘易斯遗址

梅里韦瑟·刘易斯遗址（Meriwether Lewis Site）位于里程标385.9英里处，著名的探险家和路易斯安

那州第一任州长——梅里韦瑟·刘易斯（Meriwether Lewis）正是在这附近的Grinders Inn里神秘死亡。这段致命之旅开始于1809年9月，当时刘易斯正计划到华盛顿为他的政府经费进行辩护。你也可以把这看作是早年间国会委员会发出的传票。在皮克林堡（Fort Pickering），一个靠近现代孟菲斯、地处荒野的前哨站，他与一个叫作詹姆斯·尼利（James Neely）的契卡索部落的代理人会合了。尼利本应护送刘易斯一行人安全穿过契卡索领地。他们向北行进，经过灌木丛地带，又沿着历史古道去了**格林德看台**（Grinder's Stand），之后就住进了由拓荒者格林德一家人经营的旅馆。格林德夫人为刘易斯准备了一个房间，并且为他提供了饮食。在他休息之后，响起了两次枪声。这位传奇的探险者被击中了头部和胸部，死时年仅35岁。刘易斯的好朋友托马斯·杰弗逊（Thomas Jefferson）说这是一次自杀事件，然而刘易斯的家人却持有不同意义。

行驶路上 » 到下一站需要行驶约77英里。继续行进，你将在里程标341.8英里处进入亚拉巴马州地界，然后在里程标308英里处进入密西西比州。

❺ 熊溪丘

一过亚拉巴马州边界进入密西西比州，你就

会在里程标308.8英里处看到熊溪丘（Bear Creek Mound）。这是当地一个举行古老仪式的地点。沿着景观大道有7个丘群，全部位于密西西比州。它们形状各异，有的像玛雅人的金字塔，有的是穹顶形，有的只是稍微从地面隆起，在遥远的往昔岁月里，用于祭拜仪式或埋葬死者。有的丘还被视为本地酋长的力量之所在，这些酋长有时候就居住在上面。据说熊溪丘也是这种情况，它建于公元1100年和1300年之间。考古学家确信，熊溪丘顶上曾有过一座庙宇或一栋酋长的住宅。

行驶路上 » 公路在里程标304.5英里处将蒂肖明戈州立公园一分为二。

线路亮点

❻ 蒂肖明戈州立公园

蒂肖明戈州立公园（Tishomingo State Park）以契卡索印第安部落酋长蒂肖明戈的名字命名，如果你打算慢慢品味这里的美景，可以在引人发出思古幽情的青苔覆盖的砂岩崖壁和岩层之间，或熊溪峡谷长满蕨类植物的冲沟与瀑布之间**露营**（☑662-438-6914；www.mississippistateparks.reserveamerica.com; Mile 304.5 Natchez Trace Pkwy; 露营位 $18; ⏱24小时; ♿🐾）。徒步小径比比皆是，如果想荡桨熊溪（Bear Creek），

可以租独木舟。一旦天气转暖，大地回春，公园里立时野花烂漫，无比妖娆。这是一处特别的，而且是备受契卡索部落（Chicasaw）和他们的史前祖先珍爱的绿洲。公园中的部落文明遗迹能够追溯到公元前7000年。

行驶路上 » 将近20英里的林木美景从蒂肖明戈州立公园延伸开去，直抵里程标286.7英里处的一系列美洲原住民古墓。

❼ 法尔古墓

法尔古墓（Pharr Mounds）拥有2000年历史，占地90公顷，由8个美洲原住民的墓地组成，其中4个已经于1966年完成发掘，在其内部发现了壁炉和用于火化死者的低台，另外还有一些祭祀用品，外加黄铜容器，其精致美观令人惊叹。密西西比河地区并不出产黄铜，这表明当时该地区已与其他民族和种族有了广泛的贸易交往。

行驶路上 » 继续行驶大约17英里，在里程标269.4英里处你将看到连接另一段历史古道的岔路口，这条路上有一些较新的历史遗迹。

❽ 邦联军墓地

就在图珀洛（Tupelo）北面一个俯瞰历史古道的小丘上，一溜儿排列着13座没有名字的邦联（美国南北战争时南方美利坚联盟国的简称）军战士墓地（Confederate Gravesites）。夺去他们生命的原因已经湮没于历史之中，据推测，他们死于由密西西比州柯林斯（Corinth）撤退的途中，那是在具有决定意义的夏伊洛战役（Battle of Shiloh）结束之后。也有人认为他们是在附近的布里西斯十字路战役（Battle of Brice's Crossroads）中受伤而亡，随后被他们的战友埋葬在了这里。

行驶路上 » 约10英里之后的里程标266英里处是规模较大的村庄图珀洛，在此你可以稍作停留，补充继续南行所需的物品。

线路亮点

❾ 图珀洛

纳奇兹遗迹景观大道游客中心（Natchez Trace Parkway Visitors Center; ☎800-305-7417, 662-680-4025; www.nps.gov/natr; Mile 266 Natchez Trace Pkwy; ⏲8:00~17:00，圣诞节不开放；🚻🐾）拥有极为出色的资源，包括精心设计的自然以及历史展，还提供详细的景观大道地图。音乐迷一定知道令图珀洛（Tupelo）闻名于世的宠儿是谁。**猫王埃尔维斯·普莱斯利出生地**（Elvis Presley's Birthplace; ☎662-841-1245; www.elvispresleybirthplace.com; 306 Elvis Presley Dr; 成人/老人/儿童 $17/14/8，仅故居 成人/儿童 $8/5; ⏲周一至周六 9:00~17:00，周日 13:00~17:00; Ⓟ）是其乐迷心目中的朝圣地。猫王故居如今装上了新屋顶，摆上了新家具，但无论如何，这里仍然是1935年1月8日猫王出生的地方。而且他就是在这里学会了演奏吉他，并且萌生了伟大的梦想。他第一次迷上音乐是在家族教堂里，如今这个教堂也被运到这里，同样被整修

另辟蹊径
牛津

起点：❾ 图珀洛

如果你计划走完从纳什维尔到纳奇兹的纳奇兹遗迹景观大道全程，就应该沿着Hwy 6公路迂回50英里，去往密西西比州的牛津（Oxford），一个拥有深厚文化和历史底蕴的城镇。这里是著名作家福克纳的故乡，也是一个拥有上等餐馆和酒吧的大学城，人气很旺。别忘了沿着County Rd 303公路，到牛津南面15分钟车程的Taylor Grocery（见269页）享受一顿鲶鱼宴。

上图:弗伦奇坎普博物馆
左图:九带犰狳
右图:翡翠丘

得焕然一新。

行驶路上 » 差不多刚要出图珀洛，里程标261.8英里处就是契卡索村。拜纳姆古墓位于将近30英里以南的另一个村庄，一过汤比格比河国家森林（Tombigbee National Forest）就能看到岔路口。

⑩ 契卡索村和拜纳姆古墓

从图珀洛向南，遗迹景观大道绕过契卡索村（Chicasaw Village）遗址。遗址内展出的文件介绍了在19世纪初叶皮草贸易兴旺时期，契卡索人的生活和行走历程。1541年Hernando de Soto打着西班牙旗帜进入了密西西比地区。他们进行了一场苦战，虽然De Soto活下来了，但是契卡索人毫不退让。17世纪时，英国人为了利润丰厚的毛皮贸易与契卡索人交战。同时期，英国的盟友法国在幅员辽阔的路易斯安那地区拥有很大的影响力。契卡索人发现自己不但要与法国人作战，还得与法国人的同盟乔克托人（Choctaw）针锋相对。

继续沿着公路前进，是6座拥有2100年历史的拜纳姆古墓（Bynum Mounds）的所在地。5座古墓在第二次世界大战刚刚结束时进行了开掘，从中发现了一些黄铜工具和火葬的遗骸，其中2座已经恢复原貌供公众参观。

行驶路上 » 古墓与杰夫·巴斯比公园相距约39英里, 后者位于里程标193.1英里处。

线路亮点

⓫ 杰夫·巴斯比公园

不要错过位于山顶的杰夫·巴斯比公园 (Jeff Busby Park), 这里有野餐桌和一个极好的观景台, 从那里能够眺望低处绵延数英里、林木覆盖的山丘, 山丘一直延伸至远处的地平线。山顶的展示品提供了有关本地动植物的介绍和数据, 并有关于原住民工具的使用说明。**小山径** (Little Mountain Trail) 是一段半英里的环路, 从停车场向下延伸至树

另辟蹊径
杰克逊

起点: ⓭ **图珀洛落羽杉沼泽**

在沼泽南面22英里, 沿着州际公路稍微前行一点, 就是密西西比州的首府——杰克逊 (Jackson)。除了出色的市立博物馆、时髦而充满艺术气息的**Fondren 区** (内有密西西比州最好的餐厅), 杰克逊还能提供相当不错的提神酒精饮料。城中的两个好去处分别是: **密西西比州艺术博物馆** (Mississippi Museum of Art; www.msmuseumart.org; 380 South Lamar St; ⓢ周二至周六 10:00~17:00, 周日 正午至17:00; 特展 $5~12), 它奖掖携土生土长的艺术家, 并且举办不同的展览; 另外一个好去处是**尤多拉·威尔第故居** (Eudora Welty House; www. eudorawelty.org; 1119 Pinehurst St; ⓢ团队游 周二至周五 9:00、11:00、13:00和15:00; 成人/学生/儿童 $5/3/免费), 就是那个文学巨匠兼普利策奖获得者进行创作的地方。而且在离开城镇之前, 一定要去Walker's Drive-In (见269页) 享受一顿午餐或者正餐。

荫遮蔽的山谷, 全程需时30分钟。另外一条半英里的小径从环路分出来, 通到下面的露营地。

行驶路上 » 沿着公路行驶13英里, 到里程标180英里处时, 树林退去, 一片农业化的高地出现在眼前, 它碧绿而齐整, 仿佛已经耕耘了几个世纪。

⓬ 弗伦奇坎普

在前法国拓荒者定居点弗伦奇坎普 (French Camp), 你可以参观一幢美国内战之前的二层楼建筑, 由美国独立战争的老兵詹姆士·德雷恩上校 (Colonel James Drane) 建造。茶几

上已经准备好了喝茶的用具, 古老的皮面日记本摆放在书桌上, 而德雷恩上校用过的美国旗帜和一架古老的纺车一起放在了楼上的卧室中。更加值得注意的是出自Greenwood LeFlore的一辆精美驿站马车, 它曾经两次拉着密西西比河东岸乔克托部落最后一个酋长前往华盛顿与安德鲁·杰克逊总统 (President Andrew Jackson) 谈判。要想了解更多弗伦奇坎普的历史, 可以前往**弗伦奇坎普博物馆** (French Camp Museum)。博物馆坐落于一幢古老的小木屋内, 门廊上有许多历史照片, 内部还有许多加了框的报纸文章和地图。

📖 见269页

行驶路上 » 当你继续南行时, 树林被草原取代, 马儿在草原上纵情奔跑, 之后树林又一次次逼近。遗迹景观大道的下一站在约55英里处。

⓭ 图珀洛落羽杉沼泽

当你游览美艳动人的图珀洛落羽杉沼泽 (Tupelo-Baldcypress Swamp) 时, 在里程标122英里处你能够近距离观赏这些树木。需时20分钟的**小径**蜿蜒穿过一个废弃的隧道, 之后继续沿着一条木板路经过奶绿色的沼泽, 水边山茱萸和落羽杉树影婆娑。你可以在岩石间寻找乌龟, 不过要留意黑水里的短吻鳄。

行驶路上 » 沼泽注入罗斯·R.巴内特水库(Ross R Barnett Reservoir),当你快速驶向并且穿过州府杰克逊时,向东就能看到这个水库。下一个迷人景点距离整段旅程的终点纳奇兹仅10.3英里,沿着从景观大道向西的公路可以到达。

线路亮点

⑭ 翡翠丘

翡翠丘(Emerald Mound)是原住民丘古墓景点中最值得看的一个。通过使用石器工具,纳奇兹部落的祖先在前哥伦比亚时代整治出了这片占地8公顷的山地,使之变成了一个平顶金字塔。如今它是美国第二大的丘古墓。在此地的小溪边有草木蓊郁的野餐区,而且你可以也应该爬上金字塔的顶部,在那里能看到一大片草坪,还有一张平面图。平面图描绘的看上去像是一座庙宇,它本来可能坐落在第二层和最高层的丘古墓上。在

春日和煦的午后,阳光的威力还没有咄咄逼人之时,树林中鸟鸣婉转,与远处的火车汽笛声交相应和,此时此地此景真是无上的享受。

行驶路上 » 继续行驶约22英里,当你接近纳奇兹时,南方橡树满是苔藓的枝干一直伸展到公路上方,空气变得有点温暖,也更为潮湿,几乎可以闻到河流的气味。

⑮ 纳奇兹

当树林分开,露出南北战争之前的历史建筑时,就已经来到密西西比州的纳奇兹(Natchez)了。19世纪40年代时,纳奇兹居民中百万富翁的比例高于世界上任何一个城市(因为种植园主不必为他们的工人支付工资)。是的,奴隶辛勤的劳动带来了古老的棉花财富,进而成就了这些庄园,而它们也的确拥有如小说《飘》(Gone With the Wind)所描绘的那般富足魅力。旅

行季是春天和秋天,届时庄园都向游客开放,其中也有部分是常年开放的。红砖建造的**奥本庄园**(Auburn Mansion; ☎601-446-6631; www.auburnmuseum.org; 400 Duncan Ave;成人/儿童$15/10; ⏰周二至周六 11:00～15:00,最后一次团队游 14:30出发; ♿)以它独立的螺旋楼梯而闻名。这幢建造于1812年的建筑物影响了整个南方的庄园风格。

纳奇兹也并非总是那么冠冕堂皇。马克·吐温当年穿镇而过时(他常常这样),就曾闯入当地一个酒吧楼上的房间。**Under the Hill Saloon**(☎601-446-8023; 25 Silver St; ⏰10:00至深夜)与伟大的密西西比河隔街相望,是城中最好的酒吧之一,周末有极好的(而且免费的)现场音乐。

🍴 🛏 见269页

食宿

纳什维尔 ❶

✖ Prince's Hot Chicken　　快餐 $

（123 Ewing Dr；四分之一/半只/整只炸鸡 $5/11/22；⊘周二至周四 11:30~22:00，周五 11:30至次日4:00，周六 14:00至次日4:00；🅿️）小巧、看似破旧的 Prince's 是家族经营的快餐店，供应纳什维尔最有名的"辣鸡"。这家店位于北部一个不起眼的单排商业区，从嬉皮士到派对动物，再到移民家庭、本土精英和乡村人士，无不对其情有独钟。这里的炸鸡分微辣（一点也不辣）、中度辣（真可笑）、重度辣（差点让人抓狂）、超级辣（太自虐）和超超超级辣（相当于自杀），会让你的胃火辣辣的，终生难忘。只接受现金。

✖ City House　　美国南方菜 $$

（☎615-736-5838；www.cityhousenashville.com；1222 4th Ave N；主菜 $15~29；⊘周一和周三至周六 17:00~22:00，周日 至21:00）这是一座没有招牌的砖构建筑，位于纳什维尔环境优雅的德国城（Germantown）中，是城中最好的餐馆。食物在开放式厨房中烹制，结合了意大利和新派南方菜的风味。供应的美食包括味道浓郁的羽衣甘蓝沙拉、可口的熏羊肉配甜菜、柠檬和佩科里诺干酪，经过改良的章鱼肉酱意粉或烘烤花椰菜粗燕麦意粉。餐馆自制香肠和萨拉米（salami；一种风干熏肉肠，又叫"意大利香肠"），这里拥有上乘的鸡尾酒和葡萄酒。甜食让人胃口大开。周日的晚餐中规中矩。酒吧、比萨柜台和带顶棚的门廊是专门为路过的客人准备的。

✖ Monell's　　美国南方菜 $$

（☎615-248-4747；www.monellstn.com；1235 6th Ave N；自助餐 $14~21；⊘周一 8:00~

15:00，周二至周六 8:00~15:00和17:00~20:30，周日 8:00~16:00）Monell's坐落于市中心以北一座老式砖构建筑中，以其地道的南方菜和富于家庭气息的服务而受人喜爱。在这里进餐不仅仅是吃一顿饭，而是体验一种文化。一盘又一盘的煎鸡、手撕猪肉、玉米布丁、烤苹果、马克罗尼意面和土豆泥接踵而至。取消下午其余的安排吧！

🛏 Hutton Hotel　　精品酒店 $$

（☎615-340-9333；www.huttonhotel.com；1808 West End Ave；房间 $279起；🅿️❄️@📶）这是我们最喜欢的纳什维尔精品酒店之一，具有20世纪中叶的现代派设计风格、竹子镶的墙壁以及据说是第一次世界大战期间使用过的谷仓木地板。铁锈色和巧克力色的房间宽敞而且设施上乘，有电控的大理石淋浴室、玻璃洗手盆、特大号的床、宽大的书桌、宽屏平板电视、高档地毯和织物。别错过备受好评的每日欢乐时光（Happy Hours），与当地的葡萄酒庄、酿酒厂和啤酒厂出产的佳酿亲密接触。随处可见可持续的华丽设施。你可以乘坐酒店的特斯拉电动车转一圈，免费的！

🛏 Hotel Indigo　　精品酒店 $$

（☎615-891-6000；www.hotelindigo.com；301 Union St；房间 $189起；🅿️❄️@📶）这是国际精品酒店的连锁店，外观呈波普艺术风格，很有意思，有161间房间（其中30间是全新的）。不要选那些最初（显得俗气）的水磨石地面的房间，推荐宽敞的King房间，有全新的硬木地板、很高的天花板、平板电视、皮质床头板和办公椅。

🛏 Union Station Hotel　　酒店 $$$

（☎615-726-1001；www.unionstationhotelnashville.com；1001 Broadway；房间 $300起；🅿️❄️📶）这家高耸的罗马风格灰色石堡曾是纳什维尔的火车站，在那个年代，乘火车出行可是件大事，如今这里成为市中心

最具标志性的酒店。拱形大厅以桃红色和金色为主，嵌着大理石地板，还有彩绘玻璃天花板。所有房间布置得都很有品味，十分现代化，有全新的智能电视、牛皮床头板和铁丝吊灯（仅限上层的房间）。

牛津

✕ Taylor Grocery
海鲜 $$

（☎662-236-1716；www.taylorgrocery.com；4 1st St；菜肴 $9~15；⏰周四至周六 17:00~22:00，周日 至21:00；🅿）在这一散发浓郁乡村气息、以鲶鱼为招牌的餐馆，做好等待的准备吧。点一份煎鱼或烤鱼（都非常美味），带一支记号笔，在墙上签下你的名字。餐馆距离牛津中心约7英里，在Old Taylor Rd的南面。

弗伦奇坎普 ⑫

🛏 French Camp B&B
民宿 $$

（☎662-547-6835；www.frenchcamp.org；Mile 180.7 Natchez Trace Pkwy；房间 $95~145；🅿🕸📶）这幢原木小屋建在一个法国拓荒者的地盘上，这块地后来被一位美国独立战争的英雄进一步开发了。质朴的房间和小屋能让你更加亲近大自然——你将置身于美妙无比的自然环境中。

杰克逊

✕ Walker's Drive-In
美国南方菜 $$$

（☎601-982-2633；www.walkersdrivein.com；3016 N State St；午餐主菜 $8~17，晚餐 $29~37；⏰周一至周五 11:00~14:00，周二至周六 17:30~22:00）这一复古的一流餐馆经过修葺后得到了新派南方菜爱好者的喜爱。午餐很丰盛，性价比堪称晚餐2.0版，有红鱼三明治、嫩肉汉堡和烤牡蛎"穷汉"三明治。独特的辣烤金枪鱼沙拉值得一试，里面配有辣鱿鱼和海草。

纳奇兹 ⑮

✕ Magnolia Grill
美国南方菜 $$

（☎601-446-7670；www.magnoliagrill.com；49 Silver St；主菜 $13~22；⏰11:00~21:00，周五和周六 至22:00；🚶）这家餐馆靠着河边，有漂亮的木门面、裸露的椽子和户外露台。如果想吃猪肉里脊"穷汉"三明治（Po' boy；新奥尔良的特色三明治，据说它是在经济萧条时期街车工人的大罢工中发明的）或炸小龙虾菠菜沙拉，这里就是个不错的选择。

✕ Cotton Alley
咖啡馆 $$

（☎601-442-7452；www.cottonalleycafe.com；208 Main St；主菜 $10~20；⏰周一至周六 11:00~14:00和17:30~21:00）这幢白灰刷墙的可爱餐馆里满是小摆设，充满浓郁的艺术情调，而菜单则体现了当地的风味。烤鸡三明治配得克萨斯吐司和什锦意大利面值得考虑，鸡肉凯撒沙拉和美味的烤鲑鱼沙拉也很不错。

🛏 Mark Twain Guesthouse
客栈 $

（☎601-446-8023；www.underthehillsaloon.com；33 Silver St；房间 不带卫生间 $65~85；🕸📶）马克·吐温曾在1号房呼呼大睡，这间房就在目前Under the Hill Saloon（见267页）的吧台上方，当时他是一艘穿城而过的船的领航员。这里共有3间房间，共用一个浴室和洗衣设施。

🛏 Historic Oak Hill Inn
旅馆 $$

（☎601-446-2500；www.historicoakhill.com；409 S Rankin St；房间 $135~160，套 $235；🅿🕸📶）你是否期待在古老的房间内睡上一晚？在历史悠久的Historic Oak Hill Inn，你可以睡在1835年的床上，在1850年的Waterford水晶吊灯下，用南北内战前的瓷器进餐。这一经典的纳奇兹民宿追求的是南北战争前的贵族生活范儿。

老爷爷山 著名的吊桥，长228英尺

经典线路

蓝岭风景大道

20

这条在美国人气很高的风景大道蜿蜒穿过林木茂密的阿巴拉契亚山脉，在那里翻越东海岸最高峰，徜徉于这个国家最大的庄园之中。

线路亮点

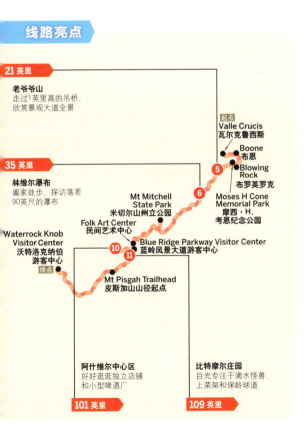

21 英里

老爷爷山
走过1英里高的吊桥，欣赏景观大道全景

35 英里

林维尔瀑布
阖家徒步，探访落差90英尺的瀑布

Waterrock Knob Visitor Center
沃特洛克纳伯游客中心
终点

Mt Mitchell State Park
米切尔山州立公园

Folk Art Center
民间艺术中心

Blue Ridge Parkway Visitor Center
蓝岭风景大道游客中心

起点
Valle Crucis
瓦尔克鲁西斯

Boone
布恩

Blowing Rock
布罗英罗克

Moses H Cone Memorial Park
摩西·H.考恩纪念公园

Mt Pisgah Trailhead
皮斯加山山径起点

阿什维尔中心区
好好逛逛独立店铺和小型啤酒厂

101 英里

比特摩尔庄园
目光专注于滴水怪兽，上菜架和保龄球道

109 英里

5天
210英里/
338公里

最适合

何时去

5月至10月，草木葱茏，景点全部开放。

最佳摄影点

老爷爷山那1英里高的吊桥。

最佳家庭游

乘坐蒸汽火车，体验宝石开采，还可轻松徒步和品尝老式糖果。

271

Classic Trip
经典线路

20 蓝岭风景大道

蓝岭风景大道绵延469英里,从弗吉尼亚州的仙纳度国家公园到北卡罗来纳州的大雾山国家公园。在这焦油脚州(the Tar Heel State;北卡罗来纳州的别称),弯弯曲曲的公路经过怪石嶙峋的山峰、轰然作响的瀑布、茂密的森林和迷人的山间小镇。这条景观大道有三样东西值得一看:白尾鹿、本地小厂啤酒、老爷爷山的指示牌。另外奉上一条建议:早餐时千万不要拒绝小软饼。

❶ 瓦尔克鲁西斯

怎样开始一次穿越群山的公路旅行?所需要的就是好好睡一夜,再加上适当的装备。而这两者都可以在瓦尔克鲁西斯(Valle Crucis)这个位于布恩(Boone)西面的小村庄得到。在拥有200年历史的农家旅舍Mast Farm Inn(见280页)舒适的被褥中酣睡一夜之后,悠然坐在门廊摇椅上,啜饮着咖啡,开始新的一天。

在公路边上有一家**Original Mast General**

Store(☎828-963-6511;www.mastgeneralstore.com;Hwy 194;⊙周一至周六 10:00~18:00,周日 正午至18:00;⊛)以及它的附属店**Annex**(⊙周一至周六 7:00~18:30,周日 正午至18:00)。作为本地区数个马斯特(Mast)杂货店中的第一家,这个老店销售的大多数商品和1883年它刚刚开张时并无二致。如今你能在这里找到徒步鞋和法国乡村风格的擦手巾,还有培根和硬糖。位于Hwy 194公路南边的附属店Annex中出售户外运动服装和徒步装备。

🛏 见280页

行驶路上 » 沿着又名Broadstone Rd的Hwy 194公路向南行驶,途中经过长达3英里的乡村美景。在Hwy 105处左拐。

❷ 布恩

如果 和小孩子或自认探矿者的旅伴一起,可以在**雾山宝石矿**(Foggy Mountain Gem Mine;☎828-963-4367;

www.foggymountaingems.com;4416 Hwy 105 S;桶 $30~325;⊙10:00~17:00;⊛)稍作停留,淘淘半宝石,这种石头是按桶卖的。风景大道附近有几处开采宝石的地点,雾山是其中较小的一家,由几个宝石专家经营。在开矿者的引水槽中将你的矿石筛选出来之后,宝石专家会把你中意的石头切割并镶嵌好。

在布恩(Boone)中心区,你将发现在**King St**购物和进餐是一种享受。找找当地蓝草音乐传奇人物Doc Watson的青铜雕像。他正在King St和Depot St的拐角处旁若无人地拨弄着一把Gallagher吉他。

🍴 见280页

行驶路上 » 从King St开始,一过Dan'l Boone Inn餐厅即可转入Hwy 321公路。4英里之后在主题公园处右拐。

❸ 布罗英罗克

风景大道经过海拔

你也可以

🟢8 天际线公路

沿着I-26州际公路从阿什维尔向北行驶,直至到达I-81州际公路。之后向东北行驶300英里,到达施特拉斯堡,从那里你可以走I-66州际公路向东到达弗兰特罗亚尔。

🔵21 大雾山

从沃特洛克纳伯游客中心向北行驶,直至到达Hwy 19公路。沿着公路向西经切罗基(Cherokee)到达位于南塔哈拉户外活动中心的大雾山起点。

4000英尺（约1219米）处布罗英罗克村（Blowing Rock）的北面。在一个多云的早晨，沿着Hwy 321公路向南驶向山顶，探访周围山峰云遮雾罩的景观。东部的大陆分水岭经过Green Park Inn（见280页）的酒吧，这个气派的旅馆开设于1891年，有白色的护墙板。据说作家玛格丽特·米歇尔（Margaret Mitchell）创作《飘》时就居住在这里。

对于每一个北卡罗来纳州的孩子来说，去**特维兹铁路**（Tweetsie Railroad；

📞 800-526-5740；www.tweetsie.com；300 Tweetsie Railroad Lane；成人/3至12岁儿童 $45/30；⏰6月至8月中旬 每日 9:00~18:00，4月中旬至5月、8月中旬至10月 周五至周日；🚻）都是一件大事。这是一个阿巴拉契亚文化与狂野西部交相融合的主题公园。亮点就是一辆1917年的燃煤蒸汽机车，它咔嚓咔嚓地驶过结伙抢劫的印第安人和英勇的牛仔身边。途中的娱乐设施、软糖商店和面向家庭的展览都增添了无数趣味。

🍴🛏 见280页

行驶路上 » 去往蓝岭风景大道的入口位于布罗英罗克的特维兹铁路南面2.3英里处。一旦驶上风景大道，直接向南行驶2英里。

- - - - - - - - -

❹ 摩西·H.考恩纪念公园

徒步者和骑马者可以在原属于摩西·H.考恩（Moses H Cone）的**土地**（里程标294英里处）上享受25英里的马车道，现在它是摩西·H.考恩纪念公园（Moses H Cone Memorial Park）。摩西·H.考恩是一个慈善家和环保主义者，靠着牛仔布（Denim）发了财。他把自己的庄园和庭院于20世纪50年代赠予了美国国家公园管理局。殖民地复兴风格的庄园完工于1901年，现在是**风景大道手工艺中心**（Parkway

蓝岭风景大道旅行规划

风景大道的建设始于1935年的经济大萧条时期，那时政府招募成千上万的失业年轻人，组成了民间资源保护队（Civilian Conservation Corps）。直到1987年林恩湾高架桥（Lynn Cove Viaduct）完工，风景大道才全线贯通。

» 最高限速为每小时45英里。

» 道路中很长一部分在冬季会关闭，直到次年3月才重新开放。许多游客中心和露营地关闭至5月。登录公园服务网站（www.nps.gov/blri）查询关于道路封闭和设施开放日期的最新信息。

» 风景大道的北卡罗来纳段开始于里程标216.9英里处，位于弗吉尼亚州的蓝岭中心（Blue Ridge Mountain Center）和北卡罗来纳州的坎伯兰纳伯（Cumberland Knob）之间。

» 风景大道北卡罗来纳段共有26处隧道（在弗吉尼亚州只有1处）。留意路标，及时打开大灯。

» 更多旅行信息，请登录蓝岭风景大道协会（Blue Ridge Parkway Association；www.blueridgeparkway.org）和蓝岭国家文化遗产保护区（Blue Ridge National Heritage Area；www.blueridgeheritage.com）网站。

Craft Center; ☎828-295-7938; www.southernhighlandguild.org; Mile 294; ⊙3月中旬至11月 9:00~17:00)的所在地。商店售卖南部高地手工业行会（Sout-hern Highland Craft Guild）成员制作的高端工艺品。6月至10月中旬，可参与团队游免费参观二楼，也就是Flat Top Manor，具体时间是周六和周日的10:00、11:00、14:00和15:00。名额很紧俏，可在当周周五前拨打电话☎828-295-3782预订。

行驶路上 » 沿风景大道向南，经过铁路道口、石墙、溪流和草地。在里程标304英里处南面，风景大道曲折穿过林恩湾高架桥（Linn Cove Viaduct），因为脆弱的地质条件，这是风景大道中最后完成的一段，1987年方完工。在里程标305英里处进入Hwy 221公路，向南行驶1英里。

线路亮点

⑤ 老爷爷山

不要让恐高症妨碍你驶上**老爷爷山**（Grandfather Mountain; ☎828-733-4337; www.grandfather.com; Blue Ridge Pkwy Mile 305, Linville; 成人 $20, 4~12岁儿童 $9; ⊙6月至8月 8:00~19:00, 秋季、冬季和春季关闭时间提前）附近著名的平旋桥。是的，这座长228英尺（约69.5米）的桥梁高出海平面1英里（1.6公里），刮大风时你能听到钢梁在"歌唱"，但地面跨度只有80英尺（约

24米）。它的确不容忽视，虽然这里与大峡谷（Grand Canyon）比起来仍稍逊几分，但附近的山景依旧极好。规模很小的自然博物馆展示当地动植物，并提供探险家丹尼尔·布恩（Daniel Boone）的介绍。博物馆后，黑熊、鹿和水獭在小小的动物栖息地上游荡。老爷爷山被认定为联合国教科文组织生物圈保护区（Unesco Biosphere Reserve）。

从20世纪50年代以后，公园的景点即由Morton家族接手管理。北卡罗来纳州立公园管理局（North Carolina State Park System）于2008年购买了山区的土地，并于次年建立了老爷爷山州立公园（Grandfather Mountain State Park; www.ncparks.gov）。公园小径可由风景大道免费进入，或从景点内的停车场付费进入。崎岖难行但是风景多变的老爷爷小径（Grandfather Trail）从吊桥停车场向外沿着山峰伸展，最后终结于卡洛威峰（Calloway Peak），长达2.4英里。小径途中有缆索和登梯。

行驶路上 » 沿着风景大道向南行驶，在里程标316英里处向南左拐去往林维尔瀑布。

线路亮点

⑥ 林维尔瀑布

有时间徒步游吗？那就跳出汽车，走走难度适中

的**欧文景观小径**（Erwin's View Trail）吧。小径往返共1.6英里，位于人气很旺的林维尔瀑布区（Linville Falls）周边。林维尔河在此流经两个各自独立的瀑布，之后奔流2000英尺穿过岩石嶙峋的峡谷。小径跨过河流后随之转往下游。行至0.5英里处，一条山坡小径通向上瀑布（Upper Falls）；而落差高达90英尺的下瀑布（Lower Falls）则可由之前的烟囱景观（Chimney View）和峡谷景观（Gorge View）观景台看到。由后者还能看到气势壮观的林维尔峡谷（Linville Gorge）。小径的最后一站是欧文景观观景台（Erwin's View Overlook），沉浸在周遭景致之中吧。

行驶路上 » 沿着风景大道向南行驶然后右拐，在里程标355英里处的南面进入NC 128公路，并沿着它进入公园。

⑦ 米切尔山州立公园

注意，去**米切尔山州立公园**（Mt Mitchell State Park; ☎828-675-4611; www.ncparks.gov; 2388 State Hwy 128; ⊙5月至8月 7:00~22:00, 其他季节关门较早）旅游有可能会像打仗一样。是驾车驶上密西西比河东面最高的山顶，还是徒步前往？在公园办事处（4月至10月 每日8:00~17:00, 11月至次年3月 周末关门）做出你

Classic Trip
经典线路

MARY TERRIBERRY / SHUTTERSTOCK ©

的决定。办事处位于一条通往海拔6684英尺（约2000米）山峰的2英里小径旁。

在山顶你将看到那位与这座山同名的以利沙·米歇尔教授（Dr Elisha Mitchell）之墓。他是北卡罗来纳大学（University of North Carolina）的教授，在1857年试图测定此山的高度时不幸坠崖而亡。坟墓旁边一段环形坡道可以让你看到周围黑山山脉（Black Mountains）以及更远处的景观。

行驶路上 » 返回风景大道并向南行驶至里标382英里处。6月最后两周杜鹃花怒放。

⑧ 民间艺术中心

进入**民间艺术中心**（Folk Art Center; ☎828-298-7928; www.southernhighlandguild.org; Mile 382; ⊙4月至12月 9:00~18:00, 1月至3月 至17:00）的大堂后要向上看。一排手工制作的阿巴拉契亚风格椅子正挂在高处的墙上。它们是这个专门展示南方手工艺品的艺术中心的名片，令人印象深刻。这些椅子是南部高地手工艺行会永久收藏中的一部分，行会藏有2400多件传统和现代的手工艺品。包括陶器、篮子、被子、木刻等在内的藏品在二楼展示，一楼的Allanstand Craft Shop则出售精美的传统手工艺品。

行驶路上 » 右拐进入风景大道后向南行驶。过了斯旺纳诺阿河（Swannanoa River）和I-40州际公路之后继续至里程标384英里处。

⑨ 蓝岭风景大道游客中心

舒舒服服地坐在颇有助益的**蓝岭风景大道游客中心**（Blue Ridge Parkway Visitor Center; ☎828-298-5330; www.nps.gov/blri; Mile 384; ⊙9:00~17:00）里，静待风景自动向你走来。在这里，自驾游所能够看到的所有美景和奇观都被捕捉进了一部宽银幕影片《蓝岭风景大道——美国的迷人之旅》（*Blue Ridge Parkway–America's Favorite Journey*）之中。前台的公园服务人员能够向你提供关于风景大道沿线徒步小径的详细信息。至于当地景点和活动的清单，可以在大厅后的电子触摸屏上找到。旁边的当地信息服务台提供阿什维尔地区景点的小册子和优惠券。

行驶路上 » 向北行驶，回头穿过州际公路和河流，然后出Tunnel Rd，也就是Hwy 70公路。向西至Hwy 240公路西段，之后沿着它行驶直到通向阿什维尔的出口。

线路亮点

⑩ 阿什维尔中心区

嬉皮士（Hippies）、潮人（Hipsters）、徒步者（Hikers），还有一些虚张声势的预科生（high-falutin' preppies）——这个4H（指这四类人）俱乐

为何经典
凯文·劳伯
本书作者

作为一名公路旅行粉丝俱乐部的正式成员，我认为标志性的蓝岭风景大道是美国最壮美的自驾行程。秋季，风景大道五彩缤纷，焕发勃勃生机，将这个国家最有名的公路之一变成一条梦幻的走道，为深宝石红色和橙红色的落叶所覆盖。

上图：卢尔湖（Lake Lure）对岸的风景
左下图：林维尔瀑布
右下图：阿什维尔的蓝草音乐家

佛罗里达州和南部

20

蓝岭风景大道

部赋予了阿什维尔一种时髦的魅力。放眼四顾，知识分子左派人物聚集在**Malaprop's Bookstore & Cafe**（☎828-254-6734；www.malaprops.com；55 Haywood St；⏰周一至周六 9:00~21:00，周日 至19:00；📶）的书吧中，那里的书架上摆放着从禁书到南方菜烹饪食谱在内的各种图书。潮人们则在**Chocolate Fetish**（www.chocolate fetish.com；36 Haywood St；松露 $2.25；⏰周一至周四 11:00~19:00，周五和周六 至

蓝草音乐和山地音乐

要欣赏原汁原味的小提琴和班卓琴音乐，带上你的舞伴，深入高地（High Country）的山区。地区性演出和即兴创作音乐会都被列在了Blue Ridge Music Trails（www.blueridgemusic.org）和Blue Ridge National Heritage Area（www.blueridgeheritage.com）两个网站上。

以下三个网站可以帮助你理出些头绪。

Mountain Home Music Concert Series（www.mountainhomemusic.com）从春季到秋季，享受每周六晚在布恩举行的阿巴拉契亚音乐家演出。

Isis Music Hall（www.isisasheville.com）本土蓝草乐名人会聚集在周二晚上进行表演，这是阿什维尔的传统。

Historic Orchard at Altapass（www.altapassorchard.org）5月至10月的周末，在里程标328英里处的小瑞士（Little Switzerland）静下心来欣赏一场午后音乐会。

21:00，周日 正午至18:00）细细品味着丝滑的松露巧克力，或在自酿啤酒餐馆里啜饮出品的淡啤，比如欢快热闹的**Wicked Weed**（www.wickedweedbrewing.com；91 Biltmore Ave；1品脱$4.50~6.40；⏰周一和周二11:30~23:00，周三和周四 至午夜，周五和周六 至次日1:00，周日 正午至23:00；📶）。在迷人的**托马斯·沃尔夫纪念馆**（Thomas Wolfe Memorial；www.wolfememorial.com；52 N Market St；博物馆 免费，故居团队游 成人/7~17岁 $5/2；⏰周二至周六 9:00~17:00）里，这个城市纪念着它最著名的孩子托马斯·沃尔夫，他的小说《天使望故乡》

（*Look Homeward*，*Angel*）的灵感就来源于阿什维尔。

徒步者可以在**Tops for Shoes**（www.topsforshoes.com；27 N Lexington Ave；⏰周一至周六 10:00~18:00，周日 13:00~17:00）买双新靴子，或者在**Mast General Store**（www.mastgeneral store.com；15 Biltmore Ave；⏰周一至周四 10:00~18:00，周五和周六 至21:00，周日 正午至18:00）买户外用品。预科生们呢？他们在中心区的银行和律师事务所工作——与其他人一样，关注的都是同样的地方。

最后的点睛之笔，就是街头艺人弹奏着极度孤独曲子的街头景象了。它或许会为你的脚步增添活力，却使你的心情有些沉重。

✂ 🛏 见280页

行驶路上 » 沿着Asheland Ave（随后变成了McDowell St）向南行驶。在穿过斯旺纳诺河之后，右边就是通往比特摩尔庄园的路口。

线路亮点

⑪ 比特摩尔庄园

将阿什维尔放到旅行路线图上，完全是因为占地175,000平方英尺的**比特摩尔庄园**（Biltmore Estate；☎800-411-3812；www.biltmore.com；1 Approach Rd；成人/10~16岁 $65/32.50；⏰房舍 9:00~16:30，随季节

变化）。这是一幢法式城堡风格的大庄园，由航运业和铁路业大亨的家族继承人乔治·范德毕尔特二世（George Vanderbilt Ⅱ）建造，数百名艺术家、工匠和受过教育的专业人士持续工作了6年，方于1895年得以竣工。范德毕尔特-塞西尔家族如今仍然拥有这个庄园。门票非常贵，因此最好尽早进门，以最大限度发挥你金钱的价值，而且要知道，常规房舍游览不设导游。要想获得额外的信息，$11.75的音频游览非常值得。另外花费$20可以得到全程导览，或者加入一个专门的幕后导览游，它聚焦于建筑风格、家族情况或仆人的故事。6月至8月期间，与付费成年人同行的10～16岁青少年免费。

除了庄园之外，这里还有花园、小径、湖泊、餐馆、两家高端酒店和一个可免费品酒的葡萄酒庄。在庄园的鹿角山村（Antler Hill Village），浪漫主义者不要错过毕尔特摩遗产大厦（Biltmore Legacy building）里举办的**时尚的浪漫：范德毕尔特家族60年婚礼时尚**（Fashionable Romance:60 Years of Vanderbilt Family Wedding Fashion）展览。

行驶路上 » 离开庄园之后，右拐进入Hwy 25公路并继续驶向风景大道，将近3.5英里之后

转向南行驶。

另辟蹊径
烟囱岩公园

起点：⑩ 阿什维尔中心区

美国国旗高高飘扬在这个公园中的同名花岗岩（Chimney Rock；烟囱岩）巨石上，岩石高315英尺（约96米）。巨石顶部可以通过升降梯或者阶梯到达——很多很多级阶梯。一旦到达顶部，向东看，卢尔湖（Lake Lure）之美摄人心魄。另一项有趣的项目是绕着崖壁徒步前往高404英尺的山核桃瀑布（Hickory Nut Falls）。电影《最后的莫西干人》（The Last of the Mohicans）就取景自**烟囱岩公园**（www.chimneyrockpark.com；Hwy 64/74A公路；成人/5～15岁$15/7；⏱3月中旬至11月 8:30～18:00，12月至次年3月中旬周五至周二 10:00～16:30）。Sky Lounge中有一个关于这部电影的小型展览。从阿什维尔沿着Hwy 74A公路向东行驶，经过景色优美而道路曲折的20英里旅程。

⑫ 皮斯加山山径起点

过了里程标407英里处之后，把车停在皮斯加山山径起点（Mt Pisgah Trailhead）旁的停车场，开启一段短途徒步，追寻360度全景观。一条1.6英里长（单程）的山径从这里通向5721英尺（约1744米）高的山峰，峰顶有一个高耸的电视塔。山径的最后一段路崎岖难行，但是你将享受到弗伦奇布罗德河谷（French Broad River Valley）和冷山（Cold Mountain）的美景，后者因查尔斯·弗雷泽（Charles Frazier）的同名小说而出名。向南1英里处有一处露营地、一个杂货店、一家餐馆和一家旅馆。

行驶路上 » 南行途中经过墓野观景台（Graveyard Fields Overlook），那里有一条小径通往风景如画的瀑布。海拔6047英尺（约1843米）的Richland-Balsam观景台位于里程标 431.4英里处，是风景大道上的最高点。由此继续向南行驶20英里。

⑬ 沃特洛克纳伯游客中心

旅程的终点是沃特洛克纳伯游客中心（Waterrock Knob Visitor Center；里程标451.2英里处），它坐落于海拔近6000英尺的高处。在这个风景秀丽的地方可兼收4个州的景观，还能够回顾来路，展望前方。引导标示清晰明了，就连遥遥地平线上的山脉也一一标了名字。

食 宿

瓦尔克鲁西斯 ❶

🛏 **Mast Farm Inn**　　　　　民宿 $$

（☎828-963-5857；www.themastfarminn.
com；2543 Broadstone Rd；房间/小屋 $109/205
起；🅿✳🛜🐾）农舍位于漂亮的瓦尔克鲁西斯
村，散发着时尚的田园气息，配有爪足浴
缸，床边摆有手工制作的太妃糖。住进1806
年的Loom House木屋，用木头点燃壁炉，
你再也不会想离开了。房费包括一晚的欢
乐时光，有当地的奶酪和甜点。

布恩 ❷

🍴 **Dan' l Boone Inn**　　　美国南方菜 $$

（☎828-264-8657；www.danlbooneinn.
com；130 Hardin St；早餐 成人/儿童 $11/6~8，
正餐 成人/儿童　$18/7~11；⊙6月至10月 周一
至周四 11:30~20:30，周五和周六 至21:00，周
日 至20:30，其他季节时间不定；🛜🚭）分量大
是这家餐馆的特色。1959年开张。只收现
金或者支票。

🍴 **Melanie's Food Fantasy**　咖啡馆 $$

（www.melaniesfoodfantasy.com；664 W
King St；早餐 $6~10，午餐和晚餐 $9~14；⊙周
一至周三 8:00~14:00，周四至周五 8:00~14:00
和17:00~21:00，周六 8:00~14:30和17:00~
21:00，周日 8:30~14:30；🍴）在矫揉造作的
King St，嬉皮士们聚在这一提供新鲜食材
的热门咖啡馆，对着那些丰盛的早餐大快
朵颐，可以搭配自制炸薯条。这里也提供素
食选择（印尼天贝、豆肠等）。晚些时候，你

可以选择菜单上那些美味、富有创意的南
方菜（干辣椒蜂蜜鲑鱼和燕麦粉、熏干椒
奶酪汉堡）。

布罗英罗克 ❸

🍴 **Bistro Roca**　　　　新派美国菜 $$

（☎828-295-4008；www.bistroroca.
com；143 Wonderland Trail；午餐 $9~16，晚餐
$9~34；⊙周三至周一 11:00~15:00和17:00~
22:00；🛜）小酒馆紧邻Main St，占据一座
禁酒令时期的建筑，供应高档的新派美国
菜肴（龙虾或五花肉奶酪马克罗尼意面、劲
爆的哈瓦那辣椒汉堡、炭烤比萨、高山鲑鱼
越南式三明治），食材全部产自当地。不论
点什么，都不要忘了鸭肉培根。搞定！

🛏 **Cliff Dwellers Inn**　　　汽车旅馆 $$

（☎828-414-9596；www.cliffdwellers.
com；116 Lakeview Tce；房间/公寓 $99/149起；
🅿✳🛜🐾）这家高踞于小镇上方的汽车旅
馆名字起得恰如其分，以其优质的服务、合
理的价格、时尚的房间和视野开阔的阳台
吸引着游客。

🛏 **Green Park Inn**　　　　历史酒店 $$

（☎828-414-9230；www.greenparkinn.
com；9239 Valley Blvd；房间 $89~299；
🅿✳🛜🐾）这一1891年开业的气派酒店有白
色的墙板，东部大陆分界线从其吧台穿过。
据说作家玛格丽特·米切尔住在这里的时
候正在写《飘》。

阿什维尔中心区 ❿

🍴 **12 Bones**　　　　　　　　烧烤 $

（www.12bones.com；5 Foundry St；菜肴
$5.50~22；⊙周一至周五 11:00~16:00）这家
BBQ究竟有多棒？几年前，美国前总统奥巴
马和妻子米歇尔专门来这里吃过一顿。文
火烹制的肉食滑嫩可口，配餐食物从胡椒奶

酪粗玉米粉到熏土豆沙拉，能让你见识到生活野性的一面。

🍴 Sunny Point Cafe　　咖啡馆 $

（www.sunnypointcafe.com; 626 Haywood Rd; 早餐 $3.50~11, 主菜 $6.50~14.50; ⏰周日至周一 8:00~14:30, 周二至周六 至21:30）早晨，来吃早餐的顾客挤满了这家光线明亮的西阿什维尔餐馆，它以丰盛美味的自制食品受到欢迎。分量十足的墨西哥煎蛋配上菲达奶酪和西班牙腊肠，味道真的非常棒！咖啡馆及其另类时尚的服务员推崇有机和新鲜食材，甚至拥有自己的菜园。小软饼也非常棒。

🍴 Admiral　　新派美国菜 $$

（☎828-252-2541; www.theadmiranc.com; 400 Haywood Rd; 小盘 $12~17, 大盘 $17~34; ⏰17:00~22:00; 🐾）这座混凝土贮仓坐落于一个废旧汽车回收厂的旁边，外观平淡无奇但内部别有洞天。这个低调的西阿什维尔餐馆是这个州最好的新派美国菜餐馆之一，供应颇富创意的菜肴——藏红花意面（tagliatelle）配利马豆、南瓜和青酱——味道好极了。

🍴 Tupelo Honey　　美国南方菜 $$

（☎828-255-4863; www.tupelohoneycafe.com; 12 College St; 早午餐 $6~17, 午餐和晚餐 $9.50~30; ⏰周一至周五 11:00~21:00, 周六和周日 9:00~21:00）这家总部位于阿什维尔的连锁餐馆久享盛誉，以新派南方菜闻名，如虾和粗玉米粉配山羊奶酪。出生在图珀洛的猫王一定会喜欢炸鸡、火腿、莴苣、番茄三明治配苹果酒培根！早午餐极为出色，但是无论菜品如何，小软饼的确无可挑剔。吃的时候加点蜂蜜。

🛏 Sweet Peas Hostel　　青年旅舍 $

（☎828-285-8488; www.sweetpeashostel.com; 23 Rankin Ave; 铺/舱屋 $32/40,

房间 带/不带浴室 $105/75; ✳ @ 🛜）这个一尘不染的青年旅舍闪耀着一种宜家风格，有船形的钢制双层床，白木睡"舱"。Loft式空间非常开阔，但会比较喧哗（楼下的Lexington Ave Brewery会增加噪音分贝，不过，你能享受折扣）。尽管私密性和安静度欠缺，但这里时尚、干净，社交活动丰富，地处市中心的位置更是无可挑剔。

🛏 Campfire Lodgings　　露营地 $$

（☎828-658-8012; www.campfirelodgings.com; 116 Appalachian Village Rd; 帐篷位 $35~40, 房车位 $50~70, 蒙古包 $115~135, 小屋 $160; 🅿 ✳ 🛜）所有的蒙古包都应该配备平板电视，你不这样想吗？在一面葱郁的山坡上，住进家具齐全的套间帐篷中，像个最时髦的蒙古牧民那样睡一觉。此外这里也提供小屋和帐篷营地。房车停泊地能欣赏到壮丽的山谷美景，还提供Wi-Fi。

🛏 Aloft Asheville　　酒店 $$$

（☎828-232-2838; www.aloftasheville.com; 51 Biltmore Ave; 房间 $250~450; 🅿 ✳ @ 🛜 🏊 🐾）这家酒店是时尚人士的天堂，大堂里摆着巨大的黑板，工作人员全是时髦的年轻人，一层有家户外服装店。唯一缺少的就是一个头戴毛线帽、满脸胡须、喝着自酿啤酒的家伙——喔，等一下，他在那里！开个玩笑。一旦住进这家酒店，你将发现服务人员彬彬有礼，房间非常宽敞、色彩明丽。

🛏 Omni Grove Park Inn　　历史酒店 $$$

（☎828-252-2711; www.omnihotels.com; 290 Macon Ave; 房间 $149~419; 🅿 ✳ @ 🛜 🏊 🐾）这些富于工艺艺术气息、历史悠久的度假石屋让人回想到逝去的美国山地辉煌年代，外观令人振奋，奠定了冒险的基调。是否留意到大厅里的壁炉？你肯定不会错过：这些36英尺（约11米）宽的庞然大物的炉膛里能容纳一个站立的成年人，而且壁炉两侧的烟囱里面各有一台古董电梯！

大雾山国家公园
一头麋鹿在雾中散步

大雾山

可惜，霍比屯（Hobbiton）和纳尼亚（Narnia）并不存在。不过假如你渴望去探索奇迹之地，那就驾车穿过大雾山吧，这里有色彩缤纷的绿色植物、逡巡游荡的野生动物、水声细微的瀑布以及生气勃勃的多莉山主题公园。

线路亮点

85 英里
凯兹小峡谷
野生动物、古老的小屋，还有，周日自驾客

终点
Sevierville
塞维尔维尔

Dollywood
多莉山主题公园

Pigeon Forge
鸽子谷

115 英里
咆哮汉河汽车观景小径
循着一条老马车路穿越阔叶林，寻访瀑布

Gatlinburg
加特林堡

12

Mt LeConte
勒孔特山

Sugarlands Visitor Center
舒格兰游客中心

Newfound Gap Overlook
纽芳峡观景台

10

6

Oconaluftee Visitor Center
奥克那露弗提游客中心

50 英里
克林曼斯穹丘
登顶前最后半英里是徒步的精华

Mingus Mill
明格斯磨坊

3

Bryson City
布赖森城

Nantahala Outdoor Center
南塔哈拉户外活动中心

起点

切罗基
这里的博物馆讲述动人的故事，喜怒哀忧引人入胜

25 英里

4~5天
160英里/257公里

最适合

何时去

4月至6月饱览绿色植物和瀑布，9月和10月欣赏秋叶缤纷。

最佳摄影点

下车，从纽芳峡观景台拍摄满覆绿色的山脉。

最佳户外活动

在一个官方指定的"无车"早晨骑自行车游览凯兹小峡谷环路。

283

21 大雾山

虽然大雾山的美在车内就能够看到，但若是不跨出车门，就无法真正体会这个美妙自然的活力、生机与脉动。飞越南塔哈拉急流时可要抓紧了。在凯兹小峡谷骑行时，对觅食的黑熊远远致意就好。在加特林堡中心区，要贴紧橱窗玻璃仔细观察，饼堆越薄，煎饼越好。

去线路 19 162英里

0 ——— 20 km
0 ——— 10 miles

Sevierville 15 起点
塞维尔维尔

Dollywood 14
多莉山主题公园

Pigeon Forge 13
鸽子谷

Maryville
马里维尔

TENNESSEE
田纳西州

Gatlinburg 加特林堡

Sugarlands Visitor Center 9 11 12
舒格兰游客中心

Roaring Fork Motor Nature Trail
咆哮汉河汽车观景小径

Townsend

Mt LeConte 8 勒孔特山

Cades Cove 10
凯兹小峡谷

Newfound Gap Overlook 7
纽芳峡观景台

6

Clingmans Dome
克林曼斯窝丘

Mingus Mill 5
明格斯磨坊

Oconaluftee Visitor Center 4
奥克那露提游客中心

Great Smoky Mountains National Park
大雾山国家公园

Bryson City
布赖森城

3 **Cherokee**
切罗基

去线路 20 7英里

2

Joyce Kilmer-Slickrock Wilderness

NORTH CAROLINA
北卡罗来纳州

Nantahala National Forest
南塔哈拉国家森林

Fontana Lake
丰塔纳湖

Sylva

286页

Nantahala
南塔哈拉

1 起点
Nantahala Outdoor Center
南塔哈拉户外活动中心

❶ 南塔哈拉户外活动中心

哗啦，哐……这是一次有声有色的旅程，它开始于山泉汇入的河流，还有以引人入胜的皮划艇和激浪漂流运动而驰名的北卡罗来纳州西部崎岖山谷。

南塔哈拉户外活动中心(Nantahala Outdoor Center, 简称NOC; ☑828-785-5082, 828-785-4850; www.noc.com; 13077 Hwy 19 W; 皮划艇租赁每日$35, 导览游$50~200; ⏲6月至7月、8月上旬至5月8:00~20:00)组织南塔哈拉河(Nantahala River)二级和三级激流漂流活动，起始点位于布赖森城(Bryson City)附近交错延伸的小村落。乘坐多人皮筏或者双人

你也可以

19 **纳奇兹遗迹景观大道**

沿着Hwy 321公路(Rte 73)从玛丽维尔(Maryville)向西北行驶，直至到达I-40州际公路。沿着这条路向西行驶，最终到达音乐之乡纳什维尔。

20 **蓝岭风景大道**

从切罗基沿着Hwy 19公路继续向东行驶，进入蓝岭风景大道。

小舟通过水色褐黄的宽阔河谷。活动中心还提供另外六条阿巴拉契亚山脉河流上的激浪漂流服务。老练的桨手能够驾驭四级到五级的乔阿河(Cheoah)激浪漂流($169~189)，起点在罗宾逊威尔(Robbinsville)。

探险中心(Adventure Center)是南塔哈拉户外活动中心的一部分，可在此报名参加滑索或者攀爬一座高高耸立的塔。现场还有一家户外用品商店、一个常年营业的餐馆和住宿点，住宿点提供露营地、小屋、一个青年旅舍和一个旅馆。阿巴拉契亚小径(Appalachian Trail)穿过这个地方，大雾山铁路也经过这里。

行驶路上 » 沿着蜿蜒伸展、两旁林木茂密的Hwy 19公路向北行驶约12.5英里，一路上经过许多漂流公司和无数售卖煮花生的招牌。从67号出口下公路后就进入了布赖森城。

❷ 布赖森城

友好的山城布赖森城(Bryson City)是探索大雾山(北卡罗来纳州一侧)的最佳大本营。这一带的最佳景点是富有历史意义的**大雾山铁路**(Great Smoky Mountains Railroad; ☑800-872-4681; www.gsmr.com; 226 Everett St; 南塔哈拉峡谷团队游 成人/2~12岁儿童$55/31起)，它起于市区，经过壮观的南塔哈拉峡谷(Nantahala

Gorge)，穿过丰塔纳高架桥(Fontana Trestle)。较早的墨菲支线铁路(Murphy Branch Line)建于19世纪后期，带来了闻所未闻的奢侈品，比如书籍、工厂出品的布匹和油灯。乘坐这些红黄色调的火车旅行，可以体验主题游，包括秋季的大南瓜主题之旅(Great Pumpkin-themed Trip)和圣诞节极地快车(Christmas-time Polar Express)，它会在"北极"停下来接圣诞老人。

✕ ⌂ 见292页

行驶路上 » 沿着Hwy 19公路继续向北行驶10英里。

线路亮点

❸ 切罗基

切罗基族(Cherokee)自从上一次的冰川期就居住于这个地区，可是他们中的许多人后来都死于血泪之路(Trail of Tears; 19世纪30年代印第安人不得不离开家园向西部迁徙的路径)。那些逃脱过这个厄运或者后来返回来的切罗基族后代被称为东部切罗基人。花点时间游览**切罗基印第安人博物馆**(Museum of the Cherokee Indian; ☑828-497-3481; www.cherokeemuseum.org; 589 Tsali Blvd/Hwy 441, 在Drama Rd; 成人/6~12岁儿童$11/7; ⏲每日9:00~17:00, 6月至8月 周一至周六至19:00)。泥土色调的展厅追溯了部落的历史，展品包括瓦罐、鹿皮、编织的裙子，

还有关于切罗基族神话的动画展示。这个部落的现代故事尤其动人，详细介绍了血泪之路的悲剧和不公正。这次大迁徙发生在19世纪30年代，当时安德鲁·杰克逊总统下令，超过16,000名美洲原住民必须离开他们位于美国东南部的家乡，迁移至现在的俄克拉何马州。博物馆还展现了殖民地历史中的一个特别时刻：18世纪60年代时，三名切罗基人（酋长）去往英格兰，在那里他们见到了英国国王乔治三世。

行驶路上 » 沿着Hwy 441公路向北行驶3英里，经过蓝岭风景大道。

---

❹ 奥克那露弗提游客中心

奥克那露弗提游客中心（Oconaluftee Visitor Center; ☎828-497-1904; www. nps.gov/grsm; 1194 Newfound Gap Rd, North Cherokee; ⊙6月至8月 8:00~19:30,9月至次年5月时间不定）提供地方特产果酱的样品，你可以掏腰包买一罐带回家。在这里你还能够看到关于公园历史和生态系统的互动式展览。关于具体景点的指南（$1）很有用。《日间徒步手册》（*Day Hikes*）、凯兹小峡谷（Cades Cove）、咆哮汉河汽车观景小径（Roaring Fork Motor Nature Trail）导览手册也是有益的补充。

在游客中心后面，奥克那露弗提河岸步道（Oconaluftee River Trail）随着河流延伸1.5英里至切罗基保留地的边缘，适合带宠物体验。如果计划进入野外，记得先申请一份免费的乡间露营许可。邻近的**山区农庄博物馆**（Mountain Farm Museum; www.nps.gov/grsm; ⊙3月中旬至11月中旬及感恩节周末 每日9:00~17:00）展示了19世纪农庄的面貌，由公园各处的多座建筑集合而成，谷仓、铁匠铺、熏制房以及破旧的木结构建筑让人们可以想象过去阿巴拉契亚山脉定居者的艰难生存状况。

行驶路上 » 沿着Hwy 441公路向北行驶半英里。停车场在左边。

---

❺ 明格斯磨坊

对古老的建筑和19世纪的商业活动感兴趣吗？那么就来一段短途徒步去看看**明格斯磨坊**（Mingus Mill; Mingus Creek Trail, Cherokee; ⊙3月中旬至11月中旬及感恩节周末 每日9:00~17:00）吧。这是大雾山地区最大的磨坊，建于1886年。如果磨坊主在场，他将向你解释把玉米磨成玉米粉的过程。外面200英尺长的木头磨坊水槽将水引向磨坊。然而这里没有水车，因为磨坊使用的是一台铸铁涡轮机。

行驶路上 » 返回Hwy 441公路然后左拐，继续向加特林堡方向行驶。左拐之后沿着Clingmans Dome Rd行驶7英里。

---

❻ 克林曼斯穹丘

海拔6643英尺（约2025米）的克林曼斯穹丘（Clingmans Dome）是密

另辟蹊径
龙尾路

起点：❶ 南塔哈拉户外活动中心

一条"巨龙"潜伏在大雾山西南部崎岖的山丘之间。这个特别的怪物事实上是一条臭名昭著的公路，它迤逦穿过国家公园旁边的蒂尔斯峡谷（Deals Gap）。据传这条被称为"龙尾"（Tail of the Dragon）的公路长11英里，共有318个弯道。从南塔哈拉户外活动中心出发，沿着Hwy 19/74公路向南驶向Hwy 129公路，再沿着Hwy 129公路向北行驶可达。龙头开始于北卡罗来纳州和田纳西州的边界处。慢慢驾驶，祝你成功！愿你像一个坦格利安（Targaryen;《权利的游戏》中有龙的血统的家族）那样驯服这条巨龙。

佛罗里达州和南部

21

大雾山

大雾山国家公园旅行规划

始建于1934年的**大雾山国家公园**（Great Smoky Mountains National Park；www.nps.gov/grsm）每年吸引着超过900万的游客，使它成为美国游览人次最多的国家公园。

Hwy 441公路（Newfoundland Gap Rd）是唯一一穿越整个公园（总面积达521,000公顷）的大道，途中有长达33英里的道路穿行于浓密的橡树林和松树林之间，路旁也常可以看到野花盛开的草地。公园横跨两个州，分别是北卡罗来纳州和田纳西州。奥克那露弗提游客中心（Oconaluftee Visitor Center）主要接待沿着北卡罗来纳州的Hwy 441公路到达的游客；舒格兰游客中心（Sugarlands Visitor Center）则在田纳西州承担着同样的责任。

情况介绍和收费

大雾山国家公园现在不收门票，而且以后也不会收。洛克菲勒家族基金在提供总额达500万美元的拨款时提出了此项限制性条款，并且已经写进了公园最初的章程。去游客中心取一份公园地图和免费的大雾山导游报。公园全年开放，部分设施季节性开放，而且道路可能由于恶劣天气而关闭。拴住的宠物可以进入露营地，可以在路边活动，但是不能进入小径，加特林堡和奥克那露弗提河岸（Oconaluftee River）的步道除外。

露营

公园现在经营着七个完善的露营地。所有露营地都没有淋浴设施和房车接口。卡塔卢奇露营地（Cataloochee Campground）必须**预订**（☑877-444-6777；www.recreation.gov）；艾克蒙特（Elkmont）、斯莫克蒙特（Smokemont）、科斯比（Cosby）以及凯兹小峡谷（Cades Cove）的营地可预订；大溪（Big Creek）和深溪（Deep Creek）先到先得。

交通

如果你在夏季的周末来到这里，尤其是从田纳西州一侧，就要接受交通拥堵的现实。沿着小径进入荒野换个心情吧。

西西比河以东的第三高峰。你可以一路驶上山顶，但是要想登上顶峰的观景塔还必须步行走过半英里的铺砌小径。这是一段非常陡峭的上坡路，但是一路上有多处休息地点。这条小径与2174英里（约3500公里）长的阿巴拉契亚小径相交，而后者的最高点就在丘顶。

在晴朗的日子，从观景塔上可以环顾360度、饱览五个州的美景。长满云杉和松树的山峰绵延数英里。停车场旁边的**游客休息站**（visitor station；☑865-436-1200；Clingmans Dome Rd；◎4月至10月 10:00~18:00，11月9:30~17:00）有一家书店和一家商店。

这里的天气比低海拔地带凉爽，而且雨也来得快。你可以考虑多穿点衣服，并且带上雨披。如果你纳闷什么是"Dome"，好吧，其实它就是一座圆形山。

行驶路上 » 沿着Clingmans Dome Rd返回Hwy 441公路。穿过Hwy 441公路驶入纽芳峡观景台的停车区。

❼ 纽芳峡观景台

在Hwy 441公路和Clingmans Dome Rd的交会点有一处非常值得一看的景点。**洛克菲勒纪念碑**（Rockefeller Monument）在向一个善举致敬：洛克菲勒基金捐助了500万美元，以帮助

287

完成建立公园所需要的土地收购。富兰克林·罗斯福总统1940年在此地正式为大雾山国家公园举行落成典礼。纽芳峡观景台（Newfound Gap Overlook）坐落于北卡罗来纳州和田纳西州的交界处，位于海拔5046英尺（约1538米）的纽芳峡谷（Newfound Gap）之中。你可以在停车区享受视野开阔的山中美景，或进入**阿巴拉**契亚小径悠游漫步。

行驶路上 » 从这里沿着Hwy 441公路向北行驶，进入田纳西州5英里之后到达勒孔特山停车区。

❽ 勒孔特山

攀登海拔6593英尺（约2010米）的勒孔特山（Mt LeConte）或许是公园中人气最旺的挑战，而且一定会使你筋疲力尽。矾洞小径（Alum Cave Trail）是通往山峰的五条路线之一，开始于主路旁边的矾洞停车区。你需要沿着一条小溪行进，通过一处石拱门，然后沿着蜿蜒曲折的小路不断向上走，穿过杜鹃花丛、桃金娘和山桂树，经过5.5英里的徒步之后到达LeConte Lodge，从那里可以进入彩虹瀑布小径（Rainbow Falls Trail）到

左图：纽芳峡观景台的日落
右图：克林曼斯弯丘

达顶峰。

见292页

行驶路上 » 继续沿着Newfound Gap Rd行进，在Little River Rd左拐进入停车场。

❾ 舒格兰游客中心

Little River Rd和Newfound Gap Rd的交会处是**舒格兰游客中心**（Sugarlands Visitor Center；☎865-436-1291；www.nps.gov/grsm；107 Park Headquarters Rd；⏱6月至8月8:00~19:30，9月至次年5月时间各异）的所在地，这里是公园的大本营和进入田纳西州的主要通路。进去看一看有关动植物的展览（有一个只有母野猪才会喜欢的野猪标本）。此外这里还有一个书店。一些护林员组织的互动团队游也会来舒格兰。

见292页

行驶路上 » 进入Little River Rd，伴随着欢快流动的水道行驶25英里的奇妙旅程。公路经过艾克蒙特营地（Elkmont Campground）之后就变成了Laurel Creek Rd。小心有车辆突然停下，那是因为驾驶者要停车观看野生动植物。

⑩ 凯兹小峡谷

　　僻静的凯兹小峡谷（Cades Cove）里还保留着19世纪定居地的遗迹。一条有许多路边停车点的11英里单向环路经过这里。从任意一个停车点出发，你都可以去探索附近古老的教堂和农庄，或是沿着小径徒步游览美丽如画的草地，绿茵毯上栖息着鹿、野火鸡，以及偶尔出现的熊。观赏野生动植物最好赶在黄昏之前到达这里，那是动物们纵情嬉戏玩耍的时段。

　　这条狭窄的环路车辆限速为每小时10英里，而且在旅游旺季会变得很拥挤（车慢得让你发疯）。要想得到一份心平气和的体验，在5月上旬至9月下旬期间可以在周三或者周六的上午骑上自行车或者步行逛一逛。在Cades Cove Campground Store能够租到自行车（每小时$4~6）。另外值得推荐的是往返5英里的**艾布拉姆斯瀑布**（Abrams Falls）徒步游。小径起点的停车场在**伊利亚·奥利弗故居**（Elijah Oliver Place）后面。

　　参观一下**凯兹小峡谷游客中心**（Cades Cove Visitor Center；☎865-436-7318；Cades Cove Loop Rd；☉5月至7月9:00~19:30，其余时间开放时间缩短），听听护林员的介绍。

🛏 见292页

行驶路上 » 返回舒格兰游客中心，然后左拐进入Hwy 441公路，这条路被称为加特林堡和塞维尔斯维尔之间的风景大道。行驶2英里到达加特林堡。

⑪ 加特林堡

　　从田纳西州一侧离开公园时的景象令人有点不安。突然之间，你就离开了宁静的绿荫道路，进入了一片混乱喧嚣之中，车灯闪烁、喇叭争鸣，汽车旅馆、薄煎饼屋、迷你高尔夫球场以及里普利信不信由你博物馆（Ripley's Believe It or Not Museums）粉墨登场。欢迎来到加特林堡（Gatlinburg）。这是一个透着巴伐利亚风情的旅游乐土，自从20世纪30年代以来一直吸引着造访大雾山的游客。绝大多数的旅游景点位于地势起伏而布局紧凑的中心区。

加特林堡空中缆索

（Gatlinburg Sky Lift；☎865-436-4307；www.gatlinburgskylift.com；765 Parkway；成人/儿童 $16.50/13；☉6月至8月9:00~23:00，其他季节时间不定）是一种改头换面的滑雪度假地缆车，在遭遇火灾并修复后能带着你飞快地从大雾山上空掠过。你的相机存储卡里将装满全景式的美妙景观。

🍴🏠 见292页

行驶路上 » 从加特林堡中心区的风景大道右拐，进入位于加特林堡会议中心（Gatlinburg Convention Center）旁边的历史自然小径/机场路（Historic Nature Trail/Airport Rd）。沿着这条路进入国家公园，继续行驶至单向的咆哮汉河汽车观景小径的入口。

⑫ 咆哮汉河汽车观景小径

　　咆哮汉河（Roaring Fork）环路是在一条有着150年历史的马车道基础上修建而成的，长达6英里，蜿蜒通过异常茂密的树林。行程中你将邂逅汩汩奔流的瀑布、繁茂葱郁的阔叶树、爬满青苔的巨石，以及曾经住过庄户人家的古老小屋。远离外界的咆哮汉河社区沿着一条水流湍急的山溪分布，自19世纪中期开始有人定居。100年之后，当公园建立时，居民们才不得不迁居他处。

　　要想做一次徒步瀑布游，可以从**延龄草沟小径**起点（Trillium Gap Trailhead）开始，沿着往返2.6英里的小径徒步去往**岩洞瀑布**（Grotto Falls）。沿着道路继续行进，留意以法莲·贝尔斯（Ephraim Bales）小屋，这里曾经是11个人的家。

　　《咆哮汉河自驾指南》（*The Roaring Fork Auto Tour Guide*）在奥克那露弗提和舒格兰游客中心有售，花费$1就可以买到，它提供了关于公路沿线动植物和建筑的详细情况。自驾游路线上禁止巴士、拖拉机或者房车进入。

行驶路上 » 在Roaring Fork Rd尽头左拐进入E Parkway。行进不到1英里之后，右拐进入Hwy 321S公路（Hwy 441公路）。行驶7英里到达鸽子谷。

⑬ 鸽子谷

对于东田纳西的那位一头浓发、胸脯高耸的天使多莉·帕顿（Dolly Parton；她冷艳迷人的形象深入人心）来说，鸽子谷（Pigeon Forge）就是一曲赞歌。

帕顿出生于蝗虫岭（Locust Ridge）附近小村庄的一间简陋小屋内，11岁时就开始在诺克斯维尔广播电台（Knoxville radio）表演节目。18岁时，她用一个纸板箱装着自己所有的身家财产搬到了纳什维尔。她凭借歌唱大雾山赚到了数以百万计的金钱，在家乡拥有持续的巨大影响力，捐资当地的慈善事业，还会在一年一度的多莉大游行节日（Dolly Parade）登上一辆五光十色的彩车。

主干道两边有许多奇特而有趣的博物馆和不计其数的晚餐演出。

行驶路上 » 右拐进入风景大

大雾山的瀑布

从冷冽的涓涓细流到咆哮的飞瀑激流，大雾山拥有各式各样的瀑布。下面是几个最佳的瀑布：

岩洞瀑布（Grotto Falls）你可以走到这些高25英尺的瀑布后面，紧邻着延龄草沟小径。

月桂瀑布（Laurel Falls）这条人气很旺的瀑布高80英尺，位于一条行走便利的2.6英里铺砌小径旁。

明戈瀑布（Mingo Falls）这处高达120英尺的瀑布是阿巴拉契亚山脉落差最大的之一。

彩虹瀑布（Rainbow Falls）在阳光朗照的日子，水雾形成了彩虹。

道而向东南方行驶2英里。然后左拐进入Dollywood Lane（Veterans Blvd），循路标指示驶往大约2.5英里之外的多莉山主题公园。

⑭ 多莉山主题公园

多莉·帕顿的主题公园**多莉山主题公园**（Dollywood；☎865-428-9488；www.dollywood.com；2700 Dollywood Parks Blvd, Pigeon Forge；成人/儿童 $67/54；⊙4月至12月）是一个投身山地文化的甜蜜所在。无数家庭蜂拥而来，游玩乡村主题的游乐设施，看一看阿巴拉契亚传统工艺品展览；也可以游览秃鹰保护地，或者在"追逐彩虹"（Chasing Rainbows）生活故事博物馆里表达对多莉的敬仰之情。邻近的多莉山水上乐

园（Dollywood's Splash Country）在这些主题之外又增加了水上之乐。

行驶路上 » 返回风景大道，沿着它向北行驶4.5英里进入塞维尔维尔市区。左拐进入Bruce St，驶过一个街区后到达Court Ave。

⑮ 塞维尔维尔

在塞维尔维尔（Sevierville）城中心法院（125 Court Ave）的前草坪上，你能够看到幸福的人们在一座年轻的多莉·帕顿雕像前拍照。她梳着一条马尾辫，怀抱着吉他，身上散发着迷人的神采。你会明白她来自哪里，音乐将要把她带向何方，以及所有这一切是怎样和这片质朴而美丽的山乡紧密联系在一起的。

食 宿

布赖森城 ❷

✗ Cork & Bean　　　　　咖啡馆 $$

（☎828-488-1934；www.brysoncitycorkandbean.com；16 Everett St；早午餐 $6.50~12.50，午餐 $8~11.50，晚餐 $18~35.50；⏱周一至周四 16:30~21:00，周五 11:00~21:00，周六和周日 9:00~21:00，夏季之外时间不定；📶）有着大玻璃窗的Cork & Bean是布赖森城中心区的一家时髦餐馆兼酒吧。因为它非常重视使用当地产的有机食材，所以在徒步游览之后来到这家餐馆大吃法国薄饼和三明治时，你的内心会少一些负担。周末早午餐有不错的班尼迪克蛋和墨西哥煎蛋。晚餐有辣香肠、焖烧鸭肉和野猪肉，酒吧龙头供应本土的精酿啤酒。

🛏 Fryemont Inn　　　　　旅馆 $$

（☎828-488-2159；www.fryemontinn.com；245 Fryemont St；度假屋/套/小屋 含早餐和晚餐 $165/$205/260起，非住客早餐 $10~12，晚餐 $20~31；⏱餐厅 周日至周二 8:00~10:00和18:00~20:00，4月中旬至11月下旬 周五和周六 18:00~21:00；🅿🈯）从高耸的Fryemont Inn前廊看出去，布赖森城和大雾山景观无与伦比。这家古老的山间家族旅馆有着树皮装饰的主建筑和环绕着石头壁炉的公共活动区，感觉像一个避暑营地。房间里没有空调和电视机。大厅、小屋和带阳台套房有Wi-Fi。房间的价格包括内部餐厅的早餐和正餐，餐厅也对外营业。

勒孔特山 ❽

🛏 LeConte Lodge　　　　　小屋 $

（☎865-429-5704；www.lecontelodge.com；小屋含早餐和晚餐 成人/4~12岁儿童每人 $145/85；⏱3月中旬至11月中旬）LeConte Lodge是公园唯一的非露营住宿选择，拥有质朴、没有电的小屋，唯一到达这里的方法就是在5条上山徒步小径中选择一条，长度不一，从5.5英里（矾洞小径）到8英里（Boulevard）不等。这里很受欢迎，你需要提前1年预订。

舒格兰游客中心 ❾

🛏 Elkmont Campground　　　　　露营地 $

（☎865-436-1271；www.recreation.gov；Little River Rd；帐篷/房车位 $17~23；⏱3月上旬至11月；♿）公园中最大的露营地位于舒格兰游客中心西面5英里的Little River Rd。里特尔河（Little River）和杰克斯溪（Jakes Creek）穿过这片林木茂盛的露营地，潺潺的流水声平添了一种静寂之感。营地共有200处帐篷和房车位。5月起开放预订。与公园中其他的露营地一样，这里也没有淋浴设施、供电线路和自来水，但是有公共洗手间。

凯兹小峡谷 ❿

🛏 Cades Cove Campground　　　　　露营地 $

（☎865-448-2472；www.recreation.gov；帐篷/房车位 $17/20）这片林木茂密的露营地拥有159个露营位，如果你想精神饱满地游完凯兹小峡谷的话，这是个睡觉的好地方。旁边有一家露营地商店，提供饮用水和洗手间，但是没有淋浴室。有29个位置仅为帐篷营地。

加特林堡 ⓫

✗ Pancake Pantry　　　　　早餐 $

（www.pancakepantry.com；628 Parkway；早餐 $8~12，午餐 $8~11；⏱7:00~15:00；♿）

加特林堡对薄煎饼情有独钟，这家餐馆就是"始作俑者"。Pantry的秘密很简单：真正的黄油，纯正新鲜的鲜奶油，一切都是现场制作。我们推荐瑞典煎饼（Swedish Pancakes），你可以抹上厚厚的越橘酱。午餐则有美味的三明治，名字都很有意思，例如优雅的贵族（The Polish Aristocrat），可以预订，带到大雾山的瀑布旁慢慢享用。

✕ Smoky Mountain Brewery
美国菜 $$

（www.smoky-mtn-brewery.com; 1004 Parkway; 主菜 $8.50~24; ⊘周日至周四 11:30~23:00, 周五和周六 至午夜; 🛜）这里供应美国小酒馆风格的食物，例如油炸玉米粉饼、鸡柳、汉堡和意面，味道都很不错。但真正让它人满为患的是小厂酿造的啤酒（龙头里有九种）、多台电视机以及喧闹的滑雪小屋氛围。

✕ Wild Boar Saloon & Howard's Steakhouse
牛排 $$

（☐865-436-3600; www.facebook. com/TheWildBoarSaloon; 976 Parkway; 主菜 $10~37; ⊘4月至次年1月 11:00~23:00, 冬季至21:00）这家河边餐馆从1946年起一直供应汉堡、肋排以及浸在自制调味汁中的手撕猪肘子。不过这里最有名的还是牛排和血腥玛丽鸡尾酒，是城里最老的字号。天气晴朗时，推荐在溪畔的露台用餐。

🛏 Bearskin Lodge
度假屋 $$

（☐877-795-7546; www.thebearskinlodge. com; 840 River Rd; 双 $79~220; ⓟ❄🛜🏊）这家河边的木瓦度假屋弥漫着一种木材的芳香，比其他的加特林堡旅馆更为气派。96间宽敞的房间都配备了平板电视，有些带燃气壁炉，还有可俯瞰河面的私人阳台。

🛏 Hampton Inn
酒店 $$

（☐865-436-4878; www.hamptoninn3. hilton.com; 967 Parkway; 双 $89~269; ⓟ@🛜🏊）是的，这是一家连锁酒店，位于观景大道的黄金地段。装饰富于现代气息，房间里还有一张安乐椅和一把脚凳，配备了特大床的房间里还有壁炉。

步行游览
迈阿密海滩

起点/终点: Ocean Drive

距离: 3英里

需时: 3小时

迈阿密占地广阔，但是在紧凑的迈阿密海滩，迷人的风景触目皆是，使它成为午后徒步游览的胜地。可以来此体验著名的装饰艺术区以及风景秀美、白沙遍地的海滩。

可使用此步行游览的线路：

16

海洋大道

海洋大道（Ocean Drive）是迈阿密经典的商业街，道路两边坐落着各式霓虹闪烁的装饰艺术建筑，路面上车水马龙，还有无数的轮滑者和行人。在**装饰艺术博物馆**（Art Deco Museum; www.mdpl.org/welcome-center/art-deco-museum; 1001 Ocean Dr; $5; ⏱周二至周日 10:00~17:00, 周四 至19:00），从热带风情和航海主题到夺人眼球的悬臂结构，你能了解到南部海滩所有的建筑风格。

行走路上 » 向北走。要充分欣赏建筑，就应该贴着公园靠街道的一侧走。在13th St留意看看Carlyle Hotel, 电影《鸟笼》(*The Birdcage*) 就是在那里拍摄的。穿过卢莫斯公园前往海滩。

卢莫斯公园和南部海滩

在卢莫斯公园和南部海滩（Lummus Park & South Beach）脱掉鞋子, 将脚趾深深埋入柔软的细沙中, 凝望着（或者直接冲进）碧蓝色的海水。这里温暖的海水并不深, 可以在里面尽情嬉戏数个小时。如果玩得尽兴, 在沙滩上翻几个侧手翻也没问题, 但是要留心避开海滩上那六个色彩鲜艳的救生台。

行走路上 » 沿着海滩步行（或者蹚水前行）, 找到通往Lincoln Rd的小路, 就在刚过Loews Hotel的地方（如果看到Sagamore就是走过头了）。沿着Lincoln Rd向西步行两个街区, 直到Washington Ave。

林肯路广场

把林肯路（Lincoln Rd）称为广场虽在字面上没有什么问题, 但却不能传达它的重点特征。是的, 你能够在这里逛逛商店, 而且路边也有许多宜人的咖啡馆。但这个位于Alton Rd和Washington Ave之间的户外人行步道实际上是欣赏人来人往的好地方。人们时常会有这样一种感觉: 这里与其说像是一条路, 不如说像是一条跑道。

行走路上 » 沿着繁华的Collins Ave向南走，这是另一条展示着装饰艺术精品的大街。在与13th St交叉口右转，过一个街区就是Washington Ave。

迈阿密海滩邮局

啊，迈阿密海滩，甚至连它的市政建筑都是珍贵的艺术品。作为现代流线型建筑的杰出典范，**迈阿密海滩邮局**（Miami Beach Post Office; 1300 Washington Ave; ⏱周一至周五 8:00~17:00，周六 8:30~14:00）作为公共事业振兴署（Works Progress Administration，简称WPA）的一部分，建于1937年。走进去邮寄几张明信片，看看令人赞叹的天花板壁画——画的是典型的夜空景色。

行走路上 » 走过两个相对乏味的街区，回到Collins Ave，就能享受到一次经典的就餐体验。

11th St Diner

许多装饰艺术建筑会令人联想到交通工具，例如飞机、火车或者轮船。可是小巧耀眼的11th St Diner（见237页）可不仅止于此：它根本就是一节经典的卧车车厢。赶快进去吃一顿，里面和外观一样可爱。

行走路上 » 吃完了饭，往前走过几家店面，你的下一站就在同一个街区里。

沃尔弗森尼尔博物馆

一座迷人的博物馆坐落于佛罗里达国际大学之内，这就是**沃尔弗森尼尔博物馆**（Wolfsonian-FIU; ☎305-531-1001; www.wolfsonian.org; 1001 Washington Ave; 成人/儿童 $10/5，周五 18:00~21:00免费; ⏱周一、周二、周四和周六 10:00~18:00，周五 至21:00，周日 正午至18:00，周三闭馆）。它展示了从19世纪晚期工业革命兴盛期到20世纪中期的大量手工艺品。展览涉及交通、都市生活、工业设计、广告和政治宣传，并对这些设计诞生时的相关背景给出了很有趣的解读。

行走路上 » 沿着10th St走过短短两个街区就回到了Ocean Drive。在7th St和8th St之间有一些迷人的建筑，例如Colony Hotel，如果你曾经观察过迈阿密海滩上的任意一栋房子，一定能一眼就把它认出来。

步行游览
萨凡纳

起点/终点: Sentient Bean, 福赛思公园

距离: 3.3英里

需时: 3小时

萨凡纳(Savannah)是一座关于南方建筑和南北战争前南部风情的"鲜活"博物馆。它光艳华丽,充满了老南方(Old South)的魅力。历史古迹区有许多赏心悦目的广场,广场上的橡树投下浓浓的绿荫,枝条上垂挂着西班牙苔藓。这座城市天生就适合步行。

Sentient Bean

萨凡纳是座热爱咖啡的城市,没有比**Sentient Bean**(www.sentientbean.com; 13 E Park Ave; ⊙7:00~21:00; 🛜)更适合开启一日之晨的地方了。这是一个一流的波希米亚风咖啡馆,拥有上乘的咖啡、美味的司康饼,它就在福赛思公园对面。

行走路上 » 穿过街道,逛一逛萨凡纳最中心最美的公园。

福赛思公园

汨汨涌出的喷泉、垂挂着苔藓的橡树、大片的草坪,福赛思公园(Forsyth Park)是座充满活力的城市公园。游客中心提供游览手册和地图,能帮你详细了解当地建筑风格和历史,值得一去。

行走路上 » 从公园北端向北直行到达优雅的蒙特雷广场(Monterey Sq),这是沿途你将见到的众多长方形魅力绿洲中的第一个。

梅瑟-威廉姆斯故居

这里发生过臭名昭著的杀人案。**梅瑟-威廉姆斯故居**(Mercer-Williams House; ☎912-236-6352; www.mercerhouse.com; 429 Bull St; 成人/学生 $12.50/8; ⊙周一至周六 10:30~16:10,周日 正午至16:00)1969年被人买下来,并且进行了重新修复。在建筑内部,你能够看到1981年丹尼·汉斯福德被谋杀的房间。那个事件是《午夜善恶花园》(*Midnight in the Garden of Good and Evil*)一书的中心情节,这本书和之后拍摄的电影使萨凡纳[和凯文·史派西(Kevin Spacey)]名声大噪。

行走路上 » 从蒙特雷广场开始,沿着Bull St向北走过四个街区,经过一排历史建筑到达麦迪逊广场(Madison Sq)旁边的E Charlton St。

Shop SCAD

创造的冲动奔涌在萨凡纳的血管中,这是因为**萨凡纳艺术与设计学院**(Savannah College of Art and Design,简称SCAD)。

SCAD的学生众多，许多人毕业后就在城中定居下来。在**Shop SCAD**（☎912-525-5180; www.shopscad.com; 340 Bull St; ⏱周一至周五9:00~17:30, 周六 10:00~18:00, 周日 正午至17:00）售卖的所有物品都是SCAD的学生、校友或者教师的作品。

行走路上 » 在Harris St右拐, 施施然穿过拉斐特广场（Laffayette Sq; 我们很喜欢这里）, 然后左拐进入Abercorn St。

特尔费尔广场

萨凡纳两个人气最旺的博物馆都在这个绿树葱茏的特尔费尔广场（Telfair Square）旁边。**特尔费尔艺术和科学学院**（Telfair Academy of Arts & Sciences; ☎912-790-8800; www.telfair.org; 121 Barnard St; 成人/儿童 $20/15; ⏱周日和周一 正午至17:00, 周二至周六 10:00~17:00）收藏了大量美国19世纪的艺术品和银制品。附近的**杰普森艺术中心**（Jepson Center for the Arts; ☎912-790-8800; www.telfair.org/visit/jepson; 207 W York St; ⏱周日和周一 正午至17:00, 周二至周

六 10:00~17:00; 成人/儿童 $20/15）则藏有20世纪和21世纪的艺术品。

行走路上 » 沿着York St向西前往蒙哥马利（Montgomery）, 再向南过一个街区到Oglethorpe之后转向西。穿过城中的主干道Martin Luther King Jr Blvd, 再向南走过两个街区到达Turner Blvd。

萨凡纳艺术与设计学院艺术博物馆

萨凡纳艺术与设计学院艺术博物馆（SCAD Museum of Art; www.scadmoa.org; 601 Turner Blvd; ⏱周二至周三、周五和周六 10:00~17:00, 周四 至20:00, 周日 正午至17:00; 成人/14岁以下儿童 $10/免费）是一幢由砖、钢材、混凝土以及玻璃构成的崭新大厅, 里外设置了许多漂亮且富有创意的休息区, 提供许多有趣的循环式展览。

行走路上 » 返回起点还有1.25英里步行路程。首先从MLK Blvd到Harris St, 左拐到Barnard后向南直行, 经过Pulaski Sq和Chatham Sq。再次左拐到Gaston St后重新进入福赛思公园。

步行游览
新奥尔良

起点/终点: 圣奥古斯丁教堂

距离: 2.2英里

需时: 3小时

很少有地方如新奥尔良一般,有如此多轻松愉悦的方式供人消磨时光。这里历史悠久,殖民地建筑精致悦目,卡真菜和克里奥尔菜令人垂涎,而历史悠久的酒吧、风光秀丽的乡村和大量一流的免费现场音乐更是让人流连忘返。

圣奥古斯丁教堂

我们的第一站特雷姆(Tremé)是美国最古老的非裔美国人社区之一,**圣奥古斯丁教堂**(St Augustine's Church; ☎504-525-5934; www.staugchurch.org; 1210 Governor Nicholls St; ◷弥撒 周日10:00和周三17:00)是美国最古老的黑人教堂之一。即便只是在外面欣赏也很值得,教堂是了解路易斯安那州非裔美国人经历的迷人窗口,它因法国殖民的影响而与美国其他地方有所不同。

行走路上 » 沿Governor Nicholls St往东南行走,之后右拐进入Henriette Delille St。

后街文化博物馆

新奥尔良通常被描述为"最不像美国的美国城市"以及"加勒比海最北边的城市",这一描述源于其独特的殖民地历史,这使得新奥尔良黑人与非洲以及其他离散的黑人之间的联系得以保存下来。想了解这一厚重的历史文化,就去**后街文化博物馆**(Backstreet Cultural Museum; ☎504-522-4806; www.backstreetmuseum.org; 1116 Henriette Delille St; $10; ◷周二至周六 10:00~16:00)看看,在这个小而奇妙的地方感受街头音乐、地道习俗和延续着纯正新奥尔良文化的社区。

行走路上 » 沿着Governor Nicholls St继续往东南行走。穿过繁忙的Rampart St之后,便进入了法国区(French Quarter)。继续前行并右转进入Royal St,这是一条美丽的街道,两边分布着漂亮的画廊、古董商店和赏心悦目的建筑。

新奥尔良历史收藏馆

新奥尔良历史收藏馆(Historic New Orleans Collection,简称THNOC; ☎504-523-4662; www.hnoc.org; 533 Royal St; 免门票,团队游 $5; ◷周二至周六 9:30~16:30,周日 10:30~16:30,团队游 周二至周六 10:00、11:00、14:00和15:00)是家有趣的博物馆,分布在几个精致的修复建筑里,其中摆满了精心保存的展品。轮流展出的藏品绝对引人注目。

行走路上 » 沿Royal St继续往南直走，在400街区，你会经过大理石建造、富丽堂皇的路易斯安那州最高法院（Louisiana State Supreme Court）。这里距离下一站仅有500英尺（约150米）。

Café Beignet

你可能听说过Café du Monde的面包圈味道不错，但那里拥挤不堪。想来一次浪漫的体验，在慵懒的猫咪的陪伴下于锻铁餐桌上品味咖啡，就去**Café Beignet**（☏504-524-5530；www.cafebeignet.com；334 Royal St；主食$6~8；⏰7:00~22:00）吧。坐看行人漫步，品尝面包圈——全部无可挑剔。

行走路上 » 在Conti St掉头右转（向东），前行两个街区后至Decatur St左转（向北）。右手边就是密西西比河，往北走四个街区则是杰克逊广场。

杰克逊广场

在城市绿地**杰克逊广场**（Jackson Sq；Decatur St和St Peter St之间）漫步。情人步道和整齐的树篱环绕着一座纪念碑，安德鲁·杰克逊是新奥尔良战役的英雄，也是美国历史上的第七位总统。但在这里，真正的明星还得数富丽堂皇的圣路易斯大教堂（St Louis Cathedral），这座法式建筑紧挨着卡比尔多广场（Cabildo）和长老院（Presbytère）。前者里面有一座路易斯安那的州立历史博物馆，而后者则是新奥尔良狂欢节（Mardi Gras）的固定活动场地。

行走路上 » 沿Decatur St往北走三个街区，左转进入Ursulines Ave，前行一个街区后右转进入Chartres St（发音为"Charters"），到达修道院。

乌尔苏拉会女修道院

1727年，12名乌尔苏拉会修女来到新奥尔良，帮着照顾这块法国驻地上痛苦的病人，并为殖民地的年轻女孩提供教育。1745至1752年期间，法国殖民军建立了**乌尔苏拉会女修道院**（Ursuline Convent；☏504-503-0361；www.stlouiscathedral.org；1112 Chartres St；成人/学生$8/6；⏰周一至周五 10:00~16:00，周六 9:00~15:00），这是密西西比河谷最古老的建筑，也是本区现今仅存的法国建筑。你可以进去参观各种轮换的展览和圣玛丽礼拜堂。

行走路上 » 沿Chartres St上行，在Governor Nicholls St左拐，此处距离起点特雷姆有半英里。

五大湖地区

不要被大片大片的玉米地欺骗了, 中西部(Midwest)不只是平坦无垠的原野。当勇敢无畏的公路旅行者们在明尼苏达州北部踏上在红色崖壁间蜿蜒穿行的61号公路(Hwy 61),或者在密歇根州西部行驶于沙丘之间的大道上,抑或沿着与密西西比河相伴而行的大河路一路畅行时,就会发现这个秘密了。

宛如一片内海的五大湖区是如此辽阔。这片地区内不仅遍布着奶牛场和果园(这意味着有新鲜的派和冰激凌在等待旅行者的到来),还有芝加哥、明尼阿波利斯等拔地而起的大都市,它们提供了丰富多彩的文化和娱乐项目。

中西部有什么可去的地方?别担心,沿途总有能够激发你想象力的景点,比如说世界最大的六罐装啤酒(World's Largest Six-Pack)、巨大的保罗·班扬(Paul Bunyan; 美国民间传说中的伐木巨人)雕像。

拉丁顿州立公园,密歇根州 大塞布尔角灯塔
CRAIG STERKEN / SHUTTERSTOCK ©

五大湖地区

CANADA
加拿大

200 miles
100 miles

Thunder Bay
桑德贝

Bemidji
伯米吉

Chippewa National Forest
齐佩瓦国家森林

Grand Rapids
大急流城

Boundary Waters Canoe Area Wilderness
边境水域泛舟区荒野

Superior National Forest
苏必利尔国家森林

Tofte
托夫特

Apostle Islands

24

Isle Royale National Park
罗亚尔岛国家公园

Grand Portage
大波蒂奇

Lake Superior
苏必利尔湖

Leech Lake Indian Reservation

MINNESOTA
明尼苏达州

Hancock

Duluth德卢斯
Superior
苏必利尔

Fond du Lac Indian Reservation

Ironwood

MICHIGAN
密歇根州

Ashland

Marquette

23

Mille Lacs Lakes
缪勒莱克斯湖群

Chequamegon National Forest
确夸美光国家森林

Lake Chippewa
齐佩瓦湖

Ottawa National Forest
渥太华国家森林

Lac du Flambeau Indian Reservation

Hiawatha National Forest
海华沙国家公园

Mackinaw C
麦其诺城

St Cloud
圣克劳德

Saint Croix National Scenic Riverway
圣克罗伊国家景观河道

WISCONSIN
威斯康星州

Nicolet National Forest
尼可雷特国家森林

Escanaba

Petoskey
佩托斯基

Minneapolis
明尼阿波利斯

Eau Claire

Wausau

Menominee

Bo
Ci

Mankato

Menominee Indian Reservation

Sleeping Bear Dunes National Lakeshore
睡熊沙丘国家湖岸风景区

Travers City
特拉弗斯

Rochester

Winona

Green Bay
格林湾

Appleton

Manistee
马尼斯蒂

Cadil

La Crosse
拉克罗斯

Oshkosh

Lake Winnebago

Manitowoc

Manistee National Forest

Isa
In
Reserva

Albert Lea

Fond Du Lac

Sheboygan

22

Mason City

IOWA
艾奥瓦州

Prairie Du Chien
普雷里德欣

Madison
麦迪逊

Janesville

Port Washington

Lake Michigan
密歇根湖

Muskegon

Grand Rapids
大急流城

Fort Dodge

Waterloo

Milwaukee
密尔沃基

Holland
荷兰

Lansi
兰

Jewell

Dubuque
迪比克

*Cedar River*雪达

Freeport

Rockford

Kenosha

Kalamazoo

Mars
马

Cedar Rapids
雪达

Des Moines
得梅因

Iowa City

Davenport
达文波特

Rock River
罗克河

Chicago芝加哥

Benton Harbor

New Buffalo
新布法罗

94

South Bend

Galesburg

Gary

Wilmington
威明顿

Three Oaks
斯里奥克斯

Fort Wayne

Fort Madison
麦迪逊堡

Burlington

Peoria

Illinois River
伊利诺伊河

1

Kankakee

INDIANA
印第安纳州

23

Quincy

Springfield
斯普林菲尔德

Peoria

Bloomington

55

Champaign

Danville
Urbana

Lafayette

Muncie

Hannibal
汉尼拔

Decatur

Indianapolis
印第安纳波利斯

Richmond

Moberly

ILLINOIS
伊利诺伊州

Litchfield
利奇菲尔德

Terre Haute

Columbia

St Louis
圣路易斯

1

Columbus

Mississippi River
密西西比河

MISSOURI
密苏里州

Chillicothe

MINNESOTA
明尼苏达州

Mississippi River
密西西比河

Des Moines River
得梅因河

迪比克，艾奥瓦州

22 **密歇根州黄金湖岸 4天**
沿密歇根湖湖畔而行，路旁散布着沙滩、葡萄酒厂和零星的小岛。（见305页）

23 **大河路 6~7天**
循着密西西比河，在峭壁和怀旧的小镇间穿行。（见317页）

24 **明尼苏达州61号公路 2~3天**
这条明尼苏达州的偏僻小路围绕着苏必利尔湖崎岖的湖岸前行，瀑布和驼鹿不时出现在眼前。（见329页）

不要错过

派（Pie）
这片地区果园众多，所以热门地区都有出售酥脆可口的甜点的店铺，比如Crane's Pie Pantry和Betty's Pies。在线路 **22** 和 **24**，停下来品尝甜点。

海明威之地
文学爱好者可以找到海明威（他的绰号为"Pa-pa"）在小说中描述过的场景和他在密歇根北部生活时去过的酒吧。在线路 **22** 追寻这位作家的脚步。

Harbor View Cafe
咖啡馆位置比较偏僻，但30多年来，美食家们都会不远千里奔赴这家河边的咖啡馆，品尝写在黑板上的种种美食。可以在线路 **23** 中去那儿坐坐。

麦格内法官州立公园
你一定没见过像"魔鬼茶壶"这样的瀑布，瀑布一半的水流落入一个巨型坑洞后便消失无踪，至今科学家也无法解释这些水流向了何方。去线路 **24** 亲眼看看吧。

当地农产品
欧米申半岛的一处水果摊点

密歇根州
黄金湖岸

22

人们把这里称作黄金湖岸不是没有道理的。密歇根州西部的湖滨拥有一眼望不到头的海滩、沙丘、葡萄酒厂、果园和挤满了民宿的城镇，一到夏天总是爆满。

线路亮点

475 英里

麦其诺城和麦其诺岛
乘坐渡轮回到过去

15 终点

Suttons Bay
萨顿湾

Petoskey
佩托斯基

Leland
利兰

Horton Bay
General Store
霍顿湾百货商店

8

Old Mission
Peninsula
欧米申半岛

Traverse
City
特拉弗斯城

300 英里

睡熊沙丘国家湖岸风景区
在巨大的沙丘上可以
看到美丽的湖景

Ludington
拉丁顿州立公园

Holland 霍兰

120 英里

索格塔克
丰富多彩的选择：艺术、
古董、沙滩和船

5

Fennville
芬维尔

New
Buffalo
新布法罗

Buchanon
布坎南

2 起点

11 英里

斯里奥克斯
一半是阳春白雪，
一半是下里巴人

4天
475英里/
765公里

最适合

何时去

从7月一直到10月，此时
气候宜人，果园丰收。

最佳
摄影点

睡熊沙丘国家湖岸风景
区的沙丘顶端。

最佳
美食

特拉弗斯城有许多美食
商店，出售当地的葡萄
酒、苹果酒及农产品。

密歇根州
黄金湖岸

尽管密歇根州（Michigan）的湖滨成为度假热点已有一个多世纪了，但它仍然带给人们惊喜：和加勒比海一样湛蓝的湖水、西岸（West Coast）的冲浪氛围，还有路边不时跃入眼帘的法式苹果酒屋。欧内斯特·海明威（Ernest Hemingway）过去常常来密歇根州北部避暑，并且对那段日子念念不忘。即使在环游世界之后，他还曾写道："秋季的密歇根州北部拥有世界上最美的天空。"

❶ 新布法罗

你可以先在新布法罗（New Buffalo）的湖滨游玩一番。这里不仅是典型的度假小镇，还是中西部（Midwest）的冲浪中心。是的，你没听错，你可以在密歇根湖（Lake Michigan）冲浪，**Third Coast Surf Shop**（☎269-932-4575；www.thirdcoastsurfshop.com；110 N Whittaker St；◷6月至8月 周日至周四 10:00~19:00，周五和周六 至20:00，4月至5月和9月至12月 营业时间缩短，1月至3月 停止营业）里时髦的家伙们会教你怎么玩。他们出租潜水服和冲浪板（半天 $20~25）。针对新手，他们还在离店几个街区的公共海滩提供2小时的私教课程（$75；包括装备）。需要预订。

不会冲浪也没关系。你可以躺在宽阔的沙滩上（夏天，救生员会来回巡逻），看着船只在熙熙攘攘的码头进进出出；尝几个冰激凌甜筒；在热闹的商店和本地深受欢迎的**农贸市场**（Farmers Market；www.facebook.com/newbuffalofarmersmarket；107 N Whittaker St；◷6月至9月上旬 周四 16:00~20:00）随意逛逛。

✖ 见314页

行驶路上 » 沿Hwy 12公路向内陆拐弯，行驶6英里后到达小镇斯里奥克斯。

线路亮点

❷ 斯里奥克斯

斯里奥克斯(Three Oaks)是格林埃克斯(Green Acres)和格林威治村(Greenwich Village)交会的地方,这种交会充满了阳春白雪和下里巴人的混搭感。在**杜威加农贸易公司**(Dewey Cannon Trading Company; ☎269-756-3361; www.facebook.com/deweycannontradingcompany; 3 Dewey Cannon Ave; ⏰周二至周五 9:00~17:00, 周六 至19:00, 周日 至15:00, 10月至次年4月 营业时间缩短)租辆自行车, 然后轻松地骑行在乡间小路上, 穿过果园和葡萄园。夜晚, 在斯里奥克斯的剧院里看场富有启发性的戏剧或艺术电影。

你也可以

1 66号公路

美国最早的公路旅行就始于66号公路, 行走在这条路上仿佛走入了历史之中。这条路始于芝加哥, 即新布法罗市以西70英里处。

24 明尼苏达州61号公路

准备好出发了吗? 驱车穿越密歇根和威斯康星州原始的北方森林前往该线路的起点德卢斯, 全程420英里。

或者就顺道去古董店和装饰品商店逛一两个小时，毕竟斯里奥克斯总共才5个街区。一定别错过 **Drier's Meat Market**（☎269-756-3101；www.driers.com；14 S Elm St；⊙周一至周六 9:00~17:00，周日 11:00~17:00），这家肉铺的历史可以追溯到南北战争时期。店里摆放着各种老式的磨刀石、切肉刀和著名的熏肉。

行驶路上 » 沿Elm St往北，这条路后面会变成Three Oaks Rd。大约5英里后，左转进入Sawyer Rd，然后再右转进入Red Arrow Hwy公路。行驶大概1英里后，右转进入Browntown Rd，一直开到Hills Rd左转，然后在Mt Tabor Rd右转。

---

❸ 布坎南

来到布坎南（Buchanon），你就已经走入了葡萄园之中。新布法罗市和索格塔克（Saugatuck）之间聚集着大约12个葡萄园。鉴酒师们通常认为**塔博尔山葡萄酒庄**（Tabor Hill Winery & Restaurant；☎800-283-3363；www.taborhill.com；185 Mt Tabor Rd；游览免费，品尝 $9；⊙游览 正午至16:30，品酒室 4月至10月 周一至周二 11:00~18:00，周三至周日 11:00~20:00，其他月份营业时间见网站）是当地最棒的酒庄。葡萄酒商提供酒庄游览，你可以在品酒室畅饮

血红色的品丽珠（Cabernet Franc；酿酒用的红葡萄品种）葡萄酒和清新的起泡葡萄酒。这里还有一家可以俯瞰葡萄园的餐厅。

往北1英里（取道Hills Rd）到达**圆谷仓葡萄酒庄**（Round Barn Winery；☎269-422-1617；www.roundbarnwinery.com；10983 Hills Rd，Baroda；品尝 $12~15；⊙5月至10月 周一至周六 11:00~18:00，周日 从正午开始，11月至次年4月 营业时间缩短），这里的葡萄就不只用于酿制葡萄酒了，它们也被用于制作非凡伏特加（DiVine Vodka）——一种比用小麦或马铃薯酿成的伏特加更为醇和的饮品，你可以在品酒室内尝尝。平日里，草地上的野餐是不错的活动，周末时，会有流动餐车来出售小吃。

行驶路上 » 返回Red Arrow Hwy公路，沿着它一路向北，直到它与I-94州际公路和Business I-94州际公路相交。沿着后者穿过圣约瑟夫（St Joseph）市中心。很快它就会跟滨河的Hwy 63公路会合，而Hwy 63公路与Blue Star Hwy公路（又称A-2公路）相连。这条风景如画的大道向北通往南黑文（South Haven），这里有一家美味冰激凌店，然后继续前行到达索格塔克。

---

❹ 芬维尔

就在到达索格塔克

THOMAS BARRAT / SHUTTERSTOCK ©

（Saugatuck）之前，右转（向东）踏上Hwy 89公路，驶往芬维尔（Fennville）。它也许只是个农业小镇，全镇只有一个交通灯，但是酷爱吃派的人们几十年来都络绎不绝。它的吸引力在于：**Crane's Pie Pantry**（☎269-561-2297；www.cranespiepantry.com；6054 124th Ave；每片派 $4.50；⊙周一至周四 9:00~20:00，

霍兰 弗尔迪尔郁金香花园

周五和周六 至21:00，周日
11:00~20:00）。当然，你也可
以在周围的果园（Crane's
Orchards；10:00~18:00）
中自己挑选樱桃、苹果和桃
子，但是那些想吃成品的人
们还是会直接奔向这家装
饰得花花绿绿的面包房，买
上一片酥脆美味的派。

行驶路上 » 返回Blue Star Hwy
公路，向北行驶4英里到达索
格塔克。

线路亮点

5 索格塔克

　　浓厚的艺术氛围和欢
乐友好的气氛吸引了度假
者们纷纷来到这个美丽的
小镇。在镇中心的Water St
和Butler St街道两旁，陈列
着陶器、绘画和玻璃制品的
展览馆如雨后春笋般出现。
你可以登上喧闹的**索格塔
克链拉式渡轮**（Saugatuck

Chain Ferry；Mary St西端；单
程 $1；⊙5月下旬至9月上旬
9:00~21:00），渡过卡拉马祖
河（Kalamazoo River）。

　　到了对岸，往船坞右手
边走你将来到秃头山（Mt
Baldhead），这是一座200
英尺（约61米）高的沙丘。等
你气喘吁吁地爬上台阶后，
眼前出现的将是一片壮观
的美景。然后你可以沿北坡
下来，去往美丽的**椭圆沙滩**

(Oval Beach; Oval Beach Dr; ⏰8:00~22:00)。还没玩够沙子？**Saugatuck Dune Rides**(☎269-857-2253; www.saugatuckduneride.com; 6495 Blue Star Hwy; 成人/儿童 $20/11; ⏰7月和8月 10:00~19:30, 5月、6月、9月和10月 开放时间短, 11月至次年4月关闭, 具体营业时间见网站)提供一次一个半小时的沙丘穿梭之旅, 这个项目非常有趣, 值得体验。

🍴🛏 见314页

行驶路上 » Blue Star Hwy公路在这里是一条双车道公路, 它向东北方向绵延着穿过农田, 你将依次驶过Washington Ave, Michigan Ave和River Ave, 12英里后可到达霍兰市中心。

⑥ 霍兰

你不必漂洋过海, 也能看到郁金香、风车和木鞋了。密歇根州的霍兰(Holland)有一整套这样的玩意儿。当你来到备受欢迎的**弗尔迪尔郁金香花园**(Veldheer Tulip Gardens; ☎616-399-1900; www.veldheer.com; 12755 Quincy St; ⏰周日至周二 10:00~16:00, 周三至周六 10:00~17:00), 将会沉醉在浓浓的荷兰风情中。这里还有一家木鞋工厂和一家传统的蓝白陶器作坊。离开荷兰主题后, 一定要去**New Holland Brewing Company Pub**(☎616-355-6422; www.newhollandbrew.com; 66 E 8th St; ⏰周一至周

四 11:00至午夜, 周五和周六至次日1:00, 周日 至22:00), 这家小型啤酒厂以其浓烈的啤酒闻名, 比如龙之乳(Dragon's Milk)烈性黑啤酒(酒精含量10%)。此外, 这里也提供自制朗姆酒。这些酒都可以在酒吧试喝。

行驶路上 » 从霍兰到格兰德港(Grand Haven), 除了走Hwy 31公路外, 也可以选择Lake Shore Ave这条乡村小道。取道Ottawa Beach Rd, 在进入霍兰州立公园(Holland State Park)前转入该小道, 接下来的22英里你都会沉浸在金黄色的郁金香花海里。过了格兰德港, 折回Hwy 31公路, 继续前行75英里后到达拉丁顿(Ludington), 经166出口驶往公园。

⑦ 拉丁顿州立公园

走上Hwy 116公路, 出城游览**拉丁顿州立公园**(Ludington State Park; ☎231-843-2423; 每辆车 $9)。如果你还没有车辆通行证, 可以在入口售票亭买一个(每天/每年 $9/32), 它在密歇根州所有的公园都适用。进入公园后, 你只需要把车停到路边, 就可以下车欣赏沙滩美景。这里还有一条非常棒的步道, 你可以徒步前往(或者以灯塔志愿看守人的身份住下)修复一新的**大塞布尔角灯塔**(Big Sable Point Lighthouse)。登上这座112英尺(约34米)高的雾中明明

需花费$5。

行驶路上 » 返回Hwy 31公路, 前往马尼斯蒂(Manistee)。驶出马尼斯蒂3英里后, 转入湖岸边的Hwy 22公路, 前行115英里。在驶往睡熊沙丘国家湖岸风景区的路上, 车窗外不时会闪过内陆湖泊、城镇和历史上著名的灯塔。

线路亮点

⑧ 睡熊沙丘国家湖岸风景区

前往位于Empire的睡熊沙丘国家湖岸风景区**游客中心**(Sleeping Bear Dunes National Lakeshore; ☎231-326-4700; www.nps.gov/slbe; 9922W Front St; ⏰6月至8月 8:00~18:00, 9月至次年5月 8:30~16:00)咨询信息, 获取步道地图和车辆通行证(每周/每年 $15/30)。然后向北行驶2英里进入Hwy 109公路和**皮尔斯·斯托金风景道**(Pierce Stocking Scenic Drive)——一条7英里的单车道环线, 沿途分布着野餐处和小树林, 是可以饱览震撼湖景的路线之一。另一条路线是**Dune Climb**, 你需要艰难地爬上200英尺(约61米)高的沙丘, Hwy 109公路也一样需要爬坡。另外, **睡熊遗迹小径**(Sleeping Bear Heritage Trail)位于Empire以北17英里处, 经过Dune Climb之后为一段滨水道路, 这一

另辟蹊径
大急流城

起点: ⑥ 霍兰

密歇根州的第二大城市大急流城(Grand Rapids)一度因为办公家具制造业而闻名,而现在已经成为一个啤酒旅游胜地,此地共有20家精酿啤酒厂。从大急流城旅游局(Grand Rapids Convention and Visitors Bureau; www.experiencegr.com)的网页上可查询到地图和自助游信息。

如果你只有参观一家啤酒厂的时间,那么就去**Founders Brewing Co**(☎616-776-1195; www.foundersbrewing.com; 235 Grandville Ave SW; ⏰周一至周六 11:00至次日2:00, 周日 正午至午夜; 🍴)开怀畅饮吧。这里深红色的德特巴斯特德啤酒(Dirty Bastard Ale)非常适合豪饮。还没尽兴? 那就去Brewery Vivant(☎616-719-1604; www.breweryvivant.com; 925 Cherry St SE; ⏰周一至周四 15:00~23:00, 周五 至午夜, 周六 11:00至午夜, 周日 正午至22:00), 这里专门出售比利时风格啤酒,位于一个老教堂里,拥有彩色玻璃、拱形屋顶和农舍风格的公用餐桌。

从霍兰沿I-196州际公路向内陆行进29英里即可到达大急流城。

路风景赏心悦目,使得步行者和骑行者都趋之若鹜。

行驶路上 » Hwy 109公路的终点处有一家热闹的民宿——Glen Arbor, 是住宿的好选择。再走18英里后,取道Hwy 22公路,向前穿过湖岸风景区并沿着湖岸线到达利兰。

- - - - - - - -

⑨ 利兰

利兰(Leland)只是个弹丸之地。你可以在镇中心滨水餐厅吃个饭, 然后在富有情调的鱼镇(Fishtown)和它饱经风霜的捕鱼棚屋店屋之中闲逛一番。渡轮从这里出发, 驶往被森林覆盖的曼尼群岛(Manitou Islands), 你可以在7月和8月间来这里一日游。**曼尼群岛运输公司**(Manitou Island Transit; ☎231-256-9061;

www.manitoutransit.com)提供日落巡游(成人/儿童$25/15), 一周中有4天会经过矗立着灯塔的湖滨。

🍴 见314页

行驶路上 » 取道Hwy 22公路向北行进4英里, 右拐进入N Eagle Hwy公路, 然后左转进入E Kolarik Rd。行驶1英里后, 在第一个拐弯处向右进入Setterbo Rd, 3.5英里后你就会看见坦德姆苹果酒厂。

- - - - - - - -

⑩ 萨顿湾

在萨顿湾(Suttons Bay)的郊区, **坦德姆苹果酒厂**(Tandem Ciders; ☎231-271-0050; www.tandemciders.com; 2055 Setterbo Rd; ⏰周一至周六 正午至18:00, 周日 至17:00)在其家庭农场中设置了舒适的品酒室供你品

尝美味的苹果酒。你可以在酒吧里拉出一把凳子, 坐着品尝美酒, 比如皇家苹果酒(Cidre Royale; 味酸劲大)和蜂蜜派苹果酒(Honey Pie; 添加了当地养蜂人的蜂蜜, 味甜)。品尝3种2盎司的美酒仅需$2。

在市区, **Grand Traverse Bike Tours**(☎231-421-6815; www.grandtraversebiketours.com; 318 N St Joseph St; ⏰周一至周五 9:00~17:30, 周六 至17:00, 周日 10:00~16:00)提供参观当地葡萄酒厂的骑行导览游(4小时的旅程花费$79)和自助游(每人$65), 该公司的员工会为自助游的游客提供路线规划和安排运酒的车辆。

行驶路上 » 沿着Hwy 22公路穿越利勒诺半岛(Leelanau

Peninsula），最终到达特拉弗斯城。

⑪ 特拉弗斯城

特拉弗斯城（Traverse City）是这一地区的"大"城市，这里的人们对于樱桃有着掩饰不住的喜爱。来到这里，你不仅可以参加风筝冲浪和帆船运动，各类音乐节和电影节，还可以找到许多精酿酒吧以及时髦的餐厅。

Front St是散步和逛街的主要地点。千万别错过**樱桃共和国**（Cherry Republic；☎231-932-9205；www.cherryrepublic.com；154 E Front St；⊙9:00~21:00），它非常受游客喜爱，但是你所见到的所有产品又很搞笑：樱桃味的番茄酱、撒着樱桃的墨西哥玉米薄饼、樱桃黄油、樱桃味葡萄酒——你懂的。这些食品中的大部分尝起来都比想象中的要可口。商店对

于试吃食物特别慷慨（因此顾客盈门）。

🍴 见314页

行驶路上 » 取道Front St（即Hwy 31公路）一路向东出城。到达Garfield Ave时左转。很快这条路就变成Hwy 37公路，沿途可以去逛逛种着葡萄和樱桃的欧米申半岛。

⑫ 欧米申半岛

去欧米申半岛（Old Mission Peninsula）品尝美酒是人们很喜爱的消遣方式。19英里的旅途中分布着9家葡萄园，肯定能让你一次喝个够。**穿越酒庄**（Chateau Grand Traverse；☎231-938-6120；www.cgtwines.com；12239 Center Rd；⊙周一至周六10:00~19:00，周日至18:00）和**香塔尔酒庄**（Chateau Chantal；☎800-969-4009；www.chateauchantal.com；15900 Rue de Vin；⊙周一至周六

另辟蹊径
海狸岛

起点：⑬ 霍顿湾百货商店

如果不想去麦其诺岛（Mackinac Island），还可以乘船去更加幽静的海狸岛（Beaver Island；www.beaverisland.org）。这是一块深受爱尔兰影响的飞地，岛上有600个居民，提供徒步、钓鱼、皮划艇和沉船潜项目。**渡轮**（☎231-547-2311；www.bibco.com；103 Bridge Park Dr；⊙4月中旬至12月下旬）从夏洛瓦的市中心出发。这趟全程2小时的旅程每人/每车单程花费\$32.50/105。

11:00~19:00，周日至18:00）生产的霞多丽（Chardonnay）和黑皮诺（Pinot Noir）葡萄酒都深受欢迎。

半岛酒窖（Peninsula Cellars；☎231-933-9787；www.peninsulacellars.com；11480 Center Rd；⊙10:00~18:00）位于一所老校舍里，生产上等的白葡萄酒，较为小众。你可以挑一瓶酒带去半岛尽头的灯塔公园（Lighthouse Park），在沙滩上一边啜饮美酒，一边感受浪花轻抚脚尖。

🛏 见314页

行驶路上 » 折回Hwy 31公路并一路向北，大约50英里后，在停满游艇的夏洛瓦（Charlevoix）北部踏上Boyne City Rd，沿着夏洛瓦湖（Lake Charlevoix）行驶，最终到达霍顿湾百货商店。

⑬ 霍顿湾百货商店

霍顿湾百货商店（Horton Bay General Store；☎231-582-7827；www.hortonbaygeneralstore.com；5115 Boyne City Rd；⊙周日至周四8:00~14:00，周五和周六8:00~14:00和17:00~21:00，10月中旬至次年5月中旬歇业）和它高大的门廊对于海明威的粉丝来说肯定不会陌生，因为作家在其短篇小说《在密歇根北部》（*Up in Michigan*）中描述过这栋建筑。年轻时的海明威有好几个夏天都在这个大门廊里悠闲地讲述关于

捕鱼的故事，他家在附近的沃伦湖（Walloon Lake）有一栋小别墅。目前店主似乎有转手的打算，行前请检查官网信息。

行驶路上 » 沿Boyne City Rd向东。在第二个路口左转驶入Sumner Rd，然后再次左转进入Camp Daggett Rd，6英里后驶入Hwy 31公路，前往佩托斯基。

---

⑭ 佩托斯基

佩托斯基（Petoskey）也是一个旅游胜地——码头停满了游艇，紧凑的市中心分布着美食餐厅和礼品店。这里也有几处与海明威相关的景点。**小特拉弗斯历史博物馆**（Little Traverse History Museum；☎231-347-2620；www.petoskeymuseum.org；100 Depot Ct；$3；◷周一至周六 10:00~16:00，10月中旬至次年5月下旬 闭馆）中陈列着一些关于海明威的藏品，包括罕见的首版书——海明威在1947年拜访一位朋友时签名并将其送给了对方。接着，你可以去**City Park Grill**（☎231-347-0101；www.cityparkgrill.com；432 E Lake St；◷周日至周四 11:30~21:00，周五和周六 至次日1:30）喝一杯，海明威曾是这里的常客。在城北的**佩托斯基州立公园**（Petoskey State Park；☎231-347-2311；2475 Hwy 119；每辆车 $9），你可以找到著名的佩托斯基之石（Petoskey Stones；蜂巢图案的古珊瑚碎片）。

行驶路上 » 这最后一段路程，你可以自己选择路线，走"捷径"Hwy 31公路到达麦其诺市，或是沿着狭窄的Hwy 119公路悠游。后者蜿蜒穿过茂密的森林和悬崖，是绿光隧道（Tunnel of Trees）景观大道的一部分。

线路亮点

⑮ 麦其诺城和麦其诺岛

游人如织的麦其诺城（Mackinaw City）是麦其诺岛（Mackinac Island）的跳岛游起点，但它也有引人注目的景色：**殖民地麦其诺城**（Colonial Michilimac-kinac；☎231-436-5564；www.mackinacparks.com；102 W Straits Ave；成人/儿童 $12/7；◷6月至8月 9:00~19:00，5月和9月至10月中旬至17:00；🅿）是一处国家历史名胜（National Historic Landmark），1715年由法国人建立的防御围栏如今被重新修复并对外开放，游客中心位于巨大的麦其诺大桥（Mackinac Bridge）下面。

麦其诺岛位于距离湖岸数英里的湖中，是此地最吸引人之处。3.8平方英里的小岛上禁止车辆通行，交通依靠马车或者自行车。这是一个古老而迷人的地方，岛上散布着许多软糖商店、维多利亚时代的小屋和18世纪的堡垒。乘坐渡轮登岛仅需20分钟，因此很适合一日游，但时间充裕的话最好在岛上过一夜。

共有两家渡轮公司——**Shepler's**（☎800-828-6157；www.sheplersferry.com）和**Star Line**（☎800-638-9892；www.mackinacferry.com）提供服务。渡轮班次很多，价格也相同：成人/儿童的往返票价分别为$26/14。你可以把车放在它们的停车场。

🍴🛏 见315页

食宿

新布法罗 ❶

✕ Redamak's   汉堡包 $

（☎269-469-4522；www.redamaks.com；
616 E Buffalo St, New Buffalo；汉堡包 $6~12；
⏰3月至10月中旬 周一至周六 正午至22:30，周
日 至22:00）这家名副其实、历史悠久的老
店位于新布法罗市，出售油纸包裹的芝士
汉堡、辛辣的旋风薯条以及冰凉的啤酒。只
接受现金。

南黑文

✕ Sherman's Dairy Bar   冰激凌 $

（☎269-637-8251；www.shermanice
cream.com；1601 Phoenix Rd；甜筒 $3.5起；⏰周日
至周四 正午至21:00，周五和周六 至22:00，11月至
次年2月 停业；🅿）这里分量十足的球形冰淇
淋共有50多种口味，深受游客喜爱，推荐麦
其诺岛软糖口味（Mackinac Island fudge）。
因为是现场制作，所以无比新鲜。排队的队
伍可能会很长。

索格塔克 ❺

✕ Wicks Park Bar & Grill   美国菜 $$

（☎269-857-2888；www.wickspark.com；
449 Water St；主菜 $11~25；⏰周日至周四 正午至
22:00，周五和周六 至次日1:00）餐厅位于渡轮
码头旁边，主打湖里的鲈鱼和现场音乐。

🛏 Pines Motorlodge   汽车旅馆 $$

（☎269-857-5211；www.thepinesmotor
lodge.com；56 Blue Star Hwy；房间 $139~249；
📶）旅馆位于道格拉斯（Douglas），店家在
杉木林中布置的复古提基灯、松木家具和公
共草坪躺椅更增添了欢乐友好的氛围。

利兰 ❾

✕ Cove   海鲜 $$$

（☎231-256-9834；www.thecoveleland.
com；111 River St；主菜 $22~32；⏰11:00~
22:00，11月至次年4月 停业）这里的特色菜是
白鲑鱼四吃（杏仁烤鱼、鱼肚塞蟹肉、蒜香
烤鱼以及箔纸胡椒烤鱼）。餐馆位于气氛悠
闲的水边。

特拉弗斯城 ⓫

✕ Folgarelli's   熟食 $

（☎231-941-7651；www.folgarellis.net；
424 W Front St；三明治 $8~11；⏰周一至周
五 9:30~18:30，周六 至17:30，周日 11:00~
16:00）进行了一天的户外活动之后，来
Folgarelli's吃几个三明治恢复体力吧。这
间店可是老饕们的最爱。

✕ North Peak Brewing Company   酒吧小食 $$

（☎231-941-7325；www.northpeak.net；
400 W Front St；主菜 $10~20；⏰周一至周四
11:00~23:00，周五和周六 至午夜，周日 正午至
22:00）你可以一边大口吃着比萨、贻贝和椒
盐卷饼包裹的鲥鱼，一边品尝自制啤酒。5
杯啤酒的套餐仅需$7。不爱喝啤酒的话，可
以尝试他们的根汁汽水（root beer）。

欧米申半岛 ⓬

🛏 Grey Hare Inn   民宿 $$$

（☎231-947-2214；www.greyhareinn.
com；1994 Carroll St；房 $200~300；🅿📶）
这处幽静的民宿位于一个经营中的葡萄园
内，共有3间客房，采用法式装修风格，可

以尽享海湾美景。客房很宽敞，配有铁艺大床或四柱床，家具多是古董。

麦其诺城和麦其诺岛

✕ Horn's Bar   墨西哥菜 $$

（☎906-847-6154；www.hornsbar.com；7300 Main St；主菜 $12~20；⏱10:30至次日2:00）这里的酒吧提供美式汉堡和墨西哥食物。夜晚有现场娱乐节目。

🛏 Cloghaun B&B   民宿 $$

（☎906-847-3885；www.cloghaun.com；Market St；房间 $134~204，不带卫生间$89~119；⏱5月中旬至10月下旬）这间干净整洁的维多利亚风民宿拥有许多回头客。Cloghaun共有11间客房，当中装饰着古董和一些小物件。除了有2间客房需共用1间卫生间，其他客房都配有独立卫生间。套餐价中包含安静的花园、丰盛的早餐以及下午茶。民宿位于市中心，位置绝佳。

迪比克，艾奥瓦州，
第四街升降机

大河路

23

这条史诗般的自驾路线沿着密西西比河的河岸蜿蜒而行。它的北半部分会穿过松林、鹰巢、18世纪的古堡以及世界上最大的"六罐装"啤酒。

线路亮点

Bemidji
伯米吉

Itasca State Park
伊塔斯加州立公园
起点

317 英里

明尼阿波利斯
艺术、啤酒和美食
是这座城市的灵魂

St Paul
圣保罗
3

Nelson & Wabasha
尼尔森和瓦巴肖

Pepin
佩平

La Crosse
拉克罗斯

La Crescent
拉克雷森特

Potosi波托西
10

575 英里

迪比克
山坡、维多利亚风格
的建筑以及其他超乎
你想象的事物

Davenport
达文波特

Nauvoo
纳府

905 英里

埃尔萨
隐秘的村庄里藏着
19世纪的石头小屋

13

Fort Kaskaskia
卡斯卡斯基亚堡

Cairo开罗
终点

6~7天
1075英里／
1730公里

最适合

何时去
6月到9月，避开下雪天。

最佳
摄影点
伯米吉的保罗·班扬雕像和他的蓝色小牛。

最佳
两日
从站点4到站点10的路途中，有一段段奇峻悬崖和历史悠久的城镇。

23 大河路

年复一年，这条路上的景致依然如故。公路绕着悬崖蜿蜒而行，当老人河（Old Man River；密西西比河昵称）跃入眼帘时，你会发现它比你印象中的还要宽阔，湍急而浩渺的河水中点缀着郁郁葱葱的岛屿和庞然大物一样的驳船。一只老鹰掠过头顶，忽而俯冲到水中叼起一条鱼儿又回天空。一路上，你偶尔会路过几座大城市，比如明尼阿波利斯或者迪比克，但是大多数时候都是在那些被遗忘的城镇中穿行，而这条公路就是这些小镇的主街。

❶ 伊塔斯加州立公园

明尼苏达州（Minnesota）的**伊塔斯加州立公园**（Itasca State Park；☏218-699-7251；www.dnr.state.mn.us/itasca；紧邻Hwy 71 N；每辆车 $5）是此线路的起点，也是密西西比河的源头。多亏有一根图腾柱指示了这条壮阔大河的源头位置，因为这源头其实在是太小，会让人误以为只是一条小溪。只要蹚过这齐膝深的河水（偶尔也可以跳到几块落脚石上），你就可以骄傲地宣称自己已蹚过美国的"父亲河"（Father of Waters；即密西西比河）了。公园也提供独木舟、徒步、自行车和野营项目，还有一个旅店和一个青年旅馆，它们都按照"明尼苏达州式友善"（这个州以热情好客闻名）的原则来经营。

🛏 见326页

行驶路上 » 向东北方向行驶，在乡间的小路上蜿蜒穿行。取道County Rd 2到County Rd 40再到County Rd 9，经过贝赛达（Becida）后左转进入169th Ave，之后变为County Rd 7，然后进入伯米吉。全程30英里。想要获取免费地图帮助认路，可查看www.mnmississippiriver.com。

❷ 伯米吉

明尼苏达州的诺瑟伍兹（Northwoods）地区松林茂密，而该地区的小镇也因

湖泊、伐木工人和垂钓而声名远播。伯米吉（Bemidji）就是其中的典型，这里有一座巨型的**保罗·班扬雕像**（Paul Bunyan Statue），它高18英尺（约5.4米），重2.5吨。保罗·班扬是美国民间传说中的巨人樵夫，力大无穷，伐木快如割草。这座高昂着头的水泥雕像紧挨**游客中心**（☎218-759-0164；www.visitbemidji.com；300 Bemidji Ave N；◷6月至8月8:00~17:00，周六 10:00~17:00，周日 11:00~15:00，9月至次年5月 周六和周日不开放），旁边则是他忠实的蓝色小牛Babe。这是一处绝佳的摄影点。我们有没有告诉你是他们创造了密西西比河？据说，蓝色小牛冬天时拖着水罐车，在路上铺冰块用于运输木材，有一天水罐裂

你也可以

1 66号公路

在圣路易斯与"母亲之路"（66号公路）会合。向西南方向行驶2100英里到达洛杉矶，或者向东北方向行驶300英里到达芝加哥。

28 密苏里河之旅

你可以从圣路易斯踏上另一条道路，进行一次历史之旅：沿着密苏里河向西北行驶，直到达科他。

了道口子，水落在新奥尔良（New Orleans），于是形成了密西西比河。

行驶路上 » 这段行程先往东然后往南，总共需行驶350英里。沿途的道路为人迹罕至的林务局（Forest Service）道路、碎石路和乡村公路，途中会经过一些微型城镇，例如帕利塞德（Palisade；这儿有个不错的咖啡馆）和库宇纳（Cuyuna；这里每年6月会举办木蜱比赛），最后会到达高楼林立、现代化的明尼阿波利斯。

线路亮点

❸ 明尼阿波利斯

明尼阿波利斯（Minneapolis）市中心北端的滨河区（Riverfront District）是一处理想的休息站，这里有公园、博物馆、酒吧和波尔卡舞俱乐部。在Portland Ave的末段是一座禁止车辆通行的**石拱桥**（Stone Arch Bridge），它横跨密西西比河，从那里可以欣赏到飞流直下的圣安东尼瀑布（St Anthony Falls）。向东走几个街区，就是钴蓝色的**格思里剧院**（Guthrie Theater; ☎612-377-2224; www.guthrietheater.org; 818 2nd St S）。走上剧院的悬臂步道"无尽的桥"（Endless Bridge），可以俯瞰密西西比河。你不需要买戏票，因为这里本来就是一处公共空间。

下游不远处就是明尼苏达大学（University of Minnesota），5万名学生在此学习（进行现场音乐表演）。大学里的**韦斯曼艺术博物馆**（Weisman Art Museum; ☎612-625-9494; www.wam.umn.edu; 333 E River Rd; ☺周二、周四和周五

公路资源信息

大河路九曲十八弯，路线非常复杂，你将驶过数量多到难以置信的公路和旁道。本书虽然提供了一些公路信息，但是想要精确指导的话，你需要额外的资源辅助。明尼苏达州（Minnesota; www.mnmississippiriver.com）、威斯康星州（Wisconsin; www.wigrr.com）、伊利诺伊州（Illinois; www.greatriverroad-illinois.org），以及艾奥瓦州（www.iowagreatriverroad.org）都有自己境内的大河路网站；或者也可登录美国风景道路（America's Byways; www.fhwa.dot.gov/byways/byways/2279）查看相关路线。大河路沿途会一直有绿色的水轮标识指明道路。

10:00~17:00，周三至20:00，周六和周日11:00~17:00）位于河边，这栋不规则形状的银色建筑由建筑师弗朗克·格瑞（Frank Gehry）设计，其中宽敞明亮的美国艺术展览馆值得一看。

✕ 见326页

行驶路上 » 取道I-94 E州际公路，经241B出口驶往圣保罗的市中心。车程约10英里。

明尼阿波利斯 石拱桥

❹ 圣保罗

圣保罗（St Paul）比它的姐妹城市明尼阿波利斯更小更安静，也更有历史格调。**密西西比河游客中心**（Mississippi River Visitors Center; ☎651-293-0200; www.nps.gov/miss; 120 W Kellogg Blvd; ⏰周日和周二至周四 9:30~17:00，周五和周六

至21:00）在科学博物馆大厅的小棚里，你可以去这里拿张徒步地图，顺便看看有哪些护林员引导的路线可以走走。

游客还可以登上大教堂山（Cathedral Hill）——没错，地如其名，这儿确实有一座教堂。这座巨大的教堂是镀金时代（Gilded Age）豪宅建筑群所在地**Summit Ave**

的地标。作家斯科特·菲茨杰拉德（Scott Fitzgerald）也曾经在这里居住，他出版《人间天堂》（*This Side of Paradise*）时就住在Summit Ave 599号的褐砂石建筑里。往南走一个街区，Grand Ave上可以找到许多美食咖啡馆和商店。

🍴 见326页

行驶路上 » 驶出圣保罗25英

321

里后，在黑斯廷斯（Hastings）附近，密西西比河成为明尼苏达州和威斯康星州的两州边境线，大河路在此被分为东西两段。为了欣赏最美的景色，我们的行程要在这两州之间来回穿梭。

❺ 佩平

沿着密西西比河位于明尼苏达州一侧的Hwy 61公路行驶，前往鞋子和陶器供应商红翼（Red Wing），然后过河来到威斯康星州一侧的Hwy 35公路，密西西比河河谷（Mississippi Valley）最美丽的风景就始于此。在佩平（Pepin），你要沿着峭壁行驶很长一段路。《草原上的小木屋》（Little House on the Prairie）的粉丝可以去**萝拉·英格斯·怀德博物馆**（Laura Ingalls Wilder Museum；☎715-513-6383；www.lauraingallspepin.com；306 3rd St；成人/儿童$5/2；⊘5月中旬至10月中旬10:00~17:00）看看。这里是萝拉·英格斯·怀德的出生地，也是《大森林里的小木屋》（Little House in the Big Woods）中描绘的住处。博物馆（建筑本身是仿造的）里东西并不多，但是死忠粉们会因为踏上这片英格斯夫妇曾经亲自打理过的农场而欢欣鼓舞。

✕ 见326页

行驶路上 » 继续沿着Hwy 35公路往东南方向行驶8英里，到达尼尔森。

❻ 尼尔森和瓦巴肖

这两个城镇隔河相望。尼尔森（Nelson）位于威斯康星州，这里有一家**Nelson Cheese Factory**（☎715-673-4725；www.nelsoncheese.com；S237 Hwy 35；冰激凌球$2起；⊘9:00~18:00；🅿）。它的名字容易让人产生误解，其实工厂已经改头换面，不再生产芝士了。这个商店现在是威斯康星州小伙们的最爱，舒适的酒吧提供可口的食物，但能让人们大排长龙的还是冰激凌（重点在奶油上，店主非常慷慨，会用超级多的奶油）。

河对面是明尼苏达州的瓦巴肖（Wabasha），这里的**国家鹰类保护中心**（National Eagle Center；☎651-565-4989；www.nationaleaglecenter.org；50 Pembroke Ave, Wabasha；成人/儿童 $8/6；⊘10:00~17:00；🅿）值得一游。大量的白头海雕（Bald Eagles；美国国鸟）每年冬天都会聚集到这一地区，它们在水边的树上筑巢，捕食肥美的银鱼。这个中心还有点"内幕"——在这里，你还能看到正在进行康复治疗的白头海雕和其他鸟类，唐纳德（Donald）和安吉尔（Angel）就是其中比较知名的白头海雕。

✕ 见327页

行驶路上 » 从瓦巴肖出发，沿着Hwy 61公路行驶，进入一段约60英里的壮丽道路，一路经过沙洲、沼泽和原始的青山，最终到达明尼苏达州的拉克雷森特。

❼ 拉克雷森特

拉克雷森特（La Crescent）被叫作"苹果之都"算是实至名归，这里不仅果园遍地，连路边摊上售卖的都是苹果派，尤其是在8月到10月间。其他的季节里，草莓、甜玉米和南瓜也很常见。辛勤的**鲍尔市场**（Bauer's Market；☎507-895-4583；www.bauersmarketplace.com；221 N 2nd St；⊘周一至周五 8:00~20:00，周六和周日 至18:00）全年营业，出售当地农产品、花园用品以及礼品，比如背着鱼的小土地神像或者巨大的蘑菇，很多都出自当地一位艺术家之手。

行驶路上 » 经由Hwy 61公路再次穿越密西西比河，到达拉克雷森特的姐妹城市——威斯康星州的拉克罗斯。

❽ 拉克罗斯

在拉克罗斯（La Crosse），大河路（威斯康星州一侧叫3rd St S）会经过**世界最大"六罐装"**（World's Largest Six-Pack；3rd St S和Mississippi St交叉路口）啤酒。这些"罐头"实际上是啤酒城（City

Brewery)的储罐,啤酒城的前身是旧式拉格啤酒生产商G Heileman Brewing。罐子前的标识写道:罐内的啤酒足够装满730万听啤酒,或者为一个幸运儿每天提供6罐啤酒,连续3351年! 太不可思议了!

拉克罗斯历史悠久的市中心主街(Main St)上分布着一系列餐厅和小酒馆。**老爷爷崖**(Grandad Bluff; 3020 Grandad Bluff Rd)上可以欣赏到壮观的河景。从Main St(后接Bliss Rd)前往镇子东边,再沿着Bliss Rd上山,最后右转到达Grandad Bluff Rd。

行驶路上 » 返回Hwy 35公路,沿密西西比河岸前行24英里,到达艾奥瓦州(Iowa)边界,然后再行驶35英里到达普雷里德欣(Prairie du Chien)的旧皮毛贸易站。继续前行到达布卢明顿(Bloomington),然后右转进入Hwy 133公路,沿高低起伏的乡村道路行驶40英里后到达波托西。

- - - - - - - - - - - - - - - -

⑨ 波托西

大河路在拐入波托西(Potosi)后成为Main St。**波托西啤酒公司**(Potosi Brewing Company; ☎608-763-4002; www.potosibrewery.com; 209 S Main St; ⊙周一至周六 10:30~21:00,周日 9:00~15:00,1月至3月 周一和周二休息)是提供食物、饮料和纪

念品以及历史资料的一站式商店。在这座厚重的石头建筑中,人们酿造啤酒的历史可追溯至1852年。店里装饰着各种霓虹啤酒广告牌,室外则有个漂亮的啤酒花园,两处都有座位。你可以点上啤酒,买个汉堡,再喝碗著名的啤酒芝士汤。

国家酿酒博物馆(National Brewery Museum; 门票 $5)也位于这栋建筑内,在博物馆内,你可以看到琳琅满目的旧啤酒瓶、啤酒罐、酒瓶杯垫和广告牌。此外,还有一个展示早期啤酒搬运设备的**交通博物馆**(Transportation Museum; 免费)。楼里面还有一个有趣的地方——**大河路说明中心**(Great River Road Interpretation Center)——提供地图、历史信息和互联网服务亭。

行驶路上 » 沿着Hwy 133公路向东行驶到Hwy 35公路或Hwy 61公路,右转行驶8英里到达与Hwy 151公路的交会处。三条路在此会为一条,绵延10英里。然后在9th St至11th St的出口驶离,前往迪比克。

- - - - - - - - - - - - - - - -

线路亮点

⑩ 迪比克

迪比克(Dubuque)藏着许多惊喜。在密西西比河和7座陡峭的石灰岩山丘之间是生机勃勃的窄街,许多19世纪维多利亚时代的屋

子分列道路两侧。**第四街升降机**(4th Street Elevator; www.fenelonplaceelevator.com; 4th St和Bluff交叉路口;往返 成人/儿童 $3/1.50; ⊙4月至11月 8:00~22:00)建于1882年,登上陡峭的山坡可以欣赏到开阔的风景。铃声一响,升降机就启动了。

在**密西西比河国家博物馆和水族馆**(National Mississippi River Museum & Aquarium; ☎563-557-9545; www.rivermuseum.com; 350 E 3rd St; 成人/儿童 $15/10; ⊙6月至8月 9:00~18:00,9月至次年5月 10:00~17:00),你可以了解到与密西西比河相关的各类事物,丰富的展品包括蒸汽船、水生动物以及密西西比河土著居民的物品。支流分馆(Bayou Aquarium)里潜伏着一只美洲短吻鳄(American Alligator),这是它的6个栖息地之一。

🛏 见327页

行驶路上 » 取道Hwy 52公路向南行驶45英里前往萨比拉(Sabula),然后沿着Hwy 67公路行驶55英里至达文波特。

- - - - - - - - - - - - - - - -

⑪ 达文波特

达文波特(Davenport)大概是"四城联盟"(Quad Cities; www.visitquadcities.com)中最酷的一座,与其并称的还包括艾奥瓦州的贝滕多夫(Bettendorf)、伊利诺伊州

的莫林（Moline）和罗克艾兰（Rock Island）。**费济艺术博物馆**（Figge Art Museum; 📞563-326-7804; www.figgeartmuseum.org; 225 W 2nd St; 成人/儿童 $7/4; 🕐周二、周三、周五和周六 10:00~17:00，周四 至21:00，周日 正午至17:00）位于大河路上，建筑的玻璃幕墙闪闪发光。博物馆的中西部展区（Midwest Regionalist Collection）展出了艾奥瓦人（以及《美国哥特式》画家）格兰特·伍德（Grant Wood）的许多作品；你也可以在世界级的海地（Haitian）与墨西哥殖民地收藏品中细细浏览。

行驶路上 » 在艾奥瓦州悠然地沿着道路网继续南行，由Hwy 61公路驶往麦迪逊堡（Fort Madison）。经麦迪逊堡收费桥（Fort Madison Toll Bridge; 通行费 $2; 双层平流跨桥，一层通火车，一层通汽车）渡过密西西比河。在伊利诺伊州一侧，经由Hwy 96公路进入引人注目的纳府。

⑫ 纳府

面积不大的纳府（Nauvoo; www.beautifulnauvoo.com）很久以来一直都是摩门教徒（Mormons）的圣地。1839年，当摩门教被赶出密苏里州时，该教创始人约瑟夫·史密斯（Joseph Smith）带领自己的教徒来

到这里，纳府（希伯来语中的意思是"美丽的地方"）因此迅速壮大。彼时大约有1.2万名摩门教徒在这里居住，相当于芝加哥的人口数。到了1846年，教徒们人去楼空，局势越来越紧张，约瑟夫·史密斯被杀，杨百翰（Brigham Young）则带领信众西迁至犹他州（Utah）。如今这个小镇是一座历史名胜古迹，有着许多令人印象深刻的建筑，比如史密斯故居和杨百翰故居。此地最引人注目的建筑是闪闪发光的白庙（White Temple），它是2002年在摩门教徒被烧毁的圣所旧址上建立起来的。

行驶路上 » 沿着Hwy 96公路南行至I-72州际公路，向西渡过密西西比河到达密苏里州的汉尼拔（Hannibal），这里是作家马克·吐温（Mark Twain）的故乡。接着返回伊利诺伊州，由Hwy 96公路进入Hwy 100公路。途经格拉夫顿（Grafton）周边的时候，景色会变得极其美丽。当你在大风切削出来的峭壁下疾行时，要留心去往埃尔萨的侧路。

线路亮点

⑬ 埃尔萨

迷你的埃尔萨（El-sah; www.escapetoelsah.com）会让你情不自禁地减速。这是一个隐秘的小村落，由19世纪的石头小屋、

木头马车商店和一些农舍组成。镇中大部分建筑分布在两条平行的街道上。拐弯处是普林西庇亚学院（Principia College），这是一所小型文理学院，也是少数几所培养基督教科学家的学校之一。户外爱好者可以在这里滑雪或者沿着峭壁边崎岖的小径骑行。

🚩 见327页

行驶路上 » 经Hwy 100公路前往奥尔顿（Alton）。大河路在圣路易斯（如果你打算在此地停留，可以步行游览一番）附近暂时接入其他道路。从圣路易斯经由I-255州际公路、Hwy 159公路和Hwy 3公路往南，行驶75英里后到达伊利诺伊州的Ellis Grove，重新驶上大河路。

⑭ 卡斯卡斯基亚堡

在Ellis Grove以南几英里处，**卡斯卡斯基亚堡**（Fort Kaskaskia; 📞618-859-3741; 4372 Park Rd; 🕐8:00~16:00）坐落于河边的峭壁之上，它是法国人在1759年左右为防御英国人的进攻而建立的。今天这里只剩下一圈地基工事、19世纪晚期的一处墓地以及风光旖旎的远景。这里非常适合野餐，有桌子和烤架。如果你喜欢法国殖民地建筑，可以步行下山参观建于1802年的彼埃尔·莫纳德故居（Pierre Menard Home），

这位绅士曾是伊利诺伊州的第一位副州长。小提示：卡斯卡斯基亚堡小镇曾是伊利诺伊州的第一座首府，不过只维持了一年不到。

行驶路上 » 沿着Hwy 3公路行驶大约6英里后，你会到达切斯特（Chester）。这里是卡通人物大力水手（Popeye）的创作者E.C.西格（EC Segar）的家乡，因此城镇里到处都立着这位吃菠菜的水手以及他的好伙伴温比（Wimpy）、奥莉薇（Olive Oyl）和小豆子（Swee'Pea）的雕塑。沿着Hwy3公路继续往南行驶85英里，直到开罗。

- - - - - - - - -

⑮ 开罗

开罗（Cairo；发音为"kay-ro"）是大河路北半段路线的终点。这座城市曾有过辉煌的历史，周边软湿的公园绿地非常不错。对那些还要继续在这条路上前行的人来说，这里差不多就是中点了。接下来的1000英里蜿蜒穿过蓝调小酒吧、烧烤棚屋、汽船和种植园，直到新奥尔良（New Orleans）。

另辟蹊径
赛普拉斯溪
国家野生动物保护区

起点: ⑮ 开罗

你肯定想不到在伊利诺伊州居然能找到南方的沼泽地、覆盖着苔藓的柏树林以及呱呱直叫的牛蛙。但它们就在这里，就在**赛普拉斯溪国家野生动物保护区**（Cypress Creek National Wildlife Refuge; ☎618-634-2231; www.fws.gov/refuge/cypress_creek）。对于不打算继续沿大河路前往路易斯安那州（Louisiana）的自驾者来说，这里是一个了解神奇的沼泽生态系统如何运作的好地方。从开罗出发沿着Hwy 37公路向北行驶25英里，到达赛普拉斯，中间会路过**卡什河湿地中心**（Cache River Wetlands Center; ☎618-657-2064; www.friendsofthecache.org; 8885 Hwy 37; ◷周三至周日9:00~16:00）。工作人员会提供翔实的徒步、自行车和独木舟活动信息。

食宿

伊塔斯加州立公园 ❶

🛏 Douglas Lodge　　　　度假屋 $$

（☎866-857-2757; www.dnr.state.mn.us/itasca; 房间 $105~150; 🛜）如果你想体验奢华的田园风，可以选择由伊塔斯加州立公园经营的Douglas Lodge，这里多年来一直广受赞誉。此地也提供独立小屋以及两间不错的餐厅。

帕利塞德

🍴 Palisade Cafe　　　　美国菜 $

（☎218-845-2214; 210 Main St, Palisade; 主菜 $5~11; ⏰周一至周六 6:00~19:00, 周日至14:00）这家林间小店虽然前不着村后不着店，却是一处很受欢迎的地方，它供应馅料十足的土豆煎饼（比如黏软的芝士馅）和让人欲罢不能的各种派。餐馆位于小小的帕利塞德，即大河路上明尼苏达州大急流城（Grand Rapids）和布雷纳德（Brainerd）的中点处。

明尼阿波利斯 ❸

🍴 Butcher & the Boar　　　美国菜 $$$

（☎612-238-8888; www.butcherandtheboar.com; 1121 Hennepin Ave; 主菜 $32~48; ⏰周一至周四 17:00~22:30, 周五和周六至23:00, 周日至22:00; 🛜）拿好你的餐刀，准备享用黄油配野猪火腿、炸鸡小牛肉香肠及其他各种自制肉类吧。这里还提供多达30种的当地啤酒以及多种波本啤酒（可试喝）。需预订，或者拿着小托盘去啤酒花园里享用美食。

圣保罗 ❹

🍴 Mickey's Diner　　　　美式小馆 $

（☎651-222-5633; www.mickeysdiningcar.com; 36 W 7th St; 主菜 $4~9; ⏰24小时）这家餐馆是市区内的一家知名老店，友好的服务员会喊你"Honey"，满意的老顾客端着他们的咖啡杯，拿着报纸，在酒吧里排成长队。Mickey的食物也有恒久的魅力：汉堡、麦芽酒和苹果派。

🛏 Hotel 340　　　　精品酒店 $$

（☎651-280-4120; www.hotel340.com; 340 Cedar St; 房间 $109~189; 🅿 ✳ @ 🛜）Hotel 340有一种古色古香的氛围，豪华的历史建筑中共有56间客房，都配有硬木地板以及奢华的亚麻布工艺装饰。两层楼高的大厅中设有一个大壁炉以及漂亮的小酒吧（服务员的人数是酒保的两倍）。房费包含欧陆式早餐。停车费每晚$17。

佩平 ❺

🍴 Harbor View Cafe　　　美国菜 $$$

（☎715-442-3893; www.harborviewpepin.com; 314 First St; 主菜 $19~33; ⏰周四至周一 11:00~14:30, 11月中旬至次年3月中旬停业）这家店里摆了很多书，是慢食文化（Slow Food）坚定的拥护者。职员会把菜单写在黑板上，菜品一天变化两次，一次是午饭，一次是晚饭。希望你能遇上填充了4种芝士的蘑菇、刺山柑花蕾酱（Caper-sauced）配大比目鱼以及姜汁柠檬蛋糕。不提供预订服务。

尼尔森和瓦巴肖 ⑥

✕ The Stone Barn 比萨 $$

（☎715-673-4478；www.thenelsonstone
barn.com；S685 County Rd KK；比萨 $18~25；
⊙5月中旬至9月下旬 周五 17:00~21:00，周六
16:00~21:00，周日 12:00~20:00）等待你的比
萨从炭火烤箱里出炉的时候，可以逛一逛
古董店或者香草园。所有的餐桌都设在户
外，周围是高低起伏的农田。

迪比克 ⑩

⎸ Hotel Julien 历史酒店 $$

（☎563-556-4200；www.hoteljuliendu

buque.com；200 Main St；房间 $120~250；
❉☎）这家八层楼的饭店建于1914年，曾经
是黑帮教父艾尔·卡彭（Al Capone）的避
难所。大手笔的装修让它变得很上档次，是
个舒缓疲劳的好地方。

埃尔萨 ⑬

⎸ Maple Leaf Cottage Inn 民宿 $$

（☎618-374-1684；www.mapleleafcotta
geinn.com；12 Selma St；房间 $119~149；☎）铁
艺床、爪脚浴缸、由维多利亚时期三角墙制
成的床头板以及其他古色古香的家具，让
人感觉仿佛穿越了历史。房费包含早餐以及
免费的自行车。

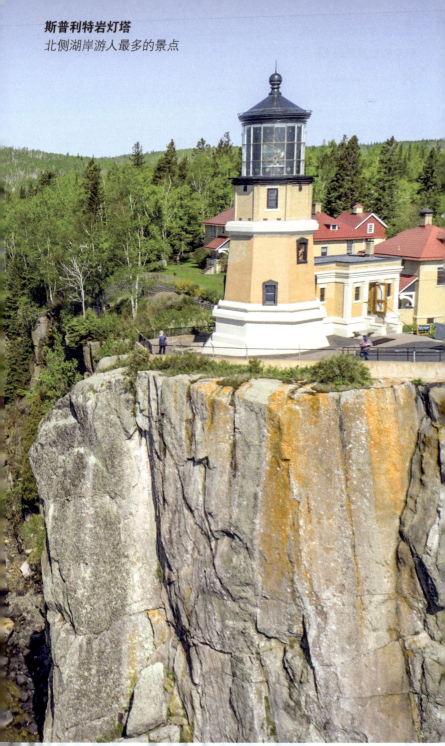

斯普利特岩灯塔
北侧湖岸游人最多的景点

明尼苏达州 61号公路

24

瀑布、驼鹿以及鲍勃·迪伦（Bob Dylan）的足迹⋯⋯这些都是明尼苏达州61号公路沿途的别样景致。这条公路沿苏必利尔湖的湖岸而行，从德卢斯到加拿大边界的一路，你将穿行在淡红色的悬崖和高耸入云的杉树林之间。

线路亮点

150 英里

大波蒂奇
海风中，旅行者们开始步行

110 英里

大马雷
充满艺术风格的城镇，游人如织，鱼肴和甜甜圈值得一尝

Lutsen Mountains
卢森山

Tofte
托夫特

Tettegouche State Park
泰特高奇州立公园

Temperance River State Park
坦珀伦斯河州立公园

Gooseberry Falls State Park
古兹伯里瀑布州立公园

Palisade Head
"木栅头"山

Split Rock Lighthouse
斯普利特岩灯塔

Judge CR Magney State Park
麦格内法官州立公园

Knife River
奈夫里弗

Two Harbors
图哈伯斯

起点

1

终点

13

11

德卢斯
神奇而繁忙的港口城市，也是鲍勃·迪伦的家乡

0 英里

2~3天
150英里/
241公里

最适合

何时去

7月至10月中旬，天气宜人，秋色缤纷。

最佳摄影点

悬崖顶端的斯普利特岩灯塔。

☑ **最佳野生动物**

行驶在燧石小径上，可以欣赏驼鹿。

明尼苏达州 61号公路

提到61号公路，很多人会哼起鲍勃·迪伦的歌曲。他在1965年发行的专辑《重回61号公路》（*Highway 61 Revisited*）是对谋杀、贫穷和穷街陋巷的吟唱，但是这条苏必利尔湖北岸的公路并非如此。相反，这段旅程水网密布，装载矿石的货船定期往返于各个码头之间，小型捕捞船队满载而归。如果你愿意徒步的话，还可以在浪涛拍打着的悬崖上欣赏到苏必利尔湖的美景。

线路亮点

❶ 德卢斯

德卢斯（Duluth）是美国最繁忙的港口之一，苏必利尔湖（Superior Lake）畔的礁石与城市融为一体，让人眼前一亮。市中心的运河公园（Canal Park）是感受这一繁忙氛围的绝佳去处。以天空吊桥（Aerial Lift Bridge）为起点，它是德卢斯的地标，每当轰鸣的轮船将要驶入港口时，这座庞大的垂直升降桥就会缓缓升起。每年大约有1000只货船穿

335页

梭于此。你可以从海洋游客中心（Maritime Visitor Center; ☎218-720-5260; www.lsmma. com; 600S Lake Ave; ☉6月至8月 10:00~21:00，9月至次年5月 开放时间缩短）外的屏幕上看到往来船只的通过时间；中心内部是一流的展览，展示内容主要是五大湖（Great Lakes）的船运和失事船只。

德卢斯也是鲍勃·迪伦（Bob Dylan）的出生地，不过这座城市并没有花大力气宣传这位知名的歌手。你得自己去寻找**迪伦童年故居**（Dylan's childhood home; 519

N 3rd Ave E），它位于市区东北方向几个街区后的山上。迪伦在6岁之前一直住在顶楼，后来他们家搬到内地的希宾（Hibbing）。这是一处私人住宅（也没有标识出迪伦故居），你能做的只有从街边观赏一番。

✖ 🏠 见338页

行驶路上 » 沿着London Rd（即Hwy 61公路）向东北方向出城，跟随North Shore Scenic Dr（也被称为Scenic 61公路或者Old Hwy 61公路）的路标行驶。从德卢斯到奈夫里弗的20英里旅程还有一条新建的Hwy 61高速公路可以走，但还是避开这条新路，走原来那条蜿蜒的双车道老路吧。

❷ 奈夫里弗

去往奈夫里弗（Knife River）的**拉斯·肯德尔熏房**（Russ Kendall's Smoke House; ☎218-834-5995; 149 Scenic Dr; ☉9:30~17:30）的路上，天然的湖岸和在河口撒网的渔民将与你同行。熏房有一个靓丽的霓虹灯标识吸

引着客人。四世同堂的肯德尔家族一直采用当地捕捞的鲑鱼和钓来的阿拉斯加三文鱼（Alaskan salmon）制作熏鱼。你可以买一条红糖腌制的鱼干，职员会用报纸给你包起来，再走几英里后可以拿它来野餐。

行驶路上 » 沿Hwy 61公路继续往东北方向行驶。几英里之后，当你到达图哈伯斯，就可以狼吞虎咽地享用在奈夫里弗买的熏鱼了。

❸ 图哈伯斯

明尼苏达州唯一仍在使用的**灯塔**（lighthouse; www.lakecountyhistorical society.org; 门票 $5; ☉周一至周六 10:00~18:00，周日至16:00）耸立于阿加特湾（Agate Bay）上。这座建于1892年的灯塔数百年如一日地维持着固定的频率——0.4秒闪光，4.6秒黑暗，0.4秒闪光，14.6秒黑暗，如此反复。这就是它每天工作的方式，不妨亲自验证一下。你也可以看到满载铁矿的货

你也可以

66号公路

这是一段去往芝加哥的漫漫旅途——总长470英里。但在这条"最美国"的公路上漫游，会让你感到不虚此行。

大河路

23 沿Hwy 2公路东行83英里到达大急流城，然后踏上与密西西比河并行的大河路。

特湾的码头间穿梭，或游览（每人$3）这里的一艘古老拖船。对了，图哈伯斯（Two Harbors；意为两座港口）名字中的另一处港口，就位于岬角北边的伯灵顿湾（Burlington Bay）。

苏必利尔湖徒步小径服务中心（Superior Hiking Trail Headquarters; ☎218-834-2700; www.shta.org; 7317th Ave; ◷周一至周五 9:00~16:30, 周六 10:00~16:00, 周日 正午至16:00, 10月中旬至次年5月中旬 周六和周日 停业）是徒步爱好者的必去之地，这条290英里的超长步道从德卢斯直到加拿大边境，穿梭于湖水环抱中的山脊之上。每隔5~10英里就会看见有停车场的登山口，这使得它非常适合一日徒步旅行。过夜的徒步旅行者将会在沿途发现81个野外露营地和几处小屋。服务中心提供地图和信息资源。

✕ 🍴 见338页

行驶路上 » 沿61号公路继续

有几条61号公路？

人们曾经误以为61号公路（Hwy 61）就是传奇的蓝调公路（Blues Hwy；见247页）——沿密西西比河至新奥尔良。其实，蓝调公路实际上指的是美国61号公路（US 61），它的起点在明尼苏达州的圣保罗附近，而本线路所说的61号公路则是始于德卢斯的国家景观大道。

同样，佛罗里达的美国1号公路和加利福尼亚的1号公路也是截然不同的两条路，但沿途海景都令人着迷。

行驶，经过Castle Danger（以一只附近搁浅的船命名）村，到达古兹伯里瀑布州立公园，全程共13英里。

❹ 古兹伯里 瀑布州立公园

古兹伯里瀑布州立公园（Gooseberry Falls State Park; ☎218-834-3855; www.dnr.state.mn.us; 3206 Hwy 61; 每辆车 $5; ◷8:00~22:00; ♿）中的5处瀑布、风景如画的峡谷以及难度较低的徒步路线，吸引了成群的旅行者。20世纪30年代（美国）民间护林保土队（Civilian Conservation Corps）用石头和原木建了几座很漂亮的房子，如今它们作为展览和商业用途，点缀着公园。

通往**中低瀑布**（Lower and Middle Falls）的捷径是一条0.6英里的铺设步道。如果你想要挑战难度更高的步道，可以选择2英里的**古兹伯里环河线路**（Gooseberry River Loop），这是苏必利尔湖徒步小径的一部分。首先将车停在旅行者中心停车场（38.9英里处），然后沿着小径到达上瀑布（Upper Falls），接着沿第五瀑布小径（Fifth Falls Trail）继续往上游方向走，经第五瀑布（Fifth Falls）上的桥过河，回到河对岸的出发点。成功！这就是苏必利尔湖徒步小径中最简单的一段了。

古兹伯里瀑布 中段瀑布

行驶路上 » 回到61号公路，向东北方向行驶6英里。

- - - - - - - - - - -

❺ 斯普利特岩灯塔

斯普利特岩灯塔州立公园（Split Rock Lighthouse State Park；☎218-595-7625；www.dnr.state.mn.us；3755 Split Rock Lighthouse Rd；每辆车 $5，灯塔成人/儿童 $10/6；⏱5月中旬至10月中旬 10:00~18:00，10月中旬至次年5月中旬 周四至周一 11:00~16:00）是北湖岸（North Shore）地区游客最多的景点。灯塔本身是一处国家历史遗址，单独收取门票。这里提供导览游（每隔1小时出发），当然你也可以独自探索。如果你不介意爬台阶（单程170个左右）的话，还可以小心翼翼地从悬崖沿着台阶下到沙滩，从那里观赏灯塔，周围湖岸的风景极其优美。

1905年11月的一场风暴摧毁了本地的29艘船，于是人们建造了这座灯塔。到1969年，现代导航设备的广泛使用让它退出了历史舞台，但这并不妨碍它成为沿途最佳的摄影点之一。

行驶路上 » 继续沿着61号公路前行10英里，在驶过角岩密布的银湾（Silver Bay）后不久，就可以看到指向"木栅头"山的路标。

⑥ "木栅头"山

古老的岩浆逐渐演变成陡峭的铁锈色悬崖，这就是"木栅头"山（Palisade Head）的成因。一条狭窄的山路顺着山势蜿蜒盘旋至山顶（那里有一个小停车场）。山顶视野开阔，风光秀丽。天气晴朗的时候，你可以从这里看见威斯康星州的阿波斯特尔群岛（Apostle Islands）。攀岩者十分热爱此地，你经常能看见他们在这附近活动。

行驶路上 » 返回61号公路。尽管并未接壤，但"木栅头"山实际上是泰特高奇州立公园的一部分。沿着公路行驶2英里就可到达公园的核心区。

⑦ 泰特高奇州立公园

就像北湖岸地区的大部分公园一样，**泰特高奇州立公园**（Tettegouche State Park；☎218-353-8800；www.dnr.state.mn.us；5702 Hwy 61；每辆车 $5；⏱9:00~20:00）也提供钓鱼、野营、划船等服务，你还可以沿徒步小径前往瀑布和湖泊，冬天这里有滑雪和雪地徒步项目。

这里有两处独一无二的去处，它们都位于公园入口（58.5英里处）附近。把你的车停在游客中心停车场，然后沿着小径去往**铲峰**

（Shovel Point）。这是一条总长1.5英里的往返短途步道，一路上有许多台阶和木板路。当你"会当凌绝顶，一览众山小"之时，一定会感到不虚此行。山脚之下，湖水用惊人的力量拍打着湖岸。仔细观察，说不定还能看到在此筑巢的游隼（Peregrine Falcons）。公园另一处颇具田园风格的美景是洗礼河（Baptism River）河口的**天然泳池**（Swimming Hole），沿着旅行者中心旁的野餐区步行就不会错过它。

行驶路上 » 61号公路接下来的22英里会经过桦树林、公园和白云朵朵的天空。过了塔科尼特港（Taconite Harbor；现在被用来为邻近的电厂装卸煤炭）不远，你就会来到坦珀伦斯河州立公园。

⑧ 坦珀伦斯河州立公园

睁大眼睛，另一处绝美的瀑布景点即将出现。**坦珀伦斯河州立公园**（Temperance River State Park；☎218-663-3100；www.dnr.state.mn.us；7620 Hwy 61；每辆车 $5；⏱9:00~20:00）中，同名的坦珀伦斯河（意为"温和的河"）从狭窄曲折的峡谷中奔腾流过，与其名字倒是大相径庭。这一景点很容易到达，将车停在路边的停车场，然后步行穿过人行桥，绕过布满礁石的浅滩即到。

行驶路上 » 沿着61号公路行驶2英里即可到达托夫特。

⑨ 托夫特

小城托夫特（Tofte）的**北湖岸商业捕鱼博物馆**（North Shore Commercial Fishing Museum；☎218-663-7050；www.commercialfishingmuseum.org；7136 Hwy 61，Tofte；成人/儿童 $3/1；⏱5月中旬至10月中旬 周二至周四 9:00~15:00，周五和周六 9:00~17:00，10月中旬至次年5月中旬 周五和周六 10:00~17:00）值得一游。这座有着两面山形墙的红色建筑物里展览着渔网、渔船和其他捕鱼工具，其中很多漂亮的相片都是19世纪后期在此居住和捕鱼的挪威人留下来的。

附近的**Sawtooth Outfitters**（☎218-663-7643；www.sawtoothoutfitters.com；7216 Hwy 61；⏱5月上旬至10月下旬和12月中下旬 8:00~18:00，1月至4月上旬 周四至周一 8:00~18:00）为不同水平的水上运动者提供带向导的皮划艇之旅（半日游/一日游 $55/110）。目的地包括坦珀伦斯河、更远的苏必利尔湖，以及难度较低且野生动植物资源丰富的内陆湖。商店也出租山地车（每天$22起），这一地区有许多骑行道，包括人气很高的济奇嘉米州立自行车道（Gitchi Gami State Bike Trail；www.ggta.org）。

行驶路上 » 返回61号公路，往东北行驶7英里，沿途松林密布。

⑩ 卢森山

卢森山（Lutsen Mountains; ☎218-406-1320; www.lutsen.com; ◷10:00~17:00）是一处滑雪胜地，拥有美国中西部最大的高山滑雪场，4座山上共有95个滑道。所以这里的冬天非常热闹，滑雪运动者纷至沓来。

夏天，旅行者可以乘坐**空中缆车**（Aerial Gondola; 往返 成人/儿童 $20/12）登上穆斯山（Moose Mountain）山顶。红色的缆车从树顶上滑过，进入山谷，掠过白杨河（Poplar River）上方，最后到达1000英尺（约305米）高的山顶。你既可以从山顶小屋中欣赏让人惊叹的美景，也可以沿山路徒步。苏必利尔湖徒步小径（见332页）就从附近经过，你可以沿着它徒步4.5英里下山。

老鹰山（Eagle Mountain）的**高山滑行**（Alpine Slide; 每人 $12）是小朋友们的最爱，可通过登山吊椅前往。度假村里也会组织适合家庭出游的独木舟之旅（每人 $15; 时间不定），游荡于白杨河上。

行驶路上 » 返回61号公路，穿过枫林和桦树林密布的卡斯卡得河州立公园（Cascade River State Park; 秋景特别漂亮），20英里后到达大马雷。

线路亮点

⑪ 大马雷

大马雷（Grand Marais）是一座充满艺术气息的小城，也是探索这片地区的极佳大本营。你可以在这里沿着滨湖漫步，看捕鱼船队出航，也可以在别具一格的当地餐馆吃饭。DIY爱好者可以自己动手在**北宅民俗学校**（North House Folk School; ☎218-387-9762; www.northhouse.org; 500 Hwy 61）学习造船、制作钓饵或者收获野稻。它的课程设置很出色，保留了传统特色。学校还提供维京纵帆船"修尔狄丝号"（Hjordis）的航行，全程2小时（每人 $45）。

🍴 🛏 见338、339页

行驶路上 » 过了大马雷，61号公路变宽，人迹变少，湖面更加宽阔。14英里后到达麦格内法官州立公园。

另辟蹊径
燧石小径

起点: ⑪ 大马雷

燧石小径（Gunflint Trail, 又称Hwy 12; www.gunflint-trail.com）从大马雷切向内陆，止于萨嘎那噶湖（Saganaga Lake）附近。这条长57英里的铺砌小路延伸至边境水域泛舟区（Boundary Waters Canoe Area Wilderness; www.fs.usda.gov/attmain/superior/specialplaces），那里是独木舟爱好者的一片秘密天堂。要获得入园许可证和相关信息，可以去**燧石公园管理处**（Gunflint Ranger Station; ☎218-387-1750; 2020 Hwy 61; ◷8:00~16:30, 10月至次年4月 周六和周日关闭），从大马雷沿61号公路向西南方向走一会儿就到了。

如果你不会划独木舟，这条路沿线还可以找到适宜的徒步线路、野餐地以及驼鹿观赏点。每当清晨或黄昏，在多沼泽的湿地上可以找找这些长着大角的家伙们。

燧石小径驱车单程要花1.5个小时，但是你可能更愿意放慢节奏，来段徒步，玩玩滑索或是观赏驼鹿。沿线城镇不多，但是树林里藏着几家小店，你可以在那儿点菜或来份快餐。

⑫ 麦格内法官州立公园

麦格内法官州立公园（Judge CR Magney State Park；☎218-387-6300；www.dnr.state.mn.us；4051 Hwy 61；每辆车 $5；🕙9:00～20:00）以德卢斯的一位前市长兼明尼苏达州最高法院（Minnesota Supreme Court）法官的名字而命名，这片迷人的地区因为他的努力而得以保存下来。你可以步行前往著名的景点**魔鬼茶壶**（Devil's Kettle）瀑布。在这里，一块巨石将布鲁尔河（Brule River）一分为二，其中一支水流倾泻而下50英尺，成为典型的北湖岸瀑布，而另外一支水流则在落入一个巨大的洞穴后却消失得无影无踪。水流的去向至今仍是未解之谜，科学家无法确定它到底流向了哪里。这段路途单程1.1英里，有点儿消耗体力。

过了马路，你就来到了公园对面的**纳尼柏加小屋**（Naniboujou Lodge）。它建于20世纪20年代，曾经是棒球明星贝比·鲁斯（Babe Ruth）及其同辈们的私人俱乐部。大厅（Great Hall）里有一个20英尺高的石头壁炉，他们就在这温暖的房间里抽雪茄。这里最值得一看的是大厅的穹顶，上面用炫目的色彩描绘了各种令人印象深刻的印第安克里族（Cree Indian）图案。大厅如今是小屋的餐厅，恭候着前来参观（或者吃饭）的旅客。

🛏 见339页

行驶路上 » 这条公路的最后26英里会穿过大波蒂奇印第安保护区（Grand Portage Indian Reservation），最后到达大波蒂奇国家纪念地。

线路亮点

⑬ 大波蒂奇

大波蒂奇国家纪念地（Grand Portage National Monument；☎218-475-0123；www.nps.gov/grpo；170 Mile Creek Rd；🕙6月至10月中旬 9:00～17:00）意为"水陆运输点"，得名于早期航行者在来到鸽子河（Pigeon River）激流附近时不得不扛舟前行。这里曾是皮毛贸易部

另辟蹊径
罗亚尔岛国家公园

起点：⑬ 大波蒂奇

罗亚尔岛国家公园（Isle Royale National Park；www.nps.gov/isro）严格而言属于密歇根州，但是在5月到10月间，从大波蒂奇乘坐**渡轮**（Ferries；☎218-475-0024；www.isleroyaleboats.com；Upper Rd, Grand Portage；一日游 成人/儿童 $67/61）去往这里会更方便，渡轮每日都有。这座未经开发的岛屿共有210平方英里，岛上完全禁行车辆，也没有道路，一年的旅客人数还没有黄石公园一天的多，这也意味着你将独自面对森林中的1600头驼鹿。

乘坐渡轮需要花费90分钟。一日游于早晨从大波蒂奇出发，在岛上度过4个小时后，于15:30返程。

这里会让对荒野情有独钟的旅行者流连忘返。总长约165英里的徒步小径环绕全岛，连接了分布在苏必利尔湖和内陆水路周边的数十个野营地。这是一次不折不扣的荒野探险，须自备帐篷、野营炉、睡袋、食物和滤水装置。你也可以在岛上唯一的旅舍**Rock Harbor Lodge**（☎906-337-4993；www.rockharborlodge.com；房间/小屋 $224~256；🕙5月底至9月初）过夜。

罗亚尔岛国家公园 泛舟的游人

落的对外贸易中心，重建的1788年贸易中心和奥吉布瓦村庄（Ojibwe Village）向人们展示了这个小型部落居民如何在恶劣环境下生活的。你可以在统一着装的解说员的带领下，通过参观大厅（Great Hall）、厨房、独木舟仓库以及其他建筑，了解这里的原住民是如何处理野生稻和压制海狸皮的。每年8月的第二个周末，这里会举办北美印第安人的帕瓦仪式（Powwow）。

这条半英里长的铺设道路通往罗斯山（Mount Rose），沿途风景如画。你也可以沿着早期航行者的足迹，去大波蒂奇小径（Grand Portage Trail；往返共17英里）走走，追溯早期皮毛商人走过的路。

孤寂的风吹过大波蒂奇，令人备感荒凉，正适合作为这条路的尾声。与之呼应的是，61号公路终止于寒冷的加拿大边界。

食宿

德卢斯 ❶

✕ Duluth Grill
美国菜 $

(☎218-726-1150; www.duluthgrill.com; 118 S 27th Ave W; 主菜 $10~17; ⏱7:00~21:00; 🅿♿) Duluth Grill就像是停车场里的一个花园，嬉皮士风格装饰，看起来已经营业了许久。店内提供美式小馆的菜单，比如鸡蛋早餐煎锅、咖喱玉米糊、野牛肉汉堡，以及各类素食和无麸质饮食。从运河公园（Canal Park）向西南方向行驶几英里即可到达，靠近威斯康星州苏必利尔湖大桥。

✕ New Scenic Cafe
美国菜 $$

(☎218-525-6274; www.newsceniccafe.com; 5461 North Shore Dr; 三明治$13~16, 主菜 $24~29; ⏱周日至周四 11:00~21:00, 周五和周六 至22:00) New Scenic Cafe位于Old Hwy 61公路上，从德卢斯前行8英里即到，它让来自天南海北的美食家们都蜂拥而至。餐厅采用低调的木质内饰，提供田园风味的三文鱼配奶油韭葱或者三种梅子馅料做的派，你在品尝美食的同时还可以尽享湖景。建议预订。

🛏 Fitger's Inn
酒店 $$

(☎218-722-8826; www.fitgers.com; 600 E Superior St; 房间 $185~290; @🛜) 这间酒店由老酿酒厂改造而成，共提供62个宽敞的房间，每一间客房的装修都各不相同。门前有一条湖岸步道，所以在房价不菲的客房中都可以看到很棒的湖景。房价包含欧陆式早餐，以及去往当地各景点的免费接驳车，非常方便。

图哈伯斯 ❸

✕ Betty's Pies
美国菜 $

(☎218-834-3367; www.bettyspies.com; 1633 Hwy 61; 派 $4.50~5; ⏱7:30~21:00) 一排排架子上摆放着的派让这里名声鹊起，其实这里还提供种类丰富的三明治、汉堡和煎蛋。推荐尝一尝外酥里嫩的水果派。

🛏 Lighthouse B&B
民宿 $$

(☎888-832-5606; www.lighthousebb.org; 房间 $145~160) 这间灯塔民宿性价比超高，扑面而来都是大海的气息和美丽的湖景。这里提供3间客房（共用卫生间）以及1间套房（带独立卫生间），房价包含早餐。

大马雷 ⑪

✕ Dockside Fish Market
鱼肉 $

(☎218-387-2906; www.docksidefishmarket.com; 418 Hwy 61; 主菜 $8~11; ⏱周一至周六 9:00~18:00, 周日 至17:00) 这家餐厅的渔船清早出航，中午时候新鲜捕捞的鲱鱼已经成为熟食店柜台上的炸鱼薯条了。户外的甲板上摆放着7张桌子，室内也有7张。在你离开前，可以看看冰柜里有没有带着海洋气息的苏必利尔黄金鱼子酱（Superior Gold Caviar; 也称鲱鱼鱼子酱），这是当地的珍馐。

✕ Sven and Ole's
美国菜 $

(☎218-387-1713; www.svenandoles.com; 9 Wisconsin St; 比萨 $10~20; ⏱11:00~20:00, 周四至周六 至21:00) 这里的三明治、比萨及Pickled Herring Pub里的啤酒都堪称经典。推荐碱渍鱼（lutefisk）比萨。

Harbor Inn

酒店 $$

(☎218-387-1191; www.harborinnhotel. com; 207 Wisconsin St; 房间 $110~145; ☎) 房间虽然看起来比较朴素, 但是住起来十分舒适, 而且地理位置不错。

麦格内法官州立公园 **12**

Naniboujou Lodge

度假屋 $$

(☎218-387-2688; www.naniboujou.com; 20 Naniboujou Trail; 房间 $115~160; ☺5月下旬至10月下旬) 这栋建筑建于20世纪20年代, 曾是棒球明星贝比·鲁斯 (Babe Ruth) 及其同辈们的私人俱乐部。大厅 (Great Hall) 里有一个20英尺 (约6米) 高的石头壁炉, 过去他们就在这个温暖的房间里边抽雪茄边聊天。这里最值得一看的是大厅的穹顶, 上面用炫目的色彩描绘了各种令人印象深刻的印第安克里族图案。每间客房的装修都各不相同, 但是都提供无与伦比的度假体验。大马雷向东北方向14英里可达。

步行游览
芝加哥

起点/终点: 千禧公园

距离: 2英里

需时: 3小时

风城芝加哥融汇了高雅的文化和俗世的娱乐，你一定会流连忘返。这条步行路线穿过市中心繁华的卢普区（Loop），亮点是芝加哥受人景仰的艺术和建筑。

可使用此步行游览的线路:

千禧公园

在现代感十足的**千禧公园**（Millennium Park；☎312-742-1168；www.millenniumpark.org；201 E Randolph St；⏰6:00~23:00；♿）里，该从哪里逛起呢？是弗兰克·盖里（Frank Gehry）设计的波浪状银色普利兹克露天音乐厅（Pritzker Pavilion），乔米·普伦萨（Jaume Plensa）设计、以当地居民头像作为喷水嘴的皇冠喷泉（Crown Fountain），还是阿尼什·卡普尔（Anish Kapoor）设计、重达110吨的银色水滴状建筑"云之门"（the Bean, Cloud Gate）？不妨就加入络绎不绝的游客，和他们一起去看看映着天空倒影的"云之门"吧！

行走路上 » 穿过Monroe St，来到芝加哥艺术学院的现代之翼（Modern Wing）入口处。你也可以通过那座连接千禧公园的银色人行天桥过街，然后进入艺术学院三楼免费开放的雕塑花园。

芝加哥艺术学院

芝加哥艺术学院（Art Institute of Chicago；☎312-443-3600；www.artic.edu；111 S Michigan Ave；成人/儿童 $25/免费；⏰周五至周三 10:30~17:00，周四至20:00；♿）是美国第二大艺术博物馆。这里的印象派和后印象派绘画作品数量仅次于法国，而且存有大量超现实主义作品。自助游的旅行者可以下载免费的手机应用。这里还提供一系列短程游览，包括精彩速览、建筑之旅、波普艺术之旅等。

行走路上 » 沿着Michigan Ave向南前往Jackson Blvd，然后右右拐。从下面穿过轰隆隆的高架轨道（L train）。经过4个繁华的商业街区后，你会经过20世纪30年代装饰派艺术风格的商会[Board of Trade；留意建筑顶端的丰收女神——刻瑞斯（Ceres）雕像]。右拐进入LaSalle St。

鲁克里大厦

从外面看起来，1888年建成的**鲁克里大厦**（Rookery；☎312-994-4000；www.flwright.org；209 S LaSalle St；⏰周一至周五 9:00~17:00）

就像一座城堡。福兰克·洛依德·来特（Frank Lloyd Wright）对门廊进行全面修整之后，内部十分宽敞明亮。你可以进去四处看看，这里可以免费参观。福兰克·洛依德·来特保护基金会在大厅经营着一家很棒的商店，逢工作日上午11:00、正午和下午13:00提供团队游（$10~15）。

行走路上 » 沿着芝加哥金融中心的LaSalle St前行至Washington St。右转来到Daley Plaza，你会看到一座竖立的雕塑。

毕加索的雕塑

帕布罗·毕加索（Pablo Picasso）的抽象雕塑是芝加哥公共艺术的鼻祖。这座雕塑是狒狒、狗还是女人？毕加索自己也不能确定，所以这座雕塑被正式命名为《未命名》（*Untitled*; 50 W Washington St）。

行走路上 » 沿着Washington St一直向东走，会经过Alise Chicago Hotel（位于1 W Washington）。这家酒店曾是19世纪90年代的一处地标建筑，也是现代摩天大楼的设计标杆。一个半街区后即可到达Toni Patisserie & Café。

Toni Patisserie & Cafe

巴黎风格的**Toni Patisserie & Cafe**

（☎312-726-2020; www.tonipatisserie.com; 65 E Washington St; ◷周一至周五 7:00~19:00, 周六 8:00~19:00, 周日 9:00~17:00）为那些想要暂时逃离商务区喧嚣的人们提供了一片绿洲。除了玻璃柜里那些让人垂涎欲滴的手指饼干（Eclairs）、马卡龙（Macarons）和多层蛋糕，点一杯咖啡也是不错的选择。这里餐桌排得很紧凑。

行走路上 » 沿Washington St继续走半个街区，然后左转过马路。

芝加哥文化中心

芝加哥文化中心（Chicago Cultural Center; ☎312-744-6630; www.chicagocultural center.org; 78 E Washington St; ◷周一至周四 9:00~19:00, 周五和周六 至18:00, 周日 10:00~18:00）经常举办新潮且免费的活动：艺术展览、外国电影展映、午间爵士和古典音乐会。这座宏伟的建筑里有世界上最大的蒂凡尼（Tiffany）彩色玻璃穹顶和"故事团"（Story Corps'；全世界最大的口述历史项目之一，人们可以在里面诉说自己的故事，这些故事会被上传保存在国会图书馆）的录音棚。

行走路上 » 从文化中心的Randolph St出口离开，就又回到出发地了。

大平原

　　大平原上的各州通常是往返美国东西部的中转站。但只要你放慢步伐，它们就会敞开大门，向你展现这个国家精彩的历史、美丽的风景和热血的冒险奇闻。你将会听到关于反叛者和拓荒者的故事，杰罗尼莫（Geronimo）、"疯马"酋长（Crazy Horse）、五大文明部落（Five Civilized Tribes）以及该地区最早的两位探险家刘易斯（Lewis）与克拉克（Clark）都会出现在故事之中。

　　除了以上种种引人入胜的过往历史，大拱门、美国总统山和斯科茨崖同样是不容错过的特色目的地。谈及大平原地区最值得一去的景点，大草原当仁不让。跳跃的蚱蜢、沙沙作响的蓝色草梗、鸟儿欢快的歌声、收割后的草香，这一切统统抚慰着你的感官，振奋着你的身心。把车停到路旁，走下车来个深呼吸，你一定能感同身受。

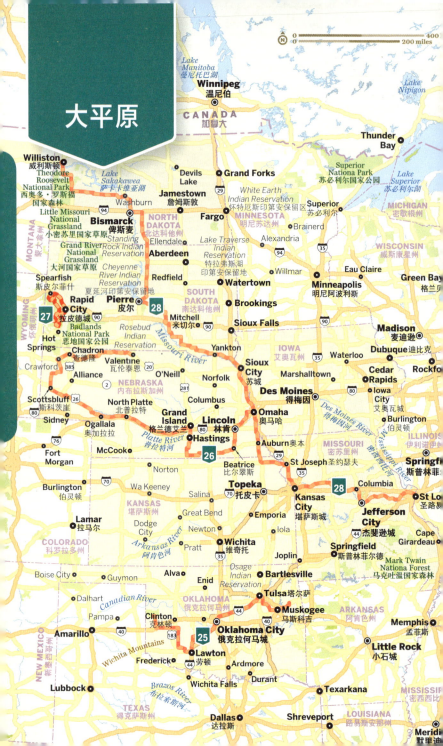

南达科他州, 尼德尔斯公路 辫结弯道

 不要错过

**沃希托战场
国家历史遗址**

乔治·卡斯特(General George Custer)将军在 1868 年的一个清晨突袭了这处宁静的美洲原住民营地,在新建的国家历史遗址内可以了解到这一悲惨的故事。这处保留完好的历史遗址位于线路 **25**。

美国霍姆斯戴德国家纪念地

1862 年通过的《霍姆斯戴德法案》(*The Homestead Act*;即《宅地法》)将大量西部土地给予愿意开垦处女地的移居者。丹尼尔·弗里曼(Daniel Freeman)是最早一批开拓者中的一员,他的故事在线路 **25**。

铁山之路

这条公路是现实版的云霄飞车,会穿过美丽的卡斯特州立公园。在线路 **27** 上。

**刘易斯和克拉克
国家历史步道游客中心**

游客中心位于奥马哈市生机勃勃的新滨河地区一隅,你可以在这里计划属于你的行程,将其作为探索线路 **28** 的一部分。

传统服饰
俄克拉何马州

俄克拉何马州的部落路线

25

俄克拉何马州是全美唯一在州旗上体现美洲原住民元素的州。部落遗址的背后有着怎样的历史? 这趟从塔勒阔到沃希托的旅程会为你揭开答案。

线路亮点

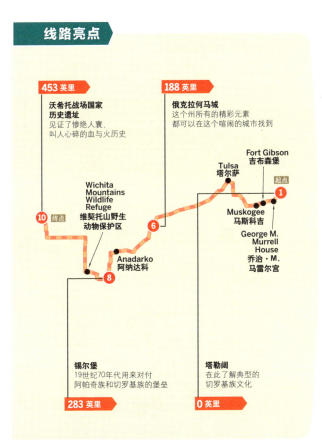

453 英里

沃希托战场国家历史遗址
见证了惨绝人寰、叫人心碎的血与火历史

Wichita Mountains Wildlife Refuge
维契托山野生动物保护区

⑩ 终点

Anadarko
阿纳达科

⑧

188 英里

俄克拉何马城
这个州所有的精彩元素都可以在这个喧闹的城市找到

Tulsa
塔尔萨

Fort Gibson
吉布森堡

起点

①

Muskogee
马斯科吉

⑥

George M. Murrell House
乔治·M. 马雷尔宫

锡尔堡
19世纪70年代用来对付阿帕奇族和切罗基族的堡垒

283 英里

塔勒阔
在此了解典型的切罗基族文化

0 英里

4~5天
453英里/
729公里

最适合

何时去
4月至10月,气候宜人。

最佳摄影点
清晨时分的沃希托战场国家历史遗址。

最佳历史景点
塔勒阔切罗基文化遗产中心里令人动容的展览不容错过。

25

俄克拉何马州的部落路线

"血泪之路"（Trail of Tears）上的每一步都是沉重的。五个印第安部落被驱逐出美国东南部，被迫迁往今日俄克拉何马州东部的印第安人领地（Indian Territory）。这些充满了死亡、欺骗和奸诈的故事，今天看起来仍然发人深省。你可以参观俄克拉何马州与这些悲剧（以及其他历史事件）相关的遗址。此外，你也可以了解到今日美洲原住民（Native Americans）在俄克拉何马州扮演的重要角色。

线路亮点

❶ 塔勒阔

森林覆盖的山峦、湖泊以及标志性的红土成为俄克拉何马州（Oklahoma）东北角的特色，这里也被称为"绿色乡村"（Green Country; www.greencountryok.com），塔勒阔（Tahlequah）就坐落在此地，自1839年起，它便一直是切罗基族（Cherokee）的首府。

在所有印第安部落的悲剧中，或许没有一个比切罗基族的迁移更加令人叹息。

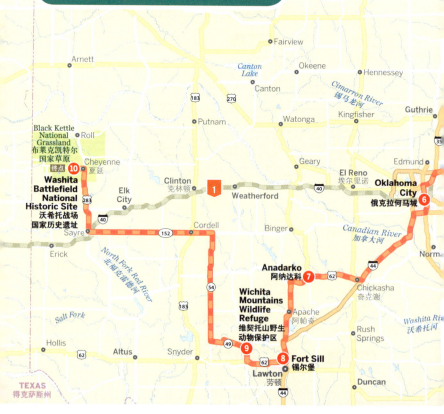

城外的**切罗基文化遗产中心**(Cherokee Heritage Center; ☎918-456-6007; www.cherokee heritage.org; 21192S Keeler Dr; 成人/儿童 $8.50/5; ⊙6月至8月 周一至周六 9:00~17:00,9月至次年5月 周二至周六 9:00~17:00)通过6个展馆再现了这段强制驱逐背后的悲惨历史。互动式的屏幕描述了主要历史事件,包括强制搬迁前的诉讼战和栅栏监禁,然后聚焦于1838年和1839年间出动军方的迁徙。在这条800英里的道路上,许多人死于疾病、饥饿和寒冷。

展馆外的**古村落**(Ancient Village),可以帮助游客了解欧洲人到来之前切罗基族的生活状况。一个小时的导览游包括制陶和吹箭演示。

行驶路上 » 切罗基文化遗产中心就位于塔勒阔的南边。从这里沿着South Keeler Dr往南行驶1英里,就到了下一站。

你也可以

1 66号公路
俄克拉何马州是66号公路相关景点最丰富的州之一,美洲原住民遗址更是为其增色不少。

26 拓荒者小径
虽然人们可以通过各种不同路况的道路穿越美国,但是推荐I-49州际公路和I-29州际公路向北行驶至内布拉斯加州奥马哈的这段,全程430英里。

❷ 乔治·M.马雷尔宫

乔治·M.马雷尔宫

（George M Murrell House; 19479 E Murrel Home Rd, Park Hill; 捐赠入内；⊙3月至10月 周三至周六 10:00~17:00，周 日 13:00~17:00，11月至次年2 月 仅周六和周日）是一座19 世纪中期的高大建筑物， 似乎并不能反映出切罗基 族受压迫的历史。马雷尔 （Murrell）是欧洲人的后 裔，娶了切罗基族首领的女 儿米勒娃·罗斯（Minerva Ross；她的父亲是这个部落 1828年至1866年的酋长）。 在强制搬迁时期，马雷尔和 他的家人一起迁徙至此并 修建了这座建筑，让人们可 以一窥印第安人领地早期上 流社会的面貌。

行驶路上 » 沿着US 62公路往 西南方向行驶18英里就到了我 们的第三站。缓慢起伏的乡村 公路以及俄克拉何马州标志性 的红土都令人感到愉悦。

❸ 吉布森堡

吉布森堡（Fort Gibson; 907 N Garrison Rd, Fort Sill; 成人/儿童 $7/4；⊙周二至周 六 10:00~17:00）建于1824 年，原为边防要塞，在"血 泪之路"时期扮演了臭名 昭著的角色。它曾是19世 纪30年代搬迁委员会的所 在地。强制搬迁发生后， 存活下来的印第安克里克 族（Creek）和塞米诺尔族

（Seminole）被带到这里， 然后被分派到印第安人领 地。在这座修复的建筑里， 你可以清楚地感受到180年 前的军事生活。吉布森堡是 一处由俄克拉何马州历史协 会（Oklahoma Historical Society）管理的美国国家历 史名胜（National Historic Landmark）。

1832年和1833年，华 盛顿·欧文（Washington Irving）与吉布森堡的军队 一起寻找当地美洲原住民， 1835年他以这段经历为背 景创作了自己的里程碑著作 《大草原游记》（*A Tour of the Prairies*）。

行驶路上 » 沿着US 62公路向 西南行驶至马斯科吉，全程9 英里。

❹ 马斯科吉

梅里·哈加特（Merle-Haggard）1969年轰动一 时的歌曲《来自马斯科吉 的俄克拉何马州人》（*Okie from Muskogee*）中提到 马斯科吉（Muskogee），它 与俄克拉何马州的其他地 方有点不同，位于阿肯色河 （Arkansas River）的河谷 深处，隐隐能嗅到墨西哥湾 （Gulf of Mexico）的湿润 空气。

在小巧而迷人的**五 大文明部落博物馆**（Five Civilized Tribes Museum; ☏918-683-1701; www. fivetribes.org; 1101 Honor

Heights Dr, Agency Hill; 成人/ 学生票 $3/1.50; ⊙周一至 周五 10:00~17:00，周六 至 14:00），你可以更好地了解 这些迁徙部落。这座博物 馆位于过去的印第人事务局 （Indian Agency Office） 内，于1875年建成，曾是五 大部落（切罗基族、克里克 族、乔克托族、奇克索族和 塞米诺尔族）首领的会议 室。博物馆里每一个部落 都有一面墙进行展示，展 品涵盖了五花八门的主题， 从"二战"时期利用乔克托 族语（Choctaw）秘密谈话 的人到各种各样的曲棍球 棒。礼品店出售五大部落成 员创作的陶器、绘画和珠宝 制品。

行驶路上 » 马斯科吉收费公 路（Muskogee Turnpike）不但 要收过路费，而且沿途的景 色乏善可陈，不如选择US 64 公路，它在一个个古朴小镇 间迂回穿行，比如哈斯凯尔 （Haskell）——俄克拉何马州 的乡村足以凝固时间。这里距 塔尔萨有60英里，大约需要90 分钟。

❺ 塔尔萨

塔尔萨（Tulsa）自封为 "世界石油之都"，这里有 几十家以钻探、出售石油和 后勤供应为业务的能源公 司。依靠这些财富，塔尔萨 打造出美轮美奂的装饰艺 术风格市中心，同时也资助 了一批弘扬美洲原住民文化

马斯科吉 五大文明部落博物馆

遗产的优秀博物馆。

杰出的**吉尔克里斯博物馆**（Gilcrease Museum；☎918-596-2700；www.gilcrease.org；1400 Gilcrease Museum Rd；成人/儿童 $8/免费；⊘周二至周日 10:00～17:00）背后有个传奇的故事：博物馆坐落在托马斯·吉尔克里斯精心打理的房子里。托马斯是一位半原住民血统的美国人，在克里克部落的土地上长大。后来，他有资格得到一块部落土地，而那块土地中包含着一个小惊喜——石油！吉尔克里斯终身致力于世界上规模最大的美国西部文化艺术品和手工艺品的收藏。这座博物馆就在市区西北，离 Hwy 64 公路不远。

城南是另外一位石油巨子的房产，那是一幢改良后的意大利风格别墅，四面由茂密的树叶环绕。

房间里是**菲尔布鲁克艺术博物馆**（Philbrook Museum of Art；☎918-749-7941；www.philbrook.org；2727 S Rockford Rd；成人/儿童 $9/免费；⊘周二、周三和周五至周日 10:00～17:00，周四 至20:00，导览游 14:00），收藏着一些美洲原住民的精美作品。

✕ ☰ 见355页

行驶路上 » 便捷的I-44州际公路也被称为特纳收费公路（Turner Turnpike），它连接了俄克拉何马州最大的两个城市，从塔尔萨到俄克拉何马城全长106英里。作为收费的回报，著名景点之间的费时被大大缩短了。

- - - - - - - - - - - - - -

线路亮点

❻ 俄克拉何马城

在俄克拉何马城（Oklahoma City）令人印象深刻的**俄克拉何马历史中心**（Oklahoma History Center；www.okhistory.org/historycenter；800 Nazih Zuhdi Dr；成人/儿童 $7/4；⊘周一至周六 10:00～17:00），你可以探索源于本州的39个原住民部落的文化遗产。这些展品包括一个1890年的印第安人摇篮板、一本凯厄瓦族（Kiowa）插图日历，以及一封由托马斯·杰斐逊（Thomas Jefferson）总统通过刘易斯（Lewis）与克拉克（Clark）交给奥托族（Otoe）部落的亲笔信。在信中，杰斐逊邀请这个部落前去首都。离开前别忘了仰望天花板上波尼族（Pawnee）的星图。

在**牛仔和西部遗产国家博物馆**（National Cowboy & Western Heritage Museum；☎405-478-2250；www.nationalcowboymuseum.org；1700 NE 63rd St；成人/6～12岁少年/6岁以下儿童

$12.50/5.75/免费；⊙周一至周六 10:00～17:00，周日 正午至17:00），你可以体验一把拓荒的滋味，任何一个看过西部电影的游客对此都不会陌生。

✕ 🛏 见355页

行驶路上 » 沿着I-44州际公路（也就是Bailey Turnpike收费公路）向西南行驶40英里后，在83出口驶往奇克谢omation（Chickasha）。随后沿着US 62公路向西行驶20英里，穿过美洲原住民的土地前往阿纳达科。

❼ 阿纳达科

这片区域共有8个部落，而阿纳达科（Ana-darko）的学校则会招收来自各个部落的学生。小镇中会定期举行美洲原住民的帕瓦仪式（Powwow）与活动。

想要在学习的过程中顺便买些纪念品，可以去**Oklahoma Indian Arts & Crafts**（☎405-247-3486；214 NW 2nd St；⊙周一至周五10:00～16:00），这里出售馆藏品质的手工艺品，包括珠宝、玩偶和镶有珠饰的物品（发夹、钱包和莫卡辛软皮鞋）。大约85%的顾客是美洲原住民。它旁边的**南部平原印第安博物馆**（Southern Plains Indian Museum；☎405-247-6221；www.doi.gov/iacb/ southern-

plains-indian-museum；715 E Central Blvd；⊙周一至周五9:00～16:30；🅿）虽然不大但是种类丰富，收藏了大平原印第安人的服饰、武器和乐器。

东面是**美国印第安人名人堂**（National Hall of Fame for Famous American Indians；☎405-247-5555；901 E Central Blvd, Hwy 62；⊙24小时营业，游客中心 周一至周六 9:00～17:00，周日 13:00开始营业）。到室外走走，你将会看到许多著名的美洲原住民青铜半身像，比如印第安公主宝嘉康蒂（Pocahontas；《风中奇缘》的主角原型）、印第安首领杰罗尼莫（Geronimo；阿帕奇族骁勇的酋长）和坐牛

美国的"血泪之路"

跨越9个州的**"血泪之路"国家历史之路**（Trail of Tears National Historic Trail; www.nps.gov/trte）始于亚拉巴马州，终于俄克拉何马州，由国家公园管理局（National Park Service）管理，沿途尽数囊括了这场悲剧中的重要地点。亮点如下：

亚拉巴马州（Alabama）——佩恩小屋城堡遗址（Fort Payne Cabin Site）。其历史可追溯至1838年，联邦部队到达此地后迫使切罗基族迁至俄克拉何马州。

佐治亚州（Georgia）——罗克代尔种植园（Rockdale Plantation）。这是一座18世纪种植园建筑，曾为某切罗基族奴隶主所有。

田纳西州（Tennessee）——布雷纳德传教团公墓（Brainerd Mission Cemetery）。位于查塔努加市（Chattanooga）附近，彼时向切罗基族布道的传教士们长眠于此。他们中的大部分人都随部落迁至俄克拉何马州。

肯塔基州（Kentucky）——"血泪之路"纪念公园（Trail of Tears Commemorative Park）。这是在西迁途中去世的部落酋长们的墓地。

伊利诺伊州（Illinois）——"血泪之路"州立森林（Trail of Tears State Forest）。一处荒凉的森林，埋葬着在1838年至1839年那个可怕的冬天去世的数百位美洲原住民。

密苏里州（Missouri）——"血泪之路"州立公园（Trail of Tears State Park）。这一自然区域也是用来纪念西迁途中发生的惨剧。

(Sitting Bull；苏族亨克帕帕部落酋长)。游客中心有各类关于俄克拉何马州印第安人的书籍。

行驶路上 » US 62公路依然是行驶的主要道路，沿着它向南35英里到达锡尔堡。当年的事件就发生在US 62公路以西这片非常活跃的军事基地旁。

线路亮点

8 锡尔堡

俄克拉何马州不仅仅是东部印第安部落的家乡，包括阿帕奇族(Apache)、科曼奇族(Comanche)、凯厄瓦族(Kiowa)和维契托族(Wichita)在内的诸多西部部落和大平原部落也在美国向西扩张的过程中被迫搬迁至此。美国军队于1869年在凯厄瓦族和科曼奇族的领土上建立了锡尔堡(Fort Sill)，以防止某些激进的部落袭击位于得克萨斯州(Texas)和堪萨斯州(Kansas)的城镇。到19世纪80年代和90年代，这座要塞的角色发生了改变，开始成为许多部落保护性的避难所。

锡尔堡国家历史地标博物馆(Fort Sill National Historic Landmark & Museum；☏580-442-5123；6701 Sheridan Rd, Visitor Control Center, Fort Sill；◷周二至周六 9:00~17:00)位于几座原有的石头建筑中，详细回溯了锡尔堡的历

史。这里另外一处亮点就是1872年建立的**波斯特禁闭室**(Post Guardhouse)，它是印第安领地的执法中心。你可以步入其中，看看阿帕奇族首领杰罗尼莫(Geronimo)三次被扣押的地方。在距离禁闭室几英里外的地方是他的坟墓。

现在锡尔堡仍然是军事重地。在进入大门观看历史遗址之前，需要先去游客控制中心(Visitor Control Center)登记。

行驶路上 » 把轰隆隆的大炮抛在脑后，沿着Hwy 62公路向西行驶至Hwy 115公路以北。从卡什(Cache)小镇前往山坡起伏的维契托山野生动物保护区，这条双车道公路旁点缀着黑眼虹果菊(Black-eyed Susans)、矮树和铁丝网栅栏。

9 维契托山野生动物保护区

俄克拉何马州的西南部是一马平川的大草原，尽头便是得克萨斯州。美丽的山峦是这一区域最具标志

性的风景。

维契托山野生动物保护区(Wichita Mountains Wildlife Refuge；☏580-429-3222；wichitamountains.fws.gov；20539 State Hwy 115, Cache；◷游客中心 9:00~17:00；🅿🐾)占地59,020英亩，野牛、麋鹿、长角牛和一群超级活跃的草原犬鼠栖息于此。保护区内野生动物丰富，眼力不错的司机甚至能看到手掌大小的狼蛛(Tarantula)小心翼翼地穿过公路。游客中心有信息丰富的屏幕，展示了这里的动植物群。站在一面巨大的玻璃窗前，你可以看到大草原的壮观景象。想体验一次风景秀美的短距离徒步，就试试溪边的**凯特小径**(Kite Trail)，途中的**四十步洞**(Forty Foot Hole)有许多瀑布和奇岩。徒步起点位于罗斯特湖野餐地(Lost Lake Picnic Area)。

🍴 见355页

行驶路上 » 沿Hwy 49公路行驶15英里后，向北转入Hwy 54公路(它会穿过部落

乔克托族与俄克拉何马州的关系

19世纪早期，乔克托族(Choctaws)多是经验丰富的农民，他们住在密西西比州和亚拉巴马州的砖石房子里。19世纪30年代，美国政府违背与其签订的16项条约，强制将他们迁往俄克拉何马州。俄克拉何马州的州名便取自乔克托族词语"北美印第安人"，俄克拉何马州的州旗则部分参考了南北战争时期为南部邦联而战的乔克托族士兵手中的战旗。

五大文明部落

奥萨奇族（Osage）和瓜坡族（Quapaw）属于俄克拉何州东部已知的最早部落，在19世纪20年代，他们将数百万英亩的土地卖给了美国政府。随后美国把这块土地赠予东海岸的几个部落——切罗基族（Cherokee）、奇克索族（Chickasaw）、乔克托族（Choctaw）、克里克族（Creek）和塞米诺尔族（Seminole）。因为这五个部落已经在他们的区域内开始了规范的政府管理和农业生产，他们被统称为"五大文明部落"。

后来美国南部的州民觊觎这些部落富饶的农田，就强制将五大文明部落西迁到现在被称为"印第安人领地"的俄克拉何马州地区。19世纪30年代到50年代，这五大部落被迫背井离乡。他们迁徙的路线被统称为"血泪之路"。

在这场被迫的大迁徙中有多少人丧命是个未知数，然而有记录表明死者超过数万人，并且这还不包括数千名被视为美洲原住民奴隶的非裔美国人（African Americans）。这次迁徙带走了太多生命。

至于他们在印第安人领地的新家，美国政府说，"只要星星会闪，河水会流"，它就属于五大部落。然而现实却并非如此，大概是用了70年吧，在19世纪中期，这个国家快速西扩，白人移民想要这片土地。通过法律操作，一些印第安人拥有的土地被视为"未分配的"土地，使它们具备了开发居住的条件。1889年4月22日，俄克拉何马州的"拓荒热"（Land Rush）开始了，5万名准定居者为了属于他们的160英亩土地，对其进行了疯狂抢夺。

的土地），继续行驶38.5英里，沿途分布着学校、小镇和小型农场。行至Hwy 152公路（Cloud Chief村以北）后向西转，行驶44英里至US 283公路。然后向北24英里，进入夏延（Cheyenne），最后沿着路标到达沃希托战场国家历史遗址。

线路亮点

❿ 沃希托战场国家历史遗址

1868年11月27日清晨，乔治·卡斯特（George Custer）率军向夏延族首领布莱克·凯尔图（Black Kettle）宁静的村庄发动突袭。**沃希托战场国家历史遗址**（Washita Battlefield National Historic Site；☎580-497-2742；www.nps.gov/waba；Hwy 47A, Cheyenne；⊙遗址 黎明至黄昏，游客中心8:00~17:00）就是当时的战场遗址。这是一场鸡犬不留的大屠杀，宿命论者认为正是这场杀戮行动导致了卡斯特8年后的惨败。倡导和平的首领布莱克·凯尔图也在这次屠杀中丧生。即使到了今天，仍不时有美军人员来此调查在那个冬季来临前的寒冷清晨究竟发生了什么。

自助游**徒步小径**会穿过大屠杀遗址，那里至今并没有太大变化。0.7英里外，新建的游客中心里有一个很棒的**博物馆**，季节性的团队游和讲座都很值得参加。这里还有一个小花园，里面种植了用作医药、宗教仪式和食品的传统植物。

食宿

塔尔萨 5

Ike's Chili House 美式小馆 $

（☎918-838-9410；www.ikeschilius.com；1503 E 11th St；主菜 $5~9；⏰周一至周五 10:00~19:00，周六 至15:00）这里出售辣椒已经有100多年历史了，传统口味最受追捧。你可以直接吃，也可撒在弗利托（Fritos；一种热狗）、炸薯条或意大利面上就着吃。此外，大受欢迎的还有经典的红辣椒、洋葱、墨西哥辣椒（Jalapeños）、撒盐饼干和美味的切达奶酪。

Tavern 美国菜 $$

（☎918-949-9801；www.taverntulsa.com；201 N Main St；主菜 $15~38；⏰周日至周四 11:00~23:00，周五和周六 至次日1:00）这家漂亮的小酒馆是布雷迪艺术区（Brady Arts District）最好的餐馆之一。这里的汉堡非常出名，你也可以选择牛排、沙拉或者季节性特产，各类红酒也不错。

Hotel Campbell 酒店 $$

（☎918-744-5500；www.thecampbellhotel.com；2636 E 11th St；房间 $140~210；P ❄ @ 📶）位于市中心的Hotel Campbell曾经是66号公路上的知名酒店，经过翻修后，恢复了往昔的荣光。酒店提供26间奢华的客房，均铺设了硬木地板，配备豪华的古雅家具。可向其咨询团队游的信息。

俄克拉何马城 6

Tucker's Onion Burgers 汉堡包 $

（☎405-609-2333；www.tuckersonionburgers.com；324 NW 23rd St；主菜 $5.50~10；⏰11:00~21:00）这家新式汉堡店中有着66号公路的怀旧气息。餐厅提供高品质的食物（采用当地食材），包括招牌俄克拉何马洋葱汉堡、新鲜出炉的薯条和奶昔。

Cattlemen's Steakhouse 牛排 $$

（☎405-236-0416；www.cattlemensrestaurant.com；1309 S Agnew Ave；主菜 $7~30；⏰周日至周四 6:00~22:00，周五和周六 至午夜）这是俄克拉何马城最知名的餐厅，从1910年起就一直为牛仔和都市食客提供牛排。还是需要先去柜台（你也可以先找到位置再去）点餐，再回去奢华的隔间坐下。

Picasso's Cafe 新派美国菜 $$

（☎405-602-2002；www.picassosonpaseo.com；3009 Paseo；主菜 $10~20；⏰11:00至深夜；🖉）这家餐馆最知名的是午间供应的血腥玛丽（Bloody Mary）和农场新鲜直供的美味佳肴。餐馆布置得很文艺，其中不乏当地艺术家的作品。推荐去室外的餐桌就餐。

Colcord Hotel 精品酒店 $$

（☎405-601-4300；www.colcordhotel.com；15 N Robinson Ave；房间 $170~240；P ❄ @ 📶）建于1911年的Colcord Hotel曾是俄克拉何马城的第一栋摩天大楼，如今被改造成奢华的12层酒店。当中采用了许多天然的装饰，比如大理石大厅；而108间现代化的客房则颇具时尚感。酒店临近Bricktown。

维契托山野生动物保护区 9

Meers Store & Restaurant 汉堡 $

（☎580-429-8051；Hwy 115；主菜 $4~11；⏰周四至周一 10:30~20:30；👪）这家外观略显破旧的餐厅主营汉堡和啤酒，位于梅迪新公园（Medicine Park）中劳顿卡湖（Lake Lawtonka）对岸的一个乡村小道交叉口。被压扁的七英寸汉堡是本餐厅的必点食品，其中的牛肉来自自家养殖的长角牛。

大篷车 俄勒冈小径

拓荒者小径

26

包括俄勒冈小径在内，无数拓荒者曾在穿越内布拉斯加州的途中留下他们的车辙。你可以追寻这些痕迹，寻找他们曾经居住过的狂风肆虐之地。

线路亮点

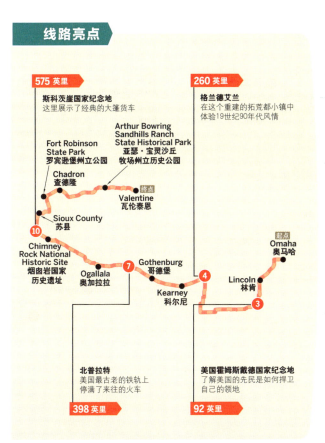

575 英里

斯科茨崖国家纪念地
这里展示了经典的大篷货车

Fort Robinson State Park
罗宾逊堡州立公园

Chadron
查德隆

Sioux County
苏县

10

Chimney Rock National Historic Site
烟囱岩国家历史遗址

Ogallala
奥加拉拉

7

Gothenburg
哥德堡

Kearney
科尔尼

4

260 英里

格兰德艾兰
在这个重建的拓荒都小镇中体验19世纪90年代风情

Arthur Bowring Sandhills Ranch State Historical Park
亚瑟·宝灵沙丘牧场州立历史公园

终点
Valentine
瓦伦泰恩

起点
Omaha
奥马哈

Lincoln
林肯

3

北普拉特
美国最古老的铁轨上停满了来往的火车

398 英里

美国霍姆斯戴德国家纪念地
了解美国的先民是如何捍卫自己的领地

92 英里

5~7天
802英里/
1290公里

最适合

何时去

5月至9月，一切都生机盎然，野花盛开。

最佳摄影点

斯科茨崖明信片般的风景。

最佳探险

探索那些人迹罕至的小径，很多人曾在此尽情地驰骋。

26 拓荒者小径

在宜人的日子里，你可以驾车穿过草木葱茏的碧绿山谷和贫瘠的山岗。到了晚上，可以逛逛小城外的冰激凌小店，在蟋蟀的叫声中回顾一天的冒险经历。内布拉斯加乡村小路的魅力不止如此，它就像这个美国最常见的植物玉米一样，只要在火上一烤，就会变得愈发迷人起来。避开I-80州际公路，做一个当代的开拓者吧!

① 奥马哈

奥马哈(Omaha)地处密苏里河和普拉特河(Platte River)之间，因而成为俄勒冈、加利福尼亚和摩门小径(Mormon Trail)一线的重要站点。很多西行的游客在前往内布拉斯加州前都会在这儿停留，你也应该这么做。美丽的**杜伦博物馆**(Durham Museum; ☎402-444-5071; www.durham museum.org; 801 S 10th St; 成人/儿童 $11/7; ☺周二 10:00~20:00，周三至周六 至17:00，周日 13:00~17:00)曾经是一个

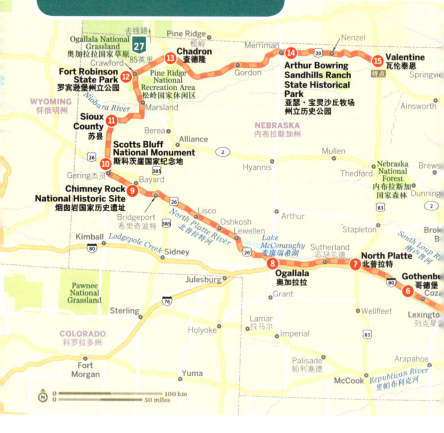

热闹的联合车站，在这里，可以从拓荒者们的足迹中了解他们的故事。

 见366页、391页

行驶路上》 沿US 6公路行驶，沿途可以看到仍在兜售甜筒冰激凌的老式汽车餐馆和其他令人愉悦的景物。57英里后可到达林肯。

- - - - - - - - - -

❷ 林肯

作为历史街区**Hay-market District**和内布拉斯加大学林肯校区的所在地，州府城市林肯（Lin-coln）是一个了解本州全貌的好去处。在**内布拉斯加州历史博物馆**（Museum of Nebraska History；📞402-471-4782；www.nebraskahistory.org；131 Centennial Mall N；⏲周一至周五 9:00～16:30，周六和周日 13:00～

你也可以

27 黑山环线
这条环线的沿途可以观赏到美国先贤的雕塑、丰富多彩的历史遗迹及自然美景。你可以取道US 20公路，然后转入US 18公路西行，再沿风景如画的US 385公路一路向北。

28 密苏里河之旅
不妨沿着美国第一长河，追寻著名探险家刘易斯和克拉克的足迹。旅途的起点在奥马哈。

16:30），你几乎可以听到车轮吱吱作响和草皮爆裂的声音。

🍴🛏 见366页

行驶路上 » 沿Hwy 77公路从林肯向南行驶35英里，到达比尔翠斯。

- - - - - - - -
线路亮点

❸ 美国霍姆斯戴德国家纪念地

比尔翠斯（Beatrice）西面的**美国霍姆斯戴德国家纪念地**（Homestead National Monument of America; ☎402-223-3514; www.nps.gov/home; 紧邻Hwy 4; ⏱遗产中心 9:00~17:00，小径 黎明至黄昏），选址位于1862年美国《霍姆斯戴德法案》（The Homestead Act; 也称《宅地法》）孕育的第一片

领地。《宅地法》向免费领到有效耕地的移民开放了美国的大部分地区。

拓荒者先驱弗里曼（Freeman）家族就长眠于此，你可以看到他们重建的木屋，也可以在这里徒步旅行。这座建筑相当醒目，里面展品丰富。

行驶路上 » 沿US 136公路西行100英里就到了鬼城（Ghost Towns）附近，一座孤零零的加油站扮演着镇中心的角色，古雅的砖砌建筑开始慢慢破败。从Red Cloud往北走，沿US 281公路行驶68英里，即到格兰德艾兰。

- - - - - - - -
线路亮点

❹ 格兰德艾兰

在格兰德艾兰（Grand Island）占地200英亩的**斯**

↱ 另辟蹊径
独立镇，密苏里州

起点: ❶ 奥马哈

一直以来，密苏里州的独立镇（Independence）总是与富有传奇色彩的美国总统哈里·S.杜鲁门联系在一起，这里也是准备跋涉前往俄勒冈和加利福尼亚的开拓者们喜欢的起点。想要了解这两条步道上的有趣历史，你可以花一两个小时参观镇中的**美国边境步道博物馆**（National Frontier Trails Museum; ☎816-325-7575; www.frontiertrailsmuseum.org; 318 W Pacific Ave; 成人/儿童 $6/3; ⏱周一至周六 9:00~16:30，周日 12:30~16:30）。展品包括一张占据整墙的主要步道线路图、一个模拟百货商店和拓荒者的日记。

独立镇靠近堪萨斯城（Kansas City），在奥马哈以南200英里，紧邻I-29州际公路。

图尔大草原拓荒者博物馆

（Stuhr Museum of the Prairie Pioneer; ☎308-385-5316; www.stuhrmuseum.org; 3133 W Hwy 34, I-80 exit 312; 成人/儿童 $8/6; ⏱周一至周六 9:00~17:00，周日 正午至17:00，1月至3月 周一闭馆; ♿）待上几个小时，就可以更多地了解先驱们的生活。到了夏季，古装喜剧演员在一个19世纪

格兰德艾兰 斯图尔大草原拓荒者博物馆

90年代的铁路小镇忙碌起来,他们将回答有关他们所扮演角色的问题,比如工作和家庭生活。另外,你还能看到一座19世纪60年代的定居地木屋、一个只有一间教室的校舍和一个波尼族人的地窖。

在博物馆**斯图尔大厦**(Stuhr Building)的2楼,展出的是一辆装满家具和衣物的大篷车——这是先驱者们乐观进取精神的体现。不远处,一组原始的草泥墙房屋和草原葬礼的黑白照片描绘出开拓者浪漫梦想背后的艰难现实。值得一提的是,1880年内布拉斯加州20%的居民为外国移民,其中的大多数来自德国、瑞典和爱尔兰。

行驶路上 » 沿US 30公路行驶42英里。这是条孤单但青草繁茂的公路,杨树叶在阳光下微微闪光。

❺ 科尔尼

一个泛着微光的棕色拱形门像一座壮观的中世纪吊桥横跨四车道的I-80州际公路,这就是内布拉斯加经典的落日景象。这一冲破地平线的壮观景色就位于**大普**

避开I-80州际公路

I-80州际公路在内布拉斯加州境内绵延455英里。这条公路虽然加快了旅行者的脚步，但却对在这个州自驾的游客吸引力不大。以下是更为值得自驾旅行的线路：取道US 6公路由奥马哈至林肯，再沿US 34公路到达格兰德艾兰，最后走上著名的US 30公路，一路行驶到怀俄明州。

26 拉特河路拱门纪念地（Great Platte River Road Archway Monument；☏308-237-1000；www.archway.org；3060 E 1st St，近exit 275；成人/儿童 $12/6；⏰5月至9月 周一至周六9:00~18:00，周日正午至18:00，10月至次年4月 营业时间缩短；♿）。有点儿煽情，有点儿厚重，它永不停歇地对西部开拓者们唱出愉快的赞歌。这栋建筑对拓荒和西部历史的展示运用了高科技的电影手段，从被惊扰的野牛到"1849一代"的淘金人（Forty-niner；通常指1849年加州淘金热时前往那里淘金的人），可谓无所不包。这一时光回溯之旅从一部出人意料的自动扶梯开始，它会将你送上一座两层楼高的封闭桥梁。

迷人的科尔尼（Kearney）占地不大，步行可以逛完整个市区，它靠近US 30公路和繁忙的联合太平洋铁路干线（Union Pacific, UP），有一些不错的小餐馆和酒吧。

🍴🛏 见366页

行驶路上 » 在沿US 30公路行驶的60英里旅途中，玉米仓和路过的火车究竟哪个更多，这是个问题。

⑥ 哥德堡

小马快递（Pony Express；1860~1861年）是那个时代的联邦快递，它利用一队队年轻的骑手和敏捷的马匹在密苏里州和加利福尼亚州之间运送信件，通常在短短10天之内就能送达。每一个骑手把邮件传给下一个骑手之前需狂奔近6小时，每10英里更换一次马匹。他们经过内布拉斯加时一般会走俄勒冈小径（Oregon Trail）。

在哥德堡（Gothenburg），就应该去看看被某些研究人员认为是原址的**小马快递站**（Pony Express Station；☏308-537-9876；www.ponyexpressstation.org；1500 Lake Ave, Gothenburg；⏰4月和10月 9:00~15:00，5月至9月 9:00~19:00，11月至次年3月 需约约），如今这样的原址已经所剩无几。有趣的陈列品包括马鞍袋以及骑手用来装信的鞍囊。离开快递

站，去市区逛逛，漂亮的维多利亚式建筑随处可见。

行驶路上 » 在这段36英里的US 30公路上，你会看到世界上最繁忙的货运专线，联合太平洋公司的火车来往穿梭，永不停息。

线路亮点

⑦ 北普拉特

北普拉特（North Platte）的**布法罗比尔牧场州立历史公园**（Buffalo Bill Ranch State Historical Park；☏308-535-8035；www.outdoornebraska.gov/buffalobillranch；2921 Scouts Rest Ranch Rd；住宿 成人/儿童 $2/1，车辆通行证 $5；⏰6月至8月 9:00~17:00，4月下旬至5月和9月至10月上旬 周六和周日10:00~16:00）是铁路迷的胜地，它位于US 30公路以北2英里。北普拉特是比尔·科迪（Bill Cody）的故乡，这位美国西部的标志性人物是牛仔竞技（Rodeo）和著名的狂野西部秀（Wild West Show）的开创者。这里有一个有趣的博物馆反映了他多彩的生活。

金穗大厦（Golden Spike Tower；☏308-532-9920；www.goldenspiketower.com；1249 N Homestead Rd；成人/儿童 $7/5；⏰5月至9月 9:00~19:00，10月至次年4月 至17:00）是个有八层楼高的瞭望塔，室内外都有观景台，在这里你可以一览无余地

欣赏联合太平洋公司的**贝利场**（Bailey Yard），这是世界上最大的列车编组车场。

行驶路上 » 沿US 30公路往正西方直行52英里，此时，你可以把定速巡航设置到"舒缓"模式。

- - - - - - - -

❽ 奥加拉拉

到了苏瑟兰德（Sutherland）西面，你需要把表调整为山地标准时间。奥加拉拉（Ogallala）曾经被称为"贩牛路上的蛾摩拉城"（Gomorrah；《圣经》中因其居民罪恶深重而与所多玛城同时被神毁灭的古城）。现在它拥有汽车旅馆所有的暧昧气息。

俄勒冈和加利福尼亚小径在这附近北转，沿着普拉特河前往怀俄明州（Wyoming）和天蓝色的远方。

行驶路上 » 双车道的US 26公

路又被称为内布拉斯加州西部小径历史与景观公路（Nebraska's Western Trails Historic & Scenic Byway），在这里，玉米地让路给茂盛的草原和孤立的峭壁。离开奥加拉拉不久，你将穿过一片低矮的山丘，波光粼粼的麦康瑙希湖（Lake McConaughy）出现在右手边。此后的101英里，牛群、来自怀俄明州的拉煤火车以及荒草离离的戈壁小镇将是沿途的主要风景。

- - - - - - - -

❾ 烟囱岩
国家历史遗址

一路向西，古老的悬崖拔地而起，它们醒目的形态在视觉上将当代旅行者（和俄勒冈小径的探险者）和他们的先驱联系在一起。位于**烟囱岩国家历史遗址**（Chimney Rock National Historic Site; ☎308-586-2581; Chimney Rock Rd, Bayard; 成人/儿童 $3/免费; ⏱9:00~17:00）内的烟

囱岩就是其中的代表，在Hwy 92公路过了布里奇波特（Bridgeport）后的12英里中你都能看到它。烟囱岩120英尺（约36米）高的陡峭尖塔对拓荒者来说是一个鼓舞人心的地标，许多人在拓荒日志中都提到过它。烟囱岩一方面标志着旅程的阶段性结束，同时也意味着最后一段通往海岸的旅程即将展开。

行驶路上 » 离开烟囱岩国家历史遗址，沿着Hwy 92公路西行21英里。进入斯科茨崖（Scottsbluff）南面的杰灵（Gering）后，继续直行至M St，并由此进入Old Oregon Trail Rd。它和俄勒冈小径的实际路线是吻合的，3英里后，你将抵达斯科茨崖国家纪念地。

- - - - - - - -

线路亮点

❿ 斯科茨崖
国家纪念地

斯科茨崖国家纪念地（Scotts Bluff National

去西部！

1840~1860年，大约有400,000人受淘金热、宗教自由承诺和肥沃良田的诱惑而艰苦跋涉来到美国西部，而时任美国总统的詹姆斯·波尔克（James Polk）的领土扩张论和来自纽约报社的编辑约翰·奥沙利文（John O' Sullivan）的呼声则进一步振奋了拓荒者们的热情。1845年，约翰·奥沙利文鼓动美国人"吾等尽取神赐之洲以纳年年倍增之万民自由发展之昭昭天命"。

这些充满冒险精神的拓荒者成为"昭昭天命"的拥护者，在迫切追寻自身梦想的同时，也推进了美国领土扩张论者的目标。这场运动的成功与否取决于他们能否安全穿过大平原及以西的地方。加利福尼亚、俄勒冈和摩门的拓荒者小径充分满足了这一需求，成功地引导这些旅行者和他们的布篷马车沿着这些车辙依然清晰的路线穿过这个国家。

Monument; ☎308-436-9700; www.nps.gov/scbl; 190276 Old Oregon Tr, Gering; 每辆车 $5; ☺游客中心 6月至8月8:00~18:00, 9月至次年5月 至17:00) 中的游客中心值得一去，它由美国国家公园管理局（National Park Service）经营，里面的威廉·亨利·杰克逊画廊（William Henry Jackson Gallery）有一些不错的西方艺术收藏品。随后，你可以沿单程1.6英里长的马鞍岩小径（Saddle Rock Trail）徒步，或者驾车行驶同样的距离到达南观景台（South Overlook）鸟瞰米歇尔山口（Mitchell Pass）。

离开之前，花点儿时间徒步穿越米歇尔山口。当你从两边都是悬崖的山口往里看时，你会发现供参观的大篷车看起来令人心惊肉跳。这是一条位于落基山脉和起伏平原间的狭窄通道，对拓荒者而言，到达这个山口意义重大，因为它标志着600英里的大平原艰苦跋涉告一段落。

✘ 见367页

行驶路上 » 从斯科茨崖离开大普拉特河路，北上去往一个历史上的军事要塞、一个孤独的贸易站和重要的后勤基地，这里为长期定居者扫清了障碍。沿途可以尽情欣赏内布拉斯加州无比辽阔的大草原。沿Hwy 71公路往北的52英里路上都是这样的景色。

⑪ 苏县

低矮起伏的群山四周是疾风劲草的原野，偶尔有木风车和孤单的移动信号塔矗立其间，这就是驱车穿过苏县（Sioux County）时的沿途景色，县名源于在内布拉斯加狩猎和旅行的平原部落。

这是一段能够尽情感受美国乡村风情的旅程。

行驶路上 » 草原上起伏的树木，如同疲惫的拓荒者下巴上冒出的胡茬。沿Hwy 2公路向北行驶，全程27英里。

⑫ 罗宾逊堡州立公园

1877年9月5日，35岁的苏族勇士"疯马"（Crazy Horse）在罗宾逊堡被刺成重伤，当年的堡垒现在成为了**罗宾逊堡州立公园**（Fort Robinson State Park; ☎308-665-2900; www.outdoorne braska.gov; Hwy 20, Crawford; 汽车通行证 $8; ☺公园 黎明至黄昏, 游客中心 4月至11月 每天8:00~17:00, 12月至次年3月 周一至周五）。这个建于1874年的要塞直到1948年才被废弃，在与印第安人的战争中起到了重要的军事作用。

每到夏季，旅行者们便涌向这座占地22,000英亩的公园，乘坐马车、户外烧烤、钓鳟鱼或者徒步都是备受喜爱的项目。这里有两个博物馆——**罗宾逊堡博物馆**（Fort Robinson Museum）和**特雷尔赛德博物馆**（Trail-side Museum），还有一个重建的禁闭室（Guard-house），"疯马"在这里咽下了最后一口气。

行驶路上 » 如果你喜欢在城市里挖掘历史，可以往东行驶20英里去查德隆。

⑬ 查德隆

查德隆（Chadron）的**毛皮贸易博物馆**（Museum of the Fur Trade; ☎308-432-3843; www.furtrade.org; 6321 US 20; 成人/儿童 $5/免费; ☺5月至10月 8:00~17:00; 🅿) 在向山区居民和猎人致敬，他们为拓荒者的生活提供了极大的便利。虽然是个小博物馆，但里面保存着令人惊叹的古物: 从19世纪20年代山区居民的绑腿到手工制造的捕兽器以及毯子、毛皮和酒瓶。基特·卡森（Kit Carson; 著名的西部猎人和与纳瓦霍人交战的军人）的猎枪就陈列在世界上最大的美洲原住民贸易枪支藏品旁。

博物馆后院有一个波尔多贸易站（Bordeaux Trading Post）的复制品。1837年到1876年间，它一直在营业。踏进这座低矮和令人紧张的局促建筑中，你能明显感受到草原生活的艰苦。虽然这不是原物，但复制品做得非常逼真，因此被列入美国国家史迹名录中。

行驶路上 » 沿US 20公路继续东行77英里到达沙丘（Sandhills）。这里被称为"通往山丘小道的桥梁"（the Bridges to Buttes Byway）。一个个小镇沿途散落在孤峰、峡谷和山峦等多变的地形之中。

- - - - - - - -

⑭亚瑟·宝灵沙丘牧场州立历史公园

保存完好的亚瑟·宝灵沙丘牧场州立历史公园（Arthur Bowring Sandhills Ranch State Historical Park）靠近南达科他州（South Dakota）边界，其历史可以追溯到20世纪20年代，内布拉斯加牧场工人的贫困生活在这里被真实地还原出来。农场属于宝灵（Bowring）家族，有一间当时的草房，很明显，任何一种农舍的出现都意味着居住条件的巨大改善。

当然，你也能发现一些有生活品质的物件。长寿的伊娃·宝灵（Eva Bowring）一生中大部分时间都生活在这里，她收集了一些老房主使用过的水晶、瓷器和古董家具。她的故事很有趣：1954年另一个参议员去世后，她曾经离开牧场，在参议院短期继任参议员。

行驶路上 » 沿US 20公路东行60英里前往瓦伦泰恩。覆满风沙的崖壁上竖立着孤单的风车，准备好相机随时捕捉这忧郁的画面。

- - - - - - - -

⑮瓦伦泰恩

比起追溯拓荒者的岁月，让思绪沉浸在内布拉斯加永恒的风景里，倒不如沿着风光秀丽的河水顺流而下，特别是在湿热的夏日。

瓦伦泰恩（Valentine）位于沙丘边缘，是划独木舟、皮划艇的好去处，你也可以在**奈厄布拉勒国家河流风景区**（Niobrara National Scenic River; www.nps.gov/niob）的蜿蜒峡谷里来一次漂流。这条河横穿**奈厄布拉勒堡国家野生动植物保护区**（Fort Niobrara National Wildlife Refuge; ☏402-376-3789; www.fws.gov/fortniobrara; Hwy 12; ⊙游客中心 6月至8月 每天8:00~16:30, 9月至次年5月 周一至周五 8:00~16:30），随车游览的过程中，野牛、麋鹿等各种动物将从你身边经过。

夏季，漂流会吸引大批旅行者。河岸陡峭的石灰岩绝壁，郁郁葱葱的森林，泉水汇成的瀑布，都会颠覆人们觉得内布拉斯加乏味的固有印象。许多漂流项目都在瓦伦泰恩（https://visitvalentine.org）开展。

食 宿

奥马哈 ❶

✖ Ted & Wally's Ice Cream 　冰激凌 $

（📞402-341-5827; www.tedandwallys.com;
1120 Jackson St; 冰激凌 $3起; 🕐6月至8月
11:00~23:00, 9月至次年5月 至22:00）店内每
天提供口味多样的醇厚奶油冰激凌。对于
严格素食主义者，推荐尝试椰肉口味的冰
激凌。

✖ Upstream Brewing
Company 　美国菜 $$

（📞402-344-0200; www.upstream
brewing.com; 514 S 11th St; 主菜 $10~30; 🕐周
一至周四11:00至次日1:00, 周五和周六 至次日
2:00, 周日 10:00至午夜）餐厅位于一座古老
的大型消防站内，啤酒种类多样。凯撒沙
拉里放有味道浓厚的大蒜，可以驱使你越
过密苏里河直到艾奥瓦州。牛排分量十足，
符合本地标准。人行道旁摆了桌子，还有一
个屋顶露台和一个大型酒吧。

✖ Grey Plume 　新派美国菜 $$$

（📞402-763-4447; www.thegreyplume.com;
220 S 31st Ave; 主菜 酒吧 $9~18, 餐馆 $25~
42; 🕐周一至周六 17:00~22:00）餐厅位于
市中心以西的Midtown Crossing, 主厨
Clayton Chapman严格选用当地食材，颠
覆了人们对于大平原菜肴的认知。获奖佳
肴: 酒吧汉堡、鸭油薯条、各类牛排以及
鲑鱼。

🛏 Magnolia Hotel 　历史酒店 $$

（📞402-341-2500; www.magnoliahote
lomaha.com; 1615 Howard St; 房间 $140~220;
✳@🛜🐾）这间精品酒店离老市场不远，位
于一栋建于1923年的意大利风格大厦中，
经修复后对外开放。酒店的145间客房都充
满活力，装饰风格为现代风格。提供睡前牛
奶和饼干。

林肯 ❷

✖ Indigo Bridge 　咖啡馆 $

（📞402-477-7770; www.indigobridge
books.com; 701 P St; 主菜 $4~8; 🕐周一至周
六 8:00~22:00, 周日 正午至18:00; 🛜）咖啡
馆位于一家精美的书店内，全天供应美味
的咖啡、点心和三明治。最值得一提的是，
售卖咖啡所得的所有收益都将用于当地
事务。

🛏 Rogers House 　民宿 $$

（📞402-476-6961; www.rogershouseinn.
com; 2145 B St; 房间 $90~170; ✳🛜）这家民
宿位于一栋有百年历史的砖房中，靠近市中
心。提供7间宽敞的客房，屋内的装修很清
新，和许多民宿中采用的容易弄巧成拙的
华丽风格很不一样。两道菜的丰盛早餐值
得期待。

科尔尼 ❺

✖ Thunderhead
Brewing Company 　美国菜 $

（www.thunderheadbrewing.com; 18 E 21st
St; 主菜 $7~15; 🕐11:00~13:00）这里的淡色
麦芽啤酒（IPA）和比萨很好。位于市中心
的一栋砖砌店面之中。

🛏 Midtown Western Inn 　汽车旅馆 $

（📞308-237-3153; www.midtownwest

erninn.com; 1401 2nd Ave; 房间 $50~80; ❋☎✉) 这个古老的汽车旅馆拥有宽敞干净的客房, 靠近市中心, 是一个不错的选择。

斯科茨崖国家纪念地 ⑩

✕ Emporium Coffeehouse & Café
美国菜 $$

(☎308-632-6222; www.emporiumdining. com; 1818 1st Ave, Scottsbluff; 主菜 $12~27; ⊙周一至周六 6:30~22:00) 餐厅位于斯科茨崖市区一栋呈伞状结构的老宅内, 当地人将它视若珍宝。这里提供各类餐点, 比如早餐的糕点、晚餐的牛排和海鲜。提供的红酒及烈酒品种超过100种。

瓦伦泰恩 ⑮

🛏 Trade Winds Motel
汽车旅馆 $

(☎402-376-1600; www.tradewindslodge. com; 1009 E US 20/83; 房间 $65~100; ❋☎✉) 这家汽车旅馆位于一栋古典的红色砖房内, 32间舒适干净的客房中配备了冰箱和微波炉。提供热气腾腾的农家早餐, 是一处小众的选择。

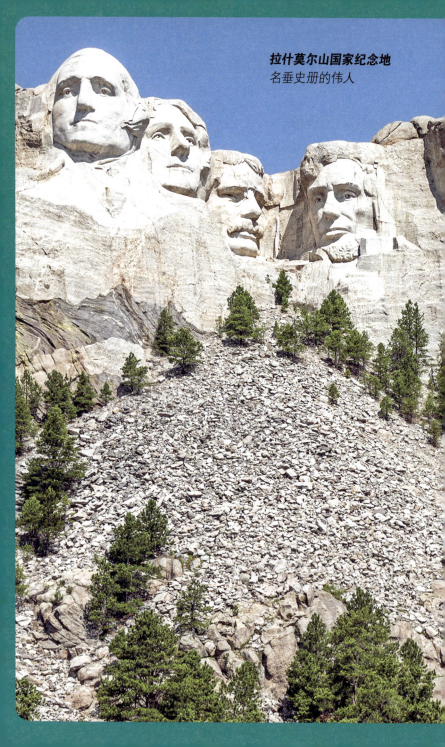

拉什莫尔山国家纪念地
名垂史册的伟人

黑山环线

　　毛发蓬乱的北美野牛在平原上挪动着笨拙的身躯, 巨大的纪念碑颂扬着逝去的伟人, 高耸入云的山峦之下, 辽阔的草原在风中摇曳。在黑山环线的旅途中, 我们将沐浴在此地区各种文化遗产的荣光之下。

线路亮点

Spearfish
斯皮尔菲什

Sturgis
斯特吉斯

0 英里
拉皮德城
好吃好喝, 令人惊艳

10

Lead
利德

192 英里
戴德伍德
在这座淘金小镇寻找
狂野西部的昨日

1 起点/终点

Hill City
希尔城

3

4

Keystone 基斯通

**Crazy Horse
Memorial**
"疯马"酋长纪念雕像

Custer State Park
卡斯特州立公园

**Jewel Cave
National Monument**
宝石洞国家纪念地

**Wind Cave
National Park**
风洞国家公园

**拉什莫尔山
国家纪念地**
熟悉的脸庞打动着每一个人

24 英里

彼得诺贝克景观公路
如过山车般
从美景中驶过

27 英里

**2~3天
265英里/426公里**

最适合

何时去

5月至9月, 此时所有景点都会开放。

最佳
摄影点

找一个新角度拍摄拉什莫尔山上的4位美国总统。

最佳
户外活动

看到野牛不必大惊小怪, 好戏还在后头!

27 黑山环线

在19世纪早期，曾有6000万头野牛在平原上漫步，但疯狂的猎杀使它们的数量大幅减少，到了1889年，野生野牛的数量已经不足1000头。今天，它们的数量已经回升至50万头，一些野牛族群在黑山的几个公园里健康成长。在这段旅途中，你将会看到本地区标志性的野牛和其他富有传奇色彩的景点，如恶地国家公园、拉什莫尔山、"疯马"纪念碑、面积广大的公园，以及一个"无法无天"的著名小镇——戴德伍德。

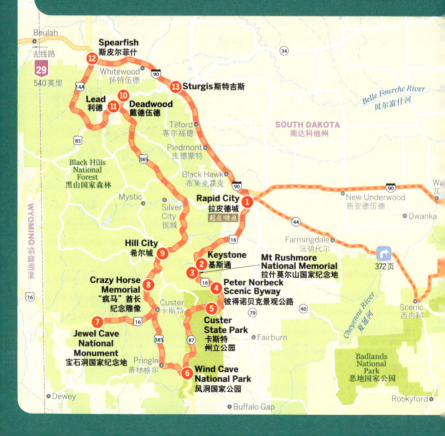

372页

线路亮点

❶ 拉皮德城

不愧是本地区的首府，拉皮德城（Rapid City）的市中心迷人而热闹，适合闲逛。保存良好的砖砌建筑、遍地优质的商铺和饭馆使它成为本环线中绝佳的城市大本营。建议从游客中心拿一本有关拉皮德城历史建筑和公共艺术的步行游览手册。别忘了去**主街广场**（Main St Square）戏水。

闲逛时别错过街头的**总统群雕**（Statues of Presi-dents；www.presidentsrc.com；631 Main St；⏰信息中心 6月至9月 周一至周六 正午至21:00）。从安静狡黠的尼克松到得意洋洋的哈里·杜鲁门，栩栩如生的雕像遍布市中心的各个角落。42位总统一个不落。

自然界漫长而剧烈的地壳运动造就了一系列令人叹为观止的奇石，你可以在南达科他矿业科技学校的**地质博物馆**（Museum of Geology；☎605-394-2467；www.sdsmt.edu/Academics/Museum-of-Geology；501 E St Joseph St, O'Harra Bldg；⏰6月至8月 周一至周六 9:00～19:00，9月至次年5月 周一至周五 9:00~16:00，周六 10:00~16:00）了解这一伟大的历程。另外，这里的恐龙骨和恒星化石也在诉说着时间的故事。

🍴 🛏 见378页

行驶路上 » 选择热闹的Hwys 16公路和Hwys 16A公路前往基斯通，全程21英里。

❷ 基斯通

关于黑山，有一个无可争辩的事实：到达一个主要景点需要的时间总是比你想象的多。相信我们，慢条斯理的温纳贝戈人、蜿蜒的小道和五花八门的路边景点都会减慢你的步伐。在去往拉什莫尔山的途中，一驶上Hwys 16公路这些人造观光景点就出现了，它们适合家庭出游，而且给人的感觉还不错，例如动物天堂**美国熊之乡**（Bear Country USA；☎605-343-2290；www.bearcountryusa.com；13820 Hwy 16；成人/儿童 $17/11；⏰5月至8月 8:00~18:00，9月至11月 营业时间缩短；♿）和**爬行动物公园**（Reptile Gardens；www.reptilegardens.com；8955 Hwy 16；成人/儿童 $17.50/11.50；⏰5月下旬至9月上旬 8:00~18:00，3月至5月下旬和9月上旬至11月 营业时间缩短，12月至次年2月 关闭；♿）。

总体说来，基斯通（Ke-

🔗 你也可以

28 密苏里河之旅
从拉皮德城出发，经过I-90州际公路以及US 14公路的景观道路行驶170英里后，在南达科他州的皮尔加入该路线。

29 从大蒂顿到黄石
向西穿越蒙大拿州，那里有更多壮美的国家公园。

ystone）难登大雅之堂。这里充斥着过分狂热的爱国主义氛围、古老的西部精神和数不胜数的赝品，而这一切都是因为在它西部3英里远的拉什莫尔山。

✕ 见378页

行驶路上 » 到拉什莫尔山国家纪念地只有一段3英里的上坡路。睁大眼睛，总统巨石像随时会出现。

- - - - - - - - - - -

线路亮点

❸ 拉什莫尔山国家纪念地

　　在通往这组受人欢迎且永远让人惊叹不已的巨大纪念雕像群的路上，你首先会瞥见华盛顿塑像的鼻子，但当你经过不那么引人注目的停车场和景观入口，近距离接触这尊山坡上的雕像时，你将受到更大的震撼。在60英尺高的花岗岩纪念碑上，乔治·华盛顿、托马斯·杰斐逊、亚伯拉罕·林肯和西奥多·罗斯福宛如真人般凝视着远方。

　　虽然这里非常受欢迎，但是很少会出现拥挤情况，

另辟蹊径
恶地国家公园及其他

起点：❶ 拉皮德城

　　600多头野牛（也叫北美野牛）在**恶地国家公园**（Badlands National Park；☎605-433-5361；www.nps.gov/badl；Hwy 240；公园7日通票 自行车/车辆 $10/20）中漫步。公园的名字来自法国猎人和苏族拉科塔人（Lakota Sioux），他们称这片高低起伏的尖顶山峰和风化的陡峭山峦为"恶地"（bad lands）。今天，这片曾经支离破碎的洪泛区很容易吸引你的眼球，嶙峋的山丘呈现出深浅不一的红色和粉色。

　　在**切口小径**（Notch Trail）你可以近距离观察被风化的岩石。这是一段1.5英里（往返）长的旅程，迂回地穿过一个峡谷，通向一段木梯，然后沿着布满碎石的山脊转弯，此时，眼前会出现一片广阔的草原和更多的锯齿状崖壁。沿路直走，去**本·莱佛游客中心**（Ben Reifel Visitor Center；☎605-433-5361；www.nps.gov/badl；Hwy 240；公园7日通票 自行车/车辆 $10/20；⊙6月至8月 8:00~19:00，4月、5月、9月和10月 至17:00，11月至次年3月 至16:00），观看一部极具视觉冲击力的影片。影片通过对混合草原上生活的动植物极具冲击力的特写，向我们展现了这个公园的物种多样性。

　　从拉皮德城沿I-90州际公路向东大约50英里后，**恶地环线**（Badlands Loop Rd；即Hwy 240公路）与I-90州际公路在131和110出口处相连。环线从游客中心一直向西延伸到公园的北部，绕过一连串陡峭而狭窄的山脊，这处峭壁被称为"**恶地围墙**"（Badlands Wall）。驾车前往只需一小时，但无数观景点会让你不知不觉就花费掉一个上午。紧邻I-90州际公路的110出口也在恶地围墙之中，与之同名的**沃尔药店**（Wall Drug；☎605-279-2175；www.walldrug.com；510 Main St；⊙7:00~18:00；🅿）亦位于此地，这是世界上最棒的景点之一，千万别错过。

　　回拉皮德城要是不想再走I-90州际公路，可以选择Hwy 44公路，它与恶地上的不少地方相连。在这条为敞篷汽车开辟的偏僻小道上，锯齿状的峭壁被连绵起伏的草原取代，一路向西，小道会蜿蜒穿过**布法罗峡国家草原**（Buffalo Gap National Grassland）。

所以你可以尽情地欣赏**拉什莫尔山国家纪念地**（Mt Rushmore National Memorial，又称"总统巨石像"；☎605-574-2523；www.nps.gov/moru；紧邻Hwy 244；停车 $10；⊙6月至8月 8:00~22:00，9月 至21:00，10月至次年5月 至17:00），并深深折服于雕刻家格曾·博格勒姆（Gutzon Borglum）的艺术才华，感叹工匠们在1927至1941年间为创作纪念碑而付出的卓绝努力。

总统步道（Presidential Trail）是条环线，它从纪念碑正下方经过，不仅提供了仰观的绝佳角度，同时也通往值得一游的雕刻家工作室（Sculptor's Studio）。按顺时针方向游览，不到5分钟，你就到了华盛顿鼻子的正下方。在你面对入口的时候，右手的**自然景观小径**（Nature Trail）与观光和停车区域相连，你将会穿越一片松林，远离拥挤的人流和商业区域。

公园官方的**信息中心**经营着几家不错的书店，其收益归公园所有。最好别去低品质的Xanterra礼品店和Carvers Café，后者贵为《西北偏北》（*North by Northwest*）的取景地，加里·格兰特在电影中被困于此，但现实中的这家咖啡馆令人失望。主**博物馆**谈不上展品丰富，但迷人的**雕刻家工作室**揭示了这座纪念碑建成的奥秘。

行驶路上 » 从拉什莫尔山返回主路，沿"铁山之路"（Iron Mountain Rd）往西南方向行驶16英里，一路你会发现更多的惊喜。

‒ ‒ ‒ ‒ ‒ ‒ ‒ ‒ ‒ ‒

线路亮点

④ 彼得诺贝克景观公路

在66英里长的彼得诺贝克景观公路（Peter Norbeck Scenic Byway）上行驶，就像开始了一段新恋情一般：充满兴奋感，偶尔具有挑战，有时还感到紧张。这条椭圆形的小道是以一位南达科他州参议员的名字命名的，1919年，他曾在议会极力坚持修建这条小道。小道被分成4条支线，连接了黑山最令人回味的景点。注意：大型房车的自驾者应知会卡斯特州立公园进行隧道通行性测量。

回旋的车道、依拉什莫尔山山势而建造的隧道、阳光斑驳的松林以及松林里静静流淌的小溪，这一切都使**铁山之路**（Iron Mountain Rd）成为一条备受喜爱的明星之路。在这条16英里长的道路上，变幻的风景犹如乘过山车一般迎面而来，满是环环相扣的转弯、狭窄的隧道和迷人的风景。唯一的问题是，很多流连美景的车辆可能堵住你的路。

14英里长的**尼德尔斯公路**（Needles Hwy；Hwy 87公路）俯冲下花岗岩尖顶，你会在颠簸中经过一个观景台，最后从一条极为

狭窄的隧道中疾驰而过。

行驶路上 » "铁山之路"是彼得贝贝克景观公路的精华，沿着Hwy 16公路西行，仅3英里便可到达卡斯特州立公园游客中心。

‒ ‒ ‒ ‒ ‒ ‒ ‒ ‒ ‒ ‒

⑤ 卡斯特州立公园

占地111平方英里的**卡斯特州立公园**（Custer State Park；☎605-255-4515；www.custerstatepark.com；7日通票 每辆车 $20；⊙24小时）之所以没有成为国家公园，是因为南达科他州的捷足先登。世界上最大的北美放养野牛群之一（大约1500头）、著名的"乞讨驴"（乞求施舍的驴子）和超过200多种鸟类让它闻名于世。其他生活在此的野生动物还包括麋鹿、叉角羚、北美野山羊、大角羊、土狼、草原犬鼠、美洲狮和山猫。在令人畏惧的石桥上漫步，穿过仙境般的高山草甸，大量的观景点都分布在这条18英里长的**野生动植物观赏环线**（Wildlife Loop Road）上。

卡斯特州立公园游客中心（Custer State Park Visitor Center；☎605-255-4020；www.custerstatepark.com；US 16A；⊙6月至8月 9:00~17:00，9月至次年5月 至16:00）位于公园东侧，这里有丰富的展品和户外步行导览服务。附近的**黑山剧场**（Black Hills Playhouse；

GABI LUKA / SHUTTERSTOCK ©

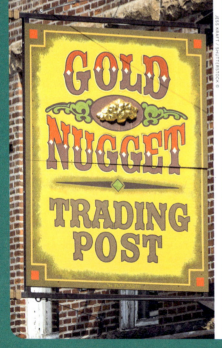

JESS KRAFT / SHUTTERSTOCK ©

为何经典

马克·约翰森
本书作者

　　从过山车一般的道路进入松林密布的黑山地区之后，美国心脏地带的金色平原仿佛是一个遥远的世界。虽然绝大多数游客是因为著名的总统山（拉什莫尔山国家纪念地）而前往这片偏远的地区的，但是你会发现，真正给你留下深刻印象的却是这里五彩缤纷的洞穴、野牛群落以及小镇戴德伍德在狂野西部年代留下的非凡人物传奇。你可以在魅力非凡的度假村附近徒步或骑行，然后花一个下午去冒着泡的温泉里放松心情。

上图：野牛群，卡斯特州立公园
左图：商店招牌，戴德伍德
右图：奇峰景观，黑山

☎605-255-4141；www.black
hillsplayhouse.com；门票 成
人/儿童 $34/16；⊙6月至8月
中旬 具体时间不定）是夏日剧
场的所在地。

在松林覆盖的小山和
草原上徒步，是观看野生动
物和岩层的最佳方式。穿越
西尔万湖滨（Sylvan Lake
Shore）、**森迪峡谷**（Sunday
Gulch）、**施派尔大教堂**
（Cathedral Spires）和**弗伦
奇河自然保护区**（French
Creek Natural Area）的步
道都值得强烈推荐。

这个公园是以声名狼
藉的乔治·A.卡斯特命名
的，1874年，他曾带领一个
科学考察队进入黑山。这个
探险队发现黄金的消息吸
引了太多的移居者，以至于
破坏了1868年在此地区给
苏族划出6000万英亩保留
地的协约。部落首领"疯马"
和拉科塔族因此开始报复。
1876年，在蒙大拿的小大角
战役（Montana's Battle of
theLittle Big Horn）中，他
们杀了卡斯特和他的265名
部下。

行驶路上 » 从卡斯特州立公
园西缘附近的US 16公路出发，
随后左转入Hwy 87公路并朝正
南行驶19英里。这是一段景色
秀丽的旅程，途经一段漫长的
荒野和公园。

- - - - - - - - - - - - -

❻ 风洞国家公园

风洞国家公园（Wind
Cave National Park；☎605-

745-4600; www.nps.gov/wica; 紧邻 US 385; 团队游 成人 $10~30, 儿童 $5~6; ⏱游客中心 6月至8月 8:00~19:00, 9月至次年5月 营业时间缩短) 坐落在卡斯特州立公园以南, 44 平方英里的土地上覆盖着茂密的草原和森林。公园的主要亮点当然是洞穴, 其中147英里已经被测绘。这些洞穴的首要特征是"蜂窝状网络"岩洞构造 (世界上95%的"蜂窝状网络"岩洞构造都集中在这里), 这些岩洞看起来就像蜂巢, 可以追溯到6000万年到1亿年之前。人在入口处能感受到强烈的阵风 (但是洞里面没有), 这就是风洞名字的由来。要了解洞穴的历史和地质情况, 先去游客中心参观相应主题展览, 然后再参加由公园管理员带领的洞穴导览游。导览游行程大多为1~1.5小时, 4小时的野生洞穴之旅 (Wild Cave Tour) 提供一系列的洞穴探险活动。

公园的风景也不都在地下, 地面上你也可以观赏到数量庞大的北美野牛和草原犬鼠。

行驶路上 » 继续我们的观光路线吧! 从一个洞穴前往另一个洞穴。沿US 385公路和US 16公路往西北方向行驶38英里就是宝石洞。

❼ 宝石洞国家纪念地

黑山的另一个迷人洞穴是**宝石洞** (Jewel Cave; ☑605-673-8300; www.nps.gov/jeca; 紧邻 US 16; 团队游成人 $4~31, 儿童 免费至$8; ⏱游客中心 6月至9月 8:00~17:30, 10月至次年5月 8:30~16:30), 从卡斯特 (Custer) 沿US 16公路向西行驶13英里即可到达。它之所以叫宝石洞, 是因为洞的一部分内壁附着一层方解石晶体。目前, 共计187英里的洞穴已被考察过 (预计为总深度的3%), 这一深度在世界上已知的洞穴中排名第三。

根据游览长度和难度的不同要求, 公园提供不同的团队游览路线, 都是先到先得。可以在游客中心预订。

行驶路上 » 原路返回, 13英里后到达US 385公路和US 16公路的交会处卡斯特, 然后向北行驶5英里。

❽ "疯马"酋长纪念雕像

作为世界上最大的纪念雕像, "疯马"酋长纪念雕像 (Crazy Horse Memorial; www.crazyhorsememorial.org; 12151 Ave of the Chiefs, 紧邻 US 385; 每人/车 $11/28; ⏱6月至9月 7:00~22:00, 10月至次年5月 营业时间缩短) 高达563英尺 (约169米), 目前仍未完工。它描绘的将是这位苏族酋长跨在马上, 指着遥远的地平线说:"我的故土就在我死去的先人长眠的地方。"

"疯马"酋长生前没有留下照片, 也没有被迫签署任何无意义的条约, 苏族长老希望他的雕像能够与拉什莫尔山上的总统们形成某种平衡。1948年, 出生在波士顿的雕塑家科扎克 (Korczak Ziolkowski) 以愚公移山的精神开始在花岗岩爆破雕刻。1982年他去世后, 他的家人继续他未完成的工作。值得注意的是, 许多美洲原住民反对修建这个纪念雕像, 他们认为这是对圣地的亵渎。

没有人知道这尊雕塑何时能完成 (纪念碑的面部于1998年完成)。夏天的傍晚, 震撼人心的激光秀将向你讲述这座纪念雕像的故事。

游客中心大楼内设有一个美洲原住民博物馆、一个文化中心、若干咖啡厅和科扎克的工作室。

行驶路上 » 沿US 16/385公路北行, 到希尔城休整, 全程只有10英里。

❾ 希尔城

作为群山中最吸引人的城镇之一, 希尔城 (Hill City; www.hillcitysd.com) 不像基斯通那么喧闹。它的主要街道上能找到一些咖啡馆和画廊。

1880 Train (☏605-574-2222; www.1880train.com; 222 Railroad Ave; 成人/儿童 往返 $29/14; ⏱5月中旬至12月) 是一列传统的蒸汽火车，往来于希尔城和基斯通之间的崎岖乡野。附近有一个有趣的小型火车博物馆。

🍴 🛏 见379页

行驶路上 » 沿US 385公路穿过黑山中心地带，湖泊、河流、草地和一些低调的游客双轮轻便马车让旅途不那么单调。全程42英里，终点位于戴德伍德。

线路亮点

⑩ 戴德伍德

　　HBO频道的粉丝一定记得19世纪70年代的戴德伍德（Deadwood；又名"朽木镇"）就是法外之地的代表。今天，情况已经有了改观，80个大大小小赌场的员工在面对来到小镇的游人时，都会露出会意的微笑。

　　戴德伍德上的街道很有氛围，淘金热时代的建筑排在马路两边，它们都曾依靠赌场收入反复修缮过。你可以在博物馆和墓园明显地感受到小镇的悠久历史。值得小镇永远纪念的还有传奇枪手希科克（Wild Bill Hickok），他死于1876年的一次赌博，当时有人从后面爆了他的头。

　　夏季，演员们在Main St上重演著名的**枪战场面**（shootouts; Main St; ⏱6月

至8月14:00、16:00和18:00），包括1877年汤姆·史密斯（Tom Smith）和大卫·伦特（David Lunt；即使头部中枪，他还是几乎像没事人一样生活了67天才去世）在酒馆里的火拼。

🍴 🛏 见379页

行驶路上 » 从戴德伍德到利德是一段4英里长的上坡路，沿途满是历代淘金者给自然景观留下的伤痕。

⑪ 利德

　　利德（Lead，读作 leed）有一种原始魅力，这里仍然保留着采矿时代留下的累累伤痕。看看1250英尺深的**霍姆斯特克金矿**（Homestake Gold Mine; ☏605-584-3110; www.sanfordlab homestake.com; 160 W Main St; 景区免费，团队成人/儿童 $8/7; ⏱5月至10月 9:00~18:00，11月至次年4月 至17:00，团队 5月至10月 10:00~16:00）就能明白露天采矿将对一座山体产生何种影响。其附近是同一个矿山的竖井，深入地下1.5英里，现在被用于物理学研究。

🛏 见379页

行驶路上 » 沿US 14A公路行驶11英里离开陡峭的峡谷，然后进入斯皮尔菲什峡谷。

⑫ 斯皮尔菲什

　　斯皮尔菲什峡谷风景道（Spearfish Canyon

Scenic Byway; www.byways.org）是一条从山区中心地带开辟出来的险峻道路，全长20英里。该公路通往斯皮尔菲什（Spearfish），路旁瀑布成群，风景秀丽。在每一个拐弯处都有值得停车欣赏的风景；稍微驻足你就能听到河狸努力工作的声音。

🛏 见379页

行驶路上 » 沿I-90州际公路东行22英里就到了斯特吉斯。从斯特吉斯到拉皮德城只有36英里。

⑬ 斯特吉斯

　　霓虹灯闪烁的纹身店、基督教圣像以及摩托车主题酒吧广告版上搔首弄姿的模特，这些彼此格格不入的画面正是斯特吉斯（Sturgis）这个花哨且骄傲的小镇的写照。去Main St买件皮衣，系上美国国旗图案的印花围巾，再走进一家沙龙酒吧为星条旗举杯吧!

　　一年一度的**斯特吉斯摩托车拉力赛**（Sturgis Motorcycle Rally; ☏605-720-0800; www.sturgismotorcyclerally.com; ⏱8月上旬）期间，小镇会更加热闹，届时会有如潮的摩托车骑手、车迷和好奇的观众齐聚此地，总人数可达700,000人左右。

食 宿

拉皮德城 ❶

❌ Independent Ale House 　　　小酒馆 $

（☎605-718-9492；www.independentale house.com；625 St Joseph St；⏱周日至周四 15:00 至深夜，周五和周六 11:00至深夜）在这间复古风格的酒吧中，你可以品尝到当地最佳酒厂生产的、品质始终如一的啤酒。供应的红酒同样很好。比萨很美味（主菜 $8~15）。

❌ Murphy's Pub & Grill 　　　美国菜 $$

（www.murphyspubandgrill.com；510 9th St；主菜 $10~25；⏱就餐 11:00~22:00，酒吧至次日1:00）地处熙熙攘攘的闹市区，创新的菜品使这家酒馆成为就餐的好去处。特色菜主要以当地应季食材为原料。宽敞的室外平台和充足的室内空间十分搭配。

❌ Tally's Silver Spoon 　　　美国菜 $$

（☎605-342-7621；www.tallyssilverspoon. com；530 6th St；主菜 $6~30；⏱7:00~21:00）卡特还是里根？他俩的塑像都在门口。在这间华丽的市中心咖啡馆酒吧里，你可以一边享用高档食物，一边琢磨谁更得你心。早餐始终丰盛，晚上供应富有创意的地方食品。

❌ Delmonico Grill 　　　新派美国菜 $$$

（☎605-791-1664；www.delmonicogrill. com；609 Main St；午餐主菜 $6~15，晚餐主菜 $24~38；⏱周一至周六 11:00~14:00和17:00~ 21:00）这间优雅且休闲的餐馆位于市中心，午餐的招牌是美味的汉堡、三明治和沙拉。晚餐供应品质绝佳的牛排以及来

自大平原的肉类。不同季节会有许多特别推荐。

🛏 Town House Motel 　　　汽车旅馆 $

（☎605-791-3989；www.townhousemotel ssd.com；210 St Joseph St；房间 $70~140；⏱5 月中旬至9月中旬；❇️🛜）这是一个经典且干净的汽车旅馆，有40间客房，步行可到中心所有的娱乐场所。在二楼客房外的走廊上可以俯瞰停车场和游泳池。

🛏 Hotel Alex Johnson 　　　酒店 $$

（☎605-342-1210；www.alexjohnson. com；523 6th St；房间 $70~200；❇️@🛜）这是一家建于1927年的经典酒店。其设计奇妙地融合了日耳曼民族都铎王朝时期的建筑风格和苏族人的传统符号——请注意大堂的天花板彩绘和用战矛做成的枝形吊灯。屋顶酒吧让人心情愉快。酒店的143间客房既现代又复古，有些客房还可尽享绝佳美景！你还可以问问前台在希区柯克的电影《西北偏北》（*North by Northwest*）里这间酒店的角色。

🛏 RushmoreHotel 　　　酒店 $$

（☎605-348-8300；www.therushmore hotel.com；445 Mt Rushmore Rd；房间 $100~ 200；🅿️❇️@🛜🐾）这家位于市中心的高层酒店凭借其环保理念，已经转变成一家高概念的精品酒店。许多家具虽由回收材料制成，但舒适度不减。大堂的大理石地面华贵典雅。

基斯通 ❷

❌ Teddy's Deli 　　　熟食 $

（☎605-389-3354；www.teddysdeli. com；236 Winter St；主菜 $8~12；⏱5月至9月 11:00~19:00）店内供应本地区最好的三明治，比你在附近的拉什莫尔山吃到的要好得多。

希尔城 🄐

✖ Desperados　　　　　　美国菜 $$

（☎605-574-2959；301 Main St；主菜 $9~20；⏱11:00~21:00，10月至次年4月 停业）餐厅位于南达科他州最古老的手工搭建木质商业建筑中，在此用餐能感受到边陲之地的气息。推荐这里的汉堡。另外，员工服务及时，气氛轻松。

🛏 Alpine Inn　　　　　　历史酒店 $$

（☎605-574-2749；www.alpineinnhillcity.com；133 Main St；房间 $80~180；🛜）Alpine Inn位于市中心，其历史可以追溯至1884年，舒适的客房都被刷成尊贵的红色。其餐厅（主菜 $8~11；⏱11:00~14:30和17:00~21:00）供应分量十足的德国美食。

🛏 Lantern Inn　　　　　　汽车旅馆 $$

（☎605-574-2582；www.lanterninn.com；580 E Main St；房间 $70~130；⏱11月至次年3月 停业；🅿🛜🐾）这间汽车旅馆共有两层，提供18间客房，面朝美丽的风景。

戴德伍德 🄑

✖ Saloon No 10　　　　　　酒吧 $

（☎800-952-9398；www.saloon10.com；657 Main St；⏱餐厅 11:00~21:00，酒吧 8:00至次日2:00）深色装饰墙和地板上的木屑是这间著名酒吧的特色。希区柯克常去的酒吧其实在街对面，但那个建筑在一场大火中灰飞烟灭，因此主人把酒吧迁至此处。这里还有个楼顶酒吧，供应美味的酒吧食品和意大利风格的晚餐（主菜 $8~25）。每年6月至9月中旬的13:00、15:00、17:00和19:00，这里都会上演一场希区柯克的谋杀案表演。

🛏 Bullock Hotel　　　　　　历史酒店 $$

（☎605-578-1745；www.historicbullock.com；633 Main St；房间 $70~200；🅿🛜）电视迷都会回想起纠结而正直的州长塞斯·布洛克（Seth Bullock），这家酒店是由现实生活中的布洛克在1895年创办的。28间客房既保留了当时的时代特征，又不失现代和舒适。

🛏 Deadwood Dick's　　　　　　酒店 $$

（☎605-578-3224；www.deadwooddicks.com；51 Sherman St；房间 $36~200；🅿）在这些家庭风格且独具个性的客房里，家具都来自店主自营的古董店。客房房型丰富，从小巧紧凑的双人间到带厨房的大套房都有。独一无二的酒吧反映了小镇的历史。

利德 🄫

🛏 Town Hall Inn　　　　　　历史酒店 $

（☎605-584-1112；www.townhallinn.com；215 W Main St；房间 $50~100；🛜）这间酒店位于建于1912年的市政大厅，提供12间客房。宽敞的套房不管从命名还是主题上都体现着其前身的特色，比如法官室（Mnicipal Judge's Chamber）、陪审团评议室（Jury Room）和市长办公室（Mayor's Office）。

斯皮尔菲什 🄬

🛏 Spearfish Canyon Lodge　　度假屋 $$

（☎605-584-3435；www.spfcanyon.com；US 14A；房间 $90~220；🅿🛜🐾）作为乡村度假地的Spearfish Canyon Lodge位于斯皮尔菲什以南13英里处，靠近步道和溪流。巨大的大厅壁炉增加了它的魅力，54间现代化的松木客房非常温馨。

圣路易斯 大拱门

密苏里河之旅

追随这条北美第一长河，寻访大都市，以及镌刻进美国历史中那些令人回味的荒野和遗迹。

线路亮点

1388 英里
威利斯顿
密苏里河与黄石河在此汇流

13 终点

12 Washburn 沃什本

Bismarck 俾斯麦

1219 英里
斯坦顿
刘易斯和克拉克在这个村子遇见了萨卡加维亚

Pierre 皮尔

Sioux City 苏城

Fort Calhoun 卡尔霍恩堡

Omaha 奥马哈

309 英里
堪萨斯城
爵士乐、烧烤和各种超棒的街区令人来了就不想离开

St Joseph 圣约瑟夫

St Charles 圣查尔斯

 Arrow Rock 箭头岩

起点

0 英里
圣路易斯
地标大拱门令人怀想刘易斯和克拉克的西部冒险

7天
1388英里/
2234公里

最适合

何时去
5月至9月，所有景点都开放。

最佳摄影点
任何能捕捉密苏里河胜景的摄影点。

最佳历史景点
发生在密苏里河沿岸的众多事件，孕育出19世纪美国的自我意识。

Willisto
威利斯顿
13
Lak
Sakaket
萨卡卡特
200

28 密苏里河之旅

1804~1805年间，刘易斯和克拉克顺着密苏里河开始了他们传奇的西部之旅。他们带领远征团乘独木舟沿河而上，沿途遇到了美洲原住民——有些很友好，有些怀有敌意。与此同时，大片辽阔的土地第一次呈现在眼前，这片土地亿万年来未经人类涉足，遍布着野生动物。今天，当你也进行沿河探索，依然可以有自己的发现。

线路亮点

❶ 圣路易斯

当汽车一驶入圣路易斯（St Louis），你就能感受到这座北美大平原上最大城市的独特氛围。啤酒、保龄球和棒球都是不可错过的顶级体验，但其独一无二的"西部门户"地理位置及与之相关的历史和文化才真正赋予了这座城市无尽的生命力。

毛皮猎人皮埃尔·拉克利德（Pierre Laclede）发现这个地方的时候，就意识到这是块宝地。1764年，他在密西西比河和密苏里河汇合点打下了木桩。1848年，勘探者在加利福尼亚发现金矿时，这里变得愈加喧闹，许多梦想一夜暴富的人们涌入圣路易斯，后来这里又成为移民潮的热点。

作为这座城市的标志，**大拱门**（Gateway Arch; ☎314-655-1700; www.gatewayarch.com; 游园车 成人/儿童 $13/10; ⏱6月至8月 8:00~22:00,9月至次年5月 9:00~18:00, 末班电缆车在运营结束前1小时出发; 🅿)1965年落成时的盛况远远超出了赞助商的期望。作为国家公园财产管理局的至宝，这座泛着银光的拱门高达630英尺（约190米），堪称北美大平原上的埃菲尔铁塔。你可以搭乘电缆车到达其顶部的狭小封闭舱。

这个拱门是**杰斐逊国家扩张纪念地**（Jefferson National Expansion Memorial)的一部分，纪念地是用来纪念高瞻远瞩的总统杰斐逊的，他曾资助刘易斯和克拉克的远征。1804年5月，这段密苏里河畔的冒险旅程始于此地，和我们的路线大致相同。

🍴🛏 见48页、390页

行驶路上 » 踏上前人的足迹，从大拱门向西沿繁忙的I-70州际公路行驶大约24英里。

❷ 圣查尔斯

修建于1769年的密苏

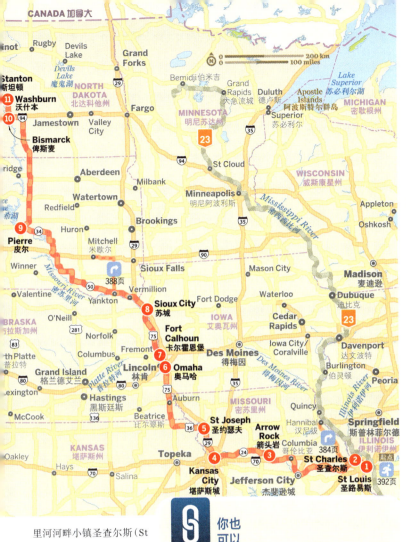

里河河畔小镇圣查尔斯（St
Charles）有一条用圆石铺砌
的主街。在保存良好的市中
心，你可以参观**第一州立议
会大厦**（First State Capitol;
☎636-940-3322; 200 S Main
St; 团队游 成人/儿童 $4.50/
3; ⏰周一至周六 10:00~16:00,
周日 正午至16:00, 11月至次年
3月 周一休息, 1月和2月 周日

**⑨ 你也
可以**

23 大河路
从圣路易斯向北进
入密西西比河——它虽长
度不及密苏里河，但名声
更响亮，你可以探索这两
条美国最伟大的河流。

27 黑山环线
南达科他州的黑山
环线沿途风景优美，景点
众多，拉什莫尔山（总统
山）也在这条线路上。以
拉皮德城为起点，此地位
于皮尔以西170英里。

休息)。到**游客中心**(☎800-366-2427; www.historicstcharles.com; 230 S Main St; ◷周一至周五 8:00~17:00, 周六 10:00~17:00, 周日 正午至17:00)咨询步行游览的线路,你将经过**弗伦奇敦街区**(Frenchtown)以北宝贵的法国殖民建筑。

1804年5月21日,克拉克在这里与刘易斯会合,开始了他们史诗般的旅程。每年的这一天,本地都会将他们的营地生活重新搬上舞台。**刘易斯与克拉克船屋和自然中心**(Lewis & Clark Boathouse & Nature Center; www.lewisandclarkcenter.org; 1050 Riverside Dr; 成人/儿童$5/2; ◷周一至周六 10:00~17:00,周日 正午至17:00)陈

列着两人的故事展及那艘探险船的复制品。

行驶路上 » I-70州际公路沿途景致一般,建议沿河而行,先取道Hwy 94公路,然后沿US 63公路向北至哥伦比亚(Columbia;市中心有很不错的咖啡馆)。从哥伦比亚再依次经过Hwy 740公路、Hwy 240公路、US 40公路和Hwy 41公路到达下一站,全程190英里。

---

❸ 箭头岩

密苏里河西侧的**箭头岩国家历史遗址**(Arrow Rock State Historic Site; www.mostateparks.com; ◷游客中心 3月至11月 每天10:00~16:00,11月至次年2月

周五至周日)就坐落于河畔一个保存完好的小镇内,19世纪30年代至今风貌依旧,当时它处于马车驿站西行的主要路线上。

行驶路上 » 取道Hwy 41公路,然后经US 65公路和US 24公路,穿过绵延起伏的密苏里乡村,行驶95英里后右转进入堪萨斯城的中心。

线路亮点

❹ 堪萨斯城

堪萨斯城(Kansas City,简称KC)在1821年建城伊始只是一座贸易站,其真正发展壮大是在西部扩张运动开始之后。满载拓荒者的汽船来到这里,船上的人们将走上俄勒冈、加利福

另辟蹊径
汉尼拔

起点: ❷ 圣查尔斯

当闷热的天气来临,在这座古老的河畔小镇中,你很容易就可以听到另一条河(即密西西比河)上蒸汽船的汽笛声。马克·吐温的童年故居位于圣路易斯西北100英里处,那里有一些真实的古迹和大量遗址。你可以去感受一下这位作家的灵感源泉和他笔下的人物: 汤姆·索亚(Tom Sawyer)和哈克·费恩(Huck Finn)。

马克·吐温童年故居和博物馆(Mark Twain Boyhood Home & Museum; ☎573-221-9010; www.marktwainmuseum.org; 120 N Main St; 成人/儿童 $11/6; ◷9:00~17:00, 1月至3月 营业时间缩短)有8栋建筑,包括马克·吐温曾居住过的两间屋子和劳拉·霍金斯(Laura Hawkins)的故居,后者正是贝基·撒切尔的原型。然后参加**马克·吐温游船之旅**(Mark Twain Riverboat; ☎573-221-3222; www.marktwainriverboat.com; Center St Landing; 1小时的观光游船之旅 成人/儿童 $18/11; ◷4月至11月,时间不定),沿密西西比河顺流而下。**汤姆·索亚日**(National Tom Sawyer Days; www.hannibaljaycees.org; 7月4日前后的周末),将会举办跳蛙、喷刷栅栏等多种比赛。

从圣查尔斯出发,经由US 61公路向西北行驶95英里,穿过连绵的丘陵,抵达汉尼拔(Hannibal)。

尼亚和圣菲的艰难小径。

堪萨斯城有3块金字招牌：烧烤（100多家烟雾弥漫的烧烤店）、喷泉（超过200个，不逊于罗马）和爵士乐。

不能错过的地方还有**乡村俱乐部广场**（Country Club Plaza；☏816-753-0100；www.countryclubplaza.com），它常被简称为"the Plaza"，这是20世纪20年代的一个商业区，魅力十足。**河边市场**（River Market）是个大型农贸市场，位于市区北部；本地人经营的诱人餐馆和酒吧主要集中在**韦斯特波特**（Westport），即Main St以西的韦斯特波特路（Westport Rd）上。

变化莫测的密苏里河曾使数百艘江轮沉没。在**阿拉伯汽船博物馆**（Arabia Steamboat Museum；☏816-471-1856；www.1856.com；400 Grand Blvd；成人/儿童 $14.50/5.50；◷周一至周六 10:00~17:00，周日 正午至17:00，最后一次游览闭馆前90分钟)，你可以看到从1856年的一艘沉船上打捞起来的200吨"财宝"。

✕ 🛏 见390页

行驶路上 » 沿I-29州际公路向北行驶55英里，在堪萨斯城无边无际的郊野中飞驰。

- - - - - - - - - - - -

❺ 圣约瑟夫

小马快递（Pony Express；美国早期传奇快递公司）的第一单在1860年送出，只用了8天就从圣约瑟夫（St Joseph）运送到2000英里以西的加利福尼亚。18个月后，电报出现了，小马快递就此退出历史舞台。**小马快递国家博物馆**（Pony Express National Museum；☏816-279-5059；http://ponyexpress.org；914 Penn St；成人/儿童 $6/3；◷周一至周六 9:00~17:00，周日 11:00~16:00）讲述了快递路上的危险和快递员的故事。

密苏里河东部的圣约瑟夫也是悍匪杰西·詹姆斯的家乡。他被杀的地方就是现在的**杰西·詹姆斯故居博物馆**（Jesse James Home Museum；☏816-232-8206；www.ponyexpressjessejames.com；1202 Penn St；成人/儿童 $6/4；◷周一至周六 9:00~16:00；周日 正午至16:00）。当年的那个致命的弹孔仍然留在墙上。

格洛精神病学博物馆（Glore Psychiatric Museum；☏816-232-8471；www.stjosephmuseum.org；3406 Frederick Ave；成人/儿童 $6/4；◷周一至周六 10:00~17:00，周日 13:00~17:00）选址于前州立精神病院二院，这里的展览可以让人了解到可怕又让人有些好奇的前脑叶白质切除术、大脑的内部构造和其他难以置信的治疗方法。

行驶路上 » 取道US 36公路向西，再沿US 75公路北上至内布拉斯加州。在这段157英里长的旅程中，你可以沿途欣赏密苏里河两岸的老城风光，比如内布拉斯加市（Nebraska City）。

- - - - - - - - - - - -

❻ 奥马哈

这里有方砖和鹅卵石铺成的**老市场**，就在市区附近，还有生气勃勃的音乐演出，以及若干高品质的博物馆，可供你在奥马哈（Omaha）玩上好几天。

奥马哈位于密苏里河沿岸，同时又邻近普拉特河（Platte River），这样的地理位置使它成为俄勒冈、加利福尼亚和摩门小径上的重要停留点。后来，第一条通往加利福尼亚的横贯大陆铁路从这里往西延伸。它的故事在康瑟尔布拉夫斯（Council Bluffs）附近的**联合太平洋铁路博物馆**（Union Pacific Railroad Museum；www.uprrmuseum.org；200 Pearl St；◷周四至周六 10:00~16:00）里有详细的叙述。

市中心的**滨河区**（8th St和Riverfront Dr）经过彻底的改建后呈现出诸多亮点：结构令人惊叹的**鲍勃·克里人行天桥**（Bob Kerry Pedestrian Bridge）上可以远眺艾奥瓦州的天空；**美国腹地公园**（Heartland of America Park）拥有户外喷泉和郁郁葱葱的花园；**刘易斯和克拉克登陆点**（Lewis & Clark Landing）是1804年

385

探险家登陆的位置；**刘易斯和克拉克国家历史步道游客中心**（Lewis & Clark National Historical Trail Visitor Center; ☎402-661-1804; www.nps.gov/lecl; 601 Riverfront Dr; ⏰5月至10月 周一至周五 8:00~17:00，周六和周日 9:30 起，11月至次年4月 周一至周五 8:00~16:30）则提供了追随前人足迹的信息和建议。

🍴🛏 见366页、391页

行驶路上 » 奥马哈城区日益扩张，而卡尔霍恩堡则地处城区外围，沿US 75公路北行16英里即可到达。

---

❼ 卡尔霍恩堡

小镇卡尔霍恩堡（Fort Calhoun）的两处景点都会带你走入密苏里河的历史之中。**阿特金森堡州立历史公园**（Fort Atkinson State Historical Park; www.outdoornebraska.ne.gov; Madison St; 成人/儿童 $2/1; ⏰公园 8:00~17:00，游客中心 6月至8月 10:00~17:00，5月和9月 周六和周日）保存了建在密苏里河西侧的第一个美国军事堡垒。它是在刘易斯和克拉克的建议下于1820年修建的，这二位不仅是探险家，还是嗅觉敏锐的军人。

城东的**博耶滑道国家野生动物保护区**（Boyer Chute National Wildlife Refuge; www.fws.gov/refuge/Boyer_Chute; CR 34; ⏰黎明至黄昏）内有沼泽和一些开放的河滩，这里几个世纪以来几乎没有什么变化。一条环形自驾线路可以让你看到密苏里河在农田开垦和城市发展之前的面貌。

行驶路上 » 沿US 75公路从卡尔霍恩堡向北行驶，在这84英里的路上，点缀着充满怀旧气息的农业小镇。在大方向上，你将与密苏里河一同蜿蜒直奔东方。

---

❽ 苏城

艾奥瓦州的苏城（Sioux City）位于高坡之上，在此向西远眺，你将饱览壮阔的密苏里河。W Fourth和Burton Sts交会处是一个非常好的**观景点**。

1804年8月20日，查尔斯·弗洛伊德警长（Sergeant Charles Floyd）成为刘易斯和克拉克远征队的唯一牺牲者，死因可能是阑尾炎。有关这件事情和这次远征的其他信息，你可以从河边的**刘易斯与克拉克解说中心**（Lewis & Clark Interpretive Center; www.siouxcitylcic.com; 900 Larsen Park Rd, Sioux City; ⏰周二至周五 9:00~17:00，周六和周日正午至17:00）了解更多，这是一栋美丽的建筑。

行驶路上 » 我们将前往南达科他州的首府，行驶在最小的乡村双车道公路上感觉惬意自在。沿Hwy 12公路驶离苏城，一直行驶至南达科他州的韦斯特菲尔德（Westfield），从这里换道蜿蜒曲折的Hwy 50公路，因为它会沿河而行。最后沿Hwy 34公路行驶64英里。全程共306英里。

---

❾ 皮尔

南达科他州的皮尔（Pierre，读"peer"）规模不大且没有太多亮点，这座只有14,100人的城市感觉完全

堪萨斯城 "喷泉之城"

不像州府所在地。从小城的维多利亚式住宅上可以看到建于1910年、有着肃穆黑色铜屋顶的**州议会大厦**(State Capitol; ☎605-773-3011; 500 E Capitol Ave; ⏰周一至周五 8:00~19:00, 周六和周日 至17:00)。

密苏里河畔的这座小城沿着美洲原住民景观公路和偏僻荒凉的US 14公路延伸, 你可以遥想曾经有数不清的北美野牛、河狸、麋鹿和各种野生动物在此出没。

南达科他州文化遗产中心(South Dakota Cultural Heritage Center; ☎605-773-3458; www.history.sd.gov; 900 Governors Dr; 成人/儿童 $4/免费; ⏰6月至8月 周一至周六 9:00~18:30, 周日 13:00~16:30, 其他时间 至16:30)的展品包括"伤膝河之战"(Battle of Wounded Knee)的一件血迹斑斑的鬼舞衫。

在河流转弯处, **Framboise Island**上有数量众多的野生动物和几条徒步路线。它的对面就是1804年9月底刘易斯和克拉克探险队待了4天的地方。探险队无意之中冒犯了当地布鲁尔

（Brule）部落成员，导致原定计划差一点搁浅。

行驶路上 » 沿US 83公路往北，前往达科他州的另一个州府。在这208英里的大部分旅程中，河坝使密苏里河看起来更像个湖泊。

❿ 俾斯麦

和皮尔的乡村魅力相比，位于北达科他州俾斯麦（Bismarck）的**州议会大厦**（State Capitol；☏701-328-2480；600 E Boulevard Ave, Capitol Hill；⊙6月至8月 周一至周五 8:00~16:00，周六 9:00~16:00，周日 13:00~16:00，9月至次年5月 周一至周五 9:00~16:00，团队游 除正午，1小时一趟）给人一种"草原上的摩天大楼"的感觉，这栋20世纪30年代的建筑看起来像一所毫无设计感的牙科学院。

在萨卡加维亚（Sacagawea；一个印第安妇女，刘易斯和克拉克与她有着珍贵的友谊）塑像后面，巨大的**北达科他州遗产中心**（North Dakota Heritage Center；☏701-328-2666；www.history.nd.gov；612 East Boulevard Ave, Capitol Hill；⊙周一至周五 8:00~17:00，周六和周日 10:00~17:00）如数家珍般地讲述了这里的往事，包括挪威籍的学士农民和州境内携带核弹头的导弹所存放的各个发射井。

亚伯拉罕·林肯堡州立公园（Fort Abraham Lincoln State Park；www.parkrec.nd.gov；紧邻 Hwy 1806；每车$5，团队游 成人/儿童 $6/4；⊙停车 9:00~17:00，团队游 5月至9月）值得专程拜访，你需要沿 SR 1806州道往南行驶7英里，公园就在曼丹（Mandan）附近。**倾斜印第安村**（On-A-Slant Indian Village）里有5个重建的曼丹人土屋，堡垒里有几个仿制建筑，是小比格霍恩河战役（Battle of Little Bighorn）前卡斯特的最后停留点。

行驶路上 » 在北达科他州，也许煎饼会很受欢迎，因为这一带大部分的区域也像薄煎饼一样平整。沿US 83公路往北行驶40英里，你也会有这样的发现。

另辟蹊径
米歇尔

起点：❽ 苏城

密苏里河沿岸有着大片生机勃勃的绿色玉米地，何不也来表达下崇敬？每年约有50万人会通过I-90州际公路（332出口）来观看这座农业届的"泰姬陵"、有史以来最好的路边风景——**玉米宫**（Corn Palace；☏605-995-8430；www.cornpalace.com；604 N Main St；⊙6月至8月 8:00~21:00，9月至次年5月 营业时间缩短）。每年，人们都会用近300,000穗玉米在皇宫外墙上创作许多幅壁画。仔细琢磨一番，你也许会明白其中的门道。玉米宫里面则用展示的照片记录了外墙上玉米壁画的变化。

米歇尔位于苏城西北150英里处，走I-29州际公路和I-90州际公路可以到达。从此地经I-90州际公路和US 83公路向西北行驶150英里可达皮尔，返回我们的主线。

⓫ 沃什本

1804~1805年，刘易斯和克拉克在沃什本（Washburn）与曼丹人一起过冬，附近有几个值得看看的景点。美洲原住民和探险家们曾经生活过的这片土地至今没有大的变化，令人感慨。

在**刘易斯与克拉克解说中心**（Lewis & Clark Interpretive Center；☏701-462-8535；www.fortmandan.com；junction US 83 & ND Hwy 200A, Washburn；成人/儿童 $7.50/3；⊙4月至10月 9:00~17:00，11月至次年3月 周一至周六 9:00~17:00，周日 正午至17:00），你将了解到这两位探险家的远征和帮助过他们的

美洲原住民的情况。

从讲解中心向西2.5英里（位于洪水冲垮的原址下游10英里）便是**曼丹堡**（Fort Mandan），此处其实是一个仿品，原堡垒由刘易斯和克拉克修建。堡垒位于密苏里河一条偏僻的支流边，以希曼（Seaman）纪念碑为标记，希曼是探险队的一条狗。

行驶路上 » 沿Hwy 200公路行驶，从沃什本往西22英里，穿过连绵起伏的绿色草原，到达北达科他州的斯坦顿北部。

● **线路亮点**

⑫ 斯坦顿

在斯坦顿（Stanton）的**刀河印第安村落国家历史遗址**（Knife River Indian Villages National Historical Site；☎701-745-3300；www.nps.gov/knri；紧邻Hwy 200，Stanton；◷建筑 6月至8月 8:00~17:00，9月至次年5月 至

16:30，小径 黎明至黄昏），你仍可以看到希多特萨人（Hidastas）的3个土村存在过的痕迹，他们在刀河生活了900多年，这是密苏里河的一条狭窄支流。国家公园管理局重新修建了其中的一座土屋。在这个几乎完全开阔的野地里漫步，你将来到刘易斯和克拉克遇见萨卡加维亚的村子。

行驶路上 » 大量的水坝使密苏里河成为一片分散的水域，看起来像一对蜥蜴在跳求偶舞。最后的169英里主要行驶在Hwy 200公路上。

● **线路亮点**

⑬ 威利斯顿

沿SR 1804州道往威利斯顿（Williston）的西南行驶22英里，就是荒凉的军队哨所**布福德堡**（Fort Buford；☎701-572-9034；www.history.nd.gov；SR 1804；成人/儿童 $5/2.50；◷城堡 6月至8月 10:00~17:30），

"坐牛"（Sitting Bull；北美印第安人苏族酋长）曾在这里投降。堡垒的游客服务中心位于相邻的**密苏里河-黄石河汇流解说中心**（Missouri-Yellowstone Confluence Interpretive Center）内，在这里你可以清楚地看到黄石河与密苏里河的汇流点，这使得密苏里河的流量大增。

往西大约2英里，在蒙大拿州（Montana）与北达科他州的边界上，矗立着更能唤起人们回忆的**联合堡交易站**（Fort Union Trading Post；☎701-572-9083；www.nps.gov/fous；SR 1804；◷6月至8月 中部标准时间 8:00~18:30，9月至次年5月 9:00~17:00）。它是以1828年的美国皮草公司（American Fur Company）贸易站为基础重建的。

过了蒙大拿州，密苏里河分为无数条支流。刘易斯和克拉克向西继续那场史无前例的远征，大量的搬运工作在等待着他们。

食 宿

圣路易斯 ❶

✖ Crown Candy Kitchen 咖啡馆 $

（☎314-621-9650；www.crowncandykitc hen.net；1401 St Louis Ave；主菜 $5~10；⏰周一至周四 10:30~20:00，周五和周六 至21:00；🚗）一个真正的家族冷饮小卖部，自1913年以来一直受到无数家庭的青睐。你可以尝尝麦芽糖（Malts；按勺卖的美味的热软糖）、雪顶冷饮以及著名的培根生菜番茄三明治（BLT）。最后别忘了再买几块自制的糖果。

✖ Bridge Tap House & Wine Bar 酒吧 $

（☎314-241-8141；www.thebridgestl.com；1004 Locust St；⏰周一至周六 11:00至次日 1:00，周日 至午夜）你可以在这个浪漫的酒吧里放松身心，尽情享用上好的葡萄酒和最好的本地啤酒（55种），以及品尝各种应季的美味小吃。

✖ Eleven Eleven Mississippi 新潮美国菜 $$

（☎314-241-9999；www.1111-m.com；1111 Mississippi Ave；主菜 $9~25；⏰周一至周四 11:00~22:00，周五 至午夜，周六 17:00至午夜；🚗）这间人气很高的餐馆位于一家旧鞋厂的厂房之内。晚餐主菜为本地特色美食，食材现采现做，十分新鲜。其他随季节变动的菜单包括各类三明治、比萨、牛排和蔬菜。

🛏 Moonrise Hotel 精品酒店 $$

（☎314-721-1111；www.moonrisehotel. com；6177 Delmar Blvd；房间 $170~450；🅿❄🛜🐾）8层的Moonrise精品酒店十分时髦，在热闹的卢普区很有知名度。125间客房都是月亮主题，气氛轻松舒适。

堪萨斯城 ❹

✖ Arthur Bryant's 烧烤 $

（☎816-231-1123；www.arthurbryantsbbq. com；1727 Brooklyn Ave；主菜 $8~15；⏰周一至周四 10:00~21:30，周五和周六 至22:00，周日 11:00~20:00；🅿）这家著名的烧烤店离Jazz District不远，供应各类一流的烧烤食品。酱料辣味十足，服务人员既风趣又有魅力。推荐烤炉旁边的位置。

✖ Joe's Kansas City Bar-B-Que 烧烤 $

（☎913-722-3366；www.joeskc.com；3002 W 47th Ave；主菜 $6~20；⏰周一至周四 11:00~21:00，周五和周六 至22:00；🅿）这间大名鼎鼎的烧烤店位于一处灯火通明的旧加油站内，是你不远万里前来的最大动力——实际上它离广场（the Plaza）并不远。手撕猪肉让人食欲大增，而烤波托贝洛菇（Smoked Portobello）会让素食者也赞不绝口。一般需要排队。

✖ Rieger Hotel Grill & Exchange 美国菜 $$

（☎816-471-2177；www.theriegerkc.com；1924 Main St；主菜 $11~30；⏰周一至周四 15:00~22:00，周五和周六 至22:00）这间堪萨斯城最有创意的餐馆位于Crossroads Arts District，其前身是一家建于1915年的古老

无趣酒店。如今它已经焕然一新，以搭配大厨Howard Hanna颇具创意的应季美食菜单。留意卫生间门口的纪念牌，上面标示着美国黑帮老大艾尔·卡朋（Al Capone）出逃的地方。

🛏 Southmoreland on the Plaza　民宿 $$

（☎816-531-7979; www.southmoreland. com; 116 E 46th St, Country Club Plaza; 房间 $120~235; 🅿❄🎤）这间豪华的民宿共提供12间客房，每间看起来都和你在乡村俱乐部里有钱的朋友家差不多。这栋古老的宅邸位于艺术博物馆和广场之间。

奥马哈 ❻

🍴 Boiler Room　新派美国菜 $$$

（☎402-916-9274; www.boilerroomomaha.com; 1110 Jones St; 主菜 $28~35; ⊘周一至周四 17:30~21:00, 周五和周六 至22:00）各国风味结合法式烹饪手法打造出了这里的美食。这间引领潮流的法式小馆位于Old Market, 原料都精选自当地应季食材。它有一个开放式的厨房以及一间鸡尾酒酒吧。

🍴 Spencer's　牛排 $$$

（☎402-280-8888; www.spencersomahaforsteaksandchops.com; 102 S 10th St; 主菜 $25~65; ⊘17:00~22:00）奥马哈以牛排闻名。这家灯光幽暗的高档餐厅里的煎牛排一定不会让你失望。在它的酒吧里可以享用到一流的休闲美食，而且花费比餐厅便宜得多。

步行游览
圣路易斯

起点/终点：森林公园

距离：4英里

需时：3小时

市区的大拱门显然是游客的必去之处，但要寻找真正的徒步乐趣，不妨加入游览森林公园的人群，这里草木葱茏，拥有不少博物馆和景点。东部的Central West End街区也为这段步行增色不少。

可使用此步行游览的线路：

森林公园

圣路易斯的**森林公园**（Forest Park；☏314-367-7275；www.forestparkforever.org；bounded by Lindell Blvd, Kingshighway Blvd & I-64；☺6:00~22:00)比纽约中央公园还大。**游客和教育中心**（Visitor & Education Center; 5595 Grand Dr；☺周一至周五 6:00~20:00,周六和周日 至19:00)位于古老的有轨电车站里，内设咖啡厅。在此停车开始逆时针路线步行。

行走路上 » 向西北走约300米，穿过花园。

密苏里历史博物馆

密苏里历史博物馆（Missouri History Museum；☏314-746-4599；www.mohistory.org；5700 Lindell Blvd；☺周三至周一 10:00~17:00, 周二 至20:00；🅿)展示了圣路易斯丰富的历史故事。

行走路上 » 向南穿过网球场到湖边的小码头。

邮报湖

水域辽阔的邮报湖（Post-Dispatch Lake)不仅仅是用来欣赏的，你可以从**船屋**（Boathouse；☏314-367-2224；www.boathouseforestpark.com；6101 Government Dr；租船每小时$17；☺11:00至落日前约1小时，须天气晴好)租条小船，在湖水上泛舟。邮报湖在世界博览会期间就位于中心位置，现在仍可看出一二。

行走路上 » 你可以朝西南方向直行前往圣路易斯艺术博物馆；或者取道邮报湖北岸一条更长且风景更优美的蜿蜒小路，绕过大水池（Grand Basin)后向南穿越艺术之丘（Art Hill)的大片绿色草坪。

圣路易斯艺术博物馆

这是一座为世界博览会修建的宏伟艺术宫殿，现在是**圣路易斯艺术博物馆**（St Louis Art Museum；www.slam.org；1 Fine Arts Dr；☺周二至周四、周六和周日 10:00~17:00,周五 至21:00)所在地，博物馆里的藏品横跨不同的时代与风格，包括毕加索、凡·高和沃霍尔。

行走路上 » 你需要向东南方向走过一小片绿地，到达动物园北入口。

圣路易斯动物园

巨大的**圣路易斯动物园**（St Louis Zoo；📞314-781-0900；www.stlzoo.org；1 Government Dr；部分场馆收费；⏰5月至9月 每天9:00~17:00，周五至周日 至19:00；🅿🚻）具有世界级的设施，不容错过。

行走路上 » 向东直走，穿过一片树林，可远观天文馆。建于1909年的世界博览会展示馆（World's Fair Pavilion）也许会吸引你的目光，它是一个宏伟的露天场馆，建造经费源于1904年世界博览会的收益。

圣路易斯科学中心

现场演示、恐龙、天文馆和IMAX剧院只是**圣路易斯科学中心**（St Louis Science Center；📞314-289-4400；www.slsc.org；5050 Oakland Ave；⏰周一至周六 9:30~16:30，周日 11:00~16:30；🅿🚻）的部分亮点，它们中的大部分都需要经由一条横跨I-64州际公路的玻璃人行天桥到达，公园的入口紧邻天文馆。

行走路上 » 沿着宽阔的主人行道向北走，途经杰斐逊湖（Jefferson Lake）。

斯坦伯格溜冰场

如果天气太冷不能租船，正好可以去**斯坦伯格溜冰场**（Steinberg Ice-Skating Rink；📞314-367-7465；www.steinbergskatingrink.com；400 Jefferson Dr；$7，溜冰鞋出租$6；⏰11月中旬至次年2月 周日至周四 10:00~21:00，周五和周六 至午夜）滑冰。

行走路上 » 离开公园，跨过S Kingshighway Blvd，步行一个街区后到达Euclid Ave——这是中西区的中心处。

中西区

时髦的中西区（Central West End）位于Euclid Ave，拥有一众咖啡厅和购物场所。你可以去**Pickles Deli**（📞314-361-3354；www.pickdelistl.com；22 N Euclid Ave；主菜$5~10；⏰周一至周五 9:00~19:00，周六 10:00~15:00；🍴）买一份野外午餐。附近的**Left Bank Books**（📞314-367-6731；www.left-bank.com；399 N Euclid Ave；⏰周一至周六 10:00~22:00，周日11:00~18:00）是间不错的独立书店。

行走路上 » 穿过公园中非常漂亮的花园回到停车场。圆湖（Round Lake）和鹿湖（Deer Lake）之间有一些水道相连，推荐沿着水道旁的小径走回去。

落基山脉

这条公路将美国人对汽车的热爱和落基山脉雄伟瑰丽的深色山脉联结在一起。从这里,你将踏上公路旅行者无与伦比的天堂。

孤独的公路仿佛没有尽头,它们在雪峰之上盘旋缠绕,攀爬上不可思议的要隘,追逐与水晶一样澄澈的河水,深入崎岖的峡谷。你经常会花费数小时穿越荒无人烟却遍布着熊、鹿、驼鹿和鱼鹰的茂密丛林,很久也见不到一个城镇——但是,一旦你踏上这趟旅程,你将碰见与这片山区共存的人们。越来越多的年轻冒险者涌向这里,他们将大都市的先进理念带进西部荒野(Wild West),着力于打造农场直送餐桌的食物(Farm-to-fork Food)和精酿啤酒。同时,他们也不断探索着落基山脉中除了沥青马路之外的众多新步道,而这也正是落基山脉的精华所在。

斯诺马斯 阿斯彭的滑雪度假胜地之一
THE WORLD IN HDR / SHUTTERSTOCK ©

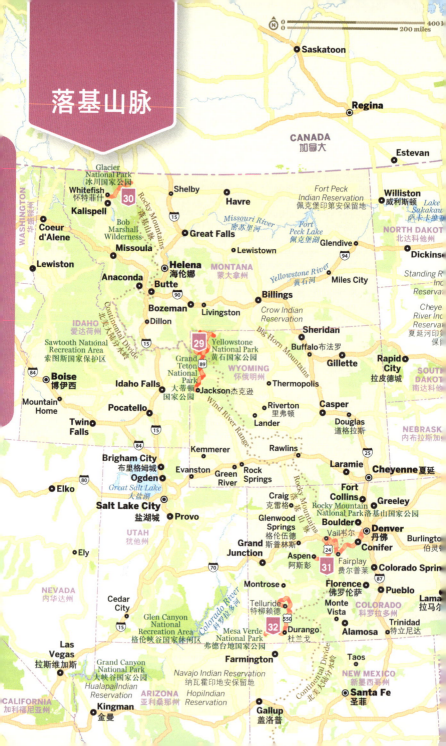

怀俄明州，黄石国家公园

Classic Trip

29 ### 从大蒂顿到黄石 7 天
沿途你将观赏到难得一见的野生动物、喷涌的间歇泉和旖旎的高山风光，这是完美的公园体验之旅。（见 399 页）

30 ### 逐日公路 2～3 天
冰川国家公园的主要魅力在于陡峭的急弯山路、数量众多的瀑布和耀眼的冰川。（见 411 页）

31 ### 落基山脉之巅 4～5 天
狂野西部的鬼城，体验滑雪度假村以及高海拔的快感。（见 421 页）

32 ### 圣胡安高架公路和百万美元公路 6～8 天
从神秘的崖屋出发，驾车前往衰败的采矿村镇和科罗拉多州的时髦场所。（见 433 页）

☑️ 不要错过

阳台屋
弗德台地悬崖石窟的门票非常紧俏。最惊险刺激的莫过于你需要攀爬陡峭的扶梯并匍匐穿过狭窄的通道。在线路 **32** 进行这次攀爬之旅。

观狼
早起去观看拉马尔山谷中的狼群。建议参加黄石国家公园协会组织、由生物学家带队的行程。尽在线路 **29**。

褐铃山
当你亲眼见到这些鬼斧神工般的山峰时，连充满魅力的阿斯彭也会黯然失色。尽在线路 **31**。

麦克唐纳湖
在冰川国家公园的船运公司租一艘划艇，让自己沉浸在公园里那烟波浩渺的湛蓝色水域中。尽在线路 **30**。

詹姆斯大农场
在杜兰戈附近的路边农场中，你可以享用到农场新鲜的汉堡和沙拉。在线路 **32** 上填饱你的肚子。

大蒂顿国家公园
驼鹿的鹿角每只重达
50 磅（约 22.7 千克）

经典线路

29

从大蒂顿到黄石

美国最受欢迎的国家公园——黄石国家公园，和美国最壮美的山脉——蒂顿山脉相映成趣，这段史诗级的旅程可以说是一举两得。

线路亮点

Mammoth
Hot Springs
马默斯温泉

终点

116 英里
大棱镜泉
彩色温泉，间歇泉
以及热泥潭

Grand Canyon of the
Yellowstone
黄石
大峡谷

10

230 英里
拉马尔山谷
观察灰熊、狼群
以及野牛的生活

Hayden Valley
海登山谷

6

Yellowstone Lake
黄石湖

Old
Faithful
老忠实泉

Oxbow Bend
牛轭弯

3

33 英里
斯特林湖和利湖
在大蒂顿的后院
漫步和戏水

0 英里
杰克逊
当牛仔精神遇见
高峰冒险

Laurance S
Rockefeller Preserve
劳伦斯·S.
洛克菲勒保护区

1

起点

7天
263英里/423公里

最适合

何时去

6月至9月，此时冰雪
融化，野生动物活动
频繁。

最佳
摄影点

莫兰山倒映在牛轭弯平
静的水面上。

最佳野生
动物观察点

黎明时分，去黄石公园的
山谷中游猎，尽览北美野
生动物。

29 从大蒂顿到黄石

黄石公园不仅拥有世界上最集中的间歇喷泉群，还有无与伦比的美景和多样的野生动物种群。在这里，你可以观赏到成群的美洲野牛、慢吞吞的灰熊（棕熊）和大批狼群，经过全美最大的高山湖泊以及不计其数的瀑布。从南部北上，在原始的斯内克河峡谷两岸矗立着蒂顿山脉陡峭的山峰，如此美景一定会将你征服。

线路亮点

❶ 杰克逊

遍布着高档酒吧的小镇杰克逊（Jackson）紧挨着大蒂顿国家公园（Gran Teton National Park）的南门，但是可别把它仅仅看作是公园的入口。作为一个旅游小镇，冬季这里是世界级的滑雪胜地，夏季这里也独具魅力——你可以参加丰富的户外活动，找到画廊以及各类出售时装或定制户外装备的店铺。

别错过**国家野生植物艺术博物馆**（National Museum of Wildlife Art；☎307-733-5771；www.wildlifeart.org；2820 Rungius Rd；成人/儿童 $14/6；⏲5月至10月 9:00~17:00，11月至次年4月 周日11:00起，周一闭馆；🚻），里面展出着雷明顿（Remington）和比尔施塔特（Bierstadt）的代表作，这些作品呈现出了动人心魄的自然之美。马路对面的**国家麋鹿保护区**（National Elk Refuge；☎307-733-9212；www.fws.gov/refuge/national_elk_refuge；Hwy 89；雪橇 成人/儿童 $21/15；⏲12月至次年4月 10:00~16:00）是麋鹿、美洲野牛和大角羊在冬日的庇护所；而到了夏天，这里将成为观鸟者的天堂。

最后，这里可以享用到西部顶级的美食，知名厨师的技艺和当地农场种植的食材不会令你失望。

🍴🏠 见408页

行驶路上 » 从杰克逊向北，虽然可以取道Hwy 26/89/191公路一路直行，但不推荐。你可以沿Hwy 22公路转上Moose-Wilson Road（Hwy 390公路），经蒂顿村（Teton Village）和Granite Canyon入口，去往大蒂顿国家公园。这条窄路上禁行卡车和拖车，沿途还时常能看见灰熊。从杰克逊驶出18英里后，进入劳伦斯·S.洛克菲勒保护区。

❷ 劳伦斯·S. 洛克菲勒保护区

与传统的游客中心不同，**劳伦斯·S.洛克菲勒保护区中心**（Laurance S Rockefeller Preserve Center；☎307-739-3654；Moose-Wilson Rd；⏲6月至9月 9:00~17:00；🚻）意在为游客提供更为深刻的旅行体验。中

心装修简约，取得了"绿色能源与环境设计先锋认证"（Leadership in Energy and Environmental Design，简称LEED），为探索自然提供了良好的氛围——墙上刻着自然学家的著名语录。你还可以在藏书量丰富的图书馆中，坐在皮制扶手椅上尽情阅读。

石油大亨约翰·戴维森·洛克菲勒（John D Rockefeller）曾秘密地买下这里以及斯内克河峡谷（Snake River Valley）中的大片土地——当时因担心"政府大规模占地"，贪婪的开发商和自私自利的当地人并不赞同将此地建为大蒂顿国家公园。洛克菲勒在20世纪30年代将买下的土地捐给了

你也可以

30 逐日公路

从马默斯出发，取道 Hwy 89 公路向北到 I-90 州际公路，到达米苏拉后，再经 Hwy 93 公路往北行进，这段 7 个小时的旅程带你去往更加壮阔的山脉。

31 落基山脉之巅

从杰克逊出发，取道 US 191 公路南行至 I-80 州际公路再往东，接着沿 I-25 州际公路向南到达丹佛，这段 8 小时的旅程将去往科罗拉多高地。

公园，只留下这个牧场（他的儿子在1990年接管）。

从这里，你可以轻松走到**菲尔普斯湖**（Phelps Lake）。这条全长7英里的环线所到之处景色壮丽，从湖对岸30英尺（约9.1米）高的Jumping Rock跳入湖中非常刺激。

行驶路上 » Moose-Wilson Rd向前4英里就走到尽头了，你的面前横着的是Teton Park Rd，虽然到达最后的目的地需要往左转，但是我们先向右转去克雷格·托马斯发现和游客中心（Craig Thomas Discovery & Visitors Center），然后再沿原

路返回。在16英里处左转，去往利湖和斯特林湖步道起点，以及沿珍妮湖（Jenny Lake）畔风景如画的单程环线向南走一小段会带你回到起点。

线路亮点

❸ 斯特林湖和利湖

大蒂顿国家公园（Grand Teton National Park；☎307-739-3300；www.nps.gov/grte；Teton Park Rd, Grand Teton National Park；每辆车 $30）的路边风景太过吸引眼球，以至于会让你无暇顾及路况。每条岔路上都能遇到更美的拍摄点——无论你是从哪个方向来。

探险从穆斯（Moose）开始，你可以在这里的**Dornan's**（☎307-733-2415；

www.dornans.com；Moose Village；⏰9:00~18:00）租到独木舟和桨板，然后前往**斯特林湖和利湖**（String Lake and Leigh Lake）步道起点。这次探险需要轻轻划过布满岩石的斯特林湖，然后背着船走一小段，前往相对开阔的利湖。你可以浮水、游泳、或者在湖滩上欣赏层峦叠嶂的美景。更好的方式是预订一个水边的野外露营地。

湖畔也很适合轻松的徒步，老少皆宜。斯特林湖步道往返共3.3英里。

到了这里，你可以经过一小段环路去Jenny Lake Lodge（见409页）。如果住宿费超出了你的预算，不妨在此享用简单的午餐或正式晚餐，晚餐有浪漫的烛光和5道菜。

🍴🛏 见408页

行驶路上 » 从詹妮湖或斯特林湖出来左转，走上Teton Park Rd。向北走13英里，当你沿着茂密树林中的盘山公路Signal Mt Road（很值得一游的支线）上山时，你会发现窗外的风景正从灌木蒿属植物变为松树林。在杰克逊湖路口（Jackson Lake Junction）右转，几乎刚过弯道，牛轭弯就会出现在你的右边。

❹ 牛轭弯

牛轭弯（Oxbow Bend；N Park Rd）位于杰克逊湖路口以东1.2英里处，拥有山谷之中最美丽的景色——雄伟的莫兰山（Mt Moran）倒映

另辟蹊径
威尔逊，怀俄明州

起点：❶ 杰克逊

大大的谷仓和开阔的草原使离杰克逊13英里的偏远居民区威尔逊（Wilson）更像是万宝路故乡（Marlboro Country，万宝路香烟广告里的形象）——可这儿的平均房价高达300万美元。不要错过**Stagecoach Bar**（☎307-733-4407；www.stagecoachbar.net；5755 W Hwy 22, Wilson；⏰11:00至次日2:00；📶），在这里，由来自大农场的乐手组成的有趣乐队，与佩戴人造钻石的牛仔女郎、嬉皮士和徒步旅行者不分你我。星期四是迪斯科之夜；到了星期天，备受欢迎的室内乡村乐队会浅唱低吟至22:00。当地的**Nora's Fish Creek Inn**（☎307-733-8288；5600 W Hwy 22, Wilson；主菜 $7~35；⏰6:00~14:00，17:00~21:30）供应丰盛的乡村早餐、新鲜的鳟鱼和自制的脆皮水果馅饼。

在斯内克河（Snake River）平静的水面之上。流速较快的河水侵蚀外层河岸，而流速较慢的内层河水则造成了沉积，因此形成了牛轭弯（U形弯）。日落时分，岸边经常聚集着许多摄影师，想要抓住这自然之美铸成的杰作。

许多家庭都喜欢在公园内沿着**斯内克河**平缓的河段漂流，沿途可以观赏到陡峭的雪山和偶尔过河的驼鹿。你可以联系杰克逊的旅行社安排一次半日旅行。

这些地势低洼的湿地也是野生动物的栖息地，记得带好双筒望远镜。清晨和黄昏是观赏的最佳时间，你可以看到驼鹿、麋鹿、沙丘鹤、鹮、秃鹰、喇叭天鹅以及其他鸟类。

行驶路上 » 从牛轭弯原路返回并沿去往Jackson Lake Lodge的方向前行，然后向北沿Hwy 89/191/287公路缓慢行驶65英里，一路风景优美，经过杰克逊湖至黄石国家公园。进入黄石国家公园后，道路将爬升至北美大陆分水岭（Continental Divide；7988英尺，约2435米）。到达韦斯特萨姆（West Thumb）路口之后继续直行，穿越克雷格山口（Craig Pass；8262英尺，约2518米）去往老忠实泉。

- - - - - - - - - -

❺ 老忠实泉

黄石国家公园（Yellowstone National Park；☎307-344-7381；www.nps.gov/yell；Grand Loop Rd, Mammoth,

最佳建议
避开高峰人群

建议在5月或10月来访，以避开黄石公园的旺季客流。此时虽然服务较少，但是美景却不打折。你也可以尽量在清晨和黄昏时分行动，这样不仅可以有机会观赏到更多的野生动物，也可以避开大批游客。你可以在荒野中扎营（需获得许可）——只有1%的旅行者会在黄石公园的郊野中过夜。不过，5月初的温度不高，间歇泉区更像蒸汽浴室，这种体验也很有趣，但你可能看不清大棱镜泉的模样。

Yellowstone National Park; $30；☺北入口 全年，南入口 5月至10月）不仅是美国的第一个国家公园，同时也是其中最丰富多彩的一个。它的占地面积令人瞠目，达3472平方英里（近9000平方公里）。就算你一辈子都住在这里，也不可能走遍每个角落。

你可以在**格兰特村游客中心**（Grant Village Visitor Center；☎307-242-2650；Grant Village；☺5月下旬至9月下旬 8:00~19:00；📷）稍作停留，了解1988年那场将公园三分之一土地付之一炬的大火，然后沿一条环路向西去往**老忠实泉游客中心**（Old Faithful Visitor Center；☎307-545-2751；Old Faithful；☺6月至9月 8:00~20:00，春季和秋季时间不同，12月至次年3月 9:00~17:00；📷），这里会向游客讲解间歇泉的喷发原理以及预测喷发的时间。

老忠实泉（Old Faithful, Upper Geyser Basin）大约每90分钟喷发一次，每次的喷水量大约为8000加仑（约30立方米），水柱高约180英尺（约54米）。如果你刚好错过了一次喷发，不妨步行1.1英里到**观察丘**（Observation Hill），从这里可以眺望整个盆地。然后沿一条环线去**隐士喷泉**（Solitary Geyser）看看，它的喷发周期是4~8分钟。最后沿木板道返回原点。

另一个极好的观景点是**Old Faithful Inn**（见409页）有历史意义的门廊。即使你不打算在此过夜，也可以去那里幽深的木头大厅里喝杯鸡尾酒犒劳自己。

🍴🛏 见409页

行驶路上 » 从老忠实泉到麦迪逊路口（Madison Junction）只有16英里，但这一路上有很多事儿可干。如果你要开车绕回来（走环线回到黄石湖），先走靠东面（右手边）的岔道。在麦迪逊露营过后，第二天走靠西面的岔道向南返回。

PHILLIP RUBINO / SHUTTERSTOCK ©

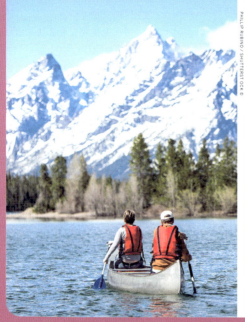

❻ 大棱镜泉

探索**间歇喷泉区**（Geyser Country）会花去你大半天的时间。和野生动物不同，这些喷发的间歇泉、五颜六色的泉水和冒泡的泥温泉都逃不出你的镜头。

从麦迪逊露营地（Madison Campground）原路返回，向南2英里，沿着你右侧的火洞峡谷（Firehole Canyon）车道前行。经过流纹岩崖壁，到达**火洞瀑布**（Firehole Falls）和游泳区。

向南5英里，车窗外的景观引人入胜：右边是冒着热气的**中途间歇泉盆地**（Midway Geyser Basin）；左边是火洞湖盆地（Firehole Lake Basin），它和在此活动

的美洲野牛一起成为了黄石国家公园的经典景观。

继续前行1英里，右转前往**彩锅泉**（Fountain Paint Pot, Lower Geyser Basin），这里有一个咕咚咕咚冒着泥泡的巨大水池以及一众间歇泉。你可以在中途间歇泉盆地稍作停留。它的吸引人之处是壮观的**大棱镜泉**（Grand Prismatic Spring），它拥有彩虹一般的绚丽颜色，是黄石公园中最上镜的泉池。如果停车场满了，你可以再向南行驶1.5英里到仙女瀑布（Fairy Falls）步道起点，徒步1英里去往一处新的观景台，从那里可以俯瞰大棱镜泉。

行驶路上 » 从大棱镜泉出发，驱车向南朝老忠实泉前行，随后再次翻过克雷格山口并前往

韦斯特萨姆，走左边的滨湖大道去往湖村（Lake Village）。全程大约45英里。

❼ 黄石湖

波光粼粼的**黄石湖**（Yellowstone Lake）海拔7733英尺（约2357米），是全美最大的高山湖泊。虽然其地下有一系列热源，但是湖水的温度却保持在冰冷的41℉（5℃），并不适宜游泳。

通过大环路（Grand Loop Rd）可以到达湖西岸的大部分区域。你可以在桑德角（Sand Point）停下来野餐，从这里走一小段路去潟湖和黑沙滩，眺望远方崎岖的阿布萨罗卡岭（Absaroka Range）。

继续向北，来到公园里最古老的建筑——建于1891年的**Lake Yellowstone Hotel**（见409页）。这座明黄色的南方殖民地风格建筑中设置了宽敞的阳光房，那是欣赏古典音乐会和品鸡尾酒的好地方。在一天结束的时候，你也许想回到这里消遣一下。

来到十字路口后，Hwy 14/16/20公路往东经过**钓鱼桥**（Fishing Bridge；禁止钓鱼）通往科迪（Cody）——西奥多·罗斯福总统曾盛赞这段路为"全美最美的50条公路之一"，但是因为时间关系，我们从十字路口直接北行去往海登山谷。

为何经典
洛伦·贝尔
本书作者

观看冒着泥泡的水池是我最初的童年记忆。正是早期的黄石公路旅行点燃了我对于旅行和户外运动的热情。每当我在这些道路上驾车或者骑行时，沿途总是充满了惊喜。

上图：黄石国家公园大棱镜泉
左图：在大蒂顿的杰克逊湖上泛舟
右图：红棕色的北美黑熊

✖ 🛏 见409页

行驶路上 » 沿着黄石湖驱车来到湖村后，向西北走10英里到达海登山谷。此路段野熊经常出没，控制车速，只在岔路口停车。

❽ 海登山谷

发源于黄石湖的**黄石河**（Yellowstone River）水面宽广，河水较浅，缓缓流经**海登山谷**（Hayden Valley）中的草原。海登山谷位于黄石高原的中心地带，它不仅是黄石公园中最大的山谷，也是观察野生动植物的首选地点之一。

海登山谷曾经是一段湖床，肥沃的泥沙和黏土蕴育了茂盛的灌木和草丛，吸引着成群的麋鹿来到这里。在此你可以看到丛林狼（也称郊狼）和春季时候的灰熊（也称北美棕熊），到了秋季的发情期，野牛也会在郊野大量出没。清晨或者临近黄昏的时候，是观赏野生动物的最佳时间。

你还可以去**泥火山**（Mud Volcano；近钓鱼桥）探索泥温泉和硫磺坑，这里是钓鱼桥路口（Fishing Bridge Junction）以北6英里的一个地热区。1979年的地震使得泥温泉中产生了极多的热量和气体，把附近的美国黑松都蒸熟了。可以沿着2.3英里的环形木栈道欣赏风景。

行驶路上 » 沿黄石河河岸公路向北行驶5英里到达黄石大峡谷。这是另一个以"熊出没"而著称的地方（虽然常常是北美野牛更抢风头）。当地貌开始由开阔的山谷变成茂密的森林时，南缘车道（South Rim Drive）的右侧会出现上下瀑布的绝美景色。

❾ 黄石大峡谷

黄石河的河水经上瀑布（Upper Falls；109英尺，约33米）和下瀑布（Lower Falls；308英尺，约94米），落入上千英尺深的**黄石大峡谷**（Grand Canyon of the Yellowstone；近峡谷村）之中，一路咆哮而去。

沿大环路向北，然后右转进入南缘车道，经过一段500英尺（约152米）的陡坡到达**汤姆叔叔的小径**（Uncle

在黄石观赏野生动物

拉马尔山谷（Lamar Valley）拥有"北美的塞伦盖蒂"之美誉，这里分布着大群的北美野牛、麋鹿以及偶尔可见的灰熊和丛林狼。尤其在春天，这里也是观看狼群最佳地点。观狼的游客应向游客中心要求工作人员索取观狼指南，指南上会提供区分狼群及其种类的方法。

海登山谷中部是另一个观察野生动物的好地方，每当黄昏前后，观赏动物的人群会聚集到这里，观察像狼和灰熊这类大型食肉动物，特别是在春季，此地解冻的野兽尸体会吸引它们更加频繁地出现。丛林狼、麋鹿和北美野牛都很常见。森林线地带也是观看野生动物的好地方。你越了解动物们的栖息地和习惯，就越可能看到它们。

一般来说，春天和秋天是观察野生动物的最佳时节，但是每个季节有自己的亮点。晚春时节，你可以看到可爱的麋鹿幼崽和北美野牛的小牛犊，而秋季，则可以看到发情期出没的公牛和麋鹿。正午时分大多数动物都会撤回到森林中以躲避高温，所以你可以将时间计划在清晨或者黄昏。

建议携带一个高品质的双筒望远镜，或者租一个单筒望远镜。一个高端的长焦镜头也有助于你在安全距离内捕捉到灰熊的绝佳画面。

Tom's Trail; 近峡谷村)，这里是两个瀑布的最佳观赏点。接着回到车上，继续前往**艺术家观景点**（Artist Point; 位于峡谷南缘车道）。呈现出粉红色、粉白色、赭色和浅绿色的峡谷岩壁，是大自然的杰作。有一条1英里长的步道从这里通往顶点（Point Sublime），你可以沿路前往欣赏美景。

返回大环路，向北行进，然后右转来到北缘车道（North Rim Drive），这是一条2.5英里长的单行道，沿途有一些远眺观景台。**侦察哨观景点**（Lookout Point; 近峡谷村）是下瀑布的最佳观赏点。为了看得更清楚，你需要徒步走500英尺（约150米）的陡峭小路。这是风景画艺术家托马斯·莫兰（Thomas Moran）创作其著名峡谷画的地方，恐怕他曾因自己调色板的单调而哭泣。

行驶路上 » 沿大环路向北行驶，第二个右转弯是单向的北缘车道，它将带你去往峡谷村（Canyon Village）。从峡谷村右转，向北前往当雷文山口（Dunraven Pass）。这一段路狭窄曲折，落差很大。它向下通往Tower Junction，你可以由此向右（东）前往拉马尔山谷。路线总长35英里。

线路亮点

⑩ 拉马尔山谷

沿着盘旋的道路前往罗斯福塔（Tower-Roosevelt; 5月下旬至10月中旬开放），沿途在**沃什本温泉瞭望台**（Washburn Hot Springs Overlook）欣赏黄石火山（Yellowstone Caldera）的胜景。天气晴朗的日子里，你甚至能看到蒂顿山脉。继续上行，爬升至冷杉与白皮松环绕的当雷文山口（8859英尺，约2640米）。

在到达Tower Junction之前，你可以步行一小段前往**高塔瀑布**（Tower Fall）。正是这座火山瀑布的壮丽景象，推动了国会决定建立美国第一座国家公园。

位于Tower Junction东段的**拉马尔山谷**（Lamar Valley）经常有熊、狐狸和丛林狼出没。观看狼群悄悄潜伏、包围以及在眨眼间捕猎麋鹿，这将是世界上最有冲击力的场面了（如果你没有高倍望远镜的话会很难看清）。沿着这条路，法布罗牧场（Buffalo Ranch）中的**Yellowstone Forever Institute**（☑406-848-2400; www.yellowstone.org; Lamar Valley）会主办生物学家带队的野生动物观赏活动。观狼的行程尤其精彩。

行驶路上 » 继续前往马默斯温泉的话，你可以在Pebble Creek露营地调头，返回Tower Junction。从Tower Junction到马默斯温泉有18英里路程，温泉的游客中心提供各种服务。

左转在马莫斯温泉的上下台地上停车。

⑪ 马默斯温泉

马默斯温泉（Mammoth Hot Springs）的历史已超过115,000年，它是北美洲最古老，也是最不稳定的活跃地热区。山体内部暴露在外，使得溶解的地下石灰岩沉积下来，形成白色的岩架。此处没有间歇喷泉，因为底层的石灰岩太容易溶解，无法形成必要的压力。

沿着单向的环路绕**上台地**（Upper Terraces）一圈欣赏风景，但我们推荐将车泊在**下台地**（Lower Terraces），沿木栈道步行一小时，这样你回去时走的是下坡路。

最后，你可以去**沸河**（Boiling River），这是一个温泉天然泳池，在这儿泡一泡，为旅行画上圆满的句号。沸河在马默斯以北2.3英里处，路的东面有一条步道，轻松地走上半英里即可到达。温泉水沿石灰岩落入冰凉的加德纳河（Gardner River）。虽然总是游人如织，但在这里泡澡仍然不失为一件乐事。从**北门**和蒙大拿州（Montana）州界上的加德纳（Gardiner）离开公园。

🛏 见409页

食 宿

杰克逊 ❶

🍴 The Bunnery Bakery & Restaurant
咖啡馆 $

（☎307-733-5474；www.bunnery.com；130 N Cache St；主菜 $9~14；⏱7:00~15:00；📶）这间杰克逊的主流餐馆供应早餐、主食类的午餐以及一些创意菜。

🍴 Gun Barrel
牛排 $$

（☎307-733-3287；http://jackson.gunbarrel.com；852 W Broadway；主菜 $19~36；⏱17:30至深夜）人们在杰克逊这间最佳牛排餐厅的门前大排长队，只为品尝能媲美烤带骨肋眼牛排"厚切"（king cut）称号的野牛肋排和麋鹿肉排。这里曾经是一个野生动物和标本博物馆，许多最早的"房客们"都还在。

🍴 Lotus
创意菜 $$

（☎307-734-0882；www.theorganiclotus.com；140 N Cache St；主菜 $15~26；⏱8:00~22:00；📶🍴）在这片以牛排和土豆出名的地方，Lotus却反潮流而行，提供像香蕉蛋糕、素食汉堡和分量十足的谷物蔬菜煲一类的食品。这里也提供肉类，所有的东西都是有机的。

🛏 Antler Inn
酒店 $$

（☎307-733-2535；www.townsquareinns.com/antler-inn；43 W Pearl Ave；房间 $100~260，套 $220~325；❄📶）酒店地处杰克逊中心地带，提供整洁舒适的客房，其中

一些客房配备壁炉和浴缸。名为"雪松木"（cedar log）的客房较为便宜，走进去会让你感觉回到了如家般舒适的怀俄明小屋。

🛏 Wort Hotel
历史酒店 $$$

（☎307-733-2190；www.worthotel.com；50 N Glenwood St；房间 $450起；❄@📶）这间奢华的历史酒店具有鲜明的怀俄明风格，岁月的沉淀让其愈发魅力十足。客房之中装饰着盘根错节的松木家具、手工缝制的床罩，同时配备全套浴室以及按摩浴缸。不仅如此，杰克逊一流的酒店服务人员还会帮你安排好户外探险日程。如果酒店的住宿费用超出了你的预算，可以去楼下古色古香的**Silver Dollar Bar**坐一坐。

斯特林湖和利湖 ❸

🍴 Dornan's Pizza & Pasta Company
比萨 $

（☎307-733-2415；www.dornans.com；Moose；主菜 $10~13，比萨 $9~17；⏱11:30~21:00；📶）在你享用美食的同时，还可以尽享斯内克河与高耸入云的蒂顿山脉中门诺渡轮（Menor's Ferry）的美景。在这间唯一的公园独立私营餐馆中，美食丝毫不逊于美景。

🛏 Climbers' Ranch
小屋 $

（☎307-733-7271；www.americanalpineclub.org/grand-teton-climbers-ranch；End Highlands Rd；铺 $25；⏱6月至9月）这些由美国登山俱乐部（American Alpine Club）运营的原木小屋原来是职业攀岩者的庇护所，现在也面向公园内探索壮丽美景的徒步者开放。这里有一个带有淋浴的公共浴室和一个防风灶台（配有放置冷饮的锁柜）。床铺上一无所有，须自行携带睡袋和防潮垫（毕竟价格摆在那儿）。

🛏 Gros Ventre Campground
露营地 $

（Gros Ventre Rd；帐篷/房车营地 $24/

52；⊙4月下旬至10月中旬）这片如世外桃源一般的露营地靠近格罗文特雷河（Gros Ventre River）——慕斯（Moose）西南方向11.5英里。环境宜人，位于棉白杨树林之中且临河，很有吸引力。晚上一般会住满，如果你想在公园里过夜，可以到这片营地来碰碰运气。

🛏 **Jenny Lake Lodge**   度假屋 $$$

（☎307-543-3100；www.gtlc.com；Jenny Lake Rd；小屋 $500起；⊙6月至9月）古旧的木板、羽绒被和彩色床罩，给这些优雅的小屋营造出舒适的氛围。尊享礼遇包括早餐、5道菜的晚餐、免费自行车租赁和导览骑马游。遇上雨天，你可以围坐在主建筑的壁炉旁玩游戏或者读书。

老忠实泉 ❺

🍴 **Old Faithful Lodge Cafeteria**   自助餐馆 $

（www.yellowstonenationalparklodges.com；Old Faithful Lodge；主菜 $9~15；⊙5月中旬至10月上旬 11:00~21:00）在这间高性价比的餐厅中，与其评价它的食物是否精工细作，不如说它是一个批量化生产的食品工厂，野牛肉烤肉饼和杏香鳟鱼是餐桌上的常客。虽然是快餐，但是尽量提早点来，否则自助的菜肴可能会炖得太烂。最佳位置是侧窗和走廊处的摇椅，从那里可以看到老忠实泉的景色。

🛏 **Old Faithful Inn**   酒店 $$

（☎307-344-7311；www.yellowstonenationalparklodges.com；Old Faithful；old house 双带/不带卫生间 $191/119起，房间 $$236~277；⊙5月上旬至10月上旬）这间著名的原木酒店是设计和工程学的杰作，和黄石公园的自然美景相得益彰。光是大堂就很值得一看，你可以坐在那大得不可思议的流纹岩壁炉前，聆听楼上传来的钢琴声。最便宜的"Old

House"客房却最有气氛，房内采用的是原木搭建的墙壁以及原始的盥洗水池，唯一的问题是卫生间都在楼下的大厅。

黄石湖 ❼

🍴 **Lake Yellowstone Hotel Dining Room**   美国菜 $$$

（☎307-344-7311；www.yellowstonenationalparklodges.com；Lake Village；主菜 $14~40；⊙5月中旬至9月 6:30~10:00，11:30~14:30和17:00~22:00；🍴）一丝不苟地穿戴整齐并带上大把钞票，然后前往Lake Yellowstone Hotel的餐厅用餐吧。午餐时段供应鲑鱼、炖梨沙拉和三明治。晚餐更加隆重，第一道菜是意大利龙虾饺，主菜是北美野牛里脊、鹌鹑和蒙大拿羊排。晚餐需预订。

🛏 **Lake Yellowstone Hotel**   酒店 $$$

（☎866-439-7375；www.yellowstonenationalparklodges.com；小屋 $157，房间 $245~455；⊙5月中旬至10月上旬；@❄）这间明黄色的殖民地风格壮观建筑俯瞰着湖泊的北岸，它会让你追忆起逝去的岁月——尽管房价相比1895年的$4有了不少涨幅。主楼中宽敞的客房在2014年进行了升级改造，不仅铺设了新地毯，还接通了公园里唯一的有线网络（$4.75/小时）。湖边的房间价格更高，也最抢手，不一定能订到湖景房。

马默斯温泉 ⓫

🛏 **Norris Campground**   露营地 $

（Norris；帐篷和房车营地 $20；⊙5月中旬至9月）这是公园中的最佳露营地。位于光照充足的山坡上，周围景色优美、视线开阔、美国黑松林环绕，还可俯瞰吉本河（Gibbon River）以及草地。营地采用"先到先得"的原则，环线A河畔的少量露营点很抢手。19:30有篝火晚会，而且晚19:00和20:30会有木柴出售。8:00~20:00可使用发电机。

冰川国家公园
高线步道上的徒步者

逐日公路

30

冰川国家公园是落基山脉的典型代表。从建在悬崖边的盘山公路前往，是深入这片腹地的最简单方式。这段公路也被看作是建筑工程学上的一大壮举。

线路亮点

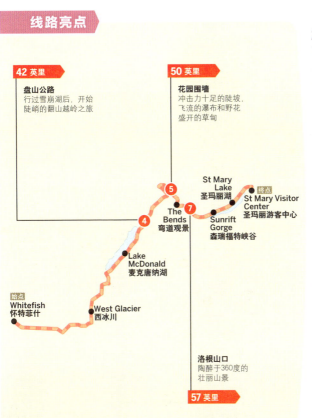

42 英里

盘山公路
行过雪崩湖后，开始陡峭的翻山越岭之旅

50 英里

花园围墙
冲击力十足的陡坡，飞流的瀑布和野花盛开的草甸

5

St Mary Lake
圣玛丽湖

7

终点
St Mary Visitor Center
圣玛丽游客中心

4

The Bends
弯道观景

Sunrift Gorge
森瑞福特峡谷

Lake McDonald
麦克唐纳湖

始点
Whitefish
怀特菲什

West Glacier
西冰川

洛根山口
陶醉于360度的壮丽山景

57 英里

2~3天
76英里/122公里

最适合

何时去

7月至9月，此时道路积雪已经清除干净。

 最佳摄影点

从Haystack Butte侧翼拍摄鸟女瀑布。

 最佳野生动物观察点

在两犬平原观赏麋鹿群和悠闲漫步的丛林狼。

30 逐日公路

几乎可以说没有哪个国家公园拥有冰川国家公园中这样辽阔的处女地。在这片灰熊可以自由漫步的荒野上，人类和自然和谐相处。具有历史意义的"公园式"（parkitecture）度假屋、前哥伦布时代的完整生态系统和壮观的逐日公路（Going-to-the-Sun Road），使这里闻名遐迩。这条53英里长的山路是一处美国国家历史名胜，它为方便人们探索这片原始的郊野而建。

❶ 怀特菲什

魅力超凡、令人兴奋的新西部滑雪小镇怀特菲什（Whitefish）绝不会让远道而来的你失望。1平方英里的区域内充满了纯朴的西部风情，热情的商铺和餐厅周围不乏各类出色的户外活动项目。

夏季的**怀特菲什山地度假村**（Whitefish Mountain Resort；☎406-862-2900；www. skiwhitefish.com；Big Mountain Rd；滑雪/自行车 缆车 $76/38）迎来了无畏的探险者，他们

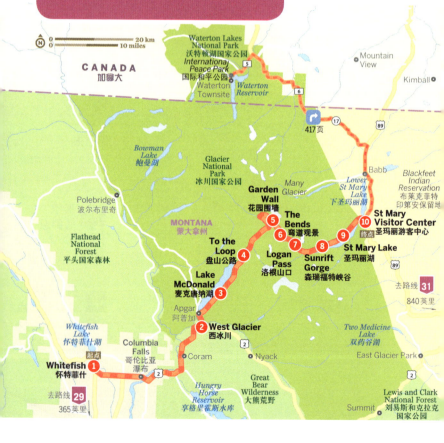

乘坐空中索道越过树梢，在令人胆战心惊的小径上进行山地骑行，并且在山顶招待所（Summit House）一边喝啤酒一边钓鱼。

✕ ⃞ 见418页

行驶路上 » 从怀特菲什出发，沿Hwy 93公路向南，然后左转进入MT 40 East公路，保持直行，前方与Hwy 2公路相连。哥伦比亚瀑布（Columbia Falls）以东的Badrock Canyon岩壁陡峭，平头河（Flathead River）如同一把利刃刺穿了天鹅山脉（Swan Range）。从前，早期的旅行者在经过此地时都会让马车减速缓行，如今这里已经开凿出一条方便的道路。从怀特菲什行驶26公里后即可到达西冰川（West Glacier）。

你也可以

29 **从大蒂顿到黄石**
从怀特菲什出发，先上Hwy 93公路，再转往I-90州际公路，最后走Hwy 89公路向南穿过天堂谷（Paradise Valley）到达马默斯。全程约400英里到达黄石国家公园。

31 **落基山脉之巅**
一路向南行驶穿过黄石，经怀俄明州的兰德至科罗拉多州的丹佛，体会落基山脉的壮阔。

❷ 西冰川

西冰川（West Glacier）是一个火车站点和冰川国家公园的入口。附近的阿普加（Apgar）枢纽提供许多服务，拥有一个**游客中心**（☎406-888-7939；逐日公路西端；⊙6月至8月 8:00~18:00，秋季、冬季和春季运营时间不同）和边远地区露营许可证办事处。如果时间充裕，你可以看看阿普加1915年的古老校舍。附近的**发现小屋**（Discovery Cabin）是一处儿童活动中心。

在阿普加，你也可以暂时抛下你自己的车子，乘坐免费的**观光巴士**（hop-on-hop-off shuttle；www.nps.gov/glac/planyourvisit/shuttles.htm；Apgar Visitor Center至 St. Mary Visitor Center；⊙7月至8月 9:00~19:00），巴士会在各主要步道起点和观光景点停靠。

逐日公路（Going-to-the-Sun Road；www.nps.gov/glac/planyourvisit/goingtothesunroad.htm；⊙6月中旬至9月下旬）的降雪量惊人，随时需要清除，每年开放时间不定。如果遇上道路关闭，不要急躁，这意味着你拥有了一个不可多得的机会——骑行穿过全美风景最优美且没有车辆的道路。

✕ 见418页

行驶路上 » 从西冰川出发，沿铺筑的逐日公路北行2.5英里到达阿普加。服务区和住宿都位于十字路口的左侧，直行可到达游客中心，逐日公路在右侧。前方还有一个大型的露营地。

❸ 麦克唐纳湖

麦克唐纳湖（Lake McDonald）旁的山谷中草木青翠繁茂，拥有公园里最古老的温带雨林。它是公园中最大的湖泊，在水平如镜的湖面上划艇也许是体验这片宁静且壮阔的水域的最佳方式。你可以从码头上的**冰川公园船运公司**（Glacier Park Boat Co；☎406-257-2426；www.glacierparkboats.com）租船。湖对岸的一片焦土是2003年罗伯特火灾（Robert Fire）的遗迹。

我们最推荐的湖边露营地位于**斯普拉格溪**（Sprague Creek），这里远离人群，可以沉浸在松树的芳香里。这里只允许扎营，且只有25个位子，会让你有种独享整座湖泊的美妙错觉。

纯朴的**麦克唐纳湖度假屋**（Lake McDonald Lodge；www.glaciernationalparklodges.com；Lake McDonald）位于湖东岸，始建于1895年，1913年人们在其原址上重新建造了瑞士风格的度假建筑。从后门进入，它的正门正对着湖泊，曾迎接过乘船而来的客人。

⃞ 见418页

行驶路上 » 这段11英里的旅程沿麦克唐纳湖东岸而行，两侧松树林立，沿途可以欣赏湖北岸的斯坦顿山（Stanton Mountain）。斯普拉格溪和麦克唐纳湖度假屋都在路的左侧。注意：过了麦克唐纳湖北岸的雪崩溪（Avalanche Creek）之后，长21英尺（6.4米）、宽8英尺（2.4米）、高10英尺（3米）以上的车辆禁止在逐日公路上通行。

线路亮点

❹ 盘山公路

道路沿着蓝绿色的麦克唐纳溪（McDonald Creek）和**麦克唐纳瀑布群**（McDonald Falls）向前，这些仿佛没有尽头的小瀑布沿着公园里第一长河中高低起伏的岩石一路奔流。

虽然经常游人如织，但**雪崩溪**（Avalanche Creek；麦克唐纳湖北岸）古老的香柏林与铁杉林还是值得去看看——这是太平洋西北部森林形态分布的东部边界。你还可以沿风景优美且很受欢迎的小径去往积雪融化后汇集而成的雪崩湖（Avalanche Lake），这段路程很轻松，景色却美得动人心魄。

1926年建成的**西部隧道**（West Tunnel）长129英尺（约40米），人们当时花了两年时间才打通它。隧道内的人行道上有观景窗，能够看到天堂峰（Heaven's Peak）的景色。

发卡形的180度急转弯被称为**盘山公路**（To the

Loop），它用工程学的原理巧妙地解决了坡度过大的难题。最初的计划是至洛根山口（Logan Pass）的沿途设计15个180度转弯，目前的路线则更方便车辆行驶。道路最大的坡度为6%，这可以让20世纪20年代的汽车不用降至2档就能爬坡。

行驶路上 » 沿盘山公路行驶，道路在麦克唐纳溪经一个急转弯折向花园围墙，这处高9000英尺（约2700米）的山脊是北美大陆的一个分水岭，在麦克唐纳瀑布前方14英里处。初夏，哭墙的水流会淋到道路上。

线路亮点

❺ 花园围墙

数百万年前，威力巨大的冰川造就了这个与逐日公路平行的壮丽山峦。花园围墙陡峭的西麓拥有野花烂漫的草甸，沿高线步道（Highline Trail）可以去往那里。

花园围墙下方610英尺（约183米）是**哭墙**（Weeping Wall；位于逐日公路）。山泉从修路时的钻孔中涌出，形成了季节性的瀑布。初夏时节，泉水从一个30英尺（9米左右）高的人造悬崖上落下，经常将西行的自驾旅行者淋个湿透。到8月初，水流变小，看起来就像在哭泣，它的名字也由此而来。

要看更自然的瀑布，可远眺山谷对面的**鸟女瀑布**

（Bird Woman Fall），这个落差达560英尺（约171米）的壮观瀑布从悬在欧伯林山（Mt Oberlin）与加农山（Mt Cannon）之间的悬谷中倾泻而下。这种现象是由山上的一个小型冰川而形成的，瀑布沿洛根溪（Logan Creek）汇入一个更大的冰川之中。洛根冰川拥有更多的水量，深深嵌入岩石，流入麦克唐

洛根山口 雷诺兹山（Mt Reynolds）前的旱叶草

纳湖的山谷。

行驶路上 » 继续爬坡至洛根山口。在高山路段，须限速25英里/小时。在这段2英里的旅途中，你将深深体会到为什么人们会将逐日公路誉为土木工程以及人与自然融合的壮举。沿途亮点包括干草堆溪涵洞（Haystack Creek Culvert）和与景色融为一体的三拱桥（Triple Arches）。

⑥ 弯道观景

哭墙的前方是**大弯**（Big Bend），此处雄壮的欧伯林山、天堂峰和加农山掩映在盛开的旱叶草（beargrass）与火龙草（fireweed）之中。大弯位于盘山公路与洛根山口的中间，是一个短暂休息的好地方。大角山羊在悬崖峭壁间出

没——用双筒望远镜寻找它们的踪迹。

就在洛根山口的西部，欧伯林山奔流的瀑布下方便是**欧伯林弯**（Oberlin Bend）。你可以沿着一小段木栈道，前往欣赏悬谷和逐日公路的动人景色。在晴朗的天气里，甚至可以看到远处的加拿大。在这里也是观赏公园里标志性的山羊的最

415

佳地点，它们会在陡峭的岩架上活动。

行驶路上 » 从盘山公路至洛根山口的3英里旅途中，美景丝毫不逊于花园围墙，你可以在指定的地点停车，欣赏大弯和欧柏林弯的风景。

❼ 洛根山口

洛根山口（Logan Pass；6646英尺，约1999米）不仅是逐日公路的最高点，也意味着到达了又一个北美大陆分水岭。去**洛根山口游客中心**（Logan Pass Visitor Center；☑406-888-7800；Going-to-the-Sun Rd；⊙6月至8月 9:00~19:00；9月 9:30~16:00）参观一系列有趣的自然史展览，逛一逛值得一看的书店。沿着它后面的木栈道走1.5英里，可以到达**隐湖观景点**（Hidden Lake Overlook）野花盛开的草甸。

路对面的**高线步道**（Highline Trail；位于洛根山口）被誉为全美最佳徒步小径，对于徒步爱好者来说不容错过。这条崎岖小径毅然穿过著名的花园围墙（Garden Wall），沿着北美大陆分水岭穿过山羊出没的地带，沿途有冰川谷与嶙峋的山峰，风景十分壮观。尽管路不难走（海拔变化极小），但全程无遮挡。如果只想走最经典的路段，可以在花岗岩花园小木屋（Granite Park Chalet）折返，单程7.6英里。

5名早期的徒步者运营从阿普加到洛根山口的特快穿梭巴士，出发时间为7:00~7:36。许多人会把这里作为起点，沿高线步道徒步去往盘山公路，然后再乘坐穿梭巴士返回。

行驶路上 » 沿逐日公路东行。从这里开始，相对平直的公路将缓慢下行至圣玛丽湖，沿途会经过408英尺（约124米）长的东部隧道（East Side Tunnel）和Siyeh Bend急转弯道。杰克逊冰川眺望台（Jackson Glacier Overlook）将在你的右侧出现。从山口算起，这段路总长4.7英里。

❽ 森瑞福特峡谷

在Gunsight Pass Trailhead附近停车，眺望**杰克逊冰川**（Jackson Glacier），走一小段就可以到达公园中第五大冰川的眺望点。由于冰川连年来不断融化，它实际上已经分裂成两个冰川，即杰克逊冰川和布莱克福特冰川（Blackfoot Glacier）。1850年时，公园里还有150处冰川，如今只剩下26处了。科学家预测，到2030年时，所有的冰川都将消失。

在路边不远处且与你左手边的巴士站点毗邻的就是细长的**森瑞福特峡谷**（Sunrift Gorge；位于逐日公路），它有80英尺（约24米）深、800英尺（约240米）长。风景如画的**巴灵桥**（Baring Bridge）被认为是这条路上最美的人造景观。你可以沿着这条只有0.25英里的木制小径去往巴灵瀑布（Baring Falls）。

行驶路上 » 绕圣玛丽湖北岸走完剩下的路程。沿途有一系列停车点，用于让后面的车辆先行。太阳点位于杰克逊冰川观景台前方约3.5英里处。

❾ 圣玛丽湖

圣玛丽湖（St Mary Lake）位于公园较干燥的东部，湖水流经深邃的冰蚀山谷（这处山谷以其震撼的景色与强风而闻名），其绵延的湖岸线上有很多小径与观景点。

大风呼啸且壮观的**太阳点**（Sun Point；位于逐日公路）是一处岩石岬角，俯瞰着圣玛丽湖。沿逐日山（Going-to-the-Sun Mountain；9642英尺，约2890米）北行，一路上风景壮丽，你将会看到**野鹅岛**（Wild Goose Island；位于圣玛丽湖），它如同一根树桩般漂浮在圣玛丽湖的湖心。太阳点曾经是公园里最早和最奢华的瑞士度假小屋的所在地，在"二战"中关闭后如今已一片狼藉。如果你想

另辟蹊径
沃特顿–冰川国际和平公园

起点：⑩ 圣玛丽游客中心

你好，加拿大！这趟多日的另辟蹊径旅途以圣玛丽游客中心为起点，沿Hwy 89公路向北，再转向Hwy 17公路行驶，过了酋长山边境站（Chief Mountain border crossing；5月中旬至9月开放，人需提供护照，狗需提供证件）后这条公路在加拿大境内是Hwy 6公路，接着左转向Hwy 5公路去往冰川国家公园的姊妹公园——阿尔伯特省（Alberta）的**沃特顿湖国家公园**（Waterton Lakes National Park）。这两座美丽的公园一起构成了沃特顿–冰川国际和平公园（Waterton-Glacier International Peace Park），并于1995年被列入世界遗产名录。

沃特顿冰川（Waterton Glacier）之间的山峦甚至比逐日公路沿线的更加壮丽，你可以在白天乘坐游船从公园北面观赏或者去著名的**威尔士王子酒店**（Prince of Wales Hotel；☎403-859-2231；www.princeofwaleswaterton.com；Prince of Wales Rd；房间 $249起；⊙5月至9月；🅿🛜），它位于湖边的山上，也是观赏山景的好去处。另外，你可以参加免费的国际和平公园徒步（International Peace Park Hike，在圣玛丽游客中心或者沃特顿游客中心预订，最多提前三天），同时领略美加边境的壮美山川。

在巴灵瀑布通往圣玛丽瀑布（St Mary Falls）的小径上徒步，请系紧鞋带。

行驶路上 » 太阳点前方4英里的赖辛森可以找到各类服务，再向前6英里，可到达圣玛丽游客中心（St Mary Visitor Center）。注意：如果你是由东向西行驶，逐日公路上过了太阳点之后，车辆超过长21英尺（6.4米）、宽8英尺（2.4米）、高10英尺（3米）将限行。太阳点可以停车，然后乘坐免费的公园接驳巴士。

⑩ 圣玛丽游客中心

赖辛森（Rising Sun）巴士站点十分便捷，这里不仅风景优美，还可以找到酒店、露营地和服务设施。冰川公园船运公司（见413页）提供由1.5小时的湖上游船之旅和去圣玛丽瀑布的3英里徒步。由于东部大草原和山地的极大不同，造就了这里独一无二的气候，也催生了**两犬平原**（Two Dog Flats）上极其丰富的生物多样性。

建于20世纪50年代的**圣玛丽游客中心**（St Mary Visitor Center；⊙6月中旬至8月中旬 8:00~18:00，6月上旬和9月 8:00~17:00）经修缮后，外形延续了仿照山形的经典轮廓。这里的公园管理员除了提供信息，还会准备贯穿整个夏天的各式晚间节目。你也可以在这里办理露营许可证。

🍴 🛏 见419页

食宿

怀特菲什 ❶

✕ Loula's
咖啡馆 $

（☎406-862-5614; www.whitefishrestau
rant.com; 300 Second St E; 主菜 $9~11;
⏰周一至周日 7:00~14:00和周四至周日
17:00~21:30; 🛜）这间人来人往的咖啡馆位
于具有百年历史的共济会大厦楼下，墙上装
饰着当地艺术家创作的作品，厨师们则在
厨房里创作着自己的厨艺作品。非常推荐让
人欲罢不能的早餐——填充柠檬奶油的法
式吐司配覆盆子酱，最好再搭配松露火腿
蛋松饼。

✕ Montana Coffee Traders
咖啡馆 $

（☎406-862-7667; www.coffeetraders.
com; 110 Central Ave; ⏰周一至周六 7:00~
18:00, 周日 8:00~16:00; 🛜）这是一家怀特
菲什本地咖啡烘焙商经营的热门咖啡馆
和礼品店，店铺位于市区，商品自产自销。
公平贸易咖啡在Hwy 93公路上的一间旧
农舍内烘焙，可在周日10点参观部分烘焙
过程。

🛏 Garden Wall
民宿 $$

（☎406-862-3440; www.gardenwallinn.
com; 504 Spokane Ave; 房间 $155~215, 套
$275; 🛜）一个窝在角落里的民宿，一切
打理得井井有条，拥有艺术装饰风格的房
间。在寒冷的日子，起居室会生起柴火。早
餐出自美食家之手。套房最多可供四个人
就寝。

🛏 Downtowner Inn
汽车旅馆 $$

（☎406-862-2535; www.downtowner
motel.cc; 224 Spokane Ave; 房间 $130起;

❋ @ 🛜）这间令人愉快的汽车旅馆比怀特
菲什以南US 93公路上的一排连锁酒店更
加舒适，它提供宽敞的客房、友好的服务
以及贝果面包圈早餐（虽然你还能看见
指示牌，但是按摩浴缸和健身房已经没
有了）。

西冰川 ❷

✕ West Glacier Restaurant
美国菜 $

（☎406-888-5359; 200 Going-to-
the-Sun Rd; 主菜 $6~18; ⏰5月中旬至10月
7:00~22:00; 🚹）虽然这间经典且略显单调
的餐厅只提供基本的正餐，但是它位于公
园的西入口处，十分便利。家长可以带着孩
子来这里买美味的冰激凌。

麦克唐纳湖 ❸

🛏 Apgar Campground
露营地 $

（☎406-888-7800; www.recreation.gov;
帐篷和房车营地 $15~20; ⏰5月至10月和11月
至次年3月下旬）露营地位于一大片树林当
中，是一个住宿的好选择。因为靠近阿普加
和西冰川，可尽享便利。另外，从这里步行
一小段路程就能到麦克唐纳湖。唯一的问
题是这里并没有荒野的感觉。

🛏 麦克唐纳湖度假屋
酒店 $$

（Lake McDonald Lodge; ☎855-733-
4522; www.glaciernationalparklodges.com; 房
间 $85~190, 小屋 $140~205, 套 $329; ⏰5月
中旬至9月; 🛜）巨大的壁炉、美洲原住民主
题画以及动物的头颅标本可以让你确定自
己来到了西部。酒店提供小巧精致的老式
客房，另外还有小屋和一处建于20世纪50
年代的汽车旅馆可供选择。

圣玛丽游客中心

✗ Park Café 美国菜 $$

(☎406-732-9979; www.parkcafe.us; US
89; 主菜 $12~25; ☉6月至9月 7:30~21:00) 经
历了久负盛名的制作派的师傅离职和易主,
Park Café在当地人之中的光环已不复当
年。不过这里依然提供丰盛的早餐、汉堡和
昂贵的主菜(比如德国香肠和金枪鱼,更别
提自制的派了)。

🛏 St Mary Campground 露营地 $

(☎406-732-7708; www.recreation.gov;
St Mary Campground Rd; 帐篷和房车营地 $23;
☉全年) 营地正好位于圣玛丽入口的车站
以西,大部分地区地势平坦且无遮挡,零
星点缀着棉白杨和大齿杨。露营位置可以
预订。淋浴只对注册的野营者开放。还有
一条半英里长的徒步道通往圣玛丽游客
中心。

阿斯彭 单板滑雪是这个
滑雪小镇很受欢迎的运动

落基山脉之巅

31

在大陆分水岭上行驶，你将爬上冰雪覆盖的山顶，经过迷人的滑雪场、遗弃的鬼城以及平坦开阔的荒野。

242 英里

阿斯彭
融合了好莱坞的浮华与自然之美

128 英里

韦尔
科罗拉多州标志性的冬季游乐场

**Denver
丹佛**
起点

7

Frisco 弗里斯科

**Kenosha Pass
基诺沙山口**

**Camp
Hale
黑尔营**

5

**Leadville
利德维尔**

**Fairplay
费尔普莱**

终点

12

11

**Twin
Lakes
双子湖**

**Continental
Divide
北美大陆
分水岭**

独立山口
从发卡弯盘旋而上，
前往落基山脉之巅

布雷肯里奇
探寻淘金史和
户外冒险活动

195 英里

96 英里

**4~5天
242英里/389公里**

最适合

何时去
6月至10月，在高耸入云
的独立山口穿行。

 **最佳
摄影点**
科罗拉多最具标志性的
山峰——褐铃山。

☑ **最佳
两日游**
从布雷肯里奇前往阿斯
彭，饱览沿途的精华景
色。韦尔是备选项。

落基山脉之巅

这条高海拔的冒险之旅会沿着科罗拉多州的小径经过一个个壮观的山口。一路上，你将饱览层峦叠嶂（包括该州最高的两座山峰——埃尔伯特山和巨型山），聆听狂野西部的历史故事，游历若干高山胜地，比如布雷肯里奇、韦尔和阿斯彭。旅行者们来这里徒步、骑车、滑雪或观赏野生动植物——对户外运动爱好者来说，这里就是天堂。

❶ 丹佛

虽说丹佛（Denver）有它的魅力——详见步行游览（见442页）中有关探索这座城市的建议—— 但你用不了多久就会经不住诱惑，一路向西奔向那些迷人的雪山。当常人都通过快捷且相当无趣的州际公路前往目的地时，我们将为你推荐一条落基山脉最美的秘径：Hwy 285公路。

行驶路上 » 从丹佛市区出发，沿Hwy 285公路向西南行驶65英里，去往基诺沙山口。

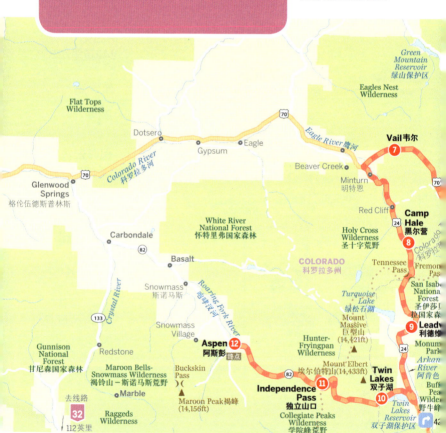

❷ 基诺沙山口

离开丹佛，西行的一路风景优美。但是直到基诺沙山口（Kenosha Pass；10,000英尺，约3004米），你才将真正见识到落基山脉的魅力。虽然山口有一个风景优美的眺望台，但讽刺的是，最好的景色根本不在眺望台，而是在下山途中驶过某个弯道之后。恰是那不经意间的一回眸，蚊子山脉（Mosquito Range）的群峰就陡然从南方公园盆地（South Park Basin）的高山草甸间拔地而起。震撼吗？你不是第一个有这样感受的人，沃尔特·惠特曼（Walt Whitman）早在1879年的一次西部旅行中就描写过这样令人难忘的场景。

你也可以

32 圣胡安高架公路和百万美元公路

经一连串的小道向南行驶250英里，去往特柳赖德和弗德台地的山巅和悬崖屋。

36 大路小路去陶斯

沿着Hwy 285公路一路向南，经萨里达和大沙丘，到达惊艳的新墨西哥州和圣塔菲，全程300英里。

行驶路上 » 从基诺沙山口沿Hwy 285公路向西南行驶21英里至费尔普莱。到达城郊后，向北驶上Hwy 9公路，最后进入Main St。费尔普莱到丹佛之间的公路大多沿着一条古老的马车道延伸——这原先是一

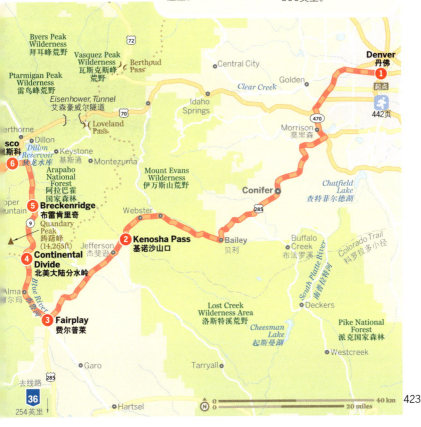

段18小时的旅程，需要行走两天以上。

❸ 费尔普莱

费尔普莱（Fairplay）小镇原先是一个采矿点，为利德维尔市（Leadville）提供补给[驮货的驴子曾经来回过海拔超过13,000英尺（约3950米）的蚊子山口（Mosquito Pass）前往西部]。你可以在这里停下来游览**南帕克城**（South Park City；www.southparkcity.org；100 4th St；成人/儿童 6~12岁 $10/4；⏰5月中旬至10月中旬 9:00~19:00，5月上旬和10月下旬 时间缩短），这是一个重现19世纪科罗拉多风貌的主题小镇。从杂货店、沙龙到牙医诊所、停尸室——通过公开展出的这40座复原建筑，你可以感受淘金热时代最好与最糟的日子。而且，《南方公园》（South Park；美国热播的动画片）的粉丝们注意了，费尔普莱就是凯尔（Kyle）、卡特曼（Cartman）和其他孩子们的故乡。

行驶路上 » 从费尔普莱沿Hwy 9公路向北行驶11英里，去往胡希尔山口和北美大陆分水岭。此山口夹在西边的林肯山（Mt Lincoln；14,286英尺，约4353米）和东边的丝沃黑尔山（Mt Silverheels；13,822英尺，约4213米）之间。后者以一个舞者的名字命名，当年天花在阿尔玛流行时，她留下来照顾病人，最后自己也死于该病。

❹ 北美大陆分水岭

出了费尔普莱往北，便开始了翻越北美大陆分水岭（Continental Divide；11,539英尺，约3517米）的超绝之旅。驱车5.5英里就到了阿尔玛（Alma），这是美国最高的联合城镇，海拔10,578英尺（3224米）。在它周围是四座海拔超过14,000英尺（约4267米；简称"14er"）的高山、树龄千年的狐尾松和采矿者留下的标记点。如果你想探险，沿着未铺设柏油路面的Buckskin Rd（County Rd 8）西行6英里，前往凯特湖（Kite Lake）。最后一英里建议使用四轮驱动车，且保持较大车距。

最佳建议
旅行必备

这次自驾旅行的大部分路段都在海拔9000英尺（约2743米）以上。不要低估这个高度。准备好必要的装备，包括太阳镜、防晒霜、一顶帽子、一件风衣、一件毛衣以及布洛芬（可减轻高原反应）。至关重要的是保证身体不要脱水。

相对安全的路线是继续沿Hwy 9公路爬升，不久你就会到达胡希尔山口（Hoosier Pass）与北美大陆分水岭。胡希尔山口环形路（The Hoosier Pass Loop；3英里）的起点在停车场出来的一条土路上，是一条比较好走的徒步线路。你很快会到达林木线以上，不过要记住你是从海拔5280英尺（约

费尔普莱 南帕克城中的J.A. Merriam Drug Store

1610米）的高度出发，因此悠着点儿，多饮水。

行驶路上 » 布雷肯里奇位于胡希尔山口以北11英里处，沿Hwy 9公路行驶即可到达。从山口一路下行，你将经过通往踌躇峰（Quandary Peak；County Rd 850）的岔道，该山峰离布雷肯里奇7.5英里。

线路亮点

5 布雷肯里奇

布雷肯里奇（☎800-789-7669；www.breckenridge.com；缆车票 成人/儿童 $171/111；⏰11月至次年4月中旬8:30~16:00；👪）历史悠久的市中心很接地气，和科罗拉多州一众高档度假胜地相比，这里令人感到耳目一新。从城镇里各处的古建筑上依然可以看出这里淘金的历史，但吸引人的毫无疑问还是那不可胜数的户外活动。不管下雪还是天晴，都可以搭乘免费的布雷肯里奇缆车（Breck Connect Gondola）前往8号峰（Peak 8）大本营，开始有趣的冒险历程。冬天，滑雪者可以抓住丁字架（T-bar）

登上Imperial Express Superchair，该缆车将带你来到海拔12,840英尺（约3914米）的地方，这是美国可到达位置最高的滑雪缆车。夏天，孩子们会挤满**Epic Discovery**（☏800-985-9842; www.epicdiscovery.com; Peak 8; 白天出入设 3~7岁/8岁及以上 $47/68起; ⊙6月和7月; ⛟）户外拓展乐园，而年龄大一些的青少年和成年人则可以去步道和**山地自行车道**（☏970-453-5000; www.breckenridge.com; 通行券 1次/日 $18/30; ⊙7月至9月中旬 9:30~17:30）。**踌躇峰**（14,265英尺，约4348米）是很受攀岩者欢迎的一座高峰，但须为高海拔环境做相应的准备。徒步来回共6英里，估计需要8个小时。

🍴 🛏 见430页

行驶路上 » 沿着Hwy 9公路向北10英里，然后选择左侧的岔道，由此前往弗里斯科的Main St。

⑥ 弗里斯科

群山环绕的弗里斯科（Frisco）坐落在狄龙水库（Dillon Reservoir）西缘，是去韦尔（Vail）路上值得一游的地方。这里的主要景点是**历史公园和博物馆**（Historic Park and Museum; www.townoffrisco.com; 120 Main St, 2nd Ave交叉路口; ⊙周二至周六 10:00~16:00,

周日 至14:00），里面有复原的原木小屋、小镇监狱和小教堂。弗里斯科还是一个骑车和锻炼心肺功能的好地方——萨米特县（Summit County）铺砌的**自行车道**（www.summitbiking.org）绕着水库从韦尔一路延伸到基斯通（Keystone）乃至布雷克（Breck）。在当地的小径寻找你的独家体验，**Pioneer Sports**（☏970-668-3668; www.pioneersportscolorado.com; 842 N Summit Blvd; 滑雪板出租 成人/儿童 $18/13起，自行车 半/全天 $25/48起; ⊙8:00~18:00; ⛟）出租自行车。

行驶路上 » 从弗里斯科出发，沿着I-70州际公路向西行驶27英里到176出口，随着路牌去韦尔村（Vail Village; 主城）或更西边的Lionshead。无论走哪条路，你都得寻找公共停车场（冬季每天$25，夏季免费）——这是唯一能泊车的地方，除非你打算整晚上开车。

线路亮点

⑦ 韦尔

韦尔山度假村（Vail Mountain Resort; ☏970-754-8245; www.vail.com; 缆车票 成人/儿童 $189/130; ⊙11月至次年4月中旬 9:00~16:00; ⛟）是伊格尔县（Eagle County）著名的冬季游乐场。不仅许多电影明星和企业大亨会来这里滑

雪，即便当你看到戴着牛仔帽的得克萨斯人和穿着貂皮大衣的女性从你身边滑过也不必惊奇。

不管你是新手还是老将，这个美国最大的滑雪胜地都不会让你失望——只要你能承受高昂的价格。度假村夏天也有许多活动。**Bike Valet**（☏970-476-7770; www.bikevalet.net; 616 W Lionshead Cir; 自行车出租 每天 $50起; ⊙9:00~18:00; ⛟）提供山地自行车租借，**Bearcat Stables**（☏970-926-1578; www.bearcatstables.com; 2701 Squaw Creek Rd, Edwards; 骑马 1/2/4小时 $60/90/160; ⊙根据预订）提供骑马项目。

如果你计划在**韦尔高尔夫俱乐部**（Vail Golf Club; ☏970-479-2260; www.vailrec.com; 1778 Vail Valley Dr; 5月至10月 9/18洞 $60/100）打球，请预订。从**Holy Cross Ranger Office**（☏970-8275715; www.fs.usda.gov/whiteriver; 24747 Hwy 24; ⊙周一至周五 9:00~16:00）可查询徒步旅行与露营信息。家庭游客喜欢**Epic Discovery**（☏970-496-4910; www.epicdiscovery.com; 一日券 Ultimate/Little Explorer $94/54; ⊙6月至8月 10:00~18:00, 9月 仅周五至周日; ⛟），它位于Eagle Bahn Gondola缆车（从Lionshead搭乘）10,000英尺（约

阿斯彭 急速而下的滑雪者

3048米）的顶端，组织丰富多样的活动。

✗ ▭ 见430页

行驶路上 » 从韦尔出发，沿I-70州际公路向西行驶4.5英里，从171号出口下高速并转上Hwy 24公路向东南方向行进。驶过明特恩（Minturn）镇之后，道路开始沿着崖壁盘绕而上，右侧可以看到令人印象深刻的切口山（Notch Mountain；13,237英尺，约4035米）和圣十字荒野（Holy Cross Wilderness）。17英里之后，你将到达前往黑尔营的岔道——它现在仅仅是一个茂密的草甸。

❽ 黑尔营

黑尔营（Camp Hale；位于Hwy 24公路）建于1942年，当时专门用于训练美军唯一需要滑雪的部队——第十山地师（10th Mountain Division）。在"二战"巅峰时期，有超过1000座建筑和大约14,000个士兵驻扎在这里的草甸上。

"二战"之后，黑尔营一度除役，直到1958年才被美国中情局再度启用。1965年，黑尔营被正式拆除，土地归还给了美国林业局（US Forest Service）。许多来自第十山地师的退伍军人回到科罗拉多州投资滑雪运动产业，其中包括皮特·塞伯特（Pete Seibert），他在1962年与别人共同创立了韦尔度假村（Vail Resort）。

✗ 见430页

行驶路上 » Hwy 24公路被称为"落基山脉之巅景观道"（Top of the Rockies Scenic Byway）。从田纳西山口（Tennessee Pass）一路下行途中，你会看到科罗拉多最高的两座山峰——巨型山（Mt Massive）和埃尔伯特山（Mt Elbert）一直往南方延伸。从黑尔营到利德维尔共16英里。

❾ 利德维尔

利德维尔（Leadville）曾经是科罗拉多第二大自治市，原先被称为云之城（Cloud City）。在这里，让许多人发家致富的是银而非金。想要了解该城矿产丰富的历史，就一定要去十分有趣的**国家矿业名人堂**（National Mining Hall of Fame; www.mininghalloffame.org; 120 W 9th St; 成人/学生 $12/10; ☉9:00~17:00, 11月至次年4月 周一闭馆; ♿ ），夏天还可以一并参观**盖世矿**（Matchless Mine; ☏719-486-1229; www.mininghalloffame.org; E 7th Rd; 成人/学生含团队游 $12/10, 不含团队游 $6/5; ☉5月中旬至9月 正午至16:45）外部。

**另辟蹊径
萨里达**

起点: ❿ **双子湖**

如果你在11月到次年5月间来此旅行，独立山口有可能正处于关闭状态。真要是这样也别着急——可以沿着Hwy 24公路和阿肯色河向南行驶50英里到萨里达（Salida）。作为该州最大的历史城区之一，时尚的萨里达是科罗拉多州的白水漂流运动中心，也是探索学院山峰（Collegiate Peaks）的起点，不论是徒步、骑车还是滑雪。作为最受科罗拉多人欢迎的地区，萨里达虽然不如那些大的滑雪城那么出名，但却独具一种小城镇的乡土气息。

另外，如果你想去阿斯彭，可以从双子湖折回到I-70州际公路，向西去往格伦伍德斯普林斯（Glenwood Springs），然后再沿Hwy 82公路向东行至阿斯彭。全程约150英里，需驱车3小时。

古老的城区适合悠闲漫步。不要错过地标建筑，如**希利住宅博物馆**（Healy House Museum; ☏719-486-0487; www.leadvilletwinlakes.com; 912 Harrison Ave; 成人/儿童 $6/免费; ☉5月下旬至9月 10:00~16:30）和**塔博尔歌剧院**（Tabor Opera House; ☏719-486-8409; www.taboroperahouse.net; 308 Harrison Ave; 成人/儿童 $8/2; ☉6月至8月 周一至周六 10:00~17:00），霍迪尼（Houdini, 著名魔术大师）和奥斯卡·王尔德（Oscar Wilde）等人都曾来过这里。

✕ 见430页

行驶路上 » 从利德维尔出发，沿Hwy 24公路向南行进14英里，沿着密苏西比河的支流阿肯色河（Arkansas River）

行驶，达到一处岔道口后转向Hwy 82公路。沿着公路向西6.5英里，到达双子湖。前往埃尔伯特山登山口的岔道就在利德维尔南部的Rte 300公路旁。前往茵特拉肯小道起点的岔道在你转上Hwy 82公路行驶之后0.6英里，过了Lost Canyon Rd就是。

❿ 双子湖

从利德维尔出发很快就能到达州内最大的两个冰川湖——双子湖（Twin Lakes）。这里是一处绝佳的住宿点。这里原是一个叫作代顿城（Dayton）的小镇，如今只剩下几座小屋，但风景极好，并且有许多户外徒步的小径或钓鱼地点。主湖的南滨是建于1889年的茵特拉肯（Interlaken），这曾经是科罗拉多最大的度假胜地。你可以沿着科罗拉多州的步道与北美大陆分水岭步道到达这里，往返大约5英里，海拔几乎没有升高。

如果你打算做点更有挑战性的事，科罗拉多的最高峰埃尔伯特山（Mt Elbert; 14,433英尺, 约4400米）也是一个选择。这是一趟往返9英里的徒步旅程，海拔升高近5000英尺，所以估计要花一整天。

🛏 见431页

行驶路上 » 沿着Hwy 82公路行走，从双子湖到独立山口顶部有17英里。鬼城独立镇

（Independence）在峰顶以西约3英里处。

线路亮点

⑪ 独立山口

　　海拔12,095英尺（约3687米）的独立山口（Independence Pass；6月至10月开放）是北美大陆分水岭上知名度较高的山口之一。沿着狭窄的道路，景色的变换可以说是从美到极美再到美轮美奂。而当你望见险峰之下的冰川时，仿若置身于IMAX电影般的视觉盛宴之中。有一条铺筑的天然小径从山口顶部的停车场出发——你将走在林木线以上，须注意保暖。在你下行前往阿斯彭的路上，不要错过鬼城**独立镇**（Independence；www.aspenhistory.org；Hwy 82；$5；☾导览游 6月中旬至8月），它由阿斯彭历史协会（Aspen Historical Society）负责运营与维护，你可以参观一些旧马车房、一家

杂货店和几间小屋的遗迹。

行驶路上 » 从独立山口沿Hwy 82公路西行20英里到达阿斯彭。虽然理论上你可以找到收费的路边停车处，但最简单的做法还是把车停在阿斯彭游客中心旁边的公共车库（Rio Grande Pl；每天$15）。

线路亮点

⑫ 阿斯彭

　　牛仔鸡尾酒会、好莱坞的巨星风采、常春藤联盟的精英以及细碎的新雪，这些都让阿斯彭（Aspen）成为一个不同于美国西部其他任何地方的城镇。而且无论什么季节，你都可以在这里参加到不同的活动中去。

Aspen Skiing Company（☏800-525-6200；www.aspensnowmass.com；4座山的缆车票 成人/儿童$164/105；☾12月至4月中旬9:00~16:00；✦）经营着该地区的四个滑雪度假胜

地——阿斯彭、斯诺马斯（Snowmass）、Buttermilk与Highlands，古老的红砖市区有科罗拉多最好的几家饭店、一个极好的**艺术博物馆**（☏970-925-8050；www.aspenartmuseum.org；637 E Hyman Ave；☾周二至周日10:00~18:00），许多画廊与精品店，以及值得关注的**阿斯彭环境研究中心**（Aspen Center for Environmental Studies，简称ACES；☏970-925-5756；www.aspennature.org；100 Puppy Smith St，Hallam Lake；☾周一至周五9:00~17:00；✦）。无论你是参加ACES的团队游还是自助游，都能体验到这处偏远地区的壮丽美景：徒步者与骑行者有一系列小径可以选择，其中有几条位于标志性的褐铃山荒野地区（Maroon Bells Wilderness Area）。

🍴🛏 见431页

食宿

布雷肯里奇 ❺

✖ Hearthstone
新派美国菜 $$$

（☎970-453-1148；www.hearthstone breck.com；130 S Ridge St；主菜 $26~45；⏱16:00到深夜；🍴）这个在1886年的维多利亚时代建筑上翻新的餐馆，批量供应山珍创意菜，比如黑莓驼鹿肉、黏果酸浆炖水牛排骨、烤辣椒和意大利式玉米粥（Polenta）。食物新鲜美味，值得来这里大吃一顿。

🛏 Abbett Placer Inn
民宿 $$

（☎970-453-6489；www.abbettplacer. com；205 S French St；房间 冬季/夏季 $179/129起；🅿❄@🛜）这栋紫罗兰色的房子提供5间宽敞的客房，客房内配有木质家具、iPod充电基座和绒面浴袍。民宿很低调，热情的主人会准备丰盛的早餐。客人则可以使用室外的按摩浴缸以及公共小厨房。办理登记入住的时间在16:00~19:00。

韦尔 ❼

✖ bōl
美国菜 $$

（☎970-476-5300；www.bolvail.com；141 E Meadow Dr；主菜 $18~27；⏱14:00到次日1:00；🛜🍴）一半是时尚的小饭馆，一半是太空时代的保龄球馆，bōl是韦尔最不同寻常的会所。你可以在后面打保龄球，但真正吸引人的是兼容并蓄的菜单，比如羊棒骨、蓝玉米配墨西哥爆浆芝士辣椒（Chile Relleno）和油封鸭面薯仔球（Duck-confit Gnocchi）。

🛏 Sebastian Hotel
酒店 $$$

（☎800-354-6908；www.thesebas tianvail.com；16 Vail Rd；房间 冬季/夏季 $800/300起；🅿❄🛜♨🏊）这个精致的酒店既豪华又现代，展示了有品位的当代艺术和一系列令人印象深刻的便利设施，包括一个滑雪用具整理储存处以及奢华的休闲健身中心。

黑尔营 ❽

✖ Tennessee Pass Cookhouse
新派美国菜 $$$

（☎719-486-8114；www.tennesseepass. com；田纳西山口；午餐 $12~18，4道菜晚餐 $89；⏱12月至次年4月中旬 晚餐 周六和周日午餐，6月底至9月 周四至周日 仅晚餐；🍴）如果你以前从来没有在圆顶帐篷里吃过精美的晚餐，体验的机会来了。你需要通过徒步、雪鞋步行或者越野滑雪1英里来到这处圆顶帐篷享用丰盛的四道菜晚餐，菜品包括麋鹿里脊、当地出产的羊排以及彩虹鳟鱼。来这里你需要从**Tennessee Pass Nordic Center**（☎719-486-1750；Hwy 24；⏱12月至4月中旬 8:30~17:00；🍴）出发，即Ski Cooper的基地。只接受预订。

利德维尔 ❾

✖ Tennessee Pass Café
咖啡馆 $

（☎719-486-8101；www.tennesseepass cafe.com；222 Harrison Ave；主菜 $10~16；⏱11:00~21:00；🍴🖼）这个具有艺术家气息的咖啡馆有镇上最具创意的菜品，有机特色菜包括野牛肉牧羊人派、烤鳟鱼、甜薯仔球和比萨。这家店和Tennessee Pass Cookhouse没有关系。

双子湖 🔟

🛏 Twin Lakes Inn 酒店 $$

(☎719-486-7965; www.thetwinlakesinn.com; 6435 Hwy 82; 房间 $109~149; ⏱5月下旬至9月; 🛜) 这个装着绿百叶窗的旅馆经过3年的整修, 于2013年重新开业。有些客房面积较小, 且只有部分房间配有独立卫生间, 但临湖的便利位置让一切都不再是问题。楼下的**餐厅**(午餐主菜 $7~12, 晚餐主菜 $16~26)和酒馆是双子湖边的主要去处。

阿斯彭 1️⃣2️⃣

✖ Justice Snow's 美国菜 $$

(☎970-429-8192; www.justicesnows.com; 328 E Hyman Ave; 主菜 午餐 $12~18, 晚餐 $17~26; ⏱周一至周五 11:00至次日2:00, 周六和周日 9:00至次日2:00; 🛜🍴) Justice Snow's位于著名的惠勒歌剧院(Wheeler Opera House)内, 是一个怀旧的老酒馆, 其中古色古香的木制家具兼具了现代感。尽管说起来是间酒吧, 但合理的价格和当地食材烹制的美味菜品吸引了许多当地回头客。

🛏 Hotel Aspen 酒店 $$$

(☎970-925-3441; www.hotelaspen.com; 110 W Main St; 房间 冬季/夏季 $400/300起; 🅿❄🛜🏊🐾) 酒店采用了现代风格的装修——铁锈色的墙面、一个池畔酒吧以及时尚的家具。加热泳池和泛着泡沫的热水浴缸则是意外之喜。

弗德台地国家公园
古普韦布洛人的悬崖屋

圣胡安高架公路和百万美元公路

32

包含荡气回肠的百万美元公路在内的圣胡安高架公路，将科罗拉多州南部环抱起来，经过雄伟的山口和迷人的西部老镇。

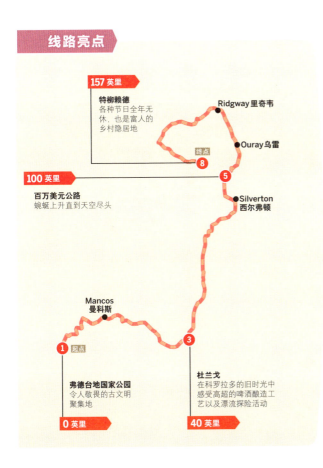

线路亮点

157 英里

特柳赖德
各种节日全年无休，也是富人的乡村隐居地

Ridgway 里奇韦

Ouray 乌雷

终点
8

5

100 英里

百万美元公路
蜿蜒上升直到天空尽头

Silverton
西尔弗顿

Mancos
曼科斯

3

1 起点

弗德台地国家公园
令人敬畏的古文明聚集地

杜兰戈
在科罗拉多的旧时光中感受高超的啤酒酿造工艺以及漂流探险活动

0 英里

40 英里

6~8天
157英里/253公里

最适合

何时去

6月至10月，此时道路通畅，还可享受夏日的乐趣。

 最佳摄影点

弗德台地壮观的悬崖屋。

 最佳美食

在曼科斯和杜兰戈享受从农场直送餐桌的美食。

32

圣胡安高架公路和
百万美元公路

这里是西部最崎岖的地方：曲折的山路和古老的遗迹、高耸的山峰、疾风阵阵的沙漠高原，处处体现着坚不可摧的意志。除了户外冒险的刺激和旧式酒吧粗犷的魅力，这里还保存着该地区最早定居者的秘密，他们令人惊叹的悬崖住所就位于弗德台地国家公园。

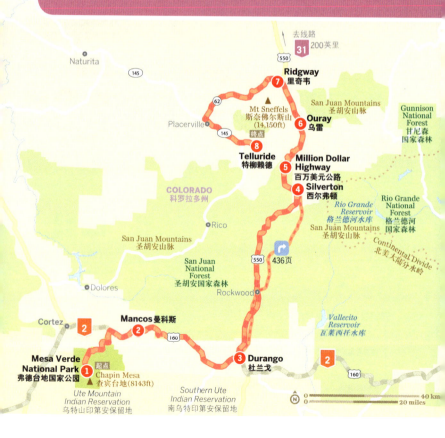

❶ 弗德台地国家公园

在古普韦布洛人(Ancestral Puebloans)离开700多年之后,他们的最后定居地依然是个谜。业余的人类学家会喜欢这里;不可思议的文化遗迹使弗德台地国家公园(Mesa Verde National Park)在美国的国家公园中独树一帜。古普韦布洛人遗迹分布于曼科斯(Mancos)南边一处高原上的峡谷和平顶山中,但是其中许多地方尚未对游客开放。

如果你仅有几个小时,可以参观**弗德台地游客和研究中心**(Mesa Verde Visitor & Research Center; ☎970-529-5034; www.nps.gov/meve; ◷6月至9月上旬 8:00~19:00, 9月上旬至10月中旬 至17:00, 10月中旬至次年5月 关闭; ☉♿),并开车绕到**查宾台地**(Chapin Mesa),在这里你可以参加由护林员带领的导览游参观**阳台屋**(Balcony House; www.recreation.gov; Cliff Palace Loop; 1小时导览游 $5; ♿♿),游客需爬一段露天的梯子去往保存良好且隐蔽的崖屋。须提前一天在游客中心买票。

如果你有一天或更多的时间,你可以在管理员的带领下游览绝壁宫殿(Cliff Palace)和阳台屋。该线路很受欢迎,建议提前购票。其中的活动包括攀爬直梯和穿越古老的通道。夏季的高温很骇人——如果你想去徒步,建议赶早。或者你也可以在阴凉的**查宾台地博物馆**(Chapin Mesa Museum; ☎970-529-4475; www.nps.gov/meve; Chapin Mesa Rd; 公园门票包含博物馆门票; ◷4月至10月中旬 8:00~18:30, 10月中旬至次年4月8:00~17:00; ♿♿)长长知识,博物馆就在云杉树屋(Spruce Tree House)附近。

行驶路上 » 进入弗德台地后即刻左转到达游客中心。返回主路。到达位于韦瑟里尔台地(Wetherill Mesa)的主景点需要45分钟,有些地方的路陡峭而又狭窄。离开公园,沿Hwy 160公路向东行驶到达曼科斯,右转进入Main St,沿此路到达与Grand Ave的交叉路口。

你也可以

❷ **四角巡游**
从杜兰戈出发,取道US 160公路,进入面积广大的四角环线旅程。

31 **落基山脉之巅**
从里奇韦出发,沿Hwy 550公路向北到达Grand Junction。右转进入I-70州际公路,朝格伦伍德斯普林斯方向行驶,然后沿Hwy 82公路到达阿斯彭。

❷ 曼科斯

稍不留神,你就可能错过这座既另类又朴实,同时还有一点不同寻常的小镇(看看当地咖啡馆屋顶上晃来晃去的木偶吧)。曼科斯(Mancos)是一个完美的驿站,它有一个充满活力的艺术社区和不少当地特产。你会在三个街区的半径内找到许多有趣的地方,这其中包括一间帽子定制店、数家画廊和美味餐馆。在每个月最后一个周五,"艺术之行"(Arts Walk)会使当地人所谓的"市区"喧闹起来。

该地区最特别的旅馆是泽西吉姆瞭望塔(Jersey Jim Lookout Tower; ☎970-533-7060; 房间 $40; ◷5月中旬至10月中旬),这里曾经是一座55英尺(约17米)高的全景瞭望塔。这个十分热门的旅馆位于曼科斯以北14英里处,海拔9800英尺(约2987米)。那里配备了奥斯本火灾探测器和地形图。

行驶路上 » 沿Hwy 160公路向东行驶。到达杜兰戈市郊后,左转进入Camino del Rio,行驶半英里后再右转进入W 11th St, Main Ave位于第二个路口的右侧。

❸ 杜兰戈

作为这片地区的宠儿,杜兰戈(Durango)既保留了拉格泰姆音乐（ragtime；爵士乐问世之前出现的一种切分音乐曲或称粗劣参差的音乐）的传统，又着力发展前沿科技。这里有城市自行车、咖啡馆和农贸市场。户外运动爱好者请做好出发的准备。**阿尼马斯河**（Animas River）从城中流过，你可以在河上漂流或用假蝇钓鱼。这里有成百上千条山地自行车骑行线路，从风景秀丽的土路到陡峭的单行道都有。当你恢复了精力，不妨加入避暑的人群，逛一逛 **Main Ave** 上的书店、精品店和自酿酒吧。

离开小城，沿 **圣胡安高架公路**（San Juan Skyway；Hwy 550 公路）向北，穿过农场和平原，沿着风景秀丽的山地，前往西尔弗顿（Silverton）。可以去家庭经营的 **James Ranch**（Animas River

Valley；主菜 $6~13；⊙6月至10月中旬 周一至周六 11:00~19:00；1月至5月 周六 11:00~17:00）用餐，该餐馆位于杜兰戈城外10英里处。极好的农庄烧烤采用农场自产的有机牛肉、奶酪和新鲜农产品。牛排三明治和意式薄饼乳酪搭配焦糖洋葱让人胃口大开。小朋友会喜欢这里的山羊。从7月到10月每个周四的特色是"汉堡包和乐队"（Burgers & Bands；成人/儿童 $20/10）。两小时的农场游览（$18）每周一和周五9:30、每周二16:00举行。

📖 见441页

行驶路上 » 沿 Main Ave 向北直行，出杜兰戈便走上 Hwy 550 公路（这条路也是圣胡安高架公路的一部分）。行驶途中右侧能看到一些海拔高达14,000英尺（约4267米）的山

峰，并且有很多停车点可以欣赏美景。在到达西尔弗顿之前，道路要经过科尔班克斯山口（Coal Banks Pass；10,640英尺，约3243米）和莫拉斯山口（Molas Pass；10,910英尺，约3325米）。

- - - - - - - - - - - - - - - -

❹ 西尔弗顿

雪峰环绕的西尔弗顿（Silverton）自豪地沉醉于华丽的矿业城镇传说中，虽然地处美国本土的下48州，但它看起来更像阿拉斯加州的风貌。西尔弗顿海拔9318英尺（约2840米），空气稀薄，但这并没有打消人们来此小酌一杯的兴致。

想要探索这里的一切，就不要羞于与当地仅有的500名居民打交道——他们看到新面孔会很开心。小镇只有两条街，但只有 **Greene St** 比较体面，这条街上现在聚集着一些餐馆和小饰品店。一个街区以外是臭名昭著的 **Blair St**，这里曾是妓院的聚集地和权贵们花天酒地的场所，在当时淑女绝不会涉足这样的地方。

西尔弗顿博物馆（Silverton Museum；☎970-387-5838；www.silvertonhistoricsociety.org；1557 Greene St；成人/儿童 $8/3；⊙6月至10月 10:00~16:00；🅿🚻）曾是圣胡安县监狱，在这里你能看到原来的牢房。这里展示着西尔弗顿的历史——从可怕的矿难

另辟蹊径
窄轨铁路

起点: ❸ 杜兰戈

登上 **杜兰戈和西尔弗顿窄轨铁路**（Durango & Silverton Narrow Gauge Railroad；☎970-247-2733；www.durangotrain.com；479 Main Ave；往返 成人/4~11岁儿童 $89/55起；⊙5月至10月；🚻）上的蒸汽火车，进行一趟夏日的火车之旅。这趟运行于杜兰戈和西尔弗顿之间的火车已经不间断地行驶了123年。路线全长45英里，单程3.5小时，旅途风景秀丽，向北到达的西尔弗顿是一处国家历史名胜。许多本地人会建议你搭乘该火车到西尔弗顿，然后再搭乘巴士返回，这样更快捷。每年的9月下旬和10月上旬，山杨林披上金色的外衣，此时的景色最为壮丽。

到卖淫、酗酒、赌博和抢劫等，在西部可能遇见的各类死法。

多数游客将西尔弗顿作为越野自驾的大本营——坑坑洼洼的矿区道路辐射各处，沿途可以观赏到如梦似幻的美景。在冬季，**西尔弗顿山**（Silverton Mountain；☏970-387-5706；www.silvertonmountain.com；State Hwy 110；每日缆车票$59，全天导览和缆车票$159）为滑雪高手提供了原生态的优质滑雪场地。

🍴 🛏 见441页

行驶路上 » 离开西尔弗顿进入Hwy 550公路（即百万美元公路）向北行驶。这段车程始于一截平缓的上坡，但后面会越来越陡。莫拉斯山口（Molas Pass）的发卡弯让车速降至每小时25英里。接下来是最令人毛骨悚然的部分，一些地方的限速仅为每小时15英里。路旁没有护栏，而且落差极大，因此请小心驾驶。91英里里程碑和93英里里程碑之间有停车点，能让你稍微放松一下。

线路亮点

❺ 百万美元公路

长达24英里的百万美元公路（Million Dollar Highway）连接西尔弗顿和乌雷（Ouray），其名字的出处尚存争议。有人说在20世纪20年代修建这条路时，每英里要花费一百万美元；也

有人说是因为路基中埋藏着价值不菲的矿石。

作为美国最令人难忘的车道之一，令人心跳加速的百万美元公路途经一些旧矿的井架和史诗般的高山。尽管路况不错，但沿途的盲区死角、隧道和急转弯仍会使驾驶员不敢懈怠。冬季这条路经常封闭，据说这里冬天发生雪崩的次数比整个科罗拉多州都多。降雪通常始于10月。

离开西尔弗顿，公路沿Mineral Creek Valley爬升，途经朗费罗（Longfellow）矿井遗址，由此再往前1英里便是**红山山口**（Red Mountain Pass；11,018英尺，约3358米），此处弯急路险，限速每小时25英里。

朝乌雷方向下坡，来到**熊溪瀑布**（Bear Creek Falls），这处落差达数百英尺的瀑布之上有一个十分考验胆量的观景平台。一条难行的8英里长小径蜿蜒通向更好的观景位置——但不适合恐高的人。

在里程标92英里处的**观景台**可以俯瞰乌雷。从此处向右转就是**圆形剧场营地**（Amphitheater Campground；☏877-444-6777；www.recreation.gov；Hwy 550；帐篷位置$20；⏰6月至8月）。

行驶路上 » 沿百万美元公路行驶要经过陡峭的下坡，行至乌雷后，道路变为Main St。

❻ 乌雷

魅力十足的乌雷（Ouray）位于高山之下，是一个

享受夏日上百英里的单线徒步小径或冬日里的粉雪坡道滑雪的最佳方式是去**圣胡安小屋**（San Juan Hut System；☏970-626-3033；www.sanjuanhuts.com；每人$30），它延续了小屋到小屋（hut-to-hut）的欧洲传统探险方式，拥有五个山区营地。你只需携带食物、手电筒和睡袋即可——这里的设施有软垫床铺、丙烷炉、烧木头的暖炉和柴火。

山地骑行线路从杜兰戈或特柳赖德出发到达摩押（Moab），蜿蜒穿行于高山和沙漠区域。你也可以选择一个营地作为你的大本营。这里有各种难度级别的地形，滑雪者应对雪地和雪崩状况有所了解，也可以与向导同行。网站上有滑雪雪板、自行车租赁以及（可选的）向导服务的注意事项和信息，很有参考价值，这些服务的基地是里奇韦或乌雷。

上图: 弗德台地国家公园

左图: 特柳赖德

右图: 在特柳赖德周边的群山中徒步

保存较好的矿业村镇。这里以传奇的乌特（Ute）酋长的名字命名，他曾以放弃乌特部落的土地为代价，维系白人定居者和19世纪70年代早期涌入圣胡安山脉的大批矿工之间的和平。

这个地区到处都是温泉。Wiesbaden Hotel（☎970-325-4347；www.wiesbadenhotsprings.com；625 5th St；房间 $132~347；🅿🛜🏊）的下方有一个凉爽的洞穴温泉，此处是乌雷酋长的最爱。现在你也可以在这里泡温泉，按小时计费。

一年一度的乌雷冰雪节（Ouray Ice Festival；☎970-325-4288；www.ourayicefestival.com；晚间活动捐赠入内；🕑1月；🚹）吸引了大量优秀的登山者来参加为期四天的比赛。这座城镇也能给徒步者和越野车迷带来刺激。如果你对自己开车尚有顾虑，San Juan Scenic Jeep Tours（☎970-325-0089；www.sanjuanjeeptours.com；206 7th Ave；半日 成人/儿童 $59/30；🚹）提供敞篷吉普车的山区之旅，体验与众不同的野花和废弃城镇风景。另一值得推荐的项目是从第三大道的西端徒步至鲍克斯峡谷瀑布（Box Canyon Falls；紧邻Box Canyon Rd；成人/儿童 $4/2；🕑1月至8月 8:00~20:00；🅿🚹）。一座吊桥会带你进入这个落差达285英尺（约87米）的瀑布内部。周围可以观赏到很

特柳赖德的节日

夏季的特柳赖德极具山地魅力,此时天空湛蓝,会有各类精彩的节日。详细信息见www.visittelluride.com/festivals-events。

山地电影节(Mountainfilm; 5月下旬)连续4天放映高水准的户外探险和环保影片。

特柳赖德蓝草音乐节(Telluride Bluegrass Festival; 6月下旬)成千上万人在周末齐聚这一顶尖盛事——蓝草露天音乐节,活动一直持续到深夜。

特柳赖德电影节(Telluride Film Festival; 9月上旬)镇上各处都会放映海内外电影,届时会吸引一些大牌明星前来。

多鸟类,包括保护鸟类黑雨燕,它们把巢筑在岩壁上。

✕ 🍴 🛏 见441页

行驶路上 » 沿Main St向北驶离乌雷,进入Hwy 550 N公路。之后10英里的路程十分平坦,直行至里奇韦唯一的交通信号灯处左转,进入Sherman St。接下来半英里都是镇中心区域。

- - - - - - - - -

❼ 里奇韦

里奇韦(Ridgway)是一座富有魅力的小镇,白雪覆盖的圣胡安山脉和壮观的斯奈佛尔斯山(Mt Sneffels)成为辽阔草原的背景。1969年约翰·韦恩(John Wayne)主演的经典牛仔影片《大地惊雷》(True Grit)正是在此地拍摄的,而现在这座城镇拥有了一种新西部的魅力。

奥维斯温泉(Orvis Hot Springs; 📞970-626-5324; www.orvishotsprings.com; 1585 County Rd 3; 每小时/每

天 $18/22)里阳光充足的石浴池让这处允许裸浴的温泉难以抗拒。虽然这里的特色是裸浴的人群,但是如果你只想找一处远离人群的地方安安静静地独自泡个温泉,这里种类多样的浴池(37~45℃)也会给你这个机会。温泉也提供私人的室内浴池,但里面空气质量较差,吸引力不大。温泉位于乌雷以北9英里处,里奇韦城外。

行驶路上 » 离开小镇向西行驶,Sherman St变为CO 62公路。接下来是一段23英里的轻松旅程。到达交叉路口后左转进入CO 145 S公路,朝特柳赖德行驶。在接近城镇的地方有一个转盘,从第二个出口进入W Colorado Ave。特柳赖德的中心距此还有半英里。

- - - - - - - - -

线路亮点

❽ 特柳赖德

独一无二的特柳赖德

(Telluride)三面环山,曾是一个简陋的矿业小镇。而今这里已成为一座多元化的城镇,纷至沓来的滑雪爱好者之中不乏名流们的身影。同时,著名的音乐和电影节也为城镇营造出欢乐的夏日氛围。

经历过大翻新的中心地区依然保留着触手可及的旧时代魅力。走进舒适的**New Sheridan Bar**(📞970-728-3911; www.newsheridan.com; 231 W Colorado Ave, New Sheridan Hotel; ⏰17:00至次日2:00),找寻那些墙上的旧弹孔和酒吧艰难生存的往事——在矿业不景气时,酒吧隔壁的酒店甚至连枝形吊灯都卖了以缴纳取暖费。

游览市区,留意那些**免费箱**(Free Box),你可以在里面交换你不想要的东西,该传统是当地居民的骄傲。然后搭乘15分钟的免费**缆车**(Gondola; S Oak St; ⏰7:00至午夜; 🐾)到达特柳赖德山村(Telluride Mountain Village),在那里你可以租一辆山地自行车骑行、用餐或只是沉浸在美景中。

如果你打算参加某个节日,请提前数月预订门票和住宿。

✕ 🍴 🛏 见441页

食 宿

杜兰戈 ③

🛏 Antlers on the Creek　民宿 $$$

（☎970-259-1565；www.antlersonthec
reek.com；999 Lightner Creek Rd；房间 $249
起；🅿🛜）民宿位于宁静的小溪边，四周环
绕着大片的草坪和白杨林。在宽敞的主楼
和马车房之间有7间雅致的客房。这里还提
供丰盛的三道菜早餐，室外的亭子里有热
水浴缸。全年营业。

西尔弗顿 ④

🍴 Rum Bar　酒吧 $

（☎970-387-9904；https://silvertonrum
bar.com；1309 Greene St；主菜 $6~14；🕐11:00
至次日2:00）这间宽敞的极简主义酒吧是当
地人气很高的朗姆酒酒吧，位于Greene St
上。注意：淡季营业时间会有调整。

🛏 Inn of the Rockies at the Historic Alma House　民宿 $$

（☎970-387-5336，免费电话 800-267-
5336；www.innoftherockies.com；220 E 10th
St；房间 $129~173；🅿🐾❄）1898年，一个当
地人开了这间民宿，当时叫Alma，如今提
供9间独一无二的客房，配备维多利亚时代
的古董家具。这里的服务一流。不含早餐的
房费较为便宜。花园里有一个热水浴缸，可
以来这里洗尽一天的疲惫。

乌雷 ⑥

🍴 Bon Ton Restaurant　法国菜、意大利菜 $$$

（☎970-325-4419；www.bontonre
staurant.com；426 Main St；主菜 $16~40；
🕐周四至周一 17:30~23:00，周六和周日 早午

餐 9:30~12:30；🅿）Bon Ton餐厅位于著名
的St Elmo Hotel的一间漂亮房间之中，提
供晚餐已有一个世纪了。法式和意式菜单中
的特色菜包括烤鸭配樱桃胡椒酱以及青葱
咸肉意大利馄饨。推荐香槟早午餐。

🛏 Box Canyon Lodge & Hot Springs　度假屋 $$

（☎800-327-5080，970-325-4981；www.
boxcanyonouray.com；45 3rd Ave；房间 $189；
🛜）并不是每家酒店都能提供地暖，更不用
说宽敞且新颖的松木房间了。这里的木桶
浴缸中注入的是天然温泉，你可以一边泡
澡一边浪漫地仰望星空。服务友好，供应免
费的苹果和瓶装水。Box Canyon Lodge很
受欢迎，须提早预订。

特柳赖德 ⑧

🍴 Chop House　新派美国菜 $$$

（☎970-728-4531；www.newsheridan.
com；231 W Colorado Ave, New Sheridan Hotel；
主菜 $26~62；🕐17:00至次日2:00）如果你打
算享用一次亲密无间的晚餐，来这里准没
错——这里拥有无与伦比的服务，以及刺
绣天鹅绒长椅这样的时尚装修。第一道菜
是奶酪，从第二道开始你就可以感受到西
部的风格，比如精致的麋鹿腰脊肉、茄汁
意大利饺子和由当地绵羊奶制成的里科塔
奶酪（ricotta）。

🛏 Telluride Town Park Campground　露营地 $

（☎970-728-2173；500 E Colorado Ave；露
营地 需要/不需要停车位 $28/17；🕐5月中旬至
10月中旬；🛜✉）这处便利的溪边营地位于
城区，提供43个露营位置，配有淋浴，可以
在这里游泳和打网球。除了节假日（须提前
咨询节假日的组织者），这里采用先到先得
的原则。露营的时候也可以享受夜生活，为
什么不呢？

步行游览
丹 佛

起点/终点: LoHi

距离: 4英里

需时: 3小时

丹佛(别称"一英里高的城市",The Mile High City)拥有许多讨人喜欢的徒步小径、世界级的艺术博物馆、众多酒馆、若干城市白水公园、落基山脉的精品店和餐馆,以及正改变着这个传统西部城市的新市区景观。

可使用此步行游览的线路:

31

LoHi

Lower Highlands(当地人把它叫作LoHi)是丹佛最热门的街区之一。在这里可以俯瞰整座城市,并且停车免费(主干道2小时,旁路无时间限制)。LoHi时尚的精品店、悠闲的酒馆和不错的午餐餐馆值得一逛,比如进城之前可以先去**Tamales by La Casita**(☑303-477-2899;www.tamalesbylacasita.net;3561 Tejon St;菜肴 $3~10;⊙周一至周五7:00~19:00,周六9:00开始营业;🎔👫)坐一坐。

行走路上 » 从16th St的过街天桥走到I-70州际公路对面,经过约翰·麦肯罗(John McEnroe)创作的"National Velvet"等一系列公共艺术品,再走过另一个天桥,就到达了公众公园。

公众公园

公众公园(Commons Park;www.denvergov.org/parksandrecreation;15th St和Little Raven St交叉路口;👫👶)中有多条自行车车道、长椅、河滩。由艺术家Barbara Grygutis设计的**Common Ground**(这是一段并不通向哪里的螺旋梯)是公园内的焦点。

行走路上 » 步行穿越公园,接着穿过步行天桥——千禧桥(它有200英尺高的倾斜"桅杆")。你可以在桥上尽览Coors Field和联合车站的景色,然后去往Lower Downtown(LoDo)街区。

联合车站

建于19世纪的**联合车站**(Union Station;☑303-592-6712;www.unionstationindenver.com;1701 Wynkoop St;🅿)对于LoDo来说就像是皇冠上的璀璨宝石。这处经过翻修的漂亮车站是一处交通枢纽,扩大了一倍的候车区域如今是一处时髦的都市候车室。

行走路上 » 探索联合车站四周。从这里向东南方向走,前往16th St Mall。丹佛人气很高的书店——Tattered Cover,就位于16th St Mall的起点处。

16th Street Mall

16th St是丹佛市中心一条热闹的步

行街，聚满了餐馆和零售店，同时也有不少百年不变的"游客陷阱"。不妨逛逛**I Heart Denver**（www.iheartdenverstore.com；⊙周一至周六 10:00～21:00，周日 11:00～18:00）。

行走路上 » 沿16th St往东南方向前行到达步行街的尽头。从那里，沿Colfax Ave能很快到达市民中心公园。如果要节约时间或体力，可以乘坐从步行街一头到另一头的免费巴士。

市民中心公园

　　市民中心公园（Civic Center Park；Broadway和Colfax Ave交叉路口；🚻）位于州议会大厦金色穹顶的不远处，这里可以找到流动餐车、公共活动以及这座城市最出名的雕塑。1920年完成的雕塑《驯马师》（*Bronco Buster*）背后还有段小故事，该雕塑的模特在塑像完成前曾因偷牧场的牲畜而被捕（艺术家将他保释出狱）。你可以免费游览科罗拉多**州议会大厦**（State Capitol），在海拔刚好一英里的第13级台阶上来个自拍。

行走路上 » 向南经过名为《小马驹》（*Yearling*）

的创意雕像以及后现代风格的丹佛公共图书馆（Denver Public Library），到达标志性的丹佛艺术博物馆。

丹佛艺术博物馆

　　丹佛艺术博物馆（Denver Art Museum，简称DAM；☏720-865-5000；www.denverartmuseum.org；100 W 14th Ave；成人/儿童 $13/免费；每月第一个周六免费；⊙周二至周四、周六和周日 10:00～17:00，周五 至20:00；🅿🚻）可以列入"真正不可错过的博物馆"名单，它不仅有全美规模最大的印第安艺术展品，还会组织一系列丰富多彩且新颖的多媒体展览。参观结束之后你可以找一辆**B-Cycle**（www.denverbcycle.com；1日会员 $9；⊙5:00至午夜；🚻）自行车，骑回LoHi。

行走路上 » 经过会展中心（Convention Center）的大蓝熊（Big Blue Bear），沿Champa St继续向西，经过丹佛表演艺术中心（Denver Performing Arts Complex）及其标志性的塑像《舞者》（*Dancers*）。从那里，沿Cherry Creek自行车道去Confluence Park以及返回LoHi。

西南部

西南地区的自然风景令人乐不思蜀： 古老的高原碎裂成红岩峡谷；偏远山坡上的岩柱群（Hoodoos）如同一群阴谋家聚在一起密谋；沙沙作响的沙丘在遥远的地平线上闪着微光；而野花、巨柱仙人掌（Saguaros）和美国黄松都在引诱你更深入地了解这个地区。

这次西南部旅程中，我们会穿越灌木丛生的沙漠，一路行至壮观的大峡谷。你既可以领略沙漠风蚀形成的砂岩丘，也能欣赏到拉斯维加斯的光怪陆离。一路上，引人注目的风景和电影拍摄地如同画卷一般徐徐展开——既然是公路之旅，就要开车前往！加满你的油箱，戴上你的雷朋墨镜，出发去探索西南地区吧！

锡安峡谷 天使降临小径上的景色
NICKOLAY STANEV / SHUTTERSTOCK ©

西南部

奇马约保护区教堂

这座1816年的土坯教堂是奇迹般的疗伤之处，也是美国最大的天主教朝圣地。去线路 36 找它吧。

畅饮啤酒

在格伦舞厅或特灵瓜门廊和当地人一样喝杯冰镇的Shiner Bock啤酒。位于线路 37 38。

峡谷探险

攀岩，然后在狭窄的狭缝型峡谷中垂降。位于线路 34。

机场台地

只需轻松地走一段坡地，便能360度全方位欣赏塞多纳完整的红岩景观。位于线路 33。

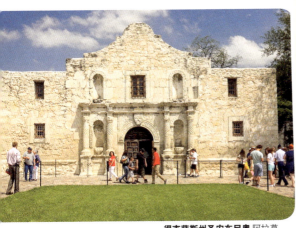

得克萨斯州圣安东尼奥 阿拉莫

447

经典线路

奇幻峡谷之旅

33

在这条通往大峡谷的景观大道上，新旧西部在此交会，你将一一探访牛仔乡村、矿业城镇、酿酒厂和红岩，最后，我们的行程将在大峡谷画上一个大大的句号。

线路亮点

235 英里
大峡谷村
感受下去容易上来难的光明天使步道

终点 **15** Mather Point & Grand Canyon Visitor Center
Tusayan 马瑟点和大峡谷游客中心
图萨扬

132 英里
Flagstaff **卡顿伍德**
弗拉格斯塔夫 在Arizona Stronghold
好客的品酒室内享受惬意时光

Phippen
Museum **Sedona 塞多纳**
菲彭博物馆 Red Rock Country Visitor Center
红岩乡村游客中心
Thumb Butte **6** **9** Audrey Headframe Park
拇指山 & Jerome State Historic Park
3 奥德利井架公园和杰罗姆州立历史公园

113 英里
杰罗姆
这个悬崖环抱的旧时
Wickenburg 威肯堡 产矿小镇现在推崇
起点 美酒、美食和艺术
Vulture Mine
瓦尔彻矿

普雷斯科特
像当年的传奇警长怀特·厄普一样，
在威士忌街喝一杯

90 英里

4~5天
235英里/378公里

最适合

何时去

秋季和春季，可以避开夏季的高温和旺季的人流。

最佳摄影点

从马瑟点拍摄大峡谷。

最佳历史和文化

在威肯堡、普雷斯科特和杰罗姆推开历史的旋转门。

33 奇幻峡谷之旅

这趟公路自驾之旅会经过亚利桑那州中部的一些最佳目的地,最终到达无与伦比的大峡谷(Grand Canyon)。路途四周原始而美丽,完好地保存着亚利桑那州过去混战时的遗址。风景秀丽的小径会经过砂岩山、黄松林和峡谷景观。西部大冒险包括骑马、酒馆畅饮和探索深不可测的矿井。但这条路线绝不仅限于追忆往昔,蓬勃发展的葡萄酒产业和优质的餐馆为其增添了21世纪的吸引力。

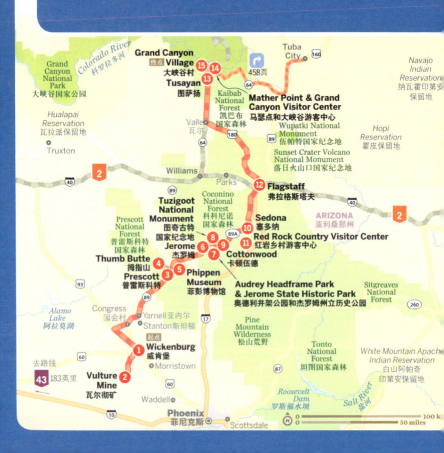

Colorado River
科罗拉多河

Grand Canyon
National Park
大峡谷国家公园

Hualapai
Reservation
瓦拉派保留地

Truxton

Grand Canyon Village
绿点 大峡谷村

Tusayan
图萨扬

Kaibab
National
Forest
凯巴布
国家森林

Valle
瓦尔

Tuba City

458页

Navajo
Indian
Reservation
纳瓦印第安
保留地

458页

Mather Point & Grand Canyon Visitor Center
马瑟点和大峡谷游客中心

Wupatki National Monument
伍帕特基国家纪念地

Sunset Crater Volcano National Monument
落日火山口国家纪念地

Hopi
Reservation
霍皮保留地

Williams

Parks

Coconino
National
Forest
科科尼诺
国家森林

Tuzigoot National Monument
图奇古特国家纪念地

Prescott
National
Forest
普雷斯科特
国家森林

Thumb Butte
拇指山

Jerome
杰罗姆

Prescott
普雷斯科特

Phippen
Museum
菲彭博物馆

Flagstaff
弗拉格斯塔夫

Sedona
塞多纳

Red Rock Country Visitor Center
红岩乡村游客中心

Cottonwood
卡顿伍德

ARIZONA
亚利桑那州

Audrey Headframe Park & Jerome State Historic Park
奥德利井架公园和杰罗姆州立历史公园

Sitgreaves
National
Forest

Congress
国会村

Yarnell 亚内尔
Stanton 斯坦顿

Alamo
Lake
阿拉莫湖

起点
Wickenburg
威肯伯

Morristown

Vulture Mine
瓦尔彻矿

Waddell

Phoenix
菲尼克斯

Scottsdale

Pine
Mountain
Wilderness
松山荒野

Tonto
National
Forest
坦图国家森林

White Mountain Apache
Indian Reservation
白山阿帕奇
印第安保留地

Roosevelt
Dam
罗斯福水坝

去路线

43 183英里

❶ 威肯堡

走在威肯堡(Wickenburg)的马鞍店和旧西部风格的店面之中，你会感觉自己仿佛穿越回了19世纪90年代。广受欢迎的**西部沙漠骑士艺术馆**(Desert Caballeros Western Museum; ☎928-684-2272; www.western museum.org; 21 N Frontier St; 成人/老人/17岁及以下儿童 $12/10/免费; ⏰周一至周六 10:00~17:00, 周日 正午至16:00, 6月至8月 周一闭馆)展示着歌颂西部以及当地人生活的艺术品。"牛仔精神"(Spirit of the Cowboy)主题展览来自海斯(Hays)家族的私藏，展出了关于牛仔传说的原始资料，包括来富枪、绳索和马鞍，而3月和4月的"Co-

你也可以

❷ 四角巡游

沿I-40州际公路向西，转入Hwy 93公路后向北，虽然沿途自然景观不多，但是"罪恶之城"拉斯维加斯一定会让你觉得不虚此行。

43 棕榈泉和约书亚树绿洲

从威肯堡出发，取道Hwy 60公路向西到达I-10州际公路，享受丰富多彩的沙漠之旅和户外乐趣。

wgirl Up!"展销会上可以碰到西部地区风格各异的女性艺术家，有趣且令人印象深刻。

市中心随处可见小城创建者的雕像和彩色的人物像。这些人物像中有一个刻画的是George Sayers，他是一个"嗜酒的无赖"，在19世纪后期被关进了Tegner St上的 **Jail Tree**。按下上面的按钮可以聆听他的传奇故事。然后，沿路去在当地人中人气很高的Nana's Sandwich Shoppe(见460页)用餐。

威肯堡除夏季外气候宜人，夏季最高气温经常可达110℉(43℃)。

🍴 见460页

行驶路上 » 沿Hwy 60公路向西行驶，左转进入瓦尔彻矿路(Vulture Mine Road)。接下来，通向矿井的14英里旅程将会只有巨柱仙人掌和畜栏的陪伴。

❷ 瓦尔彻矿

奥地利移民亨利·威肯勃格(Henry Wickenburg)将尘土飞扬的**瓦尔彻矿**(Vulture Mine; www.vulture minetours.com; 36610 N 355th Ave, 紧邻Vulture Mine Rd; 捐款 $10; ⏰团办游 5月上旬至10月中旬 周六 8:30, 10月中旬至次年5月上旬 周六 10:00)占为己有后大发横财。景区包括主矿井(这里开采出了价值3000万美元的黄金)、铁匠铺、其他破旧的老建筑和吊树(Hanging Tree; 一棵榆

树)。每周六上午，你可以在导游的带领下参观。

在返回城镇的途中，可以在Flying E Ranch(见460页)过夜，在这里你可以报名参加时长2小时的骑马游。

行驶路上 » 从威肯堡市区出发，沿Hwy 93公路向北行驶5英里后进入89N公路。继续向北，离开索诺兰沙漠(Sonoran Desert)后，进入织女山(Weaver Mountains)，行驶4英里爬上2500英尺的山坡。

线路亮点

❸ 普雷斯科特

在1900年7月14日这一天，大火沿威士忌街(Whiskey Row)席卷了整个普雷斯科特(Prescott, 读作"press-kit")市区。反应迅速的当地人保住了城镇中最有价值的财产：**皇宫酒家**(Palace Saloon; ☎928-541-1996; www.historicpalace. com; 120 S Montezuma St; 周日至周四 11:00~22:00, 周五和周六 至23:00)中24英尺(约7.3米)长的布伦瑞克吧台(Brunswick Bar)。人们将笨重的橡木吧台挪到**县政府广场**(Courthouse Plaza)，举起酒杯，继续狂欢。普雷斯科特的合作精神延续了下来，让这座城市充满了热情好客的氛围。

皇宫酒家位于**普雷斯科特老城区**(Historic

Downtown)的中心。**威士忌街**上曾有40家酒肆向粗犷的牛仔、矿工和流浪者供应啤酒和波本威士忌。

想了解亚利桑那州首个区域性首府普雷斯科特的更多信息,可以去迷人的**沙洛特·霍尔博物馆**(Sharlot Hall Museum;☎928-445-3122;www.sharlot.org;415 W Gurley St;成人/13～17岁儿童 $9/5;⏰5月至9月 周一至周六 10:00～17:00,周日 正午至16:00,10月至次年4月 营业时间缩短),它以1928年博物馆的创建者、女拓荒者沙洛特·霍尔(Sharlot Hall)的名字命名。**World's Oldest Rodeo**(www.worldsoldestrodeo.com)也在这座城里举行,该项活动可追溯至1888年,在每年7月4号的前一周举办。

🍴🛏 见460页

行驶路上》 从市区的县政府出发,沿Gurley St向西行驶,转入Thumb Butte Rd。全程总共4英里。

- - - - - - - - - -

❹ 拇指山

普雷斯科特位于普雷斯科特国家森林中部,在这片占地120万英亩森林中,秀丽的群峰拔地而起,湖泊纵横,黄松林点缀其间。**普雷斯科特国家森林办公室**(Prescott National Forest Office;☎928443-8000;www.fs.usda.gov/prescott;344 S Cortez St;⏰周一至周五 8:00～16:30)提供关于本地徒步旅行、自驾旅行、野餐区域和野营地的信息。进入国家森林需按日付费(物有所值),许多小径入口处有支付点。"美丽美国"通行证(America the Beautiful Pass)等旅游通票已经包括了这里的费用,可在此使用。

想要短途徒步,可以去著名的拇指山(Thumb Butte)。1.75英里的**拇指山33号小径**(Thumb Butte Trail #33)难度适中,沿途可以欣赏到城镇和群山的美景。允许牵着狗进入。

行驶路上》 沿Hwy 89N公路离开普雷斯科特,途经花岗岩谷(Granite Dells)的岩石阵,全程11英里。Granite Dells Rd通向一条穿过这些花岗岩巨石的小径,参见Mile High Trail System(cityofprescott.net/services/parks/trails)。

- - - - - - - - - -

❺ 菲彭博物馆

引人入胜的**菲彭博物馆**(Phippen Museum;☎928778-1385;www.phippenartmuseum.org;4701 Hwy 89N;成人/学生/12岁以下儿童 $7/5/免费;⏰周二至周六 10:00～16:00,周日 13:00～16:00)如同一位趾高气昂的牛仔竞技会冠军,馆藏中有一些混合了牛仔和西部艺术的有趣主题展览,吸引了众多游客。博物馆以乔治·菲彭(George Phippen)这位自学成才的本地艺术家命名,他为西部艺术的闻名于世做出了贡献,不妨驻足看看此处正酝酿着什么。正如你将看到的那样,西部艺术不仅仅是油画中宽帽檐下饱经风霜的脸——尽管你也能看到一些这样的油画。

行驶路上》 向北行驶,离开Hwy 89公路进入Hwy 89A公路。在通往杰罗姆[位于明格斯山脉(Mingus Mountains)山腰处]的这条蜿蜒公路上须全神贯注驾驶,全程27英里。如果你有胆量,向东看一眼令人震撼的弗德山谷(Verde Valley)吧。

- - - - - - - - - -

线路亮点

❻ 杰罗姆

沿着蛇形的公路驶下陡峭的**克利奥帕特拉山**(Cleopatra Hill),很难说杰罗姆(Jerome)的建筑物是否在和地心引力的斗争中获得了胜利。可以去**斯莱丁监狱**(Sliding Jail)稍作停留——它就在小镇的底部。

在19世纪末铜矿开采的鼎盛时期,这座废弃后又重振的小镇被称为"西部最邪恶的城市"(Wickedest Town in the West),如今看来却有一种破败之美。当时这里到处是妓院、酒吧和鸦片窟。当1953年铜矿所剩无几后，杰罗姆人口锐减。20世纪60年代，几个嬉皮士用低廉的价格抢购了那些残破的建筑，并对其进行了一定的修复，为这座城镇注入了迷人的生活乐趣。

你可以加入漫步的人群，逛一逛山腰间的画廊、独立商店、老建筑和品酒室。当地艺术家在**杰罗姆艺术家合作画廊**（Jerome Artists Cooperative Gallery; 📞928-639-4276; www.jeromecoop.com; 502 N Main St; ⏰10:00~18:00）售卖他们的作品，而身材魁梧却友好的骑士会聚集在**Spirit Room Bar**（📞928-634-8809; www.spiritroom.com; 166 Main St; ⏰11:00至次日1:00）。

🛏 见460页

行驶路上 » 沿Main St（Hwy 89A公路）离开市区，左转进入Douglas Rd前往以下两座公园。

❼ 奥德利井架公园和杰罗姆州立历史公园

这处旧矿井拥有亚利桑那州现存最大的木质井架，她将杰罗姆被黑色幽默裹挟的工业化历史展现得淋漓尽致。在**奥德利井架公园**（Audrey Headframe Park; www.jeromehistoricalsociety.com; 55 Douglas Rd; 免费入场; ⏰8:00~17:00）中，位于矿井口上方的玻璃平台可不是平时你在路边随处可见的景点，死神正在虎视眈

眈，万一平台碎了，你将会跌入1910英尺（约582米）的深渊——比帝国大厦还高650英尺呢！

被吓得不轻吧？去旁边的**杰罗姆州立历史公园**（Jerome State Historic Park; 📞928-634-5381; www.azstateparks.com; 100 Douglas Rd; 成人/7~13岁儿童 $7/4; ⏰8:30~17:00）平静一下吧。这里展现了该城的采矿历史。博物馆位于一座建于1916年的豪宅中，当时豪宅属于古怪的矿业巨头Jimmy Rawhide Douglas。在参观博物馆之前，那段富有民间风情的视频值得一看。

行驶路上 » 沿Hwy 89A公路下行至宁静的克拉克代尔（Clarkdale）。在转盘处，从第二个出口进入Clarkdale Pkwy及市区。沿Main St向东行驶到达S Broadway，然后左转进入Tuzigoot Rd，全程只有7英里。

❽ 图奇古特国家纪念地

图奇古特国家纪念地（Tuzigoot National Monument; 📞928-634-5564; www.nps.gov/tuzi; 成人/15岁以下儿童 $10/免费; ⏰8:00~17:00; 🅿♿）位于克拉克代尔东面的山顶上，它是史前的西纳瓜人（Sinaguan; 西班牙语意为"没有水"）建立的印第安人村落，从公元1000年至1400年就有人在这里定居。在其巅峰时期，

有多达225人住在村中的110间房屋内。在游客中心可获取有用信息，参观遗留的工具、陶器和箭镞，然后沿一条短而陡的小径（不适合轮椅）上行，来欣赏弗德河谷（Verde River Valley）令人难忘的景色。

行驶路上 » 返回S Broadway，沿此路向南行驶进入卡顿伍德老城区，全程3英里。

线路亮点

❾ 卡顿伍德

卡顿伍德（Cottonwood）正变得越来越有魅力，特别是在它的**老城区**（Old Town District）周边，在这片低调的街区能找到许多不错的餐馆、葡萄酒品酒室以及一些有趣的独立商店。诱人的品酒室**Arizona Stronghold**（📞928-639-2789; www.azstronghold.com; 1023 N Main St; 品酒 $9; ⏰周日至周四 正午至19:00, 周五和周六至21:00）有热情的员工、舒适的沙发，以及周五晚上的现场音乐。想要品尝更多的样品，可以去街对面的**皮尔斯伯里酒业公司**（Pillsbury Wine Company; 📞928-639-0646; www.pillsburywine.com; 1012 N Main St; 品酒 $10~12 ⏰周日至周四 11:00~18:00, 周五和周六至21:00）。这里出售巧克力和红酒。想要在卡顿伍德的水上乐园品尝葡萄酒，可以参加**Sedona Adventure**

Classic Trip
经典线路

为何经典
休·麦克诺特丹
本书作者

纵然景色十分壮丽，但其最大的魅力却在于该地区从粗糙的过往到充满个性、独具魅力的今日的神奇转型。亚利桑那州中部遍布着早期的矿井小镇、铁路小镇和木头小镇，如今都因传统工业的终结而大力发展起了红酒、美食和文化产业，以保持活力。在去往峡谷的一路上，你可以一一探访普雷斯科特、杰罗姆、卡顿伍德、弗拉格斯塔夫和塞多纳。

上图：塞多纳的日落
左图：神秘的杰罗姆
右图：沙漠景观瞭望塔，大峡谷

Classic Trip
经典线路

西南部
33
奇幻峡谷之旅

Tours（☎877-673-3661；www.sedonaadventuretours.com；🏠）组织的Water to Wine皮划艇之旅（$97），旅程是沿弗德河到**阿尔坎塔拉葡萄园**（Alcantara Vineyards；☎928-649-8463；www.alcantaravineyard.com；3445 S Grapevine Way；品酒$10~15；⏰11:00~17:00）。

行驶路上 » 沿Main St向南回到Hwy 89A公路，继续行驶20英里到塞多纳。在Hwy 89A公路和Hwy 179公路的环行交叉口（叫作Y），继续行驶进入塞多纳上城（Uptown Sedona）。主游客中心位于Hwy 89A公路和Forest Rd的交叉路口处。

⓾ 塞多纳

震撼的红色岩石对许多游客有着强烈的精神吸引力。一些新时代的信徒甚至认为那些砂岩阵拥有和"地球最深处的能量"同频率震动的"漩涡"。可以去**机场台地**（Airport Mesa；Airport Rd）亲眼见证，这是从市区最容易到达的漩涡。在这里，攀登一小段距离就能看到四周环绕的砂岩巨石，它们被落日染成了迷幻的红色和橙色。为到达观景处，沿机场路（Airport Rd）行驶0.5英里，可以在

左边找到一块不大的停车区域（$3）。

另一个引人注目的景点是**圣十字教堂**（Chapel of the Holy Cross；☎928-282-4069；www.chapeloftheholycross.com；780 Chapel Rd；⏰12月至次年2月 9:00~17:00，3月至11月至18:00），它掩映于壮观的红色岩石柱之间，在塞多纳（Sedona）以南3英里处。这座现代的天主教教堂是由著名设计师弗兰克·劳埃德·赖特（Frank Lloyd Wright）的女弟子Marguerite Brunswig Staude按照他的设计风格建造的。

行驶路上 » 沿Hwy 179公路向南行驶9英里，经过钟岩（Bell Rock）和Village of Oak Creek，直到红岩乡村游客中心。

⓫ 红岩乡村游客中心

户外冒险者们喜欢塞多纳风景极佳的徒步和自行车小径，这些小径有的在塞多纳，有的在塞多纳周围。美国森林管理局（the US Forest Service）提供实用的免费《国家森林娱乐指南》（*Recreation Guide to Your National Forest*）。指南中简要描述了一些受欢迎的小径，并给出了一张标明路线和小径入口的地图。在**红岩乡村游客中心**（Red Rock Country Visitor Center；☎928-203-2900；www.redrockcountry.org；8375 Hwy 179；⏰9:00~16:30）你

就能得到该指南，游客中心位于Village of Oak Creek南边。工作人员还会给你推荐一些比较小众或者最适合你的线路。

行驶路上 » 沿Hwy 89A公路向北穿过风景秀丽的橡树溪峡谷河岸绿化带，在车道的两侧是壮观的红色峭壁和松林。出峡谷后进入I-17州际公路，向北行驶去往弗拉格斯塔夫。全程39英里。

⓬ 弗拉格斯塔夫

弗拉格斯塔夫（Flagstaff）是个魅力非凡的地方，从适合步行的历史市区到滑雪和徒步这样的高海拔运动，应有尽有。亚利桑那州的最高点**汉弗莱峰**（Humphrey's Peak；www.fs.usda.gov）就在附近，它为该城增添了富有灵感的背景。从市中心的游客中心（☎928-7293-2951；www.flagstaffarizona.org；1 E Rte 66；⏰周一至周六 8:00~17:00，周日 9:00~16:00）出发，这里有免费的步行旅行手册，其中有一本指南介绍了弗拉格斯塔夫的灵异之地。

极其有趣的**洛厄尔天文台**（Lowell Observatory；☎总机928-774-3358 资讯记录928-233-3211；www.lowell.edu；1400 W Mars Hill Rd；成人/老年人/儿童（5~17岁）$15/14/8；⏰周一至周六 10:00~22:00，周日至17:00；🚗）建于1894年，是首个由官方观察到冥王星的地

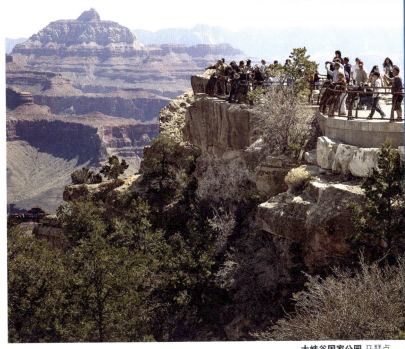

大峡谷国家公园 马瑟点

点（1930年）。它位于城区外的一座小山上。白天，你可以参加导览游；晚上，如果天气晴朗，可以在这里观星。

在一英里长的**弗拉格斯塔夫啤酒小径**（Flagstaff Ale Trail; www.flagstaffaletrail.com）上，弗拉格斯塔夫的小啤酒厂是毫无争议的明星。如果觉得徒步太乏味，则可以登上**Alpine Pedaler**

（☎928-213-9233；www.alpinepedaler.com；座位 $17 起；⏱11:00~23:00）能够容纳14名乘客的"Party on Wheels"派对巴士，车子会在酒吧和啤酒厂停靠。

🛏 见461页

行驶路上 » 第二天早上（早上最适合90英里的旅行），沿 Hwy 180公路向西北行驶，在树林中抬头欣赏圣弗朗西斯

科峰（San Francisco Peaks）。当你到达瓦尔镇（Valle）时，右转上 Hwy 64公路向北直行，进入广阔的科科尼诺高原（Coconino Plateau）。

- - - - - - - - - - -

⑬ 图萨扬

小镇图萨扬（Tusa-yan）位于大峡谷南部入口以南一英里处，在 Hwy 64公路沿线。半英里的狭长

Classic Trip
经典线路

地带中分布着峡谷酒店和餐馆。在**国家地理游客中心和IMAX影院**（National Geographic Visitor Center & IMAX Theater; ☎928-638-2203; www.explorethecanyon.com; 450 Hwy 64; 成人/儿童 $14/11; ⊙游客中心 3月至10月 8:00~22:00，11月至次年2月 10:00~20:00，剧院 3月至10月 8:30~20:30，11月至次年2月 9:30~18:30; ▣Tusayan）下车，在此提前购买公园门票（汽车 $30/辆），这样就能省去在入口排队买票的时间。IMAX影院里长期播放的《**大峡谷——隐藏的秘密**》（*Grand Canyon— The Hidden Secrets*）非常值得一看，时长34分钟。影片中不仅有让人兴奋的奔腾河流，还用虚拟现实技术制作了峡谷岩壁上流淌的水滴，这部影片分别通过远古的美洲印第安人、第一位探险者约翰·威斯利·鲍威尔（John Wesley Powell）和一只翱翔的雄鹰的视角，带你身临其境地体验大峡谷的历史和地质风貌。

在夏季，你可以将车停在这里，搭乘图萨扬的公共汽车进入公园。

行驶路上 » 沿Hwy 64公路向北行驶1英里到达大峡谷国家

↱ 另辟蹊径
沙漠景观车道

起点: ⑭ 马瑟点和大峡谷游客中心

风景秀丽的沙漠景观车道（Desert View Drive）蜿蜒25英里，沿Hwy 64公路通往公园的东入口，途经一些公园内最好的景点、野餐区域和历史遗迹。途中的**大展望点**（Grand View Point）是一条小径的入口，1897年，矿工Peter Berry在这里开设了他的酒店Grand View Hotel）——酒店恰如其名，坐拥大峡谷中最壮丽的景色。另一处迷人的景点位于**莫兰点**（Moran Point; www.nps.gov/grca; Desert View Dr; ▣▣），这里以风景画家托马斯·莫兰的名字命名，他的作品在1908年帮助大峡谷成为了大峡谷国家保护区。沿此路前进就到了**图萨扬博物馆和遗迹**（Tusayan Museum & Ruin; www.nps.gov/grca; Desert View Dr; ⊙9:00~17:00），在此可参观一处被发掘出土的普韦布洛人村庄遗迹，其历史可以追溯至1185年。沙漠景观车道的终点是**沙漠景观瞭望塔**（Desert View Watchtower; www.nps.gov/grca; Desert View, East Enrance; ⊙5月中旬至8月 8:00至日落，9月至10月中旬 9:00~18:00，10月中旬至次年2月 9:00~17:00，3月至5月中旬 8:00~18:00），其设计师是Mary Jane Colter，灵感来自古普韦布洛人的建筑——能看到峡谷和河流全景的屋顶平台。你可以沿着内部的旋转楼梯，经过霍皮人的壁画，来到顶楼欣赏360度的全景。

公园入口。门票为汽车每辆$30，摩托车每辆$25，步行或自行车每人/每辆$15，7日内有效。从图萨扬至马瑟点全程7英里，路旁景致宁静。

⑭ 马瑟点和大峡谷游客中心

在**大峡谷游客中心**（Grand Canyon Visitor Center; ☎928-638-7888; www.nps.gov/grca; Visitor Center Plaza, Grand Canyon Village; ⊙9:00~17:00;

▣Village, ▣Kaibab/Rim）停车，但不要直接进去。先走去（或者跑到）**马瑟点**（Mather Point），这是过了南入口（South Entrance）后的第一个观景点。马瑟点通常挤满了来自世界各地的游客，但如此胜景也仿佛净化了人们的心灵，使得现场井然有序。你将看到鳞次栉比的平顶山、鬼斧神工的尖顶以及震撼的壮阔美景——雄伟险峻的大峡谷会让你目不转睛地欣赏它数不尽的细节。

饱览了奇观之后，可以回到大峡谷游客中心，其内有一家电影院和一家书店。在广场上、公告板和电话亭上张贴着关于管理员项目、天气、旅行和徒步的消息。游客中心里面是一个有管理员值班的信息咨询台和报告厅，在那里公园管理员会就各种项目进行每日宣讲。电影院放映一部时长20分钟的影片——《大峡谷:奇迹之旅》(Grand Canyon: A Journey of Wonder)，每逢正点和半点播放。

从这里出发，你可以乘坐公园摆渡车、骑**自行车**(☎928-638-3055, 928-814-8704; www.bikegrandcanyon.com; 10 S Entrance Rd, Visitor Center Plaza; 24小时出租 成人/16岁及以下少年 $40/30, 5小时租赁 $30/20, 轮椅 $10, 单/双 婴儿车 最多8小时 $18/27; ⏰3月至10月 7:00~

17:00; 🚌Village, 🚌Kaibab/Rim)或者自驾游览公园。夏季，在大峡谷村(Grand Canyon Village)停车可能是个挑战。

行驶路上 » 大峡谷环路(The Village Loop Rd)通往大峡谷村。沿途经过El Tovar、Kachina、Thunderbird Lodges, 行驶2英里至Bright Angel Lodge。光明天使步道入口(Bright Angel Trailhead)就在旅馆的西面。

线路亮点

⑮ 大峡谷村

光明天使步道(Bright Angel Trail)是大峡谷南缘(South Rim)的廊道中最人气最高的一条，该小径长8英里，下行至科罗拉多河。路上有4个设计合理的折返点:1.5英里休息站(Mile-and-a-Half Resthouse)、3英里休息站(Three Mile Resthouse)、印第安花园

(Indian Garden)和高原点(Plateau Point)。夏季时需做好防暑准备，也需注意陡峭的山路。一日游的徒步者应该在前两个休息站折返(往返共3~6英里)。

如果与艰苦的徒步相比，你对历史和地理更感兴趣，可以从这里出发沿轻松的**边缘小径**(Rim Trail)前行。边缘小径向西通往**隐士居**(Hermits Rest; www.nps.gov/grca; Hermit Rd; 🚌Hermits Rest)，途中的每一个观景点都能看到壮观的景色。隐士居的摆渡车路线与小径平行，所以如果你走累了，可以搭乘摆渡车继续前进或返回。但要记得下车欣赏日落，**霍皮点**(Hopi Point; 这里的游客络绎不绝)或**皮马点**(Pima Point)观赏效果最佳。

📖 见461页

食宿

威肯堡 **1**

✗ Nana's Sandwich Shoppe　三明治 $

（☎928-684-5539；http://nanassandwich
saloon.com；48 N Tegner St；三明治 $7~9；
⏰周一至周六 7:30~15:00；☎）这间生意兴隆
的三明治商店位于威肯堡的中心，你需要去
柜台点餐。这里为虔诚的食客们准备了丰富
的食物，包括"Mustang"（热气腾腾的五
香熏牛肉、瑞士奶酪、招牌酱料、生菜、番
茄、红洋葱）和"Cowboy"（烤牛肉、瑞士
奶酪和辣根）等。

瓦尔彻矿 **2**

🛏 Flying E Ranch　牧场 $$$

（☎928-684-2690；www.flyingeranch.
com；2801 W Wickenburg Way；标单/大床房/小
屋 $205/280/330；⏰11月至次年4月；☎🏊）
这间具有美国南部气质的牧场仍在运营，
其中最酷的地方是放靴子的衣帽间，这
里满满当当地摆放着牛仔靴和牛仔帽，
游客在骑马的时候可以向这里借用。牧场
坐落在占地20,000英亩的哈撒扬帕山谷
（Hassayampa Valley）之中，很受家庭游
客以及团队的欢迎。骑马2小时的花费是
$50（两人同行$80）。

普雷斯科特 **3**

✗ Iron Springs Cafe　美国菜、卡真菜 $$

（☎928-443-8848；www.ironspringscafe.
com；1501 Iron Springs Rd；早午餐和午餐 $11~
13，晚餐 $16~20；⏰周三至周六 11:00~
20:00，周日 9:00~14:00）这家餐馆的前身是
一个火车站，美味的特色菜结合了卡真菜
（Cajun）和美国西南部菜肴的特点，提供
新奥尔良意式三明治（配火腿片、萨拉米香
肠和意式肉肠）、蟹肉饼、大份的辣香肠和
秋葵浓汤等，所有的菜品都很美味，服务也
真诚热情。火车主题的装修、彩色的地毯、
爱开玩笑的服务生让餐馆的三个小房间中
的气氛十分活跃。

🛏 Motor Lodge　别墅 $$

（☎928-717-0157；www.themotorlodge.
com；503 S Montezuma St；房间/套/公寓
$109/129/139起；❄☎）12栋漂亮的别墅位
于县政府广场以南三个街区、一条通向大
路的私人车道上，以道路为中心排成令人愉
快且好客的马蹄形。当中的客房、脑洞大开
的图案和舒适的床上用品也加分不少，这一
切使得Motor Lodge成为最佳住宿之选。客
房和卫生间都建于1936年，所以面积不大，
但是许多都配有厨房和门廊。

杰罗姆 **6**

🛏 Jerome Grand Hotel　酒店 $$

（☎928-634-8200；http://jeromegrand
hotel.net；200 Hill St；房间/套 $225/325；
❄☎）如果《闪灵》要拍续集，这座由医院
改造而成的酒店绝对是一处理想的拍摄
点。这座坚固的堡垒建于1926年，曾是为矿
业社区服务的医院，里面很淘气地展示着
它不同寻常的历史。从焚烧炉槽到病人的

呼叫灯，在大厅中可以找到许多以前的老物件。这里甚至还有一个用钥匙运行的奥斯电梯。维多利亚风格的客房大多数都采用传统家具。

弗拉格斯塔夫 ⑫

🛏 Hotel Monte Vista　　　　历史酒店 $$

（☎928-779-6971; www.hotelmontevista.com; 100 N San Francisco St; 房间/套 $115/145起; ❈✿) 这座地标式的酒店建于1926年，从门口那巨幅的老式霓虹灯招牌就可以估计出酒店内部的环境：皮质的灯罩、古董家具、大胆的用色以及兼容并蓄的装修。客房以入住过这里的电影明星来命名（比如"Humphrey Bogart"客房），拥有极

富冲击力的黑色墙壁、黄色天花板和金色缎面的床上用品。据说时常可以看到鬼怪出没。

大峡谷村 ⑮

🛏 El Tovar　　　　　　　度假屋 $$$

（☎888-297-2757, ext 6380, 前台和48小时内预订 928-638-2631; www.grandcanyonlodges.com; Village Loop Dr; 房间/套 $187/381起; ⏱全年; Ⓟ❈✿; ▣Village) 动物标本、厚实的松木墙壁和结实的壁炉……这里究竟是大峡谷南缘最漂亮的酒店？还是一间郊野的狩猎小屋？除了经过翻新，这处建于1905年的度假屋原汁原味地保留了历史中的样貌及魅力。

锡安国家公园 溪降

锡安国家公园和布莱斯峡谷国家公园

从峡谷底部到崖顶，犹他州西南部红岩环绕的乡野不只是赏心悦目的美景，还是对你肌肉的大挑战。

线路亮点

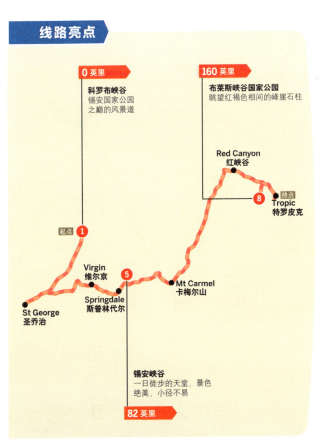

0 英里
科罗布峡谷
锡安国家公园
之巅的风景道

160 英里
布莱斯峡谷国家公园
眺望红褐色相间的峰崖石柱

Red Canyon
红峡谷

终点
8 **Tropic**
特罗皮克

起点 1

Virgin
维尔京

5

Mt Carmel
卡梅尔山

Springdale
斯普林代尔

St George
圣乔治

锡安峡谷
一日徒步的天堂，景色
绝美，小径不易

82 英里

6天
178英里/286公里

最适合

何时去
4月和9月，无论海拔
高低，都以温暖的天气
居多。

 **最佳
摄影点**
日出时的仙境点色彩如
梦如幻。

**最佳
徒步线路**
锡安峡谷，既有简单的
河畔步行线，也有艰难
的峡谷登山线。

34

锡安国家公园和
布莱斯峡谷国家公园

让我们一起见证红岩乡村那振奋人心、鬼斧神工的瑰丽美景吧。从锡安的峭壁到布莱斯峡谷色彩斑斓的岩柱，这些都是来到西南部的游客不可错过的景色。这条线路不仅会经过几个公园中经典的亮点，还会经过西部小镇和人迹罕至的保护区——在这里，只有雄鹰尖利的叫声才会打破小径的宁静。

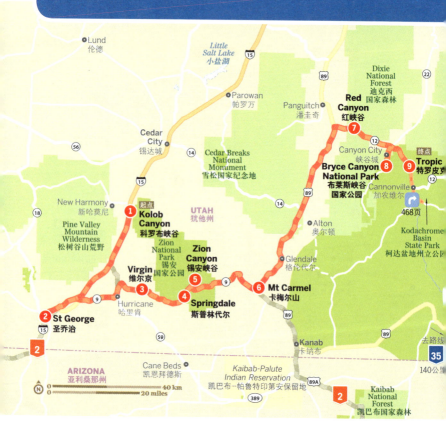

线路亮点

❶ 科罗布峡谷

从**科罗布峡谷游客中心**（Kolob Canyons Visitor Center; ☎435-586-0895; www. nps.gov/zion; Kolob Canyons Rd; ⏲5月下旬至9月 8:00～19:30，其他月份 至17:00)进入锡安国家公园中游客较少的高海拔区域，该区域就在I-15州际公路附近。即使是旅游旺季，在风景秀丽的**科罗布峡谷路**（Kolob Canyons Rd）上也见不到太多车辆，这是一条全长5英里的高原线路，迷人的峡谷和牧场景色交替出现。路的终点是**科罗布峡谷观景点**（Kolob

你也可以

❷ 四角巡游

沿Hwy 9公路从锡安向东转，然后走Hwy 89公路和Hwy 89A公路向南到达大峡谷北缘。

35 纪念碑谷和先民小径

要去看那些宏伟的巨石，取道Hwy 9公路，然后向东南进入Hwy 89公路到达佩奇，接着沿Hwy 98公路行驶，之后向东转入Hwy 160公路，再向北转入Hwy 163公路。

Canyons Viewpoint; 6200英尺，约1890米)。从那里沿**廷伯溪眺望小径**（Timber Creek Overlook Trail; 往返1英里)上行100英尺至一处小山峰，可看到远处松树谷山脉（Pine Valley Mountains）的美丽景色。初夏时分，这条小径上野花盛开。注意，这条路的上段可能会因为11月至次年5月的降雪而封闭。

公园这一区域最好的长途徒步路线是**泰勒溪小径**（Taylor Creek Trail; 往返5英里），沿途会经过先驱者遗迹并跨越一条小溪，且海拔变化不大。

行驶路上 » 当你驱车沿着I-15州际公路行驶时，远处的岩石景观会变得越来越清晰。圣乔治位于科罗布峡谷游客中心以南约34英里处。

❷ 圣乔治

摩门教重镇圣乔治（St George）位于锡安的正中间，这里拥有一座醒目的寺庙和一些先驱者的建筑。**商会**（Chamber of Commerce; ☎435-628-1658; www.stgeorgechamber.com; 97 E St George Blvd; ⏲周一至周五 9:00～17:00)中提供关于这座历史名城的信息。你也可以抓紧时间贮备食物和燃料，因为这是本条线路中唯——个真正的城市（人口77,000)。镇北11英里处，占地7400英亩的**雪峡谷州立公园**（Snow Canyon State Park;

☎435-628-2255; stateparks. utah.gov; 1002 Snow Canyon Dr, Ivins; 每车 $6; ⏲日间出入 6:00～22:00; ♿)是犹他州西南部著名的陆地景观代表。轻松的步道非常适合小孩子，它们通往狭小的一线天峡谷、火山渣锥、熔岩管和起伏不平的岩石区。

✕ ⛵ 见472页

行驶路上 » 驶下州际公路，Hwy 9公路将引领你进入峡谷区。在大弯道变为急转弯（这也意味着车行更缓慢）之前你将经过哈里肯镇（Hurricane)。维尔京位于圣乔治以东27英里处。

❸ 维尔京

小镇维尔京（Virgin）以维尔京河的名字命名，而它之所以出名，原因很不同寻常——2000年，当地议会通过了一项很有意思的法案，要求每一位居民（共约600人）都要持有一把枪。不要错过**锡安堡**（Fort Zion; ☎435-635-3455; 1000 W Hwy 9; 村庄 $2; ⏲9:00～19:00)，这里出售自制软糖、冰激凌和人们所熟知的各种西部风格小玩意儿。停下来在复原的老西部村庄（Old West village）中的"维尔京监狱"（Virgin Jail）和"野驴酒吧"（Wild Ass Saloon）拍一张照片。这是一个淳朴、俗气却有趣的地方。

行驶路上 » 沿Hwy 9公路行驶，去往斯普林代尔全程14英

465

当地知识
东梅萨小径

宜人的环境让你会误以为自己正走在一处长有高耸的黄松林的露天看台，然后下行至观景点（Observation Point，而不是从锡安峡谷底部攀登2100英尺上山）。在东梅萨小径（East Mesa Trail；往返6.4英里，难度适中）你可以这样做，因为汽车将代替双脚完成全部的登山路程。North Fork Rd在公园东入口外约2.5英里；沿路向北行驶5英里可到达Hwy 9公路。在某些季节里，前往小径起点需要四驱车。在锡安峡谷游客中心询问当前天气路况，并索取地图。附近的**Zion Ponderosa Ranch Resort**（☏800-293-5444；www.zionponderosa.com；Twin Knolls Rd；豪华帐篷 $119，露营车营地 $55，小屋 $139~199；🄿🏊）提供住宿和活动，有面向徒步者的班车。注意，在海拔6500英尺（约1981米）的地方，这些公路或小径可能在11月到次年5月期间因大雪而封闭。

里。从圣乔治出发需55分钟，而从维尔京出发则需20分钟。

❹ 斯普林代尔

沃奇曼（Watchman；6555英尺，约1998米）等壮观的橙红色山脉，是公园小镇——斯普林代尔（Springdale）的完美背景。这里的咖啡厅和餐馆不拘一格，但大都使用本地食材。长长的主街两旁，遍布着画廊、工艺品店，以及独立汽车旅馆、度假屋和少量民宿。作为游玩锡安国家公园和周边景点的大本营，在此大概得度过3个夜晚。旅行

左图: 大角羊, 锡安国家公园; 右图: 锡安国家公园

服务商**Zion Guru**(☎435-632-0432; www.utahcanyonoutdoors.com; 792 Zion Park Blvd; 半日溪降运动 $150起; ◷9:00~19:00)和**Zion Adventure Company** (☎435-772-1001; www.zionadventures.com; 36 Lion Blvd; 一日溪降运动 $177起; ◷3月至10月 8:00~20:00, 11月至次年2月 9:00至正午和16:00~19:00)提供公园外的峡谷探险、登山和越野车游览项目; 而后者还出租夏季漂流所需的内胎。二者都组织去锡安国家公园中热门的**纳罗斯峡谷**(Narrows)的徒步穿越。

✕ 🛏 **见472页**

行驶路上 » 锡安国家公园的锡安峡谷入口处就在斯普林代尔以东2英里处。注意, 你目前所在的地方海拔3900英尺(约1190米), 是本次旅程中海拔最低(也是最热)的地方。

- - - - - - - - - - -

线路亮点

⑤ 锡安峡谷

　　总长超过100英里的小径贯穿锡安国家公园的维尔京河河谷部分, 这里水量充沛, 落叶乔木密布。在**锡安峡谷游客中心**(Zion Canyon Visitor Center; ☎435-772-3256; www.nps.gov/zion;

Hwy 9, Zion National Park; ◷5月下旬至9月上旬 8:00~19:30, 其他月份 8:00~17:00)规划好你的线路。第一站应该是**景观路**(Scenic Drive), 这条路直通公园的中心。4月到10月期间, 游客必须搭乘免费班车游览, 但你可以在沿途任何一个景点站和小径起点上下车。

　　在公路的尽头有一条**河滨步道**(Riverside Walk; 🚶), 往返总长2.2英里, 铺筑的道路将提供一次轻松的漫步。在河滨步道的尽头, 可以继续沿维尔京河徒步5英里。也可以选择另一条1英里长的单向小径, 前往下方的翡翠池(Emerald Pools)。在那里,水流从高处陡峭的岩壁中涌出。

往约5英里的**天使降临小径**(Angels Landing Trail;4~5小时;海拔爬升1488英尺,约454米)十分惊险,你要经过狭窄的山脊和2000英尺(约610米)的绝对落差。走完这条小径并不容易,但其带来的成就感也是无与伦比的。从更高的**观景点**(Observation Point;往返8英里;海拔落差2148英尺)顶上所能看到的峡谷景观更是非同凡响。

如果想尝试穿越**纳罗斯峡谷**(Narrows;维尔京河边的狭缝型峡谷)的长线徒步,需要提前联系旅行服务商、查看公共汽车运行时间、了解必要的装备和获取公园户外许可证。可通过公园网站预订。

🛏 **见472页**

行驶路上 » 向东行驶,沿着绵延起伏的Hwy 9公路穿过一座座桥梁,爬升3.5英里的"之"字路后,你将到达令人印象深刻的锡安—卡梅尔山隧道(Zion-Mt Carmel Tunnel;此处有廊台)。从那里直到公园东入口,沿途的峡谷壁都由侵蚀而成的浅色平滑岩石组成,包括棋盘台地(Checkerboard Mesa)。卡梅尔山位于锡安峡谷西北26英里处(车程45分钟)。

另辟蹊径
柯达盆地州立公园

起点: **9** 特罗皮克

柯达盆地州立公园(Kodachrome Basin State Park;☎435-6798562;www.stateparks.utah.gov;紧邻Cottonwood Canyon Rd;当日 每车 $6;⏱6:00~22:00)中分布着许多红色、粉色和白色的砂岩柱。因为拥有上镜的美景,1948年美国国家地理学会(National Geographic Society)给了它这个名字。往返3英里的**全景步道**(Panorama Trail)相对好走,沿途可以看到超凡脱俗的概貌。一定要沿支路小径去**印第安洞穴**(Indian Cave)看看,那里有手绘壁画(出自牛仔之手还是印第安人之手?)和**密道**(Secret Passage),后者是穿过一处狭缝型峡谷的坡道。**Red Canyon Trail Rides**(☎800-892-7923;www.redcanyontrailrides.com;Kodachrome Basin State Park;骑马1小时 $40;⏱3月至11月)提供柯达盆地内的骑马旅行项目。

公园位于布莱斯峡谷国家公园的东南26英里处,紧邻Cottonwood Canyon Rd(Cannonville的南边)。

6 卡梅尔山

在Hwy 9公路交叉路口往北,Hwy 89公里两旁分布着一些小镇。开车时留意小型的岩石商店、艺术画廊和家庭式咖啡馆。推荐去位于卡梅尔山(Mt Carmel)的**梅纳·狄克森生活历史博物馆**(Maynard Dixon Living History Museum;www.thunderbirdfoundation.com;2200 S State St;自助游/讲解导览游 $10/20;⏱3月至11月 10:00~17:00),探访这位西部艺术家归隐田园的地方。这位大萧条时期的画家创作了一系列美不胜收的风景画以及描绘社会艰难前行场景的现实题材画作。导游会带着你参观画家的原木小屋和工作室,孤独为他的灵感注入了能量。

行驶路上 » Hwy 89公路笔直地穿过田园牧场;从这儿转上Scenic Byway 12,接下来是红岩相伴的一路。红峡谷在卡梅尔山东北45英里处。

7 红峡谷

当你到达**红峡谷**(Red Canyon;☎435-676-2676;www.fs.usda.gov/recarea/dixie;Scenic Byway 12, Dixie National Forest;⏱公园 24小时,游客中心 6月至8月 9:00~18:00,5月和9月 10:00 -16:00)时,会看到不可思议的红色巨石就矗立在路边。从这些公共绿地可以非常方便地去往千姿百

© FREDSBARE/BUDGET TRAVEL

布莱斯峡谷国家公园 野生松鼠

态、色彩浓烈的石阵。可以在游客中心查看清晰的地形展示，拿张地图。一些平缓的徒步小径也从这里开始。单程0.7英里的**拱岩小径**（Arches Trail）蜿蜒穿过一个峡谷，途中经过15处岩石拱门。亡命之徒布奇·卡西迪（Butch Cassidy）曾在这一带游荡，留下了一段传奇，长8.9英里且崎岖难行的**卡西迪小径**（Cassidy Trail）就是以他的名字命名的。

行驶路上 » 在穿过两个岩石拱门之前，一定要停下来拍张到此一游照。布莱斯峡谷国家公园就在道路前方9英里处。

- - - - - - - -
线路亮点

⑧ 布莱斯峡谷国家公园

布莱斯峡谷国家公园（Bryce Canyon National Park; ☑435-834-5322; www.nps.gov/brca; Hwy 63; 7日通票 每车 $30; ⏲24小时, 游客中心 5月至9月 8:00~20:00, 10月至次年4月 至16:30）中的尖峰和石林如同五彩绚丽的沙堡一般。这个"峡谷"实际上是悬崖被侵蚀而形成的圆形凹地。**边缘公路景观道**（Rim Road Scenic Drive; 单程18英里）大致上沿着峡谷边缘延伸，途经游客中心（8000英尺，约2438米）、旅馆、美妙的观景点，终点在**彩虹点**（Rainbow Point; 9115英尺，约2778米）。从5月上旬一直到10月上旬，都有免费班车（从8:00至少17:30）从公园北部的一处集结地出发。

最容易的步行线路应该是**边缘小径**（Rim Trail），这条小径从仙境点（Fairyland Point）经布莱斯竞技场（Bryce Amphitheater），通往布莱斯点（Bryce Point），单程5.5英里。一些区域道路铺设完好，可通行轮椅，最平坦的是日出点（Sunrise Point）和日落点（Sunset Point）之间的半

英里路。

一些平缓的小径通往山缘下芬芳的杜松迷宫和起伏的高山沙漠。**纳瓦霍环线**（Navajo Loop）位于日落点下方521英尺（约159米）处。为避开那些格外陡峭的山坡，可沿沙漠上的**皇后花园小径**（Queen's Garden Trail）步行爬升320英尺（约98米）即可到达日出点。从这里搭乘班车，或沿边缘小径回到你的汽车边（往返2.9英里）。

注意，高海拔意味着这里的气温比炎热的锡安国家公园要低——7月平均气温为80℉（27℃）。

📑 见472页

行驶路上 » 位于布莱斯峡谷以东仅11英里车程处的特罗皮克海拔就已下降了2000英尺（约610米），因此气温也随之升高了3摄氏度。

🟠 特罗皮克

作为中心地带的一个农业社区，特罗皮克（Tropic）确实为公园游人提供了一些服务。这里有一间杂货店、几间餐馆和数家汽车旅馆。在这里住两个晚上显然比住在公园内便宜。注意，小镇并非全年都提供服务，有些商铺从10月一直到次年3月都是关门的。

🍴 📑 见473页

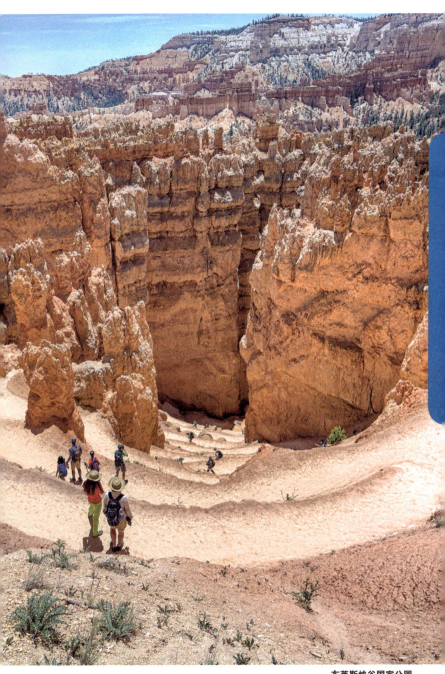

布莱斯峡谷国家公园

食宿

圣乔治 ❷

✕ Painted Pony
新派美国菜 $$$

(☎435-634-1700; www.painted-pony.com; 2 W St George Blvd, Ancestor Sq; 午餐 $10~12, 晚餐主菜 $25~36; ⊙周一至周六 11:30~22:00, 周日 16:00~21:00)这里有让人心满意足的美食, 比如加入了波特酒浓汁的美式肉饼和迷迭香土豆泥(Rosemary Mashed Potatoes)。

🛏 Seven Wives Inn
民宿 $$

(☎435-628-3737, 800-600-3737; www. sevenwivesinn.com; 217 N 100 W; 房间 $120~199; 🌐@🚐📶)两栋建于19世纪的住宅和一栋小屋提供漂亮的客房和套间, 屋子周围被精心打理的花园环绕, 还有一个小游泳池。民宿的名字来自定居者生活的时代, 那时, 其中一任房主在19世纪80年代是一夫多妻制的实践者(一个人娶了7个老婆)。

🛏 Red Mountain Resort & Spa
度假村 $$$

(☎435-673-4905, 877-246-4453; www. redmountainresort.com; 1275 E Red Mountain Circle; 住宿套餐 $220/人起; 🌐@🚐📶🏊)这家以瑜伽为主题的低调度假村中处处体现着禅意, 就连丝绸垫子也与环绕四周的红棕色悬崖相呼应。其位于小镇西北方向7公里处, 紧邻Snow Canyon Pkwy。

斯普林代尔 ❹

✕ King's Landing
美国菜 $$$

(☎435-772-7422; www.klbzion.com; 1515 Zion Park Blvd, Driftwood Lodge; 主菜 $16~38; ⊙17:00~21:00)提供野牛肉意大利宽面配松露油、烤章鱼和丰富的绿叶菜。当地人喜欢这里亲密的氛围。这里供应美味的汉堡、还有差不多的素食以及卖相不错的甜点。须预订。

🛏 Red Rock Inn
民宿 $$

(☎435-772-3139; www.redrockinn.com; 998 Zion Park Blvd; 小屋 $199~259; 🌐📶)五栋浪漫的当代乡村风格小屋位于荒凉的山脚下, 背靠让人惊叹的红岩。足不出户就可以享用热气腾腾的丰盛早餐(鸡蛋制品和糕点)。

锡安峡谷 ❺

🛏 Zion Lodge
小屋 $$

(☎888-297-2757, 435-772-7700; www. zionlodge.com; Zion Canyon Scenic Dr; 小屋/房间 $227/217; 🌐@📶)度假屋位于锡安峡谷的中心地带, 地理位置绝佳(并且拥有红色许可, 即使在游客必须搭乘班车游览的季节里, 你也允许自驾来这里)。但需要提醒的一点是: 如今重建后的度假屋在面积方面比公园内其他度假屋要小(20世纪20年代时建造的首批小屋在1966年的一场火灾中被付之一炬)。另外, 你还需提前几个月预订!

布莱斯峡谷国家公园 ❽

🛏 Bryce Canyon Lodge
度假屋 $$

(☎435-834-8700, 877-386-4383; www. brycecanyonforever.com; Hwy 63; 房间和小屋 $208~270; ⊙4月至10月; @📶)这处建于20世纪20年代的度假村是公园里的主要住宿地, 充分地展现了山区的魅力——拥有一个大型的石头壁炉和暴露在外的木制屋

顶。复古的西部风格小屋中配备了燃气壁炉和嘎吱作响的走廊。没有电视。

特罗皮克 ⑨

✖ Stone Hearth Grille　　美国菜 $$$

（☎435-679-8923; www.stonehearthgrille.com; 1380 W Stone Canyon Lane; 主菜 $22~38; ⏰17:00~22:00）从这间乡村风格的高档旅馆餐厅中可以欣赏到悬崖景观。这里提供肉眼牛排、藜麦甜椒杯以及丰盛的蔬菜沙拉，还提供一系列优质的红酒。这是当地享用晚餐的最佳餐厅。在露天平台上用餐非常浪漫。

🛏 Buffalo Sage B&B　　民宿 $$

（☎435-679-8443; www.buffalosage.com; 980 N Hwy 12; 双 $120; ⏰5月至9月; ❄🛜）位于小镇西面的峭壁之上，三间直通外界的的房间可通往楼上的一处宽敞露天平台或者底层的景观平台。内部的装修展现了主人良好的艺术修养。注意: 公共客厅中有几只猫和一条狗。这里可以为素食主义者提供丰盛的早餐。

众神之谷
沙漠中升起的热气球

纪念碑谷和先民小径 35

在犹他州东南部至亚利桑那州的孤悬之地，由于沙漠的阻隔，许多岩石自然奇观和无数的普韦布洛先民遗迹得以保存。

线路亮点

210 英里

莫基达格威
发夹弯，急降1100英尺的海拔，这是一条勇者挑战之路。

Natural Bridges National Mounment
天然桥国家纪念地

Butler Wash Ruins
巴特勒沃什遗址

Blanding
布兰丁

Mule Canyon Ruins
骡子峡谷遗址

Valley of the Gods
众神之谷

8

Hovenweep National Monument
霍文威普国家纪念地

2

终点
Goosenecks State Park
鹅颈弯州立公园

46 英里

布拉夫
粗犷偏远景观里的舒适前哨

起点
1

纪念碑谷
巨岩孤峰和台地为西南部的荒原定下基调

0 英里

5天
262英里/422公里

最适合

何时去
10月至次年4月，避开沙漠的炙热。

 最佳摄影点

清晨或日落时，纪念碑谷那一座座卓然兀立的巨石孤峰。

最佳古迹

在布拉夫或纪念碑谷请一位导游，带领你欣赏岩石艺术和遗迹。

35

纪念碑谷和先民小径

这里的红岩看起来跟犹他州南部的没什么两样，走在这条路上的旅行者一定期待着与众不同的东西。从悬崖屋和粮仓的遗址到岩石艺术，普韦布洛人（Puebloan）祖先的历史就蕴藏在土灰色的峡谷之中。众神之谷和鹅颈弯则是摄影师们的心头好。你可以在新建的熊耳国家纪念地之中，找到以上大部分的奇特景观。

线路亮点

❶ 纪念碑谷

如果你感觉这个地方似曾相识，不必讶异。因为纪念碑谷（Monument Valley）的整片巧克力色山丘和那些多彩的巨大台地曾无数次出现在电影、电视和宣传片中。最有名的景观恰巧都集中在这条17英里的砂土**景观道**（Scenic Drive）上，这条环线会穿过**纪念碑谷纳瓦霍部落公园**（Monument Valley Navajo Tribal Park; ☎435-727-5870; www.

navajonationparks.org; ⊙搭载4人的车辆 每车 $20; ⊙驾车 4月至9月 6:00~19:00, 10月至次年3月 8:00~16:30, 游客中心 4月至9月 6:00~20:00, 10月至次年3月 8:00~17:00)。沿**Goulding's Lodge**(☎435-727-3231; www.gouldings.com; Hwy 163; 房 $130; 帐篷和房车营地 $25/36; ▣▩)南边的一条4英里的坡道直走，这里有一个小型博物馆并提供团队游服务。需注意公园和它的美景会跨越犹他州和亚利桑那州之间的边界。

唯一进入这些远山幽谷探寻岩石艺术、自然拱门和峡谷的方式，就是在纳瓦霍人的带领下徒步、骑马或乘坐交通工具。游客中心的停车场上设有营业点，从这可找到随和的导游。行程中你将有机会进一步了解纳瓦

你也可以

32 圣胡安高架公路和百万美元公路

如果对犹他州的古迹不感兴趣，可以取道Hwy 162公路向东南并经Hwy 160 E公路，去看看科罗拉多州的悬崖屋。

四角巡游
当你在后视镜里看到手套丘(Mittens Buttes)时，走US 163公路向南进入Hwy 160 East公路。

霍人的文化、他们在保护区的生活和电影的拍摄花絮。

🍴🛏 见62页、481页

行驶路上 » 随着你向北行驶，后视镜中纪念碑谷的台地逐渐减少直至消失。跨过圣胡安河(San Juan River), 再沿着山谷继续前进，直至犹他州的布拉夫，全程45英里。

线路亮点

❷ 布拉夫

仅有三百余名居民的小镇布拉夫(Bluff)本身乏善可陈，却有几个不错的汽车旅馆和饭店，这使它成了探索周边的绝佳基地。我们的计划是在纪念碑谷住两晚，在布拉夫住两晚，然后再到Mexican Hat住一晚（或是回到纪念碑谷）。但是由于此地距离各景点都不远，你也可以在布拉夫过夜，然后每天白天去各景点游玩。

小镇开拓者们的后代重建了一个原木小屋作为景点，名为**布拉夫要塞**(Bluff Fort; www.hirf.org/bluff.asp; 191公路 出口5; 免费; ⊙周一到周六 9:00~16:00)。在小镇以西3英里的公共土地上有一处**桑德岛岩画**(Sand Island Petroglyphs; www.blm.gov; Sand Island Rd, 紧邻Hwy 163; ⊙24小时), 岩画的历史可追溯到800~2500年以前。

镇上有几家旅行服务商提供进入这片荒野探寻岩石艺术和遗迹的短途旅行项

目。**Far Out Expeditions**(☎435-672-2294; www.faroutexpeditions.com; 一日游 $295起)提供一日或多日徒步项目。**Wild Rivers Expeditions**(☎800-422-7654; www.riversandruins.com; 半日游, 成人/儿童 $89/69)是一家主打历史地理概念的旅行服务商,组织圣胡安河木筏漂流。而Buckhorn Llama(☎435-672-2466; www.llamapack.com; 导览游 每天 $250)则组织5~6天的美洲驼队之旅。

🍴🛏 见481页

行驶路上 » 去霍文威普国家纪念地的最佳路线是走Hwy 262公路(经过Hatch Trading Post, 拐到Hwy 191公路, 然后沿路标行驶)。从布拉夫到主入口是一条全程42英里的慢行道(1.25小时)。

❸ 霍文威普国家纪念地

霍文威普国家纪念地(Hovenweep National Monument; www.nps.gov/hove; Hwy 262; 帐篷和房车位 $10; ⊙停车 黄昏至黎明, 游客中心 6月至9月 8:00~18:00, 10月至次年5月 9:00~17:00)的许多考古遗迹都因偏僻的位置而得以完好保存,"Hovenweep"在犹他印第安语中的意思就是"荒凉的山谷"。游客中心附近是**方塔群**(Square Towers Group), 塔群中的8座方塔和组屋大多数都建于公元1230年至

1275年。在如此狭小的岩架上用一块块土砖建成如此高大的建筑，真是让人难以想象。当你回过神来，会发现不知不觉半天就过去了，或者不经意间已经在峡谷的遗迹之中走了老远。而想要去看那些位于科罗拉多州边界附近的景点就需要远足了。

行驶路上 » 布拉夫是这个地区唯一的旅行基地，所以得在当天往返霍文威普国家纪念地。前往布拉夫以北28英里处的布兰丁，Hwy 191公路是一条乡村公路，虽然曲折多弯道，但仍畅通无阻。

❹ 布兰丁

一个特别的博物馆为以农业为支柱产业的单调小镇布兰丁（Blanding）增添了几分色彩。在**雪松边缘州立公园博物馆**（Edge of the Cedars State Park Museum; 📞435-678-2238; www.stateparks.utah.gov; 660 W 400 N; 成人/儿童 $5/3; ⊘周一至周六 9:00~17:00, 周日 10:00~16:00），可以通过馆藏的大量犹他州东南部考古发现更多地了解该地区的历史。而在室外则可以顺着摇晃晃的梯子下到黑漆漆、满是泥土气息的基瓦会堂（Kiva; 这是普韦布洛先民进行典礼仪式的建筑），会堂约建于公元1100年。感受到一种力量了吗？（请别理睬建筑中传来的噪声）。

Blue Mountain Arti-sans（www.bluemountainartisans.com; 215 E Center St; ⊘周三至周六 11:00~18:00）出售地区考古遗址、地理名胜的专业照片及本地珠宝。

🛏 见481页

行驶路上 » 向西驶入Hwy 95公路，美景近在咫尺。位于一片公共土地上的巴特勒沃什遗址距此仅有14英里，循路标指示行驶即可到达。

❺ 巴特勒沃什遗址

前往这个野外的遗址无须一连几日的徒步，走半英里就可以来到免费的巴特勒沃什遗址（Butler Wash Ruins）——一处位于公共土地上的20间悬崖屋。爬过光滑的大卵石（跟随圆堆石界标的指引）去参观神圣的基瓦会堂、住所和

JULIEN HAUTCOEUR / SHUTTERSTOCK ©

纪念碑谷

储藏室，这些都与约公元1300年北亚利桑那州的普韦布洛（或阿纳萨齐）凯恩塔（Kayenta）部落有关。

行驶路上 » 沿着Hwy 95公路继续向西，在公路转向北方后，你将会碰到一个标有更多遗迹的路牌——这段路约为25英里。

❻ 骡子峡谷遗址

虽然保护状况一般，也不是太引人注意，可拥有塔基、基瓦会堂和12个房间的骡子峡谷遗址（Mule Canyon Ruins）几乎就在路边。通过在这里发现的陶器可以推断，这里的居民（公元1000~1500年）与科罗拉多州的弗德台地人（Mesa Verde）有所关联。

行驶路上 » 继续沿着峭壁和峡谷遍布的Hwy 95公路向前，在岔路口转向较窄的Hwy 275公路。天然桥国家纪念地位于骡子峡谷以西26英里处。

❼ 天然桥国家纪念地

远看**天然桥国家纪念地**（Natural Bridges National Monument; www.nps.gov/nabr; Hwy 275; 7日通票 每车 $10, 帐

篷和房车位 $10；24小时，游客中心 5月至9月 8:00~18:00；10月至次年4月 9:00~17:00)，它是一个白色的砂石峡谷。（对，不是红色的!）3座令人印象深刻而且容易到达的石桥全都可以在蜿蜒9英里的**景观路**(Scenic Drive)环线上看到。其中最古老的**欧瓦巧莫桥**(Owachomo Bridge)距离最近，这座玲珑秀美的石桥跨度达180英尺（约55米），厚度却只有9英尺（约2.7米）。请注意，从克奇那桥(Kachina Bridge)到赛普桥(Siapu Bridge)并不远，但需要穿过极为陡峭的路段或借用梯子攀爬。虽然已经接近旅途的终点，但也别错过只需走过0.3英里小径即可到达的**霍斯考勒遗址**(Horsecollar Ruin)的崖居瞭望点。

行驶路上 » 向南沿Rte 261公路行进，身边的峡谷也渐渐从赭黄色变成了橘红色。你的右侧是雪松台地一大峡谷原始区(Cedar Mesa-Grand Gulch Primitive Area)——这是一处真正充满挑战的荒野，现在属于新建的熊耳国家纪念地(Bears Ears National Monument)。到达莫基达格威的总路程为36英里，至少需要1小时。

- - - - - - - - - -
线路亮点

⑧ 莫基达格威

沿着一条颠簸的铺砌路前行，其中一段急弯很多，

请只带走照片

非常遗憾，这个地区很多珍贵的考古遗址都已被盗贼洗劫或毁坏。有些素质较低的游客甚至会攀爬古洞穴墙壁或拿走哪怕"仅仅一块"小陶片，这些都对古迹造成了无法挽回的损害。虽是老生常谈，但还是要再强调一次："请只带走照片。"不要触碰、移动或带走任何文物，这是违法行为。探秘远古遗迹的最佳方式就是找一位知识丰富、认真负责的向导。

在仅仅3英里的距离里，莫基达格威(Moki Dugway)的海拔比之前已经下降了1100英尺。20世纪50年代，矿工们"发明"了用"之"字形路线来运送铀矿石。值得注意的是，虽然按照今天的标准来看，这条路远达不到标准，但沿途有很多地方可以停车游览。虽然你也许看不到下一个弯道的情况，但是路旁陡峭的悬崖倒是能看得一清二楚。恐高者或是长度超过24英尺（约7.3米）的房车不建议走这条路。

行驶路上 » 在莫基达格威的谷底，准备好开始另一段狂野之旅。通向众神之谷的路口就在前方左侧不到5英里处。

- - - - - - - - - -

⑨ 众神之谷

你可以把这条通向**众神之谷**(Valley of the Gods，www.blm.gov)的砾石路看作自驾途中的过山车之旅——伴着迷人的美景，时刻在陡峭的山崖和急转弯中穿梭。当地人称它为"迷你纪念碑谷"(Mini-Monument Valley)。请登录www.blm.gov

下载官方宣传册，以辨识这些形态各异的砂岩巨石和柱形石塔，比如七水手(Seven Sailors)、浴女(Lady on a Tub)、公鸡丘(Rooster Butte)等。为Hwy 261公路和Hwy 163公路之间的17英里路程留出至少1小时的时间。如果不是四驱车，就不要在雨后走这段路。

行驶路上 » 从山谷里出来后沿Hwy 163公路向西，随即稍稍向北拐入Hwy 261公路前往鹅颈弯州立公园，全程8英里。

⑩ 鹅颈弯州立公园

沿着4英里长的坡道向前就是**鹅颈弯州立公园**(Goosenecks State Park；stateparks.utah.gov；每车 $5，露营地 $10)，迷人的风光即刻展现在眼前。站在海拔1000英尺（约305米）的高地上，你可以清楚地观赏到圣胡安河的河道在此处有个急转弯，并且由于沉积作用形成了鹅颈一般的沙嘴。除了蹲式厕所和野餐桌，这个尘土飞扬的公园没什么可多说的。

食宿

纪念碑谷 **❶**

✗ Stagecoach Dining Room　美国菜 $$

(☎435-727-3231; www.gouldings.com; Goulding's Trading Post Rd; 主菜 $12~20; ⏱6:30~21:30, 冬季营业时间缩短) Goulding Lodge里的这间餐馆原样复制了约翰·福特1949年执导的西部片《黄巾骑兵队》(She Wore a Yellow Ribbon)中的场景。在享用牛排或者堆满辣椒和奶酪的纳瓦霍玉米饼之前，先去自选沙拉吧补充点维生素吧。午餐时段这里经常挤满了大巴游客。

布拉夫 **❷**

✗ Comb Ridge Bistro　咖啡馆 $

(☎435-485-5555; www.combridgebistro.com; 680 S Hwy 191; 早餐 主菜 $5~7, 晚餐 主菜 $10~17; ⏱周二至周日 8:00~15:00 和17:00~21:00; ✸♪) 土坯的廊台和咖啡馆供应一流的手冲咖啡、蓝玉米煎饼、早餐三明治(甜椒和鸡蛋分量十足)。晚餐供应自制的美式肉饼或者威士忌汉堡(牛肉来自牧场)、有机沙拉和一系列美味的素食。

⊨ Valley of the Gods B&B　民宿 $$

(☎970-749-1164; www.valleyofthegodsbandb.com; 紧邻Hwy 261; 标单/双 $145/175, 小屋 $195) 这间民宿是本地区内最早建立的牧场之一，位于Hwy 163公路以北6.5英里处。在这里度过一个僻静的夜晚吧。毫无修饰的砖石客房中摆放着简单的田园风格床铺，这里的小屋尤其迷人。运水车会送水过来，使用太阳能供电(无须自行携带电吹风)。

布兰丁 **❹**

⊨ Stone Lizard Lodge　汽车旅馆 $$

(☎435-678-3323; www.stonelizardlodging.com; 88 W Center St; 房间 $104~109, 套 $155~249; ✆) Stone Lizard Lodge优于一般的汽车旅馆。这里提供宽敞的西南部主题客房，早餐供应自制的肉桂卷，还有一个可以采摘草莓的后花园。套房会让你宾至如归。工作区有一个很棒的地区图书馆，你可以去那里逛逛顺便借本书读一读。

Mexican Hat

⊨ San Juan Inn　汽车旅馆 $

(☎435-683-2220; www.sanjuaninn.net; Hwy 163; 房间 $84起, 公寓 $265, 圆顶帐篷 $90 起; ✸✆) 悬崖边的San Juan Inn汽车旅馆俯瞰着圣胡安河。标准客房拥有镇上最好的设施，配合了柔软的羽绒被和平面电视。此处还有一个**贸易站**(Trading Post⏱7:00~21:00)和旅馆餐厅。圆形的蒙古包中配备了空调和无线网络，周围景色优美。

大路小路去陶斯

36

圣菲、陶斯、格兰德河、基督圣血山，以及大大小小的土坯房村庄、画廊、西班牙殖民风格的教堂和随处可见的玉米饼摊点——共同造就了这条经典的环线。

线路亮点

75 英里

陶斯
无尽的群山、灼热的落日和令人感触良多的普韦布洛村庄

Peñasco
佩纳斯科

Dixon
迪克森

Las Trampas
拉斯川帕斯

Truchas 特鲁查斯

2

Córdova
科尔多瓦

28 英里

奇马约
在缥缈的尘土中欣赏奇马约的教堂

1

起点/终点

0 英里

圣菲
土坯建筑和世界级的博物馆

1~4天
150英里/241公里

最适合

何时去
3月至6月，此时酷暑还未到来。

最佳摄影点
从陶斯附近的Hwy 68公路上可以同时拍到峡谷和群山。

最佳文化之旅
奇马约的"奇迹教堂"和辣椒。

36 大路小路去陶斯

　　从时尚且历史悠久的圣菲开始，你将离开遍布灌木和砂岩的沙漠地区向更高处进发，进入黄松林地区，蜿蜒前行于海拔13,000英尺（约3962米）的基督圣血山脚下的村落间，直至到达陶斯高原。欣赏完这个曾在过去一个世纪里吸引了无数艺术家、作家和嬉皮士的小镇之后，接着向南折回，穿越崎岖险峻的格兰德峡谷，沿河而行。

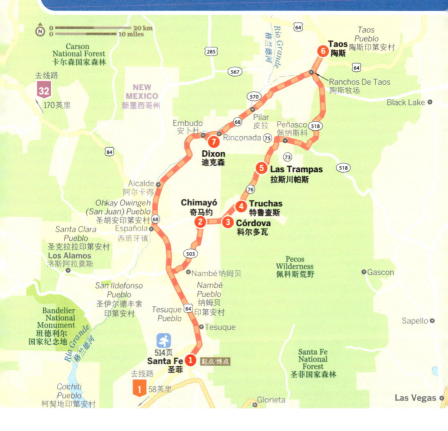

❶ 圣菲

无论是行走在充满历史烙印的土坯房屋间，还是漫步于游客如织的广场上，你都会感到这座拥有400年历史的城市那朴实而永恒的灵魂。被称作"不一样的城市"的圣菲（Santa Fe），完美地融合了历史与现代风格，神奇的魅力如同魔咒般让人无法抵抗：它是美国第二古老的城市和最早的州首府，举办全美历史最悠久的年度宗教嘉年华（Fiesta），同时它拥有全美第二大艺术品市场和无数的美食餐馆、世界一流的博物馆、歌剧院、温泉浴场。此外，海拔7000英尺（约2134米）的圣菲也是美国地理位置最高的州府，是徒步、山地自行车骑行和滑

你也可以

32 圣胡安高架公路和百万美元公路

离开西班牙镇，经US 84公路向北进入US 160公路，再向东前往弗德台地，沿途风光美不胜收。

1 66号公路

从圣菲沿I-25州际公路一路向南，前往阿尔伯克基，在66号公路旁寻找这里的特产——青辣椒。

大路小路上的节日

尽量赶上（或是避开——如果你不喜欢拥挤的话）大路（High Road）和小路（Low Road）上一年中的几个亮点。网上可查询到每年节日的具体日期。

复活节（奇马约）——3月或4月

陶斯村印第安帕瓦节（Taos Pueblo Pow-Wow；www.taospueblopowwow.com）——7月

国际民俗艺术节（International Folk Art Market；www.folkartmarket.org；圣菲）——7月

西班牙集市（Spanish Market；www.spanishcolonial.org；圣菲）——7月

印第安集市（Indian Market；www.swaia.org；圣菲）——8月

圣菲嘉年华（Santa Fe Fiesta；www.santafefiesta.org）——9月

陶斯大路艺术之旅（High Road Art Tour；www.highroadnewmexico.com；从Hwy 76公路到佩纳斯科）——9月

迪克森工作室巡回展（Dixon Studio Tour；www.dixonarts.org）——11月

大峡谷路圣诞节（Christmas on Canyon Rd）——12月

雪的绝佳基地。圣菲的广场区（见514页）集中了最多的景点，但博物馆山（Museum Hill）也值得一游，在众多博物馆中，你可以参观充满奇思妙想的**国际民俗艺术博物馆**（Museum of International Folk Art；☎505-827-6344；www.internationalfolkart.org；706 Camino Lejo；成人/儿童$12/免费；◷10:00~17:00，11月至次年4月 周一闭馆）和杰出的**印第安艺术和文化博物馆**（Museum of Indian Arts & Culture；☎505-476-1250；www.indianartsandculture.org；710 Camino Lejo；成人/儿童 $12/免

费；◷10:00~17:00，9月至次年5月 周一闭馆）。

✕ ⭢ 见62页、491页

行驶路上 » 取道Hwy 84/285公路向北，然后右转驶上Hwy 503公路，通过Nambé后继续行驶并左转进入Juan Medina Rd前往奇马约保护区教堂。全程共28英里。

❷ 奇马约

好好享受被称为"美洲卢尔德"（Lourdes of America；卢尔德是法国西南部城市）的小镇奇马约（Chimayó）吧，**奇马约保护区教堂**（El Santuario de Chimayó；☎505-351-9961；www.elsantuariodechimayo.us；☉5月至9月 9:00~18:00，10月至次年4月 至17:00）是新墨西哥州最重要的文化遗址之一。1816年，这座双塔土坯小教堂在一块据说有神奇疗愈功效的土地上建了起来。即便到了今天，那些虔诚的信徒还是会把教堂中一个小坑里的圣土（Tierra Bendita）涂抹到受伤的地方；有人还会将它混入水里一起喝掉。土屋的墙壁上挂满了拐杖，这是因为被圣土治愈的信徒会在此挂上拐杖以表示感

激。圣周（Holy Week）期间，大约会有30,000名朝圣者从圣菲、阿尔伯克基和其他地方走到奇马约，这是美国最大的天主教朝圣之旅。当然，教堂中保存的艺术品也值得一看。

奇马约还有个传承了几个世纪的古老传统——纺织。这里生产的纺织品是这个地区最好的，并且还有几家家族经营的艺术馆。Irvin Trujillo是他们家族纺织手艺的第七代传人，他织的地毯已被收入华盛顿特区的史密森学会（Smithsonian）和圣菲美术博物馆（Museum of Fine Arts），而他更建立了自己的私人艺术馆——**森蒂内拉传统艺术馆**（Centinela Traditional Arts；☎505-351-2180；www.chimayoweavers.com；Hwy 76；☉周一至周六 9:00~18:00，周日10:00~17:00）。这里售卖用天然染料印染的毯子、背心和枕头，还可以现场参观艺术家们在手摇纺织机上织布。

✕ 🛏 **见491页**

行驶路上 » 沿着Hwy 76公路向东行驶数里，然后沿右侧的岔路前往科尔多瓦。

---

❸ 科尔多瓦

小镇科尔多瓦（Córdova）坐落于约科梅多谷（Rio Quemado Valley）中，此地最出名的是质朴的无漆雕刻艺术品——圣徒像（Santos），这些艺术品都

冬日之魅

在冬季，新墨西哥州最吸引人的项目之一就是滑雪。**陶斯滑雪谷**（Taos Ski Valley；☎866-968-7386；www.skitaos.org；缆车票 成人/青少年/儿童 $98/81/61；☉9:00~16:00）是尽情享受这一运动的首选胜地。充沛的降雪、极限的坡度、轻松悠闲的氛围，这些都使陶斯滑雪谷成为冬日的人间天堂——当然，前提是天堂里也要有3274英尺（近1千米）的垂直落差。

这里有全美难度最高的雪坡，你将滑雪穿越林中的陡峭山坡，将自己抛入洁白完美的雪碗之中，那感觉简直是太棒了。滑雪老手有大显身手的机会了——陶斯滑雪谷的70多条雪道中超过一半都是专业级的；当然，这里也有曾获过奖的滑雪学校，因此一窍不通的新手也可以在这里找到乐趣。度假村中有一座海拔12,481英尺（约3804米）的山峰，每年平均降雪量超过300英寸（762厘米）。度假村里还会在热门雪道上组织大回环课程。

据说，**圣菲滑雪区**（Ski Santa Fe；☎505-982-4429，雪情报告505-983-9155；www.skisantafe.com；缆车票 成人/青少年/儿童 $75/60/52；☉12月至次年3月 9:00~16:00）不会让任何人失望。这个离圣菲市区不到30分钟车程的地方也有同样蓬松的粉雪（只是雪量通常会少一点），此地海拔更高（10,350英尺，约3155米），缆车也爬得更高（12,075英尺，约3680米）。稍稍欣赏一下令人惊叹的荒野和群峰，接着就沿滑道飞速地穿梭于白雪皑皑的林间空地、陡峭石壁或长坡之间吧。这里地形丰富，既适合全家出游，也能满足专业滑雪者的需求。滑雪季的长短和雪场质量的好坏每年都有很大不同，这主要取决于山区的积雪情况和降雪时间（几乎每年3月末都会有一场很大的暴风雪）。

是出自当地大师之手，比如 George Lopez、Jose Delores Lopez和Sabinita Lopez Ortiz——他们都来自同一个艺术家族。你可以在**Sabinita Lopez Ortiz Shop**（☑505-351-4572；County Rd 1317；☉时间不定）停下来看看他们的作品，这是镇上为数不多的几个画廊之一。

行驶路上 » 返回Hwy 76公路，向北大约4英里，驶向海拔更高的基督圣血山（Sangre de Cristos）。

- - - - - - - - - - -

❹ 特鲁查斯

新墨西哥州的田园生活在小镇特鲁查斯（Truchas）表现得最是淋漓尽致。这里最早的居民是18世纪的西班牙人。罗伯特·雷德福（Robert Redford）的《豆田战役》（*The Milagro Beanfield War*）就是在这里拍摄的，但是不要被这部电影误导了，约翰·尼古斯（John Nichols）的原作可比电影好太多了。窄窄的道路大多都是土路，曲折绕过百年历史的土坯房。满眼的绿草和苜蓿蔓延至陡峭的崖壁和起伏的山脊，特鲁查斯峰的西侧就在这里。在这些破旧的房子中间有一些绝妙的画廊，它们同时还是当地纺织艺人、画家、雕刻家和其他艺术家的工作室。无论是油画、雕塑、雕刻还是纺织艺术品，要想了解行情，首选就是**High Road**

当地知识
大自然的召唤

想摆脱车窗玻璃，无遮无拦地欣赏自然美景吗？驶出High Road，在**圣巴巴拉小径**（Santa Barbara Trail）上散散步吧。小径沿着一条满是鳟鱼的小溪穿过一片混生林，进入佩科斯荒野（Pecos Wilderness）；路很平坦，走起来很轻松。前往小径起点可从佩纳斯科驶入Hwy 73公路，然后循路标行驶即可。

驶出Low Road，拐上Hwy 570公路，可以到**奥利拉佛得休闲区**（Orilla Verde Recreation Area；☑575-758-8851；Hwy 570；白天 $3，帐篷/房车位 $7/15），你可以在这里散步闲逛，或是在格兰德河边露营（Rio Grande，也可以在河上漂流或是钓鱼）。爬上因山体滑坡而封堵住的Old 570土路边缘，这里视野开阔，可以远眺陶斯高原（Taos Plateau）和基督圣血山（Sangre de Cristos）的全貌。

从**匹克湖**（Lake Peak；12,409英尺，约2782米）的最高处可看到一些全州最美的景色。从圣菲滑雪盆地（Santa Fe Ski Basin）出发，徒步一日可达。

从陶斯滑雪谷出发，日间徒步可达**惠勒峰**（Wheeler Peak；13,161英尺，约4011米），它是新墨西哥的最高峰（峰顶风光也相当美）。如需径路地图和更多信息，可以去圣菲的**Travel Bug**（☑505-992-0418；www.mapsofnewmexico.com；839 Paseo de Peralta；☉周一至周六 7:30~17:30，周日 11:00~16:00；☎）书店或**陶斯游客中心**（☑575-758-3873；http://taos.org；1139 Paseo del Pueblo Sur；☉9:00~17:00；☎）。

Marketplace（☑505-689-2689；1642 Hwy 76；☉10:00~17:00，冬季 10:00~16:00），这是一个联合画廊，有大量各式各样的当地艺术家作品。

行驶路上 » 沿着Hwy 76公路继续向北，横穿小山谷Ojo Sarco和Cañada de los Alamos，全程大约8英里。

- - - - - - - - - - -

❺ 拉斯川帕斯

拉斯川帕斯（Las Trampas）的**圣何塞—格雷西亚教堂**（Church of San José de Gracia；☑505-351-4360；Hwy 76；☉按照预约时间，须打电话预约）建于1780年，曾经抵御住了阿帕奇族印第安人（Apache）的不断进攻。它被认为是美国现存最精美

的18世纪教堂之一,已被列为美国国家历史名胜之中。绘画和雕刻的真迹都还保存完好,忏悔者兄弟会(Los Hermanos Penitentes;一个19世纪的宗教组织,在新墨西哥州的北方山区有众多的信徒)成员自省时留下的血迹还依稀可见。出镇的路上,你的右手边会出现令人惊叹的灌溉渠,它们居然是用树干凿成的!

行驶路上 » 沿着Hwy 76公路继续向北,穿过秀丽的彻姆赛尔(Chamisal)。在丁字路口右转驶入Hwy 75公路,沿路经过佩纳斯科(Peñasco)和维狄多(Vadito)后,左转上Hwy 518公路去往陶斯。在这条路的尽头,右转上Paseo del Pueblo Sur(Hwy 68公路),沿着公路进入陶斯。全程约32英里。

线路亮点

❻ 陶斯

背靠12,300英尺(约3750米)高的雪山,点缀着鼠尾草的辽阔高原向西伸展,然后陡降800英尺(约244米)落入格兰德峡谷(Rio Grande Gorge)——陶斯(Taos)毫无疑问是一个以美景而著称的小镇。这里的天空有时像蓝宝石一样澄澈,有时又风起云涌雷声隆隆。不得不提的还有日落……

陶斯的印第安人村落是美国一直有人居住的最古老社区之一,它根植于这

上图: 陶斯印第安村

左图: 圣菲的食品摊点

右图: 圣菲,出售的纺织品

489

个小镇，历史悠久，文化遗产丰富，经历过西班牙征服者、天主教和西部牛仔等不同时期。今日的陶斯依旧是一个轻松而且充满异域风情的小镇，经典的土坯建筑、风格独特的咖啡馆、绝妙的美食，该有的应有尽有。它既是乡村田园，又不乏现代气息，而且还带着几分超凡脱俗的味道。

在这里，最棒的事情就是在广场区散步，完全沉浸在小镇的氛围中。但是你也一定不想错过**陶斯印第安村**（Taos Pueblo；☎575-758-1028；www.taospueblo.com；Taos Pueblo Rd；成人/儿童 $16/免费；⏱周一至周六 8:00~16:30，周日 8:30~16:30，2月中旬至4月中旬关闭）。陶斯村建于1450年前后，其后一直有人居住，是美国现存最大规模的多层印第安村落，也是传统土坯建筑现存的最好范例之一。同样值得一游的还有**蜜丽·罗杰斯博物馆**（Millicent Rogers Museum；☎575-758-2462；www.millicentrogers.org；1504 Millicent Rogers Rd；成人/儿童 $10/2；⏱4月至10月 10:10~17:00，11月至次年3月 周一闭馆），馆内收集了大量陶器、珠宝、篮子和纺织品，它们都来自一位1947年搬到陶斯镇的油田继承人兼模特的个人收藏，这个博物馆被认为是全美最好的美洲印第安艺术和西班牙殖民艺术博物馆之一。

🍴🛏 见491页

行驶路上 » 这是一段26英里的路程，取道Hwy 68公路一路向南，沿小路（Low Road）驶回圣菲。就在下坡之前有一个很大的停车点，这里视野非常开阔，不妨停下来看看身后的美景。然后下行驶入格兰德峡谷。最后左转上Hwy 75公路前往迪克森。

❼ 迪克森

农业和艺术小镇迪克森（Dixon）就坐落在秀丽的安卜杜山谷（Rio Embudo）之中。这里以苹果闻名，同时也种植了很多其他作物，包括为当地两大屡获殊荣的葡萄酒庄所使用的葡萄。这两家酒庄分别是**Vivac**（☎505-579-4441；www.vivacwinery.com；2075 Hwy 68；品酒 $8；⏱周一至周六 10:00~18:00，周日正午起）和**La Chiripada**（☎505-579-4437；www.lachiripada.com；Hwy75；品酒 $10；⏱周一至周六 11:00~17:00，周日正午起），都有品酒室。夏秋两季的周三下午迪克森有一个农贸市场，贩售刚刚从田里采摘的蔬菜和水果。我们最喜欢的画廊是**裂谷艺术馆**（Rift Gallery；☎505-579-9179；www.saxstonecarving.com；2249 Hwy 68；⏱5月至9月 周三至周日 10:00~17:00，其他时间营业时间缩短），这里以其大师级的陶瓷制品和石雕工艺品著称，它位于Hwy 68公路上的林科纳达（Rinconada，就在Hwy 75公路的北面）。11月的第一个周末，也就是新墨西哥州最古老的工作室巡展期间，当地艺术家会向公众开放他们的家和工作室。夏季，如果你在当地的食品合作社问路，好心人会指引你去看瀑布，沿着附近一条土路上行就是。

🍴🛏 见491页

行驶路上 » 返回Hwy 68公路，沿河向南行驶，穿过安卜杜（Embudo；这是享用午餐的好地方），驶出峡谷。继续向南穿过西班牙镇（Española），在这里你会看到Hwy 84/285公路，这条路可以带你回圣菲。全程大概47英里。

食 宿

圣菲 ❶

✕ Harry's Roadhouse
美国菜、新墨西哥州菜 $$

（☎505-989-4629；www.harrysroad housesantafe.com；96 Old Las Vegas Hwy；午餐 $8~14，晚餐 $9~23；⏱7:00~21:30；🅿）这家始终备受钟爱的休闲餐厅位于市区南缘，有一个啤酒和红酒酒吧。这里的一切都很棒，尤其是甜品。

🛏 El Paradero
民宿 $$

（☎505-988-1177；www.elparadero.com；220 W Manhattan Ave；房间 $155起；🅿❄@📶）这个有着200年历史的土坯房民宿位于河流南岸。每间客房都独一无二且富有魅力。除两间客房的独立卫生间要穿过大厅，其他都是套房；我们最中意6号和12号房。房费包括丰盛的早餐和下午茶。

奇马约 ❷

✕ Rancho de Chimayó
新墨西哥州菜 $

（☎505-984-2100；www.ranchodec himayo.com；County Rd 98；主菜 $7~11，晚餐 $10~25；⏱11:30~21:00，11月至次年4月 周一不营业）宽敞明亮的花园式餐厅位于保护区教堂以北半英里处，提供经典的新墨西哥州美食——采用Jaramillo家族的知名秘方。最美味的要数每份菜都会配的一小篮油炸蜜糕（Sopaipillas）。他们还经营舒适的民宿客房（$79起），就在街对面。

🛏 Casa Escondida
民宿 $$

（☎505-351-4805；www.casaescondida.com；64 County Rd 100；房间 $130起；❄📶）我们极力推荐的这间朴实无华的民宿。它

占地6英亩，位于奇马约以北约1英里，拥有8间漂亮的客房，每一间都配有浴室及美国西南部风格的家具。

陶斯 ❻

✕ Lambert's
新派美国菜 $$$

（☎505-758-1009；www.lambertsoftaos.com；123 Bent St；午餐 $11~14，晚餐 $23~38；⏱11:30至关门；🚗📶）这间迷人的旧式土坯餐厅位于广场北面，一直以来都被人们誉为"陶斯最佳餐厅"。午餐时间供应烤猪肉堡，晚餐供应鸡肉芒果玉米卷饼（Enchiladas，安其拉达）以及科罗拉多羊排。

🛏 Historic Taos Inn
历史酒店 $$

（☎575-758-2233；www.taosinn.com；125 Paseo del Pueblo Norte；房间 $119；🅿❄📶）这间漂亮而且永远活力十足的老酒店拥有45间独具特色的客房，每间都装饰有西南部风格的物件。著名的 Adobe Bar（⏱11:00~23:00，音乐 18:30~22:00）中的人群经常涌到舒适的中心走廊上，这里不仅每晚都有现场音乐表演还有一家很棒的餐馆（早餐和午餐 $7~15，晚餐 $15~28；⏱周一至周五 11:00~15:00和17:00~21:00，周六和周日 7:30~14:30和17:00~21:00）。

迪克森 ❼

✕ Zuly's Cafe
咖啡馆 $

（☎505-579-4001；www.zulyscafe.org；234 Hwy 75；主菜 $6~14；⏱周二至周四 7:30~15:00，周五 7:30~20:00，周六 9:00~20:00）这间咖啡馆由当地人经营，提供高品质绿椒和各种浓缩咖啡。

🛏 Tower Guest House
客栈 $

（☎505-579-4288；www.vrbo.com/118083；小屋 $95；📶）这间农舍位于一个大蒜农场内，近安卜杜山谷。可以住三个人。

戴维斯堡 麦克唐纳天文台

大弯景观环路

37

虽然西得克萨斯常以其广袤的土地而著称，但却充满了各种令人惊喜的体验，这段环路极其丰富多彩。

起点/终点
El Paso
埃尔帕索

210 英里
戴维斯堡
天文台的夜间观星会
实属一流

Prada Marfa
玛法普拉达

② Alpine
阿尔派恩

③

Marathon
马拉松

231 英里
玛法
装置艺术和玛法光团
的所在地

385 英里
特灵瓜
独一无二的热闹鬼城

⑦

⑥

329 英里
大弯国家公园
一段又一段风光迷人
的徒步小径

5~7天
690英里/
1110公里

最适合

何时去

最好的时候是2月到4月，赶在酷暑到来之前。

 最佳摄影点

玛法普拉达——一件奇特的路边艺术展品。

 最佳户外活动

麦克唐纳天文台的夜间观星会。

37 大弯景观环路

探寻大弯国家公园，亲历一望无垠的老西部风光，仅是这些理由就足以开启这段旅程了。但路途中也充满了乐趣，探秘古怪的路边小镇将是我们的重要"课题"。西得克萨斯将给你留下一份难忘的记忆，比如极简抽象派艺术品、夜间天文会，还有那些热闹的鬼城。

❶ 埃尔帕索

在埃尔帕索(El Paso)开启你的旅程吧，这个边境小城像楔子一样嵌入西得克萨斯的遥远角落。在这里，你不仅可以尽情享受随处可见的地道墨西哥美食——毕竟这个小城与墨西哥只有一河之隔，还可以参观许多免费开放的博物馆。市中心的**埃尔帕索艺术博物馆**(El Paso Museum of Art; ☎915-212-0300; www.elpasoartmuseum.org; 1 Arts Festival Plaza; ☉周二至周六 9:00~17:00, 周四 至21:00, 周日 正午至17:00)里收藏了大量优秀的西南部艺术品。

另外，你也不要错过**埃尔帕索大屠杀纪念馆**(El Paso Holocaust Museum; ☎915-351-0048; www.elpasoholocaustmuseum.org; 715 N Oregon St; ☉周二至周五 9:00~17:00, 周六、周日 13:00~17:00)，这个博物馆展出了很多令人感动、发人深思的展品，通过富有创意的编排，给你带来最大的冲击。

向西走，在蓬勃发展的Montecillo商住两用区，你可以找到许多不错的餐馆和酒吧。

行驶路上 » 沿着I-10州际公路向东行驶2小时，然后驶入TX 118公路，开往戴维斯堡。这一地区位于奇瓦瓦沙漠(Chihuahuan Desert)和戴维斯山(Davis Mountains)的交界处，因而形成了独一无二的地貌特征——原本一马平川的视野里突然间冒出了阻隔视线的石山。

❷ 戴维斯堡

为什么要把去戴维斯堡(Fort Davis)的时间安排在周二、周五或周六？因为这样就可以参加**麦克唐纳天文台**(McDonald Observatory; ☎432-426-3640; www.

去线路 **38**

287英里

mcdonaldobservatory.org; 640 Dark Sky Dr; 一日门票 成人/6~12岁儿童/6岁以下 $8/7/免费,⏱游客中心 10:00~17:30;🚻)在晚上组织的观星活动了。这个天文台所处的位置拥有北美最澄澈和黑暗的夜空,更别说它还配备了世界上最强大的天文望远镜。

除此之外,热爱自然的

你也可以

2 **四角巡游**

以玛法为起点,取道I-10州际公路西行,再转入I-25州际公路向北行驶,饱览西南部地区数不胜数的奇观。

38 **丘陵地**

想体验乡村音乐酒吧和观赏野花吗?那就走上I-10州际公路南行至圣安东尼奥,然后开始我们的旅行吧。

人们还可以去**戴维斯山州立公园**(Davis Mountains State Park; ☎432-426-3337; www.tpwd.state.tx.us; Hwy 118; 成人/13岁以下儿童 $6/免费),历史爱好者则可以亲自去1854年的**戴维斯堡国家历史遗址**(Fort Davis National Historic Site; ☎432426-3224; www.nps.gov/foda; Hwy 17; 成人/16岁以下儿童 $7/免费; ⏱8:00~17:00; ♿)走一走,这个保存完好的边境军事哨所位于睡狮山(Sleeping Lion Mountain),让人印象深刻。

🛏 **见500页**

行驶路上 » 沿TX 17公路向南20分钟即可到达玛法。这是一条双车道的公路,沿途你可以看到风滚草缓缓滚动到铁丝网旁边堆在一起。

线路亮点

❸ 玛法

自打洛克·赫德森(Rock

Hudson)、詹姆斯·迪恩(James Dean)和伊丽莎白·泰勒(Elizabeth Taylor)来到这个小镇拍摄电影《巨人》(*Giant*;1956年)后,玛法(Marfa)第一次被人们所知。

然而,如今这座只有一个红绿灯的小镇却以另一个原因吸引着来自世界各地的旅行者:它的艺术景观。唐纳德·贾德(Donald Judd; 1928~1994; 美国极简主义艺术家)仅凭一己之力就使玛法在20世纪80年代的世界艺术版图上占据了一席之地,而他所做的,就是在**齐纳提基金会**(Chinati Foundation; ☎432-729-4362; www.chinati.org; 1 Calvary Row; 整体游览 成人/学生 $25/10, 部分游览 成人/学生 $20/10; ⏱导览游 周三至周日 10:00和14:00)将一片废弃的军营改造成世界上规模最大的极简主义固定装置艺术。

画廊分布在小镇各处,主题无所不包,比如摄影、雕塑和现代艺术等。**玛法宴会厅**(Ballroom Marfa; ☎432-729-3600; www.ballroommarfa.org; 108 E San Antonio St; 建议捐赠 $5; ⏱周三至周六 10:00~18:00, 周日 至15:00)是个大开眼界的好地方。不建议在周一和周二来参观,因为此时许多业务不开展。

"玛法光团"观赏区

数十年来,闪烁在齐纳提山脉(Chinati Mountains)中的"玛法光团"(Marfa Lights; 也称玛法鬼灯)让无数旅行者浮想联翩。关于这些在地平线上时隐时现的神秘光芒,其最早记录可以追溯到19世纪。人们进行了无数的研究来解释这一现象,但是科学家们唯一能够达成一致的是,他们找不到造成这一特异景象的原因。

在"玛法光团"观赏区(玛法和阿尔派恩之间的公路南侧)可以欣赏到这一奇观。站在这个平台上向南望去,寻找那闪烁的红色光芒。只有靠右边,你才有可能看到(也可能看不到)幽灵一样的玛法光团。

特灵瓜 "星光剧院"餐厅

✗🛏 见500页

行驶路上 » 从玛法出发，沿Hwy 90公路东行30分钟即可到达阿尔派恩。

- - - - - - - - - - - -

❹ 阿尔派恩

　　作为这一地区最大的村镇，阿尔派恩（Alpine）是个"大地方"——它不仅是座大学城[苏尔罗斯大学（Sul Ross University）就在这里]，还是你进入奇瓦瓦沙漠（Chihuahuan Desert）之前最好的补给站。

　　你可以去**大弯博物馆**（Museum of the Big Bend; ☎432-837-8143; www.museumofthebigbend.com; 400 N Harrison St; 接受捐款; ☉周二至周六 9:00~17:00，周日13:00~17:00）梳理一下大弯地区（Big Bend）的历史。可不要以为这里会枯燥乏味、无人问津，事实上，这里的多媒体的展览不仅丰富，还很吸引眼球，陈列品旁边需要阅读的材料也尽量进行了精简。最让人印象深刻的展品当然是在大弯地区发现的巨大的得克萨斯翼龙（人们迄今为止所知的最大的飞行动物）的翅骨，据估计，其翼展可超过50英尺（约15米）。

✗ 🏛 见500页

行驶路上 » 继续向东，走到15英里处时向南你将会看到出奇制胜的装置艺术Target Marathon——这是跟马法普拉达开了个玩笑。再走15英里你就会到达真正的迷你小镇马拉松。这段旅程可看的景色并不多，但是随后的大弯国家公园会让你觉得不虚此行。

- - - - - - - - -

❺ 马拉松

规模很小的铁路小镇马拉松（Marathon；发音"mar-a-thun"）有两个出名的理由：第一，这是距离大弯国家公园北入口最近的城镇，是你填饱肚子和补充装备给养的最后机会；再者就是这里有**Gage Hotel**（☎432-386-4205；www.gagehotel.com；102 NW 1st St/Hwy 90；房间 $229~279；❉ @ 🛜 🛝），这是得克萨斯的真正宝藏，即便不在这里过夜，过来看看也还是值得的。

行驶路上 » 沿Hwy 385公路一路向南，大约40英里后便是大弯国家公园的北缘。如果再走上40英里，就进入了公园中心的奇索斯盆地（Chisos Basin）。一个接着一个的景点紧密地排在平坦的公路两边，

让人目不暇接。

- - - - - - - - -

线路亮点

❻ 大弯国家公园

占地面积1252平方英里（约3243平方公里）的大弯国家公园（Big Bend National Park）几乎跟罗得岛州的面积一样大。有人只在这里短暂待一个下午，走一走小径就离开了，但我们建议至少停留两个晚上，以便游览那些经典的景点。

你可以去新建的**化石发现展馆**（Fossil Discovery Exhibit；www.nps.gov/bibe）参观，里面重点展示了1亿3千万年前以来生活在这片区域上的恐龙及其他生物。展馆位于Persimmon Gap游客中心向南17英里处。

大弯国家公园内有超过200英里的徒步小径，因此徒步旅行是这里最受欢迎的活动之一，很多最好的徒步线路都以奇索斯盆地（Chisos Basin）为起点。在日落时分踏上较短的铺砌小路**窗口景观小径**（Window View Trail）；第二天则避开炎热的中午，赶早体验4.4英里长的**窗口小径**（Window Trail）；利用下午的时间去4.8英里的树荫小道**迷失矿井小径**（Lost Mine Trail）徒步。当然你也可以驾车沿景观车道（Scenic Drive）去看看有些诡异的废弃牧场——**山姆·尼尔牧场**（Sam Nail Ranch），亦或是

景色宜人的**圣埃琳娜峡谷**（Santa Elena Canyon）。

🏛 见500页

行驶路上 » 从公园西门出发，3英里后左转，然后按照指示牌前往特灵瓜鬼城（Terlingua Ghost Town）；就在刚经过的特灵瓜不远处）。从公园的中心地带出发，全程大约需要45分钟。

- - - - - - - - -

线路亮点

❼ 特灵瓜

奇特的特灵瓜（Terlingua）是一个独一无二的组合：它既是一个鬼城，又是一个社交中心。1940年，从本地朱砂矿关闭的那一刻起，小镇便失去了生机，像一棵风滚草般随风而去，只留下一座座废弃的房屋。

但这个小镇又逐渐重现生机，商业活动在废墟上重新崛起，当地人每天聚在一起只做两件事：傍晚时分在**特灵瓜贸易公司**（Terlingua Trading Company；☎432-371-2234；http://terlinguatradingco.homestead.com；100 Ivey St；⊙10:00~21:00）的门下喝啤酒；太阳落山后，聚会便转移到隔壁的星光剧院（Starlight Theatre；见500页），那里每晚都有现场音乐会。

✗ 见500页

行驶路上 » 沿着与美国大弯牧场州立公园（Big Bend Ranch State Park）中与格兰德河并行

大弯国家公园内的道路

的Rte 170公路（这条路也被称作River Road）一路向西，沿途景色宜人。行驶约60英里，你将到达Presidio。然后向北转入Hwy 67公路返回玛法，最后再向西转入Hwy 90公路前往玛法普拉达。

❽ 玛法普拉达

当你正不知道自己开到了哪里的时候，突然，远处出现了一个海市蜃楼般的小屋。抬眼望去……一家普拉达时装店？这个被称为"玛法普拉达"（Prada Marfa；尽管事实上它离Valentine更近些）的装置艺术作品挺立在西得克萨斯漫天扬尘的道路旁，仿佛是对消费主义来个诙谐幽默的诠释。

行驶路上 » 沿Hwy 90公路回到I-10州际公路，西行返回埃尔帕索。

© DENIS JR TANGNEY/GETTY IMAGES

499

食 宿

戴维斯堡 ❷

🛏 Indian Lodge
旅馆 $$

（☎住宿 432-426-3254，订餐 512-389-8982；www.tpwd.texas.gov /state-parks/indian-lodge；Hwy 118；房间 $95~125，套 $135~150；🅿❄🛜🐾）这间历史旅馆位于戴维斯堡山州立公园（见496页）里由民间资源保护队（Civilian Conservation Corps）在20世纪30年代建成的建筑之中，共提供39间客房。它拥有18英寸（约46厘米）厚的土墙、手工雕刻的雪松家具、印第安松木屋顶[每层房间的屋顶都由大橡木（Vigas）支撑，橡木之间交错固定小橡木（Latillas），最后用泥土压实]，看起来很像是一个美国西南部的印第安村落。还有一个游泳池和礼品商店。

玛法 ❸

🍴 Cochineal
美国菜 $$$

（☎432-729-3300；www.cochinealmarfa.com；107 W San Antonio St；小盘菜 $9~12，主菜 $22~42；⏱17:30~22:00）这间时尚的极简主义餐厅吸引了众多美食爱好者纷至沓来，持续变化的菜单均采用高品质的有机食材。丰盛的晚餐分量十足——比如牛腩墨西哥夹饼、牡蛎蘑菇意大利炖饭（Risotto）或者自制的鸭胸肉拉面——即使是小盘菜也可以几个人共享。

🛏 El Cosmico
露营地 $

（☎432-729-1950；www.elcosmico.com；802 S Highland Ave；帐篷营地 $30/人，游猎帐篷 $95，印第安Tipi帐篷和圆顶帐篷 $165，房车 $165~210；🅿🛜🐾）德州最与众不同的住宿地。在这里，你可以睡在新式的露营车、印第安Tipi帐篷、游猎帐篷，甚至圆顶帐篷里。但并不是所有人都能住得惯：营地里干燥多尘，淋浴可能得去室外，而且没有空调（所幸的是，这里晚上很凉爽）。但是，除了这里还有哪能让你有这种机会睡在印第安帐篷里呢？

阿尔派恩 ❹

🍴 Reata
牛排 $$

（☎432-837-9232；www.reata.net；203 N 5th St；午餐 $10~15，晚餐 $13~40；⏱周一至周六 11:30~14:00和17:00~22:00）Reata有高级牧场应有的魅力——至少屋前的餐厅提供正经的晚餐。而屋后活力十足的酒吧区和阴凉的露台却是完全不同的氛围。你可以细嚼慢咽这里的美食，再悠闲地享受一杯"玛格丽塔"鸡尾酒。

🛏 Holland Hotel
历史酒店 $$

（☎432-837-2800；www.thehollandhoteltexas.com；209 W Holland Ave；房间 含早 $150~225，套 $170~250；😊❄🛜🐾）这座西班牙殖民风格的建筑始建于1928年。经过翻新后，优雅的客房中装饰了木雕家具、西部风格的艺术品，配备整洁的现代化浴室。时髦的大堂氛围轻松，采用皮质的椅子和木梁天花板。里面还有一间出色的高档餐厅。

大弯国家公园 ❻

🛏 Chisos Basin Campground
露营地 $$

（☎877-444-6777；www.nps.gov/bibe；帐篷和房车营地 $14）最靠近公园中心的主要营地。这里提供60个露营位，有石头棚和野

餐桌，不远处有卫生间。露营地旁边就是 **Chisos Lodge Restaurant**（www.chisos mountainlodge.com；午餐 $7~12，晚餐 $10~22；⊙7:00~10:00，11:00~16:00和17:00~20:00）和 **Basin Store**（☎432-477-2291；⊙7:00~21:00），此外离一些很受欢迎的小径也不远。11月15日至次年5月，有26个露营位可以通过www.recreation.gov预订；其余露营位采取先到先得的原则。

特灵瓜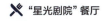

✕ "星光剧院" 餐厅 美国菜 $$

（Starlight Theatre；☎432-371-3400；www.thestarlighttheatre.com；631 Ivey Rd；主餐$10~27；⊙周日至周五17:00至午夜，周六 至次日1:00）你可能觉得这里既然是座"鬼城"，那晚上肯定是"死气"沉沉了（好吧，这个笑话并不好笑），但是"星光剧场餐厅"却生机勃勃。这里原来是个电影院，因为年久失修，房顶塌了（所以才能看到"星光"啊），后来被改建成餐馆。在春秋两季，几乎每晚都有现场音乐会。

得克萨斯的州花蓝帽花

丘陵地

38

驰骋在乡间的大道上，山峦平缓起伏，野花漫山遍野，葡萄园随处可见。当地人友好和善，舞厅、缓缓流淌的河流和当地艺术也为旅行增添了许多乐趣。

线路亮点

100 英里
卢肯巴齐
寻找它在歌曲中永恒的奥秘

114 英里
林登·贝恩斯·约翰逊农场
有着迷人历史和风光的宁静农场

Fredericksburg
弗雷德里克堡

Johnson City
约翰逊城

5

6

Kerrville
克尔维尔

Comfort
卡姆福特

Wimberley
温布利

San Marcos
圣马科斯

10

New Braunfels
新布劳恩费尔斯

起点/终点
San Antonio
圣安东尼奥

格伦
逛古玩店，探访巨穴般的老舞厅

196 英里

2~5天
229英里/369公里

最适合

何时去

3月和4月，野花盛开的季节。

最佳摄影点

蓝帽花——让自己或孩子们置身于漫山遍野的野花间。

最佳文化之旅

在格伦镇上得克萨斯最古老的舞厅里跳两步舞。

38 丘陵地

　　3月到4月上旬,当野花盛开的时候,这里是全得克萨斯最美的自驾游目的地——最适合一日游,或是一个悠闲的假期。在这段旅程中,你可以到沿途的古董店疯狂扫货,欣赏现场音乐会,来一盘烧烤大块朵颐,还可以了解那个把这里称作家乡的美国总统的故事。

❶ 圣安东尼奥

虽然正在不断向外扩展的圣安东尼奥（San Antonio）并不在丘陵地行程的路线之中，但它是一个很好的旅程起始点。不要错过美妙的欧式河边漫步，一条运河蜿蜒穿过市中心，两岸满是色彩斑斓的咖啡厅、酒店花园和人行石桥。这座城市向北延伸至博物馆区，向南延伸至教区，为步行和骑自行车旅行增添了许多美丽的风景。想要有个更全面的了解，可以参加市区乘船巡游——Rio San Antonio Cruises。

无论做什么，都要在**阿拉莫**（Alamo; ☎210-225-1391; www.thealamo.org; 300 Alamo Plaza; ⏱9月至次年2月 9:00~17:30，3月至8月 至

21:00）追思先贤，当年的革命者曾经在这座深受喜爱的古迹地为得克萨斯脱离墨西哥独立而战斗。

行驶路上 » 做好出城的准备了吗？沿I-10州际公路向西北行驶，卡姆福特离圣安东尼奥市中心仅有不到半小时车程。在野花盛开的季节，可以向北绕道Waring-Welfare Rd，然后再驶回TX 473公路，沿途景色优美。

❷ 卡姆福特

卡姆福特（Comfort）从未离开过旅行者的视野。这里曾是19世纪的德国人定居点，也是丘陵地整个行程中最具田园风光的小镇。19世纪晚期的粗糙石灰岩住房加上High St和8th St周边修缮一新的漂亮历史文化中心，更凸显了小镇的特色。

在这里的首要活动就是买古董，但你还会发现几家不错的餐馆、一家酒庄和小镇悠闲舒适的生活方式——正如它的英文名一样。先从**Comfort Antique Mall**（☎830-995-4678; www.visitcomfortantiquemall.com; 734 High St; ⏱10:00~17:00）开始，在这里可以先拿一张古玩商店地图，或是在卡姆福特商会（Comfort Chamber of Commerce; www.comfort-texas.com）网站上查询你想要了解的信息。

🛏 见511页

行驶路上 » 走I-10州际公路去

克尔维尔是最快的捷径，但我们更推荐循着TX 27公路这条乡间小道一路向西，穿行于静谧的农田之间。

❸ 克尔维尔

有时你会觉得丘陵地比较难走，但在克尔维尔（Kerrville）则无须担心。它所缺少的历史魅力都由它的规模弥补了，这里给旅行者提供了丰富的服务项目，还可以在瓜达卢佩河（Guadalupe River）上划皮划艇、独木舟或是游泳。新建的**沿河小道**（River Trail; www.kerrvilletx.gov; ⏱黎明至黄昏; ♿）沿着瓜达卢佩河绵延数英里，你可以在小道上漫步。最佳水上运动场地是**克尔维尔—施耐纳公园**（Kerrville-Schreiner Park; ☎830-257-5300; www.kerrvilletx.gov; 2385 Bandera Hwy; 成人/3~12岁儿童/老人 $4/1/2; ⏱售票处8:00~17:00，当日票至22:00）。

可以去看看**西部艺术博物馆**（Museum of Western Art; ☎830-896-2553; www.museumofwesternart.com; 1550 Bandera Hwy; 成人/学生/8岁以下儿童 $7/5/免费; ⏱周二至周六 10:00~16:00）引人注目的牛仔艺术藏品。建筑本身就很漂亮：手工打造的镶木地板和独特的穹顶。

🍴 见511页

行驶路上 » 驶上小镇东北的TX 16公路，大约半小时车程即可到达弗雷德里克堡。

西南部

38

丘陵地

你也可以

卡真法裔区

17

想品尝"穷汉"三明治（po' boys）和小龙虾，可走I-10州际公路向东到拉菲特，再沿US 90州际公路向南，最后左转至蒂博多。

大弯景观环路

37

西得克萨斯是怎样的？叹为观止，古怪离奇，广袤无垠。沿I-10州际公路往西北方向去埃尔帕索。

❹ 弗雷德里克堡

作为丘陵地区的非官方首府，弗雷德里克堡（Fredericksburg）曾是一个19世纪的德国人定居地，它的特点就是"古朴典雅"。这个小镇把很多魅力浓缩到了一个相对很小的空间里，热情的小旅馆和民宿成群结队，化身德国餐馆、啤酒花园、古玩店和商店的历史建筑沿着主街一线排开。信息量丰富的**太平洋战争国家博物馆**（National Museum of the Pacific War; ☏830-997-8600; www.pacificwarmuseum.org; 340 E Main St; 成人/儿童 $14/7; ⏱9:00~17:00）聚焦于"二战"时的太平洋战区，美国海军名将、太平洋战区盟军总司令切斯特·尼米兹（Chester Nimitz）曾在弗雷德里克堡长大。

这里的很多商店都是标准的旅游纪念品店，但也有一些有趣的地方值得一逛。另外，这个小镇还是一个很好的大本营，你可以去周围的桃园和葡萄园看看。就在小镇以东几英里的地方，**Wildseed Farms**（☏830-990-1393; www.wildseedfarms.com; 100 Legacy Dr; ⏱9:30~17:00）专门种植了成片的野花，并向游客出售种子袋和各种与野花相关的礼品。

🛏 见511页

行驶路上 » 沿着Hwy 290公路前行，在小镇西南5英里的Ranch Rd 1376右拐，沿着道路再走4.5英里便是卢肯巴齐。这里的确只有几座建筑，不用怀疑自己是否走错了地方。

线路亮点

❺ 卢肯巴齐

没有什么地方能比卢肯巴齐（Luckenbach）更悠闲了，在这里，一天中的主要活动就是坐在老橡树下的野餐桌旁，喝着Shiner Bock啤酒，听吉他手演奏，通常旁边还有几只大公鸡为伴。快来吧，准备好放松自己，认识一些当地人，好好享受小镇的悠闲氛围。

卢肯巴齐杂货店（Luckenbach General Store; ☏830-997-3224; www.luckenbachtexas.com; 412 Luckenbach Town Loop; ⏱周日至周四9:00~23:00, 周五 至午夜, 周六 至次日1:00）建于1849年，最初只是个老货栈，如今却早已身兼本地邮局、酒吧和社区中心之职。商店后面有自由演奏区，通常周末在老舞厅还有现场音乐会。上网查看音乐会日程表（www.luckenbachtexas.com）。

行驶路上 » 返回Luckenbach Rd向北驶入Hwy 290公路。林登·贝恩斯·约翰逊农场在7英里远的地方，驶下公路右转就是入口。

线路亮点

❻ 林登·贝恩斯·约翰逊农场

不一定非要是历史爱好者才有兴趣了解有关美国第36任总统家乡的情况。现在的**林登·贝恩斯·约翰逊农场**（Lyndon B Johnson Ranch, 简称LBJ Ranch; ☏国家公园游客中心 830-868-7128, 州立公园游客中心 830-644-2252; www.nps.gov/lyjo; Hwy 290, Stonewall; 团队游 成人/18岁以下儿童 $3/免费; ⏱牧场游9:00~17:30, 故居游 10:00~16:30），这片美丽的得克萨斯土地，就是林登·贝恩斯·约翰逊出生、生活和去世的地方。

风景道：野花小径

当你看到有很多车停在路边，家人们爬上山岗去为他们的孩子拍下蓝帽花（得克萨斯的州花）丛中的灿烂笑脸时，就知道春天已经到了。3月和4月间正是火焰草、酒杯花和蓝帽花盛放的时节。

拨打**野花热线**（Wildflower Hotline; ☏800-452-9292）可以了解各处的花情。从弗雷德里克堡沿Rte 16公路和FM 1323公路向东北方向去往威洛城（Willow City），通常来说，这是一条不错的线路。

公园里保留着约翰逊的出生地、他曾经短期就学的单间校舍以及旁边一个现在用来做生活历史博物馆的农庄。公园中心部分是林登·约翰逊和伯德夫人生活的农场别墅，他任职总统期间曾长期在这里居住，以至于这里也被称为"得克萨斯白宫"（Texas White House）。

你还可以看到约翰逊家族墓地，他和伯德夫人就长眠在那里枝繁叶茂的老橡树下。

在游客中心停一下，领取免费的公园准入证和一张地图。

行驶路上 » 林登·约翰逊童年时期的家就在Hwy 290公路向东15分钟车程的地方。

❼ 约翰逊城

你可能会以为约翰逊城（Johnson City）是因林登·约翰逊总统而得名，事实上，这份荣耀应该归于另一个约翰逊——詹姆斯·波尔克·约翰逊（James Polk Johnson），他是19世纪晚期来到这个小镇的定居者。至于他的孙子能当上美国总统，这完全是运气好。

在这里，你会找到**林登·贝恩斯·约翰逊童年故居**（Lyndon B Johnson's Boyhood Home ☎830-868-7128; www. nps.gov/lyjo; 200 E Elm St; 200 E Elm St; ⊙团队游半小时一次9:00至正午和13:00~16:30），这里是约翰逊自己为儿孙们重

另辟蹊径
奥斯汀

起点：❼ 约翰逊城

由于这趟行程主要是游览丘陵地各处，我们并未将奥斯汀（Austin）收录为一站。不管怎么说，奥斯汀本身就应该作为一条单独的线路，希望你已经将它纳入得克萨斯州中部的旅行计划了。

但下面这点不提到的话，那就是我们的失职了：当你到达Dripping Springs时，距离得克萨斯州的首府——奥斯汀也就只有半小时的车程了。奥斯汀非常值得一游，也很适合徒步。

建的。**游客中心**（☎830-868-7128; www.nps.gov/lyjo; 100 E Ladybird Lane, E Ladybird Lane 和Ave G交叉路口; ⊙9:00~17:00）里有公园管理人员提供免费的导游服务，每半小时一次，从前廊出发。此外，你可以在这里了解到有关总统和第一夫人生前用品展的各种信息。表面上看，这只是一幢普通的得克萨斯老房子，但是想到那个成长于斯的孩子，立刻就不一样了。

行驶路上 » 沿着Hwy 290公路向东南方向行驶到Dripping Springs，在此右转进入Ranch Rd 12公路驶向温布利。

❽ 温布利

对于奥斯汀人来说，温布利（Wimberley）是一个热门的周末去处。这个艺术家社区在夏日的周末将会陷入狂欢之中——尤其是3月到12月的每月第一个周六。每到这时，当地的画廊、商店和

手工艺人都会搭起摊子，参加**温布利集日**（Wimberley Market Days）。这个熙熙攘攘的大聚会位于RR 2325的Lion's Field，集现场音乐会、美食和475多个摊位于一体。留心观察一下镇上的50只油漆粉刷的牛仔靴（www.bootifulwimberley.com）。

要观赏绝佳的石灰岩丘陵风光，可以到FM 32公路上转一圈，这里又被称为"恶魔之脊"（Devil's Backbone）。从温布利沿着RR 12公路向南到FM 32公路，然后右拐去峡谷湖（Canyon Lake）。公路逐渐变陡，然后转上陡峭的"恶魔之脊"，这里有360度的风景。

饱览风光之后，在温布利著名的景点蓝洞（Blue Hole; ☎512-660-9111; www.cityofwimberley.com; 100 Blue Hole Lane; 成人/4~12岁儿童/4岁以下儿童 $9/5/免费; ⊙公园 8:00至黄昏，游泳区 5月

上图: 卢肯巴齐的杂货店

左图: 各州的旧车牌

右图: 温布利的乡村杂货店

周五和周六，6月至8月 每天10:00~18:00）清凉一下。这是丘陵地区最好的游泳潭之一，清澈如水晶般的池水源自赛普拉斯溪（Cypress Creek），池畔宁静、阴凉。该游泳潭为私人所有。

见511页

行驶路上 » 沿着Ranch Rd 12公路继续向南；经过一片几乎完全未开发的乡村地带，圣马科斯就在东南方15分钟车程处。

❾ 圣马科斯

在得克萨斯州中部，圣马科斯（San Marcos）几乎就是"奥特莱斯大卖场"（Outlet Malls）的同义词，善于讨价还价的购物者可以在这两个紧挨着的购物胜地里花去一整天。这里与丘陵地的风格不太一致，但既然这也是一项广受欢迎的活动，我们就不得不提一句。

走时尚路线的**San Marcos Premium Outlets**（📞512-396-2200；www.premiumoutlets.com；3939 SIH-35, exit 200；🕐周一至周六 10:00~21:00，周日至19:00）规模很大，人气也很高，容纳了140个著名品牌的折扣店。街对面的**Tanger Outlets**（📞512-396-7446；www.tangeroutlet.com/sanmarcos；4015 SIH-35, exit 200；🕐周一至周六 9:00~21:00，周日 10:00~19:00）里则多为相对低调的中档品牌，价格不是那么昂贵，也是个购物的好去处。

另辟蹊径
洛克哈特

起点：❾ 圣马科斯

得克萨斯州的居民经常从四面八方专程赶来洛克哈特（Lockhart）品尝牛胸肉、香肠和排骨。1999年，这里被官方认定为"得克萨斯烤肉之都"（Barbecue Capital of Texas）。很幸运，你只需绕道18英里就可以体验这烟熏美味。在以下地方，只需不到15美元就可以吃得很好：

Black's Barbecue（☎512-398-2712; www.blacksbbq. com; 215 N Main St; 三明治 $10~13, 牛胸肉 每磅$16.50; ⏰周日至周四 10:00~20:00, 周五和周六 至20:30）自1932年以来就广受洛克哈特人青睐，林登·约翰逊总统曾用这里的香肠在首都举办宴会。

Kreuz Market（☎512-398-2361; www.kreuzmarket.com; 619 N Colorado St; 牛胸肉 每磅$16.49; ⏰周一至周六 10:30~20:00, 周日 至18:00）自1900年开始就为洛克哈特居民服务。谷仓样式的Kreuz Market使用干擦法（dry rub）来让食材入味，这就是说，不要向他们要烤肉调味酱，这是对他们的侮辱；他们不提供，烤肉也不需要。

Smitty's Market（☎512-398-9344; www.smittysmarket.com; 208 S Commerce St; 牛胸肉 每磅$14.90; ⏰周一至周五 7:00~18:00, 周六 至18:30, 周日 9:00~18:30）那被熏黑的烧烤作间和家常风格的餐厅依旧保持着最初的模样（刀子还曾经还被链子固定在桌子上）。如果你比较挑剔，可以让他们把胸肉上的肥肉剔掉。

行驶路上 » 沿I-35州际公路向南驶出12英里，在岔道处转向峡谷湖方向。驶下州际公路后几英里外就是格伦。

------- 线路亮点 -------

❿ 格伦

去**格伦舞厅**（Gruene Hall; ☎830-606-1281; http:// gruenehall.com; 1280 Gruene Rd; ⏰周一至周五 11:00至午夜, 周六 10:00至次日1:00, 周日 10:00~21:00）体会真正的得克萨斯风情。这是州内最古老的舞厅，人们从1878年就开始聚在此狂欢。这里开门很早，所以随时可以过来，探头张望一下，在被鞋底磨掉了表皮的木地板上跳两步，或是到院子玩一下掷马蹄铁的游戏。如果刚好碰上周末晚上的大型舞会，机会难得，一定要过来看看，感受一下氛围，只收取服务费。

小镇里有很多古玩店和商店，出售家居用品、礼品和纪念品，2月至11月的每月第三个周末，以及12月的第一个周末还有**老格伦集日**（Old Gruene Market Days）。

✕ ⛺ 见511页

行驶路上 » 你甚至都不用再开回州际公路，新布劳恩费尔斯就在南面3英里处。

------- ------- -------

⓫ 新布劳恩费尔斯

历史小镇新布劳恩费尔斯（New Braunfels），是德国人在得克萨斯的第一个定居地。夏季，游客蜂拥而至，在瓜达卢佩河上乘着轮胎内胎顺流而下——这是得克萨斯的夏季传统。镇里有很多旅行服务商，比如**Rockin' R River Rides**（☎830-629-9999; www.rockinr.com; 1405 Gruene Rd; 内胎出租 $20）。租金中包括摆渡服务，再加些钱还能给你绑上一个也用内胎驮着的冷藏箱，这样你就可以随时享受冰饮了。

✕ 见511页

行驶路上 » 从新布劳恩费尔斯出发，沿I-35州际公路行驶32英里就可以回到圣安东尼奥。

食 宿

卡姆福特 ②

🛏 Hotel Faust　　　　　　民宿 $$

（☎830-995-3030；www.hotelfaust.
com；717 High St；房间 $139~169，两室小木屋
$250；😊♿📶🛜）这座修缮得十分漂亮的石灰
岩建筑的历史可追溯至19世纪晚期。如想
拥有特别体验，选择Ingenhuett Log Cabin
（每晚 $210），这是一间19世纪20年代
的小木屋，它是从肯塔基州搬到现在的位
置的。

克尔维尔 ③

✕ Francisco's　　　　　　美国菜 $$$

（☎830-257-2995；www.franciscos-
restaurant.com；201 Earl Garrett St；午餐 主菜
$7.25~10，晚餐 主菜 $13~38；⏰周一至周六
11:00~15:00和周四至周六 17:30~21:00）这个
小酒馆兼路边咖啡馆坐落在历史悠久的石
灰岩建筑中。午餐时门庭若市，这里也是最
奢华的周末晚餐地点之一。

弗雷德里克堡 ④

🛏 Cotton Gin Village　　　　小屋 $$

（☎830-990-8381；www.cottonginlod
ging.com；2805 S Hwy 16；小屋含早餐 $229；
🅿🛜）是的，这里的小屋外观朴素，里面奢
华。这些用石头和木材建造的小屋就坐落
在城镇的南面，在这里你可以远离人群和
其他顾客，无人打扰。

温布利 ⑧

✕ Leaning Pear　　　　　　美国菜 $

（☎512-847-7327；www.leaningpear.

com；111 River Rd；午餐 主菜 $7~13，晚餐 主菜
$11~24；⏰周二至周六 11:00~21:00，周日 至
15:00）远离市中心的人群，来这里享用一顿
悠闲的午餐吧。你可以在这座翻新石屋里
享受沙拉和三明治。

格伦 ⑩

✕ Gristmill Restaurant　　　美国菜 $$

（☎830-606-1287；www.gristmillrestau
rant.com；1287 Gruene Rd；主菜 $10~24；⏰周
日至周四 11:00~21:00，周五和周六 至22:00，
夏季 营业时间延长1小时）细致入微的服务和
多汁的柠檬黄油牛排是这里的亮点。伴随
演出的晚餐（在格伦舞厅后面，见510页）也
是一次令人难忘的体验。坐在室外的桌位
能看到河景。

🛏 Gruene Mansion Inn　　　旅馆 $$$

（☎830-629-2641；www.gruenema
nsioninn.com；1275 GrueneRd；房间 含早餐 $225
起；🅿♿🛜）这个建筑群实际上就是一个村
庄，装饰风格按照所有者的说法叫作"乡村
典雅维多利亚风格"。房间是用以前的车马
房和谷仓改造的，精心装饰着很多原木材
质、印花图案和压锡吊顶。这里火爆的自助
早餐非常不错。

新布劳恩费尔斯 ⑪

✕ Huisache Grill &
Wine Bar　　　　　　　　　美国菜 $$

（☎830-620-9001；www.huisache.com；303
W San Antonio St；主菜 $10~25；⏰11:00~22:00）
这家舒适、时尚的小餐馆曾经是一所住宅，
非常具有当地传统特色。一份令人印象深刻
的"冗长"葡萄酒清单是这里的一大吸引力，
菜单上的各种选择同样让人食欲大振。

步行游览
拉斯维加斯

起点/终点: 百丽宫

距离: 1.8英里/2.9公里

需时: 4小时

这条环线带你领略拉斯维加斯大道（S Las Vegas Blvd, The Strip）最让人眼花缭乱的著名景点：威尼斯运河、优雅的埃菲尔铁塔、世界上最高的摩天轮和三层楼高的枝形吊灯。请注意，拉斯维加斯大道上景点的实际距离比目测的要远。

可使用此步行游览的线路：

百丽宫

在奢华酒店**百丽宫**（Bellagio；☎888-987-6667；www.bellagio.com；3600 S Las Vegas Blvd；⏰24小时；🅿🚭）的大厅中，由2000朵人工吹制的玻璃花组成五彩吊顶。创作者是著名玻璃艺术大师戴尔·奇胡利。走出大厅就是**百丽宫温室植物园**（Bellagio Conservatory & Botanical Gardens；⏰24小时；🅿🚹），其富丽堂皇的花卉图案还可以随着季节的变化而变化。如果你希望欣赏美术作品，可以去**百丽宫美术画廊**（☎702-693-7871；Bellagio Gallery of Fine Art；成人/12岁以下儿童 $18/免费；⏰10:00~20:00，最后入场时间 19:30；🅿🚹）看看，那里有大师名作巡回展。

行走路上 » 沿着拉斯维加斯大道向北，穿过W Flamingo Rd。恺撒宫就在你前方左侧。

恺撒宫

在迷宫般的希腊罗马风格**幻想世界**（fantasyland；☎866-227-5938；www.caesarspalace.com；3570 S Las Vegas Blvd；⏰24小时；🅿）里，非常容易迷路（地图很少而且不涉及门外）。它的内部装潢引人入胜。高大的喷泉、女神打扮的鸡尾酒女招待、时髦的高级女装，都是恺撒宫购物中心（Forum Shops）炫目浮华的构成要素。午餐可以去自助餐厅**Bacchanal**（☎702-731-7928；www.caesars.com；自助餐 每位 成人 $30~58，4~10岁儿童 $15~27；⏰8:00~22:00；🅿🚭✏🚹），那里提供全球美食。

行走路上 » 沿拉斯维加斯大道继续向北，将会经过迷宵吉酒店（Mirage）。每到夜晚，酒店的波利尼西亚人造火山将会定时喷发。继续向北步行，走人行天桥跨过拉斯维加斯大道。

威尼斯人酒店

华丽壮观的**威尼斯人酒店**（Venetian；☎702-414-1000；www.venetian.com；3355 S Las Vegas Blvd；⏰24小时；🅿）模仿的是威尼

斯的总督宫。身着古代服装的哑剧演员和吟游诗人在四处游荡，手绘的天顶壁画以及全尺寸复制的威尼斯著名地标建筑随处可见。流动的运河、绚烂的广场和石板路再现了圣马利诺共和国（La Serenissima Repubblica）的精髓，据说世界上第一个赌场就出现在那里。乘坐**贡多拉**在运河上穿梭，或在极富感染力的**Grand Canal Shoppes**漫步。

行走路上 » 从此地至拉斯维加斯巴黎酒店步行要0.7英里（约1.1公里），但沿途景观非常有趣，特别是花费5500万美元打造的The LINQ购物和娱乐区。高达550英尺（约168米）的High Roller摩天轮就在这里，据说这是世界上最高的摩天轮。

拉斯维加斯巴黎酒店

　　拉斯维加斯巴黎酒店（Paris Las Vegas；📞877-603-4386；www.parislasvegas.com；3655 S Las Vegas Blvd；🕐24小时；🅿️）这里的招牌活动是**体验埃菲尔铁塔**（Eiffel Tower Experience；📞888-727-4758；www.caesars.com；成人/12岁及以下儿童/家庭 $19/14/49，19:15之后$22/17/67；🕐天气许可，周一到周五 9:30至次日0:30，周六和周日 至次日1:00；🅿️♿），你将乘坐玻璃电梯上到观景台，一览拉斯维加斯大道的全貌，尤其是百丽宫酒店的音乐喷泉。

行走路上 » 沿着拉斯维加斯大道向南走一小段，在Paris Dr过街。

大都会酒店

　　在这座拉斯维加斯大道边的庞然大物里，三层楼高的枝形吊灯并不仅仅是装饰。事实上，你完全可以走进去，点一杯时髦的鸡尾酒，**大都会酒店**（Cosmopolitan；📞702-698-7000；www.cosmopolitanlasvegas.com；3708 S Las Vegas Blvd；🕐24小时；🅿️❄️）就是要让你玩得尽兴。

行走路上 » 沿着拉斯维加斯大道向北折返，沿途可以细细品味百丽宫音乐喷泉，非常炫目。

步行游览
圣菲

起点/终点: 圣菲广场

距离: 2.5英里/4公里

需时: 2~4小时

要想看到圣菲最美的一面，唯一的方式就是步行。漫步于古老的土坯建筑之间，走进著名的博物馆、教堂、艺术馆和历史建筑。

可使用此步行游览的线路:

新墨西哥州艺术博物馆

在圣菲广场的西北角，**新墨西哥艺术博物馆**(New Mexico Museum of Art; ☎505-476-5072; www.nmartmuseum.org; 107 W Palace Ave; 成人/儿童 $12/免费; ☉周二至周日10:00~17:00, 9月至次年5月 周一闭馆)主要展示来自陶斯艺术家协会、圣菲艺术家协会和其他传奇团体的藏品。

行走路上 » 穿过Lincoln Ave。

总督府

建于1610年的**总督府**(Palace of the Governors; ☎505-476-5100; www.palaceofthe governors.org; 105 W Palace Ave; 成人/儿童 $12/免费; ☉10:00~17:00, 10月至次年5月 周一闭馆)是全美最古老的公共建筑之一。这里展示了一些历史文物，但大多数的藏品都在毗邻的**新墨西哥州历史博物馆**(New Mexico History Museum)中展出。

行走路上 » 欣赏美洲印第安人的陶器和珠宝。然后穿过Palace Ave。

Shiprock

在广场东北角一个两层的阁楼里，**Shiprock**(www.shiprocktrading.com; 53 Old Santa Fe Trail; ☉周一至周五 10:00~17:00, 周六 正午至17:00)收藏了很多精美的纳瓦霍手工地毯。这些高档的产品物有所值。

行走路上 » 向南走一个街区，然后在E San Francisco St左拐。如果觉得饿了，可以先穿过广场，在悠闲的广场咖啡馆稍事休息。

圣弗朗西斯大教堂

尚·巴提·莱美(Jean Baptiste Lamy)从1869年开始建造**圣弗朗西斯大教堂**(St Francis Cathedral; www.cbsfa.org; 131 Cathedral Pl; ☉8:30~16:30)。大教堂内部的一间小礼拜堂里供奉着北美最古老的圣母像。

行走路上 » 就在大教堂的南边，右拐进Water St，随后左拐走上老圣菲小路(Old Santa Fe Trail)。

拉瑞多教堂

以巴黎圣礼拜堂为原型的**拉瑞多教堂**(Loretto Chapel；☏505-982-0092；www.lorettochapel.com；207 Old Santa Fe Trail；$3；☺周一到周六 9:00～17:00，周日 10:30～17:00)建于1873～1878年，最初是为了拉瑞多的修女们而建。如今，这座小礼拜堂已经变成了博物馆，最有名的是**圣约瑟夫神迹楼梯**(St Joseph's Miraculous Staircase)——该楼梯不依靠任何可见的支撑就能直立。

行走路上 » 向南前行，在E Alameda St左拐。到Paseo de Peralta后右拐，随后左转入Canyon Rd——这里是圣菲艺术区极具传奇色彩的核心地带。

晨星画廊

在Canyon Rd上所有售卖美洲印第安古董的商店中，**晨星画廊**(Morning Star Gallery；☏505-982-8187；www.morningstargallery.com；513 Canyon Rd；☺周一至周六 9:00～17:00)一直是最好的那个。纺织品、珠宝、珠饰工艺品和克奇那(kachina；霍皮印第安人保护神)神偶，甚至还有一些印第安账簿画(这是"二战"前在大平原印第安人中昙花一现的一种艺术形式)的原作，全都是这个令人称奇的画廊的明星藏品。

行走路上 » 沿着Canyon Rd信步向北，随意逛逛画廊。

The Teahouse

准备好面对选择困难症，**The Teahouse**(☏505-992-0972；www.teahousesantafe.com；821 Canyon Rd；☺9:00～21:00；☎)提供150种茶饮供君选择。这里也有咖啡和不错的美食。这是Canyon Rd上的完美收官站。

行走路上 » 在Palace Ave左转，步行回圣菲广场。

加利福尼亚

只有加利福尼亚，才能为绝妙的美国自驾之旅画上一个好莱坞式的完美句点。从早期的西班牙征服者和淘金先锋们开始，关于财富和声名的永恒追求就不容置疑地指向了加州的黄金海岸。然而，一旦太平洋海面上那银亮如铂的浪花跃入你的眼帘，即便是最闪耀的黄金也将黯然失色；而那些阅尽沧桑却繁茂依旧的加州老红杉树或巨杉，也往往比电影明星更能吸引住游客的目光。

在传奇的加州1号公路（Hwy 1）上，紧随拥抱着海岸线的每一处弯道，沙质海滩、冲浪胜地和海鲜小屋连成了一串；循着乡间小路驶去，著名的纳帕谷葡萄园和索诺马河谷葡萄园里正飘荡着葡萄美酒的醇香。在内华达山脉，越过连绵起伏的山峰和冰川湖，进行一次令人思绪万千的旅行。说真的，在这里就没有"走错路"这回事。

置身于加利福尼亚，梦想来得如此理所当然。

纳帕谷 *秋日的葡萄园*
MICHAEL WARWICK / SHUTTERSTOCK ©

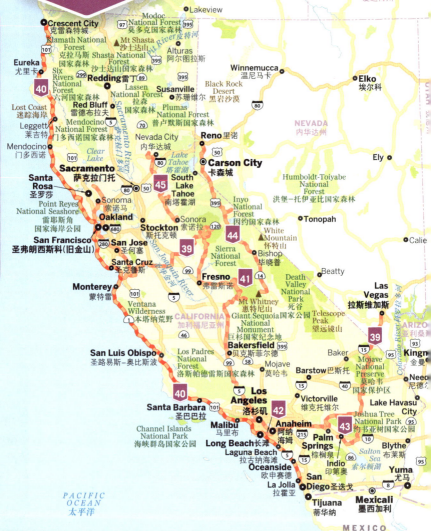

加利福尼亚

Burns 伯恩斯

Caldwell 考德威尔
Nampa 楠帕
◉ Boise 博伊西

OREGON 俄勒冈州

IDAHO 爱达荷州

● Lakeview

● Crescent City 克雷森特城
Klamath National Forest 克拉马斯国家森林

Modoc National Forest 莫多克国家森林

Eureka 尤里卡
Six Rivers National Forest 六河国家森林

Mt Shasta 沙士达山
Shasta National Forest 沙士达山国家森林
● Redding 雷丁
Lassen National Forest 拉森国家森林
Red Bluff 雷德布拉夫
Mendocino National Forest 门多西诺国家森林

Alturas 阿尔图拉斯

Susanville 苏珊维尔

Plumas National Forest 普卢默斯国家森林

Winnemucca 温尼马卡

Black Rock Desert 黑岩沙漠

Elko 埃尔科

UTAH 犹他州

Lost Coast 迷踪海岸
Leggett 莱吉特
Mendocino 门多西诺

Nevada City 内华达城
Clear Lake

Reno 里诺

NEVADA 内华达州

40

Santa Rosa 圣罗莎
Sacramento 萨克拉门托
Point Reyes National Seashore 雷耶斯角国家海岸公园
Sonoma 索诺马
Oakland 奥克兰
San Francisco 圣弗朗西斯科(旧金山)
San Jose 圣何塞
Santa Cruz 圣克鲁斯

Lake Tahoe 塔霍湖
45 South Lake Tahoe 南塔霍湖
Sonora 索诺拉
Stockton 斯托克顿

◉ Carson City 卡森城

Humboldt-Toiyabe National Forest 洪堡-托伊亚比国家森林

Ely

Monterey 蒙特雷
Ventana Wilderness 本塔纳荒野

39
Sierra National Forest 内华达国家森林

Inyo National Forest 因约国家森林
44
White Mountain 怀特山
Bishop 毕晓普

Tonopah

Calie

San Luis Obispo 圣路易斯-奥比斯波
Los Padres National Forest 洛斯帕德雷斯国家森林

CALIFORNIA 加利福尼亚州

Fresno 弗雷斯诺 **41** **14**
Mt Whitney 惠特尼山
Giant Sequoia National Monument 巨杉国家纪念地
Bakersfield 贝克斯菲尔德

Death Valley National Park 死谷国家公园
Telescope Peak 望远镜山

Las Vegas 拉斯维加斯

Beatty

39
Kingm 金曼

ARIZO 亚利桑

Santa Barbara 圣巴巴拉
40
Channel Islands National Park 海峡群岛国家公园
Malibu 马里布

Mojave 莫哈韦
Barstow 巴斯托

Victorville 维克托维尔

Mojave National Preserve 莫哈韦国家保护区
Lake Havasu City

Neeo 尼德

Los Angeles 洛杉矶 **42** Anaheim 阿纳海姆
Long Beach 长滩
Laguna Beach 拉古纳海滩
Oceanside 欧申赛德
La Jolla 拉霍亚
San Diego 圣迭戈
Tijuana 蒂华纳

Palm Springs 棕榈泉
Indio 印第奥 **43**
Salton Sea 索尔顿湖
Blythe 布莱斯
Yuma 尤马
Joshua Tree National Park 约书亚树国家公园

Mexicali 墨西加利

MEXICO 墨西哥

PACIFIC OCEAN 太平洋

0 — 200 km
0 — 100 miles

不要错过

国王峡谷观光小路
蜿蜒而下，穿过美国最深的冰川河谷，直达雪松林中的"路之尽头"，只在线路 41。

阿里纳角
在加利福尼亚最高的灯塔里攀上145级螺旋台阶，你还可以继续爬到顶端，只在线路 40。

亚拉巴马山
孤松镇外曾拍摄过许多著名的西部电影和电视剧，就在惠特尼峰（Mt Whitney）的山脚下，只在线路 44。

海豹海滩
沿路徐徐而下，前往这座藏身于洛杉矶和奥兰治县之间的老式海滨小镇，你可以在饱经风霜的木码头旁学习冲浪，只在线路 42。

约塞米蒂国家公园
从标志性的隧道观景台远眺

Classic Trip
经典线路

加利福尼亚精选之旅和拉斯维加斯

39

加利福尼亚常被人称为黄金之州(Golden State),这段史诗般的公路之旅将会经过黄金之州(以及一些迷人的中间地带)久享盛名的景点,最终抵达内华达州的拉斯维加斯。这条线路上的每一站,都有着响当当的名字。

线路亮点

0 英里

圣弗朗西斯科(旧金山)
微风吹拂的海湾边,
如万花简般的社区

540 英里

约塞米蒂国家公园
内华达山脉中
的自然神殿

Napa Valley
纳帕谷

 起点

Kings Canyon
National Park
国王峡谷国家公园
Sequoia
National Park
红杉国家公园

Big Sur
大瑟尔

Disneyland
迪士尼乐园

Palm
Springs
棕榈泉

 终点

Joshua Tree
National Park
约书亚树
国家公园

1125 英里

洛杉矶
从令人着迷的好莱坞
到波希米亚风海滩

1600 英里

拉斯维加斯
霓虹闪烁的赌场,
罪恶的源头
城里的大道

12~15天
1600英里/
2575公里

最适合

何时去

6月至9月,天气晴朗,山路没有白雪覆盖。

最佳
摄影点

在约塞米蒂河谷的隧道观景台拍摄瀑布和标志性的山峰。

最佳
餐饮

纳帕谷的酒庄和明星主厨的餐馆。

39 加利福尼亚精选之旅和拉斯维加斯

加利福尼亚是一片很大的地方，如果想要在一次旅行中就欣赏到它全部的著名景点，这就意味着你得花费好几个小时的时间，行驶在无聊的多车道高速公路上。但你不必这么做。相反，这段史诗般的自驾之旅将风景优美的州际公路和当地的小路连接起来，只是在旧金山、约塞米蒂国家公园、洛杉矶和拉斯维加斯之间存在一点儿令人昏昏欲睡的乏味路段。

线路亮点

❶ 圣弗朗西斯科（旧金山）

在这里过上充实的两天：探索**金门公园**（Golden Gate Park；www.golden-gate-park.com；Stanyan St和Great Hwy之间；🅿️🚻🎡），观察懒洋洋地躺在渔人码头（Fisher-man's Wharf）的**39号码头**（Pier 39；www.pier39.com；Beach St和Embarcadero交叉路口；⊘24小时；🚻）附近的海狮，再漫步走过唐人街（见608页）的繁忙街道，去位于**北部海滩**（North Beach）的诸多意大利路边咖啡馆。

逛完满是壁画的小巷后，在**教会区**（Mission Dis-trict）吃个分量十足的玉米卷饼。在Powell St和Market St上排队乘坐叮当作响的**有轨电车**（费用 $7），然后游览海湾上曾经臭名昭著的**阿尔卡特拉斯岛**（Alcatraz，又称恶魔岛；☎415-981-7625；www.nps.gov/alcatraz；团队游 成人/5~11岁儿童 白天 $37.25/23，晚上 $44.25/26.50；⊘客服中心 8:00~19:00，渡轮 每30分钟一趟，从33号码头驶离 8:45~15:50，夜间团队游 17:55和18:30；🚻）。至少要提前两星期从网上预订恶魔岛门票。

在Market St的尽头，**渡轮大厦**（Ferry Building；☎415-983-8030；www.ferrybuildingmarketplace.com；Market St和Embarcadero交叉路口；⊘周一至周五 10:00~19:00，周六 8:00~18:00，周日 11:00~17:00）里的大排档足以满足你挑剔的胃口，你还可以在全年经营的**农贸市场**（Farmers market；☎415-291-3276；www.cuesa.org；街头食物 $3~12；⊘周二和周四 10:00~14:00，周六 8:00起；🚻🚻）驻足停留，去尽享丰富多样的加州产有机产品和现成美食吧。

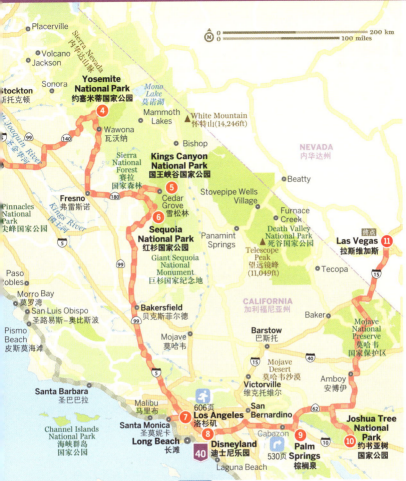

在历史上著名的**卡斯特罗剧院**（Castro Theatre；📞415-621-6120；www.castrotheatre.com；429 Castro St；成人/儿童 $11/8.50；🕐周二至周日）里，当大管风琴从地面升起并演奏出流行曲调之时，人群便已狂热起来，这种狂热一直会持续到电影开始；搭配有枝形吊灯的

你也可以

40 **太平洋海岸公路**

这条加州最著名的自驾线路从墨西哥延伸到

豪华装修更是为银幕上的经典之作增光添彩。

🍴🛏 见533页、551页

俄勒冈州，紧紧环绕陪伴着太平洋。它还连接着旧金山、大瑟尔或洛杉矶。

行驶路上 » 如果没有交通堵塞，从旧金山到葡萄酒之乡纳帕的车程为一个小时。沿Hwy 101公路北上，通过高耸的金门

大桥,在大桥远端的观景点停靠欣赏一番,然后进入马林县(Marin County)。接着沿Hwy 37、121、12和29公路朝东北方向蜿蜒前行,到达纳帕市中心。

❷ 纳帕谷

纳帕谷(Napa Valley)以尊贵的赤霞珠红葡萄酒(Cabernet Sauvignon)、城堡般的酒庄和美味佳肴而闻名。纳帕(Napa)市区就位于山谷之中,但最值得去的地方却在山谷之上。Hwy 29公路沿线的风景名城包括圣海伦娜(St Helena)、扬特维尔(Yountville)和卡利斯托加(Calistoga)——最后一个是凭借天然温泉而非葡萄酒而闻名的城镇。

从纳帕市中心的河畔出发,那里的**奥克斯伯公共市场**(Oxbow Public Market; ☎707-226-6529; www. oxbowpublicmarket.com; 610 & 644 1st St; ◷9:00~21:00; P🅿)里销售各种各样的烹饪用品,从农产品货摊到厨房用品店一应俱全。市场内的美食同样值得一尝,它们都非常注重原材料的季节性和可持续性。在饥肠辘辘时来到这里绝对没错,再来一勺Three Twins Ice Cream生产的有机冰激

凌,别提有多美妙了。

在纳帕以北十几英里的地方,观光巴士会聚集到企业酒庄**Robert Mondavi**(☎707-226-1395; www.robert mondaviwinery.com; 7801 Hwy 29, Oakville; 品酒/团队游 $5/25起; ◷10:00~17:00,商店 至18:00; P🅿);如果你对葡萄酒一无所知,可以同其他人一起参加一次非常值得的团队游,深入了解葡萄酒的制作过程。开车回到山谷,沿着田园般的Silverado Trail行驶,沿途会经过几个其他的地标和许多酒庄,其中的**Robert Sinskey Vineyards**(☎707-944-9090; www.robertsinskey.com; 6320 Silverado Trail; 酒吧品酒 $40,海鲜和餐酒搭配 $70~175; ◷10:00~16:30; P)里有一个如小教堂一般的绝妙山顶品酒室。

行驶路上 » 从纳帕出发,行驶近200英里到达大瑟尔,车程4个小时。具体的线路为:首先向南行驶,经过卡齐尼兹大桥(Carquinez Bridge)到达伯克利(Berkeley),然后驶过海湾大桥(Bay Bridge)进入旧金山,沿Hwy 101公路南驶往硅谷(Silicon Valley)。在Hwy 17公路绕过山区到达圣克鲁兹(Santa Cruz),然后进入Hwy 1公路,向南行驶经过蒙特雷(Monterey)和靠近边的卡梅尔(Carmel)。

❸ 大瑟尔

围绕大瑟尔(Big Sur)

海岸的加州1号公路可能是整个加州最著名的一段高速公路。这条高速路蜿蜒在辽阔的蓝色太平洋之上1000英尺(约305米),紧靠着高耸海崖的边缘,加利福尼亚秃鹫就在公路上空翱翔。

在20世纪50年代和60年代,这片被西班牙殖民者命名为大瑟尔(意指"南方的辽阔地区")的旷野成了艺术家和作家[包括亨利·米勒(Henry Miller)和"垮掉的一代"(Beat Generation)作家]放荡不羁的隐居地。如今,这里深深吸引着新时代的神秘主义者、嬉皮士和城市潮人,他们想要在这块大陆的绿色边缘拔得头筹。

大瑟尔的各个**州立公园**(State Parks; www.parks. ca.gov; 停车费 $10,当日对所有其他的公园有效)沿着Hwy 1公路而建,在这里,你会发现穿越红杉林(顺便说一下,这是地球上最高的树)的徒步小路和神奇的瀑布——千万别错过**麦克维瀑布**(McWay Falls),它如同一道翻滚砸落海滩的画布。

🍴🛏 见534页

行驶路上 » 从大瑟尔到约塞米蒂河谷的路程是220英里,大约需要5个小时。沿着海岸公路Hwy 1公路向北返回,经过蒙特雷,然后穿过加利福尼亚的农业山谷向内陆行驶,取道Hwy 152公路,向东穿越圣路易斯水库(San Luis Reservoir)和

I-5州际公路交叉口，继续向东驶向Hwy 99公路。驶出默塞德（Merced）后，并入Hwy 140公路（这是一条全天候公路，通常全年开放），行驶至约塞米蒂国家公园。

线路亮点

❹ 约塞米蒂国家公园

约塞米蒂国家公园

（Yosemite National Park; ✍游客中心 209-372-0200; 9035 Village Dr, Yosemite Village; ⏰9:00~17:00; 🅿）可谓完美无缺，这里有自然形成的岩层、令人惊叹的瀑布、大量的花岗岩和震撼人心的内华达山脉（Sierra Nevada）的群峰。你可以在沿途的**隧道观景台**（Tunnel View）停车，欣赏约塞米蒂河谷的美景，远处标志性的半圆丘（Half Dome）和飞流直下的婚纱瀑布（Bridalveil Fall）映入眼帘。深入山谷之中，可以近距离地观赏三层的**约塞米蒂瀑布**（Yosemite Falls），或徒步爬上**迷雾小径**（Mist Trail），它是一段岩石楼梯，旁边是壮观的**韦纳尔瀑布和内华达瀑布**（Vernal and Nevada Falls）。继续向上行驶，前往**冰川点**（Glacier Point; 见556页），欣赏灿烂的日落景观。

第二天，沿着高海拔的Tioga Rd(冬季和春季封路)来到开满野花的**图奥勒草地**（Tuolumne Meadows），它的周围环绕着高耸入云的山峰和花岗岩圆丘。在闪闪发光的**泰纳亚湖**（Tenaya Lake）旁边野餐，然后在**欧姆斯特德点**（Olmsted Point）路边停下，从山顶俯瞰内华达山脉的全景。然后沿着小路回到山谷，取道Hwy 41公路，向南行驶，在遍布巨杉（巨大的红杉）树林的**马里波萨林**（Mariposa Grove; 见558页）附近离开公园。

🍴🛏 见561页

行驶路上 » 从约塞米蒂国家公园的南口驶出，沿Hwy 41公路一路南下行驶到弗雷斯诺（Fresno），然后沿着Hwy 180公路向东行驶，盘旋而上，最终在海拔超过6000英尺（约1830米）的地方驶入国王峡谷国家公园。从约塞米蒂国家公园南口前往国王峡谷国家公园内的格兰特树林村（Grant Grove Village）全程120英里，不堵车的话大约需要2.5小时。

❺ 国王峡谷国家公园

从巨大的红杉树冠向下出发，驾车前往美国最深的峡谷之一的**国王峡谷国家公园**（Kings Canyon National Park; ✍559-565-3341; www.nps.gov/seki; 7日通票 每车$30; 🅿），沿途蜿蜒起伏的风景非常令人惊叹，一定会让你流连忘返。

在Generals Hwy公路的北端，漫步于**格兰特**

当地知识
半圆丘徒步

坚持住，别忘了呼吸——无论你做什么——不要往下看。这是一个非常受欢迎的高峰，徒步旅行者需要获得攀登许可。半圆丘（Half Dome）就像人们必须游览的约塞米蒂河谷（Yosemite Valley）一样，为数百万人所痴迷。为时一天长的徒步旅行会让你感觉比工作日还要漫长，这是因为全程爬升的总高度相当于近480层楼高，最后一段接近垂直的台阶甚至会让最强壮的大腿和手臂都颤抖不已。

只有5月下旬到10月中旬才能到达山顶，因为其它时段登山缆绳无法被固定住。为了理顺令人眼花缭乱的登山绳索（以及越来越危险的环境），公园现在要求全天和夜间徒步旅行者需提前获得许可。半圆丘的登山许可证在早春预售，到了徒步旅行的季节，徒步登山者会有数量上的限制，会提前两天进行日常随机选取。许可证规定及价格可能会有更改，请查看公园网站（www.nps.gov/yose/planyourvisit/hdpermits.htm）了解最新的详细信息。

Classic Trip
经典线路

为何经典
莎拉·本森
本书作者

　　如果你只有一次机会领略加利福尼亚有名的一切，比如美酒、海滩、高山、沙漠、大树甚至是大都会，那就选择这条线路吧。它甚至还包括一条横跨内华达州、通往赌场之都拉斯维加斯的短途线路，该线路是全年最受加利福尼亚人欢迎的周末度假线路。内华达山脉是夏季最好的游览地点；春天到来时，荒野上会开满野花。

上图：内华达山脉的野花
左图：纳帕谷的葡萄园
右图：红杉国家公园的隧道木

将军林（General Grant Grove），绕现存的世界第三大树——格兰特将军树（General Grant Tree）转转，然后在**休姆湖**（Hume Lake; Hume Lake Rd）旁的小道上掬一捧泉水洗掉所有的汗水。沿着**国王峡谷景观路**（Kings Canyon Scenic Byway, Hwy 180；冬季和春季封路）返回，这段路程中海拔急剧下降，一定要将车停在路旁，从**汇合点观景台**（Junction View）眺望峡谷深处和高耸的内华达山脉。

在峡谷的底部，驶过雪松林村（Cedar Grove Village）。在满目青翠的**朱姆沃尔特草地**（Zumwalt Meadow）欣赏令人赞叹的峡谷风景，这里是观赏野生动物的热门地点，有一条铺着木板的天然小径。在**路之尽头**（Road's End；⏱通常5月下旬到9月下旬 7:00～15:45），你可以在国王河（Kings River）的沙滩感受一丝清

凉，或者进行一次8英里的往返徒步旅行，前往**迷雾瀑布**（Mist Falls），在晚春和初夏时节，瀑布震耳欲聋。

 见562页

行驶路上 » 从雪松林（Cedar Grove）到红杉国家公园的巨人森林只有60英里的路程，但众多的急转弯需要司机小心慢行，车程大约需要2小时。沿着通往格兰特将军林的国王峡谷景观路（即Hwy 180公路）返回，之后沿着Generals Hwy公路蜿蜒向南行驶，穿过巨杉国家纪念地（Giant Sequoia National Monument）阳光斑驳的森林。

🔴 红杉国家公园

巨树、深洞和高高的花岗岩圆丘都是**红杉国家公园**（Sequoia National Park; ☎559-565-3341; www.nps.gov/seki; 7日通票 每车$30; 🅿♿）一日游的主题。到达巨人森林（Giant Forest）后，站在高大的**谢尔曼将军树**（General Sherman Tree）前面细细观赏，与这棵世界上最大的树相比，自己就像是一个小矮人。你可以在**巨人**

森林博物馆（Giant Forest Museum; ☎559-565-4480; www.nps.gov/seki; Generals Hwy和Crescent Meadow Rd交叉路口; ⏱9:00～16:30; 🅿♿）了解更多关于巨杉的信息。拍张开车穿过**隧道木**（Tunnel Log）的照片；或是把车停在后面，跳上公园中的穿梭巴士，然后漫步于**新月草甸**（Crescent Meadow）周围的野花丛中，攀爬令人气喘吁吁的阶梯，登上**摩洛岩**（Moro Rock）鸟瞰峡谷和山峰的美景。

在洛奇波尔村（Lodgepole Village）的河边野餐，然后回到车里，前往寒冷的地下仙境**水晶洞穴**（Crystal Cave; www.explorecrystalcave.com; Crystal Cave Rd; 团队游成人/儿童/青年 $16/5/8起; ⏱5月至9月; 🅿♿），除了惊叹于大理石岩层的鬼斧神工，你还可以轻松地走进神奇的地下通道探索一番。必须提前在网上订票。在日落之前，取道陡峭到令人眩晕的Generals Hwy公路前往**山麓**（Foothills）地带，并把车停在河边的游泳潭旁。

 见562页

行驶路上 » 在大自然里停留了几天之后，准备加速赶往加州最大的城市。到洛杉矶最快的路线至少需要花费3.5小时，全程200英里。沿着三河（Three Rivers）以西的Hwy 198公路行驶到Hwy 65公路，再向

南穿过山谷。在贝克斯菲尔德（Bakersfield）驶入Hwy 99公路，向南行驶至I-5州际公路，再一直向南前往洛杉矶。

线路亮点

❼ 洛杉矶

这是一趟去往**好莱坞**（Hollywood）的朝圣之旅，到处都是粉红星星装饰的人行道、漂亮的夜总会和重建的电影宫殿。很久以前，电视和电影行业就已经越过山丘，来到了圣费尔南多谷（San Fernando Valley）。游客可以参加**华纳兄弟影城之旅**（Warner Bros Studio Tour；☏877-492-8687，818-972-8687；www.wbstudiotour.com；3400 W Riverside Dr, Burbank；团队游 成人/8~12岁儿童 $62/52起；◷8:30~15:30，6月至8月 延长1小时），深入幕后一窥那些或陌生或熟悉的电影场景地；而**好莱坞环球影城**（Universal Studios Hollywood；☏800-864-8377；www.universalstudioshollywood.com；100 Universal City Plaza, Universal City；门票 $99起，3岁以下儿童 免费；◷每天，时间变化不定；ＰＭ）也会让你激动和尖叫。

洛杉矶市中心（Downtown LA）是洛杉矶（Los Angeles）市内的一片历史悠久、文化多样、魅力无穷的街区，以其标志性建筑而闻名。漫步于**洛杉矶古城**（El Pueblo；☏213-628-1274；www.elpueblo.lacity.org；Olvera St；◷团队游 周二至周六 10:00、11:00和正午；Ｍ），怀着敬畏之心参观**布洛德博物馆**（The Broad；☏213-232-6200；www.thebroad.org；221 S Grand Ave；免费，但需要预约；◷周二和周三 11:00~17:00，周四和周五 至20:00，周六 10:00~20:00，周日 至18:00；ＰＭ），然后参加娱乐中心**LA Live**（☏866-548-3452，213-763-5483；www.lalive.com；800 W Olympic Blvd；ＰＭ）的聚会，在**格莱美博物馆**（Grammy Museum；☏213-765-6800；www.grammymuseum.org；800 W Olympic Blvd；成人/儿童 $13/11；◷周一至周五 10:30~18:30，周六和周日 10:00起；ＰＭ）朝圣这一星光闪烁的音乐圣殿。

如需步行游览洛杉矶中心区，详见606页。

洛杉矶阳光明媚的海滩同样不容错过。在悠闲的**圣莫尼卡**（Santa Monica）和时髦的**威尼斯**（Venice），沿着环绕着这座城市的优美海岸线，你可以加入冲浪者、滑板朋克、肌肉发达的健美运动员、瑜伽师以及街头表演者的行列。

✕ ⌂ 见534页

行驶路上 » 沿I-5州际公路从洛杉矶市中心南下至阿纳海姆全长25英里，行程乏味枯燥，车程超过一个小时，尤其是高峰时段。当你接近阿纳海姆时，按照公路上的标志牌，从迪士尼乐园110b出口驶出。

---

❽ 迪士尼乐园

1955年7月17日，当华特·迪士尼（Walt Disney）的迪士尼乐园首次开园时，他宣称这是"世界上最快乐的地方"。60多年后的今天，人们脸上流露出的笑容也验证了这一点，来到阿纳海姆（Anaheim）的孩子、爷爷奶奶、度蜜月的情人以及其他所有人都满脸笑容。

如果你只有一天的时间在**迪士尼乐园**（Disneyland；☏714-781-4636；www.disneyland.com；1313 Harbor Blvd；成人/3~9岁儿童 1日票 $97/91起，2日通票 $244/232；◷每天 随季节变化）游玩，最好提前在网上购票，争取早一点儿到达。漫步于**美国小镇大街**（Main Street USA），向**睡美人城堡**（Sleeping Beauty Castle）前行。进入**明日世界**（Tomorrowland），乘坐太空山（Space Mountain）过山车。在**梦幻王国**（Fantasyland），千万不要错过经典的"小小世界"，一定要乘坐马特洪雪橇（Matterhorn Bobsleds）滑下山坡。在**新奥良广场**（New Orleans Square）吃午餐之前，先抓住使用快速通行证（FASTPASS）的机会，游玩**印第安纳琼斯探险**（Indiana Jones

Adventure)或**加勒比海盗**(Pirates of the Caribbean)项目。从飞溅山(Splash Mountain)垂直冲下,然后**在幻想奇观**(Fantasmic!)和焰火表演开始之前,去探寻一下幽灵鬼屋(Haunted Mansion)。

行驶路上 » 从阿纳海姆到棕榈泉有几条不同的路线,但最终都会转入I-10州际公路(该公路起于洛杉矶)向东行驶。全程将近100英里,在没有交通堵塞的情况下需要花费不到3个小时。当你快速穿过圣乔治诺山口(San Gorgonio Pass)时,留意山坡上高耸的风力发电机。最后取道Hwy 111公路,向南驶往棕榈泉市中心。

另辟蹊径
世界上最大的恐龙

起点: ⑨ 棕榈泉

在棕榈泉以西,当你看到**世界上最大的恐龙**(World's Biggest Dinosaurs; ☎951-922-8700; www.cabazon dinosaurs.com; 50770 Seminole Dr, Cabazon; 成人/儿童 $10/9; ⏰周一至周五 10:00~16:30,周六和周日9:00~18:30; ℗♿)时,你可能会忍不住多看两眼。Claude K Bell是Knott's Berry Farm的一名雕塑家,他花了十多年时间来制作这些混凝土巨兽,现在由基督教神创论家所拥有。他们认为,上帝在一天之内创造了原始的恐龙和其他动物,作为他"智能设计"的一部分。在礼品店里,你会看到科学博物馆里展览的那种恐龙。

⑨ 棕榈泉

在20世纪50年代和60年代,棕榈泉(Palm Springs)是辛纳特拉(Sinatra)、猫王(Elvis)和其他多位明星的临时居所。如今,新一代的居民已经爱上了这座城市中世纪的现代魅力:由著名建筑师设计的钢制玻璃房、复古装饰的精品酒店和弧形游泳池,以及供应上等马提尼的时尚酒吧。

在棕榈泉市中心的北侧,乘坐往返的**棕榈泉高空缆车**(Palm Springs Aerial Tramway; ☎760-325-1391, 888-515-8726; www.pstramway.com; 1 Tram Way; 成人/儿童 $26/17,停车 $5; ⏰首班上行缆车 周一至周五 10:00,周五和周六 8:00,末班下行缆车 每天 21:45,随季节变化; ℗♿),可以在15分钟内垂直爬升

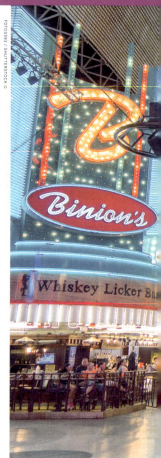

6000英尺(约1830米)。当到达松林顶部走出缆车时,你会感到气温明显降低,最好携带保暖衣服,这段从沙漠海拔上升的旅程,降温幅度据说相当于从墨西哥驾车到加拿大。

山谷下方幻象山庄(Rancho Mirage)中的**阳光之乡**(Sunnylands; ☎760-202-2222; www.sunnylands.

拉斯维加斯 体验弗里蒙特街

org；37977 Bob Hope Dr；团队游 $20~45，中心和花园免费；☉周四至周日 9:00~16:00，6月上旬至9月中旬 关闭；Ⓟ）是安纳伯格（Annenberg）家族的现代庄园。在这里可以游览宏伟的沙漠花园或预订令人惊叹的庄园之旅，还可以看到很多艺术收藏品。

✕ 🛏 见534页、581页

行驶路上 » 在棕榈泉以北，取道I-10州际公路，随后短暂向西行驶进入Hwy 62公路，这条公路向东北方向蜿蜒通往约书亚树（Joshua Tree）附近的荒野高地。35英里的行程很快就过去了；不到一个小时的时间就能到达公园的西侧入口。在约书亚树镇内首先需要补充食物和燃料——公园里没有汽油、食物和水。

🔟 **约书亚树国家公园**

在苏斯博士（Dr Seuss）的书中，奇形怪状的约书亚树（实际上是树木般大小的丝兰）象征着这个位于科罗拉多和莫哈韦沙漠（Mojave Deserts）交会处的**国家公园**（Joshua Tree National Park；☎760-367-5500；www.nps.gov/jotr；7日通票 每车 $25；☉24小

时；P🚻）。据说，这些向天堂伸展的树枝让摩门教徒想起了《圣经》中由先知指引，通往应许之地的道路，这也是这些树木得名的原因。

攀岩的人们都知道"约书亚树"是加利福尼亚最适合攀岩的地方，而孩子和年轻人也打心眼里喜欢在这巨大的岩石周边爬上爬下。对于徒步旅行者来说，他们来到这里则为寻找隐蔽而阴凉的扇形沙漠棕榈绿洲，这些绿洲常被天然泉水和小溪所滋养。你可以预订**基斯牧场**（Keys Ranch；☏760-367-5500；www.nps.gov/jotr；团队游 成人/儿童 $10/5；⊙团队游 时间变化不定；P🚻）精彩的导览游，该牧场的建造者是一位20世纪的沙漠农场主。

约书亚树国家公园内值得一游的观光游览道路包括通往**基斯观景台**（Keys View；☏760-367-5500；www.nps.gov/jotr；Keys View Rd；P）的支路和通向卡顿伍德泉的**Pinto Basin Rd**（☏760-367-5500；www.nps.gov/jotr），沿途你可以欣赏到从地势较高的莫哈韦沙漠到地势较低的科罗拉多沙漠逐渐过渡的自然

景观。

🍴🛏 见534页、581页

行驶路上 » 这是一段通往拉斯维加斯的壮丽风景探险之路，全程将近200英里，需要耗时3小时。从二十九棕榈（Twentynine Palms）的Amboy Rd快速向东行驶，然后向北，就能看到一片辽阔的沙漠景观。在安博伊（Amboy）转入66号公路向东行驶，之后在Kelbaker Rd向北行驶，穿过I-40州际公路，进入莫哈韦国家保护区（Mojave National Preserve）。在保护区的北面，进入I-15州际公路，向北行驶至拉斯维加斯。

线路亮点

⑪ 拉斯维加斯

拉斯维加斯（Las Vegas）是解脱枷锁的终极之地。在这里你可以体验"古罗马"的整夜狂欢，从"埃及"自然醒来，在"埃菲尔铁塔"下享用早午餐，在日落时分欣赏"火山"喷发奇观，在午夜登上一辆粉红色的凯迪拉克来次闪婚，这一切毫无疑问只有在拉斯维加斯才能同时实现！

当你在**拉斯维加斯大道**（The Strip）漫步时，可以与狂赌的人们一起下注，购买一些俗气的纪念品，甚至还可以喝上一杯3英尺高的玛格丽塔鸡尾酒。在乘坐世界上（迄今为止）最高的摩天

轮**High Roller**（☏702-322-0591；www.caesars.com/linq；LINQ Promenade；成人/儿童 $22/9起，17:00之后 $32/19；⊙11:30至次日2:00；P🚻）前，你可以在迷你版的纽约、巴黎和威尼斯漫步。天黑以后，大都会（Cosmopolitan）和永利（Wynn）等熠熠生辉的豪华赌场正在向你招手。

听说你喜欢老派的赌场、复古的霓虹灯招牌和廉价酒吧，而不是明星大厨和夜总会？没有问题。沿着**Fremont Street Experience**（☏702-678-5600；www.vegasexperience.com；Fremont St Mall；⊙表演 每小时一场 黄昏至午夜或次日1:00）前往市中心历史悠久的步行街"金沟银壑"（Glitter Gulch），在这里可以搭乘**Slotzilla**（Slotzilla zip-line canopy；www.vegasexperience.com/slotzilla-zip-line；低空索道 $25，高空索道 $45；⊙周日至周四 13:00至次日1:00，周五和周六 至次日2:00；🚻）的空中滑索如超人般飞过多个街区。另外，**黑帮博物馆**（Mob Museum；☏702-229-2734；www.themobmuseum.org；300 Stewart Ave；成人/儿童 $24/14；⊙9:00~21:00；P）也在附近。逛完博物馆后，可以在**Fremont East**的休闲娱乐区和当地人一起玩耍。

🍴🛏 见62页、534页

食 宿

圣弗朗西斯科（旧金山） ❶

✕ La Taqueria　　　　墨西哥菜 $

（☎415-285-7117; 2889 Mission St; 菜肴 $3~11; ⏰周一至周六 11:00~21:00, 周日 至 20:00; ♿）旧金山最具代表性的墨西哥卷饼中没有藏红花粉、菠菜玉米饼，也没有芒果萨尔萨辣酱——只有极棒的烤肉、慢煮的豆子、粘果酸浆或者是裹在面饼里的豆沙酱。La Taqueria是詹姆斯比尔德美食奖（James Beard Award）的得主。如果不要豆类的话，你需要额外付费，因为会添加更多的肉——但是辛辣的泡菜和酸奶油会让你体验到墨西哥卷饼的美味。非常值得你的等待。

🛏 Hotel Bohème　　　精品酒店 $$

（☎415-433-9111; www.hotelboheme. com; 444 Columbus Ave; 房间 $235~295; ♿@📶）这家典型的北部海滩（North Beach）精品酒店兼收并蓄，历史悠久，处处散发着诗意，拥有爵士时代的色调、宝塔印花的室内装潢，墙上还挂着"垮掉的一代"时期的照片。复古的房间空间狭小，部分房间朝向喧闹的Columbus Ave，安静的房间都在后面。另外善意地提醒一下那些醉酒后从酒吧出来的人们，房间内的浴室很小。酒店没有电梯和停车场。

大瑟尔 ❸

✕ Big Sur Roadhouse　　加利福尼亚菜 $

（☎831-667-2370; www.bigsurroadhouse. com; 47080 Hwy 1; 小吃和主菜 $7~15; ⏰8:00~14:30; ♿）这幢现代的客栈有许多颜色醒目的艺术品和一个室外的火塘。你可以坐在河边的餐桌旁享用加利福尼亚的高档客栈美食，如辣鸡翅、猪肉块和美味的汉堡，还有桶装的精酿啤酒。这里也是品尝咖啡和蛋糕的最佳去处。

🛏 Ripplewood Resort　　　小屋 $$

（☎831-667-2242; www.ripplewoodresort. com; 47047 Hwy 1; 小屋 $140~250; ♿📶）Ripplewood位于菲佛大瑟尔州立公园（Pfeiffer Big Sur State Park）北面，淡旺季的价格均一致。复古的美式小屋大多带有厨房，有的甚至还有燃木壁炉。河边的小屋比较安静，被红杉林所环绕，但是路边的小木屋却很嘈杂。餐厅里有无线网络。

洛杉矶 ❼

✕ Connie & Ted's　　　海鲜 $$$

（☎323-848-2722; www.connieandteds. com; 8171 Santa Monica Blvd, West Hollywood; 主菜 $13~44; ⏰周一和周二 16:00~22:00, 周三和周四 11:30~22:00, 周五 11:30~23:00, 周六 10:00~23:00, 周日 10:00~22:00; 🅿）这家餐厅是新英格兰海鲜小屋的现代化翻版，由著名厨师Michael Cimarusti经营，生贝壳类食品自助柜里有多达十几种牡蛎，经典菜肴有炒蛤蜊、烤鱼（野生、定期定量捕捞）、龙虾、搭配蛋黄酱的冷龙虾卷或者配有奶油酱的热龙虾卷，贝类沙司也是非常不错的选择。

🛏 Palihouse　　　精品酒店 $$$

（☎310-394-1279; www.palihousesanta monica.com; 1001 3rd St; 房间/公寓 $315/350 起; 🅿❄@📶🐾）这里是洛杉矶最有人气的酒店品牌（不叫Ace），复古的装饰风格中也掺杂着几分时尚元素。酒店占用了1927年Spanish Colonial Embassy Hotel的38间客房、单间公寓和一居室公寓。每间舒适的房间都有些许不同，你会发现野餐桌风格的书桌和带有精致动物图案的墙纸。大多

数房间都有设备齐全的厨房（我们喜欢里面的咖啡杯，上面画的鱼栩栩如生）。

棕榈泉 ⑨

✗ Cheeky's   加利福尼亚菜 $

（☎760-327-7595；www.cheekysps.com；622 N Palm Canyon Dr；主菜 $9~14；⏱周四至周一 8:00~14:00，最后进入时间 13:30；❋）在这个早餐和午餐地点，等待的时间可能很长，服务也很平常，但是从农场直送餐桌的菜单却充满了诙谐的创意。厨房里的菜单每周都会更新，但常年来最受欢迎的菜品一直都有供应，比如奶油煎鸡蛋、配有香蒜酱薯条的素食汉堡等。

⮕ Ace Hotel & Swim Club   酒店 $$

（☎760-325-9900；www.acehotel.com/palmsprings；701 E Palm Canyon Dr；房间 $180~230，套 $300~679，度假村费用每天 $31；🅿❋❋🛜🐾）棕榈泉变成了好莱坞——这家原先的霍华德·约翰森（Howard Johnson）汽车旅馆，变成了时髦人士爱去的地方。酒店的176个房间（很多房间都带有露台）拥有美妙的帐篷式小屋风格，大型平板电视和MP3插入式收音机等生活必需品也是加分项。另外还有泳池美景、低调的水疗中心、一家餐厅和酒吧。

约书亚树国家公园 ⑩

✗ La Copine   美国菜 $

（www.lacopinekitchen.com；848 Old Woman Rd, Flamingo Heights；主菜 $10~16；⏱周四至周日 9:00~15:00；🅿❋）从费城到荒野高地，这是一条漫长的道路，但尼基（Nikki）和克莱尔（Claire）决定把他们从农场直送餐桌的早午餐带到这里。他们的路边小酒馆供应一些具有时代特色的菜肴，比如带有烟熏鲑鱼和水煮蛋的招牌沙拉、自制的脆饼和黄金牛奶姜黄茶。周末需要等待很长时间。

⮕ Harmony Motel   汽车旅馆 $

（☎760-367-3351, 760-401-1309；www.harmonymotel.com；71161 29 Palms Hwy/Hwy 62, Twentynine Palms；房间 $65~85；🅿❋❋🛜🐾）这个保存完好的20世纪50年代风格汽车旅馆由迷人的阿什（Ash）经营，是U2乐队在制作《约书亚树》（Joshua Tree）专辑时工作的地方。这里有一个小游泳池和7个宽敞而令人愉快的房间（有些带有小厨房），围绕着一个整洁的沙漠花园，有着宁静而赏心悦目的景色。在公共的顾客厨房里供应清淡的早餐。

拉斯维加斯 ⑪

✗ Container Park   快餐 $

（☎702-359-9982；www.downtowncontainerpark.com；707 Fremont St；菜肴 $3~12；⏱餐馆 周一至周四 11:00~23:00，周五和周六至次日1:00，周日 10:00~23:00，购物中心 每天 11:00~21:00；🖋）流动快餐车风格的菜肴、户外露台座位以及营业到深夜，位于前卫的Container Park中的食品摊能够满足所有人胃口。我们上次来这里的时候，不断变化的摊位包括墨西哥风味的**Pinches Tacos**，南方风格的**Big Ern's BBQ**，供应生食和健康纯素食菜肴的**Simply Pure**，以及供应沙拉和帕尼尼的**Bin 702**红酒吧。

✖ Wicked Spoon Buffet　自助餐 $$$

（☎702-698-7870；www.cosmopolitan lasvegas.com；Cosmopolitan；每人 $26~51；⏱周一至周四 8:00~14:00和17:00~21:00，周五和周六 8:00~22:00，周日 8:00~21:00；📶📱）Wicked Spoon使赌场的自助餐看起来很酷，每个盘子里的新鲜食物都会让你禁不住把它们带回餐桌。这里的食物包括各种肉类、寿司、海鲜和甜点，以及全球风靡的烤骨髓和冰激凌。周末的早午餐还会供应无限量的鸡尾酒"含羞草"（Champagne Mimosa）或"血腥玛丽"（Bloody Mary），只需额外支付$10。

🛏 大都会酒店　酒店 $$$

（Cosmopolitan；☎702-698-7575, 702-698-7000；www.cosmopolitanlasvegas.com；3708 S Las Vegas Blvd；房间/套 $250/300起；🅿❄@📶🐾📱）大都会酒店是拉斯维加斯大道上最时髦的寓所，提供8种风格迥异但同样时尚的房间供君选择，房间面积都很大。在2900个房间中，大约有2200个房间都带有阳台（除了最低档的房间），许多房间还配有日式浴缸，而豪华的家具和精心的设计所营造出的氛围不会让人失望。

旧金山 金门大桥

经典线路

太平洋海岸公路

40

我们首选的经典加州梦幻之旅是这条沿太平洋海岸线蜿蜒1000多英里的线路，在此你将邂逅无遮无拦的海滩、海鲜小屋和可供静享海天尽头落日余晖的码头。

线路亮点

Crescent City
克雷森特城 · 终点

14

Eureka
尤里卡

Mendocino
& Fort Bragg
门多西诺和布拉格堡
Around Point Arena
阿里纳角周边

985 英里
红杉国家公园和州立公园
仰视世界上最高的树

10
Santa Cruz
圣克鲁斯

Monterey
蒙特雷

635 英里
圣弗朗西斯科(旧金山)
游览金门公园，
穿过著名的大桥

7
Pismo Beach
皮斯摩海滩

420 英里
赫斯特城堡
寻访山巅豪宅，
观赏野生动物

265 英里
圣巴巴拉
无尽的海滩，
近在咫尺的酒乡

5
Malibu
马里布

Long Beach 长滩
San Clemente
圣克莱门特

San Diego 起点
圣迭戈

7~10天
1030英里/
1658公里

最适合

何时去
全年，但7月至10月的阳光最是灿烂。

最佳
摄影点
旧金山湾的金门大桥。

最佳
两日游
由圣巴巴拉向北，经大瑟尔到蒙特雷。

40 太平洋海岸公路

逃离加利福尼亚混乱、拥堵的高速公路，悠闲地行驶在太平洋海岸公路的慢车道上。这趟旅程一旦开启，就让你对大海恋恋不舍。按照官方的说法，只有穿过奥兰治县和洛杉矶县这一段短暂而阳光灿烂的Hwy 1公路，才是法律意义上的"太平洋海岸公路"（Pacific Coast Highway，简称PCH）。但你无须介意这些专门术语，因为同样迷人的Hwy 1公路和Hwy 101公路都在这条线路上等着你呢。

❶ 圣迭戈

从加州地图的最下方开始这段旅程，首先来到的是美丽的半岛滨海小镇**科罗纳多**（Coronado），**银滩**（Silver Strand）的白沙海滩将它与圣迭戈（San Diego）陆地连接起来。如果你看过玛丽莲·梦露在《热情似火》（*Some Like It Hot*）里的表演，就一定能认出**Hotel del Coronado**（☎619-435-6611；www.hoteldel.com；1500 Orange Ave；🅿️♿），这里曾招待过美国总统、社会名流和皇室成员，其中就包括之前的威尔士亲王（爱德华八世）——他为了与一位科罗纳多离过婚的女子结婚而放弃了王位。在塔楼式宫殿迷宫一般

的走廊里漫步之后，再到坐拥海景的Babcock & Story Bar畅饮热带鸡尾酒。

开车驶过2.1英里长的**圣迭戈—科罗纳多大桥**（San Diego-Coronado Bridge），这真是让人兴奋不已。绕道内陆，去参观**巴尔博亚公园**（Balboa Park）。向西后转南，去洛马岬（Point Loma）的**卡比路国家纪念地**（Cabrillo National Monument；☎619-557-5450；www.nps.gov/cabr；1800 Cabrillo Memorial Dr；每车$10；🕘9:00~17:00；🅿️♿），在19世纪的灯塔上和西海岸第一批西班牙探险家的纪念地旁可以尽览海湾全景。继续向北，驶向**米申海滩**（Mission Beach）并游览**太平洋海滩**（Pacific Beach）

545页
608页

的老式游乐园；一转眼，就到了神气活现的**拉霍亚**（La Jolla），再往北就是北县（North County）的海滨小镇了。

🛏 见550页

行驶路上 » 从拉霍亚沿海岸公路向北行驶然后转入I-5州际公路至奥兰治县（又叫作"OC"），全程70英里，途中经过彭德尔顿营海军陆战队基地（Camp Pendleton Marine Corps Base）和如同女子般丰腴的圣奥诺弗雷核电站（San Onofre Nuclear Generating Station）。在圣克莱门特驶离公路，沿海洋大街（Avenida del Mar）下山直抵海滩。

- - - - - - - - - - - - - - -

❷ 圣克莱门特

保守的"橘幕"（Orange Curtain；奥兰治县与洛杉矶县的边界，亦寓指二者生活方式和政治态度的分界线）之后的生活，与其他大多数悠闲自由的加利福尼亚海滨城镇截然不同。除了经常出现在知名电视节目

你也可以

42 **迪士尼乐园和奥兰治县海滩**

先在太平洋海岸公路沿线的迷人海滨小镇尽情享受南加州（SoCal）的灿烂阳光，再带孩子们去阿纳海姆举世闻名的主题公园里玩个痛快。

和电影里的迷人海滩外，你还可以在游人罕至之处——如圣克莱门特（San Clemente）——追寻散发着旧日气息的加利福尼亚海滩文化。孕育了鲜活的冲浪传奇、顶级的冲浪板生产商，以及《冲浪者》（Surfer）杂志，这里也许是奥兰治县最后一个可以让你真正体验冲浪生活的地方了。在圣克莱门特码头旁边的城市主海滩游个泳，或是带上自己的冲浪板去冲浪，都是不错的选择。绕道内陆很快捷，社区的**冲浪遗产和文化中心**（Surfing Heritage & Culture Center; ☎949-388-0313; www.surfingheritage.org; 110 Callelglesia; 建议捐款 $5; ⊙周一至周六 11:00~16:00; P）里展示了很多重要人物——从冲浪运动之父杜克·卡哈纳莫库（Duke Kahanamoku; 1890~1968年）到凯利·斯雷特（Kelly Slater; 9次获得世界职业冲浪赛冠军）——使用过的冲浪板。

行驶路上 » 沿I-5州际公路一路向北，在达纳角（Dana Point）附近驶入Hwy 1公路。途经拉古纳海滩（Laguna Beach; 富有艺术家的聚集地）、狂野的水晶湾州立公园（Crystal Cove State Park）、纽波特海滩（Newport Beach）的游艇码头

和"美国冲浪之城"亨廷顿海滩（Huntington Beach）。在那不勒斯（Naples）附近转头向西驶离Hwy 1公路前往长滩。长滩距圣克莱门特约45英里。

❸ 长滩

长滩（Long Beach）上最大的明星就是**玛丽皇后号**（Queen Mary; ☎877-342-0738; www.queenmary.com; 1126 Queens Hwy; 团队游 成人/儿童 $27/17.50起; ⊙团队游 10:00~18:00或更晚; P ♿）和巨大的**太平洋水族馆**（Aquarium of the Pacific; ☎售票处 562-590-3100; www.aquariumofpacific.org; 100 Aquarium Way; 成人/老人/儿童 $30/27/18; ⊙9:00~18:00; P ♿）。前者是一艘永远停泊在这里的英国豪华远洋邮轮（据说还会闹鬼）；后者则有一条可以观赏到鲨鱼巡游、水母漂浮的高科技水下隧道。常常被忽视的**长滩艺术博物馆**（Long Beach Museum of Art; ☎562-439-2119; www.lbma.org; 2300 E Ocean Blvd; 成人/老人和学生/儿童 $7/6/免费; 周五 免费; ⊙周四 11:00~20:00, 周五至周日 至17:00; P）着眼于加利福尼亚现代主义与当代混合绘画法在20世纪滨海建筑中的应用，而市内的**拉丁美洲艺术博物馆**（Museum of Latin American Art; ☎562-437-1689; www.molaa.org; 628 Alamitos Ave; 成人/老人和学

生/儿童 $10/7/免费, 周日 免费; ⊙周三、周四、周六和周日 11:00~17:00, 周五 至21:00; P）则展示了美国以南的当代艺术作品。

行驶路上 » 在崎岖的帕洛斯弗迪斯半岛（Palos Verdes Peninsula）上蜿蜒徐行，欣赏秀美的风光。沿Hwy 1公路北行，经过南湾（South Bay）最棒的海滩。绕过洛杉矶国际机场（LAX）和玛丽安德尔湾（Marina del Rey），Hwy 1公路继续向北，越过威尼斯和圣莫尼卡，一直到马布里。全程约60英里。

❹ 马里布

把交通拥堵的洛杉矶抛在脑后，从圣莫尼卡（Santa Monica）出发，沿着Hwy 1公路向西北驶往马里布（Malibu）。在公共海滩上散步，边上就是好莱坞名人独栋别墅的前门，感觉自己也变成了电影明星。有一栋建筑你确实可以进去看看，那就是**盖蒂别墅**（Getty Villa; ☎310-430-7300; www.getty.edu; 17985 Pacific Coast Hwy, Pacific Palisades; ⊙周三至周一 10:00~17:00; P ♿）。这座山顶别墅里展示着很多希腊、罗马和伊特鲁里亚时期的古董，还有修剪整齐的花园。紧邻**马里布潟湖州立海滩**[Malibu Lagoon State Beach, 又称冲浪者海滩（Surfrider Beach）; ☎310-305-9503, 310-457-8143; www.parks.ca.gov; 3999 Cross Creek Rd;

每车 $12；⏱8:00至黄昏；P]
的**亚当森府邸**（Adamson
House；☎310-456-8432；www.
adamsonhouse.org；23200
Pacific Coast Hwy；成人/儿童
$7/2；⏱周四至周六 11:00~
15:00；P]位于马里布码头的
西面，是一座西班牙兼摩尔
风格的别墅，装饰着奢华的
当地手绘瓷砖。沿海岸线继
续西行，圣莫尼卡山脉在这
里直插入海，花些时间在马
里布人气超高的海滩上好
好玩一玩——杜马角（Point
Dume）、祖玛（Zuma）或里
奥卡里罗（Leo Carrillo）都
是不错的选择。

🍴 见550页

行驶路上 » Hwy 1公路在文图
拉（Ventura；乘船游览海峡群
岛国家公园的出发地）境内沿
海岸线蜿蜒前行，途经多风的
穆古角（Point Mugu）。在奥克
斯纳德（Oxnard）与Hwy 101公
路会合后，继续北行离开文图
拉前往圣巴巴拉。圣巴巴拉距
离马里布码头约90英里。

线路亮点

⑤ 圣巴巴拉

海滨城市圣巴巴拉（Sa-
nta Barbara）拥有堪称
完美的气候和一系列悠闲
的海滩，是人们冲浪、放
风筝、遛狗和交友的好去
处。在市中心的**State St**
沿线或是从**县政府大楼**
（Coutnty Courthouse；☎805-
962-6464；http://sbcourthouse.
org；1100 Anacapa St；⏱周一
至周五 8:00~17:00，周六和
周日 10:00~17:00）上都可以
近距离欣赏这座城市标志
性的西班牙殖民复兴风格
建筑，县政府大楼的尖塔
高高地跃于一派红瓦屋顶

之上。向南望是繁忙的港
滨和**斯特恩码头**（Stearns
Wharf；⏱每天开放，时间不定；
P 🚻），向北望是历史上著
名的西班牙殖民时代的**圣
巴巴拉教堂**（Mission Santa
Barbara；☎805-682-4713；
www.santabarbaramission.org；
2201 Laguna St；成人 $9,5~17
岁儿童 $4；⏱9:00~17:00，最
后入场时间 16:15；P 🚻）。圣
巴巴拉温和的气候也正适
合种植葡萄。沿着Hwy 154
公路向西北行驶45分钟，即
可参观圣巴巴拉**葡萄酒乡**，
2004年的电影《杯酒人生》
（Sideways）令它声名远扬。
体验一下**Los Olivos**那众
多的品酒室，然后沿Foxen
Canyon Rd向北，经过多个
酒庄后重新回到Hwy 101
公路。

🍴 🛏 见550页

另辟蹊径
海峡群岛国家公园

起点：④ 马里布

想象一下，在一片如同世界尽头的原始荒野中徒步、划独木舟、潜水、野营和观
赏鲸鱼。**海峡群岛国家公园**（Channel Islands National Park；☎805-658-5730；www.nps.
gov/chis）里的岛屿上拥有许多独特的动植物、潮汐池和海藻林。在这里你能找到将近
150种在世界其他地方找不到的植物和动物，因此这里也被称为"加利福尼亚的加拉
帕戈斯群岛"（California's Galápagos）。阿纳卡帕（Anacapa）和圣克鲁斯（Santa
Cruz）是最受欢迎的岛屿，从位于马里布西北约40英里、紧邻Hwy 101公路的文图拉
港（Ventura Harbor）出发，乘坐船只不到一个小时就能到达。周末、节假日和夏季必
须预订。在你离开大陆之前，可以先到公园的**游客中心**（Robert J Lagomarsino Visitor
Center；☎805-658-5730；www.nps.gov/chis；1901 Spinnaker Dr, Ventura；⏱8:30~17:00；
🚻）参观具有教育意义的自然历史展览，观看一部25分钟的免费自然电影并参加适合
家庭的活动。

Classic Trip
经典线路

为何经典
莎拉·本森
本书作者

从加利福尼亚南部阳光充足的完美海滩出发，前往加利福尼亚北部高耸的海岸红杉树林，太平洋海岸的这片区域魅力无穷。我已经驾车把这条线路的每一英里都走遍了——有一些地方我甚至已经去过几十次——但这里的海岬和海浪却怎么看都看不厌。我最喜欢的路段是拉古纳海滩、大瑟尔和圣克鲁斯北部，以及从詹纳（Jenner）到门多西诺（Mendocino）和韦斯特波特（Westport）。

上图：圣克鲁斯沙滩游乐场的旋转木马
左图：在马里布冲浪
右图：大瑟尔

Classic Trip
经典线路

行驶路上 » 沿Hwy 101公路快速向北，或是绕道向西慢行于Hwy 1公路，二者均可。后者沿太平洋海岸线蜿蜒前行，途中经过瓜达卢佩（Guadalupe），这是通往北美最大沙丘群的门户。两条公路在皮斯摩海滩再次相会，此海滩位于圣巴巴拉西北约100英里处。

⑥ 皮斯摩海滩

皮斯摩海滩（Pismo Beach）是一个典型的加利福尼亚海滨小镇，有一条长长的慵懒沙滩，这个沙滩是人们游泳、冲浪和日落时码头漫步的好地方。在冲浪休闲咖啡馆喝上几碗蛤蜊浓汤、吃上几盘炸海鲜，再沿海滩而上，到保龄球馆、台球厅或酒吧与家人同享纯然的天伦之乐；或是沿着Hwy 101公路上行10英里去San Luis Obispo复古的**落日汽车影院**（Sunset Drive-In Theatre；📞805-544-4475；www.facebook.com/sunsetdrivein；255 Elks Lane；成人/5~11岁儿童 $9/4；♿），你可以一边看着好莱坞大片，一边把脚跷到仪表盘上猛嚼大包的爆米花。

🍴 见550页

行驶路上 » 沿着Hwy 101公路向北，经San Luis Obispo后驶入Hwy 1公路，向西找寻莫罗湾（Morro Bay）的地标莫罗岩（Morro Rock）。在卡尤科斯（Cayucos）以北，Hwy 1公路穿过田园风情十足的牧场，直到坎布里亚（Cambria）才重新回到海边。继续向北行驶10英里，就到了赫斯特城堡。全程约60英里。

线路亮点

⑦ 赫斯特城堡

威廉·伦道夫·赫斯特（William Randolph Hearst）是一位19世纪和20世纪的报业巨头，他曾在这座梦幻豪宅里招待过很多好莱坞明星和皇室成员。**赫斯特城堡**（Hearst Castle；📞信息中心 805-927-2020，预订 800-444-4445；www.hearstcastle.org；750 Hearst Castle Rd；团队游 成人/5~12岁儿童 $25/12起；⏰9:00起；🅿️♿）内装饰着来自欧洲的古董，波光粼粼的游泳池和鲜花盛开的花园为这里增色不少。

团队游全年都需预约。

沿着Hwy 1公路继续向北大约4.5英里，在设有路标的观景点泊车，随后就可以漫步于木板路上观看壮观的**海豹栖息地**了，它们在沙滩上繁殖、换毛、休息、嬉戏和争斗。海豹全年都在这里活动，而冬天的生育和交配季恰在情人节这天达到高峰。附近的**白石灯塔**（Piedras Blancas Light Station；📞805-927-7361；www.piedrasblancas.gov；紧邻Hwy 1；团队游 成人/6~17岁儿童 $10/5；⏰团队游 6月中旬至8月 周一至周二和周四至周六 9:45，9月至次年6月中旬 周二、周四和周六 9:45）风景绝佳。

🍴 见550页

行驶路上 » 加满油后向北突进，深入偏远的大瑟尔海岸上的红杉林，那里到处是险峻的峭壁，游客服务点很少且相距很远。沿着Hwy 1公路继续向北即可到达蒙特雷半岛（Monterey Peninsula），距离赫斯特城堡95英里，约3小时车程。

⑧ 蒙特雷

当大瑟尔（Big Sur）在

无忧自驾游

在沿海地区，浓雾可能会给驾车带来麻烦——请减速慢行，如果雾太大则应驶离公路并在安全处停车。在海边悬崖上行车时需小心落石和泥石流，万一遇上将会致使车辆受损甚至损毁。如需了解当前的路况信息，包括道路封闭（这在多雨的冬季很常见）和建设维护等情况，可以拨打📞800-427-7623，或者访问网站www.dot.ca.gov。

海岸公路上松开了它的秃鹰利爪时，Hwy 1公路轻柔地滑下山坡，通向蒙特雷湾（Monterey Bay）。蒙特雷的渔业社区是诺贝尔文学奖得主约翰·斯坦贝克（John Steinbeck）的故乡，虽然如今的**罐头厂街**（Cannery Row）只是个吸引游客的噱头，但仍值得漫步其中，走进那迷人的**蒙特雷湾水族馆**（Monterey Bay Aquarium；☎咨询 831-648-4800，售票 866-963-9645；www.montereybayaquarium.org；886 Cannery Row；成人/13~17岁青年/3~12儿童 $50/40/30；⏱10:00~17:00；♿），它位于国家海洋保护区的岸边，由一个沙丁鱼罐头厂改造而成。各种各样的海洋生物在巨大的水箱里游弋着，从海星到大腹便便的海马，再到滑稽可笑的海獭，各种海洋动物应有尽有。

🍴 见551页

行驶路上 » 向北去往圣克鲁斯的45英里路程相对较快。Hwy 1公路沿蒙特雷湾新月形的海岸线延伸，经过莫斯兰丁（Moss Landing）船港附近的埃尔克霍恩沼泽（Elkhorn Slough）野生动物保护区、沃森维尔（Watsonville）的草莓和洋蓟农场，还有圣克鲁斯县内一连串的海滨小镇。

9 圣克鲁斯

　　在圣克鲁斯（Santa Cruz），20世纪60年代"权力归花"[Flower Power；

另辟蹊径
雷耶斯角

起点：⑩ 圣弗朗西斯科（旧金山）

　　浑然天成的**雷耶斯角国家海岸风景区**（Point Reyes National Seashore；☎415-654-5100；www.nps.gov/pore；P♿）吸引着各种海洋哺乳动物和鸟类，还有几十艘沉船。1579年，弗朗西斯·德雷克爵士（Sir Francis Drake；英国航海家，继麦哲伦之后第二位完成环球航行的人，发现了南美洲与南极之间的德雷克海峡）正是在这里修好了他的"金鹿号"（Golden Hind）航船，并在船上宣布了英国对这片土地的所有权。

　　沿Sir Francis Drake Blvd向西，直行到底是"世界边缘"**灯塔**（☎415-669-1534；www.nps.gov/pore；⏱周五至周一 10:00~16:30，眺望室 周五至周一 14:30~16:00；P♿）。雷耶斯角（Point Reyes）的风大得吓人，在冬天可以看到迁徙的鲸鱼。Hwy 1公路沿马林县海岸伸展，紧邻雷耶斯角火车站。灯塔就在火车站以西大约20英里的地方。

译者注：20世纪60年代和70年代嬉皮士（尤指佩花嬉皮士）表达非暴力反抗或反传统信仰和观点的运动]的影响仍在，海边载着冲浪板的老爷车的保险杠上还贴着："Keep Santa Cruz weird"的标语。

圣克鲁斯海滩步道（Santa Cruz Beach Boardwalk；☎831-423-5590；www.beachboardwalk.com；400 Beach St；每辆自行车 $4~7，1日通票 $37~82；⏱4月至9月上旬 每天 随季节而异；P♿）散发着辉煌的老派美式氛围，上面有一座1911年的陆夫（Looff）旋转木马。这普天同乐的氛围不时会被大北斗星过山车（Giant Dipper）上

的惊声尖叫打破，这个惊险刺激的木制过山车建于20世纪20年代，是一处美国国家历史名胜，曾在吸血鬼经典电影《捉鬼小精灵》（The Lost Boys）中出现过。

神秘点（Mystery Spot；☎831-423-8897；www.mysteryspot.com；465 Mystery Spot Rd；$8；⏱9月至次年5月周一至周五 10:00~16:00，周六和周日 至17:00，6月至8月周一至周五 10:00~18:00，周六和周日 9:00~19:00；P♿）是一个庸俗而老套的旅游"陷阱"，在这里罗盘将会失灵，神秘力量会将你推来推去，而建筑也倾向奇怪的角度。请电话咨询游览的具体位置、最新开放时间以及

Classic Trip
经典线路

ALEKSEI POTOV / SHUTTERSTOCK ©

团队游的预约事宜。

🛏 见550页

行驶路上 » 从圣克鲁斯到圣弗朗西斯科（旧金山）的快乐海岸线之旅共75英里，经过佩斯卡德罗（Pescadero）、半月湾（Half Moon Bay）和帕西菲卡（Pacifica）；Hwy 1公路在魔鬼坡（Devil's Slide）穿过隧道后到达帕西菲卡。在戴利城（Daly City），Hwy 1公路与高速公路重合，汇入了拥挤的车流，而我们还是继续沿着它向北穿城而过，进入金门公园。

线路亮点

⑩ 圣弗朗西斯科（旧金山）

在视野开阔的海岸线公路上悠闲地行驶了几百英里之后，再面对这里极其严重的交通堵塞，你很可能会精神崩溃。但是不要绝望，Hwy 1公路将直达旧金山（San Francisco）最大、最透气的绿色空间：**金门公园**（Golden Gate Park; www.golden-gate-park.com; Stanyan St和Great Hwy之间; Ⓟ🚻🎫）。你很容易就能在这里面消磨掉一天的时间，花卉温室、树木园和植物园，处处令人流连忘返，当然，**加州科学院**（California Academy of Sciences; ☎415-379-8000;

www.calacademy.org; 55 Music Concourse Dr; 成人/学生/儿童 $35/30/25; ⊙周一至周六 9:30~17:00，周日 11:00起; Ⓟ🚻）和**笛洋美术馆**（de Young Museum; ☎415-750-3600; http://deyoung.famsf.org; 50 Hagiwara Tea Garden Dr; 成人/儿童 $15/免费，每月的第一个周二 免费; ⊙4月至11月 周二至周日 9:30~17:15，周五 至20:45; 🚻）漂亮的艺术作品更是不容错过。在这之后，沿一号公路继续北行，驶过**金门大桥**（Golden Gate Bridge）。这座标志性的桥梁守护着出入旧金山湾（San Francisco Bay）的门户，它得名于其所横跨的海峡，而不是因为它"国际标准橘"的颜色。把车停在桥南或桥北的停车场，然后漫步上桥拍照留念。

如需了解旧金山市区的徒步游览路线，见608页。

🍴🛏 见533、550页

行驶路上 » 过了索萨利托（Sausalito）以后，在马林城（Marin City）离开Hwy 101公路，加入悠然缓行于Hwy 1公路上的车辆行列，沿着曲线优美的马林县海岸行驶，途经附近的雷斯岬角。从波德加湾出发，再行驶100英里，前往门多西诺，沉醉在这段绵延的海岸公路中吧。行驶了一半旅程时，记得留意通往阿里纳角镇北的灯塔路岔道。

线路亮点

⑪ 阿里纳角周边

波德加湾（Bodega Bay）

红杉森林

的捕捞船队和詹纳（Jenner）的斑海豹繁殖地，是太平洋海岸公路扎进辽阔的加州北部乡村地带之前最后的风景。Hwy 1公路曲折地穿过索诺马海岸（Sonoma Coast）边的各州立公园，一路上有无数的徒步旅行路径、沙丘、海滩和水下海洋保护区，还有杜鹃花丛和一个19世纪的俄国皮毛交易要塞。

在**海洋牧场**（Sea Ranch），别被难得一见的度假屋分了心，注意跟随对公众开放的路径起点的指示牌、通向空旷海滩的阶梯以及连接悬崖峭壁的栈道。再向北便是**阿里纳角灯塔**（Point Arena Lighthouse; ☎707-882-2809; www. pointarenalighthouse.com; 45500 Lighthouse Rd; 成人/儿童 $7.50/1; ⏰9月中旬至次年5月中旬 10:00~15:30, 5月中旬至9月中旬 至16:30; P），它从1908年起就一直守卫着这个狂风肆虐的海岬，是加利福尼亚唯一一个允许游客登上塔顶的灯塔。在博物馆登记后，登上115英尺（约35米）高的灯塔，看看菲涅耳透镜和海洋全景，灯塔下面就是锯齿状的圣安德烈亚斯断层（San Andreas Fault）。

🛏 见551页

行驶路上 » 沿Hwy 1公路从阿里纳角灯塔岔道向北行驶35英里，大约1小时，即可到达门多西诺，其间经过纳瓦罗（Navarro）、Little River和Big River。随便找个海风吹拂的州立海滩公园，或是交错着徒步路径的风景区，又或是沿途的任意一个海滨小镇，停下来舒展舒展筋骨吧。

⑫ 门多西诺和布拉格堡

古色古香的海边小镇**门多西诺**（Mendocino）看上去更像是科德角（Cape Cod）而不是加利福尼亚，这里有很多新英格兰的农舍，农舍四周围绕着白色的尖桩栅栏，还有鲜花盛开的花园和红杉木水塔。引人注目的海岬伸进太平洋里，这个昔日的木材小镇和船运港口在20世纪50年代被艺术家和放荡不羁的文化人重新"发现"，成了50余部电影的拍摄地。

一旦逛过了这里什么都卖（从漂流木雕刻品到家里自制的果酱）的纪念品商店和艺术馆，你就会忍不住想逃去北方平凡的小镇**布拉格堡**（Fort Bragg）。那里只有简单纯粹的渔港和自酿啤酒馆。前往小镇前，不妨先去海边的**贾格汉道州立自然保护区**（Jug Handle State Natural Reserve; ☎707-937-5804; www. parks.ca.gov; Hwy 1, Caspar; ⏰日出至日落; P）的生态阶梯和侏儒森林小径（Pygmy Forest

Trail）来个短途徒步旅行。

行驶路上 » 门多西诺以北约25英里处的韦斯特波特（Westport）是Hwy 1公路这段粗犷路段上的最后一个小村庄。道路在莱格特（Leggett）再次汇入北向的Hwy 101公路，继续行驶90英里即可到达尤里卡，如果你还有多余的时间，可以绕道沿Avenue of the Giants前往迷踪海岸（Lost Coast）。

⑬ 尤里卡

Hwy 101公路沿**洪堡湾国家野生动物保护区**（Humboldt Bay National Wildlife Refuge; ☎707-733-5406; www. fws.gov/refuge/humboldt_ bay; 1020 Ranch Rd, Loleta; ⏰8:00~17:00; P）前行，保护区是候鸟在太平洋迁徙路径中的重要停留地。之后便到了宁静的铁路小镇尤里卡（Eureka）。

漫步于镇中心，你可以看到华丽的**卡森大宅**（Carson Mansion, Ingomar Club; www.ingomar.org; 143 M St），它由一位木材大亨建于19世纪80年代，装饰着令人目眩的维多利亚式角楼、尖塔、山墙，以及许多华而不实的东西。此外，**蓝牛磨坊和历史公园**（Blue Ox Millworks & Historic Park; ☎707-444-3437; www.blueox mill.com; 1 X St; 成人/6~12岁儿童 $10/5; ⏰全年 周一至周五 9:00~17:00, 另加4月至11月周六 9:00~16:00;) 依然采

用传统的木工工艺和19世纪的工具手工制作维多利亚风格的装饰物。

回到尤里卡的海滨，登上建于1910年、蓝白相间的**Madaket**（Madaket Cruises；☎707-445-1910；www.humboldtbaymaritimemuseum.com；1st St；有讲解的巡游 成人/儿童 $22/18；🕐5月中旬至10月中旬 周三至周六 13:00、14:30和16:00，周日至周二 13:00和14:30；🚻），他们的落日鸡尾酒游船活动由加利福尼亚最小的执业酒吧提供。

🛏 见551页

行驶路上 » 沿Hwy 101公路向北行驶，经过嬉皮风格的大学城阿克塔（Arcata）后，在岔道口转向特立尼达州立海滩（Trinidad State Beach）和帕特里克角州立公园（Patrick's Point State Park）。在湿软的洪堡特潟湖州立公园（Humboldt Lagoons State Park）附近，Hwy 101公路将树林抛在了身后，继续向北去往奥里克。从尤里卡出发，全程仅40多英里。

线路亮点

⑭ 红杉国家公园和州立公园

最终，你将到达**红杉国家公园**（Redwood National Park；☎707-465-7335；www.nps.gov/redw；Hwy 101；🅿🚻）。向东到海边的**托马斯·H.基克尔游客中心**（Thomas H Kuchel Visitor Center；☎707-465-7765；www.nps.gov/redw；Hwy 101，Orick；🕐4月至10月 9:00~17:00，11月至次年3月 至16:00；🚻）寻找世界上最高的树，游客中心就在小镇奥里克（Orick）的南边。在伯德·约翰逊夫人林（Lady Bird Johnson Grove）或是宏伟的**高树林**（Tall Trees Grove）中长满青苔的草皮上，与这些海岸巨人来一场心灵对话吧（需自驾—徒步许可，可免费获取）。想看更多未经开发的红杉树林，则需沿着**草原溪红杉州立公园**（Prairie Creek Redwoods State Park；☎707-488-2039；www.parks.ca.gov；🕐5月至9月 9:00~17:00，10月至次年4月 周三至周日 至16:00；🚻）中的景观大道**Newton B Drury Scenic Parkway**继续行驶8英里，经过罗斯福麋鹿漫步的草地，然后沿Hwy 101公路一直向北到达**克雷森特城**（Crescent City），该城是进入俄勒冈州前的最后一站。

食 宿

加利福尼亚

40

太平洋海岸公路

圣迭戈 ❶

🛏 Pearl　　　　　　汽车旅馆 $$

（☎619-226-6100; www.thepearlsd.com; 1410 Rosecrans St; 房间 $125~199; 🅿❄🛜🏊）旅馆还是1959年的外观, 23个房间里都是舒缓的蓝色调, 装饰有三色的冲浪图案和鱼缸。这里的游泳池氛围活跃（包括周三晚上的"**潜水**"电影）。浅睡者请注意: 选一间远离繁忙街道的房间。停车位有限, 价格是 $12。

马里布 ❹

🍴 Neptune's Net　　　　海鲜 $$

（☎310-457-3095; www.neptunesnet. com; 42505 Pacific Coast Hwy; 主菜 $7~21; ⏱周一至周四 10:30~20:00, 周五 至21:00, 周六和周日 10:00~20:00, 10月至次年4月 提前一个小时打烊; 🚲👶）Neptune's Net位于距文图拉县的马里布布线（Malibu Line）不远的地方, 有人开着陆虎豪华越野车来, 有人骑着公路自行车来, 还有人开着改装的哈雷机车来, 美食让各式各样的人群汇聚于此。

圣巴巴拉 ❺

🍴 Santa Barbara Shellfish Company　　　　海鲜 $$

（☎805-966-6676; http://shellfishco. com; 230 Stearns Wharf; 菜肴 $4~19; ⏱11:00~21:00; 🚲👶）"现捞现吃"是对这

个码头上的海鲜小屋的最佳描述, 这里要比可以让你坐下来静静用餐的餐馆热闹得多。当你在外面的木制野餐桌上吃着蒜蓉烤蛤蜊、蟹饼和椰子炒虾时, 别忘了赶走海鸥。这里有绝妙的龙虾浓汤, 绝佳的观海视角, 以及经营了40年的绝好口碑。

🛏 Santa Barbara Auto Camp　　　　蔡营地 $$

（☎888-405-7553; http://autocamp. com/sb; 2717 De La Vina St; 双 $175~215; 🅿❄🛜🏊）你可以在五间闪亮的复古金属房车中选择一辆住下, 距市中心北部的upper State St很近。五辆精心设计的房车都有独特的额外福利, 比如一个爪足浴缸。

皮斯摩海滩 ❻

🍴 Ember　　　　加利福尼亚菜 $$$

（☎805-474-7700; www.emberwoodfire. com; 1200 E Grand Ave, Arroyo Grande; 共享菜肴 $12~26, 主菜 $26~36; ⏱周三、周四和周日 16:00~21:00, 周五和周六 至22:00）曾在爱丽丝·沃特斯的"潘尼斯之家"工作过的大厨布赖恩·柯林斯, 如今又回到了家乡。在这里, 燃木烤箱里有美味的烤面包, 有精心烤制的鱿鱼, 还有丰盛的用红酒熏制的短肋骨。这里不能预约, 所以请在16:00之前或19:30之后前来, 否则可能会等位很久。

赫斯特城堡 ❼

🍴 Sebastian's　　　　美国菜 $

（☎805-927-3307; www.facebook.com/ SebastiansSanSimeon; 442 SLO-San Simeon Rd; 主菜 $9~14; ⏱周二至周日 11:00~16:00）从赫斯特城堡出来, 沿着一条小路穿过 Hwy 1 公路, 就到了这个历史悠久的小型市场。这里出售冷饮、赫斯特牧场牛肉汉堡、超大个的熟食三明治和沙拉, 买上一些去圣西门湾（San Simeon Cove）来个海滩野餐吧。

蒙特雷 ⑧

🍴 Alvarado Street Brewery 自酿酒吧 $

（☎831-655-2337；www.alvaradostreet brewery.com；426 Alvarado St；小拼盘 $6~13，大拼盘 $13~16；⏰周日至周三 11:30~22:00，周四至周六 至23:00）Alvarado Street的砖墙上贴着许多老式的啤酒广告，但这也是在这个优秀的精酿啤酒小酒馆里唯一能找到的历史痕迹。创新的啤酒使用新的啤酒花酿制，发酵好装满整个酒桶。

圣克鲁斯 ⑨

🛏 Adobe on Green B&B 民宿 $$

（☎831-469-9866；www.adobeongreen. com；103 Green St；房间 $179；🅿🐾📶）这里是一个平静、安宁的地方，距离Pacific Ave只有几步之遥。你几乎见不到房主，但他们为你准备的体贴细节无处不在，从宽敞、时髦的太阳能房间里的各种设施，到使用他们的有机菜园出产的植物烹饪的早餐。

圣弗朗西斯科（旧金山）⑩

🍴 Greens 素食、加利福尼亚菜 $$

（☎415-771-6222；www.greensrestaurant. com；Fort Mason Center, 2 Marina Blvd, Bldg A；主菜午餐 $16~19，晚餐 $20~28；⏰11:45~14:30和17:30~21:00；✏♿）肉食主义者可能不会发现这里丰盛的豆类和辣椒食物中连一丁点肉都没有。在Greens，其他风味的素食菜肴都是使用来自马林县泽恩（Zen）农场的食材烹饪而成。对了，还有美景！你可以透过成排的窗子看到金门大桥。这里的咖啡馆供应午餐，但如果你想要坐下来用餐的话，预订是必不可少的。

🛏 Argonaut Hotel 精品酒店 $$$

（☎415-563-0800；www.argonauthotel. com；495 Jefferson St；房间 $389起；🅿❄🐾📶）这个渔人码头的顶级酒店建于1908年，曾经是一个罐头工厂。这里有百年历史的木梁和裸露的砖墙。房间里是夸张的航海主题，带有舷窗形状的镜子和深蓝色的长毛地毯。虽然所有房间都有高档酒店的设施——超级舒适的床、iPod充电插座——但有些房间很小，阳光很少。停车费$59。

阿里纳角周边 ⑪

🛏 Mar Vista Cottages 小屋 $$$

（☎707-884-3522；www.marvistamen docino.com；35101 Hwy 1, Anchor Bay；小屋 $190~310；🅿🐾📶）由20世纪30年代的渔民小屋翻新改造而成，很是时髦；提供简单、时尚的海滨小屋，理念前卫，崇尚可持续发展。这里完美的细节营造了一个和谐的环境：散发着薰衣草清香的床单，客人可以参观这里的有机蔬菜园，并采摘晚餐食物。散养的鸡群会在第二天早上叫你起床吃早餐。通常需要两晚起住。

尤里卡 ⑬

🛏 Carter House Inns 民宿 $$$

（☎707-444-8062；www.carterhouse. com；301 L St；房间 $184~384；🅿🐾📶）这座以时代风格建造的酒店是维多利亚时代的翻版。房间里有现代化的设施和一流的亚麻制品；套房里有室内按摩浴缸和大理石壁炉。这里的老板还经营着另外四个装饰华丽的住所：一幢单层的房子、两座蜜月隐居小屋和一座19世纪80年代的旧金山豪宅的复制品，而这座豪宅居然是老板完全用手工建造的。

约塞米蒂国家公园
骑自行车经过约塞米蒂瀑布

约塞米蒂、红杉与国王峡谷国家公园

41

循着巍峨的内华达山脉盘旋而上，满眼皆是冰川山谷和古老的森林。爬上岩石，搭起帐篷，或是将野花与野生动物留在镜头中。

线路亮点

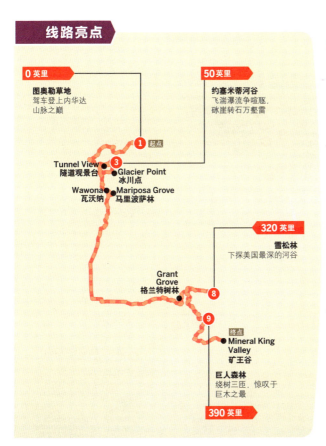

0 英里

图奥勒草地
驾车登上内华达
山脉之巅

50 英里

约塞米蒂河谷
飞湍瀑流争喧豗，
砯崖转石万壑雷

Tunnel View
隧道观景台

Glacier Point
冰川点

Wawona
瓦沃纳

Mariposa Grove
马里波萨林

320 英里

雪松林
下探美国最深的河谷

Grant Grove
格兰特树林

终点
Mineral King Valley
矿王谷

巨人森林
绕树三匝，惊叹于
巨木之最

390 英里

5~7天
450英里/725公里

最适合

何时去

4月和5月看瀑布；6月
至9月可以游玩任何
地方。

最佳摄影点

在隧道观景台上欣赏约
塞米蒂河谷全景。

最佳景观道

通向雪松林的国王峡谷
观光小道。

553

41

约塞米蒂、红杉与国王峡谷国家公园

奇峰下的冰蚀山谷使约塞米蒂国家公园成了老少咸宜的乐园。在这里，你可以见证撼天动地的大瀑布，可以攀登花岗岩的穹丘，也可以在夏季于野花遍地的草甸上露营。拥有全美最深的峡谷和地球上最大的树木，红杉国家公园与国王峡谷国家公园将会证明你绕道向南深入内华达山脉的抉择是何等的正确。内华达山脉被自然主义者约翰·缪尔（John Muir）誉为"光之岭"（The Range of Light）。

线路亮点

❶ 图奥勒草地

图奥勒草地（Tuolumne Meadows）是约塞米蒂地区一个令人印象深刻的景点。这里有内华达山脉（Sierra Nevada）最大的亚高山草甸，野花遍野、溪流潺潺、花岗岩峰犬牙交错，海拔8600英尺（约2621米）处的气温凉爽宜人。徒步旅行者会发现，这里的小径就是天堂；要不，就打开野餐篮，在溪流滋养着的草地上享受大餐吧。

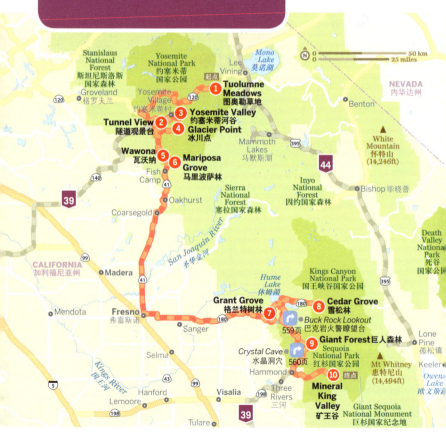

注意，这条线路在前往图奥勒草地时需穿过内华达山脉，主干道 **Tioga Rd**（Hwy 120公路；这条路曾是19世纪的马车道和美洲原住民的商道）在冬季会因为降雪而完全关闭，通常只能从5月或6月开放到10月或11月。

在草地以西9公里，一片半月形的沙滩围绕着**泰纳亚湖**（Tenaya Lake），诱惑你在公园最寒冷的湖里游泳。日光浴者占据了湖泊北岸边缘的岩石。再向西行驶几分钟，在**欧姆斯特德点**（Olmsted Point）稍作停留。俯瞰冰川雕琢之作，极目远眺泰纳亚峡谷（Tenaya Canyon）深处，窥看半圆丘（Half Dome）的背影。

 见561页

行驶路上 » 图奥勒草地到塞米

你也可以

39 **加利福尼亚精选之旅和拉斯维加斯**

在荒野中度过几天后，向南前往洛杉矶，然后穿过沙漠到达内华达州的拉斯维加斯。

44 **内华达山脉东部观光小道**

从约塞米蒂的图奥勒草地出发，驶上高海拔的迪欧戈山口，再下至莫诺湖，全程20英里。

蒂河谷全程50英里，沿着Tioga Rd（Hwy 120公路）行驶，向南驶入Big Oak Flat Rd，然后向东驶入El Portal Rd。在进入山谷之前，隧道观景台值得一去，该观景台沿着Wawona Rd向西行驶几英里即可到达，当你看到路旁有不少车辆停泊时就到了。

线路亮点

② 隧道观景台

在隧道观景台（Tunnel View）停下车来，初识壮丽的约塞米蒂河谷（Yosemite Valley）。几个世纪以来，无数画家、诗人、博物学家和探险家在这里获得了灵感。在你的右侧，婚纱瀑布（Bridalveil Fall）在暮春时节由于冰雪融水而汹涌澎湃，但待到夏天却仅能低声呢喃，清风时常将水雾带向空中。

松林与草地在你的脚下延伸，铺满山谷；左边则是酋长岩（El Capitan）的陡峭岩面；在正前方的远处，标志性的花岗岩半圆丘清晰可见。

行驶路上 » 沿Wawona Rd往东折返，它将带你继续下行，进入约塞米蒂河谷；要小心，这里到处都是令人困惑的交叉单行道。在Southside Dr上沿默塞德河向东，驶过婚纱瀑布岔道。在距离隧道观景台约6英里处左转，驶过哨兵桥（Sentinel Bridge），进入约塞米蒂村的日间停车场。乘免费班车环游山谷。

线路亮点

③ 约塞米蒂河谷

从谷底向上看，壮观的约塞米蒂山谷（Yosemite Valley）被蜿蜒的默塞德河（Merced River）一分为二。河谷中鸟儿欢鸣，引人欲歌：草甸泛起涟漪，青松挺拔玉立，凉爽平静的水塘倒映出花岗岩巨石的英姿，瀑布般倾泻而下的冰冷激流如缎带般飘摇。

在热闹的约塞米蒂村（Yosemite Village），从**约塞米蒂河谷游客中心**（Yosemite Valley Visitor Center；☎209-372-0200; 9035 Village Dr; ⊙9:00~17:00; ♿）的内部开始参观，这里陈列着发人深省的历史和自然展品，此外还免费放映《约塞米蒂之魂》（*Spirit of Yosemite*）。在附近的**约塞米蒂博物馆**（Yosemite Museum; www.nps.gov/yose; 9037 Village Dr; ⊙夏季 9:00~17:00，其他月份 10:00~16:00，通常在正午至13:00闭馆）里，西部风景油画与美洲原住民制作的篮子和珠饰服装比邻而居。

约塞米蒂河谷里著名的瀑布在5月是震耳欲聋的奔流，但到了7月末就变成了涓涓细流。三层的**约塞米蒂瀑布**（Yosemite Falls）是北美落差最大的瀑布，而**婚纱瀑布**也很难让人忘怀。春天瀑布（Vernal Fall）旁，难行且经常湿滑的台阶会带着气喘吁吁的你直达瀑布的顶端，彩虹有时会在水雾中突然出现。继续沿这条迷雾小径（Mist Trail）徒步向上，直至**内华达瀑布**（Nevada Fall）的顶端，这是一段令人陶醉的徒步之旅，往返共5.5英里长。

仲夏时节，在Half Dome Village租个筏子，顺默塞德河漂流而下。石匠桥（Stoneman Bridge）和哨兵河滩（Sentinel Beach）间的宁静缓流很适合孩子们。或者，带上全家去可亲自动手实践的**快乐岛自然中心**（Nature Center at Happy Isles; www.nps.gov/yose; ⏰5月下旬至9月9:00~17:00; ♿），看看那里

的野生动物标本；中心位于Half Dome Village东面。

🍴🛏 见561页

行驶路上 » 取道Northside Dr，然后再驶入Wawona Rd。沿着Wawona Rd（Hwy 41公路）向上离开山谷，9英里后，在Chinquapin路口左转进入Glacier Point Rd，再驱车15英里即可到达冰川点。

---

④冰川点

只要1个小时，你就能从约塞米蒂河谷直升到让人晕头转向的冰川点（Glacier Point）。请注意，Glacier Point Rd的最后10

英里会因冬季降雪而关闭（通常在11月至次年4月或5月）。在冬季，远至约塞米蒂滑雪区（Yosemite Ski & Snowboard Area）的路段仍旧开放，但是要求使用雪地轮胎和防滑链。

位于谷底3000余英尺（约900余米）之上的冰川点（7214英尺，约2200米）令人惊叹，身处于此，几乎可以平视半圆丘了。去看一下1903年约翰·缪尔和美国总统泰迪·罗斯福在这里露营之时所见的美景吧：瀑布随处可见的约塞米蒂河谷和远处群峰掩映下的图奥勒草地。想要远离人群，就

在半圆丘和约塞米蒂河谷及周边徒步

约塞米蒂国家公园里有超过800英里的徒步小径，适合任何水平的徒步旅行者。在谷底或巨大的红杉树下试试轻松的半英里漫步；或者挑战一下自己，花上一整天的时间进行徒步探险，在山间高地寻找景点、瀑布和湖泊。

公园中最受欢迎的几条徒步路小径以约塞米蒂河谷为起点，其中最著名的要数前往**半圆丘**顶端的小径（往返16英里）。该路线中包括约翰·缪尔小径（John Muir Trail）的一部分，艰苦难行，最好用两天时间来完成，晚上可以在小约塞米蒂河谷（Little Yosemite Valley）过夜。只有在夏天，护林员安装好固定绳索之后才能登顶半圆丘；根据每年的雪情不同，最早可能是5月末，而通常在10月中旬绳索就会被卸下。为了解决人多绳少的问题，公园现在要求日间徒步者持有许可证，但令人头疼的是，即便如此，徒步者仍需多人共用绳索。高级许可证在早春开始通过抽签出售。在徒步季节，提前两天还有一次抽签的机会，但此时许可证的数量也很少。许可证的管理规定和价格一直在变化；查询公园网站（www.nps.gov/yose）了解最新详情和价格。

相对简单、对体力要求较低的**迷雾小径**（Mist Trail）也同样能让你玩得开心，沿途可达弗纳尔瀑布（往返2.5英里）、内华达瀑布的顶端（往返5.5英里），或是如田园诗般的小约塞米蒂河谷（往返8英里）。向上通往冰川点（GlacierPoint）的**四英里小径**（Four Mile Trail; 往返9英里）难走一些，但途中的壮丽风光绝对让人不虚此行。如果你带着孩子来，那么愉快又简单的若干山谷步道就恰到好处了，**镜湖**（Mirror Lake; 往返2英里）、震耳欲聋的**约塞米蒂瀑布**（往返1英里）脚下的观景点和如丝如带的**婚纱瀑布**（往返半英里）脚下的观景点都是不错的选择。

加利福尼亚
41
约塞米蒂、红杉与国王峡谷国家公园

冰川点 眺望半圆丘的风景

沿着全景步道（Panorama Trail）徒步一小段距离，该步道就在拥挤的主观景点以南。

在从冰川点回来的路上，留出时间徒步2英里爬上**哨兵丘**（Sentinel Dome），或是到**塔夫特点**（Taft Point）体验不可思议的360度山谷风光。

行驶路上 » 折返下山，经过约塞米蒂滑雪区，在Chinquapin路口左转，沿Wawona Rd（Hwy 41公路）蜿蜒向南，驶过茂密的森林。曲曲折折大约13英里后，你将到达瓦沃纳，这里有度假屋、游客中心、杂货店和加油站，都在你的左侧。

---

⑤ 瓦沃纳

瓦沃纳（Wawona）位于约塞米蒂山谷往南行驶45分钟处，在此可以顺道去看看**约塞米蒂开拓者历史中心**（Pioneer Yosemite History Cente; ☏209-372-0200; www.nps.gov/yose; 骑车 成人/儿童 $5/4; ⊙24小时, 骑车 6月至9月 周三至周日; ℗ ），这里的廊桥、拓荒时期的建筑以及历史上著名的美国富国银行（Wells Fargo）办事处都值得一看。在夏天，你可以乘坐一小段颠簸的马车，顿时有穿越时空之感。还可以看看位于19世纪画家托马斯·希尔的工作室（重建）内的**瓦沃纳游客中心**（Wawona Visitor Center; ☏209-375-9531; ⊙5月至10月 8:30~17:00），里面挂满了浪漫的内华达山脉风景油画。夏日夜晚，在Big Trees Lodge（见562页）的大堂里品一杯鸡尾酒，这是钢琴家汤姆·鲍普（Tom Bopp）当年在约塞米蒂常常弹奏乐曲的地方。

🛏 见562页

行驶路上 » 开车的话，就沿Wawona Rd（Hwy 41公路）向南行驶4.5英里，到达公园南入口。你可以在那里把车停在新建的停车场，免费班车将带你抵达马里波萨林。

557

冬日乐园

当温度下降、白雪飘临，在内华达山脉的诸多国家公园周边仍有数不清的精彩户外运动。在约塞米蒂国家公园，你可以带上雪橇或滑雪板沿Glacier Point Rd顺坡滑下；到约塞米蒂河谷周围艰难跋涉，或去杜威点（Dewey Point），在护林员的带领下穿上雪鞋出游；要不，就在Half Dome Village尝试溜冰。至于更南面的红杉与国王峡谷国家公园，全家都可以在那里来一趟雪鞋行，或是在巨杉林间来一次越野滑雪。前往公园的冬季之旅，出发之前要记得在公园的官方网站或打电话查询当前路况。别忘了给你的车换上防滑轮胎，还要随车携带防滑链。

❻ 马里波萨林

漫步于马里波萨林（Mariposa Grove）及其周边，真是让人眼花缭乱，这里是1800岁的"灰熊巨人"（Grizzly Giant）古树和其他500多棵巨型红杉的家园。而你，只有仰望它们的份儿。天然小径穿过这个人气颇高的树林，只有清晨或傍晚，在度假人群带来的喧闹之外，你才能听到自己的心声。尽管在1895年曾经历过野蛮的砍伐，那棵可容人步入的加州隧道树（California Tunnel Tree）仍然幸存了下来，全家一起在它面前摆个造型拍个照吧。如果你有精力徒步往返，就可以探访林地更深处的瓦沃纳隧道树（Wawona Tunnel Tree）。

行驶路上 » 从约塞米蒂国家公园的南入口站出发，行驶115英里可以到达国王峡谷国家公园，需要3小时。沿Hwy 41公路向南行驶60英里到达弗雷斯诺（Fresno），然后向东走Hwy 180公路再行驶50英里，离开中央山谷（Central Valley），再次进入群山之中。在与Hwy 198公路的交叉路口靠右行驶，继续沿Hwy 180公路驶向格兰特树林。

❼ 格兰特树林

穿越**红杉与国王峡谷国家公园**（Sequoia and Kings Canyon National Parks；📞 559-565-3341；www.nps.gov/seki；7日通票 每车 $30；🅿️ ♿），道路沿线的景色只是这对孪生公园美景的皮毛。想要看到真正的宝藏，你还得下车步行。在格兰特树林村（Grant Grove Village）的大树桩（Big Stump）入口站的北面左拐，沿弯弯曲曲的小路下山，进入**格兰特树林**（Grant Grove），在那里的一条铺着小径旁，有几棵具有地标意义的巨型红杉

树。一棵名为"陨落的君王"（Fallen Monarch）的红杉可以让人直穿而过，它非常巨大，被火烧空的树干曾经扮演过小屋、旅馆、酒吧和马厩等角色。想要看到国王峡谷（Kings Canyon）和大西部分水岭（Great Western Divide）的群峰，就沿着一条窄小曲折的支路（冬季关闭，房车和旅行拖车禁行）从John Muir Lodge后面出发，行驶2英里，向上前往**全景观景点**（Panoramic Point）。

🍴 🛏️ 见558页

行驶路上 » 国王峡谷国家公园的主要景点——格兰特树林和雪松林——由狭窄蜿蜒的国王峡谷观路（Hwy 180公路）连接；该公路急剧下行，直达峡谷。这是一条出众的30英里景观路，沿途到处都是迷人的风光。注意! Hwy 180公路从休姆湖沿道拐向雪松林的路段冬季关闭（通常为11月中旬至次年4月中旬）。

线路亮点

❽ 雪松林

蛇行绕过瀑布边轮廓分明的岩墙，Hwy 180公路便一头扎向国王河，河中汹涌的激流冲撞着花岗岩峭壁，奔向北美最深的峡谷。中途停一下，在**汇合点观景台**（Junction View）饱览满眼的美景，然后继续沿河向下驶向**雪松林村**（Cedar Grove Village）。村东的**朱**

姆沃尔特草地（Zumwalt Meadow）是观察鸟类、北美黑尾鹿和黑熊的好地方。

如果天气炎热，而你的游泳装备也正好在手边，就从路之尽头（Road's End）溜达到**缪尔石**（Muir Rock）吧，这是一块巨大的平顶河石，约翰·缪尔（John Muir）曾在这里做过户外讲座，现在是一个很受欢迎的夏季天然泳池。一条非常热门的日间徒步线路也从**路之尽头**开始，单程4英里，最终攀升至**迷雾瀑布**（Mist Falls），瀑布在晚春时节水声震耳欲聋。

📖 见562页

行驶路上 » 从路之尽头折返，沿Hwy 180公路行驶约30英里后左转上Hume Lake Rd，绕湖驶过诸多游泳场和露营地，右转进入Ten Mile Rd。继续行驶至道路尽头并右拐上Generals Hwy（Hwy 198公路；通常在1月至3月关闭），向南行驶约23英里，你的左侧就是Wolverton Rd岔路。

线路亮点

⑨ 巨人森林

试试拥抱这里的大树吧。巨人森林（Giant Forest）占地3平方英里（约7.8平方公里），保卫着这个公园里体积最为惊人的庞然大物。把车停在Wolverton Rd旁，步行下山，可找到地球上最大的活树——**谢尔曼将军树**（General Sherman Tree），

它身高275英尺（约84米），直插云霄。这里的小径网络四通八达，向南延伸到新月草甸，单程5英里。

驾车沿Generals Hwy（Hwy 198公路）向南行驶2.5英里，到达**巨人森林博物馆**（Giant Forest Museum; ☎ 559-565-4480; www.nps.gov/seki; Generals Hwy和Crescent Meadow Rd交叉路口; ⏰ 9:00~16:30; P♿），在这里可以学习有关红杉生态的知识，了解大火与生态环境的循环作用。从博物馆外面开始，Crescent Meadow Rd穿过巨人森林，形成了一条正好经过**隧道木**（Tunnel Log）的6英里长环线。想要看到大西部分水岭（Great Western Divide）的全景，则要攀登0.25英里长的陡峭阶梯，到达**摩洛岩**（Moro Rock）。

注意：Crescent Meadow Rd在冬季雪后会关闭；夏季期间，可乘坐公园的免费班车在环线周围游览。

行驶路上 » 道路变窄，在经过超过15英里的下坡路后Generals Hwy（Hwy 198公路）进入了内华达山脉山麓地区，途经竞技场观景点（Amphitheater Point），过山麓游客中心（Foothills Visitor Center）后离开公园。在到达三河（Three Rivers）之前，左转进入Mineral King Rd，这条25英里的风景道（部分路面未铺设，房车和旅行拖车禁行；冬季关闭）盘旋上行至矿王谷，一路上的美景令人目不暇接。

⑩ 矿王谷

要经过700多个发卡

另辟蹊径
巴克岩火警瞭望台

起点：⑧ 雪松林

要登上加利福尼亚最让人难忘的火警瞭望台，可取道Generals Hwy（Hwy 198公路）东面的Big Meadows Rd，由此进入位于格兰特树林和巨人森林之间的红杉国家森林，跟随指示牌去往有人值班的**巴克岩火警瞭望台**（Buck Rock Fire Lookout; www.buckrock.org; FR-13S04; ⏰ 5月至10月 9:30~18:00）。这座火警瞭望台建于1923年，至今仍在使用。从一个玩具屋大小的小房子里可俯瞰周围群山的全景；小房子位于8500英尺（约2591米）高的花岗岩山顶，你可由172级窄小的台阶沿路而上。恐高者不宜来此。瞭望塔的开放时间可能会随着季节的变化而变化，在闪电风暴和火灾等紧急情况下，瞭望台会关闭。

另辟蹊径
水晶洞穴

起点: ⑨ 巨人森林

紧邻Generals Hwy（Hwy 198公路），在巨人森林博物馆以南约2英里处右转（西），驶入蜿蜒的Crystal Cave Rd（6.5英里长），前往**水晶洞穴**（Crystal Cave; www.explorecrystalcave.com；团队游 成人/儿童/青年$16/5/8起；⊙5月至9月；Ⓟ♿）。这个由地下河冲刷形成的洞穴已有10,000余年的历史，漫步其中的感觉奇妙无比。钟乳石像匕首一般倒悬在洞顶，这些上万年的乳白色碳酸钙堆积物姿态各异：有的像缥缈的窗帘，有的像穹顶，有的像石柱，还有的像盾牌。最好带件薄夹克——洞穴里的温度仅为50℉（10℃）。请至少提前一个月通过www.recreation.gov网上购票；在10月至11月，门票只在巨人森林博物馆和山麓游客中心出售，团队票也只能在这些地方买到。

急弯的考验，才能走完这条1.5小时车程的崎岖公路，上行到达冰川造就的矿王谷（Mineral King Valley；7500英尺，2286米），这是一个19世纪的银矿开采营地和伐木村落，后来变身为山地度假胜地。

通向高地的步道入口在Mineral King Rd的尽头，在那里，历史性的私人小屋散布于谷底，谷底两侧林立着诸多高大的山脉。

你的最终目的地就在护林站过后的1英里开外，在那里，矿王谷将毫无保留地展现它那神秘的美，花岗岩群峰在等你征服，高山湖泊在向你招手。

请注意，Mineral King Rd通常只在5月下旬至10月下旬开放。夏季时节，矿王谷的土拨鼠们喜欢爬出来啃咬停在那里的汽车，所以要记得将汽车底盘以下的部分用防水布和绳子（可以在三河的五金店购买，但价格并不便宜）包裹起来。

MEINZAHN / GETTY IMAGES ©

红杉国家公园 水晶洞穴

食宿

图奥勒草地 ❶

🛏 Tuolumne Meadows Lodge 小屋 $$

（☑预订 888-413-8869；www.travelyo
semite.com；帐篷小屋 $137；⏱6月中旬至9月中
旬）这个住宿地点坐落在壮丽的高山地区，
距离约塞米蒂谷约50英里，紧邻Tioga Rd。
这里的69顶帆布帐篷小屋吸引着徒步旅行
者的到来，每个房间里都有两张或四张床
铺、一个燃木火炉和蜡烛（没有电）。可以
提供早餐和晚餐（额外收费；晚餐需要预
订）。图奥勒河（Tuolumne River）的一条
支流流经这里。

约塞米蒂河谷 ❸

🍴 Degnan's Loft 比萨 $$

（www.travelyosemite.com；Yosemite
Village）位于新开的Degnan's Kitchen上
方，紧邻Village Dr，Degnan's Loft虽然进
行了全面的重新装修，但还是保留了它原来
的名字。这里有高高的梁柱天花板和多面
壁炉，尽情享受手工比萨、特色开胃菜、甜
点，以及啤酒和葡萄酒吧。

🍴 Mountain Room Restaurant 美国菜 $$$

（☑209-372-1403；www.travelyosemite.
com；Yosemite Valley Lodge, 9006 Yosemite
Lodge Dr；主菜 $20~36；⏱周一至周六 17:30~
22:00，周日 9:00~13:00和17:30~22:00；
☑🚗）这是一个随意而优雅的现代餐厅，可
以看到约塞米蒂瀑布令人惊叹的美景，因
此窗边的餐桌非常抢手。铁板牛排、苹果酒
猪排拼盘和当地捕获的山鳟鱼吸引着用餐
者的到来，他们可以坐在无与伦比的自然景
观旁用餐。只接受8人以上团体的预订。

🛏 Half Dome Village 小屋 $$

（☑预订888-413-8869；www.travelyo
semite.com；帐篷小屋 $143起，房间 $260起，
小屋 公共浴室/独立浴室 $170/225起；⏱3月中
旬至11月下旬 每天，1月上旬至3月中旬 周六和
周日；🅿🚗🛜❄）1899年夏季露营地（Camp
Curry）建立，在Half Dome Village高耸
的常青树下就紧凑地排列着许多简易的小
屋。帆布小屋（部分有取暖设施）基本上都
是经过美化的帐篷，所以如果想要居住得
更加舒适、安静和隐蔽，可以选择一间舒
适的小木屋，那里张贴着老式的海报。在
Stoneman House，有18个汽车旅馆风格
的房间，其中包括一间可以居住6人的阁楼
套房。

🛏 Majestic Yosemite Hotel 历史酒店 $$$

（☑预订 888-413-8869；www.travel
yosemite.com；1 Ahwahnee Dr；房间/套 $480/
590起；🅿🚗☕@🛜❄）这个奢华的历史建筑
（以前被称为Ahwahnee）是约塞米蒂国家
公园最好的住宿地点，房间里有高耸的天
花板和带有巨大石砌壁炉的休息室。经典
房间可以看到冰川点和（一部分）半圆丘令
人振奋的景观。在酒店旁边修剪整齐的草
坪上，散布着许多小屋。旅游旺季和节假日
期间，需要提前一年预订。

🛏 Yosemite Valley Campground Reservation Office 住宿服务 $

（☑877-444-6777，信息咨询 209-372-
8502，预订 518-885-3639；www.nps.gov/yose；
帐篷和房车露营地 $26；⏱8:00~17:00）约塞
米蒂河谷主要的露营预订办公室位于紧邻
Southside Dr的Half Dome Village停车
场。如果你没能预订一个营地（登录www.
recreation.gov预订）的话，早上到达这里
的第一件事就是去拿一份因没有如约入住
而被取消的山谷营地位置清单。

🛏 Yosemite Valley Lodge 汽车旅馆 $$$

(☑预订 888-413-8869; www.travelyo semite.com; 9006 Yosemite Lodge Dr; 房间 $260起; ℗🐾@🛜🖵)这个大型建筑群坐落在距离约塞米蒂瀑布不远的地方,有很多餐馆,还有一个热闹的酒吧、一个大游泳池和其他便利的设施。这些房间分布在15栋建筑之中,感觉有点像临时住所,房间里摆放着质朴的木制家具。从旅馆向外望去可以看到引人注目的自然景观。所有的房间里都有电视、电话、冰箱和咖啡机,还有巨大的露台或全景阳台。

瓦沃纳 ⑤

🛏 Big Trees Lodge 历史酒店 $$

(☑预订 888-413-8869; www.travelyose mite.com; 8308 Wawona Rd; 房间 公共浴室/独立浴室 $150/220起; ⏱3月中旬至11月下旬和12月中旬至次年1月上旬; ℗🐾🛜🖵)这个美国国家历史名胜由六座白色新英格兰风格的优雅建筑组成,两边都是宽阔的门廊,其历史可以追溯至1879年。这里的104间客房(没有电话和电视)里摆放着维多利亚风格的家具和其他具有时代特色的物品,大约有一半的房间使用的是公共浴室,浴室里有可供客人穿的漂亮长袍。只有在配楼里才有无线网络。

国王峡谷国家公园

🛏 Sentinel Campground 露营地 $

(www.nps.gov/seki; Hwy 180, Cedar Grove Village; 帐篷和房车营地 $18; ⏱4月下旬至11月中旬; ℗🐾)Sentinel是雪松林最繁忙、位置最居中的露营地,靠近游客中心和夏季的营火管理处。位于一环(First Loop)内的河滨露营地最为抢手。

🛏 John Muir Lodge 度假屋 $$

(☑866-807-3598; www.visitsequoia. com; Grant Grove Village; 房间 $225起; ℗🐾🛜)这幢很有氛围的度假屋里悬挂着历史悠久的黑白照片。躺在这里,你会感觉仿佛置身于森林之中。宽敞的门廊上摆放着摇椅,还有几间在几年前经过全面翻修的朴素房间,里面配有粗糙的木制家具和拼布床单。在寒冷的夜晚,你可以在巨大的石砌壁炉旁边玩棋类游戏。

🛏 Sequoia High Sierra Camp 小屋 $$

(☑866-654-2877; www.sequoiahig hsierracamp.com; 帐篷小屋 不带浴室 含三餐成人/儿童 $250/150; ⏱6月中旬至9月中旬)这个没有电源但设备齐全的度假村距离红杉国家公园只有1英里的步行路程,对于那些爱好奢华露营的人们来说,这里简直就是天堂。帆布小屋里配备着带枕头的床垫、羽绒枕和舒适的羊毛地毯。卫生间和淋浴房都是共用的。需要预订,通常需要两晚起住。

红杉国家公园

🍴 Lodgepole Market Center 市场、熟食 $

(☑559-565-3301; www.visitsequoia. com; Lodgepole Village; 主菜 $5~10; ⏱市场5月上旬至9月中旬 8:00~21:00, 4月中旬至5月上旬和9月中旬至10月中旬 9:00~18:00, 烧烤和熟食 5月上旬至9月中旬 时间变化不定)这是公园里最大的杂货店,销售各种杂货、野营用品和零食;还有一个可以烘烤比萨饼、汉堡和早餐煎饼的快餐烧烤架。这里的熟食店供应更加健康的食物,例如佛卡夏三明治(Focaccia Sandwiches)、卷饼和沙拉。

✕ Peaks Restaurant　　美国菜 $$

（☎559-565-4070; www.visitsequoia.com; Wuksachi Lodge, 64740 Wuksachi Way; 主菜 午餐 $8~15, 晚餐 $12~34; ◷餐厅 7:00~10:00, 11:30~15:30和17:00~21:30, 休息室16:00~22:00, 淡季缩短营业时间; ☎😊）这家度假屋的餐厅供应很好的自助早餐, 汤和沙拉等午餐食物, 不过晚餐更加美味, 包括烤鲑鱼和烤鹿肉。在休息室, 你可以品尝烤饼等食物, 还可以畅饮鸡尾酒、啤酒和葡萄酒。欢迎非住宿顾客光临, 但只有Wuksachi Lodge的顾客才可以预订。

🛏 Lodgepole Campground　　露营地 $

（www.nps.gov/seki; Lodgepole Rd; 帐篷和房车营地 $22; ◷4月下旬至11月; 🐾）这里是距离巨木森林最近的住宿地点, 有200多个密集的露营地。由于靠近卡威河（Kaweah River）的天然泳池和洛奇波尔村（Lodgepole Village）的便利设施, 因此很快就会被预订一空。这里的16个步入式露营地更加私密。从5月下旬到9月下旬, 最好预订。

🛏 Wuksachi Lodge　　度假屋 $$

（☎信息咨询 866-807-3598, 预订 317-324-0753; www.visitsequoia.com; 64740 Wuksachi Way; 房间 $215~290; ℗😊😊）Wuksachi Lodge建于1999年, 是公园里最高档的住宿选择。镶有木板的中庭大厅里有一个非常吸引人的石砌壁炉, 还可以看到森林景观, 但汽车旅馆风格的房间相当普通, 配有咖啡机、迷你冰箱、橡木家具和薄墙。然而, 它位于洛奇波尔村附近的地理位置简直无懈可击, 而且工作人员也很友好和乐于助人。

亨廷顿海滩
在码头边冲浪

迪士尼乐园和
奥兰治县海滩

在这个有趣的海滨旅游胜地，让孩子们在"地球上最快乐的地方"自由欢闹，然后前往阳光明媚的南加州海滩——就像电视或者银幕上的一样。

线路亮点

0 英里

迪士尼乐园
跟米老鼠和皮克斯的
家伙们一起开派对

起点 1

Seal
Beach
海豹海滩

30 英里

亨廷顿海滩
在"美国冲浪之城"的
黄金沙滩上消磨时光

3

40 英里

纽波特海滩
在巴尔博亚半岛上
一展你的比基尼泳装

4

Corona del Mar
科罗纳戴尔马尔

Crystal Cove
State Park
水晶湾州立公园

7

终点
Dana
Point
达纳角

拉古纳海滩
艺术家的梦幻海景

55 英里

2~4天
65英里/105公里

最适合

何时去
6月至9月，夏季的海滩
旺季。

**最佳
摄影点**

在亨廷顿海滩码头拍摄
冲浪者。

**最佳
观景地**

科罗纳戴尔马尔的眺
望角。

迪士尼乐园和奥兰治县海滩

当道路轻快地向下通向奥兰治县阳光明媚的加州海滨Hwy 1公路时，你将能够欣赏到绚丽多彩的落日，享受到美好的冲浪时光，品尝到刚刚到岸的海鲜。然而，当你离开这让人乐而忘忧的42英里冲浪地和沙滩后，深深刻在脑海里的却是那些不期而遇的意外惊喜。从老少咸宜的迪士尼乐园主题乐园开启这段行程，花上一两天的时间尽情玩耍，随后一座座海滩和海岬为这趟完美的南加州家庭旅行画上一个漂亮的句号。

线路亮点

❶ 迪士尼乐园

作为南加州（SoCal）最受欢迎的主题公园，**迪士尼乐园**（Disneyland；☎714-781-4636；www.disneyland.com；1313 Harbor Blvd；成人/3~9岁儿童 一日票 $97/91起，2日通票 $244/232起；☉每天开放，时间随季节变化）每年都会接待数百万游客。从《加勒比海盗》（*Pirates of the Caribbean*）中幽灵般的骷髅到《夺宝奇兵》（*Indiana Jones*）里发出刺耳尖叫的

猴子,这里到处都是那些奇幻细节的再现。复古未来主义的"明日世界"(Tomorrowland)中有《海底总动员》(*Finding Nemo*)里的潜艇之旅,还有以《星球大战》(*Star Wars*)为主题的星际旅行和绝地圣殿武士特训(Jedi Training: Trials of the Temple)在等着你。使用快速通行证(FASTPASS),你将可以立即体验飞越"太空山"(Space Mountain)——这一直是公园里最刺激的项目。天黑后,可以观看"睡美人城堡"(Sleeping Beauty's Castle)的焰火表演。

恐高吗?到迪士尼乐园的新邻居——**迪士尼加州冒险乐园**(Disney California

你也可以

40 **太平洋海岸公路**

奥兰治县境内的Hwy 1公路是加利福尼亚官方认可的太平洋海岸公路中的一段,沿Hwy 1公路在悠闲的海豹海滩和达纳角之间蜿蜒前行。

43 **棕榈泉和约书亚树绿洲**

喜欢南加州的阳光吗?从阿纳海姆出发向内陆前行110英里,去体验沙漠温泉度假村和天然的绿洲吧。

Adventure,简称DCA; ☎714-781-4565; disneyland.disney.go.com; 1313 Harbor Blvd, Anaheim; 单日票票价每天变化, 2日票 成人/儿童 $199/187起; P ♿)里体验一下从迷离境界恐怖魔塔(Twilight Zone Tower of Terror)上被抛下的感觉。迪士尼加州冒险乐园里的不同主题区均彰显着这个黄金之州自由自在的内涵,而大量类似66号公路主题汽车世界(Route 66-themed Cars Land)这样的项目也不会让你头晕目眩。好好感受白天"皮克斯舞台巡游"(Pixar Play Parade)的火热和夜晚"色彩世界"(World of Color)特效秀的奇幻吧。

就在公园外,**迪士尼小镇**(Downtown Disney)购物步行街上满是纪念品商店、家庭餐馆、夜间酒吧和娱乐场所。

🛏 见572页

行驶路上 » 沿I-5州际公路向南行驶,然后走Hwy 22公路向西穿过内陆的奥兰治县,汇入I-405州际公路。继续行驶约1英里后离开州际公路转入Seal Beach Blvd,缓慢行进3英里后即是海岸。右拐上Hwy 1公路,奥兰治县境内的Hwy 1公路也被称为太平洋海岸公路(Pacific Coast Hwy,简称PCH),然后在海豹海滩左拐进入主街。

❷ 海豹海滩

如果在南加州的小型海

滨城镇中选美,那海豹海滩(Seal Beach)将会赢得桂冠。这里清新、从容,正是取代更南边奥兰治县(Orange County)拥挤海岸的绝佳选择。跨越3个街区的**主街**(Main St)上没有交通指示灯,布满了夫妻经营的饭店和私人小商店,价廉物美、充满乡情。跟随赤脚冲浪者的步伐前往海滩——这里也是主街的尽头,然后踏上**海豹海滩码头**(Seal Beach Pier)。原先的码头建于1906年,在20世纪30年代被冬季暴风摧毁,也是从那时起,它总共重建了3次,还在旁边起了参差不齐的木制步道。

走上**海豹海滩**,你会发现这里散布着一张张摊开的毯子,大人们和孩子们正建着沙堡,又或正在水中嬉闹——谁也没有在意远方那丑陋的近海石油钻井塔。温柔的海浪使海豹海滩成为最适合学习冲浪的地方。**M&M Surfing School**(☎714-846-7873; www.surfingschool.com; 1小时/3小时团体课 $77/85; ⏰课程 9月上旬至次年6月中旬和全年的周六和周日 8:00至正午, 6月中旬至9月上旬 周一至周五 至14:00; ♿)的厢式货车就停在码头北面的停车场里,该停车场位于8th St与Ocean Ave的交叉处。

行驶路上 » 经过一座小桥后沿Hwy 1公路一路向南,下行驶入一段1英里长的沙嘴,这里被称为日落海滩(Sunset Beach),有摩托车手酒吧,还

加利福尼亚 **42** 迪士尼乐园和奥兰治县海滩

567

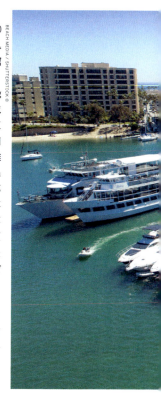

有港湾皮划艇和站立式冲浪板（SUP）租赁店。沿着Hwy 1公路继续南行6英里，经过博尔萨奇卡州立海滩和生态保护区（Bolsa Chica State Beach and Ecological Reserve）即可到达亨廷顿海滩码头。

 线路亮点

❸ 亨廷顿海滩

在"美国冲浪之都"亨廷顿海滩（Huntington Beach），南加州对冲浪的热情达到了疯狂的顶峰。在主街和太平洋海岸公路的交叉路口有一尊夏威夷冲浪运动员杜克·卡哈那莫库（Duke Kahanamoku）的雕像；视线下移，你会看到人行道上有许多传奇冲浪运动员的名字，这就是**冲浪运动员名人堂**（Surfers' Hall of Fame；www.hsssurf.com/shof; 300 Pacific Coast Hwy）。往东几个街区，**国际冲浪博物馆**（International Surfing Museum；☏714-960-3483; www.surfing museum.org; 411 Olive Ave; 成人/儿童 $2/1; ⏱周二至周日 正午至17:00）同样记录着他们的传奇。随后到**亨廷顿海滩码头**（Huntington Beach Pier）加入人群，亲眼看看那些勇气十足的人们是如何搏击翻卷的海浪的。这里并不适合新手，而且当地人的领地意识还很强。在夏季，美国冲浪公开赛（US Open of Surfing）吸引着超过600名世界级冲浪选手和50余万名观众，届时还会举办小型音乐会等活动。至于**亨廷顿城市海滩**（Huntington City Beach），它那宽广而平坦的沙滩适合铺开大大的海滩毛

→ 另辟蹊径
诺氏百乐坊乐园

起点：❶ 迪士尼乐园

听到尖叫声了吗？带着孩子呢吗？欢迎来到**诺氏百乐坊乐园**（Knott's Berry Farm；☏714-220-5200; www.knotts.com; 8039 Beach Blvd, Buena Park; 成人/3~11岁儿童 $75/42; ⏱10:00起, 关门时间 17:00~23:00不定; Ⓟ♿），这是美国的第一家主题公园，于1940年开业。如今，让人大声尖叫的过山车吸引着痴迷于速度挑战的人群。入园时抬头就能看到赤着脚的玩家，他们为了乘坐"银色子弹"（Silver Bullet）而脱掉了人字拖，悬浮的过山车倾斜着从人们的头顶掠过，这种过山车以螺旋前进、双螺旋上升和倒飞筋斗而著称。每年10月，诺氏将举办南加州最恐怖的万圣节晚间派对。一年四季，《花生漫画》（Peanuts）里的小伙伴们都在史努比乐园（Camp Snoopy）里忙着哄孩子们高兴，而旁边的**诺氏城市水上乐园**（Knott's Soak City；☏714-220-5200; www.soakcityoc.com; 8039 Beach Blvd, Buena Park; 成人/3~11岁儿童 $43/38; ⏱5月中旬至9月中旬 10:00~17:00、18:00或19:00; Ⓟ♿）则在烈日炎炎的夏日里为你送上了一份清凉。诺氏百乐坊乐园距离迪士尼乐园20分钟车程，经I-5州际公路向北，随后经Hwy 91公路向西至Beach Blvd再向南即可到达。

纽波特海滩 海面上的游艇

巾躺在细沙上小憩。晚上,在码头南面找个篝火坑,点起篝火,和朋友们尽情欢笑。

行驶路上 » 从亨廷顿海滩码头旁的主街十字路口向南,沿Hwy 1公路顺着海岸线行驶4英里,即可到达纽波特海滩。右转上W Balboa Blvd可达巴尔博亚半岛(Balboa Peninsula),它紧邻纽波特港(Newport Harbor),夹在太平洋和巴尔博亚岛之间。

线路亮点

❹ **纽波特海滩**

就像美剧《橘子镇贵妇的真实生活》(*Real Housewives of Orange County*)以及电影《橘子郡男孩》(*The OC*)和《发展受阻》(*Arrested Development*)中描述的那样:在炫目的纽波特海滩(Newport Beach)上,富有的上流社会人士、光彩夺目的年轻人和绚丽动人的沙滩享受着人们关注的目光。海滩上的人群趾高气扬地走在半岛双子码头间的沙滩上,与此同时,趴板冲浪者穿梭于**韦奇**(Wedge;以楔形浪著称的冲浪点)那能够吞噬人的巨浪间,海

港里往来的游艇也会让你忍不住梦想变得富有和出名。从港口出发,跳上一艘渡船去看看复古的**巴尔博亚岛**(Balboa Island; http://explorebalboaisland.com; **P**),或者爬上摩天轮,它就在迷你的**巴尔博亚游乐区**(Balboa Fun Zone; www.thebalboafunzone.com; 600 E Bay Ave; 摩天轮 $4; ☺摩天轮 周日至周四 11:00~18:00,周五 至21:00,周六 至22:00; 🚗)内,隔壁是建于1906年的地标建筑**巴尔博亚阁楼**(Balboa Pavilion; www.balboa

pavilion.com; 400 Main St)。稍稍往内陆一点，是前沿的当代艺术博物馆——**奥兰治县艺术博物馆**(Orange County Museum of Art; ☎949-759-1122; www.ocma.net; 850 San Clemente Dr; 成人/学生和老人/12岁以下儿童 $10/7.50/免费; ⏰周三至周日 11:00~17:00，周五 至20:00; ℗ 🚻)，这里与南加州自命不凡的流行文化品味截然不同。

🍴🛏 见572页

行驶路上 » 在纽波特海滩以南，只需绕行一小段路，完美的海洋景观就会出现在眼前；紧邻Hwy 1公路。首先向南穿过横跨纽波特海峡(Newport Channel)的大桥，再行驶3英里，然后右转进入科罗纳戴尔马尔的Marguerite Ave。一旦到达海岸，就再次右转进入Ocean Blvd。

---

❺ 科罗纳戴尔马尔

在科罗纳戴尔马尔(Corona del Mar)的断崖上尽情享受南加州最负盛名的海洋景观吧，这是纽波特海峡以南一个精致的城郊居民区。几个常常出现在明信片上的海滩、一些多岩石的小海湾和数个适合孩子们的潮汐池散布在这片梦幻般的海岸上。

此地最好的观景点之一是微风徐徐的**眺望角**(Lookout Point)，它位于Ocean Blvd上，靠近Heliotrope Ave。岩石峭壁下，向东是半英里长的**主海**

滩(Main Beach，又称Corona del Mar State Beach; ☎949-644-3151; www.newportbeachca.gov; 紧邻E Shore Ave; ⏰6:00~22:00; ℗ 🚻)，这里有篝火圈和排球场(周末早点来，以便找到停车位)。沿着台阶向下是**海盗湾**(Pirates Cove)，那里有一个美丽的袋状海滩，风平浪静，最适合全家出游——经典电视节目《盖里甘的岛》(Gilligan's Island)里有很多场景都是在这儿拍摄的。

沿着Ocean Blvd向东，在Orchid Ave的拐角附近是**灵感台**(Inspiration Point)，在这里能看到沙滩、大海与冲浪的更多美景。

行驶路上 » 沿Orchid Ave向北回到Hwy 1公路，然后右转向南行驶。车流随着海景的越发狂野而渐渐地稀疏起来，又因房地产的开发而整洁有序地一直延伸到你左手边的山里。这里离水晶湾州立公园的入口仅有几英里之遥。

---

❻ 水晶湾州立公园

坐拥超过3英里的开放海滩和超过2400英亩未经开发的森林，**水晶湾州立公园**(Crystal Cove State Park; ☎949-494-3539; www.parks.ca.gov; 8471 N Coast Hwy; 每车$15; ⏰6:00至日落; ℗ 🚻)让人几乎忘记自己正身处一个拥挤的大都会地区之中。当然，这是在你驶过停车场并在沙滩上找好地方以后的

事。很多游客不知道水晶湾州立公园，它同时还是一个水下公园，水肺潜水爱好者们可以来看看1949年坠毁在这里的海军战斗机残骸。即便只是在水晶湾狂野多风的海岸线上戏水、钓鱼、划橡皮艇或是冲浪，也同样令人兴奋。对于不喜欢水上活动的人，在Hwy 1公路的内陆一侧也有很多条徒步小径和山地自行车小径。

🍴🛏 见572页

行驶路上 » 沿着Hwy 1公路向南再行驶大约4英里。当商店、饭店、画廊、汽车旅馆和酒店再次云集于公路两旁时，就说明你已经到达古纳海滩了。拉古纳海滩的镇中心是由许多单行道组成的迷宫，就在Laguna Canyon Rd(Hwy 133公路)路口的东边。

线路亮点

❼ 拉古纳海滩

拉古纳海滩(Laguna Beach)是20世纪初期艺术家的聚集地，在看倦了绵延数英里的米黄色方盒式平庸建筑后，它那僻静的小海湾、充满浪漫色彩的峭壁以及充满艺术气息的小屋会让你眼前一亮，备感放松。秉承着珍惜分分秒秒生活之乐的理念，拉古纳通过夏季艺术节、数十个画廊和广受赞誉的**拉古纳美术馆**(Laguna Art Museum; ☎949-494-8971; www.lagunaartmuseum.org; 307

Cliff Dr; 成人/学生和老人/13岁以下儿童 $7/5/免费, 每月的第一个周四免费; ⊙周五至周二 11:00~17:00, 周四至21:00)来欢庆其波希米亚渊源。在镇上, 随便逛逛时尚的精品店就能轻易地消磨掉一个下午。

走到岸边, **主海滩**（Main Beach）上挤满了正在打排球和晒日光浴的人。就在北边断崖的上面, **海斯勒公园**（Heisler Park）蜿蜒伸展, 坐拥公共艺术区、棕榈树林、野餐桌以及迷人的岩石海岸和潮汐池。向下行至**潜水者海湾**（Divers Cove）看看, 这是一个受保护的深水湾。

继续向南, 短短几英里的海岸线上分布着几十个公共海滩。注意看紧邻Hwy 1公路的"beach access"（海滩入口）的路标, 或者直奔受当地人青睐的**阿里索海滩县立公园**（Aliso Beach County Park; ☎949-923-2280; http://ocparks.com/beaches/aliso; 31131 S Pacific Coas Hwy; 停车 每小时 $1; ⊙6:00~22:00; Ｐ♿)。

✕ ⏢ 见573页

行驶路上 » 从镇中心沿Hwy 1公路向南行驶, 大约3英里后到达阿里索海滩县立公园, 之后再行驶4英里就进入了达纳

另辟蹊径
太平洋海洋哺乳动物中心

起点: ❼ 拉古纳海滩

温馨的**太平洋海洋哺乳动物中心**（Pacific Marine Mammal Center; ☎949-494-3050; www.pacificmmc.org; 20612 LagunaCanyonRd; 自愿捐款; ⊙10:00~16:00; Ｐ♿)位于拉古纳海滩内陆大约3英里处, 该中心致力于救治受伤或生病的海洋哺乳动物。这个非营利中心员工很少, 但志愿者很多, 他们负责照顾获救的鳍足类动物（主要是海狮和海豹）, 等它们恢复健康后再放归大自然。顺道过来, 借助自主导览设备参观并多了解些有关这些海洋哺乳动物的知识, 还可以探望一下中心外面、位于后方的"病员"。

角。右转驶入Green Lantern St, 随后左拐上Cove Rd。Cove Rd曲折地经过州立海滩和海洋研究所, 之后与Dana Point Harbor Dr相会。

❽ 达纳角

被码头包围的达纳角（Dana Point）与19世纪的冒险家理查德·达纳（Richard Dana）同名, 关于这里, 他最著名的一句话就是"这是海岸线上唯一浪漫的地方"。今日的达纳角更适合家庭出游, **达纳角港**（Dana Point Harbor）的垂钓船也令人注目。为孩子们设计的**海洋研究所**（Ocean Institute; ☎949-496-2274; www.ocean-institute.org; 24200 Dana

Pt Harbor Dr; 成人/2~12岁儿童 $10/7.50; ⊙周一至周五 10:00~16:00, 周六和周日10:00~15:00, 最后入场时间14:15; Ｐ♿)里拥有诸多史上著名的高桅横帆船的复制品, 以及大量海洋相关的展品和一个漂浮研究实验室。在海港东面的**多黑尼州立海滩**（Doheny State Beach; ☎949-496-6171; www.dohenystatebeach.org; 25300 Dana Point Harbor Dr; 每车 $15; ⊙公园 6:00~22:00, 游客中心 周三至周日 10:00~16:00; Ｐ♿), 你会找到野营桌、排球场、海滨自行车道和一个可以游泳、冲浪、在潮汐池戏水的沙滩。

食 宿

迪士尼乐园 ❶

🛏 Alpine Inn　　　　汽车旅馆 $

（☎714-535-2186; www.alpineinnana
heim.com; 715 W Katella Ave; 房间 $99~149;
Ⓟ❊@☎❄）A字形外观的建筑里有42间"白
雪"覆盖的小木屋，当然还有被棕榈树环
绕的"冰柱"屋顶小屋。它就坐落在迪士
尼加州冒险乐园的边缘，还能看到摩天轮。
Alpine Inn大约建于1958年，里面的空调房
维护得不错。在大厅里，有可以带走的简单
早餐。

🛏 Disney's Grand Californian Hotel & Spa　　　度假村 $$$

（☎信息咨询 714-635-2300, 预订 714-
956-6425; http://disneyland.disney.go.com/
grand-californian-hotel; 1600 S Disneyland Dr;
双 $360起; Ⓟ❊@☎❄）在六层楼高的
Grand Californian中，大教堂般的大厅里
装饰着许多高高的木梁，彰显出迪士尼对
工艺建筑运动的敬意。舒适的房间里配有
宽敞的大床、羽绒枕、睡衣和定制的家具。
外面的游泳池里有一个人造的红木水滑
梯。晚上，孩子们可以在大厅里巨大的石砌
壁炉旁听着故事安然入梦。

纽波特海滩 ❹

🍴 Bear Flag Fish Company　　海鲜 $

（☎949-673-3474; www.bearflagfishco.
com; 3421 Via Lido; 主菜 $10~16; ⏰周二至周
六 11:00~21:00, 周日和周一 至20:00; ♿）在
这里，你可以吃到分量十足的烤面包、炸鱼
玉米饼、墨西哥卷、新鲜的酸橘汁腌鱼和
牡蛎。从冰柜里取出你想要的食物，然后找

一张野餐桌坐下来享用。如果你想要吃到
更加新鲜的海鲜，可以亲自上船捕捞！

🛏 Bay Shores Peninsula Hotel　　酒店 $$$

（☎949-675-3463; www.thebestinn.
com; 1800 W Balboa Blvd; 房间 $190~300;
Ⓟ❊☎）这个经过重建的三层汽车旅馆
里有一些冲浪主题的房间。从《无尽夏日》
（Endless Summer）的海报到新鲜出炉的
免费曲奇饼和免费电影碟片，酒店散发着
惬意随性的海滨气息，而且以顾客为中心。
它位于半岛的拐弯处，因此价格较高。这里
提供免费的停车服务、海滩设备和欧式自
助早餐，你还可以在阳光充足的露台上尽情
享受360度的全景。提供投币式洗衣机。

水晶湾州立公园 ❻

🍴 Ruby's Crystal Cove Shake Shack　　美国菜 $

（☎949-464-0100; www.rubys.com;
7703 E Coast Hwy; 菜肴 $3~11; ⏰7:00~
20:00, 夏季 至21:00; ♿）虽然这家老字号的
木屋小吃店现在已经归Ruby's Diner连锁
餐厅所有，但这里的奶昔和海景依然非常
美妙，一如当初。不要错过红枣奶昔，它非
常可口。这里还供应一日三餐（汉堡、薯条
等），提供儿童菜单。

🛏 Crystal Cove Beach Cottages　　小屋 $$

（☎预订 800-444-7275; www.crystal
covealliance.org; 35 Crystal Cove, Crystal Cove
State Park Historic District; 房间 带公共浴室
$35~140, 小屋 $171~249; ⏰入住 16:00~

21:00; P) 二十余间保存完好的小屋（大约建于20世纪30~50年代）就坐落在海滩上，为顾客提供了独一无二的住宿体验。每间小屋都不一样，房型包括可以居住2~8人的单间或宿舍。想要抢到一间，你需要在预计入住日期前7个月的第1天预订，要不就只能祈祷网上的退订信息了。

拉古纳海滩 ❼

✕ The Stand

素食、严格素食 $

（ ☎949-494-8101; www.thestandnatural
foods.com; 238 Thalia St; 主菜 $6~11; ⏰夏季
7:00~20:00, 冬季 7:00~19:00; ☑）这家小餐馆拥有友好、独立的氛围，供应健康的食物。从鹰嘴豆泥和鳄梨酱三明治到葵花籽沙拉和黑豆大米墨西哥卷，菜单非常多样

化，可以让人获得心灵上的满足。品尝一杯冰沙或纯天然的奶昔吧。在红色的迷你谷仓柜台上点餐，然后祈祷可以找到一张露台餐桌。

🛏 Laguna Beach House

酒店 $$$

（ ☎949-497-6645; www.thelaguna
beachhouse.com; 475 N Coast Hwy; 房间
$205~419; P ✴❄❀🛜🅿🐾 ）绝佳的风水、友善的工作人员、舒适的床铺以及临近海滨的位置，在这个拥有36间房间的酒店里一切都让人觉得舒服。从大厅里的冲浪板到五颜六色的枕头、洁白的墙壁和床单，房间装饰现代、舒适而整洁。你可以在日落时分，跳进户外的加热按摩浴缸，边品葡萄酒边欣赏落日美景。

约书亚树国家公园
造型奇特的树木和巨石点缀的风景

棕榈泉和约书亚树绿洲

43

南加州的沙漠是一片酷热难熬的不毛之地——逃离这里去往棕榈泉和约书亚树国家公园吧,那里阴凉的棕榈树绿洲和椰枣园正等着你呢。

50 英里

隐谷
在约书亚树国家公园里静心宁神

60 英里

基斯观景台
捕捉从山顶到湖面的日落全景

Oasis of Mara
马拉绿洲

Big Morongo Canyon Preserve
大莫伦戈峡谷保护区

Desert Hot Springs
沙漠温泉

4

5

1 起点

Coachella Valley
科切拉山谷 终点

7

棕榈泉
20世纪中叶现代风格的度假小镇,时尚得令人难以置信

卡顿伍德泉
棕榈树荫蔽着烈日下的沙漠

0 英里

125 英里

2~3天
170英里/274公里

最适合

何时去
2月至4月,春季野花盛开,天气凉爽。

最佳摄影点

从基斯观景台上拍摄日落胜景。

最佳隐居地

徒步去迷失棕榈绿洲。

42

棕榈泉和约书亚树绿洲

在时髦的度假胜地棕榈泉不远处，广阔无垠的莫哈韦沙漠与索诺兰沙漠令人心神宁静。这些沙漠乍看之下荒凉孤寂，可一旦踏入其中便会发现不少奇绝美景：阴凉的棕榈树和仙人掌花园、春天时从被烤得又干又硬的土壤里奋力钻出的小野花、可以舒舒服服泡在里面的天然温泉池，以及头顶上漆黑夜空里数不清的星星。

线路亮点

❶ 棕榈泉

好莱坞名人一直把棕榈泉（Palm Springs）当成逃离喧嚣洛杉矶的便捷之地。如今，这个沙漠度假小镇以其大量保存完好的20世纪中叶现代风格建筑而自傲。在**棕榈泉官方游客中心**（Palm Springs Official Visitors Center; ☎760-778-8418; www.visitpalmsprings.com; 2901 N Palm Canyon Dr; ☺9:00~17:00）稍作停留，拿一份自助游建筑导览图。游客中心

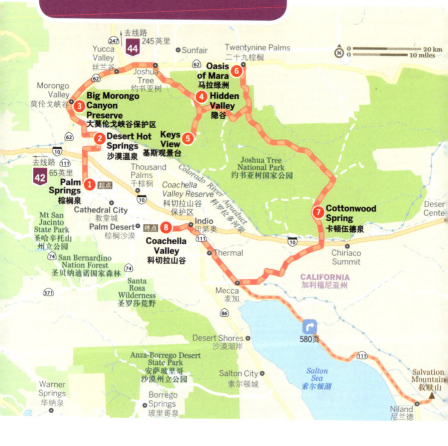

坐落于一个建于1965年的加油站里，由现代主义建筑师阿尔伯特·弗雷（Albert Frey）设计。随后开车上坡，去乘坐**棕榈泉高空缆车**（Palm Springs Aerial Tramway; ☎760-325-1391; www.pstramway.com; 1 Tram Way; 成人/儿童 $26/17, 停车 $5; ⊙第一班缆车 周一至周五 10:00, 周六和周日 8:00, 末班下行缆车 每天 21:45, 时间随季节变化; P ♿）。从酷热的索诺兰沙漠（Sonoran Desert）到凉爽（甚至时有积雪）的圣哈辛托山（San Jacinto Mountains），缆车在不到15分钟的时间内垂直爬升了近6000英尺（约1830米）。

你也可以

42 **迪士尼乐园和奥兰治县海滩**

沿I-10州际公路向西行驶110英里，即可到达迪士尼的魔幻世界（Magic Kingdom），然后再去漫游奥兰治县独具魅力的海滩小镇。

44 **内华达山脉东部观光小道**

经I-10州际公路、I-15州际公路和Hwy 395公路向西北行驶245英里到达孤松镇（Lone Pine），小镇如同电影中的场景一般，居于雄伟的内华达山脉脚下。

山上游览完毕后回到地面，沿Palm Canyon Dr向南行驶时，可以沿途逛逛街边的美术馆、咖啡屋、鸡尾酒吧、潮流餐馆和时尚精品店。要了解这里的文化，请在**棕榈泉艺术博物馆**（Palm Springs Art Museum; ☎760-322-4800; www.psmuseum.org; 101 Museum Dr; 成人/儿童 $12.50/免费, 周四 免费; ⊙周日至周二和周六 10:00~17:00, 周四和周五 正午至21:00; P）观看最新的展览。

🍴🛏 见581页

行驶路上 » 沿Indian Canyon Dr向北驶出棕榈泉中心大约7英里远，途中穿越I-10州际公路。右拐上Dillon Rd, 2.5英里后左转进入Palm Dr, 该路向北直达沙漠温泉的中心。

- - - - - - - - - - - -

❷ 沙漠温泉

1774年，西班牙探险家胡安·鲍提斯塔·迪·安扎（Juan Bautistade Anza）成为发现沙漠里的卡维亚（Cahuilla）部落的欧洲第一人。之后，阿瓜·加林特（Agua Caliente）这个西班牙名字就同时成了当地原住民和天然温泉的名称。如今，温泉仍旧从沙漠温泉（Desert Hot Springs; www.visitdeserthotsprings.com）镇穿流而过，镇上有众多时髦的精品酒店，酒店之下具有保健作用的泉水正从地下深处汩汩而出。

模仿蒂姆·罗宾斯

（Tim Robbins）在电影《大玩家》（*The Player*）里的滑稽段落，到位于绿洲之中的**Two Bunch Palms Spa Resort**（☎760-676-5000; www.twobunchpalms.com/spa; 67425 Two Bunch Palms Trail; 1日温泉套餐 $195起; ⊙需预订 周二至周四 9:00~19:00, 周五 9:00~20:30, 周六 8:00~20:30, 周日和周一 8:00~19:00）洗个泥浴。你可以在众多的游泳池和日光浴区域里来回穿梭，但要注意保持安静（也就是说，你只能低声耳语）。

🛏 见543页

行驶路上 » 沿Pierson Blvd向西驶回Indian Canyon Dr。右拐转向西北，穿过沙漠温泉尘土飞扬的近郊。随后右转驶入Hwy 62公路，向东朝丝兰谷（Yucca Valley）方向行进。约4英里后，右拐进入East Dr，寻找指向大莫伦戈峡谷保护区的路标。

- - - - - - - - - - - -

❸ 大莫伦戈峡谷保护区

大莫伦戈峡谷保护区（Big Morongo Canyon Preserve; ☎760-363-7190; www.bigmorongo.org; 11055 East Dr, Morongo Valley⊙7:30至日落; P ♿）是一片隐藏在高地沙漠里的绿洲，是个观鸟的好去处。蛰居于小圣贝纳迪诺山（Little San Bernardino Mountains）中，这个小溪潺潺的水边小镇上到处是棉白杨和柳树。在这里已发现了近250种鸟类，其中有70多种鸟将这一地区当作了繁殖地。你可以沿着木制步道漫步穿过沼泽林地，蜂鸟在花丛中飞舞，啄木鸟在树干上忙碌。

行驶路上 » 重新回到Hwy 62公路，向东经过丝兰谷，路边有很多古玩酒店、画廊和咖啡馆。约书亚树（Joshua Tree）镇距离大莫伦戈峡谷保护区约16英里，是一个可以过夜的理想基地。到达约书亚树镇后，在Hwy 62公路与Park Blvd相交的路口右拐，行驶5英里到达约书亚树国家公园的西入口。一定确定你的油箱已经加满了油。

线路亮点

❹ 隐谷

是时候进入**约书亚树国家公园**（Joshua Tree National Park; ☎760-367-5500; www.nps.gov/jotr; 7日通票 每车$25; ⏰24小时; Ｐ 🚻 ）了，这是一个巨石与约书亚树沙地林交相辉映的仙境。属于龙舌兰科的约书亚树是由摩门教定居者命名的，他们认为它那带着尖刺的弯曲树枝酷似高举双手向天空祈祷的先知。

一路沉醉在美景中，沿蜿蜒的公园道路行驶约8英里，就到达了**隐谷**（Hidden Valley）野餐区。左转驶过露营地，到达通往**巴克大坝**（Barker Dam）的步道起点。这里有一条1英里长的自然步道环路，适合带孩子走

走，途中经过一个美丽的小人工湖和一块刻有美洲原住民岩画的巨石。

如果你喜欢历史和西方传说，可以前往国家公园的办公室，参加一个由公园管理员带领的步行游，前往附近的**基斯牧场**（Keys Ranch; ☎760-367-5500; www.nps.gov/jotr; 团队游 成人/儿童 $10/5; ⏰随团队游时间变化; Ｐ 🚻 ），它是19世纪拓荒者从事养牛、采矿和建设沙漠农场等工作的地方。

行驶路上 » 返回Park Blvd，向南穿过怪石嶙峋的岩层和一片片带着尖刺的约书亚树林。跟

着清晰的指示右拐，前往基斯观景台。在接下来的5.5英里路程中，你会经过几处步道起点和一些道旁的说明性展览，最终向上抵达观景台。

线路亮点

❺ 基斯观景台

一定要在日落前一个小时前往**基斯观景台**（Keys View; 5185英尺，约1580米），在那里可以欣赏到**科切拉山谷**（Coachella Valley）的全景；向南极目远眺，可以看到波光粼粼的索尔顿湖（Salton Sea）；在特别晴朗的日子里，甚至能

可以看到圣哈辛托山美景的高尔夫球场

看到墨西哥境内的西格那山（Signal Mountain）。

在你前方隐约可见的是南加州的两个最高峰：**圣哈辛托山**（Mt San Jacinto; 10,800英尺，约3292米）和**圣戈尔戈尼奥山**（Mt San Gorgonio; 11,500英尺，约3505米），它们即使在春季也经常是白雪皑皑的景象。山下则是如长蛇般蜿蜒的**圣安德烈亚斯断层**（San Andreas Fault）。

行驶路上 » 下山驶回Park Blvd。右转，曲折地穿过公园的仙境岩（Wonderland of Rocks），途中会经过几个露营地。10英里后，靠左继续驶在Park Blvd上，然后北行8英里到达二十九棕榈（Twentynine Palms），进入犹他小径（Utah Trail）公路。

🟠6 马拉绿洲

前往约书亚树国家公园的**绿洲游客中心**（Oasis Visitor Center; www.nps.gov/jotr; 74485 National Park Dr, Twentynine Palms; ☉8:30~17:00; 🅿），参观有关南加州扇叶棕榈树的教育展。人们发现这些棕榈树常沿着断层线生长，这是因为地壳断裂处常有地下水涌出地面。

游客中心外，一条平缓的半英里徒步道延伸至**马拉绿洲**（Oasis of Mara），它曾是塞拉诺（Serrano）人驻扎地。问一下如何去紧邻Hwy 62公路、通往**四十九棕榈绿洲**（49 Palms Oasis）的徒步路径起点。这是一段全长3英里的往返徒步，阳光暴晒下的泥土小径将带你走上山脊，然后陡然直下，进入岩石密布的峡谷，穿过长着仙人掌的贫瘠土地，一直朝向远处的那一抹绿色。

行驶路上 » 沿着犹他小径公路向南返回，再次进入公园后沿Park Blvd向南，在第一个主路口左转，沿Pinto Basin Rd继

另辟蹊径
索尔顿湖

起点：**7** 卡顿伍德泉

当你沿着Hwy 111公路向麦加的东南方行驶时，将会遇到一个不可思议的美景：在加利福尼亚最大沙漠的中心，赫然出现了加利福尼亚最大的湖泊——**索尔顿湖**(Salton Sea)。该湖的形成源自一次意外，1905年春天，引科罗拉多河河水灌溉帝王谷(Imperial Valley)农田的引水渠出现缺口，河水汇流于此形成了湖泊。20世纪中期，这里曾被宣传为"加利福尼亚的里维埃拉"(California Riviera)，建起了很多海滨度假别墅。但是，由于农业的径流量增加了湖泊盐度，使鱼类无法生存，索尔顿湖几乎被废弃。该湖附近还有一处更新奇的民俗艺术景观——**救赎山**(Salvation Mountain，☏760-624-8754；www.salvationmountaininc.org；603 E Beal Rd, Niland；接受捐赠；⊙黎明至黄昏；🅿)，这是一座被丙烯涂料和收集物覆盖的人工山体，上面还刻有基督教的宗教信息。它位于尼兰德(Niland)郊区，通往板坯市(Slab City)的Hwy 111公路以东约3英里处。

续前行，蜿蜒向南行驶30英里即可到达卡顿伍德泉。

线路亮点

7 卡顿伍德泉

在驶向卡顿伍德泉(Cottonwood Spring)的途中，你会从地势较高的莫哈韦沙漠(Mojave Desert)进入地势较低的索诺兰沙漠(Sonoran Desert)。在**仙人掌花园**(Cholla Cactus Garden)里，带有便利标签的植物样本会在春天突然花满枝头，其中就有墨西哥刺木(ocotillo)：它的枝条仿佛绿色章鱼的触手，上面还点缀着火焰般的猩红色小花，很容易辨认。

在**卡顿伍德游客中心**(Cottonwood Visitor Center；www.nps.gov/jotr；⊙8:30~16:00；🚻)左转，向东行驶不远并途经一处露营地后便

是**卡顿伍德泉**(Cottonwood Spring；☏760-367-5500；www.nps.gov/jotr；🅿)。这里曾是卡维亚(Cahuilla)部落的聚居地，因而留下了灰泥和陶土罐等很多的考古学证据。19世纪晚期，卡顿伍德泉成了一处淘金的热门地。那些现已干涸的泉水是一条7.5英里长的往返徒步路线的起点，路程稍有些艰苦，通往**迷失棕榈绿洲**(Lost Palms Oasis)，这是一个被孤寂和美景所眷顾的扇叶棕榈树绿洲。

行驶路上 » 从卡顿伍德泉向南，穿过I-10州际公路，来到风景如画的Box Canyon Rd，这条公路穿过沙漠，投下身影，盘旋蜿蜒着向索尔顿湖延伸。行至公路尽头取道66th Ave向西去往麦加(Mecca)，然后右转进入Hwy 111公路，向西北方("upper valley")驶往印第奥(Indio)。

8 科切拉山谷

炎热而肥沃的科切拉山谷(Coachella Valley)是你约会梦中佳人的理想去处——嗯，我们说的是长在树上的那种("date"除了约会外还有椰枣的意思)。在椰枣农场，你可以免费品尝各种异国品种，比如halawy、deglet nour和zahidi，但为这个山谷所独有的却是那浓滑的椰枣奶昔，用来做奶昔的椰枣来自经过专业认证的有机农场**绿洲椰枣园**(Oasis Date Gardens；☏760-399-5665；www.oasisdate.com；59-111 Grapefruit Blvd/Hwy 111, Thermal；⊙9:00~16:00；🅿🚻)，或者来自20世纪20年代起就在这里开垦拓荒的**神盾椰枣园**(Shields Date Garden；☏760-347-7768；www.shieldsdategarden.com；80-225 Hwy 111, Indio；⊙9:00~17:00；🅿🚻)。

食宿

棕榈泉 ❶

✘ Sherman's Deli & Bakery　熟食 $

（☎760-325-1199; www.shermansdeli.com; 401 E Tahquitz Canyon Way; 三明治 $8~18; ⊙7:00~21:00; ♿🚸）在微风吹拂的人行道露台上，餐厅供应着40种三明治（最抢手的是五香烟熏牛肉）、吮指烤鸡、熏鲑鱼、贝果面包圈和各种美味的派。

✘ Workshop Kitchen + Bar　美国菜 $$$

（☎760-459-3451; www.workshoppalmsprings.com; 800 N Palm Canyon Dr; 主菜 $26~45; ⊙周一至周日 17:00~22:00, 周日 10:00~14:00; ♿）隐藏在20世纪20年代华丽的El Paseo大楼后面，它的中心是一个挑高的混凝土通道，两侧则是令人心情舒畅的隔间。厨房已经重新装饰成21世纪的现代风格，酒吧是城里最热闹的地方之一。

🛏 Arrive Hotel　精品酒店 $$

（☎760-507-1650; www.arrivehotels.com; 1551 N Palm Canyon Dr; 公寓 $179起; Ⓟ♨❄🛜🍽🐾）环境友好型的锈色钢材、木材和混凝土是这个新酒店（不接受未成年人）的主要设计元素，这里的酒吧还兼行接待处。32个房间（有些带有露台）里都有必备的设施。泳池边的餐馆、咖啡店、冰激凌店和自酿啤酒吧也深受当地人的好评。

沙漠温泉 ❷

🛏 El Morocco Inn & Spa　精品酒店 $$

（☎760-288-2527; http://elmoroccoinn.com; 66810 4th St; 房间 $199~219; Ⓟ♨❄🛜🍽）这个美丽无比的酒店非常引人注目，氛围也是极其浪漫。12个充满异国风情的房间环绕着一个游泳池而建，在"欢乐时光"期间，热情的老板会为你提供免费的"Morocco-tinis"鸡尾酒。

🛏 Spring Resort & Spa　度假村 $$

（☎760-251-6700; www.the-spring.com; 12699 Reposo Way; 房间 $189~219, 别墅 $299; Ⓟ❄🛜🍽）这里曾是一家20世纪50年代不起眼的汽车旅馆，如今被重新改造成了时髦、安静的水疗中心。天然的热矿泉水为这里的三个游泳池供给水源。度假村的十几个房间都是极简主义风格，但设施齐全（厚重的亚麻床单、柔软的长袍、小厨房）。仅限成年人居住。

约书亚树

✘ Pie for the People　比萨 $

（☎760-366-0400; www.pieforthepeople.com; 61740 29 Palms Hwy/Hwy 62; 比萨 $8~26; ⊙周五至周四 11:00~21:00, 周五和周六 至22:00; ♿）在这个深受附近居民喜爱的薄皮比萨店中，不仅有经典的比萨，还有极具创意的David Bowie: 白比萨搭配马苏里拉奶酪、用吉尼斯黑啤酿制的焦糖洋葱、墨西哥辣椒、菠萝、培根和甜梅酱。

🛏 Spin & Margie's Desert Hide-a-Way　旅馆 $$

（☎760-366-9124, 760-774-0850; www.deserthideaway.com; 64491 29 Palm Hwy/Hwy 62; 双 $145~185; Ⓟ♨❄🛜）五间色彩大胆的套房由带波纹的铁皮、旧车辆牌照和卡通艺术品辅以装饰，每个房间都有厨房和平板电视（带有DVD和CD播放机）。

亚拉巴马山 一个令人惊叹的石拱

内华达山脉东部观光小道

44

沿着加利福尼亚的拱形地脊一路向北，Hwy 395公路上充满了令人眼花缭乱的高海拔美景、破落的老西部鬼城和数不尽的休闲度假胜地。

线路亮点

终点 ●Reno里诺

220 英里
博迪州立历史公园
荒僻的狂野西部鬼城里，幽灵徘徊不去

10

9
June Lake Loop
六月湖环线

190 英里
莫诺湖
奇幻的蓝色沙漠湖泊中，凝灰岩塔悄然耸起

7 6

130 英里
马默斯湖
冬有雪场，夏可骑行

Bishop
毕晓普

140 英里
瑞德斯草地
通往远古火山岩，毗邻绚丽飞瀑

Independence
独立镇

Manzanar National Historic Site
曼扎纳尔国家历史遗址

Whitney Portal
惠特尼山口

● Lone Pine 孤松镇
起点

3~5天
360英里/580公里

最适合

何时去

6月至9月，暖日融融，（大部分）雪消山出，正是漫步山间的好时候。

 最佳摄影点

日出或日落时分的亚拉巴马山，映衬着白雪皑皑的内华达山脉。

☑ **最佳户外活动**

在宁静的山间小径徒步，在马默斯湖边露宿。

583

44 内华达山脉东部观光小道

作为通向加利福尼亚最广袤荒原的门户，Hwy 395公路——又称内华达山脉东部观光小道——将高耸入云的群山、波光粼粼的蓝色湖泊和仿若无边无垠的内华达山脉东段串成一线。户外活动充满了魅力，不单是行驶在柏油公路上的乐趣，还有老西部荒凉的鬼城、独一无二的地质风貌和流水潺潺的天然温泉正在等待人们前来探索。

- - - - - - - - -

❶ 孤松镇

孤松镇（Lone Pine）非常小，却是进出内华达山脉东部崎岖景区的南大门。在镇子的南端，**西方电影史博物馆**（http://www.lonepinefilmhistorymuseum.org；☎760-876-9909；www.lonepinefilmhistorymuseum.org；701 S Main St；成人/12岁以下儿童 $5/免费；⏰5月至10月 周一至周三 10:00~17:00，周四至周六 至19:00，周日 至16:00，11月至次年3月 周一至周六 10:00~17:00，周日 至16:00；🅿️🚻）展出了在该地区拍摄的450余部电影的大量用品和道具。不要错过剧院里的临时放映和前厅里那辆特立独行的凯迪拉克敞篷车。

就在镇中心外面的Whitney Portal Rd上，一缕橘红色的绝美晚霞使**亚拉巴马山**（Alabama Hills）成了欣赏缓缓日落的必到之处。这里曾在多部西部电影以及电视连续剧《独行侠》（*Lone Ranger*）中作为背景频繁出镜，那圆圆的土色小丘在铁灰色的山麓和内华达山脉锯齿状尖峰的映衬下更显突出，一些优雅的岩拱离公路不远，可轻松地徒步前往。

🍴🏨 见592页

行驶路上》 从孤松镇开始，高低起伏的内华达山群峰直插云霄，争相表现它们的狂野与荣光。沿Whitney Portal Rd向西行驶，经过亚拉巴马山然后挑战一下自己，在这条令人眼晕的道路上一直爬升到尽头，

全程距离Hwy 395公路仅13英里。放眼望去，怀特山（White Mountains）向东高耸入云，夺人眼球的欧文斯山谷（Owens Valley）则在脚下绵延。

- - - - - - - -

❷ 惠特尼山口

海拔14,505英尺（约4421米），像是一位屹立于云端的花岗岩巨人，**惠特尼峰**（Mt Whitney; www.fs.usda.gov/inyo）是美国本土48州内的最高峰，每年夏天都吸引着成千上万的高山徒步旅行者。让人梦寐以求的攀登许可（要非常好运才能得到）是去顶峰的唯一护照，虽然有些顺便过来的一日游旅行者可以爬至孤松湖（Lone Pine Lake）——往返约6英里——但这在著名的惠特尼小径（Whitney

你也可以

41 约塞米蒂、红杉与国王峡谷国家公园

在利韦宁沿Hwy 120公路向西，途经海拔9945英尺的迪欧戈山口后，进入约塞米蒂国家公园。

43 棕榈泉和约书亚树绿洲

从孤松镇出发，向东南行驶245英里，经由Hwy 395公路、I-15州际公路和I-10州际公路，才能到达南加州的沙漠游乐场。

Trail)上只不过才刚刚开了个头而已。充满激情的徒步者可以在**Whitney Portal Store**(☎760-876-0030; www.whitneyportalstore.com; ⏰5月至10月 时间变化不定; ☎)稍事停留, 这里为饥肠辘辘的旅行者准备了超大号的汉堡和盘子大小的煎饼。

当你到了这个由若干较小山峰环抱着的雄伟巨石时, 请记住, 这个国家的最低点就位于此处以东仅80英里(直线距离)的地方: 死谷(Death Valley)的恶水(Badwater)。

行驶路上 » 循原路折回到孤松镇, 沿Hwy 395公路向北行驶9英里。长满矮小灌木和风滚草的沙漠占据了内华达山脉的古铜色山麓与怀特山脉之间的山谷。曼扎纳尔国家历史遗址就在公路的西侧, 有很清晰的路牌指引。

-----

❸ 曼扎纳尔国家历史遗址

作为记录了美国历史上最为黑暗的一段时期的纪念地, 曼扎纳尔国家历史遗址(Manzanar National Historic Site)就位于这片贫瘠多风的土地上, 周围是白雪皑皑的山峰。在"二战"最激烈的时期, 美国政府在日本偷袭了珍珠港之后将10,000多名日本裔美国人拘禁于此。虽然如今这个声名狼藉的战争拘禁营里并没有留下多少东西, 但当时的高中礼堂现在却是一个很好的**讲解中心**(☎760-878-2194; www.nps.gov/manz; 5001 Hwy 395; ⏰4月至10月中旬 9:00~17:30, 10月中旬至次年3月 10:00~16:30; P ♿)。观看时长22分钟的纪录片, 再参观那些发人深思的展品, 它们记录下了当年被困于此的潦倒家庭是如何建立起一个生机勃勃的社区的故事。随后可以参加一个自主导览游, 驱车绕营地一周, 全程3.2英里, 可以看到一个重建的食堂、几座军营、建筑和花园的遗迹, 以及令人难忘的拘禁营墓地。

海拔14,375英尺(约4382米)的威廉姆森峰(Mt Williamson)是个孤独的庞然大物, 在春天里漫山开遍黄色的野花。它赫然兀立在这片尘土飞扬的平原上, 常常被误认为是惠特尼峰。

行驶路上 » 沿着Hwy 395公路继续向北6英里, 驶向独立镇。在镇中心, 找到前面立有罗马柱的因约县政府大楼(Inyo County Courthouse), 然后左转驶入W Center St。再驶过6个街区, 穿过一片住宅区, 直达路的终点。

-----

❹ 独立镇

这个沉睡的公路小镇从1866年起就是县政府的所在地, **东加利福尼亚博物馆**(Eastern California Museum; ☎760-878-0364; www.inyocounty.us/ecmsite;

155 N Grant St; 捐款入馆; ⏰10:00~17:00; P ♿)位于此地。博物馆内关于内华达山脉东部地区历史与文化的介绍非常丰富, 拥有全美最全的派尤特族(Paiute)和肖肖尼族(Shoshone)篮子藏品, 还有当地攀岩者攀登内华达山脉群峰的历史照片——包括惠特尼峰在内; 登山者们背着巨大的行囊, 没有绳索

马默斯湖

保护。值得留意的还有来自曼扎纳尔的手工艺品以及一个关于争取本地区的供水不改道洛杉矶的事件展。

著名作家玛丽·奥斯汀（Mary Austin；1868～1934年）是《少雨的土地》（Land of Little Rain）一书作者，多年来一直为阻止欧文斯山谷沙漠化奋力疾呼，她的粉丝可以沿着路标向东

去参观其位于**253 Market St**的故居。

行驶路上 » 沿着Hwy 395公路向北，文明气息再次消逝于充满梦幻色彩的花岗岩群山、中等大小的山麓和（一年中的大多数时间都是）无边无际的亮蓝色天空之中。发黑的火山凝灰岩不时地出现在路边。驶过那个一眨眼就会错过的巨松镇（Big Pine），进入毕晓普。

❺ 毕晓普

作为内华达山脉东部地区的第二大城镇，位于孤松镇到里诺（Reno）途中约三分之一处的毕晓普（Bishop）是徒步旅行者、自行车骑行者、垂钓者和登山者的主要集结地。盖伦·罗威尔（Galen Rowell）晚期的摄影作品描绘出内华达山脉（别称

另辟蹊径
古狐尾松树林

起点：**④ 独立镇**

如果想要邂逅一些地球上最古老的生物，那就要花上至少半天的时间去探索**古狐尾松树林**（Ancient Bristlecone Pine Forest；☎760-873-2500；www.fs.usda.gov/inyo；⊙通常5月中旬至11月；🅿️♿️）。这些弯弯曲曲、外表怪异的松树在海拔10,000英尺以上、看似荒凉的怀特山山麓上茂盛地生长，这焦干荒凉的山脉曾经比内华达山脉还要高。这里树龄最高的树——名叫玛土撒拉（Methuselah；意为"老寿星"）——据估计已经4700多岁了，比埃及吉萨金字塔的狮身人面像还要老上200年左右。

要到达这些树林，可从巨松镇（Big Pine）出发，沿Hwy 168公路向东12英里到White Mountain Rd，然后左转（向北），沿曲折的公路行驶10英里到**舒尔曼树林**（Schulman Grove），该树林以20世纪50年代首位发现树龄的科学家的名字命名。从独立镇算起，单程需1小时左右。此外，在有太阳能的**舒尔曼树林游客中心**（Schulman Grove Visitor Center；☎760-873-2500；www.fs.usda.gov/inyo；White Mountain Rd；每人/每车$3/6；⊙5月中旬至11月上旬 周五至周一 10:00~16:00）附近，还有许多自助游小径。White Mountain Rd通常会在11月至次年4月期间关闭。

High Sierra）的动人美景，其作品曾经收藏于**山脉之光画廊**（Mountain Light Gallery），不过该画廊现在已关闭。

在Hwy 395公路转向西行的地方，沿Hwy 6公路继续向东北行驶，4.5英里后到达**劳斯铁路博物馆及历史遗址**（Laws Railroad Museum & Historic Site；☎760-873-5950；www.lawsmuseum.org；Silver Canyon Rd；捐款 $5；⊙10:00~16:00；♿️），这是于1960年关闭的卡森（Carson）与科罗拉多窄轨铁路线的遗址。火车迷一定会为这里收藏的古董火车而心跳加速，而孩子们也会喜欢探索1883年的火车站并敲敲那个黄铜铃铛。该地区的几十幢历史建筑与那一时代的文物相辅相成，形成了一个风格统一的村庄，恍如时空穿越。

✂️ 见592页

行驶路上 » 回到Hwy 395公路，继续向北行驶40多英里到与Hwy 203公路交叉处，途中经过克劳利湖（Lake Crowley）和长谷火山（Long Valley Caldera）地震带的南端。趁着Hwy 203公路还没进入镇中心，在马默斯湖接待中心（Mammoth Lakes Welcome Center）稍作停顿，可以获取非常有用的当地信息。

线路亮点

❻ 马默斯湖

马默斯湖（Mammoth Lakes）坐落在海拔8000英尺（约2438米）高度，风光壮丽。它是一个全年活跃的户外游憩小镇，人们惊叹于它的高山旷野，痴迷于它的鲜明标志——顶峰11,053英尺（约3370米）的马默斯山（Mammoth Mountain）。这个正迅速发展的**度假村建筑群**（☎760-934-2571，24小时降雪报告 888-766-9778；www.mammothmountain.com；成人/13~18岁青少年/7~12岁儿童 $125/98/35；♿️）位于海拔3100英尺（约945米）处——足以激发任何雪上运动爱好者的兴趣。度假村超长的开放季也让人羡慕，可能从11月延续到次年6月。

当积雪最终消融，这个雪上运动度假地便迅速换装，摇身一变成为规模广阔的马默斯山地自行车公园（Mammoth Mountain Bike Park）。大量的山地自行车骑手在这里整装待发，阵容之大几乎会让人误以为系列灾难电影《疯狂的麦克斯》(*Mad Max*)在拍摄续集。该公园拥有总长超过80英里、维护良好的自行车小道和一个疯狂的地形公园，吸引着真正的高手玩家。

令人眩晕的**缆车**(☎800-626-6684; www.mammothmountain.com; 成人/13~18岁青少年/5~12岁儿童 \$29/24/12; ⊙变化不定; P🅿) 全年开放，可以把游客送到山巅去欣赏白雪斑驳的山顶美景。

✕ 见592页

行驶路上 » 把车停在马默斯山，在缆车站(Gondola Building)搭乘强制性的瑞德斯草地班车。但你也可能会想要开车向西上行1.5英里，到米娜瑞塔观景点(Minaret Vista)，去饱览里特山脉(Ritter Range)、锯齿状的米娜瑞塔山和约塞米蒂国家公园的边远地带那令人瞠目的美景，再返回Hwy 203公路。

线路亮点

❼ 瑞德斯草地

马默斯附近最美丽和地貌最多变的景点之一就是马默斯山以西的瑞德斯草地山谷(Reds Meadow Valley)。而在瑞德斯草地(Reds Meadow)，最具吸引力的景点就是**魔鬼柱国家纪念地**(Devils Postpile National Monument; ☎760-934-2289;

www.nps.gov/depo; 班车 一日票 成人/儿童 \$7/4; ⊙5月下旬至10月)有着上万年历史的奇幻火山岩构造。接近垂直的玄武岩柱高达60英尺(约18米)，有6个面，在熔岩流缓慢停止、冷却和断裂过程中形成了不可思议的对称均衡模样。这种蜂巢式的造型在立柱的顶端看得最清楚，可以通过一条很短的小径上去。从**魔鬼柱护林站**(Devils Postpile Ranger Station; ☎760-934-2289; www.nps.gov/depo; ⊙6月中旬至10月中旬 9:00~17:00)出发，经过一条半英里长、简单易行的小径即可到达岩柱。

从纪念地出发，一条2.5英里长的徒步小径穿过留有火灾痕迹的森林，通向壮观的**彩虹瀑布**(Rainbow Falls)：圣华金河(San Joaquin River)行至此处，

由101英尺高的玄武岩峭壁上倾泻而下。要在奔腾的水雾中看到彩虹，最好的时机是正午。从瑞德斯草地班车站出发，也有一条1.5英里长的简易小径通往瀑布。

行驶路上 » 回到Hwy 395公路，继续向北驶入Hwy 158公路，别忘了拿出相机留下六月湖环线上高山湖泊和山峰的倩影。

❽ 六月湖环线

在卡森峰(Carson Peak; 10,909英尺，约3325米)庞大的身影之下，全长16英里的六月湖环线(June Lake Loop, Hwy 158公路)给人带来无数惊喜。它蜿蜒地穿过一个风景如画的马蹄铁形峡谷，途经轻松惬意的六月湖镇和4个波光粼粼盛产鱼虾的湖泊：格兰特湖(Grant)、银湖(Silver)、

内华达山脉东部温泉

在怀特山脉和内华达山脉之间靠近马默斯湖的地方，有很多诱人的天然温泉水塘，可以以此欣赏四周白雪高山的全景风光。在这样的高海拔地区，夏夜依然寒冷，远处还会传来草原狼的叫声，可即便如此，你也不会舍得擦干身子离开此处。在马默斯湖东南约9英里处，Benton Crossing Rd紧邻Hwy 395公路向东延伸，通向这片怡人的温泉。详细方向和地图可参考马特·比肖夫(Matt Bischoff)的《畅游加利福尼亚和内华达州的温泉：遥远西部的最佳温泉指南》(*Touring Hot Springs Californiaand Nevada:A Guide to the Best Hot Springs in the Far West*)，这份指南地图相当不错；或访问www.mammothweb.com/recreation/hottubbing.cfm查询指南。

盖尔湖（Gull）和六月湖（June）。秋季漫山遍野金黄色山杨的景象更是美不胜收，而强壮的冰山登山者则在冬季来这里攀登冰瀑。

六月湖的后面是延伸进约塞米蒂国家公园的安塞尔·亚当斯荒野（Ansel Adams Wilderness）。从银湖出发，宝石湖（Gem Lake）和阿格纽湖（Agnew Lake）都是绝佳的一日徒步之选，此外，还可租船和骑马。

行驶路上 » 再次回到Hwy 395公路，继续向北，沿途圆形的莫诺火山口（Mono Craters）点缀着干燥且满是低矮灌木的东部风景，渐渐地，莫诺湖盆地（Mono Lake Basin）出现在眼前。

线路亮点

⑨ 莫诺湖

这个北美第二古老的湖泊安静而神秘，宽广的深蓝色水面上倒映着嶙峋突兀的内华达山脉群峰，而年代尚短的火山锥和怪异的凝灰岩（Tufa；发音为too-fah）塔使得莫诺湖（(Mono Lake)）更加与众不同。当钙质随地下泉涌出并跟碱性湖水中的碳酸盐相结合时，凝灰岩便形成了；犹如积沙成塔，凝灰岩塔便在点滴积累中从水中逐渐伸出。

可惜的是，这里的盐度和碱度太高，并不适合游泳，不过可以划着皮艇或是

独木舟在风化的凝灰岩塔间穿行，沉醉于莫诺火山口的开阔景色之中，又或是悄悄窥探在这个独特的栖息地生活的水鸟。

位于利韦宁（Lee Vining）以北半英里处的**莫诺盆地景区游客中心**（Mono Basin Scenic Area Visitor Center; ☏760-647-3044; www.fs.usda.gov/inyo; 1 Visitor Center Dr; ⏰通常4月至11月 8:00～17:00; ♿）提供解说展示和有关莫诺湖的20分钟视频，此外还有一家书店。

✕ 见592页

行驶路上 » 在利韦宁以北约10英里处，Hwy 395公路到达了它的最高点——康韦峰（Conway Summit; 8148英尺，约3325米）。在观景点处停下来，品味莫诺湖在莫诺火山口、六月山和马默斯山映衬下那令人赞叹的全景风光。继续北行大约8英里，再沿着Hwy 270公路（冬季封路）向东行13英里；最后的3英里是没有铺砌的土路。

线路亮点

⑩ 博迪州立历史公园

要想回到淘金热时代，就去**博迪州立历史公园**（Bodie State Historic Park; ☏760-647-6445; www.parks.ca.gov/bodie; Hwy 270; 成人/儿童 $8/4; ⏰3月中旬至10月 9:00~18:00,11月至次年3月上旬 至16:00）。这是西部最

真实和保存最完好的鬼城之一。1859年，人们在这里发现了金矿，于是小镇迅速地从一个一无所有的采矿营地变成了拥有上万名法外狂徒的新兴城镇。在19世纪70年代和80年代，这里出产了价值约3500万美元的黄金和白银，但当产量直线下降时，博迪就被废弃了。如今，在这个寒冷、贫瘠、多风的山谷里，还有大约200栋饱经风霜的建筑被封冻在那个时代。透过满是灰尘的窗户，你可以看见尚有存货的商店、家具齐备的住宅、一间有书有课桌的学校、一个监狱以及许多其他的建筑。原先的矿工工会大厅现在是**博物馆和游客中心**，公园管理员提供免费的夏季团队游。

行驶路上 » 再一次回到Hwy 395公路上，很快你就会到达布里奇波特（Bridgeport）。从那里出发，沿着伴随蜿蜒的沃克河（Walker River）一路向前的双车道公路行驶，大约2个小时后可以抵达里诺。

⑪ 里诺

作为内华达州的第二大城市，里诺（Reno）稳稳地抓住了非赌博业的商机，成为了四季皆宜的户外休闲中心。特拉基河（Truckee River）从群山环绕的城市中心穿过，将之一分为二。在夏季的酷暑中，**特拉基河激流公园**（Truckee River

另辟蹊径
弗吉尼亚城

起点: ❿ 博迪州立历史公园

在19世纪60年代的淘金热时期，弗吉尼亚城（Virginia City）是狂野西部一个雄心勃勃、飞速发展的新兴城市。充满传奇色彩的康斯托克矿脉（Comstock Lode）就在这里。它是一条巨大的白银富矿，于1859年被发现，也是世界上矿藏最丰的矿脉之一。其中的一些白银大亨成了加利福尼亚历史上的重要人物，而大半的旧金山也是靠着从这片土地里挖出的财富而建立起来的。在它的全盛时期，马克·吐温曾住在这个喧嚣的地方，目睹了这里的采矿生活，并且将他的经历写成了《苦行记》（*Roughing It*）。

这个高海拔的小镇已被列入美国国家历史名胜，小镇的主街上有维多利亚风格的建筑、木头人行道、样子古怪的酒吧和各种小博物馆，或夸张可笑，或引人入胜。在主干道C St上，可以找到**游客中心**（☎775-847-7500; www.visitvirginiacitynv.com; 86 S C St; ⊙周一至周六 9:00~17:00, 周日 10:00~16:00）。想了解那些矿业精英们的生活，可以去**麦基大厦**（Mackay Mansion; ☎775-847-0373; www.uniquitiesmackaymansion.com; 291 S D St; 成人/儿童 $5/免费; ⊙10:00~18:00）和**城堡**（Castle; Taylor和B Sts交叉路口）看看。

从卡森城（Carson City）沿Hwy 395公路行驶，然后向东进入Hwy 50公路，接着经由Hwy 341公路和Hwy 342公路再行驶7英里即可到达弗吉尼亚城。从弗吉尼亚城出发，沿Hwy 341公路曲折地通过13英里壮观的高原沙漠，再次驶上Hwy 395公路，7英里后到达里诺。

Whitewater Park）里挤满了来自城里的皮划艇爱好者和抱着内胎来游泳的人。两条皮划艇划道围绕着温菲尔德公园（Wingfield Park），这个不大的河心滩每年都举办免费的夏季音乐会。**Tahoe Whitewater Tours**（☎775-787-5000; www.gowhitewater.com; 400 Island Ave; 2小时皮划艇出租/团队游 $48/68起）和**Sierra Adventures**（☎755-323-8928; www.wildsierra.com; Truckee River Lane; 皮划艇出租 $22起）提供皮划艇出租、团队游和课程服务。

 见592页

食宿

孤松镇 ❶

✕ Alabama Hills Cafe 　美式小馆 $

（☎760-876-4675; 111 W Post St; 主菜 $8~14; ⏰7:00~14:00; 🚗🍴🐾🚲) 这是一家所有人都喜欢的早餐店，食物分量十足，有新鲜出炉的面包、丰盛的汤。诱人的三明治和水果派也让午餐极具吸引力。你还可以根据菜单上的地图，计划穿越亚拉巴马山的自驾旅行。

🛏 Dow Hotel & Dow Villa Motel 　酒店、汽车旅馆 $$

（☎760-876-5521; www.dowvillamotel.com; 310 S Main St; 酒店 房间 带/不带浴室 $89/70起，汽车旅馆 房间 $117~158; 🅿🍴🐾@🛜🏊🐕) 约翰·韦恩（John Wayne）和埃罗尔·弗林（Errol Flynn）都是在这个古老的酒店里居住过的明星。这座建筑建于1922年，虽然经过整修，但仍然保留了原来的魅力。位于新建汽车旅馆中的房间配有空调，更加舒适和明亮，但也更加普通。

毕晓普 ❺

✕ Erick Schat's Bakkerÿ 　面包房 $

（☎760-873-7156; www.erickschatsbakery.com; 763 N Main St; 三明治 $6~9; ⏰周日至周四 6:00~18:00, 周五 至19:00; 🚲) 这里是一个被大肆宣传的旅游胜地，划船前来的旅行者可以用这里新鲜出炉的面包填饱肚子。Schat's从1938年就开始制作其极具代表性的牧羊人面包和其他的烘焙食品。酥脆的曲奇饼和熊爪糕等甜点让人垂涎欲滴。当你在城里旅行时，可以打电话预订。这里还有很受欢迎的三明治吧和户外餐桌。

马默斯湖 ❻

✕ Toomey's 　美国菜 $$

（☎760-924-4408; www.toomeyscatering.com; 6085 Minaret Rd; 主菜 $12~33; ⏰7:00~21:00; 🚲) Toomey's的主厨曾就职于利韦宁传奇的Whoa Nellie Deli，从2012年开始在这里工作，烹饪不拘一格的菜肴，包括野牛烘肉卷、海鲜什锦菜肴，以及搭配芒果味萨尔萨辣酱一起食用的龙虾墨西哥卷（带有馅料的墨西哥油炸卷饼）。餐厅位于市中心，地理位置堪称完美。你可以买一份早餐带走，也可以在Village Gondola附近坐下来用餐。

莫诺湖 ❾

✕ Whoa Nellie Deli 　美国菜 $$

（☎760-647-1088; www.whoanelliedeli.com; Tioga Gas Mart, 22 Vista Point Rd; 主菜 $9~19; ⏰4月下旬至10月 6:30~20:30; 🚲) 虽然几年前这里著名的厨师转去马默斯湖的Toomey's工作，这个Hwy 120公路边上的美孚加油站餐馆依然是一个令人惊叹且无与伦比的就餐地点。你可以来这里品尝美味的汉堡、鱼肉墨西哥卷、野牛烘肉卷和其他可口的食物。有些晚上还有现场乐队演出。

里诺 ⓫

✕ Old Granite Street Eatery 美国菜 $$

（☎775-622-3222; www.oldgranitestreeteatery.com; 243 S Sierra St; 晚餐 主菜 $12~29; ⏰周一至周四 11:00~22:00, 周五 至23:00, 周六 10:00~23:00, 周日 至15:00; 🍴) 这个充满活力的餐厅精致漂亮，可以前来

品尝有机的当地爽心美食、老式的手工鸡尾酒和精酿啤酒。这个热门的餐馆里摆放着许多古董，豪华的木制酒吧、用旧酒瓶盛装的酒水和长长的季节性菜单都吸引着食客的到来。忘记预订了？那就一边欣赏标志性的公鸡和猪壁画，一边在谷仓门口时尚的公共餐桌旁等待吧。

Whitney Peak　　　设计酒店 $$

（☎775-398-5400; www.whitneypeak

hotel.com; 255 N Virginia St; 双 $129起；Ⓟ✳️📶）独立、极具创意、时髦、友好、禁止吸烟、没有赌博、位于市中心，这样的酒店还有什么让你不喜欢呢？宽敞的客房里散发着年轻而有趣的氛围，你不仅可以感受到美好的户外生活，还可以体验设计师独特的物质享受。这里有高级的礼宾室，还可以免费使用外部的攀岩墙（如果你胆子很大的话）。附带的餐厅值得一去，员工友好而专业，Whitney Peak简直无懈可击。

哥伦比亚州立历史公园
沿着主街的四轮马车之旅

穿越黄金之乡的 49号公路

45

蜿蜒的49号公路上看点颇多。这条穿越黄金之乡的道路展示了加州早年的风采，在那时，采矿者和恶棍们蜂拥而来，一头扎进西部。

线路亮点

终点

9

160 英里
内华达城周边
探索帝国矿山，
然后畅游一番

8
Placerville
普莱瑟维尔

115 英里
科洛马
找到了！美利坚河
里找到了黄金

85 英里
阿马多尔县葡萄酒之乡
阳光，老藤，红酒

6

Volcano
沃尔卡诺

Sutter
Creek
萨特溪

12 英里
哥伦比亚
时光倒流，回到淘金热
的鼎盛时期

Angels Camp
天使营

2
Sonora 索诺拉
起点

3~4天
205英里/330公里

最适合

何时去
5月至10月，追寻万里
晴空。

 **最佳
摄影点**

萨特的磨坊，加州最初
发现黄金的地方。

 **最佳
游泳地**

南尤巴河州立公园。

595

45

穿越黄金之乡的 49号公路

当你在一个阳光明媚的午后缓缓驶入黄金之乡（Gold Country），冒险的诱惑会让人回想起当年的岁月。在那时，报纸头条新闻大声宣告着有关金矿的发现，黄金之州应运而生。今天，这个郊野之所提供了与众不同的文化财富：别有洞天的破败酒吧，曾经挖山筛矿的锈蚀机器，此外还有49号公路（Hwy 49，加州最迷人的观光小道之一）沿线那无穷无尽、泛着铜绿的历史标记。

---

❶ 索诺拉

1848年墨西哥矿工在此定居后，索诺拉（Sonora）迅速地成为一个国际中心，城中到处都是为赌徒、酒鬼和淘金者而开设的华丽酒吧。如今，保存完好的市中心区成了好莱坞电影常常用到的外景地，比如克林特·伊斯特伍德的《不可饶恕》（*Unforgiven*）。无独有偶，**铁路城1897州立历史公园**（Railtown 1897 State Historic Park；☎209-984-3953；www.railtown1897.org；10501 Reservoir Rd，Jamestown；成人/儿童 $5/3，含火车行 $15/10；⏱4月至10月 9:30~16:30，11月至次年3月 10:00~15:00，火车行 4月

至10月 周六和周日 10:30~15:00；🅿♿）和Hwy 49公路沿线距索诺拉西南约4英里的**詹姆斯敦**（Jamestown）周围的小山，也都成为包括《正午》（*High Noon*）在内的200多部西部电影和电视剧的取景地。在这个历史悠久的铁路站场里，橘色的罂粟花在钢铁巨人生锈的躯壳之间盛开，别有一番浪漫韵味；在周末或假期，你还可以登上曾经运送过矿石、木材和矿工的窄轨铁路。这是黄金之乡最好的火车环线，全程45分钟，全长6英里。这个公园位于詹姆斯敦的小型Main St以东5个街区。

🍴🛏 见604页

行驶路上 » 沿着Hwy 49公路向索诺拉以北行驶2英里，然

后在指向哥伦比亚的指示牌处右转上Parrots Ferry Rd。沿着这条双车道的公路再行驶2英里就可到达哥伦比亚州立历史公园。

- - - - - - - - - -

线路亮点

❷ 哥伦比亚

　　带上吊带裤和软帽，前往**哥伦比亚州立历史公园**（Columbia State Historic Park；☎209-588-9128；www.parks.ca.gov；Main St；☺大多数商铺10:00~17:00；ℙ♿），这里离所谓的"南部矿区明珠"（Gem of the Southern Mines）小镇很近。公园像是一个微型的淘金迪士尼乐园（Gold Rush Disneyland），但场景更加逼真，是用心之作。

　　城内的4个街区被划为了保护区，志愿者们穿着19世纪的服装在这里走来走去，展示着淘金的过程。铁匠铺、剧院、旅馆和酒吧都是精心打造的加州历史展示窗。Main St令人恍然有置身旧日之感，只有当你看到软

§ 你也可以

41 约塞米蒂、红杉与国王峡谷国家公园

沿着Hwy 49公路向东南方向行驶45英里，在Hwy 120公路上到达约塞米蒂大橡树平地入口。

加利福尼亚

45

穿越黄金之乡的49号公路

Tahoe National Forest
塔霍国家森林

Granite Chief Wilderness
花岗岩首席荒野

Foresthill
福里斯特希尔

Eldorado National Forest
埃尔多拉多国家森林

❽ Coloma科洛马
Gold Bug Park
绞刑镇金甲虫公园和矿山

❼ Placerville
普莱瑟维尔

Amador County Wine Country
阿马多尔县葡萄酒之乡
❻

Plymouth普利茅斯

Amador City
阿马多尔市

❹ Volcano沃尔卡诺
Indian Grinding Rock State Historic Park
印第安碎岩州立历史公园

Sutter Creek
萨特溪
❺

Jackson
杰克逊

Mokelumne Hill
莫凯勒米希尔

California Cavern State Historical Landmark
加州洞穴州立历史名胜

Arnold阿诺德

Mountain Ranch

Cave City

San Andreas
圣安德烈亚斯

598页

Stanislaus National Forest
斯坦尼斯劳斯国家森林

Murphys
墨菲斯

Vallecito巴耶西托

❸ Angels Camp天使营

❷ Columbia哥伦比亚

❶ Sonora索诺拉
起点

去线路
48英里
41

Jamestown
詹姆斯敦

0　　　　20 km
0　　　10 miles

糖商店或是临时班卓琴乐手和淘金客扮演者的手机铃声响起时，才会一下子惊醒过来。在位于Knapp's Store中的**哥伦比亚博物馆**(Columbia Museum; ☎209-532-3184; www.parks.ca.gov; Main St和State St交叉路口; ⏱4月至9月10:00~17:00,10月至次年3月至16:00)稍事停留，了解更多过去的采矿技术。

行驶路上 » 沿Parrots Ferry Rd向南原路返回，右转上Springfield Rd并继续行驶约1英里，随后汇入Hwy 49公路北向车道，该车道穿过一座横跨人工水库的长桥。大约行驶12英里后，Hwy 49公路变身为Main St穿过小城镇天使营(Angels Camp)。

❸ 天使营

在Hwy 49公路的南段，曾经出现过一个令所有西部荒诞故事作家都黯然失色的文学巨匠，他就是笔名为马克·吐温(Mark Twain)的塞缪尔·克莱门斯(Samuel Clemens)。马克·吐温以短篇小说《卡拉维拉斯县驰名的跳蛙》(*The Celebrated Jumping Frog of Calaveras County*)开始为众人所熟知,这部小说写于1865年,其写作地和背景地就是天使营(Angels Camp)。维多利亚和装饰艺术风格的建筑在这个19世纪的采矿小镇里交相融汇，到处都是古玩店和咖啡馆，一切都能与吐温紧密联系。这里一年一度的**卡拉维拉斯县展销会和跳蛙节**(Calaveras County Fair & Jumping Frog Jubilee; www.frogtown.org; 2465 Gun Club Rd; $8起; ⏱5月; ♿)于5月的第3个周末在小镇以南的游乐场举行。如果你的青蛙能跳出打破世界纪录(超过21英尺,约6.4米)——1986年由青蛙"Rosie the Ribeter"创造——的高度,你就能获得$5000的奖金。

行驶路上 » 穿过农场和牧场起伏的山坡,Hwy 49公路奔向天使营以北。过圣安德烈亚斯(San Andreas),稍稍绕个道去看看另一个历史悠久的矿镇——莫凯勒米希尔(Mokelumne Hill; Moke Hill)。在杰克逊(Jackson)右转上Hwy 88公路,向东行驶9英里后左转上Pine Grove-Volcano Rd,继续行驶3英里后即可到达沃尔卡诺,途经印第安碎岩州立历史公园。

❹ 沃尔卡诺

尽管沃尔卡诺村(Volcano)曾开采出大量的黄金,也曾经历了南北战争的洗礼,但如今它却独自静静地沉睡着。萨特溪(Sutter Creek)里巨大的砂岩岩石是经由液压作用从周边的

另辟蹊径
加利福尼亚洞穴

起点: ❸ 天使营

经由Mountain Ranch Rd向圣安德烈亚斯以东行驶20分钟,在天使营以北约12公里处开下Hwy 49公路,**加州洞穴州立历史名胜**(California Cavern State Historical Landmark; ☎209-736-2708; www.caverntours.com; 9565 Cave City Rd, Mountain Ranch; 成人/儿童 $17.50/9.50起; ⏱10:00~17:00,9月上旬至次年5月中旬 至16:00; 🅿♿)拥有主矿脉内最庞大的天然地下洞穴系统。约翰·缪尔(John Muir)曾形容它"犹如紧致丝绸布料上的优雅皱褶"。适合家庭的徒步游历时60~80分钟,还可以组团预订全程3小时的"猛犸象探险"(Mammoth Expedition; $99),或预订全程5小时的"中土世界远征"(Middle Earth Expedition; $130),这个行程中包含一些惊险的洞穴探险(16岁以下的孩子不允许参加)。只有冬季和春季的雨季才能成行的湖畔小径(Trail of Lakes)徒步游魅力无穷。

山里被冲刷下来的，后来，这些巨石被慢慢地剥蚀淘洗，留下了金砂。水力采矿对环境产生了可怕的影响，但是在采矿高峰期，矿工们靠这个每天能挣到近$100。位于小镇东南不到1英里处的**黑峡谷洞穴**（Black Chasm Cavern; ☎888-762-2837; www.caverntours.com; 15701 Pioneer Volcano Rd, Pine Grove; 成人/儿童 $17.50/9.50; ⏱5月中旬至9月上旬 9:00~17:00, 9月上旬至次年5月中旬 10:00~16:00; Ⓟ♿) 会让人觉得有点上当，但在这儿可以看到罕见的白色石枝晶体，总算不是一无所获。

小镇西南2英里处是**印第安碎岩州立历史公园**（Indian Grinding Rock State Historic Park, 又称Chaw'se; ☎209-296-7488; www.parks.ca.gov; 14881 Pine Grove-Volcano Rd; 每车 $8; ⏱博物馆 11:00~16:00), 这里有一块露出地面的石灰岩——被岩画和超过1,000个被称为chaw'se的臼孔所覆盖，当地的居民曾在这些臼孔里将橡子磨成粗粉。在公园的博物馆里可以了解到更多关于内华达山脉土著部落的知识，博物馆的形状像一个美洲原住民的hun'ge（圆屋）。

🏠 见604页

行驶路上 » 沿着Pine Grove—Volcano Rd折返，右转上Hwy 88公路，行驶大约半英里后再右转上Ridge Rd，行驶约8英里

后到达Hwy 49公路。右转并向北行驶约1英里到达萨特溪。

----

⑤ 萨特溪

萨特溪（Sutter Creek）的Main St上有一些修缮得很雅致的建筑，坐在它们之中任意一个的阳台上欣赏这个黄金之乡小镇的美景，那些装饰着浮雕的拱廊人行道和有着高高的阳台与假幕墙的建筑，都透着加州19世纪的拓荒风格。在**游客中心**（☎209-267-1344; www.suttercreek.org; 71a Main St; ⏱10:00~18:00) 可以找到自助步行游和自驾游地图。

参观位于附近的**蒙特沃德杂货店**（Monteverde General Store; ⏱209-267-0493; www.suttercreek.org; 11 Randolph St; 捐赠入场; ⏱事先预约) 是一次怀旧之旅; 参观**萨特溪剧院**（Sutter Creek Theatre; ☎916-425-0077; www.suttercreektheater.com; 44 Main St; 票价 $15~40) 也是如此，这是一座19世纪60年代的酒吧和台球大厅，现在用于举办现场音乐会、临时戏剧演出、放映电影和其他文化活动。剩下4个街区长的Main St挤满了古玩店、地区精品店、咖啡馆，同时不乏供应当地的葡萄酒和小众烈酒的品尝酒吧。

🏠 见604页

行驶路上 » 沿Main St向萨特溪以北行驶3英里，穿过古朴的阿马多尔市（Amador City）。

回到Hwy 49公路，右转，继续向北朝普利茅斯行驶。

线路亮点

⑥ 阿马多尔县葡萄酒之乡

阿马多尔县（Amador County）也许是加州葡萄酒产区的冷门之所，却有受欢迎的酒庄环游并极具地方特色，你可以在这里尽情品酒而不必装模作样。这里种植着加州现存最古老的仙粉黛葡萄（Zinfandel），用本地最著名的葡萄品种酿出来的佳酿有很多共同之处：色彩明丽、口味醇厚，带有原产地的特殊土壤气味。

小阿马多尔市以北的**德赖敦酒窖**（Drytown Cellars; ☎209-245-3500; www.drytowncellars.com; 16030 Hwy 49, Drytown; ⏱11:00~17:00; Ⓟ) 热情好客，有许多口味丰富的混合酿制红酒和单一品种葡萄酒。继续向北驶往袖珍小镇普利茅斯（Plymouth），然后沿Shenandoah Rd向东; 沿途连绵起伏的群山上覆盖着被修剪得整整齐齐的葡萄架，阳光毫不吝啬地照在它们身上。在现代的**安第斯酒庄**（Andis Wines; ☎209-245-6177; www.andiswines.com; 11000 Shenandoah Rd, Plymouth; 品酒 $5; ⏱11:00~16:30; Ⓟ) 稍作停留，品尝一系列红葡萄酒，尤

STEPHEN SAKS PHOTOGRAPHY / ALAMY STOCK PHOTO ©

其是巴贝拉红葡萄酒(Barbera),还可以一边欣赏葡萄园的美景,一边野餐。

再往远走,左转上Steiner Rd,前往**兰伍德酒庄**(Renwood Winery; ☎209-245-6979; www.renwood.com; 12225 Steiner Rd, Plymouth; 品酒 $5~10,含团队游 $15; ☺11:00~18:00; P),这里也出产上好的仙粉黛葡萄酒。掉头后继续直行穿过Shenandoah Rd,转头向南开往位于山顶的**维尔德罗特葡萄园**(Wilderotter Vineyard; ☎209-245-6016; www.wilderottervineyard.com; 19890 Shenandoah School Rd, Plymouth; 品酒 $10; ☺10:30~17:00; P),该酒庄以长相思(Sauvignon Blanc)和口感平滑均衡的红葡萄酒著称。

✖ 🛏 见604页

行驶路上 » 沿着Shenandoah School Rd向行驶直到路的尽头。左转回到Shenandoah Rd上并前行1.5英里,然后右转进入Hwy 49公路北向车道。行驶不

到20英里、经过上下起伏犹如过山车一样的公路后,你将到达Hwy 50公路以南的普莱瑟维尔市区。

❼ 普莱瑟维尔

普莱瑟维尔(Placerville)又被称为"老绞刑镇"(Old Hangtown),这个绰号来自1849年发生在这里的一系列由治安维持会裁定的绞刑判决,如今这个小镇的一切都充满了活力。普莱瑟维尔Main St两侧的建筑大都始建于19世纪50年代。逛逛古玩店和**Placerville Hardware**(☎530-622-1151; 441 MainSt; ☺周一至周六 8:00~18:00, 周日 9:00~17:00),后者是密西西比河(Mississippi River)以西最古老且仍在营业的五金店。市区的地下酒吧会在圣诞节期间举行一年一度的热闹活动,能结识到形形色色的有趣人物。

对于喜欢家庭出游的人来说,向小镇以北行1英里,途经Bedford Ave前往**绞刑镇金甲虫公园和矿山**(Hangtown's Gold Bug Park & Mine; ☎530-642-5207; www.goldbugpark.org; 2635 Gold Bug Lane; 成人/儿童 $7/4; ☺4月至10月 10:00~16:00,11月至次年3月 周六和周日 正午起; P🚶),在这里游客可以下到19世纪的矿井里,或者尝试一下淘宝

追逐"大象"

"See the elephant"最初是一句淘金者的俗语,表达的是为了黄金而大胆冒险。内华达山脉的山麓中,每一个淘金者都是为了大发一笔而从四面八方而来。人们形容那些行走在加州小径(California Trail)上的淘金客"跟着大象的脚步",当他们暴富时,就是已经看到大象了——"从躯干到尾巴"。就像追逐罕见的野兽一样,在黄金之乡的山间探险也是一生只有一次的大冒险,有可能收获巨大的回报。

马歇尔淘金州立历史公园 展览中的老式外科手术工具

（每小时$2）。

在普莱瑟维尔周围，埃尔多拉多县（El Dorado County）多山的地形和火山土壤，再加上内华达山脉的夏季高温和夜晚的凉风，酿造出一些非常不错的葡萄酒。位于Hwy 50公路以北的苹果山（Apple Hill）上热情好客的酒庄包括**拉瓦盖普酒庄**（Lava Cap Winery;

☎530-621-0175；www.lavacap.com；2221 Fruit Ridge Rd；品酒 免费至$5；⊙10:00~17:00；Ⓟ）和**伯格尔酒庄**（Boeger Winery；☎530-622-8094；www.boegerwinery.com；1709 Carson Rd；品酒 $5~15；⊙10:00~17:00；Ⓟ），其中前者还出售储备充足的野餐篮，而后者则是淘金热时期最早的葡萄园。

行驶路上 » 返回Hwy 49公路并朝北出发，你将行驶在黄金之乡历史路线上风景最为优美的一段路上。橡树和松树在Hwy 49公路上洒下点点阴凉，一路顺着内华达山脉的山麓向前9英里，就到了科洛马。

线路亮点

❽科洛马

在科洛马（Coloma），

601

低调的**马歇尔淘金州立历史公园**（Marshall Gold Discovery State Historic Park; ☎530-622-3470; www.parks.ca.gov; Hwy 49; 每车 $8; ⊗5月下旬至9月上旬 8:00~20:00,9月上旬至次年5月下旬 至17:00; P ⊗ 🐾 ♿)犹如一首田园诗。园内,一条简单的泥土小路通向美利坚河（American River）河岸沿线当年发现黄金的地方,詹姆斯·马歇尔（James Marshall）于1848年1月24日在萨特的磨坊（Sutter's Mill）下面最早发现了金砂。如今,许多重建和修复的历史建筑都位于短短的徒步小径范围内,小径绿草茵茵,经过矿场遗物、一个铁匠铺、当年拓荒者的住所以及**淘金博物馆和游客中心**（Gold Discovery Museum and Visitor Center; ☎530-622-6198; http://marshallgold.com; 310 Back St; 进入公园免费,导览游 成人/儿童 $3/2; ⊗10:00~16:00,导览游 全年 11:00和13:00; P ♿)。在**Bekeart's Gun Shop**（329 Hwy 49; 每人 $7; ⊗周六和周日 10:00~15:00; ♿),淘金也非常流行。在拓荒者的墓地对面,你可以步行或开车进入Hwy 153公路——标志牌上把它称之为加州最短的州内公路（但并非如此）,前往**詹姆斯·马歇尔纪念地**（James Marshall Monument）,这是

马歇尔最后的安息之处。有些讽刺的是,这位淘金者先驱在去世的时候已经破产,身无分文,还是国家援助的对象。

行驶路上 » 向北行驶,Hwy 49公路将在接下来的17英里中坐拥该地区更多的历史美景。在奥本（Auburn）穿过I-80州际公路,依旧沿Hwy 49公路北行,22英里后,在通向格拉斯瓦利（Grass Valley）的路上进入高地。离开公路进入Empire St,右转,随帝国矿山州立历史公园游客中心的指示牌前行。

- - - - - - - - - - - - - - -

线路亮点

⑨ 内华达城周边

你已经来到了主矿脉上最大的富矿带:**帝国矿山州立历史公园**（Empire Mine State Historic Park; ☎530-273-8522; www.empiremine.org; 10791 Empire St; 成人/儿童 $7/3; ⊗10:00~17:00; P ♿),这个加州最富饶的硬岩矿在1850年到1956年间已经产出了580万盎司（约180吨）的黄金。整个矿区里散落着大量的采矿设备和用废矿石建造的建筑。

向西折返,沿着Golden Chain Hwy（Hwy 49公路）向北再行驶大约5英里就到了内华达城（Nevada City）。城中的主干道Broad St古雅而多坡,位于主干道上的**National Hotel**（☎530-

265-4551; www.thenational hotel.com; 211 Broad St; 房间 $80~140; P ⊝)是落基山脉以西最古老且仍在运营的酒店。漫步于街区周边,前往**消防站1号历史博物馆**（Historic Fire house No 1 Museum; ☎530-265-3937; www.nevadacountyhistory.org; 214 Main St; 捐赠入场; ⊗5月至10月 周二至周日 13:00~16:00,11月至次年4月 需预约),馆内展出美洲原住民的古代用具,以及有关华工的展览和令人毛骨悚然的唐纳大队（Donner Party; 1846~1847年冬季,这支拓荒移民队被困于山中,最终只有不到一半的人靠吃死去朋友的尸体充饥才活了下来）遗物。

最后,到**南尤巴河州立公园**（South Yuba River State Park; ☎530-432-2546; www.parks.ca.gov; 17660 Pleasant Valley Rd, Penn Valley; ⊗公园 日出至日落,游客中心 5月至9月 11:00~16:00,10月至次年4月 周四至周日 至15:00; P ♿ 🐾)游个泳清凉一下,在布里奇波特（Bridgeport）的美国最长木制廊桥（调研期间,因翻修而暂时关闭）附近还有许多天然泳池和徒步小径。公园位于内华达城或格拉斯瓦利西北30分钟车程处。

✕ 🛏 见605页

阿马多尔县的酒庄葡萄园

食 宿

索诺拉 ①

✘ Legends Books, Antiques & Old-Fashioned Soda Fountain 咖啡馆 $

（☎209-532-8120；131 S Washington St；⏰11:00~17:00）咖啡馆于1850年开业，从那时起就可以坐在26英尺长的红木吧台旁小酌菝葜饮品（类似黑松沙士）、品尝波兰小吃，或者分享一份黑莓冰激凌。吃饱喝足后去楼下古老的地下室欣赏古董和书籍，过去矿工们常常把他们的钱财直接藏在这个"从前的银行"里。

🛏 Bradford Place Inn 民宿 $$

（☎209-536-6075；www.bradfordplaceinn.com；56 W Bradford St；房间$145~265；✼@📶）这家拥有4个房间的民宿注重绿色生活，被漂亮的花园和引人注目的门廊座椅所环绕。民宿里有一个可供两人使用的爪足形浴缸，Bradford Suite一定会让你拥有独特而浪漫的民宿体验。你可以在阳台上吃早餐：尝一尝法国烤面包片或馅料满满的Mother Lode Skillet。

沃尔卡诺 ④

🛏 Union Inn 历史酒店 $$

（☎209-296-7711；www.volcanounion.com；21375 Consolation St；房间$130~150；🅿✼✳📶）沃尔卡诺两座历史悠久的酒店中较为舒适的住宿地点：有四个漂亮的现代化房间，铺有拼接地板，其中的两个房间带有朝向街道的阳台。包括平板电视在内的现代设施与古旧的建筑之间似乎有些违和感，不过住起来绝对舒适。酒店的**Union Pub**（主菜$10~30；⏰周一和周

四17:00~20:00，周五 至21:00，周六 正午至21:00，周日 正午至20:00）里有城里最好的食物，还有一个赏心悦目的露台花园。

萨特溪 ⑤

🛏 Han ford House Inn 民宿 $$

（☎209-267-0747；www.hanfordhouse.com；61 Hanford St；双$145~245；🅿✼✳@📶🐾）在现代化的客房或带壁炉的小屋套房里的大床上打个盹。旅馆的花园里供应精心制作的早餐，每天下午还有新鲜的烘焙食品，而晚餐则有葡萄酒可供品尝。

阿马多尔县葡萄酒之乡 ⑥

✘ Taste 加利福尼亚菜 $$$

（☎209-245-3463；www.restauranttaste.com；9402 Main St, Plymouth；小拼盘$5~16，晚餐 主菜$24~41；⏰周五至周日11:30~14:00，周一、周二、周四和周五17:00~21:00，周六和周日16:30起）在Taste预订一张餐桌，除了阿马多尔县的种种葡萄酒，还有一份加利福尼亚风格的美味菜单（有许多肉菜）。在葡萄酒吧里还有开放的座位。

🛏 Imperial Hotel 民宿 $$

（☎209-267-9172；www.imperialamador.com；14202 Hwy 49, Amador City；房间$110~155，套$125~195；✼✳）这座建筑建于1879年，是该地区最具创意的酒店之一。它是一家典型的复古风格酒店，艺术装饰时尚，里面有暖暖的红砖、高雅的酒吧和一个供应季节性菜肴的绝味餐厅（晚餐主菜$14~30）。在周末和节假日，两晚起住。

内华达城周边 ❾

✕ Ike's Quarter Cafe 克里奥尔菜、早餐 $

（☎530-265-6138；www.ikesquartercafe.
com；401 Commercial St；主菜 $11~15；⊙周
四至周一 8:00~15:00；⚑🐾）Ike就位于新
奥尔良花园区（New Orleans' Garden
District），在一片欢声笑语中供应极好的
早午餐。你可以坐在樱桃树下，或者在杂乱
而时髦的室内就餐。餐厅烹饪的美食包括
鸡蛋沙豆、什锦菜肴、素食三明治等，"牡
蛎煎蛋卷"（Hangtown Fry；用牡蛎、熏
肉、焦糖洋葱和菠菜制作而成的蛋饼）值得
一尝。还供应素食和无麸质食品，包括无
麸质面包。

🛏 Outside Inn 旅馆、小屋 $$

（☎530-265-2233；http://outsideinn.
com；575 E Broad St；双 $79~210；🅿➡❈
📶🐾📺）对于探险爱好者来说，这一个友好
而有趣的旅馆不容错过。这里有12个房间
和3个小屋，小屋由喜欢户外活动的员工精
心维护。有些房间带有可以俯瞰小溪的露
台，所有的房间里都有漂亮的被子和烧烤
架。距离市中心只有10分钟的步行路程，还
有一个不带加热设施的户外小型游泳池。

步行游览
洛杉矶

起点/终点: 联合车站

距离: 3.5英里

需时: 4~6小时

洛杉矶没人走路? 在市中心的历史核心区里可不是这样。花上半天时间,一睹那些地标建筑和著名的影视外景地,感受这座城市万花筒般繁华的景致,品味墨西哥、亚洲和欧洲后裔留下的痕迹。

可使用此步行游览的线路:

联合车站

洛杉矶的地标建筑**联合车站**(Union Station; www.amtrak.com; 800 N Alameda St; Ⓟ)建于1939年,是美国大型火车站的收官之作。该车站呈现出教会复兴建筑风格(Mission Revival Style),同时又将装饰艺术风格和美洲印第安人的特色融为一体。大厅曾经在许多电影和电视剧中出现,例如《生死时速》(Speed)和《24小时》(24)。

行走路上 » 沿N Alameda St向北走一个街区,穿过W Cesar E Chavez Ave, 再向西走半个街区。左转向南进入Olvera St。

洛杉矶古城

1781年,洛杉矶的第一批西班牙殖民者就是在这个历史遗迹(见529页)的附近登陆的。如今古城内散布着许多小型博物馆和多座这个城市中最古老的建筑,是洛杉矶多民族移民历史的缩影。在**Avila Adobe**(☏213-628-1274; www.elpueblo.lacity. org; 10 Olvera St; ◷9:00~16:00)中的游客中心领取一张地区,然后漫步于狭窄的Olvera St。免费的导览游从**老广场消防站**(Old Plaza Firehouse; 134 Paseo de la Plaza; ◷周二至周日10:00~15:00)出发。

行走路上 » 在露天舞台的西北方,穿过Main St。右边是洛杉矶最古老的天主教堂"La Placita"。参观后再从Main St返回,走半个街区。

文化艺术广场博物馆

文化艺术广场博物馆(La Plaza de Cultura y Artes; ☏213-542-6200; www.lapca. org; 501 N Main St; ◷周一、周三和周四 正午至17:00, 周五至周日 至18:00; ♿)讲述着墨西哥裔美国人在洛杉矶所经历的一切。展览包括20世纪20年代Main St的重建,以及居住在洛杉矶的拉美裔艺术家的现代和当代艺术品轮展。

行走路上 » 沿着Main St继续向西南方向走,穿过Hwy 101公路到达洛杉矶市政厅(City Hall;

0 400 m
0 0.2 miles
Ahmanson Theatre
Cathedral of Our Lady of the Angels
天使圣母大教堂
CHINATOWN
唐人街
E Chavez Ave
El Pueblo de Los Angeles
洛杉矶古城
Dorothy Chandler Pavilion
N Grand Ave
Civic Center
W Temple St
N Hill St
La Plaza de Cultura y Artes
文化艺术广场博物馆
Olvera St
Union Station
联合车站
Grand Park
大公园
Walt Disney Concert Hall
华特·迪士尼音乐厅
101
N Main St
起点/终点
Amtrak
Broad Museum
洛德博物馆
Civic Center/ Tom Bradley
N Broadway
Santa Ana Fwy
Museum of Contemporary Art
当代艺术博物馆
N Spring St
City Hall
洛杉矶市政厅
E Temple St
Metrolink Station
E Commercial St
S Grand Ave
S Olive St
S Hill St
W 1st St
N Los Angeles St
Judge John Aiso St
Grand Central Market
大中央市场
Bradbury Building
布拉德伯里大楼
N Alameda St
Harlem Pl
E 2nd St
Onizuka St
W 4th St
W 3rd St
S Main St
Little Tokyo
小东京
Japanese Village Plaza
日本乡村广场
Pershing Square
S Spring St
S Broadway
S Los Angeles St
LITTLE TOKYO
小东京
S Central Ave
E 1st St
W 5th St

建于1928年）。左转上E Temple St，随后右转至N LosAngeles St，再左转上E 1st St，到达小东京。

小东京

走过拉面馆就到了**日裔美国人国家博物馆**（Japanese American National Museum；☎213-625-0414；www.janm.org；100 N Central Ave；成人/儿童 $10/6，周四 17:00~20:00 免费，每月第3个周四 全天免费；⊙周二、周三和周五至周日 11:00~17:00，周四 正午至20:00；👪），馆内是有关"二战"期间拘禁营和移民家庭生活的展览。除此之外，毗邻的**格芬当代艺术博物馆**（MOCA Geffen；☎213-625-4390；www.moca.org；152 N Central Ave；成人/学生/12岁以下儿童 $15/8/免费，周四 17:00~20:00 免费；⊙周一、周三和周五 11:00~18:00，周四 至20:00，周六和周日 至17:00）内有前卫的实验展览。

行走路上 » 从Central Ave西面左转，步行穿过日本乡村广场（Japanese Village Plaza）。右转走E 2nd St，过5个街区上坡到S Broadway，然后左转，向西南走1个街区到W 3rd St。

布拉德伯里大楼

自从《刀锋战士》（*Blade Runner*）在这里拍摄之后，建于1893年的**布拉德伯里大楼**（Bradbury Building；www.laconservancy.org；304 S Broadway；⊙大堂 通常9:00~17:00）就成了备受喜爱的电影外景地。

行走路上 » 过马路，步行穿过洛杉矶的大中央市场（Grand Central Market），上坡走到加州广场（California Plaza）。向西北方向走到Grand Ave，右转，再往东北方向走1个街区。

布洛德博物馆

从2015年9月开放起，布洛德博物馆（Broad Museum，见529页；与"road"押韵）就成了当代艺术爱好者的必游之地。这里收藏了数十位重量级艺术大师的作品，辛迪·舍曼、杰夫·昆斯、安迪·沃霍尔、罗伊·利希滕斯坦、罗伯特·劳森伯格和卡拉·沃克都有作品收藏其中。博物馆面向公众免费开放，但需预约。

行走路上 » 继续沿Grand Ave向东北方向上行，穿过华特·迪士尼音乐厅（Walt Disney Concert Hall）。右转到Temple St，下坡到达洛杉矶市政厅后向北折返，经洛杉矶古城回到联合车站。

步行游览
旧金山

起点/终点: 唐人街牌坊

- - - - - - - - - - - - - - - - -

距离: 3.3英里

- - - - - - - - - - - - - - - - -

需时: 4~5小时

舒展一下身体,注意:在这段行程中,你将见到养在深闺人未识的建筑瑰宝;走过唐人街的曲折小巷,还会欣赏到海湾粼粼的波光。一路走来,引人热议的艺术作品、美味的街边小吃和成群的鹦鹉让人乐在其中。

可使用此步行游览的线路:

唐人街牌坊

唐人街牌坊(Dragon's Gate; Grant Ave和Bush St交叉路口)于1970年修建。牌坊内的街道曾是声名狼藉的红灯区,但唐人街上富有远见的商人们在20世纪20年代对其进行了彻底改造:他们雇用建筑师,创造了一个名为"唐人街装饰"(Chinatown Deco)的标志景观。

行走路上 » 从唐人街牌坊出发,沿Grant Ave向上爬坡,经过镀金的盘龙路灯到达老圣玛丽广场(Old St Mary's Square)。走过宏伟的老圣玛丽教堂(St Mary's Church)两个街区后,左转进入Clay St。

华美博物馆

在这个私人博物馆里,来访者可以了解到"淘金热时期""横贯大陆铁路修建时期"和"垮掉的一代时期"华人在旧金山的生存状况。**华美博物馆**(Chinese Historical Society of America Museum,简称CHSA;☑415-391-1188; www.chsa.org; 965 Clay St;成人/学生/儿童 $15/10/免费;☉周三至周日 11:00~16:00; 🚶)也在庭院里举办巡展。这是一栋建于1932年的优美建筑。

行走路上 » 原路返回,穿过Stockton St后左转沿Spofford Alley前行,孙中山还曾在这条小巷中策划了1911年推翻清朝统治的辛亥革命。右转进Washington St,然后向左走进Ross Alley。

金门好运饼店

Ross Alley(有时候被标为Old Chinatown Alley,即老唐人街巷)对于影迷们来说似乎非常熟悉,因为这里曾是电影《功夫梦2》和《夺宝奇兵2》的取景地。位于小巷56号的**金门好运饼店**(Golden Gate Fortune Cookie Factory;☑415-781-3956; 56 Ross Alley;☉9:00~18:00)是你赢取好运的地方,在这个狭小而简陋的商铺里,新鲜出炉的好运签被叠起来藏进温热的饼干里。只需支付很少的钱,你甚至可以写上专属的好运签。

行走路上 » 右转上Jackson St，紧接着左转到Grant Ave。你将路过许多华人点心店。抄小路穿过Jack Kerouac Alley，诗坛浪子杰克·凯鲁亚克（Jack Kerouac）曾漫步于此。

城市之光书店

艾伦·金斯堡的杰作《嚎叫》被当时的美国社会视作一本"彻头彻尾的淫秽读物"，自从1957年经理村尾和"垮掉的一代"代表诗人劳伦斯·费林盖蒂成功地捍卫了销售此书的权利后，**城市之光书店**（City Lights Bookstore☎415-362-8193; www.citylights.com; 261 Columbus Ave; ⏱10:00至午夜; ♿）就成了一座追求言论自由的地标。如果读到口渴，就去隔壁的Vesuvio点上一杯饮料。

行走路上 » 左转到Columbus Ave。稍微走一段后右转，回到Grant Ave，走过5个街区，然后右转，走上Greenwich St的阶梯。

科伊特塔

科伊特塔（Coit Tower; ☎415-249-0995; www.sfrecpark.org; Telegraph Hill Blvd; 临时电梯成人/儿童 $8/5; ⏱4月至10月 10:00~18:00，11月至次年3月 至17:00）给旧金山的景色加上了一个惊叹号，是电报山（Telegraph Hill）步行之旅的至高点。这座独特的抛射状建筑物高210英尺（约64米），是旧金山消防员的纪念碑。当1934年竣工时，大厅里的迭戈河风格壁画曾被抨击。要想在科伊特塔的楼梯井里欣赏更多的壁画，可以在周三或周六上午11点参加一次免费的导览游。

行走路上 » 沿着费尔波特台阶（Filbert Steps）下山，途中能看到野生鹦鹉和僻静的小屋，之后便来到了李维斯广场（Levi's Plaza）。右转上The Embarcadero，前往渡轮大厦。

渡轮大厦

历史悠久的渡轮大厦（Ferry Building；见522页）不只是一个交通枢纽，它早已摇身变成了美食家的心中之选。手工食品、精品商家、著名餐馆和每周三次的农贸市场（见522页）将这里打造成了令人馋涎欲滴的美食目的地。

行走路上 » 沿着Market St前行，右转至Bush St，返回唐人牌坊。

太平洋沿岸西北部

太平洋沿岸西北部散布着太多与众不同的绝美风景。这里不仅有绵延数百英里的海岸线,还有无尽的令人惊叹的自然景观:数千年来的地质变化塑造了这个美得惊人的地区,形成了白雪皑皑的山脉、岩石岛屿、数百条瀑布、天然温泉和一个特别漂亮的峡谷。

因为太平洋沿岸西北部处处皆景,想要探索这里,没有比公路旅行更好的方式了。你可以沿着俄勒冈州那史诗般雄浑的海岸线巡游,到火山口湖探究残留下的火山岩遗迹,在内河航道击楫逆流而上,抑或干脆循着刘易斯和克拉克的足迹前行。我们会帮助你找出这一路最佳的风光,从历史遗迹到自然奇观,再到路边胜景。

火山口湖 巫师岛风光

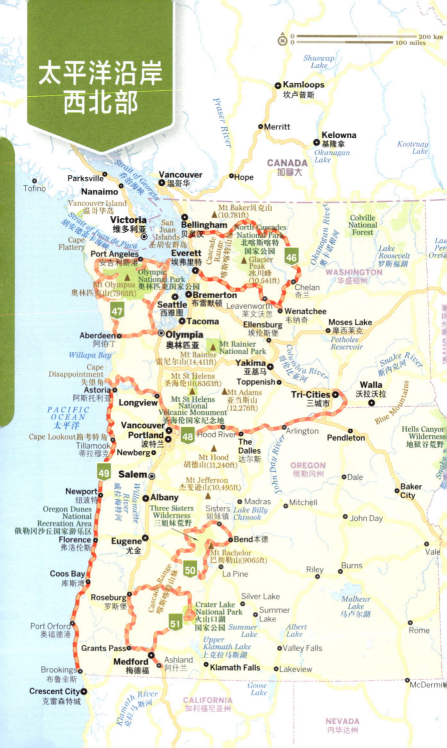

俄勒冈州 佩尔佩图阿角

Classic Trip

46 **喀斯喀特山脉自驾 4~5天**
蛮荒的西部城镇、巴伐利亚村庄和幽幽的山脉。（见615页）

47 **奥林匹克半岛环路 4天**
在梦幻而潮湿的森林里，托尔金与《暮光之城》相遇。（见625页）

48 **追随刘易斯与克拉克之路 3~4天**
美国拓荒者的历史被铭刻在石头上、树上和体验式州立公园里。（见633页）

Classic Trip

49 **俄勒冈海岸101号公路 7天**
观鲸、灯塔和海鲜，乐趣无穷。（见645页）

50 **喀斯喀特山脉俄勒冈风景道 4天**
无尽的森林、湖泊、瀑布、山脉，令人目不暇接。（见661页）

51 **火山口湖环道 2~3天**
通往俄勒冈州唯一的国家公园的最佳路径。（见671页）

✅ **不要错过**

失望角
几乎没有人会失望地离开失望角，因为这里有无与伦比的壮观风景。来看看吧，就在线路 **48**。

莱文沃思
德国风情的城镇在美国很少见，高山映衬下的莱文沃思非常值得一游。就在线路 **46**。

佩尔佩图阿角
仅在公路上不一定能看到最壮美的海岸风光，驱车到佩尔佩图阿角的最高点去领略美丽的景色吧。就在线路 **49**。

罗斯湖度假村
难怪凯鲁亚克爱这里极度寒冷的美。找找这个不通公路的荒野湖畔水上酒店吧。就在线路 **46**。

普鲁克斯瀑布
俄勒冈州有很多秀美的瀑布，但普鲁克斯瀑布无疑是其中的佼佼者，轻松徒步即可到达。就在线路 **50**。

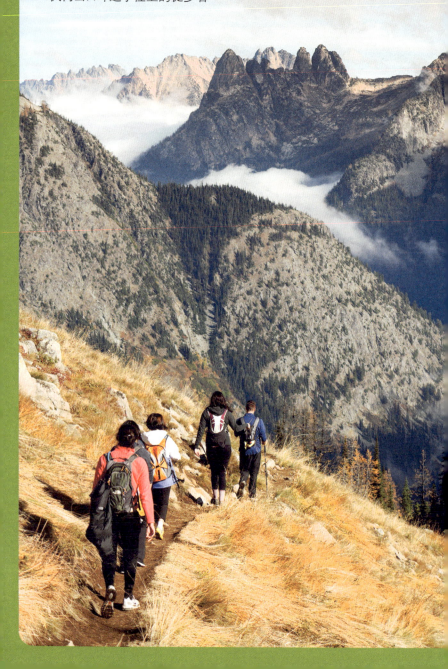

北喀斯喀特山脉
枫树山口环道小径上的徒步者

Classic Trip
经典线路

46

喀斯喀特山脉自驾

山路崎岖，一年里有一半时间不能通行。这段艰难的山地自驾之旅穿梭在阿拉斯加式的壮丽美景中，路旁史诗般的胜景激发了杰克·凯鲁亚克（Jack Kerouac）的灵感。

线路亮点

276 英里

罗斯湖和魔鬼湖
在魔鬼湖眺望台观赏人工水库的旖旎景观

250 英里

华盛顿和雷尼山口
高耸于喀斯喀特山脉起伏的群峰之间，季节性通行

9

Mazama 玛扎玛

8

6

终点 Burlington 伯灵顿

Rockport 洛克波特

Marblemount 马布尔芒特

起点 Everett 埃弗里特

Steven's Pass 史蒂文斯山口

Chelan 奇兰

3

Wenatchee 韦纳奇

莱文沃思
巴伐利亚"主题"小镇，得天独厚高山胜景

100 英里

温思罗普
感受华盛顿州最好的度假地 Sun Mountain Lodge

215 英里

4～5天
350英里/
563公里

最适合

何时去

6月至9月，道路积雪消融，畅行无阻。

最佳摄影点

从Sun Mountain Lodge 远眺。

最佳徒步线

从雷尼山口（Rainy Pass）到枫树山口环道小径。

Classic Trip
经典线路

46 喀斯喀特山脉自驾

在北喀斯喀特山脉（North Cascades），现代工程技术在大自然面前显得如此渺小。高山道路不得不屈服于冬季的暴风雪，而这些山峰的名字——恐惧山（Mt Terror）、暴怒山（Mt Fury）、禁峰（Forbidden Peak）——也隐隐透出几分生杀予夺的威势。零落四散的居民点和小镇则没那么可怕，巴伐利亚风情的莱文沃思、"狂野西部"的温思罗普，无不隐秘清幽。加满油，选一首最爱的音乐，准备开启这段难忘的旅途吧。

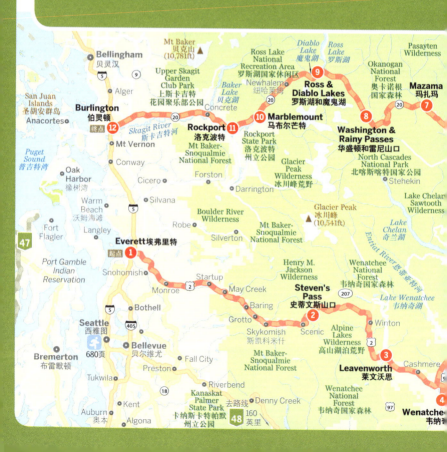

❶ 埃弗里特

这段旅程涵盖了热门的"喀斯喀特山脉环路"（Cascade Loop）约4/5的路程。你可以通过惠德贝岛（Whidbey Island）的第二部分线路来完成剩余的1/5行程。埃弗里特（Everett）是这条线路的起始点，位于西雅图以北30英里处，并没有多少值得逗留的地方。这个小城主要因波音客机而出名，西雅图地区没完没了的交通堵塞也都是从这里开始的。向东直行，直达史蒂文斯山口（Stevens Pass）。

行驶路上 » Hwy 2公路是一条长约2579英里（4150公里）、横跨大陆的公路，起点就是埃弗里特，终点在缅因州（Maine）。穿过I-5州际公路，之后的行程多半与大北方铁路（Great Northern Railway）和斯凯科米什河（Skykomish River）平行，途中经过Startup、Sultan和Index等城镇，海拔一路攀升，直到66英里外的史蒂文斯山口。如果渴了，在沿途的任一家汽车咖啡屋停靠皆可。

❷ 史蒂文斯山口

这里能够全年开放，完全得益于它的日间**滑雪场**（www.stevenspass.com；一日通票 $67～74）。史蒂文斯山口（Stevens Pass）是唯一一条直到1890年才被白人拓荒者"发现"的小路。尽管其 4045 英尺（约1233米）的海拔比斯诺夸尔米山口（Snoqualmie Pass）高出了1000英尺，然而大北方铁路却选择从此处穿越喀斯喀特山脉。不过你在这里不会看到任何铁轨，大北方铁路经北美最长的铁路隧道（7.8 英里，约 13 公里）从山口地下穿过。长距离的**太平洋山脊步道**（Pacific Crest Trail）也与这里的公路相交。动心了吧？

行驶路上 » 一过史蒂文斯山口就是下坡路，你将看到植被的微妙变化，西面斜坡上的雪松和铁杉逐渐被松树、落叶松和云杉所取代。这条路穿过峭崖壁立的塔姆沃特（Tumwater）峡谷，旁边就是激流奔涌的韦纳奇河（Wenatchee River）。一不留神，德式风格的房子就在奇异而又亲切的高山下跃入眼帘。

线路亮点

❸ 莱文沃思

使劲眨眨眼，揉揉眼睛。这并不是某种奇怪的德国式幻觉。莱文沃思（Leavenworth）先前是一个伐木业小镇，铁路的改道差点让莱文沃思永久性破产，之后小镇在20世纪60年代

⑤ Winthrop 温思罗普

Okanogan National Forest 奥卡诺根国家森林

Conconully State Park

Conconully

Twisp 特威斯普

Omak

Okanogan

Malott

Colville Indian Reservation 科尔维尔印第安保留地

Carlton

Monse

Pateros 帕特罗斯

Bridgeport State Park 布里奇波特州立公园

Manson

⑤ Chelan 奇兰

Lake Chelan State Park 奇兰湖州立公园

Mansfield

WASHINGTON 华盛顿州

Lenore Lake

Soap Lake

Ephrata

Columbia River 哥伦比亚河

💬 **你也可以**

47 **奥林匹克半岛环路**
沿着 WA 20 公路，乘渡轮越过汤森港，进入奥林匹克半岛环路。

48 **追随刘易斯与克拉克之路**
从埃弗里特出发，沿着 Hwy 90 公路和 Hwy 82 公路向东南行驶 247 英里，到达肯纳威克。

完成了一次巴伐利亚式的改造。

伐木工人被旅行者所替代，今天的莱文沃思已经成功地转型为传统的"浪漫之路"（Romantische Strasse；德国巴伐利亚旅游线路，沿途皆是宁静的古镇）风格小镇，连啤酒和烤香肠都一模一样。得益于与电影《音乐之声》（Sound of Music）如出一辙的迷人风光，莱文沃思成为探访**高山湖泊荒野**（Alpine Lakes Wilderness；某些特定地区的门票 $5）和**韦纳奇国家森林**（Wenatchee National Forest；www.fs.usda.gov/okawen；215 Melody Lane；⊙时间变化不定）的主要游客集散中心。

漫步在莱文沃思的Front St上，经过建有山形墙的高山屋，穿着山地少女装的女服务员出没于街边，手风琴师和欧洲奶酪商人四处徘徊，一切都是如此梦幻，华盛顿州最离奇但也最受欢迎的体验莫过于此。如果想参加激浪漂流，可咨询**Osprey Rafting Co**（☎509-548-6800；www.ospreyrafting.com；4342 Icicle Rd），短途游$79起。

✕ 🛏 见623页

行驶路上 » 莱文沃思和韦纳奇之间的22英里是华盛顿州景色变化最突兀的路段之一。前一分钟你还在被巴伐利亚式的起伏山峰所环绕，下一分钟就身处在一个光秃小山与尼罗河式河谷间的典型美国小镇。莱文沃思东面的Hwy 2公路与Hwy 97公路有一段短短的并线。

④ 韦纳奇

离开莱文沃思不久，在进入韦纳奇（Wenatchee）之前，公路两边开始出现水果摊。韦纳奇自称是世界苹果之都——谁又能不赞同呢？韦纳奇就像可爱的莱文沃思背后不起眼的小妹妹，是一处回归乡土之地。转向北行之前，到附近的果园里尝尝苹果。这些最好的水果摊为通向奇兰（Chelan）的Hwy 2/97号公路带来了生气。作为品尝体验的前奏曲，建议先到位于小镇入口的**华盛顿苹果委员会游客中心**（Washington Apple Commission Visitors Center；www.bestapples.com；2900 Euclid Ave；⊙周一至周五8:00~17:00），通过一个有趣的视频了解嘎啦（Gala）和布瑞本（Braeburn）两个苹果品种的优缺点。

行驶路上 » Hwy 2/97公路顺着韦纳奇和奇兰之间的哥伦比亚河（Columbia River）东岸延伸。这是购买水果的最好地方之一。本地农夫们在这里进行季节性的批发零售，从附近田地和果园里运来新鲜采摘的水果，或者放在路边的半固定商店里，或者推着手推车，甚至只是装在简单的旧盒子里卖给路人。

⑤ 奇兰

奇兰湖（Lake Chelan）里贮存着这个国家最干净的水源，是华盛顿州最好的水上游乐区之一。自然，一到夏天这里就是一幅人山人海的景象，快艇、水上摩托和动力船奋力争夺一小片属于自己的水域。为了避免

凯鲁亚克和"虚空"

只有在Hwy 20公路135英里处的岔道，才能在路边看到**孤独峰**（Desolation Peak）的景色。山顶的瞭望塔是"垮掉的一代"代表作家杰克·凯鲁亚克的故园，他曾深受禅宗影响。1956年，他独自一人在这里待了63天，思考他自己的佛教哲学，对附近Hozomeen Mountain（从岔道也能看见）的"虚空"大发脾气，并完成了《孤独天使》（Desolation Angels）的草稿。这是凯鲁亚克最后一次享受到这样的平淡生活。次年，《在路上》（On the Road）的出版直接将他推到了文学大家的位置。

发生高速碰撞，可以试试从 **Lake Rider Sports**（www.lakeridersports.com; Lakeshore Waterfront Park；皮划艇出租 每天 单人/双人 $70/90；⏰7:00~18:30）租一艘皮划艇，划到湖泊上游览，欣赏原汁原味的喀斯喀特风光。

靠近奇兰镇西边的**湖滨公园**（Lakeside Park）和S Lakeshore Rd西边9英里处的**奇兰湖州立公园**（Lake Chelan State Park）有公共沙滩。

如果你带着孩子，那就别指望他们会放过**斯莱德瓦特水上乐园**（Slidewaters Water Park; www.slidewaters.com; 102 Waterslide Dr; 1日通票 成人票/儿童票 $23/18；⏰5月至9月 10:00~19:00；🚗）。斯莱德瓦特水上乐园位于"湖畔少女"（Lady of the Lake）码头上面的山上。

行驶路上 » 回到Hwy 97公路，向北行驶过哥伦比亚河峡谷（Columbia River Valley）壮丽的熔岩川，到达帕特罗斯（Pateros）小镇。从这里开始，SR153公路（又叫Methow Hwy）沿着更有朝气、更湍急的美度河（Methow River）向北到达特威斯普（Twisp）。在Hwy 20公路的交叉口左转，继续前行至温思罗普。从奇兰至温思罗普全程约61公里。

线路亮点

❻ 温思罗普

温思罗普（Winthrop）

是喀斯喀特山脉自驾的两大主题小镇之一，另一个是莱文沃思。这里曾是一个条件艰苦的矿业社区，在20世纪60年代进行了使其看起来像是西部荒原牛仔定居点的大改造，从而避免了沦为"鬼城"的命运。虽然看字面更像是老掉牙的好莱坞片而非《OK牧场大决斗》（*Gun Fight at the OK Corral*）的场景，但加里·库柏（Gary Cooper）的演绎真是妙到毫巅。温思罗普的*High Noon*内暗藏着真正的开拓精神（道路冬天封闭，离这里不远），此外还有一些极好的餐馆和旅店。

温思罗普市区表面上看起来是如此的现代，以至于很容易错过那些拓荒者小屋，这些小屋组成了**夏佛尔博物馆**（Shafer Museum; 285 Castle Ave; 捐赠入场；⏰阵亡将士纪念日至劳动节，即5月最后一个周一至次年5月1日

当地知识
美度河谷小道

冬天蓬松的粉雪和夏天充沛的阳光将美度河谷（Methow Valley）变成了华盛顿州的首选休闲地之一。夏天可以骑行、徒步和钓鱼，冬天则有全美第二大的滑雪道可供越野滑雪。这条长约125英里的小道由一家非营利性机构**美度河谷运动小道协会**（Methow Valley Sport Trails Association, 简称MVSTA; ☎509-996-3287; www.methowtrails.org; 309 Riverside Ave, Winthrop; ⏰周一至周五 9:00~15:30）维护，该协会在冬天提供北美最完善的小屋到小屋（以及酒店到酒店）滑雪网络。

10:00~17:00）。**Sun Mountain Lodge**（见623页）不容错过，这个运动和休闲的梦幻之地位于小镇外10英里处，可俯瞰山谷。

🍴🛏 见623页

行驶路上 » 沿着SR 20公路开出温思罗普，即进入最富有乡村风味且讨人喜欢的美度河谷，宽阔的谷底有一些农场，只看这里你绝对想不到山谷外还有交错分布的荒原。如果你认为温思罗普已经很小，那么经过玛扎玛可千万不要眨眼，这是个小小的木建筑群落，会令人联想起关于神枪手的电影。

❼ 玛扎玛

进入荒凉到有时让人害怕的北喀斯喀特山脉之前的最后一个哨卡，就是玛扎玛（Mazama），大约半打的木头小屋都在美度河谷的西端。可以在**Mazama Store**（www.themazama

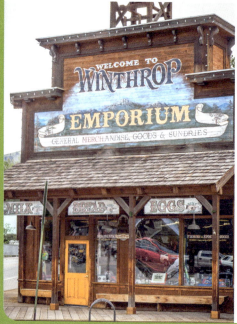

store.com; 50 Lost River Rd; ⏱7:00~18:00) 来点儿布朗尼蛋糕补充能量。这家商店又被称为"The Goat"，是一家适合当地户外活动者的意式咖啡店，也是获得路线资讯的好地方。

行驶路上 » 离开玛扎玛后就要紧踩油门了，因为北喀斯喀特山脉已近在咫尺。Hwy 20公路的这一段旅程不像其他任何一条横穿喀斯喀特的公路，它的沿途景色更加壮观，而且道路本身也是工程学上的一大壮举。自1972年完工后，由于冬雪封路，这条路从每年的11月到次年5月都会关闭。

❽ **华盛顿和雷尼山口**

下车后小心翼翼地走上90多米，登上**华盛顿山口眺望台**（Washington Pass Overlook；5477英尺，约1700米），而回报你的是以绝佳的视角欣赏到高耸的自由钟山（Liberty Bell）和它的初冬峰群（Early Winter Spires），公路就在你的脚下蜿蜒盘旋。等到再向西驱车几英里开上**雷尼山口**（Rainy Passes；5875英尺，约1790米）的时候，空气变得冰冷，你正进入山区，颠簸在海拔最高的远足道上。6.2英里长的**枫树山口环道小径**（Maple Pass Loop Trail）最受欢迎，攀登2150英尺（约655米）的高度后，你可以俯瞰宝石般的安湖（Lake Ann）美景。

宏大的**太平洋山脊步道**（Pacific Crest Trail）也会穿越附近的Hwy 20公路，所以自驾途中要当心那些胡须浓密的背包客突然钻出灌木丛。也许躲开人潮的最好选择是爬上**轻松山口**（Easy Pass；往返7.4英里），这个听起来很"轻松"的山口爬起来一点也不轻松，但可以欣赏到洛根山（Mt Logan）和其下渔夫盆地（Fisher Basin）的壮观景色。

行驶路上 » 被哥特式山峰所环绕，North Cascades Scenic Hwy拐出个大弯朝北，依次经过花岗岩溪（Granite Creek）和红宝石溪（Ruby Creek），公路在这里折返向西，进入Ruby Arm附近的罗斯湖国家休闲区（Ross Lake National Recreation Area）。

❾ **罗斯湖和魔鬼湖**

在这段旅途中，许多风景的古怪之处都在于它们不是自然形成的，而是源于人们建造的3座大坝，这些大坝的大部分发电量服务于西雅图市。然而，周围的原野是最原生态的，就像阿拉斯加州郊外一样。20世纪30年代，罗斯大坝竣工后围出了**罗斯湖**（Ross Lake；Hwy 20, Mile 134），罗斯湖向北延伸23英里直至加拿大境内。**罗斯湖眺望台**（Ross Lake Overlook）后面的一条小路通往去大坝的公路。而独特的罗斯湖度假村（Ross

为何经典
塞莱斯特·布莱什
本书作者

这条线路应该被称为"喀斯喀特之心自驾之路"（The Heart of the Cascades），因为它会把你带到美洲最令人惊叹的山脉中最壮丽的角落。当你在拐角处看到蓝色的湖泊美景时，"哇哦"一定会脱口而出。这些蓝色的湖泊中倒映着尖锐的白色山峰和常青树的倒影。这是一次完美的公路旅行，沿途的风景从未令人失望。

上图：莱文沃思
左图：温思罗普
右图：莱文沃思周边的高山风景

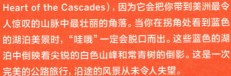

Lake Resort；见623页）则漂浮在湖的另一边。

几英里外的**魔鬼湖眺望台**（Diablo Lake Overlook；渡轮 成人/儿童 单程 $10/5）)是一处经典的摄影点。这个蓝绿色的湖泊是公园里最受欢迎的部分，有沙滩、绚丽的景色、**殖民溪露营地**（Colonial Creek Campground；☎206-386-4495；www.nps.gov；Hwy 20, Mile 130；露营地 $16)的小船，还可以徒步到雷鸣丘（Thunder Knob；往返3.6英里）和雷鸣溪（Thunder Creek；往返12英里）。

🛏 见623页

行驶路上 » 从魔鬼湖出发，沿着Hwy 20公路旁迂回曲折的峡谷水库（Gorge Reservoir）一路向西行驶。穿过纽哈莱姆（Newhalem；可在北喀斯喀特山脉国立公园游客中心停车。当峡谷出现在眼前，湿润的西海岸空气从太平洋上飘来时，你将进入距离魔鬼湖23英里的马布尔芒特。

⑩ 马布尔芒特

马布尔芒特（Marble-mount）小镇没有太多引人

注目的地方，但是野牛肉汉堡的飘香将召唤你来到 **Buffalo Run Restaurant**（www.buffaloruninn.com；60084 Hwy 20；主菜 $10~34；🕐午餐和晚餐；♿），它是方圆数英里内第一家像样的餐厅，只要你不介意门口装饰的那几块兽皮和墙上的那个巨大的野牛头。

🍴 🛏 见623页

行驶路上 » 在你驱车8英里从马布尔芒特到同样不起眼的洛克波特途中，斯卡吉特河（Skagit River）会一直陪伴你。仔细观察一下那些木椽和白头海雕。

⑪ 洛克波特

当山谷进一步开阔，你将到达洛克波特（Rock-port）。这里有一个神奇的印度尼西亚风格巴塔克（Batak）小屋，又被称为**喀斯喀特家庭农场**（☎360-853-8173；Hwy 20, Mile 100；🕐5月和10月 10:00~18:00, 6月至9月 9:00~19:00；♿），吸引着你停下来尝尝有机草莓、可口的水果奶昔和令人精神一振的意式特浓咖啡，在这一段短短的农场自助游中，你可能嘴都停不下来。

不远处，绵延10英里的斯卡吉特河是600多只秃鹰的越冬地，这些秃鹰在

11月到次年3月上旬期间都待在这里，尽情享受前来产卵的美味鲑鱼。1月是观赏白头海雕（Bald Eagle；美国国鸟）的最佳时节，到**斯卡吉特河导游服务中心**（Skagit River Guide Service；☎888-675-2448；www.skagit riverfishingguide.com；Mt Vernon）来一趟冬季泛舟之旅再理想不过了。3小时的游览从11月初到次年2月中旬都有，费用为$75。

行驶路上 » 沿着Hwy 20公路从洛克波特向西行驶37英里，穿过喀斯喀特山麓和一直在扩张的斯卡吉特河谷（Skagit River Valley）到达小镇伯灵顿，它位于繁忙的I-5州际公路东面。

⑫ 伯灵顿

这段自驾旅程的终点本身并不是一个传统意义上"景点"（除非你喜欢大型商场），而是以"枢纽城市"（Hub City）而著称。伯灵顿（Burlington）位于斯卡吉特河谷的中心地带，也就是说，它就是附近众多旅游胜地之间的中心地。周边景点包括拉康纳（La Conner）的郁金香原野、Chuckanut Dr（即SR11公路，这里是正式的终点）和圣胡安群岛（San Juan Islands）。

食 宿

莱文沃思 ❸

✕ München Haus　　　　德国菜 $

（☎509-548-1158；www.munchenhaus.
com；709 Front St；布丁 $5~7；⊙11:00~
21:00）Haus是一家纯户外餐馆，毫无疑问，
德国香肠和椒盐卷饼成为冬季必不可少的
暖胃食品，而巴伐利亚的啤酒则会让你在
夏季感受一丝清凉。除夏季外，时间变化
不定。

🛏 Enzian Inn　　　　　　酒店 $$

（☎509-548-5269；www.enzianinn.com；
590 Hwy 2；双 $140起；🛜🖵）在这里，你可以
听着早餐前吹响的山笛声，开始莱文沃思
经典的一天。如果这还不够吸引你的话，你
还可以穿上你的皮短裤，来这里免费的高尔
夫球场（里面有许多吃草的山羊）、室内和
室外的游泳池。

温思罗普 ❻

✕ Duck Brand Cantina　　墨西哥菜、早午餐 $$

（☎509-996-2408；www.centralreser
vations.net/lodging/duckbrand；248 Riverside
Ave；主菜 $7~15；⊙7:00~21:00）这不是标
准的墨西哥餐馆，但却供应油炸玉米粉饼
（Quesadilla）、玉米卷饼（Enchilada，安
其利达）和炸玉米饼。这家西部荒原主题
风格的酒吧供应普通的美式早餐。在冬天，
丰盛的麦片粥能让你有力气滑上一整天
的雪。

🛏 Sun Mountain Lodge　　度假屋 $$$

（☎509-996-2211；www.sunmountain
lodge.com；604 Patterson Lake Rd；房间 $205
起，小屋 $405起；🅿🛜🖵）这是华盛顿州最
好的休憩地之一，拥有无可匹敌的自然环
境，Sun Mountain Lodge犹如鹰巢一般高
踞于美度河谷之上。小屋可以为你提供奢
华低调的享受。备受赞誉的餐厅拥有令人
惊叹的360度景观。

罗斯湖和魔鬼湖 ❾

🛏 Ross Lake Resort　　　历史酒店 $$

（☎206-386-4437；www.rosslakeresort.
com；503 Diablo St, Rockport；小屋 $195~
370；⊙6月中旬至10月末；🛥）这些位于湖泊
西侧幽静度假村里的漂浮小屋是20世纪
30年代时为在山谷里工作的伐木工人修建
的，但很快就被罗斯大坝（Ross Dam）所
吞没。这里没有公路，客人可以从Hwy 20
公路徒步2英里前往，或者从魔鬼湖大坝
（Diablo Dam）附近的停车场乘坐度假村
的船只出入。

马布尔芒特 ❿

✕ Marblemount Diner　　晚餐 $$

（60147 Hwy 20；主菜 $9~22；⊙周一、
周四和周五 11:00~20:00，周六和周日 8:00~
20:00）在周末的时候，这家友好的餐馆的
亮点是自助早餐（8:00~11:00），你可以
在展台前、餐桌旁，或是吧台边用餐。尽
量早到，否则所有的食物都会被取光或者
变干。

🛏 Buffalo Run Inn　　　汽车旅馆 $

（☎360-873-2103；www.buffaloruninn.
com；58179 Hwy 20；标单/双 $54/69；🅿🛜）位
于Hwy 20公路的转弯处，Buffalo Run Inn
是旅馆（有小厨房、电视和舒适的床）和乡野
风格小屋（俗气的熊和野牛装饰物品）的结
合体，干净细致。在公共冰箱里，还有可用
微波炉加热的"自助早餐"。

奥林匹克国家公园
世界上为数不多的
温带雨林之一

奥林匹克半岛环路

47

湿得出奇, 绿得异常, 而且远得冷清, 奥林匹克半岛看起来就像是一个从原始时代复活过来的地方。

线路亮点

166 英里

霍河雨林
沿着霍河青苔小径徒步, 穿越青苔覆盖的原始雨林

271 英里

飓风岭
登临奥林匹克山巅, 观风赏景

Port Townsend
汤森港

④

Lake Crescent
新月湖

⑥

③

Staircase
斯泰尔科斯

②

起点/终点
Olympia
奥林匹亚

奎纳尔特湖
在奎纳尔特湖度假村内, 观赏历史建筑, 在熊熊燃烧的壁炉旁取暖, 还可以逛逛湖滨草地

红宝石海滩
风吹雨打的太平洋海岸, 狂风呼啸的华盛顿海滩

134 英里

93 英里

4天
435英里/700公里

最适合

何时去

6月至9月, 持续降雨稍稍减弱的时候。

最佳摄影点

在霍河雨林捕捉前所未见的绿荫。

最佳野生动物

霍河雨林里有珍稀的罗斯福麋鹿。

奥林匹克半岛环路

想象一下满是松树的沙滩和一座美国的奥林匹斯山合为一体，再加上斯蒂芬妮·梅尔《暮光之城》中的故事，就会大致了解在奥林匹克半岛自驾是怎样的感觉了。这是最远离人境的荒原，茂密的森林延伸到陆地尽头的海岸线，从胡安·德富卡（Juan de Fuca）于1592年航行到此至今，这里并没有发生太大变化。记得带上登山靴和雨具！

Ruby Beach ③
红宝石海滩

❶ 奥林匹亚

欢迎来到奥林匹亚——一个具有不可思议反差的城市，街头艺人们大声演唱垃圾摇滚，宏伟的州议会门前的草坪上，古板的官员铃声仿佛来自20世纪。**华盛顿州议会大厦**（Washington State Capitol;☎360-902-8880;416 Sid Snyder Ave SW;◷周一至周五 7:00～17:30，周六和周日 11:00～16:00）是一座巨大的希腊神庙式建筑，参观一圈，将让你在出发前最后体验一下文明的味道。然后上车，快速驶向出口。

✕ 见631页

行驶路上 » 你的大方向应该是向西，先沿着Hwy 101公路前行，然后驶上SR 8公路行驶一段路程，到埃尔玛（Elma）后进入Hwy 12公路。在格雷港（Grays Harbor）进入双子城——阿伯丁（Aberdeen）和霍奎厄姆（Hoquiam），它们因波音公司创始人威廉·波音（William Boeing）和垃圾摇滚乐队涅槃（Nirvana）而闻名。随后回到Hwy 101公路，向北开往草木繁茂的奎纳尔特湖。全程约93英里。

线路亮点

❷ 奎纳尔特湖

奎纳尔特河谷（Quinault River Valley）位于**奥林匹克国家公园**（Olympic National Park;www.nps.gov/olym;7日通票 每车 $25,徒步/骑自行车 $10,1年无限制通票 $50）的西南端，丛林密布，是公园里人迹最少的角落之一。坐落在深蓝色的冰川湖奎纳尔特湖（Lake Quinault）南岸的则是小小的**奎纳尔特**村，村中的奎纳尔特湖度假村（见631页）非常舒适；此外，还有一间美国林业局（USFS）的办公室和几家商店。

许多短程**徒步小径**的起点都在奎纳尔特湖度假

村的下方，到USFS办公室拿一份免费的地图。小径中距离最短的是**奎纳尔特雨林自然步道**（Quinault Rain Forest Nature Trail），这段半英里长的步道沿线有500岁的花旗松（Douglas firs）。这条短道与3英里长的奎纳尔特环线小径（Quinault Loop Trail）相

你也可以

46 **喀斯喀特山脉自驾**

从汤森港出发，乘坐渡轮向北行，然后沿WA 20公路前往伯灵顿。

49 **俄勒冈海岸101号公路**

取道I-5州际公路向南，然后转向西至俄勒冈州的沿海小镇阿斯托利亚。

连，环道蜿蜒穿过雨林，最后回到湖边。奎纳尔特地区以巨树而闻名，村子附近有一棵191英尺高的阿拉斯加云杉（Sitka spruce；树龄可能超过了1000年），不远处就是世界上最大的红刺柏、花旗松和山区铁杉。

🛏 见631页

行驶路上 » 从奎纳尔特湖向西，Hwy 101公路穿过奎纳尔特印第安人保留地后进入一片狭窄的国家公园区域，公园保护着卡拉洛奇（Kalaloch）周围的沙滩。这里是美国公路可以到达的最荒凉的景观海岸。各种套衫都是沙滩上合适的穿着。从奎纳尔特湖到红宝石海滩全程40英里。

线路亮点

❸ 红宝石海滩

1953年，国家公园拥

有了一条窄窄的海岸公路，从那以后，只要经过短短0.2英里的路程就可以到达红宝石海滩（Ruby Beach）了。这是一片又大又开阔的风蚀海岸，黑亮的石头和肆意生长的树木为它带来了几分美感。向南往卡拉洛奇的方向走，可以到达1号至6号的海滩，这些海滩的命名虽然没啥创意，但全都深得海滩流浪者们的喜爱。退潮时，海滩巡逻员会在**4号海滩**（Beach Four）讲解潮汐池生态和整个奥林匹克海岸带的生态系统。

🛏 见631页

行驶路上 » 在红宝石海滩的北面，Hwy 101公路直插东北方向进入内陆，并沿着霍河（Hoh River）延伸。向右转驶离Hwy 101公路，进入Hoh River Rd，探索国家公园里最受欢迎的一处

隐秘圣地——霍河雨林。先别急着兴奋，等到你（重新）进入公园后，紧紧围绕在身边的树木颇有几分阴森可怕。

暮光之"城"

在15年前这些是不可想象的：小小的福克斯镇，一个萧条的伐木小镇，到处都是固执的伐木工人，现在却成了少女们心中的圣地，她们来到这里，追随故事中的情侣贝拉（Bella）和爱德华（Edward）幽灵般的脚步。当然，这一切不可思议的变化全都源自《暮光之城》（Twilight），美国作家斯蒂芬妮·梅尔写的一部全套4本的小说，讲述了一个发生在雾蒙蒙的奥林匹克岛上的爱情和吸血鬼的故事。小说在短短几年里发行了超过1亿本，并被好莱坞拍成了5部电影。作为书中的主要背景地，福克斯小镇甚至吸引了很多国际明星前来，这种热潮到现在还没有消失。你可以参加每天的**暮光之城之旅**（Twilight Tour；☏360-374-5634；www.forkswa.com；130 S Spartan Ave），游览梅尔书中提到过的绝大多数地方。

线路亮点

❹ 霍河雨林

如果你赶上了一个没有下雨的日子，那可真是幸运！离开101号公路后，最受欢迎的蹊径就是通往霍河山谷（Hoh Valley）的19英里铺装道路，而地球上最密集、最潮湿、最青翠并且最梦幻的温带雨林霍河雨林（Hoh Rainforest）就在这片山谷中。说到徒步，最精

红宝石海滩

华的路线要数虽短却迷人的**霍河青苔小径**（Hall of Moss Trail），这只是一段0.75英里的平缓环路，沿途却有连《魔戒》作者托尔金都无法想象的奇绝缥缈景色。老藤嫩枝从你头顶的树叉垂下，像灯芯绒的穗子一样，路边的甘草蕨和俄勒冈兜藓包裹着枫树和北美云杉的巨大落木。夏季每天有两次由护林员带领的导览徒步游，带你去追踪生活在公园里的**罗斯福麋鹿**，这一种群大约有5000只。

行驶路上 » 再次开上Hwy 101公路，向北去往福克斯

（Forks）小巧、平凡而又便利的定居点。在Hwy 101公路转弯向北时，过弯后向东穿过大片伐木区，之后继续前行，在奇妙的新月湖岸再次进入国家公园。全程66英里。

5 新月湖

在你还来不及从脑海中清除掉少年吸血鬼的惊惧时，景色已经再次发生了变化。公路蜿蜒曲折，绕过冰川雕琢出来的新月湖（Lake Crescent），穿过它那波光粼粼、松柏飘香的湖滨。坐在租来的皮划艇里，从水平面看湖泊最美；要

不就登上湖岸东边的**暴风国王山小径**（Storm King Mountain Trail；得名于山顶的恶劣天气），登高俯瞰。爬上一段1.7英里长的陡峭山路即可到达风暴国王山小径，山路将巴恩斯溪小径（Barnes Creek Trail）一分为二。如果想少走几步路的话，可以选择**玛丽米尔瀑布小径**（Marymere Falls Trail），这条路往返2英里，前往90英尺高的瀑布，瀑布越过玄武岩的峭壁奔腾而下。这两条线路都是由停车场出发往返SR101公路的右侧走，就在**风暴国王公园管理处**（Storm King Ranger

629

Station；☏360-928-3380；
343 Barnes Point Rd；⏲5月至
9月）附近。这里也是Lake
Crescent Lodge（见631页）
的所在地，它是公园里3家
著名度假村中最古老的一
个，1916年首次营业。

见631页

行驶路上 》 从新月湖沿着
Hwy 101公路向东行驶22英里，
前往小镇安吉利斯港（Port
Angeles），那是进入加拿大维
多利亚省的门户，乘渡船向北
即可。从Race St出发，沿着18英
里长的Hurricane Ridge Rd向上
攀行至海拔5300英尺处的飓
风岭，欣赏大片的野花草甸，远
眺高耸入云的广阔群山。

线路亮点

❻ 飓风岭

高耸入云霄的飓风岭
（Hurricane Ridge）正如
其名，有着变幻无常的天
气和频发的狂风，幸好还
有公园内最好的高海拔景
色，才让刺骨的寒风稍显
好受一些。邻近安吉利斯港
是它的另一大优势。如果你
打算在这里上山，一定要先
去参观像博物馆一样的**奥
林匹克国家公园游客中心**
（Olympic National Park Visitor
Center；☏360-565-3100；
www.nps.gov/olym；3002
Mt Angeles Rd；⏲7月和8月
8:00~18:00，9月至次年6月
至16:00）。而规模小一些的

飓风岭游客中心（Hurricane
Ridge Visitor Center；⏲9:30~
17:00 夏季每天开放，冬季周
五至周日）有小吃店、礼品
商店和厕所，是各类徒步
线路的起点。**飓风山小径**
（Hurricane Hill Trail；从
道路尽头开始）和多条**草地
环线小径**（Meadow Loop
Trails）都很受欢迎，且容
易行走。

行驶路上 》 折回Hurricane
Ridge Rd，擦过安吉利斯港郊
区，向东穿过史魁恩（Sequim；
发音为"squwim"）的退休社
区。在SR 20公路转向北前往
另一个更具魅力的港口——汤
森港。

❼ 汤森港

暂时离开公园，进入具
有维多利亚式舒适环境的
汤森港（Port Townsend），
这里的历史魅力可追溯到19
世纪90年代修建铁路的繁
荣时期，那时候小镇曾立志
要建设成"西部的纽约"。这
里从来没有成为纽约，但是
你可以从**游客中心**（visitors
center；☏360-385-2722；www.
ptchamber.org；2409 Jefferson
St；⏲周一至周五 9:00~17:00）
拿一份史上著名的徒步旅行
地图，漫步于海滨的一家家
商店、画廊和古董商场间。
不要错过老式的**Belmont
Saloon**（925 Water St；主菜 午
餐 $10~14，晚餐 $15~32；⏲周

一至周五 10:30至次日2:00，周
六和周日 9:00至次日2:00）和
罗斯剧院（Rose Theatre；235
Taylor St），这家修葺一新的
华丽电影院从1908年就开
始放映电影了。

 见631页

行驶路上 》 从汤森港出发，
返回Hwy 101公路的交叉口，
但这次是向南，途中经过基
尔瑟内（Quilcene）、布里农
（Brinnon）和那里出色的美
式小餐馆，还有多斯瓦勒普
斯州立公园（Dosewallips）入
口。你在这里可以欣赏到更
多不被遮挡、位于胡德运河
（Hood Canal）公园东边的海
景。追踪水景之美到胡兹波特
（Hoodsport），沿着这里的指示
牌向西离开Hwy 101公路，前往
距离汤森港67英里的斯泰尔
科斯。

❽ 斯泰尔科斯

斯泰尔科斯（Stair-
case）位于公园东侧，干燥，
紧邻群山。经胡兹波特到达
斯泰尔科斯公园群，那里有
一个护林站、一个露营地和
不错的小径体系，这些小径
沿着北福克斯克克米什河
（North Fork Skokomish
River）的河道伸展，两侧是
一些奥林匹克半岛上最崎
岖的山峰。**库什曼湖**（Lake
Cushman）附近有一个野营
地，可以进行水上运动。

食 宿

奥林匹亚 ❶

✕ Traditions Cafe & World Folk Art　健康食品 $

（☎360-705-2819; www.traditionsfair trade.com; 300 5th Ave SW; 主菜 $6~12; ⏰周一至周五 9:00~18:00, 周六 10:00~18:00, 周日 11:00~17:00; 🅿♿）这家舒适的餐厅位于遗产公园（Heritage Park）的边缘，供应新鲜的沙拉和美味、健康的三明治（柠檬芝麻酱、烟熏鲑鱼等）；此外，还有咖啡饮品、草药茶、当地冰激凌、啤酒和葡萄酒。这里有宣传社区活动的海报，角落里是一个"和平与社会主义借阅图书馆"（Peace and Social Justice Lending Library），它附属于一家不拘一格的民间艺术商店。

奎纳尔特湖 ❷

🛏 Lake Quinault Lodge　历史酒店 $$$

（☎360-288-2900; www.olympicnational parks.com; 345 S Shore Rd; 房间 $219~450; ♿🛜📺）任何你想在历史悠久的国家公园度假屋里得到的东西这里都有，而且，建于1926年的Lake Quinault Lodge中还有一个巨大的壁炉、一片修剪到足以作为高品质板球场的草坪、巨大舒适的皮革沙发、豪华的接待室。高档的湖景餐厅供应优质的美式食物。通往原始森林的小路就在门外。

红宝石海滩 ❸

🛏 Kalaloch Lodge　历史酒店 $$$

（☎360-962-2271; www.thekalalochlodge. com; 157151 US 101; 房间 $299起; ♿🛜📺）Kalaloch（建于1953年）外观虽然比较简陋，但它高踞于绝壁之上，俯瞰着惊涛拍岸的太平洋，同样拥有壮观的风景。除了古老的度假屋外，这里还有小木屋和汽车旅馆式的公寓。适合家庭的**Creekside Restaurant**（主菜 $13~33; ⏰10月至次年4月 8:00~20:00, 5月至9月 7:00~21:00）可以为你提供海岸上最好的早餐和无与伦比的海景。

新月湖 ❺

🛏 Lake Crescent Lodge　度假屋 $$

（☎888-896-3818; www.olympicnational parks.com; 416 Lake Crescent Rd; 度假屋 房间 $123起, 小屋 $292起; ⏰5月至12月, 冬季 营业时间有限; 🅿❄🛜📺）这个21世纪的旅馆里摆放着漂亮的家具，家具上面有古董，周围是高大的冷杉树。这里有各种各样的住宿选择，但是最受欢迎的（仅在冬天的周末开放）是那些舒适的小屋。度假屋环保的餐馆里供应高档的北欧食物。

汤森港 ❼

🛏 Palace Hotel　历史酒店 $$

（☎360-385-0773; www.palacehotelpt. com; 1004 Water St; 房间 $109~159, 节日和周末价格更高; 🛜📺）这座建于1889年的维多利亚风格精致建筑，一度是当地声名狼藉的玛丽夫人（Madame Marie）所经营的妓院所在地，二楼拐角处的套房就是管理生意的地方。如今，配上了古董家具和各种现代设备的Palace Hotel早已改头换面，成为极具特色的迷人历史酒店。这里有宜人的公共空间和小型厨房。最便宜的房间共用一间浴室。

刘易斯与克拉克国家历史公园
克拉特索普堡的度假小屋

追随刘易斯与克拉克之路

48

跟随着哥伦比亚河的脚步，这条历史车道是1805年美国探险家刘易斯与克拉克横跨大陆之行的重头戏，他们一路跌跌撞撞走向太平洋，也赢得了不朽的声名。

线路亮点

340 英里
失望角
岩石嶙峋的大陆尽头，刘易斯和克拉克第一次看到太平洋的悬崖之巅

Station Camp & The Dismal Nitch
驻扎营和蒂斯莫尼奇湾

Skamokawa
斯盖姆卡瓦

Columbia Hills Historical State Park
哥伦比亚山州立历史公园

10

Astoria
阿斯托利亚

12

Bonneville
博纳维尔

7

Celilo Falls
赛利罗瀑布

The Dalles
达尔斯

2

107 英里
玛丽希尔
这里的巨石阵比英国的晚"出生"4000年，但同样震撼

Tri-Cities
三城市
起点

卡侬海滩
俄勒冈海岸风光的精华之所在，备受冲浪者和徒步者青睐

385 英里

灯塔岩州立公园
巍然独立的巨岩，犹如哥伦比亚河上的小直布罗陀

182 英里

3~4天
385英里/620公里

最适合

何时去
全年——如果你不介意经常下雨的话，哥伦比亚河谷随时都可以去。

最佳摄影点

艾科拉州立公园的印第安海滩；个性化的俄勒冈海岸。

最佳历史景点

失望角州立公园的刘易斯与克拉克解说中心。

48

追随刘易斯与克拉克之路

若是要完全沿着刘易斯与克拉克当年行进的路线从密苏里州的圣路易斯艰苦跋涉到华盛顿州的失望角，对于大多数人来说，大概得把年假和其他所有假期攒在一起来休才行。不妨就关注一下这最后一段行程吧，它见证了两位探险家当年所经历的沉重疲惫和慢慢积累的兴奋感，无车代步，饱经风霜，他们沿着哥伦比亚河艰难跋涉，完成了美国历史上最伟大的陆地探险。

❶ 三城市

这段旅程的起点具有重大的历史意义。刘易斯、克拉克和他们的探险队于1805年10月16日抵达斯内克河（Snake River）和哥伦比亚河（Columbia River）的交汇处，这是他们寻找入海水系的里程碑。200个印第安人围成半圆形唱歌、击鼓来欢迎他们，之后他们在当地扎营两天，用衣服和印第安人交换了鲑鱼干。**萨卡加维亚解说中心**（Sacajawea Interpretive Center; ☎509-

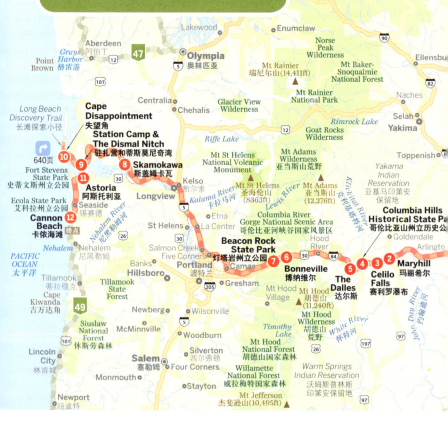

545-2361；www.parks.state.
wa.us/250/sacajawea；2503
Sacajawea Park Rd, Pasco；建
议捐赠 $1；☉3月末至11月1日
10:00~17:00；🅿️）位于今帕
斯科（Pasco）东南5英里的
河流交汇处，萨卡加维亚
（Sacajawea，也写作Saca-
gawea）是探险队在北达科
他州（North Dakota）招募
的肖松尼族（Shoshone）印第
安人向导和翻译，中心以她
的视角来讲述远征故事。

行驶路上 » 沿I-82州际公路向
南行驶，然后在SR 14公路（又
称为Lewis & Clark Hwy公路）

与哥伦比亚河相交处向西转。
在这个连山艾都满是尘土的乡
村里，你将会经过几个不那么
要紧的景点——探险队第一次
发现胡德山（Mt Hood）的瓦卢
拉峡谷（Wallula Gap）以及威
廉·克拉克（William Clark）为
之命名的帽岩石（Hat Rock）火
山岩峭壁。下一站距离三城市
107英里。

线路亮点

② 玛丽希尔

　　由西北地区大企业家
和道路建设者山姆·希尔
（Sam Hill）设计的**玛丽
希尔艺术博物馆**（Maryhill
Museum of Art；☎509-773-
3733；www.maryhillmuseum.
org；35 Maryhill Museum Dr；
成人/儿童 $9/3；☉3月中旬至
11月中旬 10:00~17:00）占用
了一栋建在峭壁上的豪宅，
从那里可以俯瞰哥伦比亚
河。这里的艺术收藏品中，
由于有一小部分刘易斯与克
拉克相关事件物品的展示
而显得更为不拘一格。宁静
的花园非常适合进行体面
的野餐，只是这种宁静不时

会被来自异国的孔雀叫声
打断。解说牌会指引你看到
许多美景，它们沿哥伦比亚
河谷分布，一直到河畔的一
个州立公园，梅里韦瑟·刘
易斯（Meriwether Lewis）
和威廉·克拉克（William
Clark）曾于1805年10月21日
扎营于此。在这个公园里，
你可以在当时探险队扎营处
几百码的范围内露营。像这
样的地方，整个行程中还有
好几处。

　　希尔的另一个创举是
完整复制了一个与原物同样
大小的**巨石阵**（Stonehenge；
US Hwy 97），位于向东2英
里处。

行驶路上 » 从玛丽希尔沿着
SR14公路继续向西行驶5英
里，即是如今已经没入水下的
赛利罗瀑布原址。

③ 赛利罗瀑布

　　在沿着这条"小径"前
行时，想象力和防晒霜同样
重要。举个例子吧，在玛丽
希尔以西5英里的岔道口可
以俯瞰当年印第安人在赛
利罗瀑布（Celilo Falls）的

Ⓢ 你也可以

47 **奥林匹克半岛环路**
从阿斯托利亚上 Hwy
101 号公路，向北行驶 78 英
里到阿伯丁，进入这条环路。

49 **俄勒冈海岸
101号公路**
结束这段行程后，掉头南
下，前往起自阿斯托利亚的
海岸。

鲑鱼垂钓区。探险队于1805年10月下旬在这里逗留了两天,用鹿皮绳索把他们的独木舟降下水流湍急的瀑布。一个半世纪后,筑坝导致哥伦比亚河水位上升,淹没了这个曾经世界排名第六的大瀑布,破坏了一个历史悠久的印第安人垂钓区,致使克拉克对此地的许多描述变得难以辨认。

行驶路上 » 沿着SR 14公路向西,与水流湍急的哥伦比亚河并行15英里即可到达哥伦比亚山州立历史公园。

- - - - - - - - -

❹ 哥伦比亚山州立历史公园

内兹佩尔塞(Nez Perce)、克拉特索普(Clatsop)和瓦拉瓦拉(Walla Walla)的印第安部落是刘易斯与克拉克远征成功必不可少的大功臣,它们不仅提供

了食物,还有马匹和向导。了解该地区印第安历史遗产的最佳地点之一是位于**哥伦比亚山州立历史公园**(Columbia Hills Historical State Park; ☎509-439-9032; Hwy 14, Mile 85; 1日费用$10; ⊙4月至10月 6:30至黄昏)里的Temani Pesh-wa("写在石头上")小径,这里有该地区最好的岩画。预订一个周五或周六10:00的免费导览游去看著名却容易损毁的Tsagagalal神(守护女神)古代石壁画。公园也很受攀岩运动员和帆板运动员的欢迎。

行驶路上 » 在Horsethief Lake以西2英里处向南转,上Hwy 197公路,穿过哥伦比亚河到俄勒冈州的达尔斯。达尔斯大坝位于上游2英里处,1957年大坝完工后,大水完全淹没了曾经壮丽的赛利罗瀑布和激流。

刘易斯与克拉克历史公园

所谓的**刘易斯与克拉克国家历史公园**(Lewis & Clark National Historical Parks; ☎503-861-2471; www.nps.gov/lewi; 92343 Fort Clatsop Rd; 成人/儿童 $5/免费; ⊙6月中旬至8月 9:00~18:00,9月至次年6月中旬 至17:00)在哥伦比亚河河口处集合了10处不同的历史遗迹,每一处都与探险队及其绘制美国西部地图历史任务的重要事实相关。2004年,所有这些州立公园和历史遗址合并起来,形成了今天的公园,由国家公园管理局(National Park Service)、华盛顿州和俄勒冈州共同管理。亮点包括失望角(Cape Disappointment)、科拉特索普城堡(Fort Clatsop),以及连接科拉特索普城堡与日落海滩(Sunset Beach)的6.5英里小径。

- - - - - - - - -

❺ 达尔斯

作为曾经令人敬畏的赛利罗瀑布的都市近邻,达尔斯(The Dalles)的景象相对平淡。当地主要的经济来源集中在樱桃种植、计算机科技和户外休闲活动上。然而,这个小镇上有哥伦比亚河流域最佳的刘易斯与克拉克主题博物馆,就在城西边

灯塔岩州立公园

缘的**哥伦比亚峡谷探索中心**（Columbia Gorge Discovery Center；☎541-296-8600；www.gorgediscovery.org；5000 Discovery Dr；成人/儿童 $9/5；⏱9:00~17:00）。馆内的展品包括当年探险队拖着横穿大陆的30吨装备和他们为了存活不得不杀死的动物（包括190条狗和1只雪貂）。穿上刘易斯与克拉克时代的服装是孩子们最喜欢的部分。

🍴🛏 见642页

行驶路上 » 从达尔斯出发，沿着哥伦比亚河（当年探险队是靠独木舟由河中央顺流而下的）的任何一侧向西行驶，要么经由SR-14公路（华盛顿州），要么放慢脚步，走风景相对优美一些的SR 30公路（俄勒冈州）。从达尔斯到博纳维尔，全程46英里，途中可以去探访梅玛鲁斯岛（Memaloose Island）附近的景点。梅玛鲁斯岛让人感觉毛骨悚然，因为这里是以前印第安人的墓地遗址，他们将死去的人安放在雪松做的独木舟中。

- - - - - - - - - - - - - - - - -

❻ 博纳维尔

美国有两个博纳维尔：俄勒冈州的博纳维尔（Bonneville）和华盛顿州

的北博纳维尔（North Bonneville）。刘易斯与克拉克在这一段远征路途中饱受跳蚤骚扰，常常饥肠辘辘，靠吃狗肉和像土豆一样含淀粉的印度土豆（Wapto）的块茎过活。幸运的是，21世纪的博纳维尔（以1938年"大萧条时期"完工的大坝而闻名）有许多美味菜肴可供选择。

📖 见642页

行驶路上 » 灯塔岩州立公园就在北博纳维尔以西的SR 14公路边。

- - - - - - - - - -

线路亮点

❼ 灯塔岩州立公园

　　1805年11月2日，也就是克拉克经过现在的博纳维尔的第2天，他记录下了一块引人注目的巨石，石高约848英尺（约258米），他称之为Beaten Rock，后来在返程时又把名字改为灯塔岩（Beacon Rock）。一个世纪之后，亨利·比德尔以1美元的低价买下了这块石头！如今你仍然可以循着他的足迹，穿过长1英里、弯弯曲曲的小路，登上**灯塔岩州立公园**（Beacon Rock State Park；☎509-427-8265；www.parks.state.wa.us/474/Beacon-Rock；Hwy 14，Mile 35；1日费用 $10）这块火山岩的顶端。享受美景之时，想想看，实际上你已经爬到了一座古老火山的内部了。而

对于探险队来说，这块巨石带来的是重大的发现，兴奋的两个人在这里第一次注意到潮汐，这足以证明他们终于快要完成横穿美国大陆的任务了。

行驶路上 » 沿着SR 14公路行驶，下一个奇妙景观将是洪水冲蚀形成的峡谷和那从合恩角（Cape Horn）倾泻而下的瀑布全景，令人过目难忘。继续沿着I-5州际公路向前就是凯尔索（Kelso），接着跨过刘易斯与克拉克大桥，在SR 4公路上与哥伦比亚河并肩西行。斯盖姆卡瓦距离灯塔岩州立公园全程103英里。

- - - - - - - - - -

❽ 斯盖姆卡瓦

　　在顺着哥伦比亚河下行的大半段行程中，刘易斯与克拉克使用独木舟而不是步行。要追寻探险队的独木舟航迹，没有比**柱岩**（Pillar Rock）更好的选择了。克拉克曾在那里写下了他扎营时看到海景时的欢乐之情。斯盖姆卡瓦（Skamokawa）镇上的**Columbia River Kayaking**（☎360-747-1044；www.columbiariverkayaking.com；957 Steamboat Slough Rd；半日团队游 $65起；🕐周五至周日 正午至16:00）提供1天和2天的皮划艇游，前往该遗址和格雷士湾（Grays Bay）。

行驶路上 » 离开斯盖姆卡瓦，沿着SR 4公路向西北方向前

LINCOLN ROGERS / SHUTTERSTOCK ©

进，到纳西尔（Naselle）后上SR 401公路向西南方向行驶。沿着哥伦比亚河畔，从斯盖姆卡瓦到蒂斯莫尼奇湾的距离是35英里。

- - - - - - - - - -

❾ 驻扎营和蒂斯莫尼奇湾

　　在哥伦比亚河北岸的阿斯托利亚—梅格勒大桥

（Astoria-Megler Bridge）东边有一个岔道，标着蒂斯莫尼奇湾（Dismal Nitch）。当年两位探险者浑身湿透，被持续一周的暴风雨牢牢困住，克拉克将其描述为"经历过的最讨厌时光"。探险队最后设法在位于大桥以西3英里处的驻扎营（Station Camp）所在地扎下营来，一待就是10天，无疑两位领导者当时已经是相看两相厌，于是他们分开来各自探索失望角周围的海角。营地现在是一个普通的公路出口。

行驶路上 » 快到了！控制住你的兴奋之情，因为你还要沿着Hwy 101公路再向西走上最后几英里，去到伊尔沃科和风景从未让人失望的失望角。

━ ━ ━ ━ ━ ━ ━ ━

线路亮点

⑩ 失望角

　　当你驶入峭壁顶端狂风大作的**失望角州立公园**（Cape Disappointment State Park；☑360-642-3078；Hwy 100；☉黎明至黄昏）时，眼前的风景绝不会令你失望。留点时间，跟随克拉克的足迹短途徒步爬上麦肯齐山

（Mackenzie Hill），首次真正看一眼太平洋。时隔两个世纪，仿佛依然可以听见克拉克那欣慰的长叹声。

在距离华盛顿州小镇伊尔沃科（Ilwaco）不远处公园里的一个高山峭壁上，按时间顺序陈设展品的**刘易斯与克拉克解说中心**（http://capedisappointment.org/lewis-clark-interpretive-center；Hwy 100；成人/儿童 $5/2.50；⏰10月至次年3月 周三至周五 10:00~17:00，4月至9月 每天 10:00~17:00）如实讲述了探险队横穿大陆的探索之旅，并提到了一些令写下日记的探险家们引以为豪的细节。内容包括怎

样使用八分仪乃至刘易斯穿哪种内裤！一段时长20分钟的简短小片对这里的永久展品作了讲解。提前打个电话，好让你能够去游览附近"大陆尽头"那令人印象深刻的**北角灯塔**（North Head Lighthouse；http://northheadlighthouse.com；团队游 $2.50；⏰10:00~17:00）。

行驶路上 » 从伊尔沃科上Hwy 101公路调头向东，驶向4.1英里长的阿斯托利亚-梅格勒大桥，这是美国最长的连续桁架桥。桥的另一边是俄勒冈州的阿斯托利亚，还有密西西比河以西最古老的拓荒者定居点。

另辟蹊径
长滩探索小径

起点：**❿ 失望角**

抵达"驻扎营"不久以后，不屈不挠的克拉克决心寻找一个更好的越冬营地，他带领几位同伴沿着一个宽阔的沙地半岛继续向西徒步前行，来到差不多是现在长滩26th St的地方停下来。在这里，克拉克把脚尖探进太平洋，又在一棵雪松树上刻上自己的名字，作为后来者的指引。这段历时3天的历史性跋涉在"长滩探索小径"（Long Beach Discovery Trail）被重新演绎着。小径始于伊尔沃科小镇，邻近失望角，一直延伸到26th St克拉克当年回头的地方。自2009年9月正式开放以来，这条8.2英里长的小径已经陆续增添了许多引人注目的雕塑，全都与原物一样大小。有一个雕塑呈现出一个巨大的灰鲸骨架，另一个再现了记载中克拉克看到一条濒死海鲟鱼的场景，还有一处雕塑用青铜塑成了当年那棵雪松（原来那棵树在很久以前就被太平洋风暴连根拔起了）。

⓫ 阿斯托利亚

在美国历史上第一次真正的民主投票（一名妇女和一位黑奴都投了票）后，探险队决定将他们的过冬营地安置在如今俄勒冈州哥伦比亚河的对面。一座曾经**科拉特索普城堡**（Fort Clatsop；成人/儿童 $5/免费；⏰6月至8月 9:00~18:00，9月至次年5月 至17:00）的复制品坐落在阿斯托利亚（Astoria）以南5英里处，探险队曾在1805年至1806年在城堡内度过了一个悲惨的冬天。这里还有徒步小径、游客中心，身穿鹿皮的护林员在每年6月中旬到次年劳动节之间出没在营地中，缝制鹿皮鞋（令人惊叹的是，探险队曾为返程储备了340双）、鞣制皮革、开枪打猎。

🍴🏠 见642页
行驶路上 » 从科拉特索普城堡出发，沿着Hwy 101号公路（又叫Oregon Coast Hwy）向南穿过锡赛德（Seaside），直抵距离阿斯托利亚25英里的卡侬海滩。

线路亮点
⓬ 卡侬海滩

任务完成了——呃，确定吗？1806年初，一条关于一头搁浅巨鲸的消息诱使克拉克和萨卡加维亚从他们建在今锡赛德附近的制盐厂

灯塔岩

出发，穿过现在的艾科拉州立公园（Ecola State Park）前往卡依海滩（Cannon Beach），探险队的好奇（和渴望）在这里得到了更好的满足。

艾科拉州立公园（Ecola State Park; ☎503-436-2844; www.oregonstateparks.org; 1日费用 $5）或许这就是你梦想中的俄勒冈：海蚀柱、拍岸的海浪、僻静的沙滩和最好的原始森林。公园位于卡依海滩以北1.5英里处，小路交织在一起，高端的减压休闲度假村深受波特兰人喜爱。

克拉克在靠近**草堆岩**（Haystack Rock）处找到了鲸鱼，草堆岩是一根高295英尺的海蚀柱，也是俄勒冈州海岸线上最壮观的地标，可从海滩上走过去。在和蒂拉穆克（Tillamook）部落进行物物交换后，他带着300磅的鲸脂蹒跚离开，这对于饥肠辘辘的探险队来说可算得上是一场盛宴。

🍴🛏 见642页、657页

食宿

达尔斯 ❺

✕ Baldwin Saloon
美国菜 $

（☎541-296-5666; http://baldwinsaloon.com; 205 Court St; 主菜 $11~20; ⏰周一至周六 11:00~22:00）自1876年开业以来，这座罕见的铁铸外观建筑曾先后是酒吧、妓院和棺材仓库。如今，它是一个非常随意的建筑，里面拥有砖墙内饰，摆满了大量的油画，还有一个历史悠久的黑木酒吧。食物的选择包括沙拉、三明治、汉堡和意大利面。

🛏 Celilo Inn
汽车旅馆 $$

（☎541-769-0001; www.celiloinn.com; 3550 E 2nd St; 双 $119~164; ⊕❄️🛜🚗🏊）Celilo Inn曾经是一家古老的汽车旅馆，但经过改造后，现在已是一处时髦而漂亮的住所，拥有华丽的现代客房，很多都能看到达尔斯大桥和大坝的景观。奢华的设施包括平板电视和为炎热的夏日提供凉爽的游泳池。工作日有折扣。

博纳维尔 ❻

🛏 Bonneville Hot Springs Resort & Spa
酒店 $$$

（☎866-459-1678; www.bonnevilleresort.com; 1252 E Cascade Dr, North Bonneville; 房间 $129~229, 矿泉游泳池 每小时 $10~15; ⊕❄️@🛜🏊）酒店拥有豪华、五星级的大堂和78间时尚的客房（将近一半的房间带有私人阳台和热水浴缸），提供精致的餐饮和全面的水疗服务。这里有一个长25米的优雅室内游泳池，里面装满了矿泉水，还有按摩浴缸。

阿斯托利亚 ⓫

✕ Astoria Coffeehouse & Bistro
美国菜 $$

（☎503-325-1787; www.astoriacoffeehouse.com; 243 11th St; 晚餐 主菜 $12~25; ⏰周日 7:00~21:00, 周一至周四 至22:00, 周五和周六 至23:00）这家很受欢迎的咖啡馆拥有不拘一格的菜单, 如秘鲁的炖蔬菜、芥末馄饨虾、辣椒酱汉堡、鱼肉玉米饼和泰式炒河粉。所有的东西都是在室内现做的。人行道旁摆有餐桌, 绝妙的鸡尾酒值得一尝。晚餐和周日的早午餐需要等待。

🛏 Commodore Hotel
精品酒店 $$

（☎503-325-4747; www.commodoreastoria.com; 258 14th St; 双 带公用/私人浴室 $79/154起; ⊕🛜）追求时髦的旅行者应该径直前往这家现代风格的酒店, 这里有非常迷人但很小的极简房间。选择一间带浴室或欧式风格的房间（在房间里有洗涤槽, 大厅里有卫生间; 豪华客房风景更好）。酒店有一个带有咖啡馆的休闲大厅, 17:00~19:00可以免费品尝当地的精酿啤酒, 你可以从一个令人印象深刻的电影图书馆中借用图书和唱片。

卡侬海滩 ⓬

✕ Irish Table
爱尔兰菜 $$$

（☎503-436-0708; 1235 S Hemlock St; 主菜 $20~30; ⏰周五至周二 17:30~21:00）这家很棒的餐馆隐藏在 **Sleepy Monk coffee Shop**（☎503-436-2796; www.sleepymonkcoffee.com; 饮品和小吃 $2~7; ⏰周

一、周二和周四 8:00~15:00，周五至周日 至16:00）后面，供应使用当地和季节性食材做成的爱尔兰和太平洋沿岸西北部的创意菜肴。菜单短小而简单，但食物很美味；可以尝一尝素食派、羊排或者皮埃蒙特铁板牛排。如果菜单上有咖喱贻贝，千万不要犹豫。

🛏 Waves Motel　　　　　　　汽车旅馆 $$

（☎503-436-2205; www.thewavescannon beach.com; 188 W 2nd St; 双 $149~329; 🚗🛜）这里并不像一个传统意义的"汽车旅馆"，而更像是一家高档旅馆。家具非常优雅，房间舒适、明亮，一些还有厨房和可以俯瞰海滩的露台。这里还有一间套房、一间两居室的联排别墅和一间三居室的海滩别墅，该海滩别墅隔壁是Argonauta Inn。

🛏 Ocean Lodge　　　　　　　酒店 $$$

（☎503-436-2241; www.theoceanlodge. com; 2864 S Pacific St; 双 $219~369; 🚗❄🛜🐾）这个华丽的地方有卡侬海滩最豪华的房间，大部分是海景房，还带有壁炉和小厨房。酒店提供免费的欧式早餐，一个拥有800张DVD的图书馆和令人愉快的休息区可供客人使用。酒店位于城镇南端的海滩上。

艾科拉州立公园
隐蔽的海滩

经典线路

俄勒冈海岸 101号公路

49

正是因为有了像101号公路(Hwy 101)这样的道路,才有了公路旅行。它紧贴着整个俄勒冈州的海岸向前延伸,经过沙滩、水光潋滟的潮汐池和一座座灯塔。

线路亮点

起点

① 0 英里

Gearhart吉尔哈特
Seaside 锡赛德
Cannon Beach卡侬海滩

Manzanita
曼萨尼塔

阿斯托利亚
哥伦比亚河口上
可爱的维多利亚小镇

161 英里

佩尔佩图阿角
触手可及的俄勒冈
海岸最佳景观

Tillamook
蒂拉穆克

Lincoln City
林肯城

Depoe Bay
迪波湾

⑨

Yachats
亚查茨

⑪

Oregon Dunes
National
Recreation Area
俄勒冈沙丘
国家休闲区

134 英里

纽波特
潮汐池和两座灯塔
共同成就的海岸

Florence
弗洛伦斯
Reedsport
里兹伯特

Coos Bay
库斯湾

283 英里

奥福德港
登上汉姆伯格山,
相约史前生物

Bandon
班登

⑰

Gold Beach
黄金海滩

Brookings布鲁金斯

终点

7天
340英里/547公里

最适合

何时去

7月至10月,天公作美的季节。

 ### 最佳摄影点

卡侬海滩上草堆岩的倒影。

最佳徒步路线

佩尔佩图阿角有好几条令人兴奋的徒步线路。

Classic Trip
经典线路

49 俄勒冈海岸101号公路

双车道的101号公路风景优美,沿着数百英里的海岸线一路延伸,沿途散布着迷人的海滨小镇、令人愉快的徒步线路和无尽的海景。这一切都在提醒你,你已经身在大陆边缘了。这段旅途并非从A点到B点,相反,路途本身便是目的地。无论是热爱大自然的人、美食爱好者,还是阖家出行的度假者,每个人都能在这条独特的海岸线上收获自己的梦想假期。

线路亮点

❶ 阿斯托利亚

我们从俄勒冈州西北角开始海岸跋涉,哥伦比亚河在这里汇入太平洋。稍稍靠内陆的阿斯托利亚(Astoria)并不以附近的海滩为特色,这里有的是丰厚的历史,比如,它是刘易斯与克拉克西部探索路线上的一站。由于地理位置的缘故,它拥有独特的海洋历史,哥伦比亚河海事博物馆(Columbia River Maritime Museum;☏503-325-2323;www.crmm.org;1792 Marine Dr;成人/儿童$14/5;◷9:30~17:00;⊞)会一一为你展示。

阿斯托利亚早已是许多好莱坞电影的外景地,以

至于它几乎堪称海边好莱坞:其中最著名的是当年的热门大片《七宝奇谋》(The Goonies)的景点。影迷们可以到科拉特索普县历史监狱(Historic Clatsop County Jail;Oregon Film Museum;www.oregonfilmmuseum.com;732 Duane St;成人/儿童$6/2;◷10月至次年4月11:00~16:00,5月至9月10:00~17:00;⊞)看看。

✕ 见642页、657页

行驶路上 » 沿着Hwy 101公路向南行驶14.5英里到达吉尔哈特。

❷ 吉尔哈特

查一下你手里的潮汐表再动身去海滩——吉尔哈特(Gearhart)最出名的

活动就是在退潮时挖蛏子。只要一双靴子、一把铁铲或挖蛏枪、一副防止划伤的手套、一张许可证(可在吉尔哈特申请)和装捕获物的水桶。小心你的手指,要知道蛏子又叫"剃刀贝"。煮一锅蛏子尝尝,这可能是你旅途中最难忘的一顿美餐。如果想了解挖蛏子的时间、地点及方法,可以先看看俄勒冈州鱼类和野生动物管理局(Oregon Department of Fish & Wildlife;www.dfw.state.or.us)网站,内容多得让人眼花缭乱,所以直接在搜索框中搜一下"ODFW clamming"就可以了。

行驶路上 » 不要高兴得太早,从吉尔哈特沿海岸线到锡赛德还有2.4英里。

❸ 锡赛德

　　俄勒冈州最大最繁忙的度假胜地所能给你的，正是你会对一个名为Seaside（锡赛德；字面意思是"海边"）的小镇所期待的，这里优美干净，而且同样不乏科尼岛（Coney Island；其海滩是美国著名的休闲娱乐区）式的乐趣。被称为"Prom"的木板路有2英里长，简直就是海边的游乐万花筒，有可供出租的四轮游览马车、电子游乐场、软糖、象耳馅饼、焦糖苹果、咸味太妃糖等。**锡赛德水族馆**（Seaside Aquarium；☏503-738-6211；www.seaseidea quarium.com；200 N Promenade；成人/儿童 $8/4；⏱9:00～19:00，冬季闭馆时间较早；♿）也在这里。自1937年开业以来，这家私营水族馆里

Ⓢ 你也可以

48 追随刘易斯与克拉克之路

在Hwy 101公路上掉头，你便可以开始追随刘易斯与克拉克在阿斯托利亚曾走过的旅程了。

51 火山口湖环道

继续向南到克雷森特城，然后沿Hwy 199公路向东北方向行驶，到格兰特山口。

就只有几个鱼缸、一个触摸池和一个小型的室内海豹池，你可以给这些满身斑点的动物喂食，但只有好奇的孩子们才会对这个感兴趣。

✕ 见657页

行驶路上 » 转向内陆行驶8.8英里去卡侬海滩，这时海滩就在你身后了。

④ 卡侬海滩

迷人的卡侬海滩（Cannon Beach）是俄勒冈海岸最受欢迎的海滩度假地之一。广阔的沙滩绵延数英里，你能在壮丽的**草堆岩**（Haystack Rock）上拍到最棒的照片，还能看到潮汐池。草堆岩是世界第三高的海蚀柱，海蚀柱是一种垂直的岩体，形状像干草堆。如果想开启该地区最好的海岸徒步之旅，就赶紧转向镇北，前往**艾科拉州立公园**（Ecola State Park；☎503-436-2844；www.

三海角环路

101号公路在蒂拉穆克小镇南面从海岸转向内陆。这里有一条令人兴奋的路线——三海角环路（Three Capes Loop）。这条弯弯曲曲的小路有时崎岖不平，车只能慢慢开。它紧贴海岸线延伸30英里，你可以停下来挖挖蛤蜊。沿途经过米尔利斯角（Cape Meares）、路考特角（Cape Lookout）和吉万达角（Cape Kiwanda）——每一个海角的风景都令人震撼，不容错过。

oregonstateparks.org；一日门票 $5），在那里，你可以徒步抵达僻静的海滩。

✕ ⛤ 见642、657页

行驶路上 » 沿海岸行驶14.4英里，穿过奥斯瓦尔德西州立公园（Oswald West State Park）前往你的下一站。

⑤ 曼萨尼塔

曼萨尼塔（Manzanita）是俄勒冈海岸更为悠闲的海滩度假地之一，它比卡侬海滩小得多，带来的兴奋也远远不及那里。但你可以在白色沙滩上休息；或者，如果更有雄心的话，可以去附近的**尼亚卡尼山**（Neahkahnie Mountain）徒步。在那里，悬崖峭拔兀立，脚下是拍击着海岸的太平洋。登顶需攀爬3.8英里，但山顶的风景值得这份辛苦：天气好时，可以看到50英里远的海面。

行驶路上 » 从Nehalem Bay出发，行驶27英里到蒂拉穆克湾（Tillamook Bay），造访地处内陆的蒂拉穆克。

⑥ 蒂拉穆克

并非所有沿海的小镇都以海鲜和沙滩为特色，蒂拉穆克（Tillamook）出名的原因就完全不同——奶酪。每年，成千上万的人来到**蒂拉穆克奶酪工厂**（Tillamook Cheese Factory；☎800-542-7290；www.tillamookcheese.com；4175 N US 101；⊙6月中旬至次年5月1日 8:00~20:00，5月1日至6月中旬 至18:00）免费品尝。你也可以完全跳过奶制品，直接前往两个有趣的博物馆：**拓荒者博物馆**（Pioneer Museum；☎503-842-4553；www.tcpm.org；2106 2nd St；成人/儿童 $4/1；⊙周二至周日 10:00~16:00），那里有古老的玩具、一间非常棒的动物标本剥制室（找找北极熊）和一个放满拓荒者器物的地窖；小镇正南方是**蒂拉穆克海军航空博物馆**（Tillamook Naval Air Museum；☎503-842-1130；www.tillamookair.com；6030 Hangar Rd；成人/儿童 $9.75/6.50；⊙10:00~17:00），此处战斗机收藏颇丰，还有一个占地7英亩的飞艇机库。

行驶路上 » 在蒂拉穆克南面，Hwy 101公路沿着Nestucca River前行，穿过牧场和林木稀疏的山脉，行驶44英里后抵达林肯城。

⑦ 林肯城

林肯城（Lincoln City）

不规则延伸的现代海滩度假区是该地区主要的商业中心。除了补充汽油和杂货外，小镇还有一个能诱惑你停下来的独特之处：从10月中旬到次年5月下旬，来自游客和会议局（Visitor & Convention Bureau）的志愿者们会在海滩一线巧妙地藏起当地工匠手工吹制的彩色玻璃，机智勤快的度假者不妨来此找一找这份难忘的纪念物。

行驶路上 » 回到海岸，向南行驶12英里到迪波湾。

8 迪波湾

虽然迪波湾（Depoe Bay）周边挤满了分时使用的度假公寓，但仍然保留着原始海岸的魅力。它自称是“世界上最小的可通航海港”和“世界观鲸之都”，当然，就如此微型的小镇来说，这是在说大话了。观鲸和包船海钓是本地最吸引人的活动。此外，小镇以南5英里处有个令人印象深刻的**“魔鬼的大酒杯”**（Devil's Punchbowl），这是一个倒塌了的海蚀洞，海浪在这里不断翻搅，在周边形成了很好的潮汐池。

行驶路上 » 再行驶12.8英里就到了生气勃勃的旅游城市纽波特。

线路亮点

9 纽波特

摆出海洋生物学家的派头，去逛逛**亚奎那海角自然区**（Yaquina Head Outstanding Natural Area；☎541-574-3100；750 NW Lighthouse Dr；车辆 $7；⏲8:00至黄昏，解说中心 10:00~18:00），这块巨大的陆地几乎突进洋面1英里远。这个海角是俄勒冈海岸上一些优质触摸池的所在地。此外还有俄勒冈州最高的灯塔——**亚奎那海角灯塔**（Yaquina Head Lighthouse），不要和**亚奎那湾灯塔**（Yaquina Bay Lighthouse）弄混了，后者还要向南3英里。

先进的**俄勒冈海岸水族馆**（Oregon Coast Aquarium；☎541-867-3474；www.aquarium.org；2820 SE Ferry Slip Rd；成人/3~12岁/13~17岁 $23/15/20；⏲6月至8月 10:00~18:00，9月至次年5月 至17:00；🚻）也值得一看。海豹和海獭非常可爱，水母室给人一种近似迷幻的体验。但是真正让这个水族馆脱颖而出的是深海展览，走进一个树脂玻璃通道，可以看见鲨鱼、鳐鱼往来游弋，当然，这里也有不少其他种类的鱼类。

✕ 🛏 见657页

行驶路上 » 沿休斯劳国家森林（Siuslaw National Forest）外缘前行24英里到达亚查茨。

亚奎那海角灯塔

如果说俄勒冈州纽波特的亚奎那海角灯塔看上去有点令人毛骨悚然，那完全是因为它曾在2002年娜奥米·沃茨主演的影片《七夜怪谈》（*The Ring*）中出镜。灯塔建于1873年，最初被称为“坏天气海角灯塔”（Cape Foulweather Lighthouse），但它在电影中被称为Moesko岛灯塔。其实它还曾经出现在1977年的经典电影《神探南茜：海盗湾》（*Nancy Drew: Pirate's Cove*）中。

10 亚查茨

俄勒冈海岸保留最好的秘境之一就是友好的小镇亚查茨（Yachats，读作“ya-hots”），此地拥有约20英里的壮丽海岸线。整个地区以前曾是一系列的火山岩侵入体，由于长期与太平洋板块挤压而向上抬升，形成了海边的山峰和海角。分布数英亩之广的潮汐池是海星、海葵和海狮的家园。

小镇以南14英里处是风景如画的**哈萨塔海角灯塔**（Heceta Head Lighthouse；☎541-547-3416；Heceta.h.lighthouse@oregon.gov；⏲11:00~15:00，冬季 至14:00），它是俄勒冈海岸出镜次数最多的灯塔之一。从公路上看不到它，但只要在**哈萨塔海角**

Classic Trip
经典线路

为何经典
马里利亚·克劳斯
本书作者

在俄勒冈海岸线上漫步是无忧假期的缩影。这里没有大城市、没有车水马龙、没有忙碌喧嚣，道路一侧是延展的海岸线，另一侧则是蜿蜒的徒步道。我个人最喜欢的行程便是在哈萨塔海角灯塔住一晚，醒来后吃顿丰盛的早餐，然后再去佩尔佩图阿角徒步。

上图：哈萨塔海角灯塔
左图：弗洛伦斯的海狮
右图：俄勒冈州沙丘滑沙

州立公园（Heceta Head State Park；1日费用 $5）停下车，就可以远眺这里漂亮的风景了。此外，你也可以选择走小路，经过从前的**灯塔看守人宿舍**（lightkeeper's quarters；现在是民宿），登上灯塔。

✕🛏 见658页

行驶路上 » 沿海岸行驶仅3英里便是引人入胜的佩尔佩图阿角。

线路亮点

⑪ 佩尔佩图阿角

无论你做什么，都不要错过佩尔佩图阿角风景区（Cape Perpetua Scenic Area；Hwy 101；1日费用 $5）的壮丽景色，景区位于亚查茨以南仅3英里处。在这里，要在小径上消磨掉一两天时间是再容易不过的了，这些小径将带你穿过满地苔藓的原始森林到达岩滩、潮汐池

观鲸

每年，灰鲸都要进行一次长途跋涉，从白令海峡（Bering Strait）和楚科奇海（Chukchi Sea）到下加利福尼亚半岛，然后返回。这是地球上路途最长的动物大迁徙之一，冬季（12月中旬到次年1月中旬）可以看它们南迁，而春天（3月到6月）则寻找它们北上的身影。

和喷射的海洋间歇泉。

至少也要开车前往佩尔佩图阿角眺望台（Cape Perpetua Overlook），从800英尺（约244米）的高处欣赏壮观的海岸景色，这就是海岸的最高点。登上观景台时，参观一下历史上著名的**West Shelter**观察点，它是1933年由民间资源保护队建造的。

如果你还有时间，在**游客中心**（Visitor Center；☎541-547-3289；www.fs.usda.gov/siuslaw；2400 Hwy 101；车辆 $5；⊙6月至8月 9：30～16：30，9月至次年5月 10：00～16：00）停一停，好好规划一下一天的行程。最佳景点包括"**魔鬼搅拌机**"（Devil's Churn），波浪在这里涌入一个30英尺的入口，猛烈地冲撞着通道侧壁。还有**巨型云杉小径**（Giant Spruce Trail），通往一棵已经500岁的阿拉斯加云杉，它的树干直径足有10英尺。

行驶路上 » 佩尔佩图阿角到弗洛伦斯有22英里，但到海狮洞（Sea Lion Caves）只有12英里。

⑫ 弗洛伦斯

想找一个旧时的路边景点吗？**海狮洞**（Sea Lion Caves；☎541-547-3111；www.sealioncaves.com；91560 Hwy 101；成人/儿童 $14/8；⊙9：00～17：00）位于弗洛伦斯（Florence）以北，这个巨大的海边洞穴是几百头喧闹的海狮们的家。该景点从20世纪30年代开始向公众开放，搭乘电梯下降208英尺，可去到海狮们臭烘烘的巢穴里。

事情是这样的：它本该是有趣的，但是当你意识到这里的景色和礼品店显示屏上完全一样时，可能会感觉有点失望——何况这里还没有免费试吃的乳脂软糖。但如果钱不成问题的话，你还是会乐于亲眼看到海狮们的欢腾跳跃，特别是带着孩子的时候。

✕ 见658页

行驶路上 » 俄勒冈州沙丘就在弗洛伦斯南面，并在接下来的50英里内一直延续。

⑬ 俄勒冈沙丘国家休闲区

当你向南行驶的时候，会开始留意到某些完全不同的东西：沙子，大量的沙子。**俄勒冈州沙丘国家休闲区**（Oregon Dunes National Recreation Area）绵延50英里，是美国海滨沙丘中最广阔的一个。有的

沙丘高达500英尺（约152米），这些沙丘起伏着深入内陆达3英里。背包客和观鸟者守在平静的沙丘北半边上，而南半边则是沙滩车和越野车的领地。

如果你只是路过的话，那么200.8英里处的**俄勒冈沙丘眺望台**（Oregon Dunes Overlook）是最方便的观景点。了解更多关于小径和越野车的信息，可至**俄勒冈州沙丘国家休闲区游客中心**（Oregon Dunes NRA Visitors Center; ☎541-271-6000; www. fs.usda.gov/siuslaw; 855 Hwy 101; ☉6月至8月 周一至周六 8:00~16:30，9月至次年5月 周一至周五 8:00~16:30）。如果想看这里最大的沙丘，6英里长的**约翰·戴伦贝克小径**（John Dellenbeck Trail; 222.6英里处）环线会穿过一大片巨大的沙峰。

行驶路上 » 里兹波特位于进入沙丘区后的半路上，约在弗洛伦斯以南22英里处。

⑭ 里兹波特

身处俄勒冈州沙丘区的中间位置，里兹波特（Reedsport）理所当然成为探索该地区的理想落脚点。进入**乌姆普夸灯塔州立公园**（Umpqua Lighthouse State Park），开始一段夏日之旅，去游览当地建于1894年的**灯塔**（☎541-271-4631; 1020 Lighthouse Rd; 成

人/儿童 $8/4; ☉5月至10月 10:00~17:00，其他月份时间各异）。灯塔对面是一个观鲸的平台，附近一条自然步道环绕着淡水**玛丽湖**（Lake Marie），很多人喜欢来玛丽湖游泳。

想看一下俄勒冈州最大的陆地哺乳动物是怎样打发它们的空闲时间的吗？在Hwy 38公路上的小镇以东3英里处，你会发现一大群罗斯福麋鹿，约有120头，正在**迪安溪麋鹿观赏区**（Dean Creek Elk Viewing Area）里悠闲地散步。

行驶路上 » 继续欣赏绵延27.5英里的沙丘后，你将到达库斯湾和沙丘的尽头。

⑮ 库斯湾

一本正经的库斯湾（Coos Bay）和它谦逊的邻居北本德（North Bend）组成了俄勒冈海岸最大的城市群。库斯湾曾经是世界上最大的原木运输码头，如今原木早已不见踪影，游客们却渐渐纷至沓来。

库斯艺术博物馆（Coos Art Museum; ☎541-267-3901; www.coosart.org; 235 Anderson Ave; 成人/儿童 $5/2; ☉周二至周五 10:00~16:00，周六 13:00开放）位于镇上一座历史悠久的装饰艺术建筑内，作为本地区艺术文化中心，这里轮换展出博物馆的永久收藏品。

Cape Arago Hwy公路从小镇西南延伸14英里到达**阿拉戈角州立公园**（Cape Arago State Park; ☎800-551-6949; www.oregonstateparks.org），公园里绿草茵茵的野餐区正是一处俯瞰汹涌海面的极好休息区。公园保护着俄勒冈海岸上一些最好的潮汐池，很值得稍稍绕道来看一看。

行驶路上 » Hwy 101公路只稍微向内陆绕了一下，就又折回到海岸，24英里后到达班登。

⑯ 班登

小镇班登（Bandon）幸运地坐落在哥奇河（Coquille River）河湾边，被乐观地吹捧为"海边的班登"。老城区已经被改造为风景如画的港湾购物区，你可以一边愉快地闲逛，一边看看商店的橱窗。

沿着海滩一线，突出于海浪之上的礁石为海豹、海狮和潮汐池中的大量生物提供了一个避难所。海岸上最有趣的岩层之一是出镜次数最多的**人面岩**（Face Rock），这一独块巨石有一些不可思议的面部特征，看起来的确像一位回眸的女子——这少不了要引来一个印第安传说。

行驶路上 » 沿着海岸线向南行驶24英里到奥福德港。这段行程没什么看头，但是不用担心：更多的景点正等着你。

Classic Trip
经典线路

线路亮点

⑰ 奥福德港

绿草遍地的海角上有个奥福德港（Port Orford）小村庄，它坐落在海岸公路风景优美的路段上，即使在小镇中心也能看到绝美的景色。如果你精力足够的话，走3英里的小路去攀登**汉姆伯格山**（Humbug Mountain；☎541-332-6774），向上攀登，向上，再向上，越过流淌的溪流，穿过史前地貌模样的区域，到达山顶后，将欣赏到塞巴斯蒂安海角（Cape Sebastian）和太平洋波澜壮阔的风景。

说到史前风景，你的孩子们多半会为了小镇以南12英里处**史前花园**（Prehistoric Gardens；☎541-332-4463；www.prehistoricgardens.com；36848 US 101；成人／儿童$12/8；⏰夏季 9:00~18:00，其他月份 10:00~17:00；🅿️）前的一只雷克斯霸王龙而尖叫。这些已灭绝动物的复制品与原物一样大小，安放在一片枝繁叶茂的原始温带雨林里，巨大的蕨类植物和树木烘托出逼真的氛围，宛若时光倒转。

天然桥观景点

✕ 🛏 见658页

行驶路上 » 美景再次迎面而来，独特的岩层在去往黄金海滩的28英里道路上始终与你相伴。

18 黄金海滩

接下来，你将经过黄金海滩（Gold Beach）的游客中心，在那里你可以参加汽艇游览团，沿着风景优美的**罗格河**（Rogue River）溯流而上。但是真正好的景点在小镇以南13英里处，这里有绵延12英里的海滨美景，被称为**塞缪尔·博德曼州立风景走廊**（Samuel Boardman State Scenic Corridor），有巨大高耸的阿拉斯加云杉、天然石桥、潮汐池和许多徒步小径。

公路沿途有十几个路边岔道和野餐区，小径通向不远处的隐蔽海滩和夺目景观。从停车场走30秒就到了**天然桥观景点**（Natural Bridge Viewpoint; Mile 346, Hwy 101），这是个拍摄石拱桥（倒塌的海蚀洞遗迹）的好地方，接着你可以决定是否继续远足到**中国海滩**（China Beach）。

✕ 🛏 见659页

行驶路上 » 黄金海滩距离加利福尼亚州界仅34英里，距离布鲁金斯28英里。

19 布鲁金斯

俄勒冈海岸的最后一站是布鲁金斯（Brookings）。布鲁金斯有着海岸地带最暖和的天气，因此这里复活节百合花的产量得以独占鳌头；7月时，小镇南部整个被亮丽的色彩和浓郁的香味所笼罩。而5月、6月间，占地30英亩的**杜鹃花公园**（Azalea Park; Azalea Park Rd）的山坡上就已是百花争艳。

历史爱好者请注意：布鲁金斯的独特之处在于它是"二战"时期美国本土唯一被空投炸弹轰炸过的地方。1942年，一架日本的水上飞机在附近的森林成功投弹，企图烧毁森林但没成功。日军飞行员Nobuo Fujita在20年后再次来到布鲁金斯，给这座城市送来一份象征和平的礼物：一把拥有400年历史的家传武士刀，这把刀现在被展示在**切托克社区公共图书馆**（Chetco Community Public Library; ☎541-469-7738; http://chetcolibrary.org; 405 Alder St; ⊗周一和周五 10:00~18:00, 周二和周四 至19:00, 周三 至20:00, 周六 至17:00）。

✕ 见659页

食 宿

阿斯托利亚 ➊

✖ Wet Dog Café　　　　小酒馆食物 $$

(☎503-325-6975; www.wetdogcafe.
com; 144 11th St; 主菜 $14~22; ◷11:00~
21:00; ♿) 在休闲餐饮方面，这家宽敞的
自酿小酒馆非常适合家庭就餐，供应Poop
Deck Porter或Bitter Bitch IPA等啤酒。巨
大的汉堡、美味的炸鱼薯条，食物是典型的
酒吧风格。透过大大的窗子可以看到漂亮
的水景。周末有现场音乐表演。

锡赛德 ➌

✖ Bell Buoy　　　　　　　海鲜 $$

(☎503-738-6348; www.bellbuoyofsea
side.com; 1800 S Roosevelt Dr; 主菜 $8~18;
◷11:30~19:30, 冬季 周二和周三歇业) 这家脚
踏实地的海产品专卖店是家族经营的，它最
出名的其实是一个海鲜食品店。同时，这家
海鲜餐厅还供应美味的炸鱼薯条和海鲜杂
烩浓汤等菜肴。

卡侬海滩 ➍

✖ Newman's at 988　法国菜、意大利菜 $$$

(☎503-436-1151; www.newmansat988.
com; 988 Hemlock St; 主菜 $21~37; ◷7月至
10月中旬 每天 17:30~21:00, 10月中旬至次年6
月 周二至周日 17:30~21:00) 这个高品质的小
巧餐厅里位于主街上，在这里你一定会拥有
一段美好的用餐体验。获奖厨师约翰·纽
曼（John Newman）把法国菜和意大利菜
融合在一起，如腌羊肉排、烤蘑菇搭配菠
菜和古冈左拉干酪。甜点最为美味。需要
预订。

🛏 Blue Gull Inn Motel　　汽车旅馆 $$

(☎800-559-0893; www.bluegullinn.net;
632 S Hemlock Street; 双 $160起; ♿🖥🐾) 这
里有镇上更实惠的房间，除了多彩的墨西哥
床头和床上的塞拉普毛毯以外，还有舒适
的氛围和简洁的装饰。套房带小厨房和按
摩浴缸。它由Haystack Lodgings经营，该
旅馆还管理着镇上的另外六处房产和度假
出租屋。夏季两晚起住。

纽波特 ➒

✖ Rogue Ales Public House　小酒馆 $$

(☎541-265-3188; www.rogue.com; 748
SW Bay Blvd; ◷周日至周四 11:00~23:00, 周五
和周六 至午夜) 不要错过品尝这个国家最受
欢迎的精酿啤酒——莎士比亚黑啤——但
也有很多别的选择。你可以在户外的桌子上
或室内的大木头吧台前坐下痛饮。酒馆也
提供品种丰富的食物。

🛏 Sylvia Beach Hotel　　　　酒店 $$

(☎541-265-5428; www.sylviabeachhotel.
com; 267 NW Cliff St; 双 $135~235; ♿) 这家
以图书为主题的酒店提供了简单而优雅的
房间，每个房间都以一位著名作家的名字
命名，并以相应的方式装饰。最好的房间
都在高层，三层的普通房间可以看到美妙
的海景，非常适合与其他客人交谈。房间包
含全早餐；需要预订。请注意，这里没有电
视、电话或无线网络。价格因星期几和季节
而异。

🛏 Newport Belle　　　　　　民宿 $$

(☎541-867-6290; http://newportbelle.
com; 2126 SE Marine Science Dr, South Beach
Marina, H Dock; 双 $165~175; ◷2月至10月;
♿🖥) 想找个独一无二的地方？那么非这
家民宿莫属了。5个小巧却漂亮、整洁的房
间都配有独立浴室，可以看到海景，公共区

经典线路

也很适合放松。非常适合夫妻居住；需要预订。

🏕 Beverly Beach State Park　露营地 $

（☎541-265-9278；www.oregonstateparks.org 帐篷/休旅车露营地 $21/29，圆顶帐篷 $44）这个宽敞的露营地位于城镇以北7英里处的Hwy 101公路上，拥有250多个露营地、21个圆顶帐篷和有线电视。这里还有淋浴和冲水厕所。

亚查茨 ⑩

🍴 Green Salmon Coffee House　咖啡馆 $

（☎541-547-3077；www.thegreensalmon.com；220Hwy 101；咖啡饮品 $2~5；⊙7:30~14:30；🖊）这家不拘一格的咖啡馆供应有机食品，价格公道。当地人会在这里碰面，享用美味的早餐食品（糕点、熏鲑鱼百吉饼、自制燕麦片）。这里的热饮菜单极具创意，从滴漏咖啡到有机巧克力奶茶拿铁，再到薰衣草迷迭香可可。还提供严格素食菜单和二手书交换服务。

🛏 Ya' Tel Motel　汽车旅馆 $

（☎541-547-3225；www.yatelmotel.com；Hwy 101和6th St交叉路口；双 $74~119；😄@🐾📶）这个汽车旅馆极具个性，共有8间客房，房间宽敞、干净，一些还有小厨房。还有一间可以居住6人的大房间（$119）。寻找前面的牌子（经常变化），上面可能写着"Always clean, usually friendly"。

弗洛伦斯 ⑫

🍴 Waterfront Depot　美国西北菜 $$

（☎541-902-9100；thewaterfrontdepot.com；1252 Bay St；主菜 $17~30；⊙16:00~22:00）这个舒适的地方是弗洛伦斯最好的餐馆之一，极具氛围。早点来，先抢上一张滨水区的紧俏桌子，再慢慢品味你的什锦意大利面或蟹肉比目鱼。如果你想每一样都尝尝的话，这里还有精致的小碟菜，很棒的葡萄酒，而且甜点也很不错。记得预订，Waterfront Depot价格公道、好评如潮！

奥福德港 ⑰

🍴 Redfish　海鲜 $$$

（☎541-366-2200；www.redfishportorford.com；517 Jefferson St；主菜 $18~34；⊙周一至周五 11:00~21:00，周六和周日 10:00~21:00）乍一看，这家位于波特兰珍珠区的海景餐馆非常漂亮，它甚至连接着一个高雅的艺术画廊——归玻璃艺术家克里斯·霍桑（Chris Hawthorne）和他的家人所有。这里拥有城里最新鲜的海鲜，所以好好享受吧！菜单根据季节变化。周末还供应早午餐。

🛏 Wildspring Guest Habitat　小屋 $$$

（☎866-333-9453；www.wildspring.com；92978 Cemetery Loop；双 $298~328；😄@📶）坐落在一个隐蔽的果园中，距离城镇半英里，几英亩枝繁叶茂的森林静静地欢迎你来到这个宁静的憩所。5间奢华的小屋套房打造出一个极致舒适与浪漫的避世桃源，房内配有高雅的家具、地暖和板岩浴室等现代化设施。这里供应早餐，还可以一边在按摩浴缸中泡澡，一边欣赏美景。

黄金海滩 ⑱

✕ Anna's by the Sea · 美国西北菜 $$

(☎541-247-2100; www.annasbythesea.com; 29672 Stewart St; 主菜 $24~39; ⊙周三至周六 17:00~20:30) 这个温馨的地方是黄金海滩最好的餐馆之一，供应黑岩鳕鱼、甜洋葱、鸭肉和鸡油菇鸡腿等主菜。这里还有不错的葡萄酒单，但别指望喝到高档酒：这里自称"从一开始就拒绝潮流"。

⌂ Ireland's Rustic Lodges · 漫游摩 $$

(☎541-247-7718; http://irelandsrusticlodges.com; 29330 Ellensburg Ave; 双 $109~255; ⚡❄) 在这片林地里，你可以自由选择住宿方式，带厨房的套房、一居室或两居室的乡村小屋、海滨别墅，甚至是房车，应有尽有。正面有个极好的花园，而从后门出去便是海滩景色。这里还有三个公用的按摩浴缸，以及遥远的海景。

布鲁金斯 ⑲

✕ Mattie's Pancake & Omelette · 美国菜 $

(☎541-469-7211; 15975 US 101 S; 主菜 $6~14; ⊙周二至周六 6:00~13:45) 这家休闲餐馆只提供早、午两餐，菜单上有18种煎蛋卷（如螃蟹和瑞士奶酪）配薄煎饼（还有撒上巧克力碎屑的！）和华夫饼。午餐有三明治和沙拉。

盐溪瀑布
俄勒冈州内落差第二大的瀑布

喀斯喀特山脉
俄勒冈风景道

 **50**

俄勒冈州境内的喀斯喀特山脉中部是自然奇观的藏宝库。风景道沿途密林重重、飞瀑如雷，山头上白雪皑皑，沙漠与湖群共存。

线路亮点

178 英里

特威利格温泉
美妙自然中的一眼眼温泉

139 英里

迪伊·赖特瞭望台
美国民间资源护卫队一手打造，登高以揽胜

McKenzie Bridge
麦肯齐桥

Belknap Springs
贝尔纳普温泉

8

9

12

Cascade Lakes
喀斯喀特湖区

**Bend
本德**

Mt Bachelor
巴彻勒山

Westfir
韦斯特菲尔

Oakridge
橡树岭

起点/终点

McCredie Springs
麦克莱迪温泉

4

盐溪瀑布
紧邻公路的俄勒冈州
落差第二大的瀑布

26 英里

152 英里

普鲁克斯瀑布
轻纱般的溪水跌落
在玄武岩柱

**4天
240英里/386公里**

最适合

何时去

6月到9月，以避开封路的季节。

 **最佳
摄影点**

盐溪瀑布，俄勒冈州内落差第二大的瀑布。

 **最佳
温泉**

库格尔水库的特威利格温泉。

661

50

喀斯喀特山脉
俄勒冈风景道

俄勒冈州的喀斯喀特山脉中部地区无疑是整个州里最壮观的地方，只是一条风景道实在不足尽揽所有胜景。我们在这里推荐一种方法，能帮你领略到俄勒冈州的所有主要景点：把几条最好的公路串在一起连成环线，打造出一条移步皆是最佳风景的史诗级路线。

❶ 韦斯特菲尔

在你走进自然奇观中消磨掉好几天之前，先抓住机会给一个完全人造的奇观拍个快照吧：这是俄勒冈州最长的廊桥（Office Bridge），全长180英尺（约55米），建于1944年。覆顶的人行道让行人能够与运送木材的卡车并行跨过威拉梅特河（Willamette River）。

如果你计划在这一地区探险或骑山地车，先到**中福克公园管理站**（Middle Fork Ranger District; ☏541-

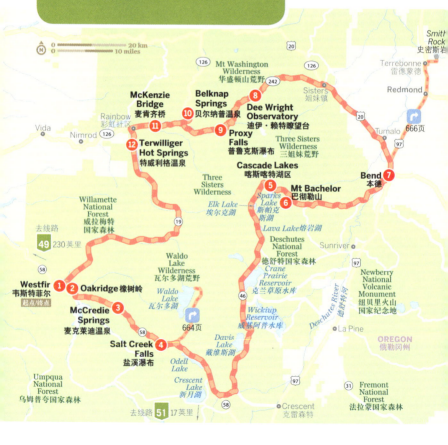

782-2283; 46375 Hwy 58;
⊙周一至周五 8:00~16:30,夏
季周六也开放）取一份威拉
梅特国家森林（Willamette
National Forest）的地图。

📖 见669页

行驶路上 » 从韦斯特菲尔沿
着 Hwy 58公路或者Westfir–
Oakridge Rd向东行驶仅几英里
就是橡树岭。

❷ 橡树岭

橡树岭（Oakridge）是
俄勒冈州山地骑行的热门
地点。在小镇四周有数百英
里的小路,包括简单易行的
短途环线和颇具挑战性的
单行线路。**勇士健身小径**
（Warrior Fitness Trail）是
一条长12英里的环路,路途

你也可以

49 俄勒冈海岸101号公路

沿Hwy 58公路上I-5州
际公路,然后向西北行
驶到波特兰。从那里出
发,沿着哥伦比亚河南
岸的Hwy 30公路到阿
斯托利亚。

51 火山口湖环道

火山口湖不容错
过,它就在喀斯喀特山脉
的正南方。从本德出发,
沿着Hwy 97公路向南行
驶,接入这一路线。

多半平坦,很适合新手。**拉
里森溪小径**（Larison Creek
Trail）穿过原始森林,是一
条有挑战性的骑行道。16
英里长的**高山小径**（Alpine
Trail）因为一段7英里长
的下坡路而被认为是当地
骑行小径中"皇冠上的宝
石"。**Oregon Adventures**
（☎541-968-5397; www.
oregon-adventures.com; 47921
Hwy 58;一日游 $30起,3日游
$749;⊙7月至9月）提供到山
顶的班车,这样你就不用
爬山了,此外还提供骑行游
套餐。

行驶路上 » 从橡树岭出发,
沿着Hwy 58公路行驶,稳稳地
开上喀斯喀特山脉（Cascade
Range）丛林密布的西坡。你
的下一站位于橡树岭以东大
约10英里,经过45英里里程
碑（Mile Marker 45）后即靠右
停车。

❸ 麦克莱迪温泉

因为正好位于公路的
旁边,**麦克莱迪温泉**（Mc-
Credie Hot Springs;☎541-
782-2283; Hwy 58, Oakridge;
每人 $6;⊙黎明至黄昏）自然
成了人人喜爱的景点,从迷
失在橡树岭附近小道上的
菜鸟骑手,到途经58号公路
的卡车司机,概莫能外。除
此以外,就冲着它还是俄勒
冈州最大、水温最高的温泉
池之一,也就值得驻足。如
果你碰巧在周中的清晨或
者深夜来到,这可能就是你

一个人的了。

温泉共有5个水池:上
面两个常常热得危险（水
温高到脚趾都无法探入）;
河边两个水很暖和;最后
一个池子相对小而阴暗,但
也通常是最完美的,它一路
延伸到树林里。**盐溪**（Salt
Creek）距温泉只有几步之
遥,正好可以跳进那沁凉的
水里降降温。

行驶路上 » 向东再走12英里,
在有指示牌的停车场处离开
公路。

线路亮点

❹ 盐溪瀑布

落差高达286英尺（约
87米）的盐溪瀑布（Salt
Creek Falls）是俄勒冈州落
差第二大的瀑布。大量雪融
水汇入这个巨大的瀑布后,
发出愤怒的咆哮,是这段旅
途中最壮观的风景之一。从
停车场走过来,瀑布下方的
巨大玄武岩盆地被参天大
树所遮挡,每分钟50,000加
仑的泉水从峭壁上倾泻而
下,落入这个巨大、黑暗而
喧嚣的池塘。

沿着一条很短的小路
可以下山走到瀑布底部,别
错过了。瀑布脚下的杜鹃花
每到春天便开得万紫千红,
一路走来,景色令人心醉。

盐溪瀑布也是一些极
好的短途徒步旅行的起点,
其中包括全程1.5英里的**钻
石溪瀑布**（Diamond Creek
Falls）路线和4.75英里的

维维安湖（Vivian Lake）路线。

行驶路上 » 继续沿着Hwy 58公路前进19英里，直到喀斯喀特湖区风景道（Cascade Lakes Scenic Byway, 即Hwy 46公路），这条风景道蜿蜒向北，一路穿过许多小湖泊，向上到达巴彻勒山。每年11月至次年5月封路，替代方案是沿Hwy 97公路到本德。

⑤ 喀斯喀特湖区

我们可以动用所有相关的科学知识，来说明附近的火山是如何创造了这一带的湖泊。或者，只需要告诉你，46号公路的湖区风景道之名恰如其分。蜿蜒的道路经过一个又一个美丽的湖泊：**戴维斯湖**（Davis Lake）、**克兰草原水库**（Crane Prairie Reservoir）、**熔岩湖**（Lava Lake）、**埃尔克湖**（Elk Lake），每一个都值得驻足观赏。大多数湖泊都是极好的露营地，可以钓鳟鱼、划船和爽快地游泳（"爽快"是"冷"的委婉说法）。

斯帕克斯湖（Sparks Lake）是我们的最爱，因为它以巴彻勒山为背景勾勒出绝美的风景，而且这里最适合静静地划桨。如果你没有船的话，**Wanderlust Tours**（☎800-862-2862；www.wanderlusttours.com；61535 S Hwy 97, Suite 13, Bend；独木舟和皮划艇一日游成人/儿童 $75/55）的独木舟导览游和皮艇游显然很有吸引力。

📖 见669页

行驶路上 » 巴彻勒山距离斯帕克斯湖仅几英里。如果赶上

另辟蹊径
瓦尔多湖

起点： ④ **盐溪瀑布**

这个地区不缺湖泊，但秀丽的沃尔多湖（Waldo Lake）以惊人的清澈湖水颖而出。这是因为它在喀斯喀特山脉的山顶上，所以不会有其他水流混入，湖泊的唯一水源就是雨水和降雪，这使得它成为世界上最纯净的水体之一。确切地说，湖水可见度可达水面100英尺（约30.5米）以下。夏季可以在湖里游泳（冬天水太冷了），如果你在结束了湖底"视觉大发现"的娱乐活动之后还感觉精力充沛意犹未尽的话，可以走一下**沃尔多湖小径**（Waldo Lake Trail），那是一条长22英里长的环湖路。想要到达那里，沿着Hwy 58公路向盐溪瀑布东部行驶2英里，在Waldo Lake Sno-Park左转；循着路标再行驶8英里，即可到达湖边。

Hwy 46公路封路季节的话，你可以原路返回，从本德前往巴彻勒山。

⑥ 巴彻勒山

雄伟的巴彻勒山（Mt Bachelor；海拔9065英尺，约2763米）是俄勒冈州最好的滑雪地。俄勒冈州中部的大陆冷气团在这里与太平洋暖湿气流相遇，导致大量相当干燥的降雪和充足的阳光，这里年降雪量多达370英寸，从11月开始一直持续到次年5月。

在**巴彻勒山滑雪场**（Mt Bachelor Ski Resort；☎800-829-2442；www.mtbachelor.com；缆车 成人/儿童 $92/52，地区1日通票 $19/12；⊙11月至次年5月，根据降雪量而定；🚐）缆车脚下有住房出租。巴彻勒山区里分布着35英里长的越野道，但一日票（成人/儿童 $19/12）票制可能会促使滑雪者们转往**荷兰人平地雪场**（Dutchman Flat Sno-Park）里的免费小道。后者就在46号公路通往巴彻勒山的岔道口前方。

行驶路上 » 准备好给你的荒野户外冒险加一点文明来调味了吗？向东到本德仅22英里。

⑦ 本德

运动装备在小镇本德（Bend）是必需的，在这里你可以早晨攀岩，下午徒步穿过熔岩洞，傍晚再去试试

巴彻勒山 滑雪缆车

立式桨板冲浪。多说一句，你多半能在一个好天气里享受这一切，因为这里每年超过250天都是晴天（别忘了带防晒霜！）。

运动之余再去徒步探索一下市中心都有什么。千万不要错过出色的**高原沙漠博物馆**（High Desert Museum; ☎541-382-4754; www.high desertmuseum.org; 59800 Hwy 97; 成人/儿童 $12/7; ⏰5月至10月 9:00~17:00, 11月至次年4月10:00~16:00; ♿）。它形象地展示了太平洋沿岸西北部的探险和发展，让人可以轻松地了解历史。迷人的美洲原住民展充分展示了几处令人难忘的无价古老棚屋，而生动的动物展览和逼真的历史重现一定会引起孩子们的兴趣。

 见669页

行驶路上 » 向北行驶22英里，前往姐妹镇（Sisters），然后沿着Hwy 242公路向西北行驶。这是麦肯齐山口－圣田山口风景道（McKenzie Pass-Santiam Pass Scenic Byway）的一部分，冬季封路。下一站在过姐妹镇后15英里处。

- - - - - - - - - - - -

线路亮点

❽ 迪伊·赖特瞭望台

古老的迪伊·赖特瞭望台（Dee Wright Observatory）坐落在一片巨大的火山熔岩堆中央，整体采用火山熔岩修建，是富兰克林·D.罗斯福的民间资源保护队（Civilian Conservation Corps）在1935年的项目成果，每个方向都有壮观的景色。瞭望台的窗户被称为"熔岩洞"，它们更加映衬出喀斯喀特所有的山峰，包括华盛顿山（Mt Washington）、杰斐逊山（Mt Jefferson）、北姐妹山（North Sister）、中姐妹山（Middle Sister）和其他许多山峰。

行驶路上 » 沿着Hwy 242公路

WISANU BOONRAWD / SHUTTERSTOCK ©

另辟蹊径
史密斯岩

起点：**❼ 本德**

从本德出发，向北仅25英里便是**史密斯岩石州立公园**（Smith Rock State Park; ☎800-551-6949; www.oregonstateparks.org; 9241 NE Crooked River Dr; 1日票 $5）。这里最著名的是一流的攀岩运动，铁锈色的峭壁高800英尺，矗立在美丽的克鲁克德河（Crooked River）上。不攀岩的人们可以享受数英里的徒步道，其中一些只是稍稍涉及攀岩。

向西行驶13英里，到64英里里程碑（Mile Marker 64）处，寻找标识清晰的普鲁克斯瀑布小径起点。

- - - - - - - - - - - -

线路亮点

❾ 普鲁克斯瀑布

所有的瀑布都集中在了喀斯喀特山脉中部，仅在俄勒冈州就有几百个，所以很容易感觉像是"你已经看

普鲁克斯瀑布

过一个了，你已经看过所有的了"。别着急，拿起你的照相机，看看镜头里的普鲁克斯瀑布（Proxy Falls）能否镇住你。如果有瀑布选美比赛的话，普鲁克斯瀑布一定是种子选手——它那四散如透明面纱般的水雾正轻轻落到被苔藓覆盖的柱状玄武岩上。它甚至不像其他瀑布那样需要你为它跋山涉水：从停车场出发，整条轻松易行的环路也不过1.3英里长。如果你想把最好的风景留到最后，那就朝着与指示牌提示相反的方向走，这样你将首先到达普鲁克斯瀑布上游，然后才来到更胜一筹的瀑布下游。

行驶路上 » 从瀑布出发行驶9英里，在Hwy 126公路（McKenzie Hwy公路）右转，仅1.4英里后就是贝尔纳普温泉。

- - - - - - - - - - - -

⑩ 贝尔纳普温泉

虽然在大多数温泉里赤身裸体是常态，但贝尔纳普温泉（Belknap Hot Springs）是那种可以带上你的祖母一起去而大家都不会感到尴尬的温泉度假村。两个巨大的游泳池里注满了103℉（40℃）的矿物

火山景点

喀斯喀特山脉是一片巨大的火山形成区。在麦肯齐山口或46号公路沿线均可以看到熔岩区。路边切面暴露出灰色的火山灰流。成层火山（如南姐妹山和巴彻勒山）和盾状火山（如华盛顿山）都高耸于大地之上。虽然当你进入**纽贝里火山国家纪念地**（Newberry National Volcanic Monument；本德以南39英里）中心时不会立刻意识到，但实际上你已身在一座方圆500平方英里（约1295平方公里）的火山口里面了。还有什么能比这更古怪的呢？这仍是一座活火山。

质水，有着像在家里一样适宜的泡汤环境。麦肯齐河（McKenzie River）快速从下面流过，树林比任何东西都高，每个人都会玩得很高兴。露营也是个好选择，这个度假村有高中低档各种房间可供选择，总有一间适合你。

🛏 见669页

行驶路上 » 在Hwy 126公路上向西南前行6英里就到了你的下一站。

- - - - - - - - -

❶ **麦肯齐桥**

从公路上看，这里除了树林似乎一无所有，其实在这周围有很多事可做，包括

在麦肯齐河钓鱼和在附近的**麦肯齐河国家休闲小径**（McKenzie River National Recreation Trail）徒步。想了解更多休闲活动，就在小镇以东大约2英里处的**麦肯齐管理站**（McKenzie Ranger Station；☎541-822-3381；www.fs.fed.us/r6/willamette；57600 McKenzie Hwy；◷周一至周六8:00~16:30）停一停。管理站是旅游信息的源泉，你能在这里找到任何你想要的关于麦肯齐河小径的东西，包括地图和书。

🛏 见669页

行驶路上 » 在麦肯齐桥以西6英里处，过彩虹社区（Rainbow）后左转，沿Hwy 19公路

（又称Aufderheide Memorial Dr）前行约8英里到达停车场，从那里可以走一段0.25英里长的小径穿越原始森林。

- - - - - - - - -

❶ **特威利格温泉**

特威利格温泉（Terwilliger Hot Springs）位于威拉梅特国家森林（Willamette National Forest）一处风景如画的峡谷里，是这个州里最好的温泉之一。灼热的泉水从覆盖着蕨类植物的孔里涌出，流进一个水池里，水温稳定保持在108℉（42℃）以上。随后池水像瀑布似的一层层向下流淌，依次注入3个水池，每个水池的水温都要比它的上一个凉一点。坐下来抬头凝望树林是一种绝妙的体验。徒步回到车边后，你甚至还可以从停车场下方的石岸上跳进库格尔水库（Cougar Reservoir）。

行驶路上 » 从特威利格温泉出发，取道Aufderheide/Hwy 19公路，向南行驶41英里返回韦斯特菲尔。

食宿

韦斯特菲尔 ①

🛏 Westfir Lodge　　　　度假屋 $

（☎541-782-3103; http://westfirlodge.com; 47365 1st St; 双 $90~140; ➗❋🛜）这所宽敞的民宿距离俄勒冈州最长的廊桥仅几步之遥，共有8间客房。有些房间在大厅里有共用浴室。

喀斯喀特湖区 ⑤

🛏 Cultus Lake Resort　　　小屋 $$

（☎541-408-1560; www.cultuslakeresort.com; Hwy 46; 小屋 $85~175; ⏰5月中旬至9月; 餐馆 周一歇业; 🐾）这个令人愉快的湖畔度假村有数间舒适的小屋，两晚起住，从7月4日至9月的第1个星期一，仅按周出租。这里还有一家餐厅和码头。

🛏 Sparks Lake Campground　露营地 $

（Hwy 46; 露营免费; ⏰7月至9月）位于喀斯喀特湖区风景道上的这处露营地风景如画，还能看到巴彻勒山和草甸风光。这里提供蹲式厕所，不过营地没有水。

本德 ⑦

🍴 Chow　　　　　　　　美国菜 $

（☎541-728-0256; www.chowbend.com; 1110 NW Newport Ave; 主菜 $8~15; ⏰7:00至次日2:00）这里的蛋饼菜肴既精致又漂亮，还有蟹饼、腌火腿和玉米面包番茄。午餐供应三明治和沙拉，以及一些亚洲风味菜肴。

🍴 Deschutes Brewery & Public House　　　　　小酒馆 $$

（☎541-382-9242; www.deschutesbrewery.com; 1044 NW Bond St; ⏰11:00~23:00）值得一尝的啤酒包括Mirror Pond Pale Ale、Black Butte Porter和Obsidian Stout。在2012年世界啤酒奖的评选中，Deschutes的"Red Chair NWPA"被评为"世界最佳啤酒"。

🛏 McMenamins Old St Francis School　　　酒店 $$

（☎541-382-5174; www.mcmenamins.com; 700 NW Bond St; 房间 $155起; ➗❋🛜）这个旧校舍已经被改造成了一家有19个房间的漂亮酒店。最近的扩建又增加了41个新房间。铺满瓷砖的盐水土耳其浴场非常值得体验，非酒店顾客泡澡需$5。

🛏 Oxford Hotel　　　精品酒店 $$$

（☎541-382-8436; www.oxfordhotelbend.com; 10 NW Minnesota Ave; 房间 $249起; ➗❋🛜）作为本德首屈一指的精品酒店，最小的房间也非常宽敞，里面装饰着泡沫床垫和软木地板等环保型设施。

贝尔纳普温泉 ⑩

🛏 Belknap Hot Springs Resort　　　度假村 $$

（☎541-822-3512; www.belknaphotsprings.com; Hwy 126靠近Hwy 242; 帐篷/房车 $30/40, 房间 $110~185, 小屋 $135~425, 日间使用 $8~15）除了泡温泉以外，这家度假村宣称拥有一座18个房间的度假屋、14个独立小屋和15个帐篷点，可满足各种预算所需。

麦肯齐桥 ⑪

🛏 Cedarwood Lodge　　　小屋 $$

（☎541-822-3351; www.cedarwoodlodge.com; 56535 McKenzie Hwy; 小屋 $130~185; ⏰11月至次年4月歇业; 🛜）这里有8间乡村风格的小屋，小屋建在麦肯齐河畔，条件舒适、设备齐全，选一间安顿下来吧。

阿什兰
利西亚公园

火山口湖环道

51

择其精华逛一整天,抑或是停留一周细细游览,清澈神秘的火山口湖是俄勒冈州最迷人的地方之一。这条最佳环形路线会带你穿越丛林,饱览飞瀑之美。

199 英里

托克提瀑布
冲刷着玄武岩的
两叠迷人水瀑

95 英里

火山口湖
澄澈、湛蓝、静谧,
这座闻名遐迩的湖泊
是如此独特

Umpqua Hot Springs
乌姆普夸温泉

Roseburg
罗斯堡

Golden State
Heritage Site
戈尔登
州立遗址

Gold Hill
金山

Medford梅德福

Ashland
阿什兰
起点/终点

普罗斯佩科特
踏上巨石大道,
短短徒步一程

57 英里

2~3天
365英里/587公里

最适合

何时去
5月下旬到10月中旬,所
有道路畅通无阻。

**最佳
摄影点**

毫无疑问: 火山口湖。

☑ **最佳
瀑布**

两叠的托克提瀑布是我
们的最爱。

火山口湖环道

火山口湖是这段旅途中的最大亮点,许多人认为它是俄勒冈州最美的景点。平静清澈的湛蓝色湖水填满了一个古老的火山口,仅这样的美景就值得你专程走一趟,何况车道两旁还有那么多迷人的徒步地、夺目的瀑布和天然温泉,短短几步就可到达。

❶ 阿什兰

阿什兰(Ashland)是火山口湖一日游中最受欢迎的大本营,这里到处是好住好吃的地方(虽然在夏季旅游旺季得提前很长时间预订酒店客房)。作为**俄勒冈莎士比亚戏剧节**(Oregon Shakespeare Festival,简称OSF; ☎541-482-4331; www.osfashland.org; Main St和Pioneer St交叉路口; 票价$30~136; ⏰2月至10月 周二至周日)的发祥地,这里的文化气息比大多数同等规模

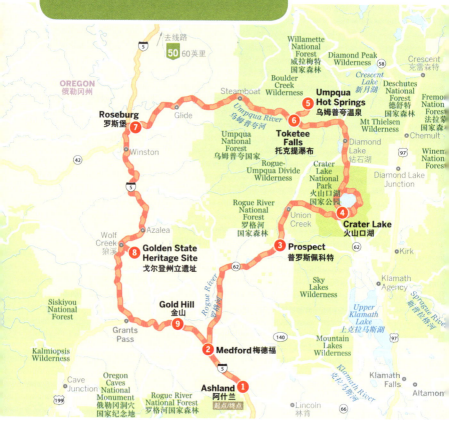

的小镇要浓得多。再加上距离干线公路有一定距离，它才幸而没有成为连锁汽车旅馆的聚集地。

莎士比亚并不是使阿什兰成为俄勒冈州南部文化中心的唯一理由。如果喜欢当代艺术的话，别错过**施耐德艺术博物馆**（Schneider Museum of Art; ☎541-552-6245; http://sma.sou.edu; 1250 Siskiyou Blvd; 建议捐款 $5; ◉周一至周六 10:00~16:00）。

阿什兰的历史城区和秀美的**利西亚公园**（Lithia Park; 59 Winburn Way）使它成为一个值得在前往火山口湖之前漫步的好地方。

✕ ⊨ 见677页

行驶路上 » 梅德福位于阿什兰以北13英里处，沿I-5州际公路前行。

---

❷ 梅德福

梅德福（Medford）是南俄勒冈最大的城市，从这里离开I-5州际公路，开始火山口湖环道的精彩之旅吧。如果你想找个便宜便捷的

你也可以

50
喀斯喀特山脉
俄勒冈风景道

从罗斯堡出发，沿I-5州际公路向北行驶，然后在Hwy 58公路上转向东南前往韦斯特菲尔。

地方过夜，这里也是个合适的选择。

离开途中到**桌岩**（Table Rocks）看一看，这是一座令人印象深刻的平顶山，高800英尺（约244米）。它形成于过去的火山活动，还是一些独特的动植物物种的家园。鲜花盛开的春天是徒步登上平顶山顶的最佳时间，印第安人对其山顶十分崇敬。过**TouVelle State Park**（Table Rock Rd）之后，在任何一个岔道口向左即是前往下桌岩（Lower Table Rock; 徒步往返3.5英里）的小路起点，向右则是前往上桌岩（Upper Table Rock; 徒步往返2.5英里）的小路起点。

✕ 见677页

行驶路上 » 沿着Hwy 62公路行驶不久就到了谢迪岩（Shady Cove），城市止步于此，森林开始延伸。普罗斯佩科特在梅德福东北45英里处。

线路亮点

❸ 普罗斯佩科特

也难怪他们要把原本"米尔溪瀑布风景区"（Mill Creek Falls Scenic Area）这个名字改掉，因为它好像在说，这不过又是一个瀑布罢了（当然瀑布是有的）。事实上，在**普罗斯佩科特州立风景区**（Prospect State Scenic Viewpoint），最重要的活动是徒步前往**巨石大道**（Avenue of Giant

Boulders），在那里，罗格河（Rogue River）的河水正猛烈地撞击着巨岩奔流而过，稍稍爬高一点便能欣赏到最值得一看的风景。

从Mill Creek Dr最南端的两个停车场继续前行，靠左走去看岩石或者靠右稍走一段路去**米尔溪瀑布**（Mill Creek Falls）和**巴尔溪瀑布**（Barr Creek Falls）。如果还想再多看一个瀑布的话，从上方的停车场出发，不远就是秀丽的**皮尔索尼瀑布**（Pearsony Falls）。

行驶路上 » 沿Hwy 62公路前行28英里到达分岔口，转入Munson Valley Rd前往火山口湖国家公园。

线路亮点

❹ 火山口湖

就是这里了：**火山口湖**（Crater Lake; ☎541-594-3000; www.nps.gov/crla; 7日通票 每车 $15），这趟旅程的点睛之笔，俄勒冈州最美丽的水体。这个奇妙的蓝色湖泊拥有你能想象到的最清澈、最纯净湖水，一眼就能看到水下一百英尺的深处。湖泊位于将近8000年前玛扎玛火山（Mt Mazama）喷发所形成的一个6英里宽的火山口。**巫师岛**（Wizard Island）从水中升起，为这里的景致更添光彩。它是一个火山灰烬锥状物，顶部是它自己的小火山口，被称为

"巫师的汽锅"（Witches Cauldron）。

纵览这段33英里长的**环湖公路**（Rim Drive；⊙6月至10月中旬），沿途足有超过30个景点，这当然是由于它围绕在火山口湖边缘的缘故。平静而壮观的湖面像一面巨大的深蓝色镜子一样，倒映出周围山峰的身影，让人们可以拍出惊艳的相片和令人屏息的全景图。

你也可以在周围的原始森林里露营、滑雪或远足。陡峭的**克里特伍德湾徒步小径**（Cleetwood Cove Trail）很是热门，它位于火山口的最北端，绵延一英里，是湖区唯一合法前往湖畔的线路。要不就参加时长两小时的**轮船游**（☎888-774-2728；www.craterlake lodges.com/activities/volcano-boat-cruises；Cleetwood Cove boat dock；成人/儿童 $41/27；⊙6月末到8月中旬）与湖水来一场亲密接触吧！

 见667页

行驶路上 » 沿Hwy 138公路向北前行41英里，随后右转上Rd 34公路。

❺ 乌姆普夸温泉

乌姆普夸温泉（Umpqua Hot Springs）位于山坡之上，可以俯瞰北乌姆普夸河（North Umpqua River），是俄勒冈州最好的温泉之一。再加上其悬于岩石绝壁之巅，它的高度也会让你增加几分兴奋感。

温泉以能够舒缓疲倦的肌肉而著称，因此，开始这场徒步吧，以便赢得享受乌姆普夸温泉的机会。从停车场出发，前行半英里就是风景优美的**北乌姆普夸小径**（North Umpqua Trail）。徒步走在国家森林里，苍莽的原始森林和瀑布映入眼帘。

行驶路上 » 通往托克提瀑布的分岔路就在Hwy 138公路边，过乌姆普夸温泉岔道口之后2英里处。

线路亮点
❻ 托克提瀑布

尽管大多数的瀑布分布在罗格—乌姆普夸风景道（Rogue-Umpqua Scenic Byway）一线，但令人震撼的双叠瀑布**托克提瀑布**（Toketee Falls；USFS Rd 34）最不容错过。瀑布的第一叠下落40英尺注入较高处一个位于柱状玄武岩峭壁后的水池。随后再沿基崖飞流80英尺跌入低处绚丽的碧蓝色水池里。一个小小的免责声明：虽然徒步路程只有

重要建议
参观火山口湖

火山口湖热闹的南入口全年开放，可通向里姆村（Rim Village）、玛扎玛村（Mazama Village）和位于斯蒂尔游客中心（Steel Visitors Center）的公园总部。在冬季，你只能爬上湖泊的外缘，再原路返回，没有别的路可走。由于降雪的缘故，北入口只在6月初到10月下旬之间开放。

PUNG / SHUTTERSTOCK ©

火山口湖

0.4英里，但得下200级台阶才能到达景点，回程得再爬上来才能回到你的车里，这也算得上是一种考验。

行驶路上 » 从这里开始，随着乌姆普夸国家森林（Umpqua National Forest）渐渐被抛到身后，景色也逐渐变得没那么壮观，但是只需一个多小时就可以回到罗斯堡了。沿Hwy 138公路行驶，全程57英里。

❼ 罗斯堡

布局凌乱的罗斯堡（Roseburg）坐落在靠近南北乌姆普夸河交汇处的一个山谷里。对于以其他地方（例如火山口湖）为目的地的旅行者来说，这就是一个便宜且时髦的彻夜狂欢之地。但它也有一个漂亮的历史城区，而且周边还有很多

一流的葡萄酒厂。

不要错过卓越的**道格拉斯县博物馆**（Douglas County Museum; ☎541-957-7007; www.umpquavalley museums.org; 123 Museum Dr, I-5 exit 123; 成人/儿童 $8/2; ⊙周二至周六 10:00~17:00; ♿），这里展示了该地区的文化和自然历史。铁路脱轨的照片和葡萄酒历史的展

品格外有趣。孩子们可以去互动专区玩，还可以去看活的蛇。

🍴 见677页

行驶路上 » 沿I-5州际公路向南行驶47英里，从狼溪（Wolf Creek）出口下来。走Old State Hwy 99公路绕回到州际公路下方。顺着Coyote Creek Rd向东3.2英里便是戈尔登。

⑧ 戈尔登州立遗址

还没准备好回到文明世界吗？那就在荒无人烟的**戈尔登**（Golden）缓缓神。这个曾经的矿业小镇在19世纪中叶时曾有100多位居民，金矿的发现让它在狼溪

（Coyote Creek）岸边建立起来。

小镇一小部分建筑物存留了下来，还有一些新式指示牌讲述着这个戒酒戒舞的虔诚社区里发生的故事。这些已被风化的木建筑包括一处住宅、杂货店兼邮局，以及一个典型的乡村教堂。说到趣事，小镇曾是长篇美国西部电视连续剧《荒野大镖客》（*Gunsmoke*）的外景地。

行驶路上 » 顺着I-5州际公路再向南行驶45英里，由43号出口离开公路。俄勒冈旋涡就在交流道以北4.2英里处。

⑨ 金山

俄勒冈旋涡（Oregon Vortex；☏541-855-1543；www.oregonvortex.com；4303 Sardine Creek L Fork Rd；成人/儿童 $12.75/9；⏰3月至10月 9:00~16:00，6月至8月 至17:00）就在小镇金山（Gold Hill）之外，路边有许多漂亮而有趣的景点。物理定律在这里似乎失效了，还是说其实这仅仅是一个陡峭山坡上的倾斜建筑所制造的视错觉呢？无论怎么看，这个地方的确有些古怪：物体是向上滚的，一个人的身高取决于他所站的位置，扫帚还会自己竖起来……或者，看起来是这样。

食宿

阿什兰 ❶

🍴 Morning Glory
咖啡馆 $

（☎541-488-8636; 1149 Siskiyou Blvd; 主菜 $9.50~15; ⏰8:00~13:30）这个色彩缤纷的休闲咖啡馆是阿什兰最好的早餐地点之一。极具创意的菜肴包括阿拉斯加蟹肉煎蛋卷、用烤辣椒做的素菜，以及用虾饼配水煮蛋。午餐有美味的沙拉和三明治。为了避免长时间等待，请错开就餐高峰。

🍴 New Sammy's Cowboy Bistro
法国菜、美国菜 $$$

（☎541-535-2779; 2210 S Pacific Hwy, Talent; 主菜 $25~28, 定价套餐 $45; ⏰周三至周六 正午至13:30和17:00~21:00）不少人认为这是一个很酷的地方，是俄勒冈州最好的餐馆。餐厅里只有几张桌子，不过葡萄酒的品种众多。主菜很少，但是非常美妙；许多蔬菜都来自外面的菜园。它位于阿什兰以北2英里处的Talent。晚餐请提前一个星期预订；冬天营业时间有限。

🛏 Country Willows
民宿 $$

（☎541-488-1590; www.countrywillowsinn.com; 1313 Clay St; 双 $120~210, 套 $165~295; ❄✳🅿🐾）这是一间位于"乡村"的豪华民宿，占地5英亩，离市中心只有几分钟的路程。Country Willows有9间客房、套房和1间小屋，里面摆放着古董和现代家具。有些套房还带有小厨房或私人露台。华丽的早餐室就在游泳池旁边。

梅德福 ❷

🍴 Organic Natural Café
咖啡馆 $

（☎541-773-2500; http://organicnaturalcafe.com; 226 E Main St; 主菜 $6~14; ⏰周

一至周六 9:00~15:00; 🍴）走进直接自助餐厅，点一份帕尼尼三明治或汉堡（可以选择蔬菜/水牛肉/有机牛肉）。这里还有一个沙拉吧，供应鲜榨果汁和水果冰沙。该餐馆的主题就是"当地""有机""素食"和"无麸"。

火山口湖 ❹

🍴 Annie Creek
美国菜 $$

（www.craterlakelodges.com; Mazama Village; 主菜 $9~18; ⏰4月末至9月 8:00~20:00）Annie Creek非常适合家庭就餐，供应汉堡、比萨、炖肉和炸鸡等食物。

🛏 Crater Lake Lodge
度假屋 $$

（☎888-774-2728; www.craterlakelodges.com; 房间 $220起; ⏰5月末至10月中旬; ❄🐾📶）这家经典的度假村有71间简单舒适的客房（没有电视和电话），但最令人印象深刻的还是其公共区域，那里有大大的岩石壁炉、乡村风格的真皮沙发，从露台还能看到火山口湖的壮观景色。这里还有一个漂亮的餐厅（☎541-594-2255; 晚餐主菜 $24~43; ⏰5月中旬至10月中旬 7:00~10:00, 11:30~14:30和17:00~21:00）。

罗斯堡 ❼

🍴 McMenamins Roseburg Station Pub
美国菜 $$

（☎541-672-1934; www.mcmenamins.com/roseburg-station-pub-brewery; 700 SE Sheridan St; 主菜 $11~22; ⏰周一至周四 11:00~23:00, 周五和周六 至午夜, 周日 至22:00）这是一间精心装饰的酒吧餐厅，装饰着暗木镶板和许多古老的枝型吊灯。菜单上都是经典的汉堡、三明治和沙拉。它位于一个旧火车站中；夏天，你可以坐在阳光明媚的露台上或是昏暗的酒吧里，惬意地享受一杯精酿啤酒。

步行游览
波特兰

起点/终点: Stumptown Coffee Roasters

距离: 2英里

需时: 3小时

广阔的绿地、世界上最大的独立书店、各式各样的艺术品、纯手工酿造的啤酒、生机勃勃的饮食文化和破纪录的宜居评分,波特兰正是为街头漫步而建的。本线路会带你走访市区的亮点。

咖啡和甜甜圈

行程从**Stumptown Coffee Roasters**(www.stumptowncoffee.com; 128 SW 3rd Ave; ⊘周一至周五 6:00~19:00, 周六和周日 7:00~19:00; 🤝)的一杯咖啡开始。走一分钟就能找到**Voodoo Doughnut**(☑503-241-4704; www.voodoodoughnut.com; 22 SW 3rd Ave; 甜甜圈 $2起; ⊘24小时),这里烘焙各种古怪的甜食,试试咸肉枫叶条(bacon maple bar)或者盛满了覆盆子果冻之“血”的“巫毒娃娃”(voodoo doll)。

行走路上 » 沿着步行街SW Ankeny St走向水滨。

周六市场和汤姆·麦考尔水畔公园

漂亮的**斯基德莫尔喷泉**(Skidmore Fountain)和维多利亚时代建筑使这片区域透出几分欧洲风情。周末可以去热闹的**周六市场**(Saturday Market; ☑503-222-6072; www.portlandsaturdaymarket.com; 2 SW & Naito Pkwy; ⊘周六 10:00~17:00, 3月至12月 周日 11:00~16:30; 🚶)逛逛,这是一个露天的手工艺品集市,此外还有美食推车。从这里出发,沿着威拉梅特河(Willamette River)探索汤姆·麦考尔水畔公园(Tom McCall Waterfront Park)。

行走路上 » 从伯恩赛德桥下向北穿过公园,在NW Couch St左转,然后右转到NW 3rd Ave。

唐人街

华丽的**唐人街大门**(Chinatown Gates; W Burnside St和NW 4th Ave交叉路口)划出了波特兰唐人街的南部边界。**兰苏园**(Lan Su Chinese Gardens; ☑503-228-8131; www.lansugarden.org; 239 NW Everett St; 成人/儿童 $10/7; ⊘4月中旬至10月中旬 10:00~19:00, 10月中旬至次年4月中旬 至17:00)是这里的主要景点,这座占据了一个街区的中式园林犹如宁静的港湾。

行走路上 » 沿NW Davis St向西走到NW 8th Ave。

艺术画廊

在这个街区可以找到多个一流的艺术画廊。这些画廊会在每个月的第一个周四开放到深夜，届时人潮如织。

行走路上 » 沿NW Davis St前行，到NW 11th Ave。

Deschutes Brewery

如果走得口渴了，而且正好又在Beervana（Beer啤酒的变形字；一些人正在游说以Beervana作为波特兰的官方名称），是该喝上一大杯啤酒或吃顿午餐。在**Deschutes Brewery**（☎503-296-4906；www.deschutesbrewery.com；210 NW 11th Ave；⊙周一至周四 11:00~22:00,周五和周六 至午夜）餐馆的装饰拱桥下找一张桌子。

行走路上 » 沿着NW 11th Ave向南走一个街区，你就到了珍珠区（Pearl District）的高档商业区。

鲍威尔书城

鲍威尔书城（Powell's City of Books；☎800-878-7323；www.powells.com；1005 W Burnside St；⊙9:00~23:00）是世界上最大的独立书店。当你发现整个城市街区都是新书和旧书时，敬畏之心将油然而生。

行走路上 » 横穿W Burnside St；在SW Stark St左转，到SW Broadway后右转至SW Morrison St。

先锋法庭广场

在波特兰的市中心结束你的行程。这个砖砌的广场有个绰号叫"波特兰的客厅"，它是这座城市里最受访次数最多的公共空间。当广场没有被掷沙包、晒太阳的人们或吃午饭的上班族挤满的时候，这里还会举办音乐会、节日庆典、集会、农贸市场，甚至还有夏季周五晚上的夜场电影活动——**砖墙电影**（Flicks on the Bricks；https://thesquarepdx.org/events；⊙7月至8月 周五 19:00）。广场周围是一排长不见首尾的商店、餐馆和美食推车。

行走路上 » 沿着SW Morrison St向东走过3个街区，在SW 3rd Ave左转，6个街区之后就回到了Stumptown Coffee Roasters。

步行游览
西雅图

起点/终点: 国王街车站/流行文化博物馆

距离: 2英里

需时: 3.5小时

连续几任市长都曾想尽办法来缓解西雅图的交通拥堵,而除了丘陵地形和毛毛雨天气,这个城市现在已然是一个适合步行的好地方。咖啡馆的位置恰到好处,为城市步行者们提供液体燃料。

可使用此步行游览的线路

国王街车站

1906年完工后,**国王街火车站**(King Street Station; 303 S Jackson St)就成为当时市内最高的建筑,它的设计仿效了威尼斯的圣马可钟塔。随着周边一栋栋高楼拔地而起,火车站渐渐消失在人们的视野之中。直到21世纪初一连串的翻修工程完工后,国王街火车站才重现曾经的宏伟气势。

行走路上 » 从车站入口出发,在拐角处转弯到S Jackson St。

Zeitgeist Coffee

按西雅图人迎接新一天的方式开始这段行程吧: 来杯拿铁。位于翻新仓库里的**Zeitgeist Coffee**(☎206-583-0497; www.zeitgeistcoffee.com; 171 S Jackson St; ☺周一至周五 6:00~19:00,周六 7:00~19:00,周日 8:00~18:00; ☎)是个融入时尚人群的好地方。

行走路上 » 沿S Jackson St往西走,在1st Ave S右转,去欣赏历史悠久的红砖建筑。

先锋广场

西雅图市建于艾略特湾(Elliott Bay)的泥泞海岸上,在1889年一场大火后,城市重建。红砖建筑物在大火中幸存下来,其建筑风格是19世纪90年代所谓的"理查森罗马风格"。斯勒街(Yesler Way)原本是美国式的"滑街"(Skid Row),因为人们过去常经由这个大道将原木滑到港口。

行走路上 » 沿1st Ave往北走到市中心。

西雅图艺术博物馆

西雅图也有丰富的文化内涵。**西雅图艺术博物馆**(Seattle Art Museum, 简称 SAM; ☎206-654-3210; www.seattleartmuseum.org; 1300 1st Ave; 成人/学生 $25/15; ☺周三和周五至周日 10:00~17:00; 周四 至21:00)是开启文化之旅最好的地方。这里的藏品包括从沃霍尔到西北地区的图腾柱在内的多个流派的作品。

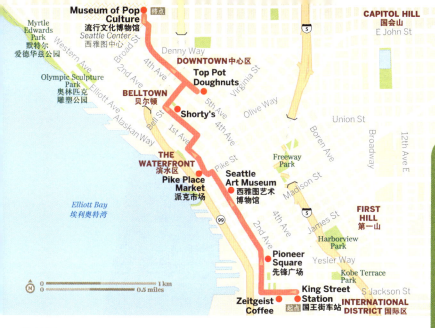

行走路上» 沿1st Ave向北两个街区到派克市场。

派克市场

　　这座城市的灵魂便是建于1907年的**派克市场**（Pike Place Market; www.pikeplacemarket. org; 85 Pike St; ☺周一至周六 9:00~18:00, 周日至17:00）。如果你想要多花点时间看鱼, 少花点时间看人的话, 就得起个大早。鲜花、农产品和海鲜是当地人来此的最大动力; 而对于旅行者来说, 大霓虹灯和全球第一家星巴克咖啡店才是西雅图的打卡必去地。

行走路上» 由北面穿出市场, 你就到了贝尔顿。

Shorty's

　　位于市区北部的贝尔顿（Belltown）是摇滚音乐的早期圣坛。到了20世纪90年代, 随着新兴公寓的建造和大量餐馆的出现, 这里变得高档起来。**Shorty's**（☎206-441-5449; www.shortydog.com; 2222 2nd Ave; ☺正午至次日2:00）是老贝尔顿的"遗迹", 调性介于弹珠游乐场和潜水酒吧之间。

行走路上» 在Bell St右转, 到5th Ave再右转。

Top Pot Doughnuts

　　Top Pot Doughnuts（www.toppotdoughnuts.com; 2124 5th Ave; 甜甜圈 $1.50起; ☺周一至周五 6:00~19:00, 周六和周日 7:00~19:00）位于一个旧汽车展示厅内, 它在甜甜圈界的地位极高。咖啡也不错。

行走路上» 沿着5th Ave走到与Denny Way相交的路口。左转, 西雅图中心和太空针塔就在你面前。

流行文化博物馆

　　你很难错过太空针塔（Space Needle）下面那个色彩极为鲜艳的巨大建筑物, 那就是**流行文化博物馆**（Museum of Pop Culture; ☎206-770-2700; www.mopop.org; 325 5th Ave N; 成人/儿童 $25/16; ☺6月至8月 10:00~19:00, 9月至次年5月 至17:00）和它的科幻小说代表作（Icons of Science Fiction）展览。

行走路上» 如果想回到起点的话, 只要到Wall St和3rd Ave路口搭乘131路公交车（$2.75）, 在国王街车站附近的S Jackson St下车即可。

生存指南

美国
自驾指南

密集的州际公路网、狂热的汽车文化和令人惊叹的风景,使得美国成为自驾旅行的理想之地,有些地方全年都很受欢迎。

驾驶执照及文件

外国游客可以持其本国驾照在美国驾车,合法期限最高12个月。

中国不是联合国《日内瓦道路交通公约》和《维也纳道路交通公约》缔约国,因此国内没有机构可核发国际驾照(international driving permit,简称IDP)。鉴于美国各州交通法规略有差异,中国驾照能否在美国使用因地而异。总体而言,西部各州均认可中国驾照,而东部则有部分州不予认可。详情可查阅各州官网或咨询当地汽车租赁公司。

如果要在美国骑摩托车,你需要持有有效的美国摩托车驾照,或者是专门的摩托车国际驾照。

使用中国驾照,强烈建议在出发前先到公证机构办理英文翻译公证件,与驾照配合使用。护照最好随身携带,以备不时之需。

保险

责任险 所有的司机都需要购买最低保额的责任保险,该项保险包括事故发生时可能对他人和财产造成的损害。责任险可以在汽车租赁公司购买,费用约为每天$12。

车辆损失险 又被称为碰撞损害责任免除(Collision Damage Waiver,简称CDW),租车需每天为之额外支付$18的保险费。

自驾速读

右还是左? 靠右行车

法定驾驶年龄 16岁

最高限速 部分公路为70英里/小时

最佳车尾贴纸 "沃尔药店到底在哪儿?"(Where the heck is Wall Drug)

最佳无线电台 国家公共广播电台(National Public Radio,简称NPR)

英制单位 1加仑(gallon)≈3.79升,1英里(mile)≈1.6公里

其他方式 你的个人驾车保险与汽车租赁公司密切相关,所以在从汽车租赁公司购买责任险或车辆损失险之前,你需要了解清楚。另外,如果你用信用卡租车的话,一些信用卡还会为车辆损失提供赔偿;还有,在出发前请确认好保险事宜。大多数信用卡所提供的保险对于租车超过15天的或者"特殊"车型无效(例如跑车、面包车和部分越野车)。

租车

租车通常要求驾车者年满25周岁,持有效驾照和一张主流信用卡,而非支票或者借记卡。

自驾网站

美国自驾指南

租车

汽车俱乐部

美国汽车协会（American Automobile Association, 简称AAA; www.aaa.com）提供道路救援、旅行折扣、行程规划，并为会员提供地图。

Better World Club（www.betterworldclub.com）美国汽车协会的环保替代选择。

地图

America's Byways（www.fhwa.dot.gov/byways）提供令人兴奋的行程表、地图和自驾指南。

GasBuddy（www.gasbuddy.com）能帮你找到附近最便宜的加油地点的网站和App。

谷歌地图（Google Maps; www.maps.google.com）分段显示驾驶指南，还能估算交通延误。

Waze（www.waze.com）免费的交通和导航App，非常受欢迎。

路况和公路封闭

美国交通部（US Department of Transportation; www.fhwa.dot.gov/trafficinfo）提供各个州和地方的路况、交通和天气信息链接。

在美国，可租的车型数之不尽，轿车中比较典型的有：economy、compact、midsize、standard和fullsize；SUV车型有：compact SUV、standard SUV、fullsize SUV和premium SUV，尺寸和价格按顺序递增，其中premium SUV多指7座的SUV，适合4~5人自驾租用。

还有一些比较特别的车款，比如享受阳光的敞篷车（convertible）和感受大马力的美式肌肉车（一般归类在sports car内）。这两种车型较贵，而且可提供的门店也较少。想要租到心仪的车型，建议提早预订。

汽车

正常租车的话一般不会限制行驶里程。若不止一位司机或异地取还，则需支付附加费等费用。机场的租车公司网点可能底价较低但附加费较高。按照法律规定，儿童和婴幼儿必须使用安全座椅，订车时记得同时预订安全座椅（每天$10左右，或全程$50）。

一些主流的租车公司提供混合动力"绿色能源"车辆，或是可选择替代燃油的车辆，但是这些车会很紧俏。建议尽早预订，它们的租金也会比燃油车高得多。许多公司出租带轮椅升降机的面包车和专为腿脚不便人士准备的手动驾车装置，不需额外费用，但同样尽早预订。

在全国范围内网点广泛的国际租车公司包括：

Alamo（www.alamo.com）

Avis（www.avis.com）

Budget（www.budget.com）

Dollar（www.dollar.com）

Enterprise（www.enterprise.com）

Fox（www.foxrentacar.com）

Hertz（www.hertz.com）

National（www.nationalcar.com）

Thrifty（www.thrifty.com）

寻找当地独立租车公司可查阅：

Car Rental Express（www.carrentalexpress.com）搜索独立租车公司和特殊车辆（如混合动

力车)。

Rent-a-Wreck(www.rentawreck.com)常常租车给较年轻的驾驶员(18岁以上)和那些没有信用卡的人;可咨询长期租车事宜。

Wheelchair Getaways(www.wheelchairgetaways.com)出租可供轮椅出入的面包车,网点遍及全国。

Zipcar(www.zipcar.com)在数十个城市里设有汽车分享俱乐部;有些外国驾驶员也有资格成为会员。

如果不介意不能取消预订的政策,也不在乎是从哪家公司租车的话,可以通过在线旅行折扣商找到更划算的交易,例如**Priceline**(www.priceline.com)和**Hotwire**(www.hotwire.com)。

携程、租租车、飞猪 等国内旅游网站同样提供境外租车服务。

摩托车

摩托车租赁和保险非常昂贵,若异地还车,附加费更是天价。租用3天或按周租赁的话可能打折。

全国性摩托车租车公司包括:

Eagle Rider(www.eaglerider.com)在超过25个州提供摩托车租赁和团队游服务。

Harley-Davidson(www.harley-davidson.com)有许多出租哈雷摩托的当地机构链接。

休闲房车和露营拖车

休闲房车(RVs; 也被称为房车)很受公路旅行者的欢迎,驾驶起来很笨重,油耗惊

公路里程(英里)

	亚特兰大	波士顿	芝加哥	达拉斯	丹佛	厄尔巴索	休斯敦	拉斯维加斯	洛杉矶	迈阿密	新奥尔良	纽约	俄克拉何马城	菲尼克斯	波特兰	盐湖城	圣弗朗西斯科(旧金山)	西雅图	圣路易斯
波士顿	1100																		
芝加哥	720	1005																	
达拉斯	790	1770	935																
丹佛	1405	2005	1010	785															
厄尔巴索	1425	2405	1490	635	700														
休斯敦	800	1860	1090	240	1030	750													
拉斯维加斯	1990	2755	1760	1225	750	725	1475												
洛杉矶	2210	3025	2035	1445	1025	815	1560	275											
迈阿密	660	1510	1380	1320	2070	1940	1190	2545	2750										
新奥尔良	475	1530	930	525	1305	1100	350	1740	1915	860									
纽约	870	215	800	1565	1800	2200	1655	2550	2820	1290	1310								
俄克拉何马城	865	1690	790	210	675	695	450	1125	1345	1500	725	1470							
菲尼克斯	1860	2690	1800	1070	825	430	1185	285	375	2370	1535	2480	1010						
波特兰	2605	3120	2130	2030	1260	1630	2270	1020	965	3265	2555	2925	1925	1335					
盐湖城	1880	2395	1405	1265	535	865	1505	420	690	2545	1785	2190	1205	655	765				
圣弗朗西斯科(旧金山)	2510	3100	2145	1750	1270	1190	1940	570	380	3130	2295	2930	1645	750	635	745			
西雅图	2675	3070	2065	2105	1330	1725	2345	1165	1150	3335	2630	2865	2000	1490	175	840	810		
圣路易斯	555	1190	295	630	855	1195	840	1615	1840	1215	680	955	500	1505	2050	1325	2065	2120	
华盛顿	635	440	700	1330	1690	1965	1415	2460	2690	1055	1090	230	1345	2350	2820	2095	2835	2770	845

人。它们确实同时满足了出行、住宿和自炊的需要，但在许多国家公园和风景区的部分区域（如狭窄的山路）无法通行。若你打算自驾房车出行，请务必提前在相关目的地的网站上查阅相关资料。

尽可能提前订好房车和较小的露营车。租金随着大小和型号而异，基础价格里通常不含行驶里程数、寝具、厨房设备、车辆准备和清洗费用以及附加税和小费。带宠物需支付附加费。

美国境内的房车租赁公司包括：

Cruise America（www.cruiseamerica.com）在美国境内有125家房车租赁点。

El Monte RV（www.elmonterv.com）在超过25个州提供房车出租。

Happy Travel Campers（www.camperusa.com）在洛杉矶、旧金山、拉斯维加斯和丹佛提供露营拖车（Campvan）租赁。

Jucy Rentals（www.jucyusa.com）提供洛杉矶、旧金山、拉斯维加斯的露营拖车租赁。

过境

如果你开车从加拿大或墨西哥进入美国，请带上车辆的注册文件、相关责任险证

明以及驾照。如果租用汽车或摩托车，需事先询问租车公司所租车辆是否可以跨越墨西哥或加拿大边境，只有部分租车公司允许租赁人驾驶他们的车辆穿过边境，但几乎没有租车公司会让你把车从美国开到墨西哥。

加拿大和美国的车险一般都可以在两国通用。如果所携文件齐备，那么自驾车穿过美加边境通常快捷方便。如遇到其中一国的相关部门要对车辆进行彻底搜查，不要慌张，礼貌配合即可。

通常来说，开车越过墨西哥边境给你带来的麻烦要多于便利。美国的车险在墨西哥不被认可，即便穿过墨西哥边境只待一会儿，也必须购买墨西哥的车险。车险费用约为每天$25。

地图

旅游信息中心和游客中心通常免费提供最简单的地图。GPS并非在任何地方都值得依赖，尤其是茂密的森林、偏远山区、沙漠和峡谷地区。如果你计划开车远行的话，可能会想要一份更详细的大公路地图或地图册，比如由**Rand McNally**出版的那些地图（www.randmcnally.com）。美国汽车协会（AAA）及其国际汽车俱乐部联盟的会员

行车答疑

如果车坏了应该怎样办？ 打开你的危险警示灯（双闪），小心地把车停在路边。拨打路边紧急援助号码找你的汽车俱乐部或租车公司；或拨打☏411查询最近的拖车服务或修车厂的电话号码。

如果出了事故怎么办？ 如果你当时的安全状况允许的话，就迅速驶离行车道，将车停到路边。如果只是轻微的碰撞，没有重大财产损失或人身伤害，务必要和对方驾驶员互换驾照信息和汽车保险信息，然后让你的保险公司提交一份报告或尽快通知你的租车公司。对于重大事故，则要拨打☏911，等待警察和紧急服务到来。

如果被警察叫停该怎么办？ 除非警察要求，否则不要下车。始终把手放在警察能看到的地方（比如方向盘上）。保持礼貌。大多数针对交通或停车违章的罚款可在30天内通过邮件或在线处理。

如果车被拖走了该怎么办？ 拨打当地非紧急报警电话，询问到哪里领车。拖车费和车辆保管费累积得很快，几小时或一天就能高达数百美元，所以要立即行动。

（带上会员卡）可以在美国境内各分支机构获取免费地图。

路况

　　美国的公路并不总是完美无瑕的沥青公路。常见的公路风险包括凹坑、落石、泥石流、洪水、雾、放养的家畜和野生动物、工作日早上和下午的交通拥堵，还有司机因技术问题、孩子和宠物分心，或因路怒而成为马路杀手。

　　在一些地方（尤其是在山区），冬天行车是个问题，所以雪地轮胎和防滑链有时必不可少。理论上应自带防滑链，并在上路之前学会使用。越野行驶或者在土路行车通常都是租车合同里明文禁止的，何况在雨雪天这样驾驶本就非常危险。

　　部分城区主要公路、高速公路和桥梁收取通行费。有时通行费可以用现金支付（纸币或硬币），但偶尔也要求使用电子传感器设备。如果没有的话，通常会拍下你的车辆牌照，稍后再开出账单，费用可能会高一些。提车时先了解一下相关情况，以免还车时账单上出现额外的附加费。

交通规则

➡ 靠右行驶。

➡ 开车时用手机打电话或发短信在大多数州是违法的。

➡ 虽然各州的具体规定有所不同，但法律规定在美国全境必须使用安全带和婴儿／儿童安全座椅。

➡ 佩戴摩托车头盔在许多州是强制性规定，并且戴头盔对保障骑手安全意义重大。

➡ 标有菱形符号的多乘员专用道（HOV）通道是留给载有多名乘客的汽车使用的，但有时只在所标示的特定时间段内有效。

➡ 除非另有标示，高速公路限速一般为55或65英里／小时，城镇内限速为25到35英里／小时，学校区在标志灯闪烁时限速低至15英里／小时。校车车灯闪烁时禁止超车。

美国公路金曲榜

(*Get Your Kicks on*) Route 66 博比·特鲁普（Bobby Troup），由纳·京·高尔（Nat King Cole）录制

I've Been Everywhere 约翰尼·卡什（Johnny Cash）

This Land Is Your Land 伍迪·盖瑟瑞（Woody Guthrie）

Born to Be Wild 荒原狼（Steppenwolf）

Runnin' Down a Dream 汤姆·佩蒂与伤心人合唱团（Tom Petty & Heartbreakers）

Life Is a Highway 汤姆·科奇雷恩（Tom Cochrane）

➡ 除非有标志禁止，否则在红灯时完全停车后通常可以右转（一个显著的例外是纽约市）。但路口直行车辆仍然拥有优先路权。

➡ 在四向停车（STOP标志）路口，车辆按照到达的次序前行。如果两辆车同时到达的话，右车先行。不确定时可礼貌挥手让其他司机先走。看到让行（Yield标志），一定要让非让行道路上的车辆先行通过，然后确认无车后再并入道路。进入城镇时，记得要关掉远光灯，否则可能会被警察拦下检查。

➡ 除非另有规定，在十字路口掉头可能是合法的。但各州情况不同，例如，在俄勒冈州和伊利诺伊州就不要这么做。

➡ 无论紧急服务车辆从哪个方向驶来，都应小心让出通道。

➡ 在许多州，车上带有打开的酒（即使是空瓶）是违法的。能携带的只有未开瓶的酒，放在后备箱里。

➡ 大多数州有禁止乱丢垃圾的严令；从车里向外扔垃圾可能导致$1000的罚款，何况这样做对环境也不好。

➡ 搭便车在一些州是非法的，而在另一些州是受限制的。

美国自驾指南　路况

酒后驾车

美国法律规定，驾驶员血液中酒精含量上限为0.08%。对"酒后/药后驾车"（Driving Under the Influence of Alcohol or Drugs，简称DUI；在酒精或药物的影响下开车）的处罚十分严厉，包括高额罚款、吊销驾照、起诉和判刑入狱。

警察有权对你进行路边清醒测试，以评估你是否饮酒或吸毒。如果未通过检查，他们将会要求你进行呼气、尿液或血液测试，以确定你体内毒品和酒精的含量。拒绝接受测试按照未通过测试处罚。

停车

免费停车场在小镇和乡村很常见，但城市里的停车场则很少且往往很贵。市政停车计时器和集中付费口通常接受硬币、信用卡或借记卡。在损坏的计时器处停车通常是被禁止的；在允许的地方，公示的时间限制仍然适用。在某些游客聚集的区域，比如旧金山的渔人码头，会有人冒充停车管理员向你收取停车费，在掏钱之前一定要仔细阅读停车场的标志牌，不要轻信他人，更不要停在停车场内有禁止停车（NO PARKING）标志的区域。

在街上停车时，仔细阅读公示出的所有规定和限制（如最长30分钟、预计清扫街道的时间段内禁止停车等）。注意停在停车位内，否则可能会被罚款，而且车会被拖走。许多小镇和城市禁止在市区街道上通宵停车，如果要在留给当地居民的指定区域内停车，需得到许可。

千万不要停在残疾人车位上，除非你想来张高额罚单。

城市停车库和停车场的收费为每小时至少$2，全天或通宵停车费用多为$10～45。酒店、餐馆、夜总会等地的代客泊车通常收取$5～40不等的费用。当代客泊车服务员还给你车钥匙时，至少要给他$2的小费。

燃油

美国的许多加油站都有可用信用卡自助支付的油泵。在刷卡后，有些机器会要求你输入邮政编码（ZIP code）。外国游客或者持有在美国以外发行的信用卡的人，必须在店内预付需要加油的金额。如果加完油后还有余额，那么把卡拿到店里面，服务员会把差价打到你的卡上。

注意加柴油的油枪一般是绿色的，上面有Diesel字样，如果你开的不是柴油车，千万别加错油。

安全

城市地区存在的主要安全问题就是车辆盗窃、强行闯入和破坏行为。一定要锁好你的车门，把车窗升起来，并且使用所有已经安装的防盗设备（如汽车报警器、方向盘锁）。不要在车内可见的地方留下任何贵重物品，而应该在到达目的地之前始终将它们放在后备箱里，否则就只能每次停车都随身带走。

美国
旅行指南

到达和离开

　　每一个进入美国的国外游客都需要持有护照。护照有效期必须比你在美国的预期停留时间至少长6个月。此外，如果你的护照不符合当前美国标准，还会在边境被勒令折返。

　　通过航空或陆路抵达美国的加拿大和墨西哥公民，需要出示其有效护照或另一份预先批准的身份证——供经常穿越边境的"受信任旅行者"使用的。更多信息，请参见www.cbp.gov/travel/us-citizens/western-hemisphere-travel-initiative。

　　关于入境美国的签证要求，请参见本书690页中的签证信息。一定记住，不论你的签证是怎么写的，美国入境处官员有绝对权力拒绝你入境。他们可能询问你的旅游计划，问你是否准备了足够的资金。把旅行线路列出来、出示下一程和返程的机票、至少持有一张主流信用卡，这些对你都会有所帮助。

飞机

　　美国主要的国际门户和国内枢纽机场包括：

夏洛特·道格拉斯国际机场（Charlotte-Douglas International Airport, CLT; www.cltairport.com）北卡罗来纳州（NC）夏洛特市（Charlotte）。

芝加哥奥黑尔国际机场（Chicago O'Hare International Airport, ORD; www.flychicago.com）

达拉斯/沃斯堡国际机场（Dallas/Fort Worth International Airport, DFW; www.dfwairport.com）

丹佛国际机场（Denver International Airport, DEN; www.flydenver.com）

杜勒斯国际机场（Dulles International Airport, IAD; www.metwashairports.com）近首都华盛顿。

乔治·布什洲际机场（George Bush Intercontinental Airport, IAH; www.fly2houston.com）得克萨斯州（TX）休斯敦（Houston）。

实用指南

吸烟　大部分州都禁止在公共建筑内吸烟，包括飞机场、酒店、餐厅和酒吧。

时间　美国大陆有4个时区：东部时区（西五区）、中部时区（西六区）、山地时区（西七区）和太平洋时区（西八区）。夏令时（Daylight Saving Time，简称DST）是指除了印第安纳州和亚利桑那州的部分地区外，时钟拨快1小时，从3月的第二个星期日直到11月的第一个星期日适用。

电视和光碟　公共广播事务局（Public Broadcasting Service，简称PBS）。主要的有线电视台：ESPN（体育）、HBO（电影）、Weather Channel（天气）。DVD编码为1区（仅限美国和加拿大）。

度量　使用英制单位（Imperial System），唯一的例外是1美制加仑等于0.83英制加仑。

哈兹菲尔德·杰克逊亚特兰大国际机场（Hartsfield-Jackson Atlanta International Airport, ATL; www.atlanta-airport.com）

约翰·F.肯尼迪国际机场（John F Kennedy International Airport, JFK; www.panynj.gov/airports）纽约。

洛杉矶国际机场（Los Angeles International Airport, LAX; www.lawa.org）

麦卡伦国际机场（McCarran International Airport, LAS; www.mccarran.com）内华达州（NV）拉斯维加斯（Las Vegas）。

迈阿密国际机场（Miami International Airport, MIA; www.miami-airport.com）

纽瓦克自由国际机场（Newark Liberty International Airport, EWR; www.panynj.gov/airports/newark-liberty.html）近纽约市。

凤凰城天港国际机场（Phoenix Sky Harbor International Airport, PHX; www.skyharbor.com）

旧金山国际机场（San Francisco International Airport, SFO; www.flysfo.com）

西雅图-塔科马国际机场（Seattle-Tacoma International Airport, SEA; www.portseattle.org/Sea-Tac）

如果你是乘坐飞机去美国，无论是否还要继续转机飞往下一个目的地，都要在着陆的第一个机场办理海关入境手续。一旦飞机降落，所有的国际游客务必在国土安全部（Department of Homeland Security）登记，进行指纹扫描和数码照相。

大部分中等规模或者更大的美国机场都有租车柜台，就在行李认领处旁边的抵达区内，大型国际租车公司会有职员在这里提供服务。通常路旁就有免费班车，会把租车的顾客送往各公司的停车场，不论远近。

最好预订机场租车服务，以确保有车可用，还可以得到最低租车费用，最大限度缩短等待时间。驾驶者也可以提前关注租车公司的特惠活动，以节约时间和金钱。通常会员申请都是免费的，还可获得优先租车、免

费升级等好处。

汽车和摩托车

周末和假期，特别是夏季，美国到加拿大和墨西哥之间的主要过境通道经常堵塞，需要排很久的队。登录美国海关及边境保护局（US Customs & Border Protection; http://apps.cbp.gov/bwt）的网站可在线查询当前过境等候时间。

一定要随身携带所有必需文件，包括车辆的登记文件、在美国驾车的有效责任保险证明和原籍国的驾驶执照。有时美国、加拿大和墨西哥的执法机关和海关会非常仔细地对车辆进行搜查，以查处违禁品或未报关的应税物品。

火车

对于那些住在美加边界的加拿大人来说，乘坐火车应该是最经济的选择了。它也避免了驾车过界的麻烦，因为一些租车公司并不允许你这样做。进入美国后，你就可以租一辆车，在离开之前归还就可以了。

美国的国家铁路客运公司简称**美铁**（Amtrak; www.amtrak.com），经营着一些跨国火车，可以往返加拿大安大略省的多伦多市、魁北克省的蒙特利尔市和英属哥伦比亚地区的温哥华市。美加边境的入境和海关检查可能会使火车延误，而延误时间无法预计。

在美国，一些大的美铁火车站都有租车公司的接车服务，但是通常只针对有预订的顾客。火车站的租车公司通常比机场要少。

出行指南

签证

警告: 以下所有信息都随时可能发生变化。美

国入境要求会随着国家安全条例的变化而变化。在进入美国之前，你的签证和护照会被进行双重检查。

美国国务院（US Department of State；https://travel.state.gov）提供最全面的签证申请信息，有可下载的申请表、美国海外领事馆列表和每个国家的签证办理等候时间。

现在，根据美国免签证计划（US Visa Waiver Program，简称VWP），共有38个国家的公民在护照需满足美国现行要求的情况下可免签证进入美国，停留不超过90日（不可延期）。VWP国家的公民须在出发前至少72小时通过**旅游授权电子系统**（Electronic System for Travel Authorization，简称ESTA；https://esta.cbp.dhs.gov/esta）登记，费用为$14。一旦通过，通常在ESTA登记2年内或护照到期前有效，以较早者为准。

大多数持有符合美国现行规定的护照的加拿大公民，不需要签证就可以短期前往美国。墨西哥公民通常需要提前获得非移民或过境的"激光"签证。更多信息请参见www.cbp.gov/travel/us-citizens/western-hemisphere-travel-initiative。

中国大陆旅行者需要申请旅游签证，这个过程需花费一笔不予退还的费用（$160），首次申请时，本人需前往使领馆面试；等待签证发放需几周时间，所以应尽早申请。最长可获得10年有效、单次停留不超过180天的旅游签证（B2或者B1/B2）签证，只不过依然需要在ESTA（见上文）每两年登记一次。

首次办理签证需本人面签，如最近一份签证过期不足12个月，续签可申请免面签。详情可查阅https://china.usembassy-china.org.cn/zh/visas-zh/。

首次申请美国签证

中国大陆旅行者首次申请美国旅游签证，除了在线填写DS-160表格之外，还需尽量准备足够的材料，能够证明你的经济稳定性和在本国有"不容割舍的责任"的证明

（包括但不限于：收入证明、工作证明、纳税证明、银行卡流水、房产证等）。一份详细的旅游计划也会让你的签证申请过程更为顺利。

- -

电源

Type A
120V/60Hz

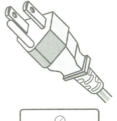

Type B
120V/60Hz

保险

　　在美国，生病、遭遇车祸或丢东西的代价是很高的。一定要在前往美国之前买好数额足够赔付损失的保险。要为可能因放在车里而被盗的物品投保，或者考虑购买旅行保险。中国旅行者常常购买的旅游保险有：安联、中国平安和美亚。各家公司都会提供不同类别的保险项目，虽然申请美国签证时并不强制你购买旅游保险，但一份能涵盖各种状况的旅游保险是你旅行途中必不可少的保障。美亚的"万国游踪"旅游保险基本可以涵盖大部分状况（不包括跳伞和滑翔伞活动）。Lonely Planet（lonelyplanet.com/travelinsurance）网站的"保险"网页提供全球范围内的旅行保险。你可以随时购买、延期和要求理赔，即使你已经动身了。

使领馆

　　国际游客如果想和本国的驻美国大使馆取得联系，可以访问Embassy.org（www.embassy.org）。该网站列有华盛顿所有外国使馆的联系方式。多数国家也在纽约设有驻联合国大使馆。某些国家在其他大城市也设有领事馆，可在黄页中"领事馆"（Consulates）类别下查找，也可以借助当地查号电话查询。

中国驻美国大使馆（☎001-202-4952266; us.china-embassy.org/chn/; 3505, Inter-nationalPlace,N.W.,Washington D.C. 20008,U.S.A.）

中国驻洛杉矶总领事馆（☎001-213-8078088, 8078011; losangeles.china-con-sulate.org; 443 Shatto Place,Los Angeles,CA 90020,USA）

中国驻旧金山总领事馆（☎415-852-5900; chinaconsul_san_us@mfa.cn.cnsanfrancisco.chinaconsulate.org; 1450 Laguna ST.San Francisco, CA 94115, U.S.A）

中国驻芝加哥总领事馆（☎001-312-8030095; chinaconsul_chi_us@mfa.gov.cn; chicago.chinaconsulate.org; 100 West Erie Street,chicago,IL 60610,U.S.A.）

现金

　　本书所列价格单位均为美元，不包含州税和地方税，另有说明例外。大部分本地人都不会随身携带大量现金，日常消费依赖信用卡、自动柜员机、借记卡或支票。小店可能拒绝接受面额大于$20的现金或旅行支票。

　　银联借记卡可提取现金，花旗银行（Citi Bank）的柜员机对银联卡支持较好。除了你本国银行收取的费用外，可能会收取至少$2的交易费。使用信用卡从自动柜员机提取现金需要四位PIN码（银行发给客户的身份号码），通常会收取数额不小的费用。先向你的信用卡发卡行咨询清楚。

　　信用卡通常到处都可以使用，在线预订或者电话预订往往需要信用卡。维萨

小费指南

　　给小费是惯例，除非服务恶劣至极。记得单独给小费时一定要用纸币。

机场行李员和酒店行李员（Airport & hotel porters）每件$2,每车最少$5。

调酒师（Bartenders）每单价格的15%~20%，每杯最低$1。

客房服务员（Hotel maids）每晚$2~4，把钱放在专用的卡片下面就行。如果你把房间弄得很乱，那就多给点些。

餐厅服务员（Restaurant servers）账单总额的15%~20%，如果账单里已包含小费，则不必另给。

出租车司机（Taxi drivers）计价器显示金额的10%~15%，零头补足。

代客泊车员（Valet parking atten-dants）对方交回钥匙时付小费，最低$2。

（Visa）、万事达（MasterCard）和美国运通（American Express）卡最为通行。如果使用借记卡或者支票卡进行交易，可能会对你的账户造成较大影响，导致部分或者全部可用资金冻结，带来不便。

通过自动柜员机取款与在主要银行、机场货币兑换机及**美国运通**（American Express; www.americanexpress.com）等货币兑换处兑换现金的汇率通常一致。在城市以外或较大的市镇上兑换外币可能是个问题，所以要确保你手上有一张信用卡和足够的现金。

旅行支票现在已经过时了，只适合当作一种可靠的后备。如果你一定要带旅行支票，就用美元购买吧。维萨和美国运通的旅行支票接受程度最广。

旅游信息

有关美国所有州和大多数主要城市的官方旅游网站链接，请参见www.visit-usa.com。类似的网站www.visittheusa.com上也有许多线路规划和其他实用信息。

服务较好的旅游信息中心都有官网，提供可免费下载的电子旅游指南。他们也接听电话，有的还掌握着当日的酒店房源，但不提供预订服务。所有旅游信息中心都提供大量的自助游宣传册，附优惠券；有些还销售地图和书籍。

州际"欢迎中心"（welcome centers）通常沿州际高速公路而建，往往可以提供免费的州际公路地图、宣传册和其他旅行计划材料。这些信息中心通常营业时间较长，包括周末和节假日。

许多城市都有一个官方的会议及观光局（CVB），这些地方有时也提供旅游信息服务。但是对于个人游客而言，作用微乎其微，因为它们的主要目的是吸引商贸投资。

要记住，在旅游信息中心由当地商会经营的小城镇里，酒店、餐馆和服务通常只面向商会会员开放，似乎没有最便宜的去处。

同样的，在主要的旅游景点，一些私人的"旅游信息中心"实际上是预订酒店房间和团队游的旅行社。他们有时提供出色的服务，但也会进行推销以营利。

营业时间

常规营业时间如下：

酒吧 周日至周四17:00至午夜，周五和周六至次日2:00

银行 周一至周四8:30~16:30，周五至17:30或18:00（还可能周六9:00至正午）

夜店 周四至周六22:00至次日4:00

邮局 每一至周五9:00~17:00

购物中心 9:00~21:00

商店 周一至周六10:00~18:00，周日正午至17:00

超市 8:00~20:00，部分24小时营业

节假日

在下列法定节假日，银行、学校和政府机关（包括邮局）都会放假，公共交通、博物馆和其他服务行业根据周日时间表运营。假日如果正好跟周末重合，假期通常后延至下一个周一。

新年（New Year's Day）1月1日

马丁·路德·金纪念日（Martin Luther King Jr Day）1月第三个周一

总统日（Presidents' Day）2月第三个周一

阵亡将士纪念日（Memorial Day）5月最后一个周一

独立日（Independence Day）7月4日

劳动节（Labor Day）9月第一个周一

哥伦布日（Columbus Day）10月的第二个周一

老兵节（Veterans Day）11月11日

感恩节（Thanksgiving）11月第四个周四

圣诞节（Christmas）12月25日

春假期间，高中生和大学生会有1周的假期，他们通常会前往海滩城镇和度假村。

整个3月和4月都是旅游旺季。对于各个年龄段的学生来说，暑假都是6月到8月。

住宿

精打细算的自驾游客可以选择露营地、青年旅舍或汽车旅馆。汽车旅馆在高速公路和街道两边到处可见，而青年旅舍只在城市和一些受欢迎的度假胜地才比较常见。从简朴的免费荒野帐篷营地，到配备无线网络、有线电视网、全方位服务的房车营地，露营地的选择多种多样。

在中档的汽车旅馆和酒店，你可以找到干净、较宽敞的客房，附带独立卫生间、直拨电话、有线电视甚至咖啡机、迷你冰箱和微波炉。房费里如果包含了早餐的话，可能只是干巴巴的甜甜圈和清淡的咖啡，或者是热食冷食皆有的自助早餐。无线网络（☎）通常免费，但有时候速度较慢或信号较弱。店里可能会提供一台共享的联网电脑（@）供住客使用，通常放在大厅里。

高档酒店和奢华旅游胜地也会提供更多的便利设施（比如游泳池、健身室、商业会所、餐厅和酒吧），有时你也可以欣赏它所在之地的优美环境或者是本身的前卫当代设计。额外的停车费、上网费和"度假酒店"费可能会让你的账单每天再多出$10~50。大多数房间里的标准配置都包括了空调（❈），但很多历史酒店、海边度假村或山区度假村例外。

民宿和旅馆更小更私密，也提供种类繁多的便利设施。尽管它们的独特设计风格可以让你从千篇一律的连锁酒店中解脱出来，但是房间里可能会没有电话、电视、网络和

在线预订住宿

了解更多Lonely Planet作者关于住宿的评论，请查看http://hotels.lonelyplanet.com。你会找到有见解的目的地点评和推荐的最佳住宿地点。最重要的是，你可以在网上预订。

独立卫生间，也不一定供应早餐。它们中的部分会在淡季歇业，很多不接纳小孩或宠物，几乎所有住处都要求预订。

房价及预订

通常来说，周中（星期三）房价较低，不过市区的商务型酒店是个例外，它们反而是周末更便宜。本书中列出的房价通常适用于旺季，也就意味着大部分地区都是参考的夏季价格（6月至8月）。而在滑雪胜地和避冬的温暖地区，从11月底的感恩节到次年3月、4月的春假期间才是房价的高峰。

在主要假日和特殊节庆日，由于需求激增，房价也会暴涨，一些酒店还会规定最低住宿天数。全年的假日、节日、周末乃至旺季的工作日，都需要预订房间。如果你用手机预订，提前问一下取消政策，并索要一个预订确认号码。

如果你计划深夜到达，需要在到达日当天提前打个电话，确保前台为你保留房间。酒店通常会超额预约，但是如果你用信用卡担保了预订，他们无论如何都会安排你的住宿。在非高峰时间，没有预订而直接去住宿的顾客如果礼貌地讲讲价，也有可能得到优惠价。

即使汽车旅馆或者酒店的广告说"儿童住宿免费"，这也只是在孩子使用父母房间已有被褥的情况下才适用。加一张折叠床或儿童床可能会额外收费。

网络资源

Airbnb（www.airbnb.com）夜间公寓出租，转租各种品质的公寓和房间，风险自负。

BedandBreakfast.com（www.bedandbreakfast.com）民宿和旅馆的在线指南，附带根据用户评论和专业调查列出的"钻石收藏"名单。

Hostelling International USA（www.hiusa.org）运营50多家青年旅舍，遍布全国（非会员每晚要多交$3）。

Hostelz.com（www.hostelz.com）青年旅舍搜索引擎，可在线预订和评论全国的独立青年

住宿价格范围

以下列出的是旺季带卫生间客房的价格，不含税，另有说明的例外。

$	低于$100
$$	$100~200
$$$	高于$200

旅舍。

Hotel Coupons（www.hotelcoupons.com）通过网页或手机应用程序获得汽车旅馆和酒店的折扣信息，折扣力度与在旅游信息中心和公路休息区发放的免费宣传册上的一样。

KOA（www.koa.com）涵盖全国近500处房车营地和露营地。

Recreation.gov（www.recreation.gov）可预订联邦游乐区内的露营地和小屋，包括国家公园和国家森林。

ReserveAmerica（www.reserveamerica.com）预订公共露营地和小屋，包括许多州立公园。

Vacation Rentals by Owner（www.vrbo.com）可在假期租赁房屋、套房、公寓和其他住所，其中大部分是私人所有或私人经营的。

就餐

在大多数的餐厅里，午餐比晚餐更随意，通常也更便宜，有时候只是晚餐价格的一半。一些美式小餐馆和咖啡馆全天提供早餐，部分24小时营业。周六和周日的周末早午餐通常从上午9:00或10:00一直供应到下午前期。

除了高档餐厅会要求男士穿着有领衬衣甚至外套之外，对着装没有什么要求。在餐厅室内抽烟通常是违法的。再去室外露台或者路边餐桌抽烟之前，可以先问一下或者四处看看有没有烟灰缸。不要指望你的邻桌在吸了你的二手烟后还会很高兴。

许多餐厅允许外带酒水（BYOB，Bring Your Own Bottle），但可能收取$10~30的开瓶费。如果两位用餐者共享一份主菜，也有可能收取分盘附加费。通常素食主义者和对某些食物过敏或者忌口的顾客都能得到相应照顾，特别是在城区和热门度假地。

可以带孩子们一道去休闲餐厅吃饭，那里通常提供儿童高脚椅、辅助餐椅、专门的儿童菜单、画画的蜡笔和纸餐垫。见本书内的家庭友好图标（ 🐾 ）。

电话

美国的通信系统包括地区服务运营商、长途服务运营商、数家移动电话运营商和付费电话公司。总的来说，这个系统是非常高效的，但可能很贵。尽量不要在酒店电话或公用电话上拨打长途电话。通常使用固定电话或手机比较便宜。大多数酒店都允许客人免费拨打本地电话。

电话簿是一个很方便的信息资源，上面有一些社区服务、公共交通工具、游览地点、体验活动的电话和商业服务清单。在线的电话号码指南包括www.411.com和www.yellowpages.com。

手机

绝大部分智能手机都可以在美国使用。不过，你应该事先与你的通信服务运营商核实一下漫游费用，因为这些费用将使你在美国国内的通话费用变成昂贵的国际长途通话费用。

在美国，AT&T等移动运营商的预付费SIM卡通常比较便宜，你可以购买后换入自

就餐价格范围

以下列出的是不含税和小费的主菜价格，另有说明的除外。

$	低于$10
$$	$10~20
$$$	高于$20

己的手机使用。Telestial（www.telestial.com）提供以上服务，还可以租赁手机。

如果你没有兼容手机，可以购买一台便宜的无合约（预付费）手机，包含一个本地号码和一定的通话时间，还可以随意充值。Virgin Mobile、T-Mobile、AT&T和其他供应商提供的手机起价为$20左右，套餐的起价为400分钟$20或每月$30（不限通话时间）。你可以在Radio Shack和百思买（Best Buy）等电子产品商店买到这样的手机。

美国的大部分地区，包括许多国家公园和娱乐区，都接收不到信号。确认你的手机运营商的信号覆盖范围。

拨打电话

➡ 美国的电话号码包括三位数区号和七位数的当地号码。

➡ 本地区通话只需拨打后七位数。如果不行，再试试拨打完整的十位数。

➡ 长途电话需先拨"☎1"，然后再加区号和当地号码。

➡ 免费电话开头都是☎800、866、877或888，拨打时须先拨"☎1"。

➡ 直拨国际长途需先拨"☎011"，再拨国家代码，再加上区号和当地号码。比如打回中国就是☎011+86（中国的国家代码）+区号（比如北京是10，拨打手机时无须加区号）+中国的当地号码。

➡ 如果你往美国打电话，记住美国的国家代码是☎1（加拿大的代码与美国相同，但是两国之间通话依然按国际电话收费）。

电话卡

如果你没有手机或在一个手机服务有限的地区旅行，预付费手机卡是另一种解决方案。电话卡通常会预先收取固定时间的通话费用，并可以在任何电话上使用，包括固定电话。一般需拨打☎800，然后在每次呼叫前输入一个PIN码（个人识别号码）。你可以通过亚马逊等网站在线购买电话卡，也可以在便利店购买。一定要阅读隐性费用的那栏小字，比如每分钟通话费之外的"激活费"、每通电话的"接拨费"。

上网

在网络科技发达的美国，上网几乎不会有什么问题。大多数酒店、客栈、青年旅舍和汽车旅馆都有无线网络（通常是免费的，不过豪华酒店更有可能收费），可以在预订时进行咨询。

如果使用网络比较频繁，可以在淘宝等网站租赁支持4G的移动Wi-Fi热点，根据运营商和流量费用各异，速度最好的是Verizon，价格也最贵，退而求其次可考虑AT&T，或者T-Mobile。

在美国，大多数咖啡馆都提供免费的无线上网服务，一些城市还拥有无线网络覆盖的公园和广场。如果你没有携带笔记本电脑或其他上网设备，可以去公共图书馆试试——除了无线网络，大多数公共图书馆都有公共上网终端（通常有时间限制）。偶尔还会向州外的居民收取少量费用。

如果你不是美国人，请记住，你的笔记本电脑需要一个AC适配器和一个插座适配器，两种产品都可以在大型电子产品商店购买，如百思买（Best Buy）。

重要号码

国家代码 ☎1

紧急情况（报警、火灾、救护车）☎911

国际接入码 ☎011

国际接线员 ☎00

本地黄页服务 ☎411

本地接线员 ☎0

免费黄页服务 ☎800-555-1212

残障旅行者

对于行动不便或者有其他身体残障的旅行者，美国提供完善的便利服务，各地区略有差异。一些地方的旅游信息中心和游客中心会出版详细的残障旅行者指南，非常有帮助。在国家公园，有终身残障的美国公民或者永久居民可获得一张免费的"美丽美国"通行证（America the Beautiful Access Pass; 详见store.usgs.gov/passformoreinformation）。

《美国残疾人法案》（The Americans with Disabilities Act, 简称ADA）要求1993年后建立的所有公共交通设施和公共建筑都要能够方便轮椅出入，包括卫生间在内。但最好还是提前打电话确认对方是否配备相关设施，特别是一些历史建筑或者私人建筑，它们不受相关法案约束。城市的大部分路口都有路缘坡道和可听通行信号。

所有主要航线、灰狗巴士（Greyhound bus）、美铁火车和公交车都提供残障人士特别服务，需要至少提前48小时预约。当地公交车、火车、地铁通常也配备轮椅升降器（lift）和斜板（ramp）。城市出租车公司通常有至少一辆可放轮椅的客货车，但是需要打电话订车，并稍微等上一会儿。关于客货车租赁费用，参见本书684页。

服务性动物（比如导盲犬）可以陪伴乘客登上公共交通工具或进入公共建筑物。随身带上文件，确保你的动物穿着识别背心。大部分银行的自动柜员机都带有盲文的使用说明和耳机插孔。电话公司可为听力受损顾客提供辅助服务（拨打☎711）。

同性恋旅行者

大部分美国城市都有一个相对成型且开放的同性恋社区（LGBTQ community），很容易找到。同性恋的接受程度各地不尽相同，有的地方完全不接受，而另外一些地方则可接受低调的行为态度。在一些与世隔绝的保守地方，一些人遵循"不问，不说"的原则。

尽管反仇恨犯罪的法律已经开始在全国实施，大众的态度也日渐宽容，但是仍然存在着一些顽固看法。无论在都市还是乡村，仍然存在对男女同性恋、双性恋、跨性别者的口头骚扰和偶尔的暴力行为。但是大部分游客都不太会遭遇危险。

实用资源

Paula Martinac编著的《最适合同性恋的地方：同性恋古迹旅行指南》（The Queerest Places: A Guide to Gay and Lesbian Historic Sites）上全都是生动的详细信息和历史资料，覆盖整个国家。详情可见她的博客：www.queerestplaces.com。

Advocate（www.advocate.com）男同性恋新闻网站，内容涉及商业、时政、艺术、环境和旅行。

Damron（www.damron.com）出版经典的男同性恋旅行指南，但是商业背景太强且有时更新较慢。

Gay & Lesbian National Help Center（www.glnh.org）提供咨询、信息和推荐。

Gay Travel（www.gaytravel.com）许多美国目的地的在线指南。

National LGBTQ Task Force（www.thetaskforce.org）为LGBTQ人士争取平等权利的网站，内容涉及新闻、时政和时事。

Out Traveler（www.outtraveler.com）男同性恋旅行文章。

Purple Roofs（www.purpleroofs.com）由男同性恋经营并且适合男同性恋入住的民宿和酒店。

旅行安全

枪支、暴力犯罪、暴乱、地震、龙卷风、飓风和山火，只考虑危险因素的话，这里看起来就像世界末日一样。但其实美国是一个相当安全的旅行地，对游客来说，最大的危险是交通事故（系好安全带，这是法律规定）。

与暴力犯罪比起来，小偷小摸才是游客要面对的大问题。尽可能在白天或者夜晚灯火通明的繁华地带从自动柜员机取款。驾车时先确保贵重物品都已妥善放入后备箱，不

697

要把贵重物品留在车里过夜。许多酒店提供室内墙上保险柜，有的能容纳平板电脑或者笔记本电脑。

健康指南

美国的医疗水平很高，但是费用也相对较贵。许多医疗专家要求当场付费，特别是患者为非本市市民和国际游客时。

除了紧急医疗救护（这种情况下拨打☑911或者去最近的24小时医院急救室）外，可以多打几个电话咨询各诊所和医院，看看对方是否愿意接受你的保险，是否可以提供紧急护理服务或者免预约就诊。

保留账单和保险理赔的所有收据和文件，过后再索要赔偿。部分包含医疗福利的医疗保险（如维护健康组织HMO）和旅行保险要求你在寻求帮助之前先通过电话获得预授权。

美国的药房非常多，但是你可能会发现，一些在本国柜台可以买到的药，在美国却需要处方单才行。而如果没有美国医疗保险，开处方会非常昂贵。记得携带一份列明你需要定期服用的所有药品（写明它们的通用药品名称）的处方信，需有医生的签名和日期。

幕后

说出你的想法

我们很重视旅行者的反馈——你的评价将鼓励我们前行，把书做得更好。我们同样热爱旅行的团队会认真阅读你的来信，无论表扬还是批评都很欢迎。虽然很难一一回复，但我们保证将你的反馈信息及时交到相关作者手中，使下一版更完美。我们也会在下一版特别鸣谢来信读者。

请把你的想法发送到 **china@lonelyplanet.com.au**，谢谢！

请注意：我们可能会将你的意见编辑、复制并整合到Lonely Planet 的系列产品中，如旅行指南、网站和数字产品。如果不希望书中出现自己的意见或不希望提及你的名字，请提前告知。请访问 lonelyplanet.com/privacy 了解我们的隐私政策。

声明

气象图表数据引用自Peel MC, Finlayson BL & McMahon TA（2007）'Updated World Map of the Köppen-Geiger Climate Classification'，*Hydrology and Earth System Sciences*，11, 1633-44。

封面图片——上图：大蒂顿国家公园内的谷仓，Christian Hütter/Alamy ©；下左：新英格兰地区，正在过桥的卡车，Radius Images/Alamy ©；下右：新墨西哥州恩布多，经典汽油博物馆，Mark Sykes/AWL ©；封底图片：菩提伽湾，Bildagentur Zoonar GmbH/ Shutterstock ©。

本书部分地图由中国地图出版社提供，其他为原书地图，审图号GS（2018）4976号。

关于本书

这是 Lonely Planet《美国自驾》的第 3 版，本书由西蒙·里奇蒙德、凯特·阿姆斯特朗、卡罗琳·贝恩、艾米·C.巴尔弗、雷·巴特莱特、洛伦·贝尔、莎拉·本森、塞莱斯特·布拉什、格雷格·克拉克、迈克尔·格罗斯伯格、阿什利·哈勒尔、马克·约翰森、亚当·卡林、布莱恩·克吕普费尔、斯蒂芬·里奥侬、卡罗琳·麦卡锡、休·麦克诺特丹、贝基·奥尔森、克里斯托弗·皮兹、凯文·劳伯、布伦丹·塞恩斯伯里、雷吉斯·圣路易斯、瑞恩·维尔·博克莫斯、玛拉·沃西斯、本尼迪克特·沃克和卡拉·兹默尔曼调研并撰写。上一版的作者为：莎拉·本森、艾米·C.巴尔弗、迈克尔·格罗斯伯格、亚当·卡林、马里利亚·克劳斯、卡罗琳·麦卡锡、克里斯托弗·皮兹、亚当·斯科尔尼克、瑞恩·维尔·博克莫斯、玛拉·沃西斯和卡拉·兹默尔曼等。

本书为中文第二版，由以下人员制作完成：

项目负责	关媛媛
项目执行	丁立松
翻译统筹	肖斌斌　王玫珺
翻 译	陈薇薇　李高飞 王瑜玲
内容策划	钱晓艳　刘维佳
视觉设计	李小棠　庹桢珍
协调调度	沈竹颖
责任编辑	叶思婧　普黎洋
地图编辑	马 珊
地图制图	田 越
流 程	孙经纬
终 审	杨 帆
排 版	北京梧桐影电脑科技 有限公司

感谢刘霜、薛平、洪良、刘治禹、曹阳玉婷、吴子潇和白圆圆对本书的帮助。

索引

W | Z

记事本

我们的作者

我们的故事

一辆破旧的老汽车，一点点钱，一份冒险的感觉——1972年，当托尼（Tony Wheeler）和莫琳（Maureen Wheeler）夫妇踏上那趟决定他们人生的旅程时，这就是全部的行头。他们穿越欧亚大陆，历时数月到达澳大利亚。旅途结束时，风尘仆仆的两人灵机一闪，在厨房的餐桌上制作完成了他们的第一本旅行指南——《便宜走亚洲》（*Across Asia on the Cheap*）。仅仅一周时间，销量就达到了1500本。Lonely Planet从此诞生。

现在，Lonely Planet在都柏林、富兰克林、伦敦、墨尔本、奥克兰、北京和德里都设有公司，有超过600名员工和作者。在中国，Lonely Planet被称为"孤独星球"。我们恪守托尼的信条："一本好的旅行指南应该做好三件事：有用、有意义和有趣。"

西蒙·里奇蒙德（SIMON RICHMOND）

记者兼摄影师西蒙·里奇蒙德自20世纪90年代初就一直是一位旅游作家。1999年，他第一次为Lonely Planet工作，编写《中亚》指南。他一直为Lonely Planet调研和撰写旅游指南，到访过澳大利亚、中国、印度、伊朗、日本、韩国、马来西亚、蒙古、缅甸、俄罗斯、新加坡、南非和土耳其。在Lonely Planet的网站上，也有他撰写的一些文章，内容包括从世界上最好的游泳池到城市写生（Urban Sketching）的乐趣。在Instagram上，你还可以看到他拍摄的照片和写生作品。

凯特·阿姆斯特朗（KATE ARMSTRONG）

凯特一生中的大部分时间都在周游世界，生活在世界各地。她是一名全职的自由旅行记者，曾经参与撰写过Lonely Planet指南40余本，还为贸易出版物撰稿并定期出版在澳大利亚和世界各地的出版物上。她还出版过多本图书和儿童教育文章。你可以在www.katearmstrongtravelwriter.com和@nomaditis了解更多关于她的信息。

卡罗琳·贝恩 (CAROLYN BAIN)

卡罗琳出生于澳大利亚，她在南塔基特工作了10年左右的时间，并对科德角一见钟情。沙丘和盐雾，历史和蓬勃朝气，舒适的旅馆和海鲜盛宴：这（始终）是美国最迷人的亮点。在这次旅行中，缅因州带给她无尽乐趣，卡罗琳非常享受这个机会，终于可以跨越灯塔和龙虾，去发现手工制作的啤酒、驼鹿的踪迹以及人迹罕至的天堂。

艾米·C.巴尔弗 (AMY C BALFOUR)

在担任《法律和秩序》(Law & Order) 作者的助理一段时间后，艾米开始从事自由写作，她专注于旅行、食物和户外活动。她热爱徒步旅行和骑自行车旅行，还划船穿越了南加利福尼亚和西南地区。艾米最近在大平原上奔走，寻找最好的汉堡和烤肉。在她的美国探险之旅中，她最喜欢的景点包括半圆丘的缆车、前往幻影牧场的南凯巴布小径、通往死谷盐湖的道路，以及洛杉矶侏罗纪科技博物馆的门铃。

雷·巴特莱特 (RAY BARTLETT)

雷是一位专门研究日本、韩国、墨西哥和美国的旅游作家。从2004年的《日本》指南开始，他为Lonely Planet撰写了许多指南。

洛伦·贝尔 (LOREN BELL)

洛伦的第一次欧洲背包游，是在婴儿背包里度过的。这段难忘的经历使他6个月大的大脑受到损伤，以至他永远都不能够快乐地坐着。他对旅行的渴望让他放弃了训练狗拉雪橇的工作来到婆罗洲的丛林里追逐长臂猿——他在那里为了一些愚蠢的"负责任"的事情（比如获得学位）短暂地停留下来。当他没有为Lonely Planet撰写指南的时候，罗兰就写一些关于科学和自然保护的新闻。

莎拉·本森 (SARA BENSON)

大学毕业后，莎拉登上飞机前往加利福尼亚，彼时她只带了一个行李箱，口袋里仅有100美元。从那以后，她就一直在这个黄金之州 (Golden State) 四处游荡，行走在旧金山湾区、洛杉矶和内华达山脉一带——她曾是那里的一名季节性国家公园管理员。莎拉撰写过70多本游记和非虚构类图书。

塞莱斯特·布拉什 (CELESTE BRASH)

塞莱斯特在塔希提岛生活了15年，太平洋西北部的魅力让她重返美国。在过去的几年里，她陶醉于探索她的新后院、山脉、海岸、葡萄酒厂和梦幻的餐厅，同时重新找回了与牛仔们的联系和印第安的根。她的获奖作品曾经发表于BBC Travel、Afar以及Islands Magazine，她参与撰写了约60本Lonely Planet指南。

格雷格·克拉克 (GREGOR CLARK)

格雷格从孩童时代便开始探索新英格兰的乡间小路,当时他骑着自行车穿过科德角的沙丘,在康涅狄格州西北部冰冻的池塘上滑冰,并在佛蒙特州的青山上第一次看到了流星。他通晓数种语言,并对未知的世界充满了好奇心。格雷格参与撰写了三十多本Lonely Planet指南,目的地侧重于北美洲、拉丁美洲和欧洲。他和妻女一起住在佛蒙特州的米德尔伯里。

迈克尔·格罗斯伯格(MICHAEL GROSBERG)

迈克尔曾参与撰写过45本Lonely Planet指南。无论是缅甸还是新泽西,每个目的地都为他丰富而复杂的内心世界增添了色彩,多年后,他仍然拥有朝气蓬勃的生活。在他的自由写作生涯开始之前,他的其他国际工作包括开发西太平洋的罗塔岛、在南非调查记录政治暴力事件并帮助培训新当选的政府官员,以及在厄瓜多尔的基多担任教师。

阿什利·哈勒尔 (ASHLEY HARRELL)

在南佛罗里达州销售日间水疗优惠券一段时间后,阿什利决定成为一名作家。她读了新闻研究生,进入报社并开始报道野生动物、犯罪和旅游(有时这三个主题会出现在同一条报道中)。她喜欢讲故事和探索不为人知的地方。她经常旅行,从纽约市的小公寓到辽阔的加利福尼亚牧场,再到哥斯达黎加的丛林小屋,在那里,她开始为Lonely Planet写作。

马克·约翰森 (MARK JOHANSON)

马克在弗吉尼亚长大,在过去的十年里,他在五个不同的国家生活过。他旅行写作生涯的开始可以说源自一场青年危机;而在过去的8年里,他环游全球各地并为澳大利亚旅游杂志、英国的报纸等全球媒体作报道。不上路时,你会发现他在智利圣地亚哥的家中凝视着安第斯山脉。你可以在www.markjohanson.com关注他的探险。

亚当·卡林 (ADAM KARLIN)

亚当是Lonely Planet的作者,无论他在哪里,都是如此。他出生在华盛顿特区,在马里兰州乡下的低洼海岸长大,从17岁开始就一直在探索这个世界。对他来说,这是一种非常有趣的生活方式。如果你在路上遇到了亚当,一定要和他分享一杯酒和一个故事。

布莱恩·克吕普费尔 (BRIAN KLUEPFEL)

自2006年以来,布莱恩一直为Lonely Planet撰写美洲主题的指南和文章。他的Lonely Planet探险把他带到了委内瑞拉、玻利维亚。在Lonely Planet的 Secret Marvels of the World中,你可以找到他关于断头谷公墓 (Sleepy Hollow Cemetery)、波托西、玻利维亚的矿山的故事。

斯蒂芬·里奥依 (STEPHEN LIOY)

斯蒂芬是一名摄影师、作家、徒步旅行者和旅游博主。一段"一生只有一次"的欧洲之旅和大学毕业后的中国之旅，为他最终半游牧式的生活方式奠定了基础，他非常乐于分享他的经验，并帮助人们走出舒适地带，走进世界的各个角落。你可以关注斯蒂芬在www.monkboughtlunch.com的游记。

卡罗琳·麦卡锡 (CAROLYN MCCARTHY)

卡罗琳专门研究美洲的旅行、文化和冒险。她曾是富布赖特奖学金和班夫山奖学金的获得者，她记录了拉丁美洲最偏远角落里的生活。通过研究不同目的地的旅游指南，卡洛琳获得了相关的专业知识。她参与撰写了30多本Lonely Planet指南。更多信息请访问www.carolynmccarthy.org或在Instagram（账号名：@masmerquen）关注她的游记。

休·麦克诺特丹 (HUGH MCNAUGHTAN)

休曾经是一位英语讲师，他将自己对旅行的热爱变成了一份全职工作。他曾经在他的家乡（澳大利亚的墨尔本）写过一些美食文章，现在则已经吃遍了整个欧洲和北美洲，并且找到了激发对美国美食的胃口的最佳方式：在风景优美的线路上骑行一整天。

贝基·奥尔森 (BECKY OHLSEN)

贝基是俄勒冈州波特兰的一名自由撰稿人、编辑和评论家。她参与撰写了Lonely Planet的北欧、波特兰和其他一些目的地的旅游指南和旅行故事。

克里斯托弗·皮兹 (CHRISTOPHER PITTS)

克里斯在六岁时试图从宾夕法尼亚挖隧道前往中国，他人生中的第一次探险以失败告终。在现实生活中，他仍然对世界的另一端充满好奇，他继续在大学里学习中文，并在中国大陆和台湾地区生活了好几年。一次在电梯里的邂逅使他移居巴黎，他和他的妻子以及两个孩子在那里居住了十多年，直到他发现科罗拉多阳光灿烂的天空和户外探险的诱惑实在是太难以抗拒。他的网站是www.christopherpitts.net。

凯文·劳伯 (KEVIN RAUB)

凯文·劳伯出生于亚特兰大，他最初的工作是在纽约担任音乐新闻工作者,并为《男士期刊》（Men's Journal）和《滚石》（Rolling Stone）杂志工作。他抛弃了摇滚的生活方式，并参与撰写了近50本Lonely Planet的指南，主要聚焦于巴西、智利、哥伦比亚、美国、印度、加勒比和葡萄牙。凯文还为美国和英国的各种旅游杂志撰稿。你可以在Twitter和Instagram(用户名：@RaubOnTheRoad)上关注他。

布伦丹·塞恩斯伯里(BRENDAN SAINSBURY)

布伦丹最初来自英国汉普郡,他已经在西雅图和西北太平洋地区生活了十多年。他目前居住在加拿大的白石镇,该镇位于温哥华以南约45分钟车程处,距美国边境仅2公里。在这本书的调研中,他尝试了大量的新啤酒、咖啡和甜甜圈,并(又一次!)带着儿子去了西雅图传奇的弹球博物馆。

雷吉斯·圣路易斯 (REGIS ST LOUIS)

雷吉斯在美国中西部的一个小镇长大,那里是一个激发旅行梦想的地方。小时候他对外国方言和世界文化产生了兴趣,在他成长的岁月里,学习了俄语和简单的罗曼斯语,这对他在世界各地的旅行都很有帮助。雷吉斯已经参与撰写了50余本Lonely Planet指南,覆盖了六大洲的旅行目的地。你可以在Instagram(用户名:regisstlouis)上了解他。

瑞恩·维尔·博克莫斯(RYAN VER BERKMOES)

瑞恩已经参与撰写了110多本Lonely Planet旅行指南。他在加州的圣克鲁斯长大,17岁时离开家乡前往美国中西部的大学就读,在那里他第一次见到了雪。从那时起,他就一直周游世界,既为娱乐,也为工作——这两者常常难以区分。你可以在ryanverberkmoes.com和@ryanvb阅读更多内容。

玛拉·沃西斯 (MARA VORHEES)

玛拉出生于密歇根的圣克莱尔海岸并在那里长大,在定居Hub之前,她环游了世界。这位挥舞着墨笔的旅行者曾去过伯利兹和俄罗斯,以及她在新英格兰的老家。她和她的丈夫、两个孩子,还有两只小猫咪住在马萨诸塞州萨默维尔市的一所粉色房子里。

本尼迪克特·沃克 (BENEDICT WALKER)

本出生于澳大利亚的纽卡斯尔并在郊区长大。只要有可能,他就会在海边度过周末和漫长的暑假。2008年,《日本》是他参与撰写的第一本Lonely Planet指南。自那以后,他就一直被邀请参与调研写作。他曾创作并执导了一部戏剧、为音乐节的澳大利亚巡展做后勤工作,也涉猎过摄影和电影制作方面的工作。你可以在Instagram (用户名:wordsandjourneys) 加入他的旅程。

卡拉·兹默尔曼 (KARLA ZIMMERMAN)

卡拉住在芝加哥,日常生活就是吃甜甜圈并对孩子们大喊大叫。在她不做前两件事的时候,她就会为图书、杂志和网站写稿。她撰写了40多本旅游指南和旅行文集——这些都与她早期的生活有很大的差异,那时她为一本建筑杂志撰写关于砾石的文章,并徒步跋涉过堪萨斯州的弗雷多尼亚等地。更多关于卡拉·兹默尔曼的信息,请在Instagram和Twitter(用户名:karlazimmerman)上关注她。

美国自驾

中文第二版

书名原文：*USA's Best Trips*（3rd edition, Mar 2018）
© Lonely Planet 2018
本中文版由中国地图出版社出版

© 书中图片由图片提供者持有版权，2018

图书在版编目(CIP)数据

美国自驾 / 澳大利亚 Lonely Planet 公司编 : 陈薇薇等译 . -- 2 版 . -- 北京 : 中国地图出版社 , 2018.10
（自驾指南系列）
书名原文 : USA's Best Trips
ISBN 978-7-5204-0718-2

Ⅰ . ①美… Ⅱ . ①澳… ②陈… Ⅲ . ①旅游指南 – 美国 Ⅳ . ① K971.29

中国版本图书馆 CIP 数据核字 (2018) 第 210528 号

出版发行	中国地图出版社
社　　址	北京市白纸坊西街3号
邮政编码	100054
网　　址	www.sinomaps.com
印　　刷	北京华联印刷有限公司
经　　销	新华书店
成品规格	197mm×128mm
印　　张	22.75
字　　数	1210千字
版　　次	2018年10月第2版
印　　次	2018年10月北京第4次印刷
定　　价	178.00元
书　　号	ISBN 978-7-5204-0718-2
审 图 号	GS (2018) 4976号
图　　字	01-2015-0947

如有印装质量问题，请与我社发行部 (010-83543956) 联系